OEUVRES

DU

CARDINAL DE RETZ

TOME VII

PARIS. — TYPOGRAPHIE LAHURE
Rue de Fleurus, 9

LES

GRANDS ÉCRIVAINS

DE LA FRANCE

NOUVELLES ÉDITIONS

PUBLIÉES SOUS LA DIRECTION

DE M. AD. REGNIER

Membre de l'Institut

OEUVRES

DU CARDINAL

DE RETZ

NOUVELLE EDITION

REVUE SUR LES AUTOGRAPHES
ET SUR LES PLUS ANCIENNES IMPRESSIONS

ET AUGMENTÉE

de morceaux inédits, de variantes, de notices, de notes, d'un lexique des mots
et locutions remarquables, d'un portrait, de fac-simile, etc.

TOME SEPTIÈME

Par M. R. CHANTELAUZE

PARIS

LIBRAIRIE HACHETTE ET Cie

BOULEVARD SAINT-GERMAIN, 79

—

1882

AVERTISSEMENT.

Il y a quelques années, en poursuivant mes recherches sur le cardinal de Retz, dans les archives du ministère des Affaires étrangères, j'y trouvai une importante correspondance du prélat avec Louis XIV et avec plusieurs personnages de la cour, surtout avec le secrétaire d'État Hugues de Lionne. Retz était alors réconcilié avec le Roi, et avait été chargé par lui de régler avec le Pape certaines affaires, pour la plupart très-graves. C'est sur ces diverses négociations que roule cette correspondance. De ces précieux documents inédits je composai une étude que je publiai sous ce titre : *le Cardinal de Retz et ses missions diplomatiques à Rome*, et j'y mêlai quelques fragments des dépêches du Cardinal.

Aujourd'hui, c'est pour la première fois que toutes ces dépêches (avec les lettres et instructions de Louis XIV, de Lionne, etc., en appendice) paraissent dans un recueil des *OEuvres de Retz*.

Afin d'établir la parfaite exactitude du texte, notre savant et scrupuleux directeur, M. Adolphe Regnier, a eu soin de le faire collationner, à deux reprises, sur les originaux, par un de ses auxiliaires, fort exercé à ces sortes de tâches, M. Georges Lequesne. Ajoutons que la source de toutes les pièces a été indiquée de manière à rendre le contrôle facile, et que la concordance entre elles a été marquée par des renvois.

On verra qu'un grand soin a été apporté au commentaire. Un tel travail, disons-le, n'était pas sans difficulté ; car, d'une part, pour ces documents en si grande partie inédits, il était neuf ou presque neuf, et, d'autre part, les faits particuliers et les circonstances dont il s'agit dans les dépêches n'ont laissé, en général, que de faibles traces dans les annales du temps. Non-seulement il fallait élucider les questions qu'eut à traiter le cardinal de Retz, déterminer quelle fut sa part d'action, de quelle manière il négocia ces grandes, ces difficiles affaires, et quelle en fut la conclusion, mais encore donner sur bien des personnes et des événements oubliés aujourd'hui les éclaircissements désirables. Pour cette partie du commentaire, notre zélé directeur a bien voulu m'aider du concours de ses lumières et de sa critique, aussi consciencieuse que sûre : toute cette partie est l'œuvre collective de M. Ad. Regnier et de l'auteur de ces lignes.

Quant aux notes sur ce qui intéresse la langue et importe à son histoire, nul n'était mieux en état de les faire et bien faire que M. Ad. Regnier, et cette partie est son œuvre personnelle.

R. CHANTELAUZE.

INTRODUCTION.

Il existe dans la correspondance de notre ambassade à Rome, déposée aux archives du ministère des Affaires étrangères, de nombreuses dépêches du cardinal de Retz, adressées à Louis XIV et au secrétaire d'État Hugues de Lionne, et appartenant à plusieurs moments importants de la partie de sa vie qui est postérieure aux *Mémoires*. Dans ces dépêches, qui roulent sur diverses négociations que lui confia le Roi auprès de la cour de Rome et qui s'étendent de l'année 1662 à 1676, Retz se révèle avec toutes les qualités d'un diplomate de premier ordre et d'un écrivain fécond en ressources, sachant, avec beaucoup de souplesse, approprier aux sujets les plus divers le style qui leur convient le mieux. Ces lettres offrent donc un double intérêt. Mais avant de les apprécier sous ces deux aspects et d'esquisser brièvement l'histoire des missions diplomatiques qui en furent l'occasion, nous prierons le lecteur de se reporter à la partie du tome VI consacrée à la Fronde ecclésiastique, à cette lutte acharnée et sans trêve que se livrèrent Retz et Mazarin au sujet de l'archevêché de Paris, et nous rappellerons que, Mazarin mort (9 mars 1661), le procès pour crime de lèse-majesté, entamé, de son vivant, auprès de la cour de Rome, contre le cardinal de Retz, fut repris, et qu'il se poursuivait à outrance, quand soudain Retz, voyant sa dignité désormais à couvert par la mort de son persécuteur, offrit simplement et noblement sa démission au jeune roi, sans imposer la moindre condition, et s'en remettant à sa générosité. Louis XIV, flatté d'une action qui montrait tant de grandeur et de désintéressement, s'empresse d'accepter, et, le 14 février 1662, le Cardinal rentre dans son château de Commercy, qui lui est assigné pour résidence jusqu'à nouvel ordre. Son premier soin fut d'envoyer au Roi l'acte de sa démission, dressé par deux notaires, sur un modèle rédigé par la cour[1]. Par une clause secrète, il prenait l'engagement de se rendre à Rome, toutes les fois qu'il en serait requis pour y défendre les intérêts de la couronne. Il avait peut-être espéré que l'archevêché lui serait laissé, mais le Roi jugea plus prudent d'y nommer M. de Marca, et il donna, en échange, au cardinal de Retz la riche abbaye de Saint-Denis, plus celle de la Chaume, située dans le duché de Retz. Comme Retz avait autrefois retiré sa démission, on prit les précautions les plus rigoureuses pour qu'un pareil acte ne se renouvelât pas. Il reçut l'ordre de ne pas quitter Commercy, avant que son successeur eût reçu ses bulles. Or la cour de Rome était mécontente de voir monter sur le siége de Paris un homme aussi peu sûr que M. de Marca, qui, après avoir défendu, dans plusieurs écrits, les libertés de l'Église gallicane, avait composé ensuite, par pure ambition, un traité en faveur de l'infaillibilité du Pape, et elle lui fit attendre ses bulles pendant quelques mois. Tout semblait conspirer pour prolonger l'exil de Retz à Commercy. Le nouvel archevêque mourut trois jours après avoir reçu ses bulles (le 29 juin 1662), et, à peine lui avait-on donné pour successeur Hardouin de Péréfixe, que l'on vit éclater l'affaire de la garde corse, et, à son tour, Hardouin ne put recevoir ses bulles qu'après la signature du traité de Pise (12 avril 1664). Retz se trouva donc condamné, pendant deux années et demie, à ne pas quitter Commercy, même à l'occasion de la mort de son père, arrivée le même jour que celle de M. de

---

1. Il y a dans les *OEuvres de Louis XIV* (tome V, p. 81) un billet du Roi à Retz antérieur de fort peu au temps qu'embrasse notre tome VII. Nous n'avons pas trouvé la lettre du Cardinal, accompagnée de « marques de soumission et de respect, » à laquelle ce billet répond :

« Paris, le 17 mars 1662.

« Mon cousin, j'ai reçu avec beaucoup de contentement la lettre que vous m'avez écrite et les marques de soumission et de respect dont elle étoit accompagnée; je serai bien aise de vous témoigner, aux occasions qui s'offriront, la satisfaction que j'en ai, ne doutant point que votre conduite ne réponde pleinement à vos protestations. »

Marca. Enfin, le 6 juin 1664, il obtint la permission, si longtemps attendue, d'aller saluer le Roi à Fontainebleau. Le jeune prince l'accueillit avec bienveillance et l'invita à passer deux jours auprès de lui.

A partir de ce moment s'ouvrent pour le cardinal de Retz une nouvelle carrière et un nouveau genre de vie. Désormais, il va partager son temps entre les occupations et les loisirs de sa retraite de Lorraine, l'administration de sa riche abbaye, ses séjours à Paris auprès de quelques amis dévoués et les missions diplomatiques qui lui seront confiées par le Roi auprès du Saint-Siége. Louis XIV connaissait trop, par expérience, l'habileté de l'ancien chef de la Fronde, pour se priver d'un tel auxiliaire. Il jugea donc utile de faire fréquemment appel à ses talents et à sa profonde connaissance des affaires ecclésiastiques; mais, fidèle aux derniers conseils de Mazarin, il ne lui donna jamais aucun titre, ni celui d'ambassadeur ou d'envoyé extraordinaire, ni même le titre, plus modeste, de protecteur des affaires ecclésiastiques de France; jamais il ne l'envoya à Rome qu'avec sa simple qualité de cardinal français. Il ne lui confia que des missions secrètes, qui, loin de jeter aucun éclat dans le grand siècle, furent à peu près inconnues aux contemporains, et dont le souvenir resta enfoui dans les archives. Cette dure expiation de son passé, Retz l'accepta avec plus de dignité que de résignation. Longtemps soutenu par la secrète espérance d'un retour de la fortune et par le désir de montrer à Louis XIV qu'il n'était pas indigne des plus hauts emplois, il s'attacha, avec persévérance, à faire triompher en tout et partout la politique du monarque, à mettre à son service, avec la plus docile soumission, ses rares aptitudes diplomatiques. Mais ni les difficultés sans nombre qu'il surmonta, ni les constants succès qu'il obtint, ne purent vaincre l'immuable résolution du Roi et les ombrageuses défiances de ses ministres. Plus il s'appliquait à faire preuve de zèle, de talent et d'adresse, plus ceux-ci s'unissaient étroitement pour l'écarter de toute fonction publique. Après avoir si longtemps subi le joug d'un Richelieu et d'un Mazarin, aucun d'eux ne se sentait disposé à se donner un maître tel que Retz, qui à l'énergie de l'un, qu'il était homme à montrer dans l'occasion, joignait la finesse et la duplicité de l'autre.

Quelques lignes tombées de la main du Roi, et de stériles témoignages d'admiration prodigués par Lionne, furent l'unique récompense du vieux frondeur. Il apprit, par expérience, ce que peut, contre un esprit supérieur, la ligue des politiques de second ordre, en faveur auprès d'un maître jaloux de sa puissance, et combien il est dangereux, quand on médite de s'élever au-dessus d'eux, de montrer d'abord trop de capacité et de décision.

Ce fut pendant la relégation du cardinal de Retz à Commercy qu'eut lieu la très-grave affaire de la garde corse, qui, après avoir failli provoquer l'invasion des États du Pape, se termina d'une manière pacifique grâce aux ingénieux et opportuns conseils du cardinal de Retz.

I. — Affaire de la garde corse. — Depuis un temps immémorial, il existait à Rome, en faveur des ambassadeurs de France, des franchises en vertu desquelles il était interdit aux sbires et aux soldats du Pape de passer en armes sur le territoire environnant le palais Farnèse, hôtel de l'ambassade, situé place Navone, et à la justice romaine d'y faire aucune recherche et exécution. A la suite d'un conflit entre le duc de Créqui, notre ambassadeur, et le frère du pape Alexandre VII, Don Mario, général des armes de l'État ecclésiastique, la garde corse, poussée par ce dernier et par le cardinal Imperiali, gouverneur de Rome, viola, à plusieurs reprises, le territoire neutralisé de l'ambassade, et engagea plusieurs rixes avec des Français. Don Mario et Imperiali, loin de tenter le moindre effort pour apaiser ces querelles, engagèrent les Corses à faire usage de leurs armes à la première insulte. Le 20 août 1662, à la suite de quelques provocations, plus ou moins inoffensives, des gens du duc de Créqui, les Corses se jetèrent sur eux avec fureur, en tuèrent et en blessèrent plusieurs, firent feu sur le carrosse de l'ambassadrice, et assiégèrent, pendant trois heures, le palais Farnèse, en tirant des coups de mousquet à toutes les fenêtres. Ce ne fut qu'après un long délai que Don Mario parut pour apaiser le tumulte. N'ayant pu obtenir justice de cette troupe de bandits, et réparation de cet audacieux attentat, le duc de Créqui quitta Rome le 1er septembre et se retira en Toscane. Dès le 30 août, Louis XIV, indigné, écrivit au Pape une lettre menaçante. Il notifia au nonce Piccolomini les satisfactions qu'il exigeait : envoi du cardinal Chigi, neveu du Pape, et d'un grand nombre de cardinaux pour complimenter l'ambassadeur et sa femme de la part du Pontife ; envoi d'un nonce extraordinaire pour faire des excuses au Roi ; supplice par la potence, sur la place Navone, avec amende honorable, des officiers corses présents à l'attentat et de vingt soldats corses des plus coupables ; condamnation aux galères de vingt autres ; décret du Pape pour déclarer la nation corse inhabile à porter les armes dans Rome ; érection, dans le quartier des Corses, d'une pyramide infamante, contenant la substance du décret rendu contre eux. Le 12 septembre, par représailles du départ forcé du duc de Créqui, le Nonce reçut ordre de sortir du Royaume. Au lieu de donner au Roi aucune des satisfactions attendues, Alexandre VII, dans un bref, en date du même jour, soutint que l'attentat des Corses n'était qu'un accident fortuit et qui n'avait rien de prémédité. Au lieu de faire pendre les Corses, il trouva plus simple de les licencier et de les faire sortir de Rome ; ses sbires exercèrent de nouvelles vexations sur le territoire de l'ambassade, et y firent des visites domiciliaires, sous prétexte d'y rechercher des armes. En même temps, le Pape se prépara à la guerre et leva des troupes.

 Louis XIV, qui, de son côté, s'apprêtait à lever un corps d'armée de dix-huit mille hommes pour envahir les États de l'Église, et à faire expulser de Rome, par ses propres soldats, les principaux auteurs de l'attentat du 20 août, songea, dans cette grave conjoncture, à s'adresser confidemment à Retz pour lui demander conseil. Le Tellier fit appeler Gui Joli, le secrétaire du Cardinal, et lui dit que le Roi serait bien aise de connaître l'avis de son maître sur les satisfactions que l'on pourrait demander à la cour de Rome. En même temps, il « lui laissa entrevoir les grands avantages qui pourroient en revenir au Cardinal, si ses avis étoient goûtés et suivis d'un bon succès[1]. » Retz était, nous l'avons dit, relégué à Commercy. Joli lui expédia un courrier pour l'informer du désir

---

1. *Mémoires de Gui Joli*, p. 150.

de la cour, et sur-le-champ « Son Éminence envoya une réponse avec ses avis sur les questions du ministre, et ces avis contenoient, entre autres choses, l'érection d'une pyramide et l'envoi du cardinal patron[1], en qualité de légat, en France, deux choses auxquelles la cour n'avoit pas pensé et qui furent si bien reçues que la susdite réponse fut envoyée au duc de Créqui, avec ordre de la suivre, de point en point, dans la négociation de cette affaire, qui se termina effectivement suivant le projet, sans que le Cardinal en tirât cependant aucun avantage du côté de la cour[2]. » Joli commet plusieurs erreurs. La vérité est que les ministres avaient déjà pensé à l'érection de la pyramide et à l'envoi en France, pour faire satisfaction à Sa Majesté, d'un nonce extraordinaire; mais ce fut le Cardinal qui proposa, au lieu d'un nonce, un légat afin de donner un caractère encore plus solennel au représentant du Pape; ce fut lui qui proposa de plus de le faire accompagner par le cardinal Imperiali, gouverneur de Rome; enfin, ce fut Retz qui, le premier, exprima la pensée, afin d'amener le Pape à composition, de la prise de possession d'Avignon et du Comtat Venaissin, circonstances que Joli passe sous silence. Il donna même le conseil, qui fut exactement suivi, de « faire faire la réunion dans les formes par le parlement (d'Aix), et à la requête du procureur général[3]. »

Dans son mémoire, en date d'octobre 1662[4], Retz ne se borne pas à étudier la question en elle-même, mais il l'étudie dans les complications qu'elle peut soulever du côté de l'Espagne, des princes d'Italie et de l'Empereur. Contrairement à l'opinion du parti militaire, qui avait tant d'influence sur l'esprit d'un roi jeune et belliqueux, Retz émet le sage avis de ne pas faire la guerre au Pape; car, d'après son opinion, elle pourrait amener une guerre générale. Il n'hésite pas à croire à la complicité de la cour de Rome dans l'attentat du 20 août; il prouve la préméditation par le soin qu'elle a mis à faire évader les coupables, afin d'éviter les révélations, et

---

1. Don Flavio Chigi, neveu du Pape.
2. *Mémoires de Gui Joli, ibidem.*
3. Voyez ci-après, p. 9, n° 1.
4. Voyez p. 3, n° 1.

par le refus de toute vraie satisfaction. Suivant lui, le meilleur moyen de triompher de la résistance des papes, c'est de leur faire peur, d'empêcher que l'argent de France passe à Rome, et de mettre la main sur Avignon et le Comtat. Le mémoire du Cardinal n'existe qu'en copie dans les archives du ministère des Affaires étrangères et il n'est pas signé de sa main; mais, dans une note de la main de Lionne écrite sur cette copie, il est indiqué comme étant de lui, ainsi que dans plusieurs lettres du même ministre. Ondedei, évêque de Fréjus, ancien confident de Mazarin, et qui savait fort bien à quoi s'en tenir sur la merveilleuse habileté du cardinal de Retz, proposa, dans une dépêche en date du mois d'octobre, de l'envoyer à Rome pour diriger cette affaire, et de lui adjoindre le cardinal Grimaldi et trois ou quatre autres évêques; mais la cour, dans la crainte peut-être de rendre trop d'importance à l'ancien chef de la Fronde, ne jugea pas à propos de suivre cet avis.

En même temps que le Roi consultait le cardinal de Retz, il ordonnait à M. d'Aubeville, un des gentilshommes de sa chambre, d'aller, sans retard, s'entendre, au sujet de l'attaque projetée contre les États de l'Église, avec les princes de Parme et de Modène, qui avaient l'un et l'autre à se plaindre du Pape. De son côté, Alexandre VII avait ordonné à ses officiers, dans le Comtat Venaissin, de faire des levées de soldats, de fortifier Avignon et de se tenir sur la défensive. En réponse à ce commencement d'hostilités de Rome, Louis XIV envoya un simple exempt de ses gardes au vice-légat d'Avignon, pour le sommer de licencier ses troupes et de les faire sortir d'Avignon et du Comtat.

Peu après, il faisait offrir au Pontife, par l'entremise du duc de Créqui, qui s'était retiré, comme il a été dit, en Toscane, deux modes de réparation, dont il lui laissait le choix. Le duché de Castro, appartenant au duc de Parme, avait été saisi, sous Urbain VIII, comme gage d'une somme de trois cent mille écus de capital, empruntée par ce prince à divers créanciers, en faveur desquels il avait constitué une rente sur les revenus d'autres terres qu'il possédait dans l'État ecclésiastique. Comme ces sortes de constitutions de rente n'avaient lieu qu'avec l'assentiment du Pape, le Pape avait le droit d'intervenir en cas de non-exécution des clauses du contrat, et c'était parce que le duc de Parme n'avait pas tenu ses engagements à l'égard de ses créanciers que Rome avait saisi le duché de Castro et l'avait incaméré à la chambre apostolique. Il en avait été de même des vallées de Commachio, saisies sur le duc de Modène pour un motif semblable. Par le traité des Pyrénées, les deux rois de France et d'Espagne s'étaient engagés à faire restituer ces possessions confisquées, moyennant payement des sommes dues par les deux princes. Louis XIV, si le Pape consentait à cette restitution, n'exigeait de lui aucune autre satisfaction. Dans le cas contraire, il lui demandait : 1° la relégation de Don Mario à Sienne pour six années; 2° l'envoi en France du cardinal Flavio Chigi, en qualité de légat, pour lui porter les excuses de la cour de Rome et lui demander pardon au nom de tous les membres de la famille Chigi ; 3° l'expulsion du cardinal Imperiali du Sacré Collége avec privation de la pourpre; 4° le bannissement à vie du barigel (le chef des archers); 5° l'érection, dans l'ancien quartier des Corses, d'une pyramide commémorative de leur attentat et de l'incapacité perpétuelle de leur nation à porter les armes dans Rome ; 6° des garanties pour la sûreté des ambassadeurs; 7° des excuses à faire en personne par les parents du Pape à l'ambassadeur et à l'ambassadrice de France[1].

A ces exigences la cour de Rome continuait à n'opposer que subterfuges et faux-fuyants. Louis XIV, pour l'effrayer, suivit enfin le conseil que lui avait donné le cardinal de Retz de s'emparer d'Avignon. A la requête du procureur général, le parlement d'Aix rendit un arrêt qui portait que le Roi, voulant réunir Avignon et le Comtat à la couronne, le vice-légat « seroit obligé de communiquer les titres de l'engagement pour y être pourvu. » Cet arrêt, qui fut signifié au vice-légat par un simple huissier, amena la rupture des négociations. Le Roi ordonna de former un corps d'armée pour envahir les États du Pape. En même temps, sur son désir sans doute, le cardinal de Retz écrivit, en beau latin, à Alexandre VII pour l'amener aux concessions exigées de lui[2]. Il est plus que pro-

---

1. Voyez Regnier Desmarais, *Histoire des démeslez de la cour de France avec la cour de Rome*, p. 97-99, et *Preuves*, p. 77 et 78.
2. Voyez ci-après, p. 13, n° 2.

bable qu'après avoir passé par les mains du Roi, sa lettre fut envoyée au Pape, dans les premiers jours de décembre 1662. Pour se donner plus d'autorité, Retz usa d'une supercherie peu digne d'un prince de l'Église. Il supposa qu'il avait eu une entrevue avec le Roi et que sa lettre ne faisait qu'exprimer la pensée communiquée de vive voix par ce prince. La vérité est qu'il n'avait point encore vu Louis XIV et qu'il ne fut admis à une première audience, après son retour en France, que le 6 juin 1664, c'est-à-dire un an et demi après la date de sa lettre au Pape. Alexandre VII essaya de renouer les négociations; mais le Roi ne voulut se départir en rien de ses exigences.

Après cette lettre au Pape, Retz en écrivit une seconde[1], en réponse à une lettre du Sacré Collége, soit circulaire, si nous en croyons Gui Joli (p. 150), soit adressée à lui personnellement, comme peut porter à le croire, sans le prouver absolument, la manière dont lui-même en parle. Avant de la rédiger, il eut soin de prier Lionne de prendre les ordres du Roi (que n'eût-il point fait pour rentrer dans ses bonnes grâces ?) et de savoir de lui ce que devrait être sa réponse et pour « le sens » et pour « le tour. » Louis XIV lui fit écrire que, « voulant lui plaire,... il trouveroit beaucoup mieux l'un et l'autre qu'on ne sauroit le lui suggérer[2]. » Alors il composa, dans un latin fort élégant, une épître au Collége des cardinaux, et l'envoya à Lionne (Commercy, 24 janvier), en se montrant prêt à y faire tous les changements que Sa Majesté pourrait désirer. Elle fut trouvée parfaite, pour le sens, comme nous avons dit, et pour le tour.

Après de nouveaux pourparlers, le Pape se décida enfin à envoyer Monsignor Rasponi au Pont-de-Beauvoisin, sur les frontières de la France et de la Savoie, pour y traiter avec le duc de Créqui. Ils ne purent s'entendre sur quelques points essentiels, et les négociations furent de nouveau rompues. C'est alors que Louis XIV fit rendre par le parlement d'Aix l'arrêt qui déclarait la ville d'Avignon et le Comtat Venaissin réunis

---

1. Page 19, n° 4.
2. Voyez ci-après, aux *Pièces justificatives*, n° 1, p. 461, la lettre de Lionne du 17 janvier 1663.

à la couronne, comme faisant partie de l'ancien domaine de Provence et n'en ayant pu être aliénés. Le vice-légat fut conduit par des gardes du corps jusqu'à la frontière de Savoie, et des commissaires du parlement d'Aix prirent possession du Comtat au nom du Roi. A cette nouvelle, Rome, cédant à un premier mouvement de colère, fut sur le point d'excommunier le parlement d'Aix, non-seulement pour avoir eu l'audace de confisquer Avignon, mais encore pour avoir fait citer le Pape en personne, au lieu de ses officiers. Mais bientôt la crainte de prochaines et faciles représailles calma cette effervescence. On se contenta d'une simple protestation, que l'on se garda bien de notifier au Roi, et qui fut discrètement déposée dans les archives du Vatican. Louis XIV, assuré de la neutralité du roi d'Espagne Philippe IV et de l'Empereur, donna ordre, pour vaincre les dernières hésitations de Rome, de faire partir l'avant-garde de son armée : sa cavalerie, au nombre de trois mille chevaux, traversa le Piémont et prit sa route par le Montferrat, tandis que l'infanterie, de trois à quatre mille hommes, après avoir traversé le territoire de Gênes, s'acheminait vers le Parmesan et l'État de Modène. L'armée, qui devait suivre de près l'avant-garde, était composée de quinze mille fantassins et de six mille cavaliers, avec de l'artillerie, sous les ordres du maréchal du Plessis-Praslin.

Alexandre VII, sans troupes, sans argent, sans alliés, opposait la plus opiniâtre résistance à la restitution du duché de Castro. Au sein du consistoire, il parla contre la désincamération avec tant de force que la plupart des cardinaux se rangèrent à son avis, et, de son mieux, il se mit en devoir de se préparer à la guerre. Mais Louis XIV continua d'exiger si résolument la désincamération, en assignant pour dernier délai le 15 février 1664, qu'Alexandre VII et le Sacré Collége, dans la crainte d'une invasion, se décidèrent enfin à subir cette condition. Dès lors, il n'y eut plus d'obstacle à la signature de la paix. L'abbé de Bourlemont, auditeur de rote, chargé du service des affaires de France en l'absence de l'ambassadeur, et Monsignor Rasponi, munis de pleins pouvoirs, se rendirent à Pise le 12 février 1664, et arrêtèrent les clauses du traité. Avignon fut rendu au Pape; quant au duché de Castro, la concession demeura sans effet, et il continua de faire partie des États de l'Église, le duc de Parme n'ayant pu payer, dans le terme fixé de huit années, les sommes qu'il devait à la chambre apostolique. Le cardinal Chigi, en qualité de légat, arriva à Marseille le 12 mai 1664, et, quelques jours après, il adressait au Roi, à Versailles, des paroles d'excuse concertées d'avance.

Il ne restait plus à exécuter que l'une des clauses les plus humiliantes du traité de Pise, l'érection de la pyramide. Elle fut dressée, à quelque temps de là, vis-à-vis de l'ancien corps de garde des Corses; mais, pour complaire à Clément IX, successeur d'Alexandre VII, Louis XIV lui permit de la faire abattre, au temps de l'accord qui reçut le nom de *Paix de l'Église*[1].

II. — Affaire de l'infaillibilité du Pape. — En 1658, un carme, le P. Bonaventure Hérédie, sous le pseudonyme de *Jacques de Vernant*, publia un livre intitulé : *Défense de l'autorité de Notre Saint Père le Pape*, dans lequel il proclamait, comme un dogme, l'infaillibilité pontificale en dehors du concile, et niait certains droits des évêques, des souverains, et les libertés de l'Église gallicane. Il allait même jusqu'à traiter d'hérétiques ceux qui réclamaient la convocation des conciles et à refuser à l'Église universelle l'infaillibilité active, c'est-à-dire le droit et le pouvoir d'expliquer, de définir le dogme, de résoudre les questions douteuses en matière de foi. Ce ne fut que six ans après la publication de ce livre que la Faculté de théologie de Paris le censura, en déclarant plusieurs de ses propositions fausses, téméraires, scandaleuses, hérétiques, d'autres séditieuses, injurieuses pour les souverains, subversives de la hiérarchie de l'Église, blasphématoires, etc.[2]. L'année même de cette censure, parut un recueil de théologie morale, sous ce titre : *Amadæi Guimenii Lomarensis, olim primarii S. Theologiæ professoris, opusculum, singularia fere*

1. Voyez, dans *le Cardinal de Retz et ses missions diplomatiques à Rome*, l'affaire de la garde corse, p. 71-173.
2. Ellies du Pin, *Histoire ecclésiastique du XVIIe siècle*, tome III, p. 253-345, de l'édition in-8°, Paris, 1727; A. Floquet, *Études sur la vie de Bossuet*, tome II, livre VI.

theologiæ moralis complectens, adversus quorumdam expostulationes contra nonnullas Jesuitarum opiniones morales, etc., in-4°, Lugduni, 1664. Le nom d'*Amadæus Guimenius* n'était aussi qu'un pseudonyme, dont s'était servi le P. Mathieu de Moya, jésuite, confesseur de la reine douairière d'Espagne [1]. De même que le P. Pirot, dans son *Apologie des casuistes*, le P. de Moya s'était proposé, dans son recueil, de justifier la morale des jésuites. Le livre fut déféré à la Sorbonne le 1er septembre 1664, et Bossuet, qui fit partie des docteurs chargés de l'examiner, déclare que c'est un ouvrage où se trouve ramassée « toute la lie des casuistes modernes [2], » c'est-à-dire tout ce qu'on a pu y découvrir de plus impur. Afin de mettre son livre à l'abri des décrets de l'Inquisition, le P. de Moya avait eu soin adroitement d'y enseigner, comme un dogme, l'infaillibilité du Pape, qui n'avait jamais été admise en France, où elle n'était encore considérée que comme une question d'école. L'examen de l'ouvrage du P. de Moya, confié à treize docteurs de la Faculté de théologie, dura plus de cinq mois, et fut soumis à quatre réunions générales de la Sorbonne, auxquelles Bossuet prit une part active. Le livre est qualifié d'*Anti-Évangile* dans le préambule de la censure. Plus de quatre-vingts propositions furent flétries dans les termes les plus sévères.

Guimenius ayant, nous l'avons dit, fait un dogme de l'infaillibilité du Pape, pour se mettre à couvert du côté de Rome, la Sorbonne combattit et censura cette doctrine. Alexandre VII, par un bref du 6 avril 1665, demanda au Roi que cette censure fût rétractée. Le bref lui fut présenté par le nonce Roberti, qui l'engagea vivement à faire annuler les deux condamnations prononcées par la Faculté et contre Vernant et contre Guimenius. Mais Louis XIV, avant de prendre une décision, soumit l'affaire au Parlement. L'avocat général Denis Talou s'éleva avec force contre les deux ouvrages; il combattit à la fois la doctrine de l'infaillibilité et la morale relâchée des

---

1. Voyez le *Dictionnaire historique* de Prosper Marchand, 2de partie, p. 89, article MATHIEU DE MOYA.
2. Bossuet, *Defensio declarationis cleri gallicani*, lib. VI, cap. XXVII, tome XXI, p. 756, de l'édition de 1875.

casuistes, défendit les censures de la Sorbonne, et fut d'avis qu'il fallait refuser au Pape les satisfactions demandées. Le Roi approuva ces conclusions. Alexandre VII répondit par une bulle, en date du 25 juin 1665, qui fut le signal d'un très-grave différend entre la France et Rome. Il y condamnait les deux censures de la Faculté de théologie contre Vernant et Guimenius, en ce qui touchait l'autorité du Saint-Siége, les déclarant présomptueuses, téméraires et scandaleuses. Quant à la partie morale du livre de Guimenius, il la passait sous silence. Cette bulle ne fut point envoyée en France dans les formes requises par les lois du Royaume; le Nonce en fit distribuer clandestinement un assez grand nombre d'exemplaires. Les gens du Roi se pourvurent au Parlement. Le 29 juillet 1665, Denis Talon prononça un nouveau discours, d'une extrême vigueur, contre les prétentions de la cour de Rome et cette condamnation des censures de la Faculté. Il démontra, l'histoire en main, que, depuis plusieurs siècles, la Sorbonne était investie du droit de censurer les livres contraires au dogme et à la morale, et il demanda l'enregistrement de la double censure au greffe de la cour. Il ajouta que l'infaillibilité du Pape n'avait jamais été reçue en France comme un dogme, qu'elle ruinait absolument les libertés de l'Église gallicane, qu'elle établissait la puissance absolue du Pape, même sur la temporalité des rois ; que, si elle était admise, « il faudroit admettre aussi en France le tribunal de l'Inquisition. » En conséquence, il engagea le Parlement à répondre à la Bulle par un appel comme d'abus. Sur ses conclusions, fut rendu un arrêt, en date du 29 juillet 1665, qui donnait acte à l'avocat général de l'appel comme d'abus, faisait défense de publier, débiter et lire la Bulle, et enfin maintenait la Faculté de théologie en possession de son antique droit de censurer les livres contraires à l'autorité et à la discipline de l'Église, à la morale, aux droits du Roi et aux libertés de l'Église gallicane. L'arrêt ordonnait de plus que les censures de la Faculté contre les livres de Vernant et de Guimenius fussent enregistrées au greffe de la cour, et défendait de soutenir et d'enseigner leurs doctrines. Notification solennelle de ce jugement fut faite à la Sorbonne par trois conseillers au Parlement et par le substitut du procureur général, Achille de Harlay.

« Ainsi, dit Bossuet[1], les censures de la Faculté subsistèrent et l'on regarda la Bulle comme non avenue, comme un ouvrage inconnu et comme une pièce qui ne regardait pas la France. » Cette grave affaire de 1665 fut, on peut le dire, comme la préface des quatre articles de 1682.

Voyons ce qui se passa à Rome à propos de cette même bulle, et quel fut le rôle considérable du cardinal de Retz, que Louis XIV y envoya, muni de pleins pouvoirs, pour qu'il essayât d'amener le Pape soit à expliquer sa bulle d'une manière satisfaisante pour la Faculté de théologie et le clergé de France, soit à la révoquer, ou tout au moins à ne lui donner aucune suite. Jusqu'à la publication de notre ouvrage : *le Cardinal de Retz et ses missions diplomatiques à Rome*, les instructions du secrétaire d'État des Affaires étrangères, Hugues de Lionne, et les habiles négociations de Retz étaient restées complétement inconnues aux historiens, aussi bien à ceux qui vivaient du temps de Louis XIV qu'à ceux qui ont écrit depuis. Bossuet lui-même, si bien informé de ce qui se passa en France à propos des livres de Vernant et de Guimenius, ne semble avoir eu aucune connaissance de la mission secrète qui fut alors confiée au Cardinal. Le gouvernement français jugea prudent sans doute de garder le silence le plus profond sur les tentatives qu'il fit alors auprès de la cour de Rome pour arriver à un arrangement. Toutes les dépêches, d'un si grand intérêt, qui furent échangées entre Retz et Lionne restèrent enfouies dans les archives du ministère des Affaires étrangères. C'est là que nous avons eu la bonne fortune de les retrouver, et c'est à l'aide de ces précieux documents que nous allons raconter l'une des plus importantes négociations dont fut chargé le cardinal de Retz.

Après la signature du traité de Pise, le duc de Créqui fit sa rentrée solennelle à Rome et y reçut toutes les excuses et tous les honneurs stipulés dans ce traité; mais Louis XIV ne jugea pas prudent de le maintenir en qualité d'ambassadeur auprès du Saint-Siége : il le rappela, sans lui donner, pendant plusieurs mois, de successeur. Les éminents services que le cardinal de Retz avait rendus dans l'affaire de la garde corse lui permet-

---

[1]. *Defensio declarationis cleri gallicani*, lib. VI, cap. XXVII, p. 758.

taient d'espérer qu'il serait appelé à le remplacer. Vers les premiers jours de mars 1665, il fut mandé à Paris, et on lui ordonna de se rendre à Rome, non comme ambassadeur, mais en simple qualité de cardinal français, sans même lui donner d'instructions. Le 13 juin de la même année, il arrivait à Rome, mécontent de n'avoir pas été honoré du titre auquel il croyait avoir le droit de s'attendre, mais toutefois résolu fermement à ne rien négliger pour faire triompher la politique du Roi. Don Camillo Pamfili, un des neveux d'Innocent X, lui offrit son palais de Montemagnanapoli, et le Cardinal s'y installa en y faisant arborer les armes de France. Le Pape, pour lui faire honneur et se le rendre favorable, le nomma de trois importantes congrégations, celles des évêques et des réguliers, de l'immunité ecclésiastique, et de la signature des grâces. Ce ne fut qu'un mois après son arrivée à Rome qu'il fut sondé par le cardinal Albizzi sur la question principale qui divisait les deux cours, celle de l'infaillibilité du Pape. La Faculté de théologie avait censuré les passages du livre de Guimenius dans lesquels il faisait de l'infaillibilité pontificale un article de foi. Retz, afin d'adoucir les choses et de laisser au Pape une porte ouverte, soutint que cette Faculté n'avait jamais eu la pensée de condamner cette opinion en elle-même, bien que ce ne fût pas la sienne, mais seulement la doctrine qui prétend que l'opinion contraire est hérétique. Il ajouta que la plupart des théologiens qui, dans leurs livres, défendent l'infaillibilité, y reconnaissent que ni l'une ni l'autre des deux opinions n'est article de foi et qu'elles peuvent être également soutenues. En même temps, il défendit avec vigueur les droits des évêques de France et ceux de la Sorbonne, et déclara au cardinal Albizzi, pour faire peur à la cour de Rome, que l'affaire pourrait avoir les plus déplorables conséquences.

Peu de jours après, le cardinal Pallavicini, ancien jésuite, et directeur de conscience du Pape, alla, dans une conversation qu'il eut avec Retz, bien plus avant qu'Albizzi. Il soutint que l'infaillibilité était considérée comme un article de foi par le Saint-Siége, et par toutes les universités du monde, sauf celle de Paris, et que, dès lors, Rome était parfaitement en droit de condamner, comme hérétique, l'opinion contraire et d'excommunier la Sorbonne si elle persistait dans sa révolte.

Il ajouta toutefois que, si la Faculté de théologie voulait s'expliquer, l'affaire serait pacifiée en un instant; que, si, par exemple, elle déclarait qu'elle n'avait prétendu condamner, par sa censure, que la proposition qui accuse sa doctrine d'hérésie, et non expressément l'infaillibilité, Rome n'aurait plus aucun sujet de se plaindre. Évidemment la cour de Rome faisait un pas en avant, pour se tirer d'embarras. La proposition du cardinal Pallavicini impliquait la coexistence paisible de deux opinions contraires; elle ajournait l'affirmation de l'infaillibilité en tant que dogme; elle laissait les choses dans le même état que par le passé.

Pendant cette première phase de la discussion, Retz, en attendant qu'il eût reçu des instructions précises de Lionne, se borna à réserver et à maintenir, avec une habile prudence, les droits des évêques, de la Faculté de théologie de Paris, ainsi que ceux du Roi et les libertés de l'Église gallicane. Tout en déclarant que l'Église de France n'admettait pas la doctrine de l'infaillibilité, il eut l'ingénieuse pensée de proposer que le Pape déclarât qu'il n'avait pas eu dessein de condamner la thèse contraire, c'est-à-dire l'opinion de la non-infaillibilité. Il ouvrait ainsi au Pontife une voie pour battre en retraite. Rome, il est vrai, n'y voulut pas entrer; mais, en demandant que la Faculté de théologie fît le premier pas, elle consentait, dans la crainte d'un schisme, non-seulement à ne pas excommunier les adversaires de son infaillibilité, mais à les laisser vivre en paix comme par le passé. Telle fut la conduite que tint d'abord le Cardinal, livré à ses propres inspirations; bientôt nous le verrons agir sous la direction de Louis XIV et de Lionne; mais ils ne tarderont pas, pleins de confiance dans sa merveilleuse adresse, à lui abandonner le plus souvent la direction de cette délicate affaire.

Retz, pour complaire au Roi et rentrer en grâce, s'était hautement proclamé gallican. Il déplorait de n'avoir pas été nommé par Alexandre VII de la congrégation du Saint-Office, dans laquelle avait été rédigée la bulle qui censurait la Faculté de théologie, et où sa présence, en un pareil moment, eût pu être surtout importante et efficace. Docteur de Sorbonne, ayant étudié à fond toute la question des libertés de l'Église gallicane et nos usages, nul mieux que lui n'eût été capable d'y éclairer les cardinaux, ses confrères, sur le véritable état des choses, à peu près ignoré à Rome. Le bruit courait que cependant le Pape ne négligeait rien pour le gagner à sa cause. Comme l'abbé de Bourlemont, nommé ci-dessus à propos de l'affaire des Corses, se faisait l'écho de ce bruit, Retz lui dit fièrement « qu'il ferait voir que ni les menaces ni les caresses ne l'ébranleraient jamais de ses devoirs de bon et obéissant sujet[1]. »

Lionne approuva hautement la ferme et sage attitude du Cardinal, et, en lui déclarant que le Roi était résolu d'agir avec vigueur, il lui envoya (7 août 1665[2]) copie de l'arrêt du Parlement dont nous avons parlé, qui supprimait la Bulle et maintenait aux évêques et à la Faculté de théologie le droit de censure. Louis XIV était décidé à pousser les choses à la dernière extrémité, et peu s'en fallut que la célèbre Déclaration de 1682 ne fût proclamée dès 1665. Lionne disait à Retz, dans une autre dépêche (14 août[3]), que le meilleur moyen de tout pacifier serait que le Pape révoquât sa bulle et gardât le plus profond silence sur les décisions du Parlement et de la Sorbonne. Toutefois il n'osait se flatter que la cour de France pût obtenir un tel résultat ; il l'espérait d'autant moins qu'il n'ignorait pas que le nonce Roberti peignait tout sous de fausses couleurs et aveuglait la cour de Rome sur le véritable état des choses (21 août[4]). Retz ne laissait échapper aucune occasion de dissiper, dans l'esprit des cardinaux romains, « les illusions fantastiques et imaginaires[5] » que le Nonce cherchait à répandre parmi eux. Cependant la cour de Rome, effrayée des suites que pouvait avoir une telle lutte, essayait de battre en retraite, en atténuant, autant que possible, la portée de la bulle dirigée contre la Faculté de théologie. Dans une nouvelle conférence, le cardinal Albizzi dit à Retz que le Pape,

1. Bourlemont à Lionne : *Lettres à Lionne*, Rome, 28 juillet 1665, archives des Affaires étrangères, tome XX (170), pièce 62, fol. 135 et 136. Le passage cité est en chiffre, avec traduction interlinéaire.
2. *Pièces justificatives*, n° 10, p. 469.
3. *Ibidem*, n° 12, p. 473.
4. *Ibidem*, n° 13, p. 475 et 476.
5. Retz à Lionne, 25 août 1665, p. 52.

dans cette bulle, n'avait nullement prétendu la priver du droit de censure doctrinale, non plus que les évêques de France, qu'il n'avait jamais eu cette pensée; et, quant au livre de Guimenius, que Rome, bien loin d'approuver ses doctrines morales, le livrerait bientôt au Saint-Office, et que la censure dont il serait l'objet serait « plus aigre et plus décisive » que celle de la Faculté de théologie[1]. Mais l'opinion verbale et secrète d'un cardinal ne pouvait suffire à la France. Louis XIV entendait que le Pape, par un écrit rendu public, expliquât la Bulle, sans délai, dans les mêmes termes que le cardinal Albizzi. Lionne annonçait à Retz que, si Alexandre VII tardait encore à donner cette satisfaction, le Roi était décidé à ne pas « empêcher plus longtemps la publication de l'arrêt » du Parlement contre la Bulle, « ni le jugement des moyens d'abus », et à ne plus « tenir dans le silence l'Assemblée du clergé ni la Faculté de théologie. Votre Éminence, ajoutait-il, rendra un service à l'Église bien digne d'un cardinal, docteur de cette Faculté, si elle trouve les moyens d'étouffer ce feu de division naissante, laquelle, sans un entremetteur de sa force et de sa suffisance, pourroit bien s'étendre plus loin qu'on ne croit[2]. » En même temps, le ministre, pour effrayer la cour de Rome, faisait passer au Cardinal quelques copies de l'arrêt du Parlement, en lui ordonnant de les répandre de la main à la main.

La cour de Rome, très-irritée de cet arrêt, qui déclarait, nous l'avons dit, la Bulle non avenue et en défendait la publication en France, eut d'abord la pensée d'y répondre par un acte fulminant de la congrégation du Saint-Office; mais, mieux avisée, elle se borna à faire supplier Louis XIV par le Nonce de ne pas rendre cet arrêt public. Le Roi, de son côté, dans une lettre à l'abbé de Bourlemont, déclarait que le seul moyen d'en finir était que la Bulle, sur tous les points essentiels, fût interprétée par le Pape dans le sens le plus favorable aux libertés de l'Église gallicane, ou qu'elle fût révoquée[3]. Retz, dans une conversation qu'il avait eue avec le car-

---

1. Retz à Lionne, 1er septembre 1665, p. 55.
2. Lionne à Retz, 25 septembre, p. 480.
3. Lettre du Roi à M. de Bourlemont, du 2 octobre, « tou-

dinal dataire Corrado, lui avait si bien montré la véritable situation des choses en France, que la cour de Rome avait enfin suspendu les hostilités. Après mûre délibération, elle prit la résolution de ne pas répondre à l'arrêt du Parlement[1], tout en ne cessant alors encore de le menacer d'une censure. Retz, qui voyait loin et juste, annonçait, à partir de ce moment, que le silence de Rome pourrait bien être définitif, malgré les intrigues de l'ambassadeur d'Espagne, qui pressait vivement le Pape de lancer une excommunication contre la France.

Une fluxion sur les yeux ayant obligé le Cardinal à se rendre à Tivoli, afin de changer d'air, ce voyage lui fut une occasion de rendre visite au Pape, qui se trouvait sur son chemin, dans sa villa de Castel Gandolfo. Ce fut Alexandre VII qui, le premier, entama le chapitre de la Bulle. L'entretien dura plus de trois heures. Retz, avec une grande habileté et des ménagements infinis, soutint la discussion. Il essaya d'éclairer le Pontife sur le véritable état des esprits en France. Tout en défendant les libertés de l'Église gallicane, il soutint, afin de se concilier tout d'abord l'esprit d'Alexandre, que la Sorbonne n'avait eu nullement la pensée de censurer la doctrine de son infaillibilité; en même temps, il lui rappela, ce qu'il tenait de la bouche du cardinal Albizzi, que la Bulle n'avait eu en vue que ceux qui condamnaient cette doctrine, et non ceux qui professaient une opinion contraire; que cette bulle n'avait point entendu interdire aux évêques de France, non plus qu'à la Faculté de théologie, de censurer les livres d'une morale corrompue, et il concluait que, Paris et Rome étant ainsi d'accord en tout et pour tout, le malentendu existant ne reposait plus que sur une équivoque.

Le Pape étant convenu que sa bulle avait été mal interprétée, Retz chercha à lui faire comprendre qu'il serait indispensable, pour mettre fin au différend, qu'il en déclarât lui-même publiquement le vrai sens. Mais le Pontife, sur la défensive, lui répondit nettement que ce n'était point à lui à faire le

---

chant la manière d'ajuster les différends pour la Bulle, » tome XXI (171) des papiers de Rome, *Lettres de Lionne*, pièce 103, fol. 206 et 207.

1. Retz à Lionne, 20 septembre 1665, p. 67.

premier pas. Afin de tourner la difficulté, Retz lui promit que la Faculté ferait les premières avances, pourvu que, de son côté, il voulût bien d'abord s'engager à expliquer sa bulle dans le sens que lui-même y attachait. Sur un nouveau refus, Retz, passant à des menaces à peine déguisées, lui dit que la France tenait pour fort problématique la doctrine de l'infaillibilité, qu'elle pourrait trouver dans les registres du Parlement des armes redoutables, et qu'il était temps de prévenir le danger. Le Pape se montrant aussi peu touché des menaces que des prières, l'esprit fécond du Cardinal imagina une autre combinaison : il offrit d'écrire aux docteurs de la Sorbonne qu'il savait, de source certaine, que le Pape leur donnerait des explications sur sa bulle, s'ils lui en faisaient la demande. Cette offre plut au Pontife ; mais il exigea qu'il ne fût point dit qu'on tenait la promesse d'explication de sa propre bouche. Il pouvait sembler qu'après une telle demande faite par la Faculté, l'affaire se terminerait d'un commun accord. Mais Retz prévit, dès ce moment même, qu'il y aurait un obstacle invincible que le Pape ne consentirait pas à lever, que jamais, malgré sa promesse, il ne se déciderait à déclarer publiquement ce qu'il lui avait dit en particulier, à savoir qu'il ne condamnait point ceux qui ne le tenaient pas pour infaillible, et, dans la crainte d'un refus, il demanda à Lionne s'il serait prudent de faire, sans de bonnes garanties, des avances sur ce point délicat[1]. Le ministre trouva *admirable* et pour le *fond* et pour la *forme* (6 novembre) le récit que Retz lui adressa de cette importante conversation, et il écrivit à M. de Bourlemont que « personne autre n'aurait pu, avec tant d'habileté, pousser une affaire aussi délicate au point » où il lui paraissait qu'il l'avait mise. Cependant le Roi, avant de prendre une décision, jugea prudent d'attendre que le Nonce se fût expliqué. Or celui-ci, loin de changer de langage, se laissait emporter de plus en plus à des menaces aussi impolitiques que téméraires, disant « à tout bout de champ, que, si l'arrêt du Parlement se publiait, Sa Sainteté pousserait toutes choses à la dernière extrémité, aimant mieux voir la France schismatique et séparée du Saint-Siége, que de souffrir

---

1. Retz à Lionne, 23 octobre 1665, p. 81-101.

une pareille chose¹. » Puisque le Nonce osait tenir un tel langage, il était évident ou qu'il n'avait pas encore reçu de nouvelles instructions de la cour de Rome, ou qu'il se permettait de n'en pas tenir compte. Louis XIV, sur « une affaire de spiritualité toute pure, n'aurait eu aucune difficulté à faire le premier pas², » mais, pour n'avoir pas l'air de céder aux menaces du Nonce, il eut recours à l'expédient proposé par Retz, qui était de faire agir directement la Sorbonne, comme elle le jugerait utile pour la défense et le maintien de ses droits et de ses décisions. En conséquence, le Roi autorisait le Cardinal à offrir au Pape une lettre de douze docteurs de la Sorbonne, affirmant que la Faculté de théologie n'avait entendu censurer dans la Bulle que l'opinion qui condamnait, comme hérésie, la doctrine que les papes ne sont pas infaillibles. Si Rome se contentait de cette offre, il avait pour mission de prier Alexandre VII de s'expliquer nettement sur les satisfactions qu'il avait promises, et, après l'envoi qui lui serait fait de la lettre des docteurs, le Roi le prierait officiellement de donner une explication de sa bulle³. Avant d'avoir reçu ces instructions, Retz apprit du cardinal Imperiali que le Pape avait donné au nonce Roberti des ordres formels pour qu'il attestât publiquement que, dans la Bulle, il n'avait nullement voulu approuver les erreurs de Guimenius, ni porter la moindre atteinte aux droits des évêques de France et de la Faculté. Tout faisait espérer que l'on était sur le point de s'entendre. Le décret de la Faculté contre le livre de Guimenius avait eu un tel retentissement que la cour de Rome ne crut pas pouvoir, sans scandale, se taire plus longtemps au sujet des casuistes. La congrégation du Saint-Office avait déjà censuré quelques-unes de leurs propositions ; mais on remarqua que Guimenius n'était point nommé dans ces censures. Le cardinal de Retz annonçait à Lionne qu'il travaillait à une petite dissertation sur son livre, sur la nécessité de le condamner nommément, et qu'il avait dessein de la mettre, s'il le fallait, sous les yeux du Pape⁴.

1. Lionne à Retz, 13 novembre 1665, p. 488.
2. Lionne à Retz, 20 novembre, p. 489.
3. *Ibidem*, p. 490.
4. Retz à Lionne, 17 novembre, p. 113.

La condamnation nominative par Rome lui semblait un préliminaire indispensable à un arrangement; car il jugeait que, sans un acte de cette sorte, la Faculté ne pourrait se croire suffisamment relevée des interdictions lancées contre elle par la bulle du Pape. Mais il ne se dissimulait pas toutes les difficultés qu'il aurait à obtenir gain de cause, les cardinaux Albizzi et Pallavicini, grands amis de la compagnie de Jésus, s'opposant, avec la plus grande opiniâtreté, à ce qu'on allât au delà d'une condamnation anonyme et collective. Malheureusement, la dissertation projetée, peut-être composée, par Retz contre ce casuiste ne se trouve pas dans la correspondance de notre ambassade à Rome. Il eût été très-curieux de voir comment un esprit de la trempe de Retz avait traité sommairement les mêmes questions que Pascal.

Dès que les nouvelles instructions du gouvernement français lui furent parvenues, le Cardinal, dans une seconde audience, promit au Pape la lettre des douze docteurs, si toutefois, lui redisait-il, il voulait bien, de son côté, consentir à leur déclarer, par écrit, qu'il n'avait jamais eu la pensée de porter la moindre atteinte à leurs prérogatives et à celles des évêques de France.

A ce mot d'écrit, le Pape, effrayé, recula, disant qu'il ne pouvait capituler avec une Faculté, et il offrit de faire examiner préalablement la lettre des docteurs par la congrégation de Jansénius. C'était créer de nouvelles difficultés, au lieu de résoudre celles qui étaient pendantes. Retz, un peu surpris, dit au Pontife que le Roi, de peur que le secret ne fût pas bien gardé, refuserait peut-être son agrément à cette proposition; mais bientôt il reprit son assurance, et accepta l'offre qui lui était faite, à condition toutefois que la congrégation serait consultée avant que la Faculté rédigeât sa lettre. De cette façon, c'était la cour de Rome qui faisait les avances. Le Pape s'en aperçoit, se montre hésitant; le Cardinal le presse de plus en plus, et Sa Sainteté finit par céder, en gémissant sur la gravité de cette démarche, et en ajoutant que c'est la Faculté qui aura ainsi le dessus. Il fut convenu que le secret le plus absolu serait demandé aux cinq cardinaux dont se composait la congrégation de Jansénius.

D'après le conseil d'Alexandre VII, Retz eut d'abord un

entretien avec Albizzi, qui lui dit, sans hésitation, que, sur tous les points, il serait facile de s'entendre, sauf sur celui de l'infaillibilité. Toutefois il ajouta qu'il ne voyait aucun inconvénient à ce que le Pape déclarât, en termes généraux, qu'il ne prétendait pas condamner *les opinions de la Faculté que ses prédécesseurs avaient tolérées*. Ces expressions désignaient implicitement l'opinion contraire à l'infaillibilité pontificale. A ce mot *tolérées*, Retz se récrie et affirme qu'il ne serait jamais accepté en France. Sur quoi les deux cardinaux se promirent réciproquement de ne rien négliger pour tourner la difficulté. Craignant néanmoins qu'elle ne demeurât insoluble, le prudent négociateur pensa qu'il serait sage que le Roi n'intervînt point, par une démarche directe, auprès de Sa Sainteté, et il promit à Lionne de n'agir qu'auprès des membres de la congrégation et en son propre nom. Il eût été bien plus difficile, disait-il, d'obtenir du Pape une explication par écrit, que de cinq cardinaux, dont quatre désiraient l'accommodement. De la sorte, ce serait toujours Rome qui ferait le premier pas, et elle aurait ainsi bien plus d'intérêt que le Louvre à garder le secret le plus profond. Si, au contraire, elle refusait ce qu'elle avait tant de fois promis, elle mettrait par là à découvert son intention formelle d'établir son infaillibilité. Dans la même dépêche, Retz annonçait à Lionne que le Pape lui avait parlé « de Guimenius comme d'un livre contre lequel on verroit bientôt quelque chose de sa part de plus rude et de plus sanglant que tout ce que l'on avoit fait en France[1]. »

Cette lettre du Cardinal produisit le plus grand effet sur Louis XIV et Lionne, et le ministre, au nom du Roi, lui adressa les compliments les plus flatteurs, en approuvant hautement la direction qu'il continuait de donner à l'affaire. A partir de ce moment, on lui abandonna presque entièrement le soin de la conduire. Tout en constatant les bonnes dispositions de la cour de Rome à en venir à un accommodement, il demeurait convaincu que le nœud de la difficulté serait toujours d'obliger le Pape à se prononcer nettement sur la question de l'infaillibilité. Dans une conversation qu'il eut avec

---

1. Retz à Lionne, 22 décembre 1665, p. 133.

Monsignor Varese, assesseur du Saint-Office, que le Pontife avait envoyé auprès de lui, il proposa un ingénieux moyen de sortir d'embarras. Ce fut d'engager le Pape à écrire une lettre, dans laquelle, sans qu'il fût question de l'infaillibilité, il déclarerait tout simplement que, par sa bulle, il n'avait prétendu en aucune façon condamner la Sorbonne, ni la priver, non plus que les évêques de France, du droit de censure. Cette lettre, pensait le Cardinal, bien que conçue en termes généraux, n'en eût pas moins été une rétractation de la Bulle. Quant à insister pour la condamnation nominative, il disait que ce soin serait désormais inutile, parce que Rome y paraissait enfin décidée d'elle-même, et qu'en tout cas le Pape, en reconnaissant à la Sorbonne le droit de censure et en la relevant de tout blâme, approuverait implicitement la condamnation qu'elle avait prononcée contre ce jésuite[1].

Le Roi et Lionne, tout en admirant et louant l'habile conduite du Cardinal, ne furent pas d'avis d'accepter le nouvel expédient qu'il proposait. Une simple déclaration, par laquelle le Pape eût affirmé qu'il n'avait point voulu toucher aux prérogatives de la Faculté et de l'épiscopat français, ne leur parut pas suffisante pour lever l'excommunication lancée par la Bulle contre les lecteurs et défenseurs de la censure de la Faculté. En conséquence, le Roi et son ministre engageaient le Cardinal à ne plus faire un pas en avant, tant qu'il n'aurait pas reçu de nouvelles propositions[2]. Un mois s'était écoulé depuis l'entretien avec Varese, et la cour de Rome gardait un silence impénétrable. Louis XIV, lassé de toutes ces lenteurs, de ces négociations stériles, résolut de laisser dormir la question. Il fit écrire à Retz qu'il « pourrait prendre l'occasion de dire au cardinal Albizzi qu'il voyait bien que tout ce qu'on lui avait dit n'avait été qu'un amusement; » que, quant à lui, il n'avait pris l'initiative que pour être utile au Pape, et qu'il retirait toutes les paroles qu'il avait données[3]. En même temps, il lui était enjoint de montrer désormais la plus complète indifférence pour cette affaire et pour la conclusion

1. Retz à Lionne, 5 janvier 1666, p. 143.
2. Lionne à Retz, 29 janvier, p. 501.
3. Lionne à Retz, 26 février, p. 508.

qu'elle pourrait avoir. Louis XIV espérait ainsi faire sortir la cour de Rome de son silence, pour peu qu'elle eût envie de traiter.

A la fausse nouvelle d'une alliance entre l'Angleterre, l'Espagne et l'Empereur, le Pape ordonna de suspendre les séances de la congrégation de Jansénius au sujet de la Bulle[1]. Il paraissait disposé à cesser ou à reprendre les négociations selon le cours que prendraient les événements. Retz, de son côté, affectait de ne parler qu'en termes ambigus aux membres de la congrégation. Mécontent de sa ferme attitude dans toute cette affaire, Alexandre VII biffa son nom sur une liste qui lui fut présentée pour le renouvellement des membres de la congrégation de l'*Index*. Mais, sans paraître ému de cette marque de défaveur, le Cardinal n'en poursuivit pas moins, avec zèle et prudence, la mission qui lui était confiée. Ne pas rompre avec Rome et affecter en même temps, selon ses instructions, une grande indifférence, telle fut la ligne de conduite qu'il suivit dès lors jusqu'à la fin. Afin de déterminer la cour romaine à parler, il disait hautement qu'il considérait les négociations comme arrêtées et restées vaines. Quant à retirer les paroles qu'il aurait pu donner, il écrivait à Lionne qu'il ne s'était jamais mis dans cette nécessité, ayant eu la prudence de ne rien promettre. Il lui annonçait en outre qu'à Rome on était très-irrité de la publication d'un petit recueil contenant toutes les pièces officielles relatives aux censures de la Sorbonne et du Parlement, ainsi que des dissertations fort hostiles au Saint-Siége[2]. Ce volume venait de paraître à Munster, sous le voile de l'anonyme, par les soins de Jacques Boileau, savant théologien, qui y avait inséré des *Considérations respectueuses sur la bulle d'Alexandre VII*, dans lesquelles l'infaillibilité était attaquée avec une grande force. On y trouvait de plus des *Remarques sur la bulle contre les censures de la Sorbonne*, sans nom d'auteur, qui étaient l'œuvre du célèbre Antoine Arnauld. Mais la partie la plus agressive du recueil, celle qui blessa le plus vivement, avait pour titre : *Remarques sur le XVIII tome des Annales ecclésiastiques d'Odoricus Raynaldus* (continuateur de Baronius).

1. Retz à Lionne, 23 février 1666, p. 174.
2. Voyez ci-après, p. 36, note 4.

Tel était l'état des choses, lorsque Retz put enfin annoncer à Lionne que, pour n'avoir pas à se prononcer, à part, sur la question de l'infaillibilité, l'on avait « confirmé, dans la dernière congrégation *del Indice*, le décret de la condamnation de Guimenius[1]. » C'était comme retirer la Bulle, et implicitement absoudre, d'une manière générale, la Sorbonne de sa censure contre le livre de ce casuiste. Le 30 avril 1666, Lionne adressait à Retz une dernière lettre, pour le féliciter de l'extrême habileté qu'il avait déployée et pour lui dire que le Roi, ne s'étant engagé en rien à l'égard de Rome, était résolu à ne plus donner suite aux négociations.

Ainsi se termina, par le silence réciproque des cours de France et de Rome, cette grave question qui risquait de provoquer un schisme. Si le cardinal de Retz n'obtint pas du Pape une rétractation formelle de sa bulle, il réussit du moins, en lui signalant tous les dangers de la situation, à retenir sa main prête à lancer les foudres de l'excommunication contre le Parlement. Son succès eût été plus grand sans doute si, comme il l'espéra un moment, il eût amené Alexandre VII à retirer formellement, en ce qui touchait l'infaillibilité, la condamnation prononcée contre la Sorbonne. Mais, à tout prendre, s'il n'y eut pas de rétractation positive, de convention écrite pour mettre fin au différend, les hostilités n'en furent pas moins arrêtées et les deux opinions demeurèrent libres. Quant au cardinal de Retz, très-docte théologien, mais avant tout avisé et profond politique, il dut prendre aisément son parti de cette issue : il étendait assurément à cette grave et si délicate question ce qu'il disait « du droit des peuples et de celui des rois, qui ne s'accordent jamais si bien ensemble que dans le silence[2]. »

INVESTITURE DU ROYAUME DE NAPLES. — Pendant ces longues et difficiles négociations sur l'infaillibilité, survint[3] la mort de Philippe IV, roi d'Espagne, dont la fille aînée était la

---

1. Lettre du 13 avril 1666, p. 207.
2. *Mémoires*, tome I, p. 294. — Voyez dans *le Cardinal de Retz et ses missions diplomatiques à Rome*, les chapitres IV, V et VI, p. 175-373.
3. Le 14 septembre 1665.

reine de France Marie-Thérèse, et qui, en outre, laissait, d'un second mariage, deux autres enfants, Charles II, son successeur, âgé de quatre ans, paraissant à peine viable, et une seconde fille, l'infante Marguerite-Thérèse. Les Espagnols, sans doute parce qu'ils s'attendaient à la mort prochaine de Charles II, négligèrent de demander pour lui à Alexandre VII, dans le délai de six mois, prescrit par les bulles, l'investiture du royaume de Naples, qu'ils pouvaient espérer obtenir plus tard en faveur de l'empereur Léopold Ier, avec lequel ils avaient projeté de marier l'infante Marguerite-Thérèse. Louis XIV avait le plus grand intérêt à écarter l'Empereur et à désirer que l'on ne tardât pas davantage à donner l'investiture à Charles II, puisque de la sorte, en cas de mort du petit prince, il pouvait faire valoir les droits de sa femme, fille aînée, nous l'avons dit, de Philippe IV. Le jeune roi une fois investi, l'Empereur ne pouvait lui succéder comme roi de Naples, une bulle de Jules II déclarant qu'il y avait incompatibilité entre la possession de l'Empire et celle de ce royaume; d'autre part, il n'avait aucun droit par lui-même, parce qu'il ne descendait pas de Charles-Quint, qui, par exception du reste, et pour sa personne seulement, avait obtenu l'investiture de Léon X.

Quant aux anciens droits des rois de France sur le royaume de Naples, ils avaient cessé d'exister par suite de plusieurs renonciations faites par eux au seizième et au dix-septième siècles, et qui avaient été implicitement renouvelées dans les articles 89 et 108 du traité des Pyrénées[1]. Il faut remarquer de plus que, dans le contrat de mariage de Louis XIV avec Marie-Thérèse, Philippe IV prit le titre de roi des Deux-Siciles, et Louis XIV simplement celui de roi de France et de Navarre. Il est donc manifeste qu'en 1665 le roi de France n'avait plus de droits personnels sur le royaume de Naples, et qu'il ne pouvait s'appuyer que sur les droits éventuels de la reine Marie-Thérèse, déduits de la nullité des renonciations du contrat, par suite du non-payement de la dot de cette princesse, nullité qui avait été prévue et habilement stipulée pour cette cause dans le traité des Pyrénées.

Ce qui peut sembler surprenant, c'est que le cardinal de

---

1. Voyez ci-après, p. 260, note 4.

Retz ne paraît tenir nul compte ni même se douter de l'existence de toutes les renonciations de la France depuis François Iᵉʳ, et que Lionne, qui savait indubitablement, et mieux que personne, à quoi s'en tenir, n'ait pas cru devoir le renseigner sur ce point essentiel. Retz, dans les nombreuses dépêches qu'il lui adresse, s'excuse de son ignorance en ce qui touche les droits du Roi, sur l'absence de tout document dans les papiers de notre ambassade à Rome. Mais comment, à défaut de documents manuscrits, a-t-il pu négliger les livres d'histoire imprimés, qui l'eussent éclairé sur-le-champ? Peut-être connaissait-il mieux qu'il ne le dit le faible de la question et qu'en fin courtisan il jugea plus sage de ne pas en parler. Ce qui est certain c'est que, dans toute cette affaire, il agit avec autant de prudence que d'habileté, sans rien abandonner au hasard. Il avait fini par découvrir (ce n'était pas facile) un exemplaire de la bulle de Jules II portant expressément que l'Empire et le Royaume étaient incompatibles dans une même personne [1]. Il s'était aussi procuré la bulle de Léon X, qui dispensait *personnellement* Charles-Quint de la clause d'incompatibilité; celles de Jules III en faveur de Philippe II, et de Clément VIII en faveur de Philippe III. Au reste, il était incontestable et incontesté, et l'on n'avait pas besoin de ces pièces pour l'établir, que rien ne s'opposait à ce que Charles II, l'héritier de ces princes, reçût l'investiture, et Lionne pensait que plus tard, le cas échéant, c'est-à-dire s'il s'élevait des contestations, « de bons canons et de bonnes épées vaudroient mieux que » toutes « les bulles » du monde [2].

Cependant les Espagnols, avertis par le Pape des recherches que faisait le cardinal de Retz sur cette affaire de l'investiture, demandèrent au Pontife de l'accorder promptement au jeune Charles II, et la demande fut favorablement accueillie. Rome donnait pour raison de ce bon accueil que, le prince étant mineur, il n'y avait pas lieu de lui opposer l'expiration du délai de six mois établi par les bulles [3]. Retz, tout en ne tenant pas compte, soit sciemment, soit par ignorance, des diverses

---

1. Retz à Lionne, 22 décembre 1665, p. 133 et 134.
2. Lionne à Retz, 25 décembre, p. 495.
3. Retz à Lionne, 15 juin 1666, p. 259.

renonciations des rois de France aux droits qu'ils tenaient du testament de Charles d'Anjou, avouait que ces droits n'avaient « pas été tenus assez en vigueur.... par les ambassadeurs et par les ministres » du Roi, pour que l'on pût s'y appuyer ; et comme les papes n'avaient cessé de donner l'investiture aux rois d'Espagne, depuis Charles-Quint, et qu'il n'y avait pas de trace à l'ambassade d'oppositions de la France à cette investiture, il jugeait d'autant plus utile qu'elle n'en fît pas contre « un enfant de quatre ans et malsain, » dont la mort pouvait demain donner à Louis XIV le royaume de Naples[1]. Il touchait au cœur de la question : si Louis XIV avait des droits sur le royaume de Naples, c'étaient moins des droits passés, que le Cardinal lui-même convenait être au moins tombés en désuétude, que des droits éventuels, du chef de sa femme. Il ne se dissimulait pas cependant les difficultés qui pourraient s'élever du côté de Rome, si la succession de Charles II venait à s'ouvrir. Ne devait-on pas craindre, en effet, qu'Alexandre VII, ou quelque autre pontife ennemi de Louis XIV, ne soutînt la validité des renonciations de Marie-Thérèse et ne refusât l'investiture à la France? En ce cas, que pourrait-on opposer au Pape? cet argument, propre à toucher le Saint-Siége, que la renonciation de Marie-Thérèse était nulle, « parce qu'il n'auroit pas été en son pouvoir, quand même elle auroit été majeure (au moment de son mariage), de changer, sans le consentement du Pape et du Collége (des cardinaux), l'ordre de l'investiture, qui l'appelle immédiatement après le roi son frère, le seul mâle qui reste de la maison d'Autriche, qui est l'Empereur, étant incapable de cette succession, et l'Impératrice ne l'étant pas moins par la même raison[2]. » En conséquence, Retz était d'avis que les cardinaux de la faction française ne devaient pas s'absenter du consistoire, ni former aucune opposition contre l'investiture en faveur de Charles II, par laquelle le Roi, tout en réservant ses anciens droits, en acquérait de nouveaux[3]. Le consistoire fut assemblé à quelques jours de là, et le Pape ayant demandé à

---

1. Retz à Lionne, 15 juin 1666, p. 261-263.
2. *Ibidem*, p. 265.
3. *Ibidem*, p. 263.

chaque cardinal quel était son avis, Retz répondit en latin, suivant l'usage : « J'opine que l'on peut accorder le renouvellement de l'investiture, pourvu que restent saufs les droits qui appartiennent ou qui pourront appartenir, en quelque temps que ce soit, au roi très-chrétien[1]. » Les cinq cardinaux de la faction de France exprimèrent le même avis, et l'investiture fut votée par tout le Sacré Collége, sans que le cardinal Sforza, représentant de la reine régente d'Espagne, soulevât la moindre protestation. Loin de là, il ne songea même pas à opposer aux cardinaux français les renonciations des rois de France. Retz avait donc fait l'essentiel en maintenant les droits éventuels de Marie-Thérèse. Il exprimait toutefois le regret de n'avoir pu faire insérer dans la bulle d'investiture ses réserves en faveur des droits de Louis XIV; notre ambassade à Rome n'ayant point alors d'archives[2], il n'avait pu découvrir quels étaient les précédents en pareille matière. Peu de jours après, le cardinal Sforza, au nom de Charles II, prêta le serment de l'investiture, et le Pape reçut la haquenée, tribut annuel du roi d'Espagne. Quoique privé de tous documents, Retz avait conduit si sagement cette affaire, que Lionne, au nom du Roi, le remercia, dans les termes les plus flatteurs, du signalé service qu'il venait de rendre à la couronne de France[3].

MÉMOIRE SUR LA PART À FAIRE AUX NATIONS DANS LES PROMOTIONS DE CARDINAUX (septembre 1666[4]). — Louis de Vendôme, duc de Mercœur, fils aîné de César de Vendôme et de Françoise de Lorraine, devenu duc de Vendôme, en 1665, par la mort de son père, et ayant perdu sa femme, Laura Mancini, nièce de Mazarin, avait embrassé la vie ecclésiastique. Louis XIV, l'ayant nommé cardinal, poursuivit sa promotion auprès de la cour de Rome. Mais le pape Alexandre VII, qui, depuis longtemps, était avec Louis XIV dans les termes les plus hostiles, et qui faisait la sourde oreille à toutes ses de-

---

1. Retz à Lionne, 15 juin 1666, p. 270.
2. *Ibidem*, p. 272.
3. Lionne à Retz, 10 juillet 1666, p. 537-539. — Voyez dans *le Cardinal de Retz et ses missions diplomatiques à Rome*, le chapitre VII, consacré à cette affaire de l'investiture, p. 375-391.
4. Voyez ci-après, p. 328-345.

mandes, ne tint aucun compte de ses instances en faveur du descendant d'Henri IV, et, au mois de février 1666, il fit une promotion de cardinaux qui ne comprenait que des Italiens, de même au reste que toutes ses précédentes, sauf une où figurent deux nationaux, comme on appelait les cardinaux étrangers. Cette nouvelle création exclusive mécontenta fort les cours de France, d'Espagne et de Vienne, et les ambassadeurs de ces trois puissances élevèrent de vives réclamations en faveur de leurs candidats, l'Empereur pour l'archevêque de Saltzbourg, l'Espagne pour un prélat dont elle ne voulait découvrir le nom qu'au dernier moment, et la France pour le duc de Vendôme[1]. En ce qui concernait celui-ci, le Pape prétendait que le Roi ne l'avait jamais nommé expressément et n'avait fait que le recommander. Peut-être avait-il gardé quelque ressentiment personnel contre Vendôme, qui, pendant la Fronde, étant gouverneur de Provence, avait fait arrêter le nonce Corsini, par qui Innocent X avait remplacé Bagni, dont la cour de France avait demandé l'éloignement pour avoir fait cause commune avec les Frondeurs. En réponse aux réclamations, le cardinal Pallavicini[2], fort versé dans les matières ecclésiastiques, se mit à rédiger un mémoire, « pour justifier la conduite que le Pape tenait à l'égard des couronnes, » et en particulier pour soutenir que, s'étant réservé *in petto* quatre chapeaux à la promotion de février 1666, il ne pourrait donner même ceux-là à des nationaux si telle n'avait pas été son intention au moment où il faisait la réserve[3]. Retz ayant eu avis, à la fin d'août 1666, de ce travail de Pallavicini, et même pénétré, nous dit-il, « les fondements » sur lesquels il s'appuyait, crut qu'il était de son devoir de répondre à cet opuscule de circonstance, avant de quitter Rome, « sans en nommer ni marquer » l'auteur[4]. Il put se procurer aisément les documents nécessaires, et, placé sur le solide terrain des faits, il

---

1. Retz à Lionne, 16 février 1666, p. 169 et suivantes. — Le duc de Vendôme ne fut créé cardinal qu'un an après, le 7 mars 1667. On le verra à côté du cardinal de Retz dans le conclave où fut élu Clément IX.
2. Voyez plus haut, p. xvii.
3. Voyez p. 337.
4. Voyez la lettre du dernier août 1666, p. 326.

rédigea une longue dissertation, chef-d'œuvre de science et de discussion, dont il s'empressa de donner communication à l'ambassadeur de France à Rome, le duc de Chaulnes, et que celui-ci transmit aussitôt au Roi, après lui en avoir annoncé l'envoi dans les termes les plus laudatifs[1].

Le cardinal de Retz s'attache à établir que les décrets du concile de Trente ont décidé, afin que l'Église universelle soit convenablement représentée dans la capitale de la Chrétienté, que les cardinaux ne doivent pas être exclusivement choisis dans les États romains et en Italie, mais aussi, en grande proportion, dans tous les États catholiques. Après avoir montré que « la conduite des plus grands papes a répondu fort justement et à la décision (du concile) et à la raison[2], » il prouve, par les considérations de l'ordre le plus élevé, à quel point il importe de les imiter et de combler les vides que le présent pontificat a laissés jusqu'ici, au détriment des nations, dans le Collége des cardinaux. Il nous paraît certain que, dans sa pensée, son mémoire devait être mis sous les yeux du Pape et du Sacré Collége, dans le cas où le cardinal Pallavicini donnerait de la publicité au sien : ce qui semble bien le prouver, ce sont quelques passages fort élogieux pour Alexandre VII, qu'il se réservait sans doute de mettre d'accord, par de faciles retouches, avec d'autres endroits très-différents, après communication de la pièce dans son premier état à l'ambassadeur, à Lionne et au Roi[3]. Toute cette dissertation est aussi solide que lumineuse et écrite du style le plus ferme. Lionne, après avoir fait lecture du mémoire au Roi, qui y prit « un plaisir singulier, » écrivit au Cardinal, le 13 novembre, pour l'en féliciter, au nom de Louis XIV et au sien, en lui disant qu'il ne se pouvait rien « voir de plus fort ni de mieux couché

1. Voyez, p. 328, dans la note 1 du mémoire, l'extrait de la lettre du duc de Chaulnes au Roi, du 7 septembre 1666.
2. Voyez p. 329.
3. Voyez p. 337, note 48. — Toutefois Lionne dit à Retz, dans sa lettre du 13 novembre (p. 549), qu'il a mandé au duc de Chaulnes qu'il doit, à moins que le Cardinal ne l'ait « requis du contraire..., faire courir des copies du mémoire dans la cour de Rome » : ce qui paraît bien signifier du mémoire tel qu'il est, sans retouches.

par écrit, » et qu'il ne savait pas ce que le cardinal Pallavicini pourrait y opposer[1]. Le ministre termine sa lettre en offrant ses services à Son Éminence, sans doute par l'ordre même du Roi, pour tout ce qu'Elle pourrait désirer de la cour de France « pour Elle-même ou pour ses serviteurs, en quelque nature d'affaire que ce soit[2]. » Retz se contenta, très-modestement et très-dignement, de prier le Roi « de l'honorer de la pension (de 18 000 livres) dont il lui plaît de gratifier les cardinaux de sa nomination. » La lettre qu'il adressa au Roi à ce sujet, le 19 décembre 1666[3], nous peint à merveille dans quelle disposition d'esprit se trouvait alors l'ancien rebelle. Il ne parle pas même de son droit à cette pension, il n'élève aucune plainte de ce qu'elle ne lui a pas été payée jusque-là; il ne la demande que comme une pure grâce, comme une faveur qui ne lui est due en aucune façon. Le chef des Frondeurs a fait place à un tout autre homme[4].

III. — CONCLAVES. — Le cardinal de Retz, qui, avant sa soumission, avait déjà, se trouvant alors à Rome, pris une part fort active à l'élection d'Alexandre VII[5], assista, par ordre de Louis XIV, aux trois conclaves où furent élus Clément IX, Clément X et Innocent XI. Il y joua un rôle considérable, particulièrement dans les deux premiers, où il fit triompher les candidats de Louis XIV. Ce fut surtout dans ces conclaves qu'il eut l'occasion de faire preuve de son extrême habileté comme diplomate[6]. Louis XIV, par plusieurs lettres de sa main[7], le félicita, en termes fort élogieux,

1. Lionne à Retz, p. 549. — 2. *Ibidem.*
3. Voyez p. 379 et 380.
4. Voyez dans *le Cardinal de Retz et ses missions diplomatiques à Rome*, le chapitre VIII (p. 393-416), où nous avons déjà inséré le mémoire de Retz sur le Sacré Collége.
5. Voyez au tome V la fin des *Mémoires.*
6. Voyez dans *le Cardinal de Retz et ses missions diplomatiques à Rome*, le chapitre X pour le conclave de Clément IX, le chapitre XI pour le conclave de Clément X, et le chapitre XII pour celui d'Innocent XI.
7. Du 10 juillet 1667 (p. 550), du 10 décembre 1669 (p. 553), des 13 août et 10 octobre 1676 (p. 584 et 598).

des succès qu'il obtint et de tous les fruits de son zèle et de sa sagesse. Malheureusement il ne s'est conservé dans les archives des Affaires étrangères qu'un petit nombre des lettres adressées du sein du conclave soit à l'ambassadeur, à Rome, soit au ministre, à Paris. Elles sont toutes relatives à la dernière élection, celle d'Innocent XI[1], et leur existence s'explique par « l'exception positive et publique, » nous dit Retz, que le cardinal de Bouillon et lui avaient cru devoir mettre dans leur *jurement* de ne pas communiquer avec le dehors[2]; mais, si nous prenons au sérieux un mot de Bouillon, notre cardinal en écrivit ou dicta aussi, et de longues et de fréquentes, pendant les autres conclaves, au moins dans celui de Clément X[3]. Il faut croire qu'il recommandait de les détruire et qu'on a obéi à son désir.

Telles furent les principales missions du Cardinal. Grâce à son incomparable habileté et à sa prudence sans cesse en éveil, il ne se laissa jamais surprendre, et, autant qu'il était possible, il fit toujours triompher la politique de Louis XIV. Retz a dit, avec un rare bonheur d'expression, qu'il ne faut « considérer les petits incidents que comme des victimes que l'on doit toujours sacrifier aux grandes affaires[4]. » Appliquons cette judicieuse et spirituelle maxime à une foule de petites affaires ecclésiastiques dont il eut à s'occuper et qu'il mena

1. Voyez p. 436, 438, 440, 442, 444, 451, 454.
2. Le duc d'Estrée nous dit dans sa lettre du 3 septembre 1676, p. 586 et 587, comment son frère le cardinal évita, lui aussi, « de faire ce *jurement*. »
3. Voyez p. 425 et 426, la note 5 de la *lettre 22*.
4. Voyez, au tome II, les *Mémoires*, p. 97. — Voltaire, qui avait lu et peut-être beaucoup lu, au moment où il méditait déjà son *Siècle de Louis XIV*, les *Mémoires du cardinal de Retz*, alors en grande vogue et qu'on avait, depuis leur première apparition en 1717, réimprimés nombre de fois, Voltaire, dans une de ses lettres à Thieriot (octobre 1724), exprime la même pensée, à peu près dans les mêmes termes, sans se douter probablement qu'elle n'était, sous sa plume, qu'une réminiscence : « Vous savez, lui dit-il, que les petites affaires sont des victimes qu'il faut toujours sacrifier aux grandes vues. » (*OEuvres de Voltaire*, édition Beuchot, tome LI, Ier de la Correspondance, p. 136.)

toutes à bonne fin. Qu'importe ici au lecteur de savoir comment il dirigea, à Rome, les affaires des religieux Trinitaires ou Mathurins français réformés, du général des Carmes, des religieuses Carmélites de Bretagne, etc.? Restons dans les grandes lignes et résumons, en quelques traits, les services que l'admirable négociateur rendit à Louis XIV et à la France.

Dans l'affaire de la garde corse, quand le Roi et ses ministres, à bout d'expédients, sont sur le point de céder aux entraînements du parti militaire, d'envahir les États du Pape et d'allumer peut-être une guerre générale, le cardinal de Retz conseille, comme le meilleur moyen de faire capituler le Pontife et de le contraindre à signer la paix, la prise de possession du Comtat Venaissin.

Lors des démêlés provoqués par la bulle lancée contre la Faculté de théologie de Paris, si le Cardinal, malgré les plus ingénieuses combinaisons, ne peut amener le Pape à déclarer qu'il admet comme libre et orthodoxe ou tout au moins comme non hérétique, la doctrine contraire à l'infaillibilité, il n'en est pas moins vrai que c'est lui qui, sans amener une rupture et pousser Rome à bout, effraye Alexandre VII et l'empêche de prononcer l'excommunication contre la Sorbonne et le Parlement, pour avoir soutenu les libertés de l'Église gallicane ; que c'est lui enfin qui, en obtenant, à force de persévérance, la condamnation du P. de Moya, arrache au Pontife une sorte de désaveu indirect de la bulle contre la Faculté de théologie.

Dans l'affaire de l'investiture du royaume de Naples, quoiqu'il n'eût pas en main, pour traiter la question bien à fond, les documents relatifs à la conduite antérieure de la France en pareille matière, c'est encore lui qui, par d'habiles réserves et avec une sage prévoyance, sut maintenir prudemment les droits du Roi pour l'avenir.

Par son mémoire sur le Sacré Collége, vrai chef-d'œuvre, nous l'avons dit, en ce genre sérieux de discussion, il démontre, d'une manière incontestable, en rétablissant les vrais principes posés par le concile de Trente, combien il importe que l'Église universelle soit représentée par des cardinaux choisis dans tous les États de la Chrétienté, et non exclusivement à Rome et en Italie.

Enfin, dans les trois conclaves où furent élus Clément IX,

Clément X. et Innocent XI, il donne toute la mesure de son génie diplomatique, en déjouant les calculs et les intrigues, et en combattant efficacement les vues de l'Espagne et des factions hostiles à la France. Il prouve qu'en lui le mérite de l'homme d'action, aux prises avec les difficultés les plus graves, ne le cède en rien à celui du conseiller traçant pour autrui, dans le silence du cabinet, la conduite à tenir.

Jusqu'à la publication de sa correspondance diplomatique, le cardinal de Retz n'était connu que par ses cabales, ses conspirations et ses échecs de la Fronde. Accablé, pour ainsi dire, par le souvenir d'un passé révolutionnaire inefficace et stérile, il ne restait de lui que la mémoire d'un tribun, doué de facultés merveilleuses, mais sans harmonie entre elles, qui, pour avoir donné trop libre carrière à son imagination et n'avoir pas assez mesuré ses forces aux obstacles, avait misérablement échoué.

Sa correspondance nous montre un homme nouveau, mûri par la réflexion, par l'âge, par l'expérience, surtout par l'adversité; un négociateur de premier ordre, dont les rares facultés présentent le plus parfait équilibre et jamais ne se nuisent l'une à l'autre. Il triomphe, avec une souplesse, une dextérité sans pareilles, de difficultés qui, pour tout autre, eussent été peut-être insurmontables, et semble se jouer à l'aise au milieu des plus inextricables complications. D'un coup d'œil, il saisit le nœud des questions et découvre toujours quelque ingénieux moyen de les résoudre. Rien n'égale sa profonde connaissance des hommes : il sait mieux que personne que leurs passions sont autant de chemins pour pénétrer dans la place et s'en rendre maître.

En parcourant cette correspondance, qui nous offre, à chaque instant, le témoignage que cet homme extraordinaire possédait les talents les plus variés du diplomate, on se prend à regretter qu'il n'ait pu remplir tout son mérite sur un plus vaste théâtre. On se demande si, à la mort de Lionne, en 1671, Louis XIV n'eût pas fait preuve d'intelligence autant que de magnanimité, en oubliant le passé et en choisissant Retz pour le successeur de cet habile ministre? Retz ne lui avait-il pas suffisamment démontré, dans ses missions, qu'un ancien conspirateur peut devenir un modèle de sagesse et de modération, un homme d'État accompli? Le Roi n'eût-il pas trouvé dans le

Cardinal, plus que dans le faible et honnête Pomponne, les vraies qualités d'un grand ministre des affaires étrangères? Qui pouvait mieux convenir à ce poste qu'un esprit de cet essor, un caractère de cette trempe, tempérés maintenant par la prudence et un constant empire sur soi-même? Est-ce une illusion de conjecturer que, mûri, apaisé, comme il l'était alors, sans avoir rien perdu de sa puissante et féconde intelligence, il eût pu être un digne successeur de Richelieu et de Mazarin?

Il convient de réserver pour une étude d'ensemble l'appréciation du cardinal de Retz comme écrivain. Toutefois nous ne pouvons terminer cette introduction sans faire remarquer l'intérêt que présentent, pour l'histoire de notre langue et de notre littérature, les lettres contenues dans ce volume, surtout les dépêches les plus développées, les plus importantes, et le mémoire sur les promotions. Sans doute ces pièces sobres et graves ne lui étaient pas comme les *Mémoires*, qui le placent, à certains égards, parmi nos auteurs du premier rang, une occasion de déployer tout ce qu'il avait d'esprit, de verve, de facilité prime-sautière, d'abondante variété. Il n'y traite le plus souvent que des questions de théologie, de politique ecclésiastique, de diplomatie, et cela en un style simple et pratique, sans viser à l'éloquence, et avec le sérieux d'un exact informateur qui d'ordinaire s'interdit le rôle de libre et médisant nouvelliste. A cause de la nature même des sujets, le contenu de ce tome VII n'est habituellement remarquable que par la force, la solidité du style, la vigueur logique, qui, par la conséquence de la pensée, corrige, en maint endroit, les obscurités des tours, l'enchevêtrement des périodes. Car Retz appartient, par sa manière de construire les phrases, comme au reste par plusieurs autres habitudes grammaticales et plus d'un terme de son vocabulaire, à la première moitié du siècle plutôt qu'à la seconde. Mais, si son langage est loin d'égaler par la souplesse celle de son esprit, il en reproduit d'une manière remarquable les fortes qualités, par exemple, toutes les fois qu'il y a lieu, la puissance d'enchaînement, de déduction, d'argumentation. Un autre caractère de ces écrits d'affaires est l'absence de toute recherche; tout coule de source, tout paraît écrit au courant de la plume, aussi bien les moindres billets que les comptes rendus importants, les longues dissertations; et c'est ce qui fait de cette correspondance un monument qui, pour la langue, représente fidèlement et bien au naturel l'époque que nous venons de dire.

De même, quant à la langue, c'est aussi cette époque que Lionne représente dans ses dépêches, en homme de grande intelligence assurément, en ministre fort habile, mais avec une plume moins lettrée, moins facile. La comparaison de sa manière avec celle de Retz est loin d'être sans intérêt pour l'historien de notre idiome, je ne dis pas de notre littérature : Lionne est le plus souvent trop négligé, a trop peu de souci de la beauté de la forme pour que ses missives soient chose littéraire; ses minutes autographes portent de nombreuses retouches, dont bien peu ont pour objet ce que nous appelons l'élégance du style. Mais cela n'empêche pas que, même abstraction faite du contenu, elles ne soient dignes d'attention. Pour bien savoir complétement ce qu'était une langue à un moment donné, comment elle se parlait et s'écrivait, il faut voir comme on en usait et la maniait, non-seulement dans les différents genres, mais encore aux degrés divers de soin ou de culture, ne pas se borner aux chefs-d'œuvre de style, mais descendre du beau au passable, au commun et quotidien, de la perfection voulue, atteinte, à la simplicité toute pratique. Ajoutons qu'il ne faut pas même négliger, quand il s'est conservé des écrits qui permettent d'étendre jusque-là l'examen comparatif, le vocabulaire et la syntaxe, plus ou moins instinctive, des ignorants, des incultes, et, au point de vue grammatical, il s'en trouve, il s'en trouvait surtout un bon nombre à tous les degrés de l'échelle sociale, témoin, à la fin de notre volume, une ou deux des lettres de l'ambassadeur duc d'Estrée[1].

1. Si l'on veut bien, à ce propos, nous permettre de dire un mot d'une autre partie de la collection à laquelle appartient cette édition des *OEuvres du cardinal de Retz*, cette considération explique à nos yeux et justifie, comme annexe de quelque utilité, un appendice tel que le second de la correspondance de la Rochefoucauld (tome III, 1re partie de ses *OEuvres*), lequel ne contient que d'insignifiants billets de gens ne sachant écrire; et nous comprenons que, dans le recueil même des lettres du duc, on en ait admis bon nombre, à leurs dates, qui, quant à la forme, n'ont de même d'intérêt que pour le linguiste.

LETTRES ET MÉMOIRES

SUR LES AFFAIRES DE ROME

PREMIÈRE PARTIE.

AFFAIRE DE LA GARDE CORSE ET DU DUC DE CRÉQUI AMBASSADEUR DE LOUIS XIV A ROME.

NOTICE.

Le 20 août 1662, quelques Corses de la garde du pape Alexandre VII[1], s'étant pris de querelle avec les gens du duc de Créqui[2], en blessèrent et en tuèrent plusieurs, firent feu sur le carrosse de l'ambassadrice et sur le palais Farnèse, demeure de notre ambassadeur. Cette affaire provoqua un conflit des plus graves entre le Louvre et le Vatican. Pendant longtemps le Pape refusa d'accorder les réparations éclatantes qu'exigeait Louis XIV, et ce prince était sur le point d'envoyer une armée pour envahir les États de l'Église, lorsqu'il eut l'idée de consulter le cardinal de Retz, alors relégué à Commercy.

---

1. Fabio Chigi, de Sienne, nommé cardinal en 1652, élu pape en 1655, mort en 1667. Voyez, au tome V, la 3ᵉ et dernière partie des *Mémoires*, *passim*.

2. Charles III, duc de Poix-Créqui depuis 1653, fils de Charles II, sire de Créqui, et d'Anne de Beauvoir du Roure, né en 1623, marié à Anne-Armande de Saint-Gelais de Lansac, gouverneur de Paris en 1675, ambassadeur extraordinaire à Rome (fin de 1661) et à Londres, mort à Paris le 13 février 1687.

Entre autres conseils, le Cardinal engagea le Roi à s'emparer d'Avignon et du Comtat Venaissin, non à main armée, mais par un arrêt du parlement d'Aix qui ordonnerait leur réunion à la couronne[1]. Grâce à cet ingénieux avis, que l'on s'empressa de suivre, et à deux lettres que Retz adressa au Pape (derniers jours de décembre 1662) et au Sacré Collége (26 janvier 1663)[2], Rome prit peur et finit par capituler. La signature du traité de Pise (12 février 1664) mit fin à cette grave affaire.

Voyez, outre les détails que nous avons donnés dans l'*Introduction*, l'*Histoire des démeslez de la cour de France avec la cour de Rome, au sujet de l'affaire des Corses*, par M. l'abbé Regnier Desmarais (secrétaire d'ambassade du duc de Créqui), M.DCCVII, 1 vol. in-4°, et notre livre intitulé : *le Cardinal de Retz et ses missions diplomatiques à Rome*, chapitre II, p. 71-173.

Dans la Table du volume des Affaires étrangères, à laquelle nous emprunterons ses sommaires pour les placer, entre parenthèses, au-dessous des titres des lettres, le mémoire qui suit, sous le n° 1, est précédé de l' « Avis du cardinal Grimaldi sur le différend de Rome », et intitulé : « Avis du cardinal de Retz sur le même sujet ». Avant ces deux pièces, il n'y a point de lettre de Lionne demandant à Retz d'exposer son opinion et ses conseils.

1. Voyez ci-dessous la pièce 1, p. 8 et 9.
2. Voyez p. 13, la *lettre* 2 ; et p. 17, la *lettre* 3.

I. — SENTIMENT DE M. LE CARDINAL DE RETZ SUR L'AFFAIRE DE ROME.

[Octobre 1662.]

Les résolutions que l'on peut prendre sur ce qui est arrivé depuis peu à Rome sont tellement dépendantes des autres affaires de l'État qu'il est bien difficile d'en pouvoir parler sans une connoissance et une réflexion plus particulière sur tous nos intérêts étrangers et domestiques.

Car, quand l'on ne pourroit pas soupçonner que le flegme des Romains ait été, en cette occasion, réchauffé par quelques sollicitations ou quelques assurances secrètes de la part des Espagnols, il est toujours certain que le Conseil d'Espagne ne manquera pas d'épier assidûment dans la suite tous les moments de cette affaire pour en convertir tout ce qui lui sera possible à[1] ses avantages particuliers.

Quand même la foiblesse où les armes victorieuses de Sa Majesté ont réduit l'Espagne[2] ne lui permettroit pas, en cas de rupture avec le Pape, de profiter si pleine-

---

LETTRE (Mémoire) 1. — Archives des Affaires étrangères, Rome, 1662, *Lettres à Lionne*, tome VI (formant le tome 147 de la *Correspondance générale de Rome*), pièce 46, fol. 112-117. De la main d'un secrétaire ou d'un copiste ; rien de celle de Retz. C'est très-probablement la pièce même envoyée à Lionne ; le titre qui est au dos est de l'écriture de celui-ci ; on y lit *Sentimens*, au lieu de *Sentiment*, qu'a écrit le secrétaire ou copiste. — C'est aux Affaires étrangères qu'on a ajouté la date d' « octobre 1662 ».

1. Une autre main a écrit *à* au-dessus de *en*, biffé.

2. C'était le 7 novembre 1659, c'est-à-dire trois ans avant la date de ce mémoire de Retz, que Mazarin avait signé avec l'Espagne la paix des Pyrénées si glorieuse pour la France.

ment des conjonctures, il est presque hors de doute qu'elle emploiera tout son pouvoir et toute son industrie pour éloigner, d'un côté, toutes les satisfactions que le Pape nous pourroit donner, et pour aigrir, en même temps, nos ressentiments, afin que, les affaires demeurant longtemps dans l'état où elles se trouvent, elle jouisse cependant de l'avantage qu'elle a de suspendre dans Rome la possession de cette glorieuse préséance que le Roi vient d'affermir à sa couronne [3].

Outre cette considération si sensible de l'intérêt des Espagnols, il est aussi bon de jeter les yeux sur les armes de l'Empereur [4], à présent libre par la paix qu'il vient de conclure avec le Turc [5]. Il est pareillement à propos de savoir en quelle humeur sont les princes d'Italie, ce que nous pouvons craindre et espérer de ceux d'Allemagne, de la Suède, de l'Angleterre et de la Hollande. Et après avoir fait toutes ces réflexions au dehors, il faudroit encore faire une application de ce qui se passe sur l'intérieur de notre État, et même sur ce

3. L'année précédente, le baron de Watteville, ambassadeur d'Espagne en Angleterre, avait fait « cette insulte pour la préséance au maréchal d'Estrades, ambassadeur de France, qui, comme dit Saint-Simon (tome III, p. 240-242, édition de 1879, etc., de la collection des *Grands Écrivains*), fit tant de fracas, et qui fut suivie de la déclaration solennelle, que l'ambassadeur d'Espagne en France eut ordre de faire au Roi, de ne plus prétendre en nul lieu de compétence avec lui. »

4. Léopold Ier, fils et successeur de Ferdinand III, empereur d'Allemagne, né le 9 juin 1640, élu empereur le 18 juillet 1658, mort le 6 mai 1705.

5. C'était un faux bruit. Vers le milieu de 1662, l'Empereur avait à Constantinople plusieurs envoyés qui négociaient le renouvellement de la paix avec la Porte, mais les négociations n'aboutirent qu'à une rupture complète : voyez de Hammer, *Histoire de l'empire ottoman*, livre LIV. Ce n'est que deux ans plus tard, le 10 août 1664, que fut conclue la paix ou plutôt la trêve de Temeswar, à la suite de la bataille de Saint-Gothard, gagnée sur les troupes

qui peut être de plus intime dans les desseins et dans les projets de Sa Majesté, pour former ensuite une résolution plus fixe sur les différents partis qui peuvent être proposés et principalement sur les inconvénients ou sur les avantages d'une guerre particulière avec le Pape, qui attire apparemment avec soi une révolution plus générale.

Ce qui se peut cependant examiner au-dessous, et subordinément[6] à toutes ces connoissances, qui sont essentielles et nécessaires, est premièrement la qualité de l'action commise en la personne de Monsieur l'Ambassadeur, ce qui l'a précédée, et ce qui l'a suivie[7]; secondement, les moyens pour en avoir la réparation proportionnée à l'offense; et en troisième lieu, quelle doit être cette réparation et quelles sont les choses qui peuvent, après une injure si publique, satisfaire la grandeur et la gloire de Sa Majesté.

Quoique le Pape prétende, dans le bref qu'il écrit au Roi[8], rejeter les commencements de ce qu'il appelle désordre sur l'indiscrétion de quelques François,

turques, le 1er du même mois, par les troupes allemandes et françaises.

6. Forme à moitié latine, équivalente à notre adverbe *subordonnément*, lequel n'a été admis par l'Académie dans son *Dictionnaire* qu'à partir de l'édition de 1762. Voyez notre tome V, p. 43 et note 2.

7. Pour on ne sait quelle raison, que n'expliquent pas les règles du temps sur l'accord du participe passé, la même main qui a fait la correction ci-dessus (p. 3, note 1) a effacé l'*e* final aux deux participes *précédée* et *suivie*.

8. Bref du Pape au Roi, du 28 août 1662. (*Histoire des démeslez de la cour de France avec la cour de Rome, au sujet de l'affaire des Corses*, par M. l'abbé Regnier Desmarais. *Preuves*, p. 11 et 12.) — Voici le passage du bref que Retz a ici en vue : *Gravis excessus quem hic proxime perpetrarunt aliqui ex militibus Corsis, insultibus a familia dilecti filii nobilis Ducis Crequii, Majestatis tuæ Oratoris, provocati*. Ailleurs, au reste, et plusieurs fois, le Pape s'y déclare blessé,

et bien qu'il veuille couvrir la mauvaise volonté des siens, et les ordres secrets et précédents, d'une confusion, d'un échappement de sa milice[9], et d'une espèce de révolte à laquelle on n'a pas pu remédier, il est néanmoins aisé de voir que tous les discours de ce bref sont plutôt un tour de paroles ajustées aux longueurs et aux excuses affectées que médite la cour de Rome, qu'une expression véritable du ressentiment qu'elle auroit d'une action à laquelle elle n'auroit point eu de part.

Quand on supposeroit même que la légèreté de quelques François eût donné lieu aux premières boutades[10] de la milice corse, il ne falloit pas en tout cas violer le palais et la personne de Monsieur l'Ambassadeur ; il ne falloit pas attaquer lâchement le carrosse de Madame l'Ambassadrice[11], il ne falloit pas abandonner si longtemps tous les François à la fureur et au massacre, et nous donner, par une surséance si longue de tous les ordres publics, dans un tumulte si peu ordinaire, des preuves indubitables d'un consentement ou d'un commandement exprès. Il ne falloit pas ensuite être si lent dans la punition des coupables ; il ne falloit pas emprisonner les innocents et poursuivre inutilement ceux que l'on a fait échapper pour ôter la connoissance des ordres qui leur avoient été donnés ; enfin il ne falloit pas ajouter aux premières insultes et à la négligence de les venger les derniers affronts qui ont obligé M. de

---

autant que le Roi, en la personne de son ambassadeur : *In Oratoris tui persona æque ac tu ipse læsi*, etc.

9. La garde corse.

10. Sens à remarquer : saillie soudaine de colère, fantaisie de violence. La première explication que Littré donne de ce mot est « coup porté ».

11. Anne-Armande de Saint-Gelais de Lansac, fille de Gilles, seigneur de Lansac, marquis de Balon.

Créqui et MM. les cardinaux d'Este[12] et de Mancini[13] de se retirer.

Mais quand toutes ces considérations ne seroient pas les marques indubitables d'un dessein formé, et les preuves manifestes d'une conspiration précédente, on peut toutefois dire que le mal n'est plus en état d'être flatté[14], et quand même on supposeroit qu'il y eût quelque chose à redire dans la conduite de ceux qui se sont trouvés engagés à Rome dans la défense des intérêts de Sa Majesté, ce qui est arrivé depuis, l'éloignement du Nonce[15], et les lettres du Roi envoyées aux gouverneurs et dans les provinces, engagent, pour ainsi dire, toute la France à la poursuite et à la vengeance de l'injure que nous confessons publiquement nous avoir été faite.

Et quand il n'y auroit que cette dernière raison, elle est néanmoins si considérable que rien ne doit plus retenir nos ressentiments et nos poursuites, puisqu'il est

---

12. Renaud d'Este ou Est, fils d'Alphonse III, duc de Modène, et d'Élisabeth de Savoie, né en 1618, créé cardinal-diacre en 1641, sacré évêque de Reggio en novembre 1651, siége dont il se démit en 1661, nommé cardinal-évêque de Palestrine le 24 août 1671, mort à Modène le 30 septembre 1673. Il fut, pendant de longues années, protecteur des affaires ecclésiastiques de France à Rome.

13. François-Marie Mancini, fils de Paul Mancini, baron romain, et beau-frère, par son aîné Michel-Laurent, de la sœur puînée de Mazarin, fut nommé cardinal-diacre, le 5 avril 1660, par Alexandre VII, à la recommandation de Louis XIV; il mourut à Rome le 18 juin 1672.

14. *Flatter le mal*, c'est l'adoucir (l'excuser, se montrer indulgent pour lui), sens analogue à celui que prend ce verbe dans les locutions : « flatter la peine, la douleur, etc. » — A la fin de l'alinéa, *confesser*, dans l'acception du latin *profiteri*, « déclarer hautement », plutôt que de *confiteri*, comme dans les expressions ecclésiastiques : « confesser sa foi, etc. »

15. Celio Piccolomini, né à Sienne en 1609, archevêque de Césarée, alors nonce en France. Plus tard, il fut fait cardinal par Alexandre VII, en 1664; puis archevêque de Sienne, en 1671. Il mourut le 24 mai 1681.

vrai que les grands États se conservent principalement par la réputation, qui imprime, en même temps, la crainte dans l'esprit des étrangers, l'estime, le respect et l'amour dans celui des sujets, qui s'engagent ainsi plus volontiers dans la conduite[16] de ceux qui les gouvernent.

Quant aux moyens de parvenir à cette réparation que nous devons poursuivre et qui nous est due, c'est en cela seulement qu'il peut y avoir quelque difficulté. Nous avons, dans tous les temps et chez toutes les nations, des exemples remarquables de rencontres et de poursuites pareilles, et l'on a quelquefois vu nos rois mettre leurs armées en campagne pour des sujets semblables ou peu différents. Il est pourtant vrai que ce remède n'a pas toujours été pratiqué, principalement quand il s'est trouvé des différends avec les papes[17], et il semble qu'en ces rencontres nous ayons mieux aimé les combattre chez nous que de nous exposer aux frais et aux accidents d'une guerre sans fruit et éloignée, ayant presque toujours cru que nos injures seroient mieux et plus tôt vengées par le manque de concours et de contribution qu'on peut cesser et retenir.

Notre histoire fournit quantité d'exemples de cette conduite, et nous ne voyons point de démêlés de nos rois avec les papes, qui n'aient été suivis des défenses de commerce et de porter de l'argent à Rome.

En effet, cette espèce de guerre est bien autant sensible aux Romains qu'une déclaration plus ouverte, et si l'on trouve à propos en cette rencontre d'inquiéter le Pape du côté d'Avignon, dont l'aliénation est invalide et insoutenable[18], il est à croire que ces moyens, qui sont

---

16. « S'engagent.... dans la conduite, » se livrent, s'abandonnent à la conduite.
17. Le secrétaire avait d'abord écrit *le Pape*.
18. Cette aliénation que Retz déclare « invalide et insoutenable »

en nos mains et qui donnent moins d'ouverture et de
prétexte aux étrangers d'entrer dans nos affaires, mettront dans la suite le Pape en la même place où nous sommes à présent[19] et dans l'impatience de hâter les satisfactions qu'il doit à Sa Majesté.

Il faudroit même, à l'égard d'Avignon, en faire faire la réunion dans les formes par le Parlement[20] et à la requête du procureur général, parce que cela feroit plus de peur à Rome et leur donneroit moins d'espérance de retour. On pourroit aussi faire quelque chose du côté de Parme et de Modène, en prenant même, s'il étoit nécessaire, une cession de leurs droits[21], mais possible que[22] le Conseil de Sa Majesté y trouvera quelque difficulté, parce que, dès le moment que la France paroîtra directement ou indirectement dans ces affaires, elle

est la cession d'Avignon que fit au pape Clément VI Jeanne Ire, reine de Naples et comtesse de Provence, par un contrat du 9 juin 1348.

19. C'est-à-dire dans les dispositions où nous sommes. Au lieu de nous, ce sera lui, comme l'explique la suite, qui aura hâte d'en finir.

20. Le Roi ne manqua pas de suivre le conseil de Retz. Le parlement d'Aix rendit un arrêt qui déclarait la ville d'Avignon et le Comtat Venaissin réunis à la couronne, comme faisant partie de l'ancien domaine de Provence et n'en ayant pu être détachés.

21. Les droits du duc de Parme, Ranuce II, sur le duché de Castro, qui avait été incaméré par la Chambre apostolique, comme gage d'une vieille dette non payée au Mont-de-Piété de Rome, depuis Urbain VIII; et les droits du duc de Modène, François II, sur les vallées de Commachio, engagées pour un motif semblable. Les deux premiers articles du traité de Pise, du 12 février 1664, qui mit fin au différend de la France avec Rome sont un arrangement de ce double intérêt de Parme et de Modène.

22. *Possible que*, pour « il est possible que », tour elliptique, qu'on trouve assez fréquemment encore plus abrégé, comme l'est au reste *peut-être* même, par la suppression de *que* et l'emploi adverbial de *possible* seul. De ces deux locutions, l'Académie ne donne que la seconde, à savoir *possible* sans *que*, et dès sa seconde édition (1718) elle la dit vieillie.

attire de nécessité sur ses desseins le raisonnement et la jalousie des princes voisins et peut-être ensuite plus d'ennemis que nous n'avons, et une affaire dont nous serions moins les maîtres et qui seroit plus générale.

Que si l'on trouve quelque inconvénient dans l'usage de ce moyen, cela n'empêche pas que l'on ne donne toutes les apparences d'un dessein de s'en servir, étant assuré[23] que cette affaire est fort sensible au Pape, outre qu'il est en général très à propos d'inquiéter en toutes les façons la cour de Rome et de ramasser ensemble toutes les frayeurs et toutes les appréhensions qui s'impriment plus fortement dans les esprits de ce pays, à qui elles sont comme naturelles.

Les déclarations publiques et personnelles contre la famille du Pape sont de cette nature, et il est à croire qu'il préviendra par une prompte satisfaction le ressentiment d'un jeune et grand monarque, dont il ne voudra pas charger sa postérité[24].

Quel que soit le parti que l'on prenne, il est surtout important d'imprimer fortement dans l'esprit du Pape que nous ne voulons en manière du monde penser à l'accommodement, étant certain qu'il croira toujours nous amuser de belles paroles tant qu'il aura quelque espérance de terminer cette affaire par la négociation. Ce n'est pas qu'en effet il ne soit à souhaiter qu'elle s'achève par cette voie ; mais pourtant il n'y faut jamais venir, ni même recevoir aucune interposition ou médiation, que lorsque l'on saura précisément quelle doit

---

23. La syntaxe ici est ambiguë : « étant assuré » peut se rapporter à *on* ; mais plus probablement c'est une sorte de neutre absolu : « étant sûr, vu qu'il est sûr » ; même tour que, deux fois dans la suite de la pièce : « étant certain ».

24. Emploi remarquable du mot *postérité*, au sens de « famille », sans idée de descendance, mais seulement de survivance.

être la satisfaction que le Pape nous veut donner, et si elle peut contenter Sa Majesté.

C'est ainsi qu'en usa la République de Venise dans le fameux différend avec Paul Cinq^e [25], n'ayant jamais voulu écouter aucune des propositions des différents médiateurs qui se présentèrent, qu'après un préalable certain des satisfactions qu'elle avoit desirées.

Il seroit peut-être même à propos, pour faire entièrement cet effet, et pour ôter au Pape toute espérance de retour, de rappeler en France M. le duc de Créqui (qu'il faudroit pourtant renvoyer ensuite en cas d'accommodement, à l'exclusion de tout autre), parce que son plus long séjour sur les confins de l'État ecclésiastique marque, ce semble, un peu trop à la cour de Rome la possibilité d'un accommodement, et encore quelque espèce de créance aux paroles dont elle prétend nous amuser.

Reste à examiner les satisfactions que Sa Majesté auroit à souhaiter en cette rencontre. On pourroit sur

---

25. C'est ainsi que le manuscrit abrége le nom de nombre. — Paul V, Camille Borghèse, élu pape le 16 mai 1605, mort à Rome le 16 janvier 1621. Le sénat de Venise ayant prohibé par décrets l'établissement de monastères nouveaux sans sa permission, ainsi que les dons d'immeubles aux ecclésiastiques sans son consentement, et, de plus, ayant fait arrêter deux prêtres pour attentats aux mœurs, Paul V prétendit que c'étaient autant d'empiétements sur sa juridiction et son autorité, et il expédia deux brefs pour contraindre les Vénitiens à retirer leurs décrets et à remettre les deux prisonniers entre les mains de son nonce. Venise résista à cette tentative d'usurpation de ses droits, et Paul V lança l'interdit absolu contre la République. La plupart des ordres religieux n'en tinrent aucun compte, mais les Jésuites, les Capucins et les Théatins ayant obéi aux ordres du Pape, la République fit embarquer pour Rome les Capucins et les Théatins et bannit à perpétuité les Jésuites. Paul V, effrayé des suites que pouvait entraîner une telle lutte, prit Henri IV pour arbitre, et ce prince amena un accommodement (1607). Rome retira ses censures, les deux prisonniers

cela rapporter plusieurs beaux exemples du passé, mais comme toutes affaires ne sont jamais semblables, ce qui paroît ici le plus éclatant et le plus honorable seroit que le Pape envoyât vers le Roi un de ses neveux ou D. Mario [26] avec le gouverneur de Rome [27] pour demander pardon à Sa Majesté, et il faudroit aussi qu'ils amenassent avec eux l'officier corse et quelques soldats, lesquels seroient abandonnés à la discrétion du Roi. Cela seroit assurément plus glorieux que si le Pape faisoit pendre quelques misérables soldats, si ce n'est qu'il restât à la postérité des vestiges de cette satisfaction par l'érection et inscription d'une pyramide qui seroit élevée dans la place de l'exécution [28].

Enfin l'on doit surtout observer deux choses en la conduite de cette affaire : la première est de s'y gouverner comme si les Espagnols étoient nos véritables parties, étant certain que s'ils ne l'ont pas été dans le commencement, ils le deviendront assurément dans la suite, cette matière des ambassadeurs leur donnant, sur

furent remis à l'ambassadeur de France, les religieux exilés furent rappelés, excepté les Jésuites, et tout fut pacifié.

26. Frère aîné du Pape, général des armes de l'État ecclésiastique.

27. Le cardinal Laurent Imperiali, né à Gênes le 18 janvier 1612, vice-légat de Bologne sous Urbain VIII, nommé cardinal *in petto* le 19 février 1652, publié le 2 mars 1654; deux fois gouverneur de Rome; mort le 21 septembre 1673. Son nom, selon l'habitude de Retz de franciser, est écrit, dans nos originaux, tantôt *Imperial*, tantôt et plus souvent *Imperiale*.

28. Le mémoire de Retz est d'octobre 1662. Or on peut à peu près conclure, ce semble, de l'*Histoire* de Regnier Desmarais (p. 62) que l'idée d'une pyramide à ériger à Rome, dans l'ancien quartier des Corses, idée exprimée dans des articles tout rédigés (*ibidem*, *Preuves*, p. 77 et 78), est déjà mentionnée dans une lettre de Louis XIV, du 11 septembre précédent. En ce cas, Retz ne serait donc pas l'auteur du projet de la pyramide, comme le suppose Gui Joli dans ses *Mémoires*, p. 150.

toute autre[29], un chagrin qu'ils digèrent malaisément.

Secondement, il faut extraordinairement prendre garde au secret, et que toutes les résolutions de Sa Majesté soient extrêmement resserrées dans son cabinet et entre ses plus particuliers serviteurs, étant de la dernière importance de n'être point pénétré sur un sujet dans lequel le ressentiment intérieur de l'injure doit être encore plus accompagné des témoignages et des apparences du dehors.

---

2. — PROJET DE LETTRE DE M. DE RETZ AU PAPE.
(POUR LE CONJURER DE SATISFAIRE LE ROI.)

[Novembre 1662.]

BEATISSIME PATER,

Abjectus ad Vestræ Sanctitatis pedes ab ea suam imprimis benedictionem postulo, tum ut mihi liceat ei, privato meo affectu sensuque, significare quo in dolore, vel potius mœrore sim, dum intueor in quæ discrimina

---

29. Dans le manuscrit, « tout autre ».

LETTRE 2. — Le titre est de la main de Lionne, ce qui ne permet pas d'élever le moindre doute sur l'authenticité de la lettre. Elle ne porte pas de date, mais, d'après l'ordre de classement de la copie dans la correspondance de l'ambassade, elle doit être de novembre 1662 et, en ce cas, des derniers jours, car il y est question, au troisième paragraphe, d'une lettre du duc de Créqui remise au Roi le 18 du mois. Il est presque hors de doute que la lettre fut envoyée au Pape. Le gouvernement du Roi ne dut pas négliger de faire usage d'un si puissant levier. — Archives des Affaires étrangères, Rome, 1662, *Lettres à Lionne*, tome VII (148), pièce 158, fol. 317 et 318. Écriture, très-lisible, d'une autre main que celles qui ont écrit, l'une le n° 1, l'autre le n° 2, une autre encore les n°s 3 et 4 de la 1re partie ; sans aucunes notes, mais avec un certain nombre de ratures, qui semblent bien être des retouches de l'auteur. On peut s'étonner que, dans ses

1662 res inter Suam Beatitudinem ac Regem, Dominum meum, adducantur. Enimvero, Sanctissime Pater, quis acerbissime non afflictaretur animo, qui prospiciat impendentia[1] Orbi Christiano mala, si duo præcipui illius principes ad extrema quæque venerint. Quam molestum fidelibus omnibus futurum est summum Pontificem, et Regem Christianissimum, Ecclesiæ primogenitum, ambos iis[2] dotibus insignes quæ suæ cujusque dignitati pares sint, iis offensionibus esse distractos unde nihil exspectari possit quam ut utriusque hostes, infensissimi, inquam[3], religionis et Ecclesiæ hostes, triumphent! At, quod magis deplorandum, certum est[4] neutrum id velle, minimumque abfuisse quin res eo perductæ sint quo boni omnes impensius optaverint.

Equidem Rex Christianissimus, Dominus meus, immaniter læsum se sensit nefario facinore Corsorum in Legatum suum, ducem de Crequi, et ducissam conjugem; eique certum ab initio fuit et etiamnum est sibi pro tanta injuria fieri satis oportere, cum persuasissimum habeat coronæ suæ decus, quod ceteris omnibus anteponit, eo scelere violatum indignissime. Quem animi sensum nec ipsa Vestra Sanctitas, ut existimo, damnatura est, quæ priori suo ad Regem Christianissimum Brevi rei indignitatem longe acrius quam ego jam au-

---

corrections, un bon latiniste comme le Cardinal (presque tout le montre tel) ait fait grâce à un tour moitié latin et moitié français, comme *nimia.... quam ut*, à la fin du second alinéa (p. 15). — Voyez notre traduction de cette lettre dans *le Cardinal de Retz et ses missions diplomatiques à Rome*, p. 147-151.

1. *Impendentia* corrige *imminentia*. Plus loin, après *mala*, est biffé *sui*, et après *duo*, *illi*.
2. Le copiste avait d'abord écrit *iisdem*.
3. Dans le manuscrit, *imquam*, et, plus bas, deux fois *numquam*.
4. Au commencement de la phrase, *Quæ* est biffé après *At*; on avait ensuite écrit d'abord : .... *deplorandum est cum certum sit*.

sim significabat. Vocabat facinus atrox, crudele : scribebat se de eo sine horrore cogitare non posse; se magis offensam sentire quam alium quempiam; seque totam in id esse defixam ut ab autoribus pœnæ repeterentur[5]. Nihilominus, dicam cum bona Vestræ Sanctitatis venia summaque mea semper in eam observantia, tam paternæ testificationi non respondit eventus. Quid enim hactenus perfectum, quid tentatum? Imo vero, cum omnia feliciter composita putarentur, quod Sua Majestas nihil exposceret quod non ab omnibus æquissimum judicaretur, quid cogitari potest quod ejus postulata repudientur? Patere, quæso, S. P., ut id dicam : vellet ne Vestra Sanctitas eo vegetæ juventutis flore principem, animi glorixque plenissimum, at obsequentissimum Ecclesiæ, Sanctæ Sedis observantissimum, summisque votis in id intentum ut amice cum Vestra Sanctitate vivat (ii sunt enim sinceri regiæ ejus mentis sensus), adigere ut injuriæ depellendæ rationes ipse sibi quærat et procuret? Nimia est Vestræ Sanctitatis perspicacia quam ut metuendos inde funestos et horrendos exitus non prævideat. Quæ vero pietati ejus injuria non fieret, si crederetur omnia non adhibuisse quibus eos præveniret?

Non me latet quam acerbe conqueratur paulo durius

---

5. Le Pape, qui a déjà témoigné sa vive indignation dans son premier bref au Roi, du 28 août (voyez ci-dessus, p. 5, note 8), l'exprime plus énergiquement encore dans son troisième, du 11 septembre; celui-ci contient même plusieurs des expressions que nous lisons ici dans la lettre de Retz, et c'est bien de ce bref-là que le Cardinal veut parler. On le trouvera chez Regnier Desmarais, dans les *Preuves*, p. 69-71, et plus loin deux autres, l'un antérieur aussi, l'autre postérieur à la lettre de Retz au Pape, le premier en latin (p. 99 et 100), comme les trois précédents, et daté du 22 octobre 1662, l'autre en italien (p. 131-133), du 27 janvier 1663.

actum esse cum Nuntio suo[6], viro certe meriti plane singularis. Verum, si in primis offensi animi motibus, aliqui æstus efferbuerint, Vestra Sanctitas, quæ se semper parentem meminisse debet, nonne aliquid seipsa longe dignius actura est, si concedat id animo dolorique, certe non iniquo, Regis Christianissimi, quem filium appellat suum, quam si eum severiori agendi ratione ad id impulerit ad quod nunquam nisi invitus pertrahetur ? Id intellexi non obscure nuper, S. P., cum Sua Majestas, perlectis Legati sui epistolis, sibi decimo octavo hujus mensis die redditis, in aurem mihi dixit[7] : « Ad id me cogent quod omnino nolim. » Atque id Sanctitati Vestræ non dissimulandum duxi, non dubius quin eo pro paterno suo studio plurimum afficeretur, et gratum habitura esset ut ad sacros ejus pedes jacens enixe rogarem hæc apud se reputaret et animo perpenderet suo quid venturis ætatibus posteri dicturi sint, si, negatis iis quæ ab ea desiderantur, et paucis et levissimis, quæ vel ipsi quorum interest maxime, studio pacis, vehementer exoptare debeant, regum Europæ maximum cogat extremum capere consilium, non equidem adversus Vestram Beatissimam Personam, aut Sanctam Sedem (observantior enim est utriusque), sed adversus eos qui, cum in omnium oculis et in ipsa totius orbis luce læserint,

---

6. Ce dur traitement du Nonce est l'ordre qu'il avait reçu, le 12 septembre 1662, de sortir du Royaume. Le Pape s'en plaint vivement dans son bref du 22 octobre : *Tanta cum offensione Sanctæ Sedis et Ecclesiæ universæ* (Regnier Desmarais, p. 99 et 100).

7. Retz, afin de donner plus de poids et de portée à sa lettre, use d'une supercherie qui ne doit pas nous étonner de sa part. Il suppose qu'il a eu une entrevue avec le Roi et que le Roi lui a dit à l'oreille : « Ils me forceront à faire ce que j'aurais voulu absolument éviter. » Le fait est qu'il n'avait point encore vu Louis XIV. Il ne fut admis à le saluer que le 6 juin 1664. Voyez *le Cardinal de Retz et ses missions diplomatiques à Rome*, p. 60, et p. 149, note 1.

a culpa immunes haberi non possunt. Parce, S. P., homini qui non sine lacrymis audet Vestræ Sanctitati supplicare ut in hoc negotio seipsam consulat, se audiat et sequatur. Nempe probe novi quam Vestra Sanctitas sit pacis amans, quam ab omnibus bellis abhorrens, et quam non possit non perspicere, nisi dissidium hoc componatur, miserrimam universæ domui Dei vastitatem[8] esse inferendam. Ea cogitatio me pæne exanimat, nec ulla permittit verba, nisi ut Sanctitatem Vestram certiorem faciam me nunquam iis de rebus ad eam scripturum fuisse, nisi, quod apud quemlibet vere christianum fieri debere arbitror, eæ penitus in animum penetrassent meum et nisi fuissem, omni officiorum genere,

B. P.,

Vestræ Sanctitati
devotissimus atque observantissimus filius ac servus.

---

3. — LETTRE DU CARDINAL DE RETZ A M. DE LIONNE.
(Sur sa soumission aux volontés du Roi au sujet de sa réponse au Sacré Collége.)

1663

Monsieur,

Rien ne me pouvoit être plus sensible que ce que vous m'avez fait l'honneur de m'écrire des bontés du

---

8. Ces cinq derniers mots sont écrits en interligne, au-dessus de : *maximum universæ Dei Ecclesiæ detrimentum*, effacé.

Lettre 3. — Archives des Affaires étrangères, Rome, 1663. *Lettres à Lionne*, tome VIII (154), pièce 39, fol. 89. Original, d'une autre main que les n°ˢ précédents et de la même que le suivant ; la ligne de signature est seule autographe. — Voyez la réponse de Lionne, en date du 3 février, aux *Pièces justificatives*, n° 2.

Roi à mon égard¹, et de la manière dont il a plu à Sa Majesté recevoir mes soumissions dans la rencontre de la lettre du Sacré Collége². En vérité, Monsieur, je n'aurois plus rien à souhaiter dans ma vie, si je pouvois une fois persuader au Roi par ma fidélité et par mon zèle l'envie que j'ai de lui plaire. Si quelque chose pouvoit augmenter cette passion en moi, ce seroit assurément l'espérance que vous me donnez d'y pouvoir réussir, et je vous serai infiniment obligé si vous me faites la grâce d'en assurer Sa Majesté. Je vous envoie ma réponse pour le Sacré Collége, où je vous avoue que je me suis trouvé un peu embarrassé. Je ne sais si elle sera selon le goût du Roi. Ce qu'il vous a plu m'écrire, que vous jugiez à propos que je me ménageasse avec l'Escadron³, a fait que j'ai nommé le cardinal Imperiale. Mais comme je ne veux de mesures ni de ménagement avec personne que ceux qui sont approuvés du Roi, je vous envoie un *duplicata* de la lettre, où le cardinal Imperiale n'est point nommé⁴, afin que Sa Majesté puisse choisir ; et si Elle jugeoit qu'il y eût quelque chose de trop ou trop peu dans ma lettre, Elle n'a qu'à commander, et Elle sera obéie fort promptement. Il ne me reste plus, Monsieur, qu'à vous demander la continuation de

---

1. Voyez aux *Pièces justificatives*, n° 1, la lettre de Lionne au cardinal de Retz, en date du 17 janvier 1663.

2. Cette lettre du Sacré Collége est celle à laquelle répond la suivante, en latin, du Cardinal, qu'un employé du ministère des Affaires étrangères a marquée, à la réception, de la date de février 1663, et que peut-être Retz avait communiquée à Lionne antérieurement, sans date. Voyez, p. 19, la note préliminaire de la *lettre* 4.

3. L'Escadron volant : voyez au tome V, p. 18 et note 1. A la page précédente du même tome sont nommés les dix cardinaux dont ce groupe se composait dans le conclave, de 1655, qui élut Alexandre VII. Imperiali était l'un d'eux : voyez ci-dessus, p. 12, note 27.

4. Voyez ci-après, p. 20 et note 2.

votre amitié, et à vous protester que je chercherai avec application tous les moyens de la mériter, et les occasions de vous faire paroître que je suis fort sincèrement et avec passion,

   Monsieur,

      Votre très-affectionné serviteur,
       Le cardinal de Rets[5].

A Commercy, le 24ᵉ janvier 1663.

---

4. — RÉPONSE DE M. LE CARDINAL DE RETZ
A LA LETTRE DU SACRÉ COLLÉGE.

Eminentissimi et Reverendissimi Domini mei summe colendi,

Accepi litteras quibus me ad tuendam Sacri Senatus gloriam communibus votis invitatis. Ego quidem quan-

---

5. Presque toutes les lettres de ce volume sont signées ainsi Rets (par *s*); les dernières seulement Raïs. Voyez tome I, p. 79, note 1.

Lettre 4. — Archives des Affaires étrangères, Rome, 1663. *Lettres à Lionne*, 1ᵉʳ supplément (tome 153), pièce 64, fol. 2. L'un des deux exemplaires de la lettre mentionnés dans la précédente fut sans doute envoyé aux cardinaux romains; le recueil des Affaires étrangères contient l'autre, d'après lequel notre texte est imprimé et qui porte en tête le mot : « Copie », suivi de la date : « février 1663. » Cette date, écrite, nous l'avons dit (p. 18, note 2), à la réception, ferait contresens si on la considérait comme traduisant celle de la lettre, car les mots vii *Kal. Feb.*, qui terminent la lettre, équivalent à « 26 janvier » (7ᵉ jour avant les kalendes de février[a]). Une autre main a ajouté : « Réponse de M. le cardinal de Retz à la lettre du Sacré Collége. » — Nous n'avons pas la lettre à laquelle il répond ; dans les *Preuves*, chez Regnier Desmarais, p. 115-119, il y en a deux autres du Sacré Collége, de novembre 1662, adressées, l'une au duc de Créqui, l'autre au Roi. Voici, d'après les *Mémoires de Gui Joli* (p. 150), ce qui aurait donné lieu

---

[a] On sait que le jour même des calendes comptait pour un.

tula possum officia huc libentissime conferrem[1]. [Neque enim, aut nobis, si quam aspergi sacræ purpuræ maculam sentiam, aut Eminentissimo Cardinali Imperiali sim defuturus, quicum mutua mihi semper intercessit consuetudo[2]]. Sed liceat dixisse, Eminentissimi et Reverendissimi Domini, eo jam adducta res est ut nec precibus nec officiis, sed expiationibus opus sit; nec tam injuriam timere res postulat quam illatam eluere. Revolvant animo, Ecclesiæ Vestræ Romanæ, tam atrox facinus, violatam sub oculis vestris Legati religionem, læsam omnibus contumeliis Majestatem, lentis deinde consiliis et incerta mora cumulatam offensæ gravitatem. Mirum

à la réponse que nous reproduisons ici : « Les cardinaux résidant à Rome *avaient* écrit et répandu dans les différentes cours de l'Europe une lettre circulaire, pour les prier d'employer tous leurs bons offices et tous leurs soins à terminer un démêlé si important au Saint-Siége. » Le début de la lettre de Retz ne permet guère de croire qu'elle répondît, comme le dit Joli, à cette circulaire adressée aux cours. Ce doit être plutôt ou à une lettre écrite à lui personnellement, ou à une autre circulaire qui aurait été envoyée aux cardinaux français. — Le même Gui Joli (*ibidem*) prétend, avec bien peu de vraisemblance, que la réponse de Retz était « de sa façon, » à lui Joli, et qu'elle fut mise en latin par Fléchier, « qui étoit, en ce temps-là, auprès du fils aîné de M. de Caumartin, » l'intime ami du cardinal de Retz. — Voyez notre traduction de cette lettre dans *le Cardinal de Retz et ses missions*, etc., p. 154-156; et ci-après, aux *Pièces justificatives*, n° 2, la lettre où Lionne, après avoir dit à Retz que « Sa Majesté a trouvé bon que celle (des deux réponses) où le cardinal Imperiali est nommé (ci-après, 3ᵉ phrase de la lettre et note 2) fût envoyée, » le compliment de la manière plus flatteuse, se gardant d'oublier, dans ses éloges, la belle latinité qui « causera encore plus de jalousie et de déplaisir au Palais que la substance même de la lettre, quoique dure à digérer. »

1. Voyez, aux *Pièces justificatives*, n° 2, la réponse, citée plus haut, de Lionne au cardinal de Retz, du 3 février 1663, dans laquelle il lui annonce la satisfaction que le Roi a éprouvée à la lecture de sa lettre au Sacré Collége.

2. La phrase entre crochets, dans laquelle le cardinal Imperiali est nommé, pouvait être maintenue ou supprimée au gré de

illud quidem est, Regem et victoriarum et animorum plenum, totius Europæ arbitrum, tanta moderatione tamdiu melioribus consiliis locum reliquisse. Sed verendum est ne quantum pietati et religioni dederit, tantum ultioni indulgeat, et quo tardior ad vindictam ira processerit, ingruente bello gravior incumbat. Velim, Eminentissimi, ut si quid monere videor, id non tam meæ in Patriam caritati, devotoque animo in Regem, cui omnia debeo, quam meæ in Sacrum Collegium fidei et religioni tribuatis. Cum enim æquum sit nefarium crimen expiare, tum decet communi dignitati consulere et impendentem imperio ecclesiastico cladem amovere. His sane rebus commota Sua Sanctitas non sinet hunc Romæ ignem accendi ex quo deinde latius forsan excurrat incendium. Non sinet quorumdam simultatibus publicam perniciem erumpere et expetitam orbis universi votis et lacrymis pacem privatis rationibus labefactari. Confido quoque vos, Excellentissimi Domini, assiduis apud Sanctitatem Suam curis acturos ut imminentibus malis succurrat, et Regi de Ecclesia bene merito serio satisfieri procuret. Intelligitis enim quantum primogenitis suis debeat Ecclesia, quorum semper beneficiis claruit, præsidiis stetit, crevit victoriis. Atque ta, dum suam Ecclesiæ Vestræ Romanæ operam componendis Romæ negotiis insument, nostra nos vota ad Deum Opt. Max. fundemus, ut et consilia vestra fortunare velit, et aperire locum officiis quibus, pro mea parte, aut potius pro mea tenuitate, non deesse gloriæ semper ducam, nec non omnibus et singulis Ecclesiis Vestris Romanis integram præstare obsequii fidem.

Louis XIV : voyez la lettre précédente. La copie porte en marge cette addition, préparée par Retz, à la phrase précédente, pour le cas de suppression : .... *conferrem, neque unquam, si quam aspergi sacræ purpuræ maculam sentiam, sim defuturus.*

Datum Commercii, vii Kal. Feb. an. M. DCLXIII.
Ecclesiarum Vestrarum Romanarum humillimus, devotissimus et obsequentissimus servus et frater[3].

3. Gui Joli, à l'endroit cité, donne la substance de la lettre, puis ajoute : « Ce n'étoit pas si grand'chose, mais le sieur le Tellier ne laissa pas d'en être fort content, ayant dit à Joli que la lettre étoit admirable et que le cardinal de Retz n'avoit rien omis de ce qu'il falloit dire, ni rien dit de ce qu'il falloit omettre ; que ce qu'il y trouvoit de plus merveilleux, c'est que Son Éminence parloit comme si elle eût été tous les jours dans les conseils du Roi. Cela flattoit si fort le Cardinal qu'il lisoit à tous ceux qui l'alloient voir cette lettre avec l'autre écrit, comme les meilleurs ouvrages de sa façon, imposant là-dessus à tout le monde, jusqu'à son ami l'évêque de Châlons (*Félix Vialar*). Mais tout cela ne lui servit pas à grand'chose, et n'adoucit point à son égard la dureté de la cour. »

SECONDE PARTIE.

MISSION DU CARDINAL DE RETZ AU SUJET DE LA DOCTRINE
DE L'INFAILLIBILITÉ DU PAPE.

NOTICE.

EN 1664 parut à Lyon, sous le pseudonyme d'Amadeus Guimenius, un livre de théologie morale, dont le véritable auteur était un jésuite espagnol, le P. Mathieu de Moya, et dans lequel il défendait des propositions très-relâchées des casuistes de son ordre. Le 1er septembre de la même année, ce recueil fut déféré à la Sorbonne, et, après un examen qui dura cinq mois, censuré par la Faculté de théologie, non seulement pour ses propositions dangereuses, mais encore parce qu'il soutenait, comme un dogme, l'infaillibilité du Pape, qui n'était considérée en France que comme une question d'école, sur laquelle les opinions étaient libres. Alexandre VII adressa d'abord au Roi contre les censures de la Sorbonne un bref fulminant (6 avril 1665), puis, par une bulle en date du 25 juin de la même année, condamna ce qui touchait à l'infaillibilité pontificale, en gardant le silence sur la partie morale du livre de Moya, ce qui pouvait passer pour une approbation tacite de ses doctrines. Le Parlement, sur les conclusions du procureur général, Denis Talon, déclara qu'il y avait lieu à un appel comme d'abus, fit défense de publier la Bulle, et maintint la Faculté de théologie en possession du droit de censurer les livres contraires à la morale et à la discipline de l'Église (arrêt du 29 juillet 1665). Après le bref du 6 avril, Louis XIV, prévoyant les sérieuses et funestes conséquences que pouvait avoir ce grave dissentiment, ordonna au cardinal de Retz, qui était venu à Paris dans les premiers jours de mars, d'aller à Rome, en sa simple qualité de cardinal français, et, sans lui donner d'instructions précises, il le chargea, d'une manière générale, de suivre l'affaire et de négocier de façon à apaiser la querelle, sans faire aucune concession contraire aux principes de l'Église gallicane et à la dignité du Roi. Le Cardinal s'acquitta fort habilement de sa mission. Après divers entretiens avec le Pape et les cardinaux, où il déploya les plus rares qualités d'un diplomate, il finit par obtenir d'Alexandre VII la condamnation de Guimenius, ce qui absolvait indirectement la Sorbonne de sa censure contre ce jésuite, rendait la Bulle comme non avenue et sans effet, et par conséquent rejetait dans l'ombre la question de l'infaillibilité du Pape. Grâce à lui, l'affaire se termina par le silence réciproque de la France et de Rome[1].

1. Voyez, pour plus de détails, l'Introduction de ce volume, et les chapitres IV-VI de notre livre intitulé *le Cardinal de Retz et ses missions diplomatiques à Rome.*

I. — LETTRE DU CARDINAL DE RETZ A M. DE LIONNE. 1665

(DE COMPLIMENTS.)

Monsieur,

Je ne saurois commencer mon voyage[1] sans vous assurer de la continuation[2] de mes services, et vous supplier de croire qu'une des plus sensibles satisfactions que je trouve par avance est l'espérance que j'ai qu'il me donnera plus de lieu que je n'en ai eu par le passé de vous témoigner l'estime très-particulière[3] que je fais de votre amitié, qui me sera assurément toute ma vie très-sensible et très-chère[4]. Soyez persuadé, je vous conjure, que je ne manquerai jamais de répondre aux marques si obligeantes qu'il vous plaît de m'en donner, par une sincérité très-parfaite et une passion très-véritable et très-forte pour tout ce qui vous regarde. Je fais

---

Lettre 1. — Archives des Affaires étrangères, Rome, 1665. *Lettres à Lionne*, tome XVIII (168), pièce 150, fol. 297. Cette lettre est entièrement de la main de Retz.

1. Après être resté, un peu plus d'un mois, à Paris, le Cardinal était allé, avant de partir pour Rome, passer quelques semaines à Commercy.

2. *Continuation* paraît corriger *conservation*.

3. Dans l'autographe, « l'estime très-particulier ».

4. On peut voir aux pages 41 et 42 du tome V, comment le Cardinal jugeait Lionne dix années auparavant; et pour les sentiments que plus tard il lui garda, il est permis de les conclure de ces mêmes pages de ses *Mémoires*, dont la rédaction définitive ou la dernière transcription revue par lui ne saurait être antérieure à l'année 1675 (voyez, au tome I, la *Notice* de M. Feillet *sur les Mémoires*, p. 43 et note 1). Ce passage, où il attaque ses mœurs et lui refuse la dignité et jusqu'à la capacité, fut probablement écrit longtemps avant cette date; mais il ne l'a plus tard ni effacé ni modifié.

état de partir, sans aucun délai, à la fin de la semaine prochaine ; mais je vous supplie de croire que je serai partout également et de tout mon cœur,

Monsieur,

Votre très-affectionné serviteur,
Le cardinal de Retz.

A Commercy, ce 23 avril 1665.

---

2. — LETTRE DU CARDINAL DE RETZ A M. DE LIONNE.
(Sur son voyage a Rome.)

Monsieur,

Ce qui s'est passé jusques ici dans mon voyage est de si peu de considération pour le service du Roi que je croirois manquer au respect que je lui dois si je prenois la liberté de lui en rendre compte directement ; mais je trouve d'ailleurs tant de satisfaction à soumettre à Sa Majesté tous les pas et tous les moments d'une vie qui ne sera jamais qu'à Elle, que je ne puis m'empêcher de vous donner part de ce petit détail, et de vous supplier d'agréer que je commence, dès aujourd'hui, à prendre avec vous une correspondance que je continuerai assurément avec autant de joie que de sincérité. La saison qui commence à me presser et qui ne me permet pas[1] de perdre du temps en des cérémonies inutiles me fit prendre la résolution, en sortant de Lor-

---

Lettre 2. — Archives des Affaires étrangères, Rome, 1665. *Lettres à Lionne*, tome XIX (169), pièce 56, fol. 127 et 128. Original, de la main du même secrétaire qui a écrit toutes les suivantes de cette seconde partie ; les deux lignes de signature sont autographes. Deux cachets de cire rouge. — Voyez la réponse de Lionne, en date du 23 juin, aux *Pièces justificatives*, n° 4.

1. *Pas* est en interligne.

raine, de passer partout *incognito*. Je n'ai vu qu'en cette manière Monsieur le nonce de Lucerne, qui me fit les compliments de Monsieur l'ambassadeur d'Espagne, et qui lui rendit les miens de la même façon. J'arrivai hier au soir ici, je me logeai dans une hôtellerie, et, au même temps que j'ai envoyé ce matin un gentilhomme à M. Dom Louis Ponce de Léon[2], j'ai prié M. l'abbé de Vatteville, que je connois il y a fort longtemps[3], de faire en sorte auprès de lui qu'il me laissât dans toute la liberté de l'*incognito*. Après beaucoup d'honnêtetés et d'efforts pour me loger, etc., il s'est enfin contenté de me donner M. l'abbé de Vatteville et M. le comte Hercole Visconti, pour me faire voir sans cérémonie le corps de saint Charles[4], le château et la ville, mais il s'est opiniâtré absolument à me vouloir rendre une visite : je l'ai reçue, ce soir, chez M. l'abbé de Vatteville, où je suis venu coucher, parce que j'ai connu que ce qui faisoit le plus de peine à Monsieur le gouverneur de Milan sur mon *incognito* étoit de me voir loger dans une hôtellerie. Il n'a été qu'un quart d'heure avec moi, et il ne m'a parlé, après les civilités ordinaires, que de la passion qu'il

2. Ancien ambassadeur du roi d'Espagne à Rome, et alors gouverneur de Milan.

3. Retz peut l'avoir connu lorsqu'il traversa l'Espagne, après sa fuite du château de Nantes et y reçut un excellent accueil du baron de Vatteville, qui commandait alors dans le Guipuscoa, et dont l'abbé était peut-être parent (voyez au tome IV, p. 536 et suivantes, et note 4 de la page 536). Il ne faut pas confondre avec cet abbé de Vatteville le personnage, surtout connu sous ce nom, qui était frère du baron et dont les étranges aventures sont racontées par l'abbé de Saint-Pierre, au tome XIII de ses *OEuvres politiques*.

4. Saint Charles Borromée, cardinal, archevêque de Milan, né en 1538, mort en 1584, canonisé en 1610. Ses reliques, renfermées dans une châsse précieuse, sont dans une magnifique chapelle souterraine, bâtie sous la coupole de la cathédrale ou dôme de Milan.

avoit eue à Rome de servir Sa Majesté. Je pars demain pour Florence, contre ma première résolution, qui avoit été de passer par Lorette, mais j'ai changé de pensée sur ce que l'on m'a fait connoître ici que, prenant le chemin des montagnes de Toscane, je m'épargnerois l'*incommodité* des chaleurs, et que j'accourcirois de plus mon voyage de sept ou huit jours. Je vous supplie, Monsieur, d'être persuadé qu'il n'y aura jamais personne qui souhaite avec plus de passion l'honneur de votre amitié, et qui soit plus véritablement et plus sincèrement que moi,

Monsieur,

Votre très-affectionné serviteur,
Le cardinal de Retz.

A Milan, ce 28e mai 1665.

Suscription : A Monsieur Monsieur de Lionne, conseiller du Roi en tous ses conseils et secrétaire d'État, à Paris.

---

3. — LETTRE DU CARDINAL DE RETZ A M. DE LIONNE.
(Sur la continuation de son voyage.)

Monsieur,

Je vous écrivis de Milan le 28e du passé, j'en partis le 29e et je n'y vis personne, depuis M. Dom Louis Ponce de Léon, que M. le marquis Fiorenza, beau-fils de M. le marquis de la Fuente, qui, je crois, par cette raison, affecta de me rendre visite. Aussitôt que je fus

---

Lettre 3. — Archives des Affaires étrangères, Rome, 1665. *Lettres à Lionne*, tome XIX (169), pièce 69, fol. 165 et 166. Original, de la main du secrétaire; les deux lignes de signature sont autographes. Deux cachets de cire rouge. — Voyez la réponse de Lionne, en date du 3 juillet, aux *Pièces justificatives*, n° 5.

sur le Plaisantin[1], j'envoyai un gentilhomme à Monsieur de Parme[2] pour lui faire des excuses de ce que le chemin des montagnes, que les chaleurs m'obligeoient de prendre, m'empêchoit d'avoir l'honneur de le voir. J'arrivai ici le cinq⁰ de ce mois, et j'avois fait dessein d'y passer aussi *incognito*; mais un mot équivoque que M. Ugolini, gouverneur de Pise, et qui m'y a logé chez lui, écrivit en cette ville, a fait que Monsieur le Grand-Duc[3], ne croyant pas que ce fût ma pensée[4], m'a reçu en la manière accoutumée. Il m'a demandé si j'avois quelque ordre du Roi pour ce qui touche Mme la princesse de Toscane, et comme je lui ai dit que non, il m'a témoigné qu'il seroit bien aise que je n'eusse pas l'honneur de lui rendre mes très-humbles devoirs : ce qui m'en paroît est que l'on a résolu, en cette cour, de ne la laisser plus voir à personne qu'à ceux qui lui seront envoyés de la part du Pape ou de celle du Roi[5]. Je fais

1. Le territoire du duché de Plaisance, appartenant, ainsi que celui de Parme, aux Farnèse.
2. Ranuce II Farnèse, duc de Parme et de Plaisance, de 1646 à 1694.
3. Ferdinand II de Médicis, grand-duc de Toscane, fils de Cosme II et de Madeleine d'Autriche, né le 14 juillet 1610, marié, le 26 septembre 1633, à Julie-Victoire de la Rovère, mort le 24 mai 1670.
4. Que je voulusse passer *incognito*.
5. Il s'agit de Marguerite-Louise d'Orléans, fille aînée du second lit de Gaston d'Orléans, oncle de Louis XIV, mariée, en 1661, à Cosme de Médicis, fils aîné du grand-duc Ferdinand et qui lui succéda sous le nom de Cosme III. Voici ce que nous avons dit de Marguerite d'Orléans dans *le Cardinal de Retz et ses missions diplomatiques à Rome*, p. 220, note 4 : « Cette princesse, d'une rare beauté et d'une grâce toute française, mais d'une extrême violence de caractère et d'un esprit fantasque, s'était éprise d'une vive passion, avant son mariage, pour Charles V de Lorraine. Éloignée du prince qu'elle aimait, elle prit en horreur son époux et la cour de Toscane; elle poussa si loin son aversion pour la famille

état de partir d'ici demain au matin pour me rendre, le douze ou le treizième de ce mois, à Rome. Je vous supplie de croire que j'y serai, comme partout ailleurs, inviolablement,

   Monsieur,

      Votre très-affectionné serviteur,
       Le cardinal de Retz.

 A Florence, ce 7 juin 1665.

Suscription : A Monsieur Monsieur de Lionne, conseiller du Roi en tous ses conseils et secrétaire d'État, à Paris.

---

4. — LETTRE DU CARDINAL DE RETZ A M. DE LIONNE.

(Sur son arrivée a Rome et ses visites.)

 Monsieur,

Je vous écrivis de Florence le 7ᵉ de ce mois, j'en partis le 8ᵉ, et je demeurai tout le 9ᵉ à Sienne chez M. le prince Mathias[1]. J'y rendis mes devoirs aux parents de Sa Sainteté[2], et j'arrivai en cette ville dans la nuit du

---

de Médicis que, pour se faire avorter, elle se livra aux exercices les plus violents. Cependant, le 9 août 1663, elle eut un fils auquel on donna le nom de Ferdinand. C'est aux déportements de cette princesse que se rapporte le passage ci-dessus de la lettre du cardinal de Retz. »

Lettre 4. — Archives des Affaires étrangères, Rome, 1665. *Lettres à Lionne,* tome XIX (169), pièce 86, fol. 210 et 211. Original, de la main du secrétaire ; les deux lignes de signature sont autographes. Deux cachets de cire rouge sur lacs de soie rouge. — Voyez la réponse de Lionne, en date du 10 juillet, aux *Pièces justificatives,* n° 6.

 1. Mathias de Médicis, frère du grand-duc Ferdinand II, né le 9 mai 1613, mort le 11 octobre 1667.

 2. Le pape Alexandre VII était, nous l'avons dit, né à Sienne.

samedi au dimanche. J'y vis, dès la pointe du jour, M. de Bourlemont³, qui me donna les ordres de Sa Majesté pour ce qui regarde la reine de Suède⁴ et M. le cardinal Azzolin⁵. Je les observerai ponctuellement, et je m'en suis déjà acquitté à l'égard du dernier, qui m'a fait demander indirectement si j'étois en état⁶ de recevoir son compliment. Comme je n'ai point eu jusques ici d'ordres particuliers du Roi sur le reste de ma conduite, je n'ai pas cru la pouvoir régler plus justement selon ses intentions que par les conseils de M. de Bour-

3. C'était un personnage assez considérable, chargé des affaires de France à Rome en l'absence des ambassadeurs, et avec qui Louis XIV correspondait directement. Retz fut placé d'abord sous sa direction et ne faisait rien sans le consulter. — Il est ainsi nommé en tête du traité de Pise de 1664 (voyez ci-dessus, p. 9, note 21) : « Très-illustre et très-révérend prélat Louis de Bourlemont*, auditeur de rote, conseiller du Roi en ses conseils d'État, et plénipotentiaire de Sa Majesté. »

4. Christine, qui avait abdiqué en 1654 : voyez au tome V, p. 97, note 7, et p. 98, note 2. Elle était alors brouillée avec Louis XIV, pour avoir soutenu trop vivement le pape Alexandre VII, lors de l'affaire de la garde corse. Retz avait eu ordre d'abord de ne pas rendre visite à cette princesse, non plus qu'au cardinal Azzolini : voyez ci-après les *lettres* 24 et 25.

5. Le cardinal Decio Azzolini, ami du cardinal de Retz, et chargé des affaires temporelles de la reine Christine de Suède. Il était né à Fermo, le 11 avril 1623, d'une famille noble et ancienne. Il est plusieurs fois question de lui dans les *Mémoires* de Retz : voyez au tome IV, p. 135 et note 2, au tome V, p. 25, et p. 98, fin de la note 2. Il était devenu cardinal le 2 mars 1654; au conclave qui nomma Alexandre VII, il faisait partie de l'Escadron volant (tome V, p. 17). Rien n'égalait son habileté dans le maniement des affaires; aussi jouit-il constamment de la confiance d'Innocent X, d'Alexandre VII et de Clément IX, qui fit de lui son secrétaire d'État. Christine de Suède l'institua son légataire universel. Il mourut à Rome, le 8 juin 1689.

6. Ces deux mots sont en interligne.

a C'est ainsi qu'il signe son nom; dans nos originaux, l'*o* est le plus souvent accentué; çà et là on lit *Burlemont*, sans le premier *o*.

lemont, que j'ai absolument suivis dans les premiers pas de compliments et de cérémonies que j'ai été obligé de faire en arrivant ici. Je vis, hier au matin, le Pape, qui me reçut avec beaucoup de bonté, et ne me parla que fort en général des choses passées, et de la passion qu'il avoit toujours eue[7] de bien vivre avec le Roi. Je prends la liberté d'écrire à Sa Majesté pour l'assurer de mes très-humbles obéissances, et je vous supplie, Monsieur, de me faire la grâce de lui rendre ma lettre, et d'être persuadé qu'il n'y aura jamais personne qui soit avec plus de passion et de sincérité que moi,

Monsieur,

Votre très-affectionné serviteur,
Le cardinal de RETS.

A Rome, ce 16e juin 1665.

Suscription : A Monsieur Monsieur de Lionne, secrétaire d'État.

5. — LETTRE DU CARDINAL DE RETS A M. DE LIONNE.
(SUR CE QUE LE PAPE L'A MIS DES TROIS CONGRÉGATIONS.)

MONSIEUR,

Depuis ma lettre du 16e, M. l'abbé Castiglion m'est venu trouver de la part de M. le cardinal Chigi[1], et m'a

---

7. *Eu,* sans accord, dans le texte.
LETTRE 5. — Archives des Affaires étrangères, Rome, 1665. *Lettres à Lionne,* tome XIX (169), pièce 102, fol. 251. Original, de la main du secrétaire; les deux lignes de signature sont autographes. Deux cachets de cire rouge. — Voyez la réponse de Lionne, en date du 17 juillet, aux *Pièces justificatives,* n° 8.
1. Ce nom est écrit ici *Ghisi,* mais dans la suite, le plus souvent, *Chigi*; dans les *Mémoires* constamment *Ghisi* ou *Ghici* : voyez tome IV, p. 134, note 6, et tome V, p. 66. — Flavio Chigi, fils du frère aîné du Pape et né à Sienne, comme son oncle, fut créé

dit que le Pape m'a mis des trois congrégations *de' Vescovi e Regolari*[2], *dell' Immunità ecclesiastica, e della Signatura di gratia*. Je ne sais si ce ne seroit point manquer au respect que de vous supplier de rendre compte au Roi d'une chose de si peu de considération; mais je ne laisse pas de vous la mander pour me donner à moi-même cette satisfaction, et pour prendre en même temps l'occasion de vous assurer que je suis très-véritablement,
Monsieur,
Votre très-affectionné serviteur,
Le cardinal de Retz.

1665

La Reine mère[3] m'a fait l'honneur de m'écrire touchant la réforme de Cîteaux[4]. J'espère, Monsieur, que vous aurez bien la bonté de lui rendre la réponse que je lui fais et que vous trouverez ci-jointe.

A Rome, ce 23ᵉ juin 1665[5].

Suscription : A Monsieur Monsieur de Lionne, secrétaire d'État.

cardinal le 9 avril 1657. C'est lui qui porta à Louis XIV, comme légat *a latere*, les excuses du Pape pour les attentats des Corses. Il mourut à Rome en 1698.

2. « Des Évêques et des Réguliers. » L'italien des deux titres suivants n'a besoin pour personne de traduction. — On sait qu'à Rome le mot *congrégations* désigne des commissions permanentes de cardinaux et de prélats. — Voyez ce qui est dit plus loin, *lettres* 15, 28, 31, etc., des séances des congrégations de l'Immunité et des Réguliers.

3. Anne d'Autriche, fille de Philippe III et sœur de Philippe IV, rois d'Espagne, née en 1602, mariée à Louis XIII le 25 novembre 1615, régente le 8 mai 1643, morte le 20 janvier 1666. Lionne avait été secrétaire de ses commandements. — Ce post-scriptum a été rapidement ajouté, par la même main, dans le blanc, entre les mots : *très-véritablement* et *Monsieur*.

4. La réforme de Cîteaux, poursuivie à Rome par l'abbé de Rancé : voyez ci-après, p. 58, note 14.

5. Date antérieure de deux jours à celle de la bulle d'Alexandre VII

6. — LETTRE DU CARDINAL DE RETZ A M. DE LIONNE.

(Sur son logement chez le prince Pamphile.)

Monsieur,

Je craindrois de manquer au respect si je me donnois la liberté de rendre au Roi par une lettre les très-humbles grâces que je lui dois de la part que Sa Majesté a eu la bonté de prendre aux civilités que je reçois de M. le prince Pamphile[1], mais je ne me saurois empêcher de vous dire, au moins entre vous et moi, que je ne suis pas moins touché de cette grâce que j'en suis honoré. Nous avons su ici, de fort bonne heure, la défaite des Espagnols, et, quoique leur ambassadeur n'ait rien oublié pour affoiblir le bruit et la réputation de la victoire des Portugais[2], il y a si peu réussi que les relations de M. le comte de Castel-Mejor[3] et de M. de Schomberg

dont il est parlé dans la *lettre 7* (voyez ci-après, p. 36, note 5), et qui va devenir le principal objet de la correspondance entre le cardinal de Retz et Lionne.

Lettre 6. — Archives des Affaires étrangères, Rome, 1665. *Lettres à Lionne*, tome XX (170), pièce 25, fol. 54. Original, de la main du secrétaire; la ligne de signature est seule autographe.

1. Camille-François-Marie Pamfili, fils d'Olimpia Maidalchini, né le 21 février 1622, créé cardinal, par son oncle Innocent X, le 14 novembre 1644; il renonça à la pourpre, en 1647, pour épouser Olimpia Aldobrandini, fille de Jean-Georges, prince de Rossano, veuve de Paul Borghèse (voyez tome III, p. 145, note 4), et il mourut le 26 juillet 1666. Il est plus d'une fois question de sa femme dans les *Mémoires* de Retz, qui la nomme toujours *la princesse de Rossane*. Il dit qu'elle lui fut très-utile pour obtenir le chapeau de cardinal.

2. La victoire décisive de Villa-Viciosa ou de Montes-Claros, gagnée, le 17 juin 1665, sur les Espagnols par les Portugais, commandés par le futur maréchal Frédéric-Armand de Schomberg, et qui força l'Espagne à reconnaître, après de vains délais, l'indépendance du Portugal : voyez la note 5 de la *lettre 36*.

3. Le comte de Castelmelhor, le favori qui régnait à Lisbonne sous le nom de son maître Alphonse VI, roi de Portugal. — Dans la *lettre 52*, *Castelmehor*.

ont été confirmées, selon toutes leurs circonstances, dans les suites, par les lettres de Madrid.

Je suis,

        Monsieur,

                Votre très-affectionné serviteur,
                    Le cardinal de Retz.

A Rome, ce 11ᵉ juillet 1665.

---

7. — LETTRE DU CARDINAL DE RETZ A M. DE LIONNE.
(Sur son entretien avec le cardinal Albizzi sur la bulle contre la censure de la Sorbonne.)

Monsieur,

Je ne vous ai point écrit depuis le 23ᵉ du mois passé[1], parce que je n'en ai eu aucune matière que celle que les cérémonies ordinaires de Rome m'eussent pu donner. Comme vous les voyez à Paris aussi clairement que moi-même, je suis persuadé que le journal vous en auroit été aussi ennuyeux qu'inutile au service du Roi, et après vous avoir mandé, comme j'ai fait, que je me conduirois absolument, dans toutes ces démarches, selon les avis de M. de Bourlemont[2], je crois que je n'ai rien à y

---

Lettre 7. — Archives des Affaires étrangères, Rome, 1665. *Lettres à Lionne*, tome XX (170), pièce 29, fol. 67 et 68. Original, de la main du secrétaire; les deux lignes de signature sont autographes. — Voyez la réponse de Lionne, en date du 7 août, aux *Pièces justificatives*, n° 10.

1. Il a laissé passer deux ordinaires, deux mardis, sans écrire, et ne compte pas son billet (n° 6) du samedi 11 juillet, où il ne parle point affaires. — Entre le 23 juin et le 14 juillet, dates des *lettres* 5 et 7, il y a les cérémonies de la grande fête, très-solennelle à Rome, de la Saint-Pierre (29 juin).

2. Voyez ci-dessus la *lettre* 4, p. 31, note 3.

ajouter par cet ordinaire que le récit d'une conversation que j'ai eue depuis quelques jours avec M. le cardinal Albizzi[3]. Je connus sensiblement, aux premières paroles qu'il me dit, en me rendant sa visite, qu'il avoit impatience de sortir des compliments ordinaires pour me parler d'affaires, et je fus bientôt confirmé dans cette pensée par l'affectation qu'il eut à entrer en discours sur la censure de la Faculté de théologie de Paris[4], et ensuite sur la bulle du Pape[5]. Je me défendis

---

3. François Albizzi, né à Césène en 1591, fut d'abord avocat, et épousa Violante Martinelli, dont il eut plusieurs enfants. Après la mort de sa femme, il embrassa la profession ecclésiastique, fut nommé auditeur de la nonciature de Naples, puis d'Espagne, assesseur du Saint-Office en 1635, et enfin secrétaire de la congrégation chargée de l'affaire de l'*Augustinus*. Il y contribua de tout son pouvoir à la condamnation du livre de Jansénius. Créé cardinal par Innocent X, le 5 mars 1654, il mourut à Rome le 5 octobre 1684. — Il faisait partie, comme Azzolini, de l'Escadron volant.

4. Cette censure, datée du 3 février 1665, parut d'abord en latin sous ce titre : *Censura sacræ Facultatis theologiæ parisiensis in librum cui titulus est :* Amadei Guimenii Lomarensis opusculum; *Parisiis*, Vitré, 1665, in-4°. Aux pages 21-59 d'un opuscule anonyme de Jacques Boileau intitulé : *Recœüeil* (sic) *des diverses pièces concernant les censures de la Faculté de théologie de Paris. Sur la Hiérarchie de l'Église et sur la Morale Chrestienne*, etc., à Munster, M.D.C.LXVI, in-12, on trouve la traduction française de cette censure sous ce titre : *Censure de la Faculté de théologie de Paris contre le livre d'Amadeus Guimenius*.

5. La bulle du pape Alexandre VII qui condamnait la censure de la Faculté de théologie de Paris contre le livre de Guimenius fut donnée le 25 juin 1665. Elle condamnait en même temps une autre censure de cette même Faculté, du 24 mai 1664, contre un livre de Jacques de Vernant, intitulé : *la Défense de notre Saint Père le Pape*, etc. (voyez plus loin, p. 57, note 8). Le texte latin de la bulle du Pape est aux pages 92-96 du *Recueil* de Jacques Boileau que nous venons de citer, et la traduction de la censure de la Faculté contre le livre de Vernant aux pages 1-20 du même recueil. — Pour l'affaire de *Guimenius*, on peut consulter Bossuet, *Defensio declarationis cleri gallicani*, livre VI, chapitre XXVII; l'*His-*

quelque temps de lui répondre sur ce sujet en lui témoignant que comme je ne savois ni les intentions du Roi sur cette bulle ni le détail de ce qui s'étoit passé ici sur cette matière, je n'en pouvois rien dire de particulier. Il ne laissa pas de me presser avec beaucoup d'instance de m'ouvrir un peu davantage sur le fond[6] de la question, et comme je vis, par de certaines expressions, qu'il se vouloit persuader à lui-même que j'étois de son sentiment, et qu'il tournoit la chose d'une manière selon laquelle il lui eût été facile de donner à mon silence dans le monde un sens qui n'étoit pas assurément le mien, je crus être obligé de m'expliquer et de lui dire, comme en confidence entre lui et moi, que je ne pouvois concevoir les motifs qui avoient obligé la cour de Rome à la publication de cette bulle, qu'ayant été nourri dans la Sorbonne dès mon enfance, et y ayant pris tous les degrés, je ne pouvois ignorer ses véritables sentiments, que je savois certainement qu'ils n'avoient jamais été de condamner l'opinion qui soutient l'infaillibilité du Pape, quoique cette opinion ne soit pas celle de la Faculté de théologie, que sa censure n'a point touché cette doctrine de Rome, mais seulement celle qui dit que la contraire est hérétique, et que je ne pouvois concevoir par conséquent les raisons par lesquelles la cour

---

toire ecclésiastique du dix-septième siècle (par Ellies du Pin), tome II, p. 442-457, et tome III, p. 274; le *Dictionnaire historique de Prosper Marchand*, 2de partie, p. 89 et suivantes, à l'article MATHIEU DE MOYA (vrai nom d'*Amadeus Guimenius*; voyez ci-après, p. 41, note 3); et les *Études sur la vie de Bossuet*, par Floquet, tome II, livre XI. Voyez aussi *le Cardinal de Retz et ses missions diplomatiques à Rome* (chapitres IV, V et VI, de la page 175 à la page 373), où nous avons traité longuement cette affaire de Guimenius et celle de la doctrine de l'infaillibilité du Pape.

6. Dans nos originaux, ce mot, en ce sens, est constamment écrit *fonds*.

de Rome, qui n'a jamais prétendu jusqu'ici faire passer pour un article de foi son opinion de l'infaillibilité du Pape, condamne une censure qui ne dit dans le fond que ce que les auteurs mêmes qui soutiennent l'infaillibilité enseignent en mille endroits de leurs ouvrages, qui est que l'une et l'autre de ces deux opinions est soutenable, et que l'une ni l'autre n'est de foi. M. le cardinal Albizzi me répondit que, si la Sorbonne s'expliquoit comme moi, le procès seroit bientôt fini, et que l'on n'avoit rien oublié, du côté de Rome, pour obliger la Faculté de théologie à donner à sa censure le sens que je prétendois qu'elle avoit, et que rien n'avoit obligé le Pape à publier sa bulle, que l'ambiguïté qui se trouvoit dans les paroles de la censure et qui eût pu, à ce qu'il disoit, faire croire à la postérité que la Faculté de théologie de Paris eût condamné impunément, à la vue de Rome, l'opinion de l'infaillibilité comme fausse, téméraire, etc.[7]. Vous pouvez croire, Monsieur, que je ne demeurai pas sur ce point sans repartie, et que j'essayai de lui faire voir qu'il n'y a rien dans la censure qui ne marque clairement qu'elle n'a prétendu condamner que l'opinion qui déclare hérétique celle qui est contraire à l'infaillibilité du Pape. La contestation s'échauffant, nous entrâmes dans l'autre point, c'est-à-dire dans la défense que fait la Bulle à toutes personnes, sans exception, de prendre connoissance, etc.[8], et M. le cardinal Albizzi me soutint que Rome ne prétendoit blesser, en aucune manière, l'autorité des évêques, qu'elle avouoit être incontestable, et qu'elle n'avoit inséré cette défense dans la Bulle que pour faire voir à la Faculté de théologie

7. L'*etc.* remplace les mots « scandaleuse et hérétique » : comparez ci-après, p. 41 et 42, et voyez à la page 5 de la traduction de la censure contre Vernant, citée ci-dessus (p. 36, note 5).
8. Voyez ci-après, p. 94 et note 15.

que le Pape s'étoit encore réservé des moyens de faire quelque chose de plus en cette affaire qu'il n'avoit fait. J'avoue que je ne pus comprendre sa raison, quelque peine qu'il prit à me la faire concevoir, et je me contentai de lui dire que cette inhibition paroissoit dans la Bulle si générale et si contraire aux maximes de France que j'appréhendois qu'elle n'eût de mauvaises suites. Le maître du Sacré Palais me vint voir hier, qui affecta, aussi bien que M. le cardinal Albizzi, de me faire parler sur ce sujet, et je lui répondis, dans les mêmes termes, avec d'autant plus de facilité que M. de Bourlemont avoit approuvé que je me fusse ouvert avec M. le cardinal Albizzi; car je vous avoue que le respect que je dois au Roi, et qui m'oblige, ce me semble, à n'ouvrir la bouche sur quoi que ce soit que par les ordres exprès de Sa Majesté, m'avoit donné quelque scrupule de la liberté que j'avois prise de m'expliquer avec M. le cardinal Albizzi, quoique rien ne m'y eût porté que la bienséance, qui oblige, à ce qui me paroît, un cardinal françois à ne pas demeurer absolument dans le silence, quand on le force de s'expliquer sur des matières de cette nature. M. le cardinal Albizzi dit avant-hier au P. Macedo, cordelier portugais, qu'il avoit un extrême regret de ne m'avoir pas entretenu devant que la Bulle eût été envoyée. Comme il n'a pu douter que ce religieux ne me céleroit pas la confidence qu'il lui a faite, je suis persuadé qu'il a bien voulu que je la susse. Vous jugez mieux que moi quelle vue il peut avoir dans cette conduite, de laquelle je crois être obligé de rendre compte au Roi, parce qu'elle m'a paru suivie et affectée. Je suis, avec toute la sincérité et toute la passion imaginables,

Monsieur,

Votre très-affectionné serviteur,
Le cardinal de Retz.

M. de Bourlemont a jugé à propos que je vous envoyasse la lettre ci-jointe du roi d'Espagne[9]. J'apprends ici que ces lettres sont ordinaires et que tous les ambassadeurs en donnent une pareille aux cardinaux qu'ils n'ont point encore vus[10].

A Rome, ce 14º juillet 1665.

8. — LETTRE DU CARDINAL DE RETZ A M. DE LIONNE.
(Sur une conversation qu'il a eue avec le cardinal Pallavicini au sujet de la bulle contre la censure de la Sorbonne.)

Monsieur,

J'ai reçu la lettre qu'il vous a plu de m'écrire du 26º juin[1], et je crois que vous me faites bien la justice d'être persuadé qu'elle m'a donné une extrême joie en m'assurant que le Roi a agréé la liberté que j'ai prise de lui rendre compte de mon voyage. Je n'aurai jamais de véritable passion que celle de lui obéir et de lui plaire, et je vous puis dire, avec beaucoup de vérité, que ce sera toujours mon unique application.

9. Philippe IV, fils de Philippe III, né le 8 avril 1605, monta sur le trône le 31 mars 1621, et mourut le 17 septembre 1665.
10. Ce dernier paragraphe a été ajouté dans le blanc, de la même main, entre *imaginables* et *Monsieur*.
Lettre 8. — Archives des Affaires étrangères, Rome, 1665. *Lettres à Lionne*, tome XX (170), pièce 43, fol. 93 et 94. Original, de la main du secrétaire; les deux lignes de signature sont autographes. Deux cachets de cire rouge. — Voyez la réponse de Lionne à Retz, en date du 14 août, aux *Pièces justificatives*, nº 12.
1. Il n'y a pas de lettre de Lionne du 26 juin aux archives des Affaires étrangères. Le secrétaire a écrit, par mégarde, 26 au lieu de 23 juin, qui est la date de la réponse à la *lettre 2* : voyez aux *Pièces justificatives*, nº 4. Dans cette réponse, Lionne parle en effet de la satisfaction du Roi, à qui il a lu le compte rendu du voyage.

Je vis avant-hier M. le cardinal Pallavicin[2], qui affecta, avec un peu plus de circuit que M. le cardinal Albizzi, de me faire entrer dans le discours de la censure, et de la Bulle. Il me dit que si la Faculté de théologie de Paris se fût contentée de censurer la proposition de Guimenæus[3] comme fausse, et non comme téméraire, scandaleuse, etc., la cour de Rome fût demeurée dans le silence. Il ajouta que la doctrine de l'infaillibilité du Pape, étant tenue par le Saint-Siége et par toutes les universités du monde, à ce qu'il prétend, excepté celle de Paris, il devoit être permis à tous les théologiens de qualifier la contraire comme il leur plairoit. Il me voulut

1665

2. Sforza Pallavicini ou Pallavicino, fils du marquis Alexandre Pallavicini et de Françoise Sforza, né à Rome le 20 novembre 1607, fut tour à tour gouverneur de Jesi, d'Orvieto et de Camerino, puis entra dans la Compagnie de Jésus le 28 juin 1638. Alexandre VII, dont il fut le directeur de conscience et dont il a écrit la *Vie*, le nomma cardinal *in petto* le 19 avril 1657 et le proclama le 10 novembre 1659. Il mourut le 5 juin 1667. Son ouvrage le plus connu est son *Istoria del concilio di Trento*, Rome, 1656, 2 vol. in-folio, et 1664, 3 vol. in-4°. Il l'avait écrite pour réfuter celle de Fra Paolo Sarpi, le théologien de la République de Venise.

3. *Amadæus Guimenius*, pseudonyme que prit le jésuite Mathieu de Moya, dans son traité de théologie morale, intitulé : *Amadæi Guimenii Lomarensis, olim primarii S. Theologiæ professoris, opusculum, singularia universæ fere theologiæ moralis complectens, adversus quorumdam expostulationes contra nonnullas Jesuitarum opiniones morales*, etc.; *ed. novissima ab auctore correcta*, etc., *Coloniæ Agrippinæ apud Antonium Kinckium*, 1665. Le jésuite Mathieu de Moya, né à Moral, diocèse de Tolède, le 10 septembre 1610, fut admis dans la Compagnie de Jésus le 23 mars 1626, professa, pendant vingt et un ans, la théologie à Murcie, Alcala et Madrid, et fut nommé confesseur de la reine douairière d'Espagne, Marguerite d'Autriche, veuve de Philippe III. Il mourut au mois de février 1684. L'auteur défendait dans son livre les plus révoltantes doctrines du probabilisme. Il fut, comme nous le verrons plus loin, condamné par l'Inquisition de Rome et par un bref d'Alexandre VII. Dans l'article cité plus haut (p. 36, note 5) du *Dictionnaire de Marchand*, il est dit que la 1re édition de sa *Théologie morale* parut à Palerme, 1657, in-4°.

prouver ensuite, aussi bien que M. le cardinal Albizzi, que la défense que fait la Bulle à toutes personnes de prendre connoissance, etc., ne touche en aucune façon l'autorité des ordinaires, et n'a eu d'autre principe que le dessein que le Pape a pris de faire voir à la Sorbonne que, si elle ne se soumettoit à la Bulle, Sa Sainteté s'étoit réservé[4] des moyens plus forts que ceux qu'Elle avoit employés jusques ici. Il finit son discours en me disant que cette affaire se pouvoit accommoder en un quart d'heure. Comme je ne pus concevoir les raisons qui ont été capables de porter la cour de Rome à faire une différence si considérable entre une censure qui n'eût condamné la proposition que comme fausse, et une autre qui l'a qualifiée téméraire, scandaleuse, etc., je ne répondis sur ce point qu'en avouant avec ingénuité que je ne pouvois comprendre la justesse de ce raisonnement. Je payai de la même humilité touchant les motifs qu'il m'avoit allégués de la défense portée dans la Bulle à toutes personnes de prendre connoissance, etc., parce qu'en effet je ne me puis imaginer aucun rapport entre cette inhibition et le fondement sur lequel on l'appuie. Je combattis, par les mêmes raisons dont je m'étois déjà servi avec M. le cardinal Albizzi sur le gros de la question, les principes par lesquels M. le cardinal Pallavicin prétend que tout le monde a droit de condamner comme hérétique *materialiter* l'opinion contraire à l'infaillibilité du Pape, et pour ce qui est de la facilité d'accommoder l'affaire, je lui dis que j'appréhendois que la publication de la Bulle n'y apportât peut-être de nouveaux embarras, plus difficiles à démêler que ne l'auroit pu être le fond même de la question dans les commencements. J'ai cru, Monsieur, être

---

4. Dans le texte, *s'étoit réservée*, avec accord fautif.

obligé de vous donner part de ce détail, parce que vous y pourrez remarquer une différence notable des sentiments de M. le cardinal Pallavicin à ceux de M. le cardinal Albizzi, celui-ci m'ayant avoué d'abord que Rome n'approuve point que l'on condamne l'opinion de la Faculté de théologie touchant l'infaillibilité du Pape, et celui-là m'ayant dit nettement que la Faculté de théologie même ne peut pas se plaindre que ceux qui écrivent condamnent son opinion. Il me répéta plusieurs fois, à la fin de la conversation, que, si la Sorbonne se vouloit expliquer le moins du monde, toutes choses seroient pacifiées en un instant : sur quoi je ne le pressai point de s'éclaircir, parce qu'il ajouta, en même temps, que cette explication que Rome souhaitoit étoit celle que Sa Majesté, à ce qu'il me dit, a refusée à Monsieur le Nonce. Je suis,

  Monsieur,

    Votre très-affectionné serviteur,
    Le cardinal de Retz.

A Rome, ce 21ᵉ juillet 1665.

Suscription : A Monsieur Monsieur de Lionne, secrétaire d'État, en Cour.

---

9. — LETTRE DU CARDINAL DE RETZ A M. DE LIONNE.

Sur un entretien qu'il a eu avec le cardinal Rospigliosi au sujet de la Bulle, et sur une longue audience qu'il a eue du Pape.)

Monsieur,

Je crois que vous ne doutez pas de la joie que votre

Lettre 9. — Archives des Affaires étrangères, Rome, 1665. *Lettres à Lionne,* tome XX (170), pièce 58, fol. 124. Autographe.

1665 lettre du 3 de juillet[1] m'a donnée en m'apprenant de si bonnes nouvelles de la santé de la Reine mère[2]. Vous savez par combien de titres je suis obligé d'y prendre plus de part que personne du monde et je vous puis dire avec beaucoup de vérité que j'y suis et que j'y[3] serai toute ma vie aussi sensible que je le dois.

Je ne saurois être surpris de ce qu'il vous a plu de m'écrire touchant la cour de Rome. Mais, comme vous la connoissez très-parfaitement, vous ne le serez pas, à mon opinion, que je vous dise que ceux qui sont sur les lieux et qui la voient de plus près ont encore un double sujet de s'étonner qu'elle ne recherche pas, avec tous les soins imaginables, une amitié ou plutôt une protection qui lui est aussi nécessaire que celle du Roi. Je n'ai vu personne, depuis ma dernière, qui m'ait parlé des affaires présentes que M. le cardinal Rospigliosi[4]. Il affecta de me mettre sur ce discours et, après m'avoir témoigné beaucoup de déplaisir de l'état où il voyoit la chose, il traita

1. Voyez aux *Pièces justificatives*, le n° 5.
2. Voyez les *Mémoires de Mme de Motteville*, tome IV, p. 385-390. Il y avait eu, depuis la veille de la Saint-Jean (23 juin), un « petit intervalle d'amendement » dans la cruelle maladie dont souffrait la Reine mère et dont elle mourut au commencement de l'année suivante. Mais le 25 juillet, trois jours avant celui où Retz écrivait, elle « retomba malade. »
3. Dans ses lettres autographes, pas plus que dans le manuscrit des *Mémoires*, Retz n'emploie jamais l'*y*. Nous avons dans cette phrase, et sans apostrophe, *di*, puis deux fois *ji*, et, à la fin de la lettre : « j'aurois à *i* faire. »
4. Jules Rospigliosi, né à Pistoie le 28 janvier 1600, archevêque de Tarse, et nonce en Espagne de 1644 à 1655, secrétaire d'État d'Alexandre VII, fut nommé cardinal le 9 avril 1657, et élu pape le 20 juin 1667, sous le nom de Clément IX. Il mourut le 9 décembre 1669. C'est à Louis XIV, comme nous le verrons plus loin dans la correspondance de Retz, qu'il fut redevable de son élection.

le fond de la question sur les mêmes principes dont[5] M. le cardinal Albizzi s'étoit servi. Je lui fis les mêmes réponses, et la contestation ne dura que fort peu de temps. Il y eut hier consistoire, où le Pape, à qui je ne croyois dire qu'un mot pour une affaire particulière d'un Jacobin, me donna une audience de près d'une heure, dans laquelle il ne me parla que de la réforme de Cîteaux, de la morale chrétienne, et de la conception de la Vierge, qu'il traita théologiquement et avec beaucoup de doctrine. Je laisse à M. de Bourlemont, qui est beaucoup plus pratique[6] et mieux informé que moi, à vous mander les réflexions différentes que les spéculatifs de ce pays font sur une audience de cette longueur et donnée dans un temps où les ambassadeurs ont peine d'avoir les ordinaires à cause des chaleurs. Je ne vous dis rien aussi des diverses pensées que l'on avoit eues[7] sur l'intimation de ce consistoire parce que M. de Bourlemont, dont je fus la veille prendre les sentiments pour savoir ce que j'aurois à y faire pour le service de Sa Majesté, m'a dit qu'il vous en rendoit compte.

Je suis,
  Monsieur,
    Votre très-affectionné serviteur,
     Le cardinal de RETZ.

A Rome, ce 28 juillet 1665.

5. *Dont* corrige *que.*
6. *Pratique* est une leçon un peu douteuse, mais très-probable.
7. *Eu*, sans accord, dans l'original.

10. — LETTRE DU CARDINAL DE RETZ A M. DE LIONNE.
(D'assurances de fidélité pour le service du Roi.)

Monsieur,

Je crois qu'il seroit superflu de vous dire que j'ai reçu la lettre dont il a plu au Roi de m'honorer[1], avec autant de joie que de respect et de soumission. Je ne saurois jamais mériter l'honneur qu'il plaît à Sa Majesté de me faire; mais je vous puis bien assurer, avec beaucoup de vérité, que j'essayerai d'y répondre jusques au dernier soupir de ma vie par un zèle très-ardent, par une fidélité très-parfaite et par un attachement inviolable à son service et à sa personne. Je ne vous mande rien de l'indisposition du Pape, que les uns ont traitée, depuis trois ou quatre jours, de maladie, et les autres de simple foiblesse d'estomac, qui lui est assez ordinaire dans les grandes chaleurs. M. de Bourlemont, qui vous en écrira sans doute le détail et qui en est mieux informé que moi, me vient de mander qu'il ne croit pas que ce soit chose considérable, et que Sa Sainteté donna hier au matin audience à Monsieur le cardinal Dataire[2] et à M. Ugolini, son auditeur.

Je suis,
    Monsieur,
        Votre très-affectionné serviteur,
        Le cardinal de Retz.

A Rome, ce 4 août 1665.

Lettre 10. Archives des Affaires étrangères, Rome, 1665. *Lettres à Lionne*, tome XX (170), pièce 81, fol. 180. Original, de la main du secrétaire; la ligne de signature est seule autographe.

1. Nous n'avons pas retrouvé cette lettre du Roi.

2. Chef de l'office de la chancellerie romaine où l'on date toutes les pièces qui s'expédient ou sont soumises au Pape et qui

11. — LETTRE DU CARDINAL DE RETZ
A M. DE LIONNE.

(Sur une seconde conversation qu'il a eue avec le cardinal Pallavicini touchant la Bulle.)

1665

A Rome, ce 18ᵉ août 1665.

Monsieur,

M. le cardinal Pallavicin me vint voir avant-hier et, après avoir affecté de me mettre encore sur le discours de la Bulle, il me dit que, si la Faculté de théologie de Paris n'avoit prétendu par sa censure que la condamnation de la proposition qui accuse sa doctrine d'hérésie, Rome n'auroit aucun sujet de se plaindre. Comme il n'accompagna ce discours d'aucune des maximes qu'il avoit tenues dans notre première conversation, je crus qu'il pouvoit y avoir du dessein dans ce changement, et, sans vous en pouvoir pourtant assurer, je vous en donne avis, à tout hasard, comme d'une circonstance qui peut donner lieu à quelque conjecture sur l'état de cette cour. Comme M. de Bourlemont m'a témoigné qu'il vous mandoit le détail de la maladie du Pape, je crois qu'il seroit superflu que je vous en entretinsse, et je me contenterai seulement de vous dire ici que l'on a été fort alarmé au palais ces jours passés,

---

s'enregistrent en cour de Rome. Alexandre VII avait nommé à cette charge Pierre Ottoboni, né à Venise le 19 avril 1620, promu cardinal, en 1652, par Innocent X, dans la même promotion que le cardinal de Retz. Plus tard, il devint pape sous le nom d'Alexandre VIII, le 6 octobre 1689. Il mourut le 1ᵉʳ février 1691. — Nous avons vu bon nombre d'impressions de brefs et de décrets de ce temps signés du nom de son auditeur : S. Ugolinus.

Lettre 11. — Archives des Affaires étrangères, Rome, 1665. *Lettres à Lionne*, tome XX (170), pièce 105, fol. 226. Original, de la main du secrétaire; la ligne de signature est seule autographe.

et que l'on y paroît assez rassuré depuis vingt-quatre heures. M. de Bourlemont m'ayant dit que c'étoit à moi à prendre soin de la célébration de la fête de saint Louis[1], j'en ai commencé les préparatifs, et, comme il a jugé à propos, pour les raisons qu'il vous écrit, de la faire avec plus de solennité qu'à l'ordinaire, j'essayerai de m'en acquitter le moins mal qu'il me sera possible.

Je suis,

Monsieur,

Votre très-affectionné serviteur,
Le cardinal de Retz.

12. — LETTRE DU CARDINAL DE RETZ A M. DE LIONNE.
(Sur l'augmentation de la maladie du Pape.)

A Rome, ce 22 août 1665.

Monsieur,

Vous verrez, par ce que M. de Bourlemont vous écrit, ce que l'on sait ici de la maladie du Pape, dont les bruits sont si différents qu'ils changent de moment à autre. Ce qui est certain est qu'il n'est pas bien ; mais il est impossible, à ce qui[1] me paroît, d'en pénétrer le détail. Je n'ai pas cru devoir laisser partir le courrier sans assurer Sa Majesté de mes très-humbles obéissances, et

---

1. Dans l'église de Saint-Louis des Français, près de la place Navone. Voyez, sur cette église et sur la fête de saint Louis qu'on y célébrait le 25 août, tome V, p. 100 et note 6.

Lettre 12. — Archives des Affaires étrangères, Rome, 1665. *Lettres à Lionne*, tome XX (170), pièce 123, fol. 259. Autographe.

1. Il y a bien « ce *qui* » dans le manuscrit.

de l'attachement inviolable que j'aurai à suivre, dans ce rencontre[2], comme dans tous les autres de ma vie, tout ce qui sera de ses intentions et de ses volontés. Je m'y conduirai en tout et partout selon ce que M. de Bourlemont me dira.

Je suis,

Monsieur,

Votre très-affectionné serviteur,
Le cardinal de RETZ.

---

13. — LETTRE DU CARDINAL DE RETZ AU ROI.
(POUR PROTESTATION DE SES OBÉISSANCES.)

SIRE,

Comme je ne crois pas pouvoir suivre plus justement les intentions de Votre Majesté qu'en m'attachant uniquement à tout ce que M. de Bourlemont m'en dira, je la supplie très-humblement de croire que je ne m'en départirai en quoi que ce soit, et que je n'aurai de pensée ni d'application dans la conjoncture présente, non plus que dans toutes les autres de ma vie, que celle de lui témoigner qu'il n'y a personne au monde qui soit avec plus de zèle et plus de soumission que moi,

Sire,

De Votre Majesté

Le très-humble, très-obéissant et très-fidèle serviteur et sujet,

Le cardinal de RETZ.

A Rome, ce 23ᵉ août 1665.

2. Voyez ci-après la note 28 de la page 135.
LETTRE 13. — Archives des Affaires étrangères, Rome, 1665. *Lettres à Lionne*, tome XX (170), pièce 124, fol. 260. Original,

14. — LETTRE DU CARDINAL DE RETZ
A M. DE LIONNE.

(Sur ce qu'il a dit au sujet de l'arrêt du Parlement, et sur la fête de saint Louis.)

Monsieur,

J'ai reçu par l'extraordinaire du 11ᵉ de ce mois la lettre qu'il vous a plu de m'écrire du 7ᵉ[1]; elle m'apprend la bonté que Sa Majesté a eue d'agréer le peu que j'ai essayé de faire ici pour son service. Si j'osois prendre la liberté de lui en rendre les très-humbles grâces que je lui dois, je ne le ferois que par la très-humble prière de vouloir bien pardonner à ma foiblesse, et de croire qu'elle sera au moins soutenue et par une fidélité inviolable, et par un zèle très-ardent et très-sincère. Les bruits qui ont couru de la diversité des avis dans le Parlement touchant la Bulle ayant fait juger à propos à M. de Bourlemont que je m'expliquasse, dans les occasions, comme de moi-même, sur cette matière, j'en ai rencontré cette semaine deux ou trois assez naturelles, et j'ai eu lieu, sans le chercher avec affectation, de parler à huit ou dix cardinaux, dont il y en a quelques-uns de la congrégation du Saint-Office[2]. Je leur ai

---

de la main du secrétaire; les trois dernières lignes : « Le très-humble, etc. », sont autographes. — Le chiffre 23 de la date est-il ici, par erreur, pour 22? Dans la table du volume on a mis : « Du même jour » [que la précédente]. Le 22 était un samedi.

Lettre 14. — Archives des Affaires étrangères, Rome, 1665. *Lettres à Lionne*, tome XX (170), pièce 130, fol. 275 et 276. Original, de la main du secrétaire; la ligne de signature est seule autographe. — Voyez la réponse de Lionne, en date du 18 septembre, aux *Pièces justificatives*, n° 16.

1. Voyez aux *Pièces justificatives*, les n°ˢ 10 et 11.
2. « Le pape Paul III, après avoir convoqué le concile de Trente, en 1545, nomma neuf savants personnages pour travailler

dit que je ne pouvois croire ce que l'on publie ici, qui
est que Monsieur le Nonce[3] eût écrit que l'arrêt dont
il s'agit[4] eût reçu quelque difficulté dans le Parlement,
que je l'estimois trop homme de bien pour mander une
chose qu'il ne croiroit pas véritable, et que j'étois persuadé qu'il étoit trop sage pour se pouvoir flatter lui-
même d'une opinion qui, en apparence et en effet,
ne peut être que très-fausse; que j'ai l'honneur d'être
du corps du Parlement, que j'y ai eu autrefois quelque
habitude, et que je les pouvois assurer, sur ma conscience et sur mon honneur, que je n'y ai jamais vu
de moment ni de conjoncture où un homme qui se seroit avisé de s'opposer aux maximes qui ont formé cet

à la réforme de la discipline ecclésiastique; ce fut ce qui donna
lieu à l'établissement de la congrégation du Saint-Office ou de l'Inquisition. » (Dumarsais, *Libertés de l'Église gallicane*, maxime 17,
cité dans le *Dictionnaire de Littré*.)

3. Charles Roberti de Vettori, né en 1610, archevêque de
Tarse, nonce à Turin et en France, créé cardinal le 7 mars 1666,
en récompense du dévouement qu'il montra pour le Saint-Siége
dans l'affaire de la Sorbonne. Il fut évêque de Faenza, et mourut
à Rome le 14 février 1673. Roberti était arrivé à Paris, en qualité de nonce, dans le courant du mois d'août 1664 : voyez les
lettres de Gui Patin, des 10 juillet, 12 septembre et 19 novembre
1664.

4. *Arrêt de la cour du Parlement*, du 29 juillet 1665, *sur la bulle
de notre Saint-Père le Pape contre les censures de la Faculté de théologie de Paris*, inséré dans le *Recueil* de Jacques Boileau, p. 190-
193. Par cet arrêt, la cour donnait acte au procureur général
du Roi de l'appel comme d'abus, par lui interjeté, de la Bulle, et
faisait défense à tous les sujets du Roi de la lire, de la publier et
débiter; elle maintenait la Faculté de théologie de Paris dans son
droit de censurer tous les livres qui contiendraient des propositions contraires à l'autorité et à la discipline de l'Église, à la pureté de la morale chrétienne, aux droits de la couronne et aux
libertés de l'Église gallicane; enfin elle ordonnait l'insertion aux
registres du Parlement des censures de la Faculté de théologie
contre les livres de Vernant (voyez ci-après, p. 57, la note 8 de
la *lettre* 15) et d'Amadeus Guimenius. — Voyez aussi dans ce

arrêt, n'eût été déshonoré dans la Compagnie ; que Rome devoit juger de là si, en l'état où est la France, il pouvoit seulement y avoir eu la moindre contestation sur ces sentiments ; que n'ayant aucun ordre du Roi de parler sur ce détail, je n'entrois dans ce discours qu'avec scrupule et qu'avec peine, mais qu'il me sembloit que je manquerois lâchement à ce que je dois à l'honneur et à la réputation du Saint-Siége, si je ne disois et si je ne publiois hautement que l'on ne peut, sans prévarication et sans trahir ses véritables intérêts, lui déguiser, par des illusions fantastiques et imaginaires, la vérité de ce qui se passe. Je sais que ce discours a touché quelques esprits, et j'ai sujet de croire que les fausses relations qui peuvent venir de Paris recevront au moins quelque contredit dans la première congrégation. Nous avons fait aujourd'hui la fête de saint Louis[5], à laquelle tout le Sacré Collége s'est trouvé, excepté M. le cardinal Carpegna[6], comme étant malade, qui m'en a envoyé faire des excuses, M. le cardinal Azzolin, qui n'en a pas été invité, et M. le cardinal Maculano[7],

---

même Recueil : 1° l'*Avis de Messieurs les gens du Roi.... sur le bref*, p. 63-91; 2° le *Discours de Monsieur de Brillac, conseiller du Parlement, prononcé dans l'assemblée de la Faculté, le 1ᵉʳ jour d'août*, p. 153 et 154; 3° le *Discours de M. de Harlay, substitut de Monsieur le procureur général son père, prononcé dans l'assemblée de la Faculté* (le même jour), p. 155-169; 4° le *Récit véritable de ce qui s'est passé au Parlement sur le sujet de la bulle de notre Saint-Père le Pape Alexandre VII*, p. 170-175 ; 5° enfin, les *Conclusions de Messieurs les gens du Roi*, p. 176-189.

5. Voyez ci-dessus, la *lettre* 11, p. 48.

6. Ulric Carpegna, né à Urbin le 15 mai 1595, évêque de Gubio en 1630, promu au cardinalat par Urbain VIII, le 28 novembre 1634, tour à tour évêque de Todi, d'Albano, de Frascati, de Palestrine, de Sabine et de Porto, mort sous-doyen du Sacré Collége, le 24 janvier 1679, à l'âge de quatre-vingt-quatre ans.

7. Vincent Maculano, né le 11 septembre 1578, à Fiorenzuola, en Lombardie, d'une famille pauvre. Il entra, à seize ans, dans

qui n'assiste plus, à cause de sa vieillesse et de ses incommodités, à aucune fonction, et qui ne laissa pas hier au soir d'y venir faire ses dévotions. Je ne vous parle point sur ce sujet de M. le prince Pamphile, parce que j'en ai dit le détail à M. de Bourlemont, et que je l'ai prié de vous l'écrire par l'extraordinaire. Le Pape se porte mieux et je vois que tout le monde en convient aujourd'hui. On dit même qu'il signera demain, et tous les gens du Palais ont paru fort gais à la chapelle. C'est ce que l'on en sait; car les particularités de son mal ont été tenues si secrètes que l'on n'en peut découvrir certainement aucun détail.

Je suis,
  Monsieur,
    Votre très-affectionné serviteur,
    Le cardinal de Rets.

Je viens d'apprendre que Monsieur l'ambassadeur d'Espagne[8] et M. D. Mario sont venus cette après-dînée à Saint-Louis[9].

A Rome, ce 25 août 1665.

---

l'ordre de Saint-Dominique, fut inquisiteur à Padoue en 1627, puis à Gênes; il devint procureur, puis vicaire général de son ordre, et, en 1632, commissaire du Saint-Office. Il fut nommé maître du Palais par Urbain VIII, et, en 1641, cardinal-prêtre et archevêque de Bénévent. Il mourut à Rome le 15 février 1667, à l'âge de quatre-vingt-neuf ans.

8. Don Pedro d'Aragon, qui avait succédé en cette qualité à son frère le cardinal d'Aragon, lequel avait été nommé, en 1664, vice-roi de Naples. Voyez Giannone, *Histoire civile du royaume de Naples*, livre XXXVIII, chapitre 1.

9. Cette phrase a été ajoutée, dans le blanc, entre *Je suis* et *Monsieur*.

15. — LETTRE DU CARDINAL DE RETZ
A M. DE LIONNE.

(Touchant une seconde conversation qu'il avoit eue avec le cardinal Albizzi sur la Bulle, et touchant l'affaire de la république de Gênes avec son archevêque.)

Monsieur,

Le cardinal Albizzi, à qui j'allai, samedi passé, rendre une visite que je lui devois, ne manqua pas, à son ordinaire, de me mettre sur le discours de la Bulle, et il me dit d'abord qu'il avoit sujet de croire, *per tutte le notitie ch' aveva la Corte*[1] (ce furent ses propres mots), que l'arrêt du Parlement avoit été très-désagréable au Roi, et que Sa Majesté étoit tout à fait résolue d'arrêter par son autorité ces entreprises. Je lui répondis que j'étois fort surpris de cette nouvelle, et parce qu'elle étoit fort secrète à Paris où j'avois quelques amis, qui ne m'en mandoient rien, et parce que je ne pouvois concevoir que le Parlement eût voulu et osé avoir seulement une pensée qui pût déplaire au Roi; que je n'avois pu croire jusques ici à ce que l'on disoit dans le monde des fausses lumières que l'on prenoit à Rome sur les affaires de France, mais que ce qu'il m'en disoit me faisoit appréhender que ce bruit ne fût que trop véritable, et que si la congrégation du Saint-Office agissoit toujours, en ce qui regarde le Royaume, sur des avis de cette nature, je le pouvois assurer, avec beaucoup de vérité, qu'elle n'y prendroit jamais de bonnes mesures. Il me repartit qu'il étoit si

---

Lettre 15. — Archives des Affaires étrangères, Rome, 1665. *Lettres à Lionne*, tome XXI (171), pièce 1, fol. 9 et 10. Original, de la main du secrétaire; la ligne de signature est seule autographe. — Voyez la réponse de Lionne, en date du 25 septembre, aux *Pièces justificatives*, n° 17.

1. Par tous les renseignements qu'avait la cour (pontificale). — Le texte a bien ainsi l'ancienne orthographe *notitie*, pour *notizie*.

las et si fatigué de cette matière, qu'il n'en vouloit plus seulement ouvrir la bouche, et qu'il falloit donner à notre conversation un sujet plus agréable. Il y revint pourtant, avec chaleur, un quart d'heure après, et il me dit que la Faculté de théologie avoit tort de se plaindre que Rome eût prétendu lui ôter le droit qu'elle a de censure doctrinale, et que le Saint-Siége reconnoissoit et reconnoîtroit toujours qu'elle en est dans la possession, et qu'elle en a toute l'autorité; que le clergé de France n'avoit pas plus de raison de s'imaginer que le Pape eût voulu interdire aux évêques la connoissance, etc.[2]; qu'il n'avoit jamais eu cette pensée, et qu'il seroit toujours le premier à condamner ceux qui seroient assez téméraires pour avancer seulement cette proposition; qu'il ne pouvoit assez s'étonner de ce que l'on se vouloit persuader que Rome approuvât la doctrine contenue dans le livre de Guimenius, et que l'on verroit, au premier jour, une censure du Saint-Office plus aigre et plus décisive contre ses erreurs que ne le peut être celle de la Faculté de théologie de Paris; que l'arrêt du Parlement n'étant fondé que sur ces trois suppositions qui sont toutes fausses, l'on ne pouvoit douter que cette Compagnie n'eût pris l'équivoque[3] et n'eût agi sur de faux principes[4]. Je lui répondis que, selon les connoissances que j'ai eues autrefois du clergé, de la Sorbonne et du Parlement, j'avois sujet d'être persuadé que, quand même il seroit arrivé, contre l'apparence, que ces trois corps se

---

2. Nous avons déjà vu (p. 38, ligne 26) et reverrons plus d'une fois cet *etc.* : voyez ci-dessous, p. 94 et note 15.

3. « Prendre l'équivoque », locution par analogie, comme on dit : « prendre le change ». Nous avons vu de même plus haut dans la *lettre* 11, p. 47 : « tenir des maximes », dans une conversation, comme on dit : « tenir des propos ».

4. Au sens logique de *prémisses*.

fussent mépris tous ensemble, ils reconnoîtroient, à mon opinion, sans peine et même avec beaucoup de joie, un malentendu qui seroit éclairci par une lumière aussi agréable que celle qui leur feroit connoître que l'on a, dans la cour de Rome, des sentiments directement contraires à ceux qu'ils ont cru voir dans les termes de la Bulle, mais que je ne pouvois confesser en mon particulier, non pas même dans le plus intérieur de ma conscience, qu'il y eût eu aucune méprise du côté de la France, parce[5] qu'il n'y a personne au monde qui, à la simple lecture de la Bulle, ne puisse et ne doive naturellement lui donner le sens selon lequel tout le Royaume l'a entendue, et qu'il me paroissoit, par conséquent, beaucoup plus juste de croire que Rome avoit pris l'équivoque en pensant que la Faculté, qui n'avoit condamné que l'opinion qui déclaroit la sienne hérétique, eût censuré celle qui soutient l'infaillibilité du Pape, qu'il[6] ne me sembloit raisonnable de dire que la France eût pris elle-même cet équivoque[7] en croyant que le Pape n'a pu condamner la censure de la Sorbonne par d'autres raisons que par celles qui sont tout à fait conformes à la doctrine que cette censure a combattue. Je crois, Monsieur, être obligé de rendre un compte très-exact au Roi du détail de cette conversation, parce qu'elle me paroît très-importante;

5. *Parce* est en interligne.
6. Le *que* de « qu'il ne me sembloit » est un *que* comparatif dépendant de « plus juste ». Il faut convenir, quelque goût qu'on puisse avoir pour les périodes, qu'ici la phrase est enchevêtrée et obscurcie par les redoublements des *que* de valeur diverse.
7. Au dix-septième siècle, *équivoque* était indifféremment masculin ou féminin. On connaît le commencement de la satire xii de Boileau :

> Du langage françois bizarre hermaphrodite,
> De quel genre te faire, équivoque maudite,
> Ou maudit? Car sans peine aux rimeurs hasardeux
> L'usage encor, je crois, laisse le choix des deux.

car, si la Faculté de théologie, d'une part, n'a prétendu, comme je le crois, censurer que l'opinion qui condamne la sienne, sans toucher à celle qui soutient l'infaillibilité du Pape, et si Rome, de l'autre côté, déclare, comme le dit M. le cardinal Albizzi, qu'elle n'a aucune pensée d'appuyer par sa bulle les erreurs de Guimenius et de Vernant[8], ni d'ôter aux évêques la connoissance, etc., ni à la Sorbonne le pouvoir de censurer doctrinalement, vous jugez bien qu'il n'y a plus de matière de contestation, et que tout le monde est d'un même avis.

Il y a eu, ces jours passés, une affaire assez considérable dans la Congrégation de l'Immunité[9] au sujet de la république de Gênes, qui, par une entreprise que l'on peut dire assurément être extraordinaire, a ôté de sa place accoutumée la chaise[10] de l'Archevêque, et l'a mise, de son autorité particulière, au-dessous de celle du Doge. M. le cardinal Pallavicin voulut défendre cette action par des raisons politiques; je la combattis avec des autorités qui parurent plus ecclésiastiques à la Com-

---

8. Pseudonyme du carme Bonaventure Hérédie. Né, en 1606, à Oudon, diocèse de Nantes, il entra chez les carmes de la Réforme de Bretagne sous le nom de Bonaventure de Sainte-Anne. En 1658, un prêtre de l'Oratoire, François Bonichon, ayant publié un livre intitulé : *L'Autorité épiscopale défendue contre les nouvelles entreprises de quelques réguliers mendiants du diocèse d'Angers sur la hiérarchie ecclésiastique*, Bonaventure Hérédie lui répondit, sous le pseudonyme de *Jacques de Vernant*, par un livre publié à Metz en la même année 1658, et intitulé : *Défense de notre Saint Père le Pape et de Nos Seigneurs les cardinaux, les archevêques et évêques, et de l'Emploi des religieux mendiants contre les erreurs du temps*. La Faculté de théologie de Paris censura le livre le 24 mai 1664. Alexandre VII, le 25 juin 1665, publia, nous l'avons dit (p. 36, note 5), une bulle et contre cette censure et contre celle du livre du P. de Moya.

9. C'est l'une des congrégations dont Retz était membre : voyez ci-dessus, p. 33 et note 2.

10. Nous avons vu dans les *Mémoires* cette ancienne forme *chaise*, pour *chaire* : voyez tome II, p. 593 et note 1.

pagnie, où l'on prit la résolution de soutenir avec vigueur les droits de l'Église. Le Sgr Giacomo Raggi[11], qui fait ici les affaires de la République, a prié M. de Bourlemont de m'en parler, et, comme il m'a dit qu'il seroit bon de faire valoir à ce gentilhomme le radoucissement que je pourrois témoigner en cette occasion, afin que Messieurs de Gênes en eussent obligation au Roi, j'ai commencé à chercher les moyens qui, sans blesser les intérêts et l'honneur de l'Église, pourront leur faire trouver quelque sorte de satisfaction.

On dit que le Pape se porte mieux et qu'il donna même hier audience à Monsieur le cardinal Dataire et à son auditeur, ce qui n'avoit été jusques ici. C'est ce que l'on en sait, c'est-à-dire c'est ce que l'on veut que l'on en sache, car il est très-certain que l'on a caché le détail de sa maladie avec tant de soin qu'il est comme impossible de le pénétrer. Ce qui en est de plus assuré est que ses proches témoignent, d'un côté, de la joie de sa convalescence, et ne laissent pas, de l'autre, de donner même visiblement ordre à leurs affaires.

Je ne vous parle point d'un avis, qui regarde Monsieur l'ambassadeur d'Espagne, que je donnai, il y a trois ou quatre jours, à M. de Bourlemont, parce qu'il m'a dit[12] qu'il vous en écrivoit le particulier. Il vous mande aussi sans doute ce qu'il a fait à l'égard du moine de Cercamp[13]. Je priai hier M. l'abbé de Rancé[14] d'al-

---

11. Dans la *lettre* 41 le prénom est *Fernando*.
12. *Qu'il m'a dit* est en interligne.
13. Abbaye de Bernardins du diocèse d'Amiens, fondée en 1140. Le second fils du ministre, Jules-Paul de Lionne, fut abbé de Cercamp. Il obtint la commende en 1663, ses bulles en 1674, et mourut en 1721.
14. *Rancey*, dans le manuscrit. Il s'agit du célèbre abbé Armand-Jean-Baptiste le Bouthillier de Rancé. Il était né à Paris le 9 janvier 1626, et fut nommé chanoine de Notre-Dame de

ler trouver M. le cardinal Franciotti[15], qui est protecteur de l'Ordre, de ma part, pour lui rendre le bon office que son insolence et sa folie méritent. J'apprends, en ce moment, que le Pape a donné encore ce matin audience à Monsieur le cardinal Dataire.

Je suis,

   Monsieur,

     Votre très-affectionné serviteur,
     Le cardinal de RETZ.

A Rome, ce 1 septembre 1665.

16. — LETTRE DU CARDINAL DE RETZ A M. DE LIONNE.

(SUR UNE CONVERSATION QU'IL A EUE AVEC LE CARDINAL DATAIRE TOUCHANT LES AVIS DE FRANCE QUE LE NONCE DONNOIT.)

Je ne pourrois m'empêcher de vous faire beaucoup de remerciments de toutes les bontés que vous me témoi-

---

Paris en 1637. Le 13 juin 1663, après avoir renoncé à tous ses bénéfices, excepté à l'abbaye de la Trappe, il prit l'habit religieux à Notre-Dame de Perseigne, près d'Alençon, au diocèse du Mans. En 1665, il était venu à Rome, dans l'espoir d'y obtenir la réforme de Cîteaux, avec l'appui d'Anne d'Autriche et du cardinal de Retz (voyez plus haut, p. 33 et note 4); mais il échoua dans cette tentative, et, bien qu'il eût fait plus tard trois ou quatre autres voyages à Rome, il ne put jamais l'obtenir. Il mourut le 27 octobre 1700. On peut suivre toute cette affaire de la réforme dans le livre de l'abbé Dubois, *Histoire de l'abbé de Rancé et de sa réforme*, tome I, *passim*. L'abbé de Rancé était, depuis sa jeunesse, ami de Retz.

15. Marc-Antoine Franciotti, né à Lucques, créé cardinal par le pape Urbain VIII, en 1634, évêque de Lucques, mort en 1666.

LETTRE 16. — Archives des Affaires étrangères, Rome, 1665. *Lettres à Lionne*, tome XXI (171), pièce 22, fol. 51 et 52. Original, de la main du secrétaire; la ligne de signature est seule autographe.

1665 gnez par votre lettre du 14ᵉ août[1], si je ne vous en devois encore davantage pour les lumières qu'elle m'a données sur ce qui regarde le service du Roi. Je vous en suis très-sensiblement obligé, et je crois ne vous en pouvoir témoigner plus agréablement ma reconnoissance qu'en vous assurant avec vérité et sans compliment que je m'en suis déjà servi avec application et avec joie pour les intérêts de Sa Majesté. Je fus averti de bon lieu, vendredi passé, à dix heures du soir, que Monsieur le Nonce avoit écrit au Pape qu'il ne se devoit point étonner de la contradiction que sa bulle recevoit dans les commencements, que l'on verroit dans les suites que toutes ces oppositions ne serviroient qu'à lui donner plus d'autorité et plus de lustre, qu'il avoit bien trouvé les moyens d'empêcher que l'arrêt du Parlement ne fût imprimé, qu'il en manqueroit encore moins pour faire lever les difficultés qui paroissoient d'abord insurmontables, et que, pourvu que Rome témoignât de la fermeté, il répondoit de l'événement. J'allai trouver, samedi au matin, M. de Bourlemont, pour lui donner part de cet avis, et, comme je vis que ceux qu'il avoit reçus de plusieurs endroits étoient tout à fait conformes à ce qui m'en avoit été rapporté, je lui demandai s'il ne croyoit pas qu'il fût à propos que je m'expliquasse encore un peu plus précisément, comme de moi-même, sur le détail de ces nouvelles, et qu'au lieu des discours généraux que je m'étois contenté jusques ici de faire dans les occasions pour en marquer la fausseté, je m'en expliquasse plus particulièrement et d'une manière sur laquelle on fût au moins obligé de faire plus de réflexion que l'on n'en fait d'ordinaire, en cette cour, sur des paroles vagues et des conversations

---

1. Voyez, aux *Pièces justificatives*, le n° 12.

générales. M. de Bourlemont me répondit qu'il étoit persuadé de la nécessité de cette conduite dans la conjoncture présente et qu'il n'y avoit, à son avis, qu'à en examiner les ouvertures et les moyens. Nous entrâmes dans ce détail, et nous y fûmes, pour vous dire le vrai, un peu embarrassés par la connoissance que nous avons du génie de cette nation, qui, comme vous savez, Monsieur, mieux que moi, fait consister une partie de sa politique à ne jamais croire la vérité de ce qu'on lui dit. Nous crûmes que, si l'on prenoit le parti de parler *ex professo*[2] à tous les cardinaux du Saint-Office, il ne se pourroit, selon leur manière d'agir et de juger, qu'ils ne prissent cette démarche pour un pas fait par ordre, ce qui n'auroit pas été sans inconvénient dans un pays où l'on ne manque jamais de se retirer, quand l'autre fait seulement mine de s'avancer. On eût trouvé peut-être quelque expédient pour se parer de cet inconvénient, si j'eusse pu avoir une audience du Pape, mais cette audience ne se pouvant espérer de fort longtemps en l'état où il est, nous fûmes obligés de convenir l'un et l'autre que le seul canal qui nous restoit étoit celui de Monsieur le cardinal Dataire. Nous concertâmes la manière de lui parler, et je le vis dimanche après dîner. Je lui dis d'abord qu'il n'y avoit que lui à Rome à qui j'eusse assez de confiance pour lui aller porter *un' par' de' spropositi*[3] ; que je reconnoissois de bonne foi que, n'ayant aucun ordre du Roi de lui parler sur les affaires présentes, je considérois la liberté que j'en prenois comme une faute remarquable, de laquelle je pourrois recevoir une très-juste réprimande de la part de

---

2. « En homme qui connaît son sujet » (*Dictionnaire de Littré*), qui sait de quoi il parle, avec des idées bien arrêtées, et comme officiellement.

3. Pour *uno paro dei spropositi*, « une couple de ces idées qu'on

Sa Majesté ; que je n'ignorois pas qu'il n'y avoit guère moins d'inconvénient, du côté de Rome, à donner des avis directement contraires à ceux qui viennent des ministres de Sa Sainteté ; qu'il voyoit par ce que je lui disois que ce n'étoit pas sans peine que je m'étois résolu à lui demander cette audience, mais que je n'avois pas pu résister au secret instinct de ma conscience, qui m'avoit forcé de passer par-dessus toutes ces considérations, et qui m'avoit obligé de m'adresser à lui, comme au plus grand et au plus véritable ecclésiastique qui fût à Rome, pour lui dire des vérités sans comparaison plus importantes au service du Saint-Siége qu'à celui du Roi ; que je savois que Monsieur le Nonce écrivoit au Pape, etc., et que je le pouvois assurer, par tout ce qu'il y a de plus sacré dans le monde, qu'il n'y avoit pas un mot de vérité dans tout ce qu'il mandoit. J'entrai ensuite dans le détail des choses, et j'appuyai le témoignage que je rendois à la vérité de toutes les vraisemblances qui la pouvoient mettre dans son jour. Monsieur le cardinal Dataire, après m'avoir écouté une demi-heure, me parut fort touché, et me dit qu'il ne pouvoit croire que Monsieur le Nonce trompât le Pape, mais qu'il étoit persuadé, après ce que je venois de lui dire, qu'il étoit lui-même le premier trompé ; qu'il m'avoit une extrême obligation de lui avoir parlé avec la franchise qu'il voyoit clairement dans mon procédé ; qu'il n'étoit pas possible que je ne fusse beaucoup mieux informé que Monsieur le Nonce ne le pouvoit être ; qu'il ajoutoit une entière foi à l'avis que je lui donnois, et que je connoîtrois, dans les suites, *che le mic*

risque à l'aventure. » *Pàro*, forme vieillie, mais encore populaire, pour *pajo*, « paire » ; *sproposito*, littéralement, d'après l'étymologie, « chose hors de propos, inconsidérée ». La suite de la phrase explique l'idée de Retz.

parole non erano buttate in aria[4] : ce furent ses propres mots. Voilà comme il me parla quant au fait de Monsieur le Nonce; car pour ce qui est *della sostanza del negotio*[5], il demeura toujours fermé[6] dans la pensée que le Saint-Siége avoit été fort offensé par la censure, que le Parlement avoit excédé son pouvoir, que, si la Faculté de théologie n'eût point eu dessein de choquer l'infaillibilité du Pape, elle n'eût fait aucune difficulté de s'en expliquer, à quoi il ajouta beaucoup d'autres choses de cette nature, qui tombèrent dans le cours de la conversation, et dont il seroit inutile de vous entretenir plus particulièrement. Ce que je lui répondis ne seroit ici que la répétition et de ce que je vous ai mandé par toutes mes précédentes, et de ce que vous avez eu la bonté de m'écrire par votre dernière, dont je me servis très-utilement en ce rencontre.

M. de Bourlemont vous mande sans doute que l'on travaille beaucoup au Saint-Office, et qu'il paroît que l'on y a quelque nouveau dessein : ce que nous avons su tous deux d'assez bon lieu. Nous tombâmes pourtant, avant-hier au soir, dans le même sentiment, qui est que rien n'éclatera apparemment tant que le Pape sera en l'état où il est. Je ne vous dis rien de sa santé, parce que M. de Bourlemont, dont les avis sont tous con-

---

4. « Que mes paroles n'étaient pas jetées en l'air », c'est-à-dire dites en vain. *In aria* au même sens qu'a le français *en l'air* dans la locution « tirer en l'air », qui signifie figurément « faire une démarche vaine, tenir de vains propos ».

5. « De la substance (en italien *sustanza* et *sostanza*), du fond de l'affaire. » — *Negotio*, au lieu de l'orthographe actuelle *negozio*.

6. Il y a bien ainsi *fermé* dans notre texte. Pour cet emploi vieilli du mot, au sens de « fixe, constant, résolu » (nous dirions plutôt *ferme*), comparez cet exemple de Saint-Simon : « Puisqu'il étoit *fermé* à parler au Roi. » (*Mémoires*, édition de 1873, tome VII, p. 404.)

formes[7] aux miens, m'a dit qu'il vous en mandoit le détail. Je vois que tout le monde commence à convenir que son mal est la pierre. On dit qu'il va à Castel[8] au premier jour, et que Mgr Nini[9] y alla hier faire les logements, et d'autres croient que ce voyage n'est pas encore tout à fait assuré.

J'ai trouvé, ce matin, à la chapelle, une occasion fort naturelle de parler à M. le cardinal Sforze[10] qui est de la faction d'Espagne, des matières présentes, et de lui faire entendre sans affectation que tout ce qui se fait ici touchant la Bulle ne sert qu'à unir davantage ensemble tous les esprits et tous les corps de France pour le service du Roi contre les maximes étrangères, et j'ai cru qu'il n'étoit pas mal à propos d'en user ainsi, parce qu'il est visible en cette cour que les factionnaires d'Espagne[11]

---

7. Les mots « tous conformes » prêtent à une double signification, comme il arrive assez souvent dans les anciens textes, pa suite de l'usage d'y traiter *tout* en adjectif et de le faire accorder lors même qu'il a le sens qui nous le fait laisser adverbialement invariable. L'idée ici est très-probablement « tout à fait conformes, tout conformes ».

8. Castel-Gondolfo, à dix-sept kilomètres de Rome, sur le lac d'Albano, dans un climat salubre. Urbain VIII (qui régna de 1623 à 1644) y avait fait construire une maison de plaisance.

9. Jacques-Philippe Nini, d'une famille noble de Sienne, chanoine de Saint-Jean de Latran, majordome du palais apostolique, et archevêque de Corinthe. Il fut élevé au cardinalat par Alexandre VII, le 15 février 1666 (voyez ci-après la *lettre* 42, p. 170). Depuis il fut nommé protecteur de l'ordre de Cîteaux, camerlingue de la sainte Église, et, en 1679, trésorier du Sacré Collége. Il mourut à Rome le 11 août 1680.

10. Frédéric Sforza, né à Rome le 20 janvier 1603, vice-légat d'Avignon en 1637, nommé cardinal le 6 mars 1645, et évêque de Rimini le 19 novembre 1646. Il devint plus tard ambassadeur et protecteur du vice-royaume de Naples, dépendance de la couronne d'Espagne. Il mourut en 1676. Voyez tome V, p. 28 et note 3.

11. Les cardinaux de la faction, du parti d'Espagne. Littré a omis ce sens romain des mots *faction* et *factionnaire*.

y aigrissent les choses, et qu'ils y travaillent avec art[12] et avec soin.

Je suis,

Monsieur,

Votre très-affectionné serviteur,
Le cardinal de RETZ.

A Rome, ce 8ᵉ septembre 1665.

17. — LETTRE DU CARDINAL DE RETZ A M. DE LIONNE.
(SUR LES DISCOURS QU'IL TENOIT A ROME.)

MONSIEUR,

J'ai une joie si sensible de la santé de la Reine mère[1] que je ne vous saurois rendre assez de grâces de la part qu'il vous a plu de m'en donner dans votre lettre à M. de Bourlemont. Je prends la liberté d'écrire sur ce sujet à Leurs Majestés, et j'espère que vous me ferez bien la grâce de leur rendre mes lettres, si vous jugez toutefois que ma hardiesse ne leur soit pas désagréable; car je vous avoue que j'ai balancé, par respect, à le faire en cette occasion, et que je ne m'y serois peut-être pas résolu sans la confiance que j'ai que vous en userez comme vous le croirez le plus à propos. Je vois par votre lettre

---

12. Le commencement d'*art* surcharge une *s*, sans doute initiale de *soin*, qui a été effacée pour mettre d'abord *art*.

LETTRE 17. — Archives des Affaires étrangères, Rome, 1665. *Lettres à Lionne*, tome XXI (171), pièce 46, fol. 98. Original, de la main du secrétaire; la ligne de signature est seule autographe.

1. Voyez encore les *Mémoires de Mme de Motteville*, tome VI, p. 404. Le 22 août, la Reine mère « se trouva tout à coup beaucoup mieux, » et on profita de ce répit pour la soumettre aux plus douloureuses opérations.

du 21e² que les discours que Monsieur le Nonce tient à Paris répondent assez justement aux avis qu'il donne à Rome ; mais vous aurez vu par mes précédentes que ceux que je fais à Rome, de concert avec M. de Bourlemont, détruisent, autant qu'il m'est possible, les vues qu'il essaye d'y donner du côté de Paris. Je ne voudrois pas vous répondre que mes paroles pussent servir de contrepoids suffisant à ses lettres, mais je crois vous pouvoir dire, avec vérité, qu'elles commencent au moins à faire quelque effet dans le parterre, qui, comme vous savez, Monsieur, mieux que moi, a quelque rapport en ce pays-ci au théâtre. On m'a averti de différents lieux que l'on trouve mauvais à Monte-Caval³ que je m'explique comme je fais sur ces matières⁴, et j'ai répondu à ceux qui m'ont donné cet avis que je n'y pouvois ajouter aucune foi, et parce que Sa Sainteté est trop juste pour désapprouver qu'un cardinal françois serve son Roi, et parce que, dans cette conjoncture particulière, je n'ai pas dit une parole qui ne fût beaucoup moins nécessaire au service de Sa Majesté qu'à celui du Pape. Je ne vous parle point de sa santé, sachant que M. de Bourlemont vous mande le détail de ce qui s'en voit et de ce qui s'en dit.

Je suis,
Monsieur,
Votre très-affectionné serviteur,
Le cardinal de Retz.

A Rome, ce 15e septembre 1665.

2. Voyez aux *Pièces justificatives*, le n° 13.
3. A la place de Monte-Cavallo, où était le Pape, au palais du Quirinal.
4. *Sur ces matières* a été ajouté en interligne.

18. — LETTRE DU CARDINAL DE RETZ
A M. DE LIONNE.
(Sur ce qu'on avoit résolu de demeurer dans le silence
au sujet de l'arrêt du Parlement.)

Monsieur,

Je sais de science certaine que la résolution a été prise ici de demeurer dans le silence sur l'arrêt du Parlement, et qu'elle y a été prise après une fort grande contestation. Cette circonstance me fait croire qu'elle pourra durer, parce qu'elle n'a pas été formée légèrement. Je ne voudrois pourtant pas en assurer, vu la conduite de cette cour et ce qui peut venir de Monsieur le Nonce, qui ne manquera pas apparemment à donner aux démarches que le clergé et la Sorbonne auront pu faire les mêmes couleurs qu'il essaye de donner à l'arrêt. Je crois que vous me faites bien la justice d'être persuadé qu'il n'y a personne qui ait plus de joie que moi de ce que le Roi vient de faire pour vous touchant les postes étrangères, et qui soit plus véritablement,

 Monsieur,

   Votre très-affectionné serviteur,
   Le cardinal de Retz.

A Rome, ce 20ᵉ septembre 1665.

Lettre 18. — Archives des Affaires étrangères, Rome, 1665. *Lettres à Lionne*, tome XXI (171), pièce 62, fol. 127. Original, de la main du secrétaire; la ligne de signature est seule autographe.

68 LETTRES ET MÉMOIRES

1665

19. — LETTRE DU CARDINAL DE RETZ
A M. DE LIONNE.

(Sur un différend arrivé entre des François dans la place
d'Espagne, qu'il avoit accommodé.)

Monsieur,

Deux François qui sont ici se prirent hier de parole, dans un jeu de paume, avec un autre François et deux Danois[1], et la chose fit assez de bruit pour obliger le gouverneur de leur donner des gardes, et de commander aux uns et aux autres, sous peine de la vie, de ne point sortir de leurs maisons. L'ambassadeur d'Espagne leur envoya, un quart d'heure après, son maggiordome pour leur dire que, ne pouvant plus longtemps souffrir les sbires dans la place d'Espagne, il leur demandoit leur parole, et les prioit de le venir trouver pour les accommoder. Les Danois et le François qui étoit avec eux firent ce que le maggiordome leur proposoit ; les deux autres lui répondirent que l'ordre du gouverneur ne le leur permettoit pas ; et le maggiordome ayant insisté avec hauteur, et leur ayant dit que cette raison n'étoit pas bonne, parce qu'étant logés dans la place d'Espagne, ils étoient sous la jurisdiction de l'Ambassadeur, ils lui répondirent qu'ils avoient envoyé leurs amis me donner part de ce qui s'étoit passé, et qu'ils étoient obligés d'attendre ma réponse. A quoi un gentilhomme napolitain, qui étoit avec le maggiordome, repartit qu'il croyoit que Monsieur l'Ambassadeur ne désagrée-

---

Lettre 19. — Archives des Affaires étrangères, Rome, 1665. *Lettres à Lionne*, tome XXI (171), pièce 73, fol. 149 et 150. Original, de la main du secrétaire ; la ligne de signature est seule autographe.

1. Voyez la réponse de Lionne, en date du 16 octobre, aux *Pièces justificatives*, n° 20.

roit pas² que lui et moi accommodassions cette affaire. Ceux que ces deux François m'avoient envoyés m'étant venus trouver à l'entrée de la nuit, je les menai aussitôt chez M. de Bourlemont, afin qu'il leur ordonnât ce qu'ils auroient à faire dans une occasion qui pouvoit être de quelque conséquence dans les suites, à cause de cette nouvelle prétention de l'Ambassadeur, qui ne va à rien moins qu'à mettre sous sa juridiction tous les environs de la place d'Espagne³, c'est-à-dire tout le quartier où, comme vous savez, Monsieur, tous les François qui viennent à Rome ont accoutumé de se loger. M. de Bourlemont fit réflexion sur la manière de parler du maggiordome, sur la situation du logis des François, qui est à plus de deux cents cannes⁴ de celui de l'Ambassadeur, et sur plusieurs petits préalables qui n'ont pas dû être relevés, parce qu'ils ne regardent que les Italiens, mais qui, avec le temps, pourroient avoir trait aux François, si l'on n'y prenoit garde; et il se résolut, pour ces considérations, d'ordonner à ces François, desquels il avoit déjà envoyé prendre la parole devant que d'avoir su ce qui s'étoit passé entre eux et le maggiordome de l'Ambassadeur, il se résolut, dis-je, de leur ordonner de se trou-

---

2. *Pas* a été ajouté au-dessous de la ligne. — Les dictionnaires donnent au composé *désagréer* l'un des deux sens qui se tirent du simple *agréer*, celui de « déplaire à », mais non l'autre, qu'il a ici : « désapprouver que ».

3. La place d'Espagne où était le palais de l'Ambassadeur, qui plus bas la nomme « sa place », est, ainsi que l'église de la Trinité du Mont, dont il va être parlé, près de l'extrémité septentrionale du Corso, non loin de l'Académie de France.

4. Nom d'une mesure de longueur dont on se servait dans plusieurs villes commerçantes. « Les *cannes* d'Avignon, Provence et Montpellier, dit Furetière dans son *Dictionnaire*, contiennent deux tiers plus que l'aune de Paris. La *canne* de Toulouse en contient une aune et demie. A Naples, les mesures s'appellent aussi *cannes*, etc. »

ver ce matin chez moi, sur les douze heures[5], pour être accommodés, quoique je fisse tout ce qui fut en moi pour l'obliger à le faire lui-même dans son logis. Je trouvai dans le mien, en y retournant, le maggiordome de Monsieur l'ambassadeur d'Espagne, qui me dit que son maître, ayant su que j'avois été informé de cette querelle, me l'envoyoit pour savoir ce que je desirois que l'on fît pour l'accommodement, et que, n'ayant pu souffrir les sbires dans sa place, il avoit demandé la parole à ces Messieurs pour avoir lieu d'en faire sortir le barigel[6]. J'eus quelque peine à ne lui point repartir sur ce mot de sa place, parce qu'effectivement elle ne se devroit pas appeler ainsi, mais plutôt celle de la Trinité du Mont, qui est son ancien et véritable nom ; je me retins pourtant, et parce que vous savez que l'usage a donné depuis longtemps à cette place le nom d'Espagne, et par la considération que nous venions encore de faire, depuis un quart d'heure, M. de Bourlemont et moi, de l'avantage considérable que ces usurpations de l'Espagne sur les droits du gouverneur donneront infailliblement, par leur suite et par leur exemple, aux ambassadeurs de France, et je me contentai de lui répondre qu'aussitôt que j'avois appris ce démêlé, j'avois été trouver M. de Bourlemont pour lui en donner part, qu'il avoit desiré que je l'accommodasse, et qu'il avoit envoyé, pour cela, ordre aux François de se trouver chez moi ce matin. Le maggiordome me parut un peu surpris de cette réponse, et il me dit qu'il lui sembloit qu'il seroit bon,

---

5. Les « douze heures », pour *midi*, manière de parler encore usitée en divers lieux de France, entre autres à Commercy et aux environs, comme nous l'assure un habitant de ce pays.

6. *Barigel* chez Voltaire, *barisel* chez Mathurin Regnier, en italien *bargello*, en bas latin *barigildus*, est le nom du chef des sbires dans plusieurs villes d'Italie (à Rome, chez Regnier).

par beaucoup de circonstances, que cette affaire se ter-
minât en lieu tiers, particulièrement à cause que ces
Messieurs avoient donné leur parole à l'Ambassadeur.
Je lui répondis qu'un François ne la pouvoit donner à
aucun autre qu'à un ministre de son roi, et que moi-
même, quoique François et cardinal national, je ne me
fusse pas mêlé de ce détail, si M. de Bourlemont ne
m'y eût obligé ; mais que, puisqu'il l'avoit desiré, je ne
souffrirois pas que les François y reconnussent quelque autre personne que ce pût être, que moi. Il me repartit ces propres mots : « Et comment ferez-vous pour
les Danois ? » Sur quoi je lui dis que, comme ils n'étoient
pas auteurs de la querelle, je ne les considérois pas
comme gens qui dussent être nommés dans l'accommodement, comme il venoit de me[7] dire lui-même, et
que, si Monsieur l'Ambassadeur le jugeoit pourtant nécessaire, je ne doutois point que, puisqu'il les avoit honorés de sa protection en ce rencontre, les ayant fait
venir chez lui, il ne contribuât, à leur égard, ce que
M. de Bourlemont et moi y contribuions à l'égard des
François[8]. Le maggiordome n'en demeura pas là ; mais
il me dit, avec un peu d'émotion, en se levant pour
me quitter, qu'il s'en alloit disposer ces Messieurs à
suivre mes ordres, et qu'il jugeoit que ce préalable
étoit au moins nécessaire, à cause que Monsieur l'Ambassadeur avoit paru en cette affaire. Sur quoi je lui
répondis que je le croyois fort superflu, parce que les
François ne recevroient assurément aucun ordre que
de M. de Bourlemont. Ils se sont trouvés céans ce matin, et nous les avons accommodés, M. de Bourlemont

7. *Me* est en interligne.
8. On trouvera des exemples de *contribuer* employé activement, dans les *Lexiques de Malherbe*, de *P. Corneille*, de *Mme de Sévigné*, de *Racine*. Ils sont nombreux dans les deux premiers.

et moi, en louant ceux qui n'avoient point voulu aller chez l'ambassadeur d'Espagne, et faisant réprimande à celui qui s'étoit laissé surprendre par pure jeunesse et sans aucun mauvais dessein. Nous avons prié ensuite M. Hugo Maffée d'aller chez Monsieur l'ambassadeur d'Espagne, de lui dire que nous avions accommodé les François, que nous leur avions même ordonné, au nom du Roi, de ne rien demander aux Danois, et que, s'il y avoit quelque chose à faire de plus à l'égard de ces derniers, nous ne doutions point qu'il n'eût bien la bonté de s'y employer. Il nous a fait une réponse fort civile avec beaucoup de compliments, etc. Voilà bien des paroles pour une bagatelle ; mais M. de Bourlemont a souhaité que je[9] rendisse compte au Roi de tout ce détail.

Je suis,

Monsieur,

Votre très-affectionné serviteur,
Le cardinal de Retz.

A Rome, ce 22ᵉ septembre 1665.

---

20. — LETTRE DU CARDINAL DE RETZ A M. DE LIONNE.
(Sur ce que l'ambassadeur d'Espagne avoit pressé le cardinal Chigi de se ressentir de l'arrêt du Parlement.)

Monsieur,

J'ai reçu la lettre qu'il vous a plu de m'écrire du

9. *Je* corrige *j'en.*
Lettre 20. — Archives des Affaires étrangères, Rome, 1665. *Lettres à Lionne*, tome XXI (171), pièce 89, fol. 181. Original, de la main du secrétaire ; la ligne de signature est seule autographe. — Voyez la réponse de Lionne, en date du 23 octobre, aux *Pièces justificatives*, n° 21.

4⁰ de ce mois¹, et je crois que vous ne doutez pas que je n'eusse bien plus de joie de pouvoir répondre à ce qu'elle me marque de la bonté que le Roi a pour moi, par des services effectifs que par des remerciements et des paroles. Il y eut hier consistoire, où tous les cardinaux prirent audience du Pape pour se réjouir de sa santé. Il me la donna d'un grand quart d'heure et me reçut avec beaucoup de bonté, mais il ne me parla que de son mal, sur le détail duquel il ne s'expliqua pourtant en façon du monde, et que de son voyage de Castel², qu'il me dit qu'il feroit assurément, aussitôt que le temps le lui permettroit. Il y a néanmoins beaucoup de gens ici qui ne le tiennent pas fort assuré, parce que l'on sait que les parents font tous les efforts imaginables pour le rompre, sur ce qu'ils le croient très-préjudiciable à sa santé, qui n'est pas encore tout à fait confirmée. Ce n'est pas qu'il ne me parut³ fort gai au consistoire, mais je ne lui trouvai pas encore le visage absolument remis en son naturel.

Je viens d'apprendre, depuis un quart d'heure, d'un lieu que je crois sûr, que Monsieur l'ambassadeur d'Espagne n'oublia rien, à la dernière audience qu'il eut de M. le cardinal Chigi, pour lui persuader que le Saint-Siége ne devoit pas demeurer dans le silence sur l'arrêt du Parlement ; mais celui qui m'a donné cet avis m'a confirmé, en même temps, ce que je vous écrivis dernièrement, sur son rapport, qui est que Rome est résolue à en demeurer à ce qu'elle a fait, quelque instance que puissent faire les Espagnols, qui concourent tous

---

1. Voyez aux *Pièces justificatives*, n° 14, la lettre de Lionne à Retz, en date du 4 septembre.
2. Voyez ci-dessus, p. 64 et note 8.
3. Il y a bien *parut* à l'indicatif ; l'accent circonflexe a été gratté.

visiblement à l'échauffer, quoique par différents principes. Car le commun s'imagine que, si les choses se poussoient, il pourroit se former quelque division dans le Royaume par la différence de doctrine, et les plus éclairés, qui voient bien que cette pensée est une chimère, ne tiennent cette conduite que pour faire en sorte que la révolution d'Espagne, qu'ils considèrent comme infaillible et comme prochaine[4], trouve la cour de Rome et celle de France dans l'éloignement et dans l'aigreur. Il y a déjà quelque temps que je crois voir cette disposition dans les esprits de ceux qui ne sont pas serviteurs du Roi en cette cour ; mais je n'ai pas voulu prendre la liberté de vous en mander le particulier, que je n'en fusse assuré par des voies plus solides et plus estimées que ne le peuvent être les raisonnements et les conjectures. Celui qui vient de m'avertir de la conversation de Monsieur l'ambassadeur d'Espagne avec M. le cardinal Chigi[5] est informé à fond de ce détail, et j'ai lieu de croire qu'il me parle avec sincérité, et même avec solidité, au moins pour ce qui regarde les Espagnols ; car, pour ce qui est de la cour

4. Cette révolution est la fin, que tout annonçait prochaine, de la dynastie d'Espagne. A la date de cette lettre, Philippe IV (voyez ci-dessus, p. 40, note 9, et ci-après, p. 80), dont la santé avait reçu, depuis quelques années, de très-rudes atteintes, était déjà mort depuis douze jours (le 17 septembre). On verra dans le post-scriptum de la *lettre* 22 (p. 80) quand la nouvelle en parvint à Rome. Philippe IV laissait pour seul héritier un enfant, Charles II, né en 1661, dont la santé était si débile qu'il ne put marcher ni parler qu'à cinq ans : il ne mourut pourtant qu'en 1700, léguant sa couronne au duc d'Anjou, qui fut Philippe V. Voyez, à la fin du livre xxxviii de l'*Histoire d'Espagne* de M. Rosseeuw Saint-Hilaire (tome XI, p. 269 et suivantes), la peinture du triste état de ruine où se trouvait réduite, à l'époque de la mort de Philippe IV, cette monarchie naguère si puissante.

5. Voyez ci-dessus, p. 32, la note 1 de la *lettre* 5.

de Rome, sa conduite est si incertaine et si cachée que les avis qui sont aujourd'hui fort véritables se peuvent trouver demain par l'événement très-faux.

Je suis,

Monsieur,

Votre très-affectionné serviteur,
Le cardinal de Retz.

A Rome, ce 29 septembre 1665.

21. — LETTRE DU CARDINAL DE RETZ A M. DE LIONNE.

(Sur ce qu'on disoit des assemblées de la Faculté et sur la censure qu'on avoit faite de quelques opinions des casuistes.)

Monsieur,

Vous vous confirmerez dans le jugement que je vois, par votre lettre du 11e [1], que vous avez fait de la santé du Pape, par ce que vous apprendrez aujourd'hui de son voyage de Castel [2]. Il y alla hier au matin, et il dit, en partant, qu'il y demeureroit six semaines. On croit pourtant que le plus ou moins du séjour qu'il y fera dépendra absolument de la disposition du temps, et de l'état particulier de sa santé. Je n'ai pu apprendre le détail de ce que Monsieur le Nonce a écrit ici touchant les assemblées de la Faculté; mais on y a témoigné tant de joie de la retraite du doyen et des professeurs, qu'il y a lieu de croire qu'il continue à donner de fausses

---

Lettre 21. — Archives des Affaires étrangères, Rome, 1665. *Lettres à Lionne*, tome XXI (171), pièce 109, fol. 213. Original, de la main du secrétaire; la ligne de signature est seule autographe.

1. Voyez aux *Pièces justificatives* le n° 15, et, sous le n° 22, la réponse de Lionne à cette *lettre 21*.

2. Voyez ci-dessus, p. 73, et p. 64 et note 8.

couleurs à ses nouvelles. Je ne perds point d'occasion de mettre autant qu'il m'est possible les choses dans leur véritable jour, et j'espère que j'en trouverai demain une assez naturelle et assez favorable. M. de Bourlemont vous envoie la censure que l'on a faite ici de quelques propositions des casuistes relâchés, et elle y fut affichée samedi dernier; mais Guimenius n'y est point nommé. Le bruit est que M. le cardinal Pallavicin[3] l'a empêché; mais je ne le sais pas d'assez bon lieu pour vous dire précisément ce qui en est[4]. Un consulteur du Saint-Office m'ayant dit, hier au soir, que ces propositions devoient être condamnées dans les livres de ceux qui les avoient avancées, et non pas dans celui de Guimenius, qui n'a fait que les rapporter, et que la congrégation par conséquent avoit agi sur ce point avec beaucoup plus de justice que la Faculté, je lui répondis que celui qui les a rapportées étant lui seul aussi coupable que les autres auteurs le sont tous ensemble, il me sembloit qu'il étoit plus[5] raisonnable de marquer Guimenius que tous les autres, et que la Faculté de théologie ayant agi sur ce fondement y avoit trouvé une autre utilité, qui est celle de censurer tous les autres en censurant Guimenius, au lieu que la congrégation sembloit épargner avec affectation[6] les personnes, en ne nommant ni Guimenius ni les autres. Ce même consulteur me dit que l'on travailloit incessamment à la censure des autres propositions, et que l'on avoit jugé à propos de commencer par la condam-

3. Voyez ci-dessus, p. 41 et note 2.
4. Dans l'original il y a ainsi un point après *est*, et un autre six lignes plus loin, après *Faculté*. C'est le second, croyons-nous, qu'il faut changer en virgule.
5. *Plus* est au-dessus de la ligne.
6. Ces quatre derniers mots sont en interligne, au-dessus d'autres mots effacés, illisibles sous la rature.

SUR LES AFFAIRES DE ROME. — II, 21-22.

nation⁷ de ces vingt-huit, comme de celles qui contiennent les erreurs les plus claires et les plus grossières.

Je suis,
>Monsieur,
>>Votre très-affectionné serviteur,
>>Le cardinal de RETZ.

A Rome, ce 6 octobre 1665.

---

22. — LETTRE DU CARDINAL DE RETZ A M. DE LIONNE.
(SUR CE QU'ON PARLOIT DE CENSURER ENCORE QUELQUES PROPOSITIONS DES CASUISTES, ET UN VOYAGE QU'IL AUROIT FAIT A TIVOLI SANS LA NOUVELLE DE LA MORT DU ROI D'ESPAGNE.)

[Rome, 13 octobre 1665[1].]

MONSIEUR,

Le Roi a trop de bonté d'agréer le peu que j'ai essayé de faire à la fête de saint Louis[2], et le respect que toute la terre a pour la personne de Sa Majesté, encore plus que pour sa puissance, donne tant de facilité à le servir que je ne puis avoir que de la honte de n'avoir pas mieux réussi en cette petite occasion. Je vous mandai, par le dernier ordinaire, ce que l'un des consulteurs du Saint-Office m'avoit dit de la diligence que l'on faisoit ici pour la censure des autres propositions

---

7. Dans le manuscrit, ici et p. 78, *condemnation*, orthographe latine dont Littré n'a pas d'exemple à l'*historique* de ce mot ; tous ceux qu'il donne (ils sont du seizième siècle) sont écrits par *a*, comme aussi du reste écrit parfois, plus loin, le secrétaire du Cardinal.

LETTRE 22. — Archives des Affaires étrangères, Rome, 1665. *Lettres à Lionne*, tome XXI (171), pièce 123, fol. 243. Original, de la main du secrétaire ; la ligne de signature est seule autographe. — Voyez aux *Pièces justificatives*, n° 23, la réponse de Lionne, en date du 6 novembre.

1. La lettre n'est datée qu'à la table du volume.
2. Voyez ci-dessus, *lettres* 11 et 14.

des casuistes; mais il y a sujet de croire que l'on n'en finira pas sitôt l'examen, s'il est vrai que M. le cardinal Pallavicin ait arrêté la publication de douze autres propositions de la même nature dont on prétend que la condamnation avoit été résolue. On me l'a assuré; mais comme je ne le tiens pas d'un lieu auquel je puisse donner toute créance, je ne vous en saurois dire précisément la vérité. Je ne doute point que M. Hugo Maffei, qui est allé à la cour avec M. le cardinal Ursin[3], n'ait l'honneur d'être connu de vous, mais je crois être obligé de vous dire, pour la vérité, qu'il me semble avoir vu dans sa manière d'agir un fond de zèle très-véritable et très-sincère pour le service du Roi, et quelque chose de plus solide et de plus effectif que l'on ne rencontre pour l'ordinaire aux gens de ce pays-ci. J'avois toujours espéré que la fin des chaleurs pourroit donner quelque soulagement à une fluxion assez fâcheuse que j'ai sur les yeux, mais je trouve, par expérience, que l'automne n'y est pas moins contraire que l'été; et l'on m'a conseillé d'en aller passer les premières humidités à Tivoli[4]. M. de Bourlemont m'a témoigné qu'il n'y a rien ici qui m'y puisse retenir pour le service du Roi, et je crois, Monsieur, que vous ne doutez pas qu'il n'y a point de considération ni d'air ni de santé qui m'empêche, au premier billet qu'il m'écrira, de me rendre ponctuellement à mon devoir. Son sentiment est qu'en passant à Castel, où tous les cardinaux vont faire une cour de demi-heure, je m'explique nettement à Sa Sainteté, si

---

3. Virginio Orsini (des Ursins), fils de Ferdinand, duc de Bracciano, et de Justiniane Orsini de San-Gemino, naquit en 1615; il fut créé cardinal en 1641, évêque d'Albano en 1671 et de Frascati en 1675; il mourut en 1676, dans le conclave qui élut Innocent XI.

4. A vingt-six kilomètres E. de Rome, l'ancien *Tibur*, où étaient les villas de Mécène et d'Horace.

Elle entre en discours sur la Bulle, et il y auroit quelque lieu de croire qu'Elle le pourroit faire en cette occasion, parce que l'on a remarqué qu'Elle témoigne beaucoup plus d'ouverture aux cardinaux et même aux autres personnes à la campagne qu'Elle n'en fait paroître à Rome. Je suis pourtant persuadé, par l'air dont Elle m'a toujours parlé au consistoire, qu'Elle n'entrera pas, à Castel, plus avant en matière qu'Elle n'a fait ici. M. de Bourlemont a jugé à propos, pour des raisons particulières et domestiques, de ne rien témoigner à Mme la princesse de Rossane de ce qu'il a plu au Roi de lui commander sur son sujet, et je m'en suis chargé. J'oubliois presque que le P. Duneau[5], que vous connoissez, me dit avant-hier qu'il étoit assuré que le Pape porteroit les choses à l'extrémité, si l'assemblée du clergé ou la Faculté de théologie faisoit quelque nouveau pas. Je lui répondis que j'avois trop de respect pour Sa Sainteté pour la[6] croire capable d'une résolution de cette nature, dont la seule idée ne pourroit donner qu'un déplaisir très-sensible à tous les gens de bien, parce qu'il n'y auroit rien de plus contraire aux véritables intérêts de l'Église et du Saint-Siége, et même à ceux de sa compagnie.

Je suis,
  Monsieur,
    Votre très-affectionné serviteur,
    Le cardinal de RETS.

---

5. Le P. Duneau, de la Société de Jésus, résidant à Rome, était un agent secret de Lionne, avec lequel il entretenait une correspondance suivie, qui fait partie des papiers de notre ambassade de Rome. Voyez, au tome V, la note 2 de la page 68, et les notes 1 et 6 des pages 70 et 78, où il est parlé de lui comme correspondant de Mazarin en 1655.

6. *La* corrige *le.*

J'apprends[7], en fermant cette lettre, que le roi d'Espagne est mort[8] : ce qui me fait prendre la résolution de ne point aller à Tivoli de cette semaine, afin de ne pas perdre une heure en cas qu'il arrivât quelque ordre du Roi sur cette nouvelle, que je crois vraie, parce qu'elle est circonstanciée par deux courriers venus pour expéditions au sieur Hache[9], d'autant plus que le bruit en couroit ici, dès avant-hier, à l'arrivée du courrier de Milan, que les Espagnols pourtant ont publié n'être point venu du tout.

23. — LETTRE DU CARDINAL DE RETZ A M. DE LIONNE.
(DE COMPLIMENTS.)

Monsieur,

Je ne vous écris aujourd'hui que pour ne pas perdre une seule occasion de vous assurer de mes services; car, comme le courrier extraordinaire qui est venu ici pour la dispense du mariage de Mlle de Grancey[1] arrivera huit ou dix jours plus tôt à Paris que l'ordinaire qui portera cette lettre, je me réserve à lui donner la

---

7. Ce dernier paragraphe a été ajouté après coup, dans le blanc, entre *Je suis* et *Monsieur*.

8. Ces deux mots sont en interligne. — Philippe IV était mort, nous l'avons dit (p. 74 et note 4), le 17 septembre.

9. Expéditionnaire de la cour de Rome.

Lettre 23. — Archives des Affaires étrangères, Rome, 1665. *Lettres à Lionne*, tome XXI (171), pièce 134, fol. 266. Original, de la main du secrétaire; la ligne de signature est seule autographe.

1. Marie-Louise de Grancey, fille de Jacques Rouxel III, comte de Grancey et de Médavi, maréchal de France, et de Charlotte de Mornay. Elle épousa, le 11 novembre 1665, son cousin germain Joseph Rouxel, comte de Marey, dont le père, Guillaume Rouxel, était frère cadet du maréchal, et qui fut tué à Candie en 1668. C'est à cause de cette parenté qu'on demandait à Rome une dispense.

réponse que je² fais à celle que vous m'avez fait l'honneur de m'écrire du 25ᵉ septembre³.

Je suis,

  Monsieur,

    Votre très-affectionné serviteur,
    Le cardinal de Retz.

A Rome, ce 20 octobre 1665.

---

24. — LETTRE DU CARDINAL DE RETZ A M. DE LIONNE.
(Sur une longue conversation qu'il a eue avec le Pape touchant les moyens de lever l'ambiguïté de la Bulle.)

Monsieur,

Aussitôt que j'eus reçu la lettre qu'il vous a plu de m'écrire du 25ᵉ septembre¹, j'allai trouver M. de Bourlemont pour concerter avec lui les moyens les plus propres et les plus naturels de faire connoître au Pape l'importance et la facilité d'éclaircir l'équivoque dont il s'agit. Nous eûmes d'abord quelque pensée de nous servir de la voie de Monsieur le cardinal Dataire, parce qu'il a témoigné avoir pris assez de confiance en mes paroles depuis la conversation que j'eus, il y a quelque temps, avec lui, de laquelle je vous ai écrit le détail². Comme

---

2. *Vous* a été biffé devant *fais*. — 3. Voyez *lettre* 24, note 1.
Lettre 24. — Archives des Affaires étrangères, Rome 1665. *Lettres à Lionne*, tome XXI (171), pièce 152, fol. 297-302. Original, de la main du secrétaire; la ligne de signature et le post-scriptum sont autographes. A la date du 24 octobre, le cardinal de Retz écrivit au Roi une longue lettre sur le même sujet, dont il est question dans une lettre de Lionne du 6 novembre suivant; mais cette lettre n'est pas dans les volumes de la correspondance de Rome.
1. Voyez aux *Pièces justificatives*, le n° 17, et, sous le n° 24, la réponse de Lionne à cette *lettre* 24.
2. Voyez ci-dessus, la *lettre* 16.

nous eûmes pourtant fait réflexion sur les intérêts qu'il a à ne se brouiller ni avec les Espagnols, ni avec les jésuites, et sur sa manière d'agir, qui ne va jamais à se signaler dans les choses mêmes qui sont le plus de son sentiment, nous crûmes qu'il seroit plus à propos de s'adresser directement au Pape, et de lui porter à lui-même la vérité, d'une manière qui ne lui laissât aucun lieu de croire qu'il y eût de l'art et du dessein. Nous fûmes confirmés dans ce sentiment par l'occasion toute naturelle et toute née que j'avois d'aller faire ma cour à Castel, et nous jugeâmes que, si nous ne pouvions avoir du Pape, par ce moyen, une explication suffisante de la Bulle, telle que Sa Majesté la desire, nous en tirerions apparemment ou quelque préalable, qui pourroit donner lieu, dans la suite, à cette explication, ou du moins la connoissance de ses véritables intentions, que je pourrois peut-être pénétrer, sans rien engager, en ne parlant que comme de moi-même. Je me rendis à Castel dimanche, sur les deux heures après midi, et Sa Sainteté, après m'avoir reçu avec beaucoup de bonté, et m'avoir parlé, un demi-quart d'heure, de choses communes et ordinaires, entra d'elle-même en matière sur la Bulle, et me dit qu'Elle ne pouvoit attribuer le bruit que cette affaire faisoit en France qu'à l'aversion que l'on y avoit contre sa personne. Je lui répondis qu'il ne m'y avoit rien paru qui ne me donnât sujet de croire que l'on y avoit tout le respect que l'on doit, par toutes sortes de raisons, à Sa Sainteté; que je ne pouvois voir qu'avec une extrême douleur qu'Elle eût une opinion contraire à ce que je croyois avoir vu dans tous[3] les esprits; que j'étois obligé de lui dire pour la vérité que, selon toutes les connoissances que j'avois du Royaume et selon toutes les

---

3. *Tous* est en interligne.

nouvelles que je recevois de mes amis, il n'y avoit rien d'inspiré dans tout ce qui se passoit touchant la Bulle : que ce mouvement étoit tout à fait naturel, qu'il n'étoit que la suite inséparable des maximes que nous suçons[4] avec le lait; qu'une preuve incontestable de cette vérité est le consentement général de tous les corps, qui se trouvent d'un même avis sur tous ces articles. Le Pape m'interrompit à ce mot, et me dit qu'il savoit fort bien que les plus vieux et les plus sages s'étoient retirés de l'assemblée de la Faculté. A quoi je lui répondis que je lui protestois sur ma conscience et sur mon honneur que la division dont il me parloit ne regardoit, en aucune manière du monde, la Bulle, qu'elle n'avoit jamais été que l'effet d'une pique particulière qui étoit née sur une autre question, et que, si de plus il savoit la différence considérable et pour le nombre et pour le mérite qu'il y a entre ceux qui sont demeurés dans l'assemblée et ceux qui s'en sont retirés, il auroit sujet d'être persuadé que l'on n'a rien fait pour la réputation du Saint-Siége, quand on a voulu faire croire que cette brouillerie étoit arrivée pour ses intérêts. Je jugeai, après ces paroles, par la disposition où je vis le Pape, qui commençoit à s'échauffer sur de petites circonstances, qu'il étoit à propos de réduire, s'il se pouvoit, la conversation à quelque chose de plus positif et de plus pressé, et je lui dis, comme en m'emportant et même en lui en faisant des excuses, que je ne pouvois m'arrêter davantage sur des particularités de cette nature, qui ne méritent pas seulement d'être considérées dans une affaire où il n'y a qu'à jeter les yeux sur le fond pour voir qu'il n'y a rien que d'imaginaire; que cette pensée frappoit, au moment que je lui parlois, mon imagination avec tant de

---

4. L'orthographe du manuscrit est *suceons*.

force, que je ne me pouvois empêcher moi-même de lui dire ce que j'en croyois, ou plutôt ce que j'en savois, avec plus de liberté que je n'en eusse osé prendre assurément s'il n'eût eu la bonté de m'en parler; que j'étois persuadé qu'il auroit encore celle de me la pardonner, lorsqu'il considéreroit que je ne la pouvois prendre que par la seule passion que j'avois pour les intérêts du Saint-Siége et pour ceux de Sa Sainteté, puisque, n'ayant aucun ordre du Roi de le faire, je manquois à toutes les règles de la bonne conduite de donner seulement la moindre apparence que je voulusse entrer dans ce détail; mais que le mouvement de ma conscience m'obligeoit à ne pas perdre l'occasion présente de m'expliquer sur une matière de laquelle je croyois devoir à Dieu un compte particulier, parce que je pouvois dire, sans vanité, que j'en avois plus de connoissance que les cardinaux italiens n'en peuvent avoir; que je n'ai jamais balancé, dès les commencements de cette difficulté, à me persuader à moi-même qu'elle n'étoit fondée que sur un équivoque; que je m'en étois pourtant voulu éclaircir et par les lettres de beaucoup de docteurs, qui avoient eu part à la censure, et par la bouche de quelques-uns de ceux qui avoient été employés à la Bulle; qu'il n'y avoit pas un seul de mes amis de Sorbonne qui ne m'eût mandé qu'elle n'avoit pas eu la moindre pensée de censurer la doctrine de l'infaillibilité du Pape; que MM. les cardinaux Pallavicin et Albizzi m'avoient dit positivement que la Bulle ne regardoit, dans l'intention de Sa Sainteté, que ceux qui condamnoient cette doctrine, sans prétendre condamner celle qui lui est contraire; que l'on n'a aucune prétention, dans la même bulle, de défendre aux évêques de prendre connoissance, etc., ni d'ôter à la Faculté le pouvoir de censurer doctrinalement; que je voyois, et par ces lettres et par ces discours, que Rome et Paris étoient d'accord en tout et partout, et que je ne pouvois concevoir, par conséquent, comme il étoit possible qu'un malentendu, fondé sur un pur équivoque, pût subsister au delà du moment[5] qui peut éclaircir le sens de trois propositions sur lesquelles personne ne conteste. Le Pape, qui, dans toute la suite de ce discours, avoit témoigné approuver ce que je disois, et avouer tout ce que M. le cardinal Albizzi m'avoit dit, m'interrompit sur ce mot de malentendu, et me dit ces propres paroles : « Qui l'a pris cet équivoque, dont vous parlez, et n'est-ce pas la Sorbonne, puisqu'elle a cru que je condamnois ceux qui ne me croient pas infaillible, que je prétendois défendre aux évêques la connoissance dans leurs diocèses, etc., et que je trouvois mauvais que la Faculté censurât doctrinalement les mauvaises doctrines ? Je n'y ai jamais pensé. » Je lui repartis que la Faculté auroit sans doute beaucoup de joie d'apprendre qu'elle se fût méprise, en expliquant les termes de la Bulle en un sens contraire à celui de Sa Sainteté. « Ce n'est donc pas Rome qui a pris l'équivoque, » ajouta-t-il. Sur quoi je lui répondis que je le suppliois très-humblement de me permettre de lui dire, avec tout le respect que je lui devois, que j'étois persuadé que le Saint-Office avoit commencé à le prendre en croyant que la censure de Sorbonne, qui ne touchoit que la doctrine qui accuse la sienne d'hérésie, eût condamné

---

5. C'est-à-dire du moment où l'on peut s'expliquer et voir qu'on est d'accord sur le sens des trois propositions qui, bien expliquées, ne laissent plus aucun doute et sont admises par tous. Les trois propositions se distinguent aisément dans ce qui précède; c'est 1º « que la Sorbonne ne censurait pas la doctrine de l'infaillibilité ; 2º que, de son côté, le Pape ne censurait que ceux qui condamnaient cette doctrine ; 3º qu'il n'ôtait aucun de leurs droits ni aux évêques ni à la Faculté. » — Il y a, dans le manuscrit, une virgule de trop après *moment*.

celle de l'infaillibilité du Pape; que je voyois, avec beaucoup de joie, qu'il n'étoit plus question de songer seulement à cet équivoque, puisque Sa Sainteté éclaircissoit très-suffisamment, par ce qu'il me faisoit l'honneur de me dire, les obscurités et les doutes que ce malentendu avoit fait naître dans les esprits, et que je ne doutois point que, si il[6] lui plaisoit de faire connoître les sentiments qu'il me témoignoit sur ces articles, il ne rétablît très-glorieusement pour lui, par la seule force de trois ou quatre paroles, la paix et la tranquillité dans tous les esprits; que je connoissois assez la disposition où est la France pour en pouvoir assurer Sa Sainteté, et qu'ayant mandé à quelques-uns de mes amis de la Faculté ce que MM. les cardinaux Albizzi et Pallavicin m'avoient dit, j'avois connu, par leurs réponses, qu'ils en avoient eu une joie très-sensible, par l'espérance qu'ils en avoient conçue que le Pape étant dans ces sentiments, les leur pourroit faire connoître par l'explication du véritable sens de la Bulle. Le Pape, ayant redoublé visiblement son attention à ces derniers mots, me dit avec un peu d'émotion : « Hé! qui la demande cette explication? Est-ce à moi à faire le premier pas ? » Sur quoi je lui répondis : « Toute la France, Saint Père, vous la demande, qui vous témoignera, aussitôt que vous l'aurez accordée, qu'il n'y a point de royaume au monde plus attaché au Saint-Siége que celui-là. — Qui dit tout le monde ne dit personne, me repartit-il; le cœur est gâté : il y a bien des gens en France qui en veulent au Saint-Siége, et la cour en veut à ma personne. — Je ne le puis croire, Saint Père, lui répondis-je, et toutes les connoissances que j'ai sont très-contraires à cette opinion ; mais je sup-

---

6. Le secrétaire se conforme à la coutume constante de Retz de ne point élider l'*i* de *si* devant *il* : voyez les *Mémoires, passim.*

plie très-humblement Votre Sainteté de me permettre de lui dire que, si j'étois cardinal italien, persuadé qu'il y eût des gens dans le Royaume aussi mal intentionnés pour le Saint-Siége que l'on le publie, je dirois, pour le seul intérêt de l'Église, ce que je dis présentement, qu'il n'y auroit point de meilleur moyen de rectifier les mauvaises dispositions qu'en éclaircissant ce qui leur peut donner de la force. — Quoi? me dit le Pape, je m'expliquerai dans le temps que l'on me menace? — On est bien éloigné, lui répondis-je, de menacer Votre Sainteté, puisque l'on observe tous les égards avec beaucoup plus de soin que l'on ne l'a jamais fait dans beaucoup d'autres occasions de moindre importance; mais j'oserois dire à Votre Sainteté que, quand même cela ne seroit pas, il seroit de sa grandeur et de sa bonté de rappeler ses ouailles, qui ne s'éloignent que sur un fondement où Rome avoue elle-même qu'il n'y a que du malentendu et de l'équivoque. — Qu'elles reviennent, me dit-il, ces ouailles, et je les recevrai d'une manière qui leur fera voir que je ne leur veux pas seulement rendre justice, mais que je les veux encore combler de grâces. — Une seule de ces paroles, lui dis-je, portée par la moindre personne du monde, auroit été plus que suffisante pour obliger toute la France d'accourir aux pieds de Votre Sainteté, si la bulle qui déclare hérétiques tous les corps du Royaume n'avoit point été publiée; mais je supplie Votre Sainteté de considérer qu'en l'état où est la chose, il est de sa justice d'effacer, par quelque marque authentique, la tache d'erreur et d'hérésie qu'elle a répandue sur toute la France. — Tout ce que je pourrois faire ne serviroit de rien, me dit-il, dans la disposition où l'on est, et, si le cœur n'étoit gâté, n'auroit-on pas fait réflexion à ce que vous me venez de dire que vous avez mandé à vos amis des sentiments du cardinal

1665

1665 Albizzi, que l'on ne peut pas croire n'être pas informé des miens ? » Je lui répondis que je n'étois qu'un particulier, qui n'avois écrit qu'à des particuliers, et qui n'avois[7] écrit que les sentiments d'un particulier, et qu'une relation de cette nature ne pouvoit être que fort peu considérée dans une affaire qui avoit pour fondement une bulle imprimée, et publiée[8] à la vue de toute la terre. Sur quoi il me dit qu'après la manière dont on l'avoit traité, il ne se résoudroit jamais à faire le premier pas, et qu'il ne falloit plus en parler. J'insistai encore, deux et trois fois, pour essayer de lui faire voir qu'il n'y avoit que de la gloire et de la grandeur à faire ce premier pas, et je lui alléguai même quelques exemples de ses prédécesseurs, qui n'en avoient point fait de difficulté en des rencontres assez pareilles. Mais il ne voulut plus rien écouter et je fus obligé de revenir aux expédients que j'avois concertés avec M. de Bourlemont. Je lui dis donc que ce qui m'avoit obligé à lui proposer de faire le premier pas étoit la persuasion où j'étois que cette conduite étoit plus grande, plus haute et plus glorieuse pour le Saint-Siége, que celle *de' mezzi termini*[9] et de la négociation, mais que, puisqu'il n'étoit pas dans ce sentiment, je croyois au moins qu'il ne s'éloigneroit pas de celui de faciliter les moyens qui pourroient obliger la France à s'avancer ; que je ne doutois point que la Faculté, sachant le véritable sens que le Pape donnoit à la Bulle, ne le fît avec joie, pourvu qu'elle fût assurée que l'on expliquât la Bulle selon ce sens. Le Pape me dit ces propres mots : « En peut-on douter ? » Sur quoi, lui ayant répondu que je n'en doutois pas

---

7. Les deux *avois* sont bien ainsi à la première personne, par accord avec *je*.

8. *Publiée* corrige *imprimée*, récrit par mégarde.

9. « Des moyens termes. »

en mon particulier, mais qu'après la publication de la Bulle j'étois persuadé qu'il seroit nécessaire de donner quelque assurance pour commencer à remettre les esprits dans leur assiette, il se leva de sa chaise avec chaleur, et me dit en se promenant dans sa chambre : « Étoit-il possible que vous voulussiez qu'une Faculté de théologie capitulât avec le Pape[10]? » Il s'emporta sur cette pensée, et il fut près d'une demi-heure à me parler, avec émotion, de l'affaire de Parme, de celle de Modène et du traité de Pise. Comme je le vis un peu remis, je lui dis que j'avois été si peu informé de tout ce détail, que je ne pouvois lui en dire quoi que ce soit, que je lui confessois même que, selon mon opinion et mes pensées, je n'avois jamais considéré ces difficultés temporelles comme fort importantes au Saint-Siége, et que la seule imagination de la Bulle me faisoit, sans comparaison, plus de peine que tous ces autres démêlés qui se pouvoient accommoder en un instant, ou plutôt à tous les instants; que les divisions qui regardent la doctrine ne sont pas de cette nature, et qu'il arrive souvent que si l'on manque le moment fatal pour les assoupir, elles ne s'embrouillent pas seulement de plus en plus, mais elles croissent même par tous les incidents qui s'y rencontrent; que la France tenoit aujourd'hui l'opinion de

---

10. C'est-à-dire tînt chapitre, négociât, discutât avec lui. C'est dans cette acception de *négocier* que ce verbe est pris dans plusieurs des exemples cités par Littré à l'*historique* du mot. Nous avons plus loin (p. 95) le tour inverse : « que l'on le veut obliger à *capituler* (négocier) avec une Faculté », et on lit, dans la *lettre* 33 (p. 126), le mot *capitulation* au même sens : Le Pape voyait que la Sorbonne ne ferait pas le premier pas « sans *capitulation*, dans laquelle il m'avait toujours dit ne vouloir jamais entrer avec une Faculté de théologie. » Quant aux synonymes *négocier*, *négociation*, plus usités aujourd'hui, ils reviennent plusieurs fois : ainsi dans cette lettre-ci (p. 95), et dans la même *lettre* 33 (p. 126).

l'infaillibilité du Pape pour une opinion problématique et que l'on peut tenir en conscience ; qu'il y avoit à craindre que, si les esprits s'aigrissoient, on ne prît, dans les suites, d'autres pensées ; que je savois que l'on recherchoit avec soin, à l'occasion de la dernière bulle, les vieux mémoires de ce qui s'étoit fait autrefois, dans le Royaume, par le clergé, par le Parlement et par la Faculté contre les bulles des papes ; que j'appréhendois que l'on n'y trouvât des exemples fâcheux, et qui pouvoient tirer à des conséquences plus grandes même et plus considérables que l'on ne se les pouvoit imaginer en Italie ; que le respect m'empêchoit de dire à Sa Sainteté ce que j'avois lu autrefois sur ces matières dans nos anciens registres, et que tous les moments étoient précieux pour prévenir les résolutions que l'on pouvoit prendre, et auxquelles il n'y auroit plus de remède. Il m'interrompit à ce mot, et me dit que la France avoit accoutumé de faire peur à Rome de ces fantômes, et que, quand elle les avoit voulu animer, le Saint-Siége avoit bien trouvé le moyen de s'en défendre ; qu'il m'avoit déjà dit qu'il ne doutoit point qu'on ne lui fît tout le mal que l'on pourroit, mais qu'il vouloit bien que l'on sût qu'il souffriroit d'abord tout ce que la charité ordonne de souffrir, et qu'il feroit après tout ce que la dignité de l'Église ordonne de faire ; que les événements étoient en la main de Dieu, et qu'il étoit résolu de faire son devoir. Je lui répondis qu'il me sembloit qu'il n'étoit ni contre sa dignité, ni contre son devoir, même selon ses principes, de faire connoître à ses inférieurs qu'ils n'ont pas bien pris le sens d'une bulle qu'il leur a adressée, et que, puisqu'il étoit résolu de ne les pas éclaircir directement, qu'il[11] étoit, à ce qui me paroissoit, de sa

---

11. Reprise de *que* pour la clarté, pléonasme assez fréquent et chez Retz et, en général, dans ce temps-là.

justice de leur en montrer au moins assez pour leur donner lieu d'espérer qu'il pourra avoir la bonté de leur faire part de ses lumières. Il demeura quelque temps sans me parler sur cette proposition, et me dit : « Quel moyen y a-t-il pour cela, sans que je fasse le premier pas et sans que je leur donne matière de triompher et de se moquer de moi ? » Je lui répondis que, si Sa Sainteté me commandoit d'écrire à quelques-uns de mes amis qu'Elle m'eût dit à moi-même qu'Elle n'a point entendu, par sa bulle, établir son infaillibilité comme article de foi, condamner l'opinion contraire comme hérésie, défendre aux évêques la connoissance, etc., ni à la Sorbonne, etc., je croirois que l'on en pourroit tirer un bon effet, non pas suffisant, à la vérité, pour détruire les impressions que la Bulle avoit faites, mais peut-être capable de jeter dans les esprits des dispositions bien plus fortes et plus efficaces que ne le peuvent être celles que ce que j'ai mandé des sentiments de M. le cardinal Albizzi y a fait naître, et que, si Monsieur le Nonce parloit dans ce sens, et que l'on vît à Paris que les discours du ministre de Sa Sainteté convinssent avec les lettres qu'un cardinal national écriroit sur ce qu'il a ouï de la propre bouche du Pape, je ne doutois point que l'on n'y fît beaucoup de réflexion. M. de Bourlemont avoit jugé à propos qu'en cas que je ne pusse obtenir du Pape une explication de la Bulle par écrit, je proposasse ce moyen, tant parce que, sans engager à rien[12], il ouvre des voies desquelles le Roi se peut servir, ou ne se pas servir, selon qu'il le jugera à propos, que parce qu'il y avoit sujet de croire que la proposition serviroit au moins à faire connoître les intentions du Pape, comme vous le verrez par la

12. Le secrétaire avait récrit, par mégarde, depuis « je proposasse » jusqu'à « rien », ce qui paraît bien montrer qu'ici notre original est plutôt copie que dictée.

suite. Car, aussitôt que je lui en eus fait l'ouverture, il me dit sans balancer : « Il n'est pas encore temps, et je ne suis pas assez assuré que la France veuille l'accommodement ; vous êtes cardinal ; tout ce que vous direz avoir ouï de ma bouche est présumé être dit par mon ordre, et puis on dira : *Il cardinale di Retz ha detto questo e questo*[13]. Il n'est pas encore temps et l'on en prendroit trop d'avantage. » Je crus qu'il falloit prendre l'occasion de ce mot : *ha detto questo e questo*, pour connoître si l'on pouvoit espérer une explication de la Bulle par écrit, et je lui dis que, si j'osois, je me plaindrois de Sa Sainteté de ne me pas traiter en cette occasion *come servitore partiale della sua persona*[14], et que je voyois bien que cet avantage que la France pourroit prendre n'étoit pas la véritable raison qui l'empêchoit de me permettre de mander à mes amis ce qu'il m'avoit dit, mais qu'il appréhendoit que l'on expliquât comme on voudroit ce que mes amis diroient sur mon rapport, et que peut-être, par cette considération, Sa Sainteté ne se voudroit-elle expliquer que par écrit. Il me répondit, en même temps, après m'avoir regardé : « Il est vrai, vous l'avez deviné, et ai-je tort ? » Je pris la liberté de l'interrompre à ce moment et de lui dire : « J'avoue que je ne puis répondre à cette raison : il faut s'y rendre. Mais pour faciliter à Votre Sainteté le moyen de pouvoir donner elle-même cette explication, à laquelle Elle m'a dit qu'Elle ne se pouvoit résoudre, jusques à ce que l'on la lui eût demandée, trouveroit-elle mauvais que j'écrivisse au moins à mes amis que je sais, de science certaine,

---

13. « Le cardinal de Retz a dit ceci et ceci. » — Il y a bien *Retz*, et non, comme à la signature, *Rets*.

14. « Comme serviteur partial de sa personne, » attaché par préférence à sa personne. — Il y a dans le manuscrit *dela* pour *della*, et l'ancienne orthographe *partiale* au lieu de *parziale*.

qu'Elle est, en tout et partout, dans les sentiments qu'ils ont vus dans la lettre que je leur ai écrite sur ce que m'avoit dit M. le cardinal Albizzi, et que je le sais si certainement que je suis assuré qu'il s'en expliquera positivement, si on le lui demande? » Le Pape me répondit sans hésiter : « Oui, vous le pouvez faire; j'en serai même bien aise, pourvu que vous ne disiez pas que je vous l'aie dit de ma propre bouche, et l'on aura satisfaction si l'on ajoute foi à ce que vous en écrirez. — Mais, Saint Père, lui dis-je, tout ce que je puis écrire est si peu de chose après une bulle publiée, que je n'espère pas pouvoir faire grande impression dans les esprits, particulièrement si Monsieur le Nonce continue à parler comme il fait; car j'ai des lettres de Paris par lesquelles on m'assure qu'il publie tout le contraire de ce que vous me permettez d'écrire. » Sur quoi le Pape me repartit qu'il lui commanderoit, par le premier ordinaire, de s'expliquer en conformité des dernières paroles qu'il me venoit de dire.

Voilà, Monsieur, le détail de ce qui s'est passé dans une conversation de trois heures que j'ai eue avec le Pape. Voilà certainement ce qu'il m'a dit. Voilà même peut-être ce qu'il a pensé et ce qu'il a cru en me le disant. Mais comme, depuis fort longtemps, les papes ont tenu pour règle infaillible de ne jamais avouer eux-mêmes que leur infaillibilité fût problématique, et qu'il y a de quoi s'étonner par cette raison que Sa Sainteté se soit avancée jusques au point de dire qu'Elle déclarera qu'Elle ne condamne point ceux qui ne le tiennent point infaillible, je ne sais si il seroit judicieux de faire, sans de bonnes précautions, des avances sur un fondement que mille différentes réflexions, qui peuvent venir dans l'esprit de Sa Sainteté, ou par elle-même, ou par ceux qui l'approchent, pourroient rendre fort incertain, si l'on n'y prenoit toutes ses sûretés avec justesse. Je crois à la vérité que ces précautions et ces sûretés ne sont pas impossibles, et vous verrez, par ce que M. de Bourlemont vous en écrira, quelques ouvertures qui nous sont venues à l'un et à l'autre dans l'esprit sur ce sujet. Je ne sais, par exemple, si le Roi auroit difficulté de faire dire au Pape qu'étant assuré, d'un côté, que la Faculté de théologie n'a point prétendu censurer la doctrine de l'infaillibilité, et qu'ayant su, d'autre part, que le véritable sens de Sa Sainteté, touchant la Bulle, n'est pas de condamner l'opinion contraire à l'infaillibilité, ni d'ôter aux évêques la connoissance, etc., ni à la Faculté le pouvoir, etc.[15], ni d'empêcher la censure de Guimenius, Sa Majesté le supplie de faire connoître ses véritables sentiments d'une manière qui puisse remettre les esprits, et l'assure que, Sa Sainteté lui promettant cette déclaration, Sa Majesté obligera la Faculté à faire tous les pas nécessaires pour lui témoigner sa soumission, et lui faire connoître qu'elle n'a jamais

---

15. On lit plus haut, dans cette lettre (p. 84), sans *etc.* : « .... le pouvoir de censurer doctrinalement. » Quant au premier *etc.*, qui suit le mot *connoissance*, nous l'avons déjà vu dans cette lettre (p. 84, 85, 91) et dans les *lettres* 7 et 15 (p. 38, ligne 26, et p. 55, d'où nous avons renvoyé ici). Il s'explique bien par le passage suivant d'un opuscule anonyme d'Antoine Arnauld, intitulé *Remarques sur la bulle contre les censures de Sorbonne* et inséré dans le Recueil de Jacques Boileau (p. 97-119) : « La Bulle.... prive les évêques du droit de juger de presque toutes les matières qui regardent la discipline, la morale et la hiérarchie.... Elle les retranche de la communion de l'Église pour des sujets non-seulement frivoles, comme pour lire et retenir un livre, mais aussi pour des actions.... très-légitimes, comme de citer et de défendre des censures contre des erreurs visibles et inexcusables » (§ xx, p. 112). — La Bulle, en effet, étend les interdictions (*sub pœna excommunicationis*) aux plus grands dignitaires de l'Église : *Mandamus ne quisquam ex Christi fidelibus, cujuscumque gradus ac dignitatis existat, episcopali, archiepiscopali, patriarchali, aut alia majori dignitate.... suffultis*, etc. (p. 93 et 94).

eu la pensée de censurer la doctrine de l'infaillibilité. Ainsi le Pape ne pourroit plus dire que la France n'eût pas fait le premier pas dans une matière qui est purement ecclésiastique, et n'auroit plus, par conséquent, cette excuse ni ce prétexte pour refuser l'explication qu'on lui demanderoit, et pourroit encore moins dire que l'on le veut obliger à capituler avec une Faculté de théologie, parce que le concert que l'on souhaiteroit d'avoir avec lui pour la manière de cette explication ne seroit plus une négociation de la part de la Faculté, mais de la part du Roi, qui seroit très-bien fondé à demander ce concert, non pas seulement pour ce qui regarderoit son service, mais encore pour les propres intérêts du Pape, puisqu'il est très-important au Saint-Siége de ne pas hasarder une explication de la Bulle, sans être assuré qu'elle sera reçue sans peine et sans contredit du clergé et de la Faculté, et il est impossible que le Pape en soit assuré, que l'on ne soit demeuré d'accord préalablement et du fond et de la forme selon laquelle elle doit être dressée. Si le Roi n'agréoit pas cet expédient, parce qu'en le prenant, il paroîtroit que Sa Majesté feroit le premier pas, il semble qu'Elle le pourroit faire faire au doyen de la Faculté, par une lettre qu'il écriroit au Pape, et qui ne lui seroit pourtant rendue qu'après que l'on auroit toutes les assurances nécessaires que Sa Sainteté y répondroit par une explication de la Bulle, telle que le Roi la souhaiteroit. Mais, comme il est certain que le Pape ne manqueroit pas de dire encore, en cette occasion, qu'il ne veut pas négocier avec la Faculté, il seroit, à ce que nous croyons, nécessaire qu'on pût employer le nom du Roi, parler à Sa Sainteté de sa part, et lui dire que la négociation n'est pas avec la Faculté, mais avec le Roi même. De sorte que, comme vous voyez, ce second expédient ne diminue que de fort peu l'inconvénient que l'on peut trouver dans le premier. Il est vrai que, si Monsieur le Nonce parle, comme le Pape m'en a assuré, dans les termes selon lesquels il m'a permis d'écrire à mes amis, il paroîtra assez que ce sera le Pape qui fera le premier pas, puisque son ministre dira lui-même que Sa Sainteté ne prétend pas par la Bulle, etc. [16]. Je suis pourtant obligé de vous avertir que je doute fort que Monsieur le Nonce parle dans ces termes, quoique le Pape me l'ait dit expressément. Car, si on lui avoit dû donner les ordres de s'expliquer ainsi, quelle raison auroit-on eue [17] de me défendre d'écrire à mes amis que j'ai su les sentiments du Pape de sa propre bouche ? Il nous semble que l'on pourroit suppléer, en quelque façon, au silence du Nonce, en faisant dire au Pape, de la part du Roi, que Sa Majesté a su le sens de Sa Sainteté sur la Bulle par ce que le cardinal de Retz en a écrit à ses amis de la Faculté, sur le rapport qu'il lui en a été fait par les cardinaux plus signalés de la congrégation du Saint-Office, qui l'ont assuré que le Pape n'avoit eu aucune pensée de condamner par sa bulle, etc. Nous croyons même qu'il ne seroit peut-être pas mal à propos d'ajouter que je vous eusse aussi écrit [18] que je savois assurément, sans en pouvoir douter, que le Pape ne prétendoit pas par sa

---

16. Phrase facile à compléter par ce qui précède, de même que les deux qui, un peu plus loin, se terminent par d'autres *etc*.

17. *Eu*, sans accord, en interligne.

18. On s'attendrait plutôt à l'indicatif présent de l'auxiliaire : « que je vous ai aussi écrit ». C'est une sorte de latinisme, une influence, quant au mode, du temps précédent : le subjonctif *eusse*, au sens conditionnel, est attiré par *seroit*, et d'ailleurs s'explique par l'ensemble de signification : l'auteur ne veut pas affirmer positivement, donc par l'indicatif, comme s'il parlait d'une chose faite ; elle n'est que proposée et qu'en projet. Il y a un *eusse écrit* analogue neuf lignes plus loin.

bulle, etc. : ce qui diminueroit encore, à mon opinion, quelque chose de l'avance de la part du Roi, parce que cet avis donné à un secrétaire d'État par un cardinal, à qui il est public que les cardinaux du Saint-Office ont parlé conformément à ce que ce cardinal vous mande, se pourroit considérer comme une manière de premier pas du côté de Rome, sans pourtant donner aucun sujet au Pape de se plaindre, et de dire que j'eusse écrit que je le savois de sa propre bouche. Vous croirez, Monsieur, facilement que nous ne voudrions pas répondre du succès de ces expédients, et vous connoissez trop l'état de cette cour pour condamner notre retenue. J'ai même, en mon particulier, bien du scrupule de vous proposer le peu qui y peut être de moi, et je vous avoue que M. de Bourlemont m'y a presque forcé, parce que je suis persuadé que ces ouvertures sont trop au-dessous des lumières que Sa Majesté pourra prendre sur le fait dont je prends la liberté de lui rendre compte. Je ne puis finir cette lettre, quoiqu'elle soit déjà trop longue et trop ennuyeuse, sans rendre encore [19] compte à Sa Majesté de ce qui s'est passé ici touchant la censure des erreurs de Guimenius, dont je suis informé à fond.

MM. les cardinaux Albizzi et Pallavicin firent les derniers efforts, il y a quelque temps, pour obliger le Pape à changer la résolution qui avoit été prise de censurer nommément Guimenius, et fondèrent leur opinion sur l'injustice qu'il y auroit à plus maltraiter cet auteur que Diana, Caramuel, Pascualico [20], et quelques autres

---

19. *Encore* est en interligne.
20. Antonin Diana, né à Palerme, en 1595, entra, en 1630, dans l'ordre des Théatins ou clercs réguliers. Ses œuvres morales ne forment pas moins de 8 volumes in-folio. Il mourut à Rome le 20 juillet 1663. On le considérait comme l'oracle de la théologie morale. Il fut, sous Urbain VIII, Innocent X e Alexandre VII, examina-

dont on censuroit pareillement les propositions sans les nommer. Il y eut contestation d'abord ; mais tout le monde se rendit à la fin, à la réserve de M. le cardinal Ottobon, qui ne s'ébranla point, et qui soutint qu'il étoit important de nommer Guimenius dans la censure. J'ai remis à vous dire, en ce lieu, ce que le Pape me dit touchant cet auteur, parce que, en lui en parlant, je lui fis voir que la congrégation du Saint-Office avoit agi contre toutes ses règles, en changeant la résolution qu'elle avoit prise de le nommer, et je lui alléguai même un passage des constitutions de la congrégation *del Indice*[21], faites en 1664[22], qui, au paragraphe 1er, « de l'Impression des livres, » s'exprime en ces propres termes : *In his generibus librorum qui ex variorum scriptorum dictis aut exemplis aut vocibus compilari solent, is qui laborem colligendi et compilandi suscepit pro autore habeatur.* Il me répondit que ce qui ne s'étoit pas fait

---

teur des évêques. Arnauld, dans l'opuscule cité plus haut, le nomme « le grand casuiste de Rome » (§ xxv, p. 118). Pascal parle fréquemment de lui dans ses *Provinciales* (antérieures de huit à neuf ans à la date de cette lettre). — Jean Caramuel, évêque de Vigevano, né à Madrid, le 23 mai 1606, mort le 8 septembre 1682. Les ouvrages de Caramuel, qui était d'une fécondité sans pareille, s'élèvent au chiffre de deux cent soixante-deux, parmi lesquels plusieurs sont consacrés à la théologie morale, dans laquelle il pousse le probabilisme à d'étonnantes limites. Il est aussi question de lui dans les *Provinciales*, lettres vii, xv, etc. — Zacharie Pasqualigo, natif de Vérone, de l'ordre des Théatins comme Diana, professeur de théologie, du temps d'Urbain VIII et d'Innocent X (1630-1645). Il a écrit plusieurs ouvrages de théologie morale.

21. Dans le manuscrit, ici et plus bas, *dell' Indice*.

22. Non point faites, mais réimprimées, en 1664, dans l'édition de l'*Index* publiée, cette année-là, par ordre d'Alexandre VII. L'extrait que va citer le Cardinal est la fin du paragraphe 1er (intitulé : *de Impressione librorum*) de l'*Instruction* ajoutée, par ordre du pape Clément VIII, en 1595, aux *Règles* établies par le concile de Trente. — On y lit *susceperit*, au lieu de *suscepit*.

dans la congrégation du Saint-Office se pourroit faire dans celle *del Indice*, qu'il seroit bien aise que je fisse voir aux cardinaux qui en étoient le passage que je lui apportois, que je savois qu'il m'avoit parlé, en tout temps, de cette morale corrompue, avec horreur, et qu'il feroit voir à toute la chrétienté qu'il n'y avoit personne au monde plus éloigné que lui de la défense de cet ignorant et de ce scélérat : ce fut ainsi qu'il me nomma Guimenius. Je crois, en effet, qu'il n'auroit pas de difficulté à s'expliquer sur ce point comme on le pourroit desirer, et je suis persuadé qu'il ne s'est laissé aller à supprimer le nom de cet auteur que par une espèce de violence que lui firent les cardinaux Albizzi et Pallavicin. C'est au moins ce qui m'en a paru. J'ai appris ici de bon lieu que Guimenius est le P. Lamoïa[23], jésuite espagnol.

Pour[24] ce qui est de la santé du Pape, je la crois très-bonne, car, quoiqu'il soit fort pâle et un peu bouffi, je lui trouvai l'œil bon et beaucoup de force, et, des trois heures que je fus auprès de lui, il s'en promena deux avec une vigueur qui me surprit.

Je vous rends un million de grâces des mémoires que vous avez eu la bonté de m'envoyer, qui sont très-doctes et très-bien pris[25], et j'espère que je m'en pourrai servir

---

23. On a vu plus haut (p. 41, note 3 de la *lettre* 8) que le vrai nom était : « de Moya ».

24. MM. Champollion, dans le *Complément* qu'ils ont ajouté à leur édition de 1837 des *Mémoires de Retz*, ont publié (p. 599) ce paragraphe et l'un des suivants : « Mgr Magaloti... »[a]. Leur texte offre un certain nombre de variantes : dans le premier paragraphe, « avec lui » pour « auprès de lui »; dans le second, « je n'ai pas pu », « conta » pour « coula », « grands services », « dispositions qu'il avoit ».

25. Tel est bien le texte; le sens est clair : « La question y est prise par le bon côté ».

[a] Les éditeurs ne disent pas où ils ont pris ces fragments. Nous ne savons

utilement. A l'égard des arrêts du Parlement, j'en ai usé comme vous me le marquez, et j'en ai déjà fait passer deux copies à deux cardinaux du Saint-Office.

Mgr Magaloti[26] me pria hier de vous écrire touchant sa pension, et je n'ai pu me défendre de le lui promettre. Il est certain qu'il a accès auprès du Pape, et qu'il est un des *trattenitori*[27]. Il me coula qu'il pourroit rendre de bons services au Roi; je l'y exhortai fort, et je lui dis qu'il me sembloit qu'il devoit témoigner à M. de Bourlemont les bonnes dispositions où il étoit. Il me répondit qu'il ne manqueroit pas de le voir au premier jour.

J'oubliois presque de vous dire que le Pape me défendit expressément de mander à mes amis qu'il m'eût dit qu'il donneroit ordre à Monsieur le Nonce de parler conformément à ce que je leur écrirois.

M. le prince Pamphile a reçu la lettre dont il a plu au Roi de l'honorer, avec autant de joie que de respect et de soumission.

J'ai demandé à M. de Bourlemont ce qu'il croit que je doive faire touchant le deuil du roi d'Espagne. Nous avons cherché l'un et l'autre la manière dont les cardinaux nationaux en ont usé dans de pareilles rencontres, quand ils se sont rencontrés en cette cour. Nous n'avons pu rien trouver à l'égard des François, n'y en ayant point eu ici dans ces occasions, à ce que l'on nous a

---

26. C'est sans doute le prélat nommé au tome V, p. 95 et note 3. Les cardinaux Antoine et François Barberini (voyez ci-après, p. 123, notes 6 et 7) avaient pour mère une Magalotti.

27. « Des attachés, des affidés, des intimes, » de *trattenere*, que les dictionnaires expliquent par *tenere occupato o divertito*, « tenir occupé ou diverti. » Le mot est difficile à lire, mais la leçon est certaine et confirmée d'ailleurs par le texte de 1837.

si c'est à la Bibliothèque nationale : nous les avons en vain cherchés parmi les nombreux papiers relatifs au cardinal de Retz qui se trouvent dans des fonds divers du département des manuscrits.

assuré, et on me vient de dire que les cardinaux espagnols ne le prirent pas à la mort du feu Roi[28]. M. de Bourlemont est d'avis que j'attende la réponse à celle-ci, d'autant plus que le délai ne pourra pas être remarqué, parce qu'il y a beaucoup de gens qui ne font état de prendre ce deuil qu'à la fin de novembre, où tout le monde commence à revenir de la campagne.

Je reçois à ce moment celle que vous m'avez fait l'honneur de m'écrire du 2e de ce mois, à laquelle je ne ferai réponse que mardi, cet extraordinaire étant sur le point de partir, mais je ne saurois m'empêcher de vous dire par avance que j'ai une très-grande joie du sens que je crois pouvoir donner à un mot que j'y ai vu[29], et j'ose vous assurer que, si c'est ce que je devine, le service du Roi s'y rencontrera très-utilement.

Je suis,
  Monsieur,
    Votre très-affectionné serviteur,
    Le cardinal de RETS.

A Rome, ce 23e octobre 1665.

Je[30] rouvre cette lettre pour vous dire que j'ai vu M. de Bourlemont et qu'il m'a dit les ordres qu'il a

---

28. Du feu roi de France Louis XIII, mort en 1643.

29. Ce mot est probablement l'avant-dernière phrase de la réponse de Lionne, du 2 octobre, dont il s'agit ici (n° 18 des *Pièces justificatives*). Le ministre y parle, sans s'expliquer davantage, d'une affaire que M. de Bourlemont doit communiquer au Cardinal et dont celui-ci aura sans doute grande joie. Cette affaire, on peut le conclure du post-scriptum, est l'ordre, expliqué au commencement de la *lettre* suivante, « touchant la reine de Suède (Christine) et M. le cardinal Azzolin, » qu'Alexandre VII avait donné à cette reine pour intendant de ses finances, quand elle se fixa à Rome. — Sur Christine, voyez ci-dessus, *lettre* 4, p. 31, note 4 ; et sur Azzolini, *ibidem*, note 5.

30. Nous avons dit que ce post-scriptum était, comme la ligne de signature, de la main de Retz. Il est au verso du dernier feuillet, 302.

reçus du Roi touchant la reine de Suède et M. le cardinal Azzolin. Vous ne pouvez douter de la joie que j'en ai pour toutes les raisons que vous savez. Mais je vous puis dire avec vérité que j'en suis encore plus touché par la gloire qu'une conduite aussi belle, aussi haute et aussi grande que celle-là, donnera à Sa Majesté. Je prends la liberté de vous adresser les lettres que je me donne l'honneur[31] de lui écrire et aux reines[32] sur la mort du roi d'Espagne.

25. — LETTRE DU CARDINAL DE RETZ
A M. DE LIONNE.

(Sur la joie que la reine de Suède et le cardinal Azzolin ont eue de leur accommodement, et ce que l'ambassadeur de Venise lui a dit de l'arrêt du Parlement et de la Bulle.)

Monsieur,

Je ne me suis pas trompé en ce que je vous ai écrit, par l'extraordinaire du 24ᵉ de ce mois, touchant la reine de Suède[1], car je puis vous dire avec vérité que ce que le Roi a fait en cette occasion a été reçu dans cette cour avec un applaudissement si général, qu'il n'y a pas un des serviteurs de Sa Majesté qui n'en ait eu une extrême joie, et que ceux qui ne sont pas attachés à son service n'en ont pu même cacher tout à fait leur cha-

---

31. Ces quatre mots : « me donne l'honneur », sont écrits en interligne.
32. Philippe IV, roi d'Espagne, était frère de la Reine mère, Anne d'Autriche, et père de Marie-Thérèse, femme de Louis XIV.
Lettre 25. — Archives des Affaires étrangères, Rome 1665. *Lettres à Lionne*, tome XXI (171), pièce 164, fol. 325 et 326. Original, de la main du secrétaire; la ligne de signature est seule autographe.
1. Voyez le post-scriptum de la *lettre* précédente, qui, datée du 23 octobre, dut partir de Rome le samedi 24.

grin. M. d'Alibert[2], qui vint hier, de la part de la reine, me témoigner la joie qu'elle a de son accommodement avec le Roi[3], me dit que l'ambassadeur d'Espagne n'avoit pu s'empêcher d'en mêler quelques marques dans les compliments qu'il lui en a faits. J'aurai, ce soir, l'honneur de la voir en cortége, et, si je sors de chez elle d'assez bonne heure, je vous manderai dès aujourd'hui ce qu'elle m'aura dit; mais je crois vous pouvoir assurer, par avance, qu'elle me témoignera une très-grande reconnoissance pour le Roi, parce que, outre ce qu'elle en a fait voir à M. de Bourlemont et ce qu'elle m'en a fait dire par M. d'Alibert, je vois bien, par ce que je viens d'apprendre de la bouche de M. le cardinal Azzolin, qui est venu chez moi ce matin, que l'on est sensiblement touché de la générosité de Sa Majesté. Je ne vous puis exprimer à quel point l'est, en son particulier, M. le cardinal Azzolin. Il l'expliquera beaucoup mieux

2. Le comte d'Alibert, ancien secrétaire d'ambassade de la reine Christine, vint s'établir à Rome, au service de cette princesse. On voit assez souvent figurer son nom dans la correspondance de notre ambassade de Rome. Lorsque Christine quittait cette ville, elle entretenait un commerce de lettres avec M. d'Alibert. Elle lui demandait (22 février 1668), du fond de la Suède, « la relation des divertissements de Rome, du carnaval, des chasses, des mascarades et autres galanteries;... car tout ce qui regarde Rome, ajoutait-elle, ne peut pas m'ennuyer. Dites-moi aussi sincèrement si mes appartements, meubles et peintures, ont plu à l'ambassadeur et à l'ambassadrice de France.... » (*Mémoires concernant Christine, reine de Suède*, par Arckenholtz, tome III, p. 303.) Outre les nouvelles, M. d'Alibert avait aussi pour mission de fournir à Christine des modes, des livres : voyez la lettre de la reine de Suède à d'Alibert, du 3 juillet 1677, dans les mêmes *Mémoires concernant Christine*, etc., tome IV, p. 17 et 18.

3. Nous avons dit plus haut que Christine, pour avoir pris trop vivement le parti d'Alexandre VII, dans l'affaire de la garde corse, s'était attiré la disgrâce de Louis XIV, qui avait interdit au cardinal de Retz toute relation avec cette reine et Azzolini.

lui-même, par ce qu'il en écrit à Sa Majesté, que je ne le pourrois faire ; mais je ne saurois pourtant m'empêcher de vous assurer [4] que, quoi qu'il en puisse dire, il ne lui sera pas aisé d'exprimer tout ce qu'il a dans le cœur. Les sentiments de sa reconnoissance passent jusques aux serviteurs de Sa Majesté, et je vous assure, Monsieur, que vous n'y avez pas, en votre particulier, peu de part.

Monsieur l'ambassadeur de Venise me vint voir hier, qui me dit que M. le cardinal Pallavicin l'avoit assuré que, si l'arrêt du Parlement s'imprimoit, on procéderoit ici incessamment par la voie des censures. Je lui répondis que ce seroit un grand malheur pour le Saint-Siége, à cause des inconvénients que je crus être obligé de lui marquer assez clairement, parce qu'il me parut d'abord si informé et de ce qui s'étoit passé autrefois entre MM. les cardinaux Albizzi, Pallavicin et moi, et de ce que j'avois dit au Pape à Castel, que, joignant cette considération à la réflexion que je fis sur son attention, beaucoup plus grande, dans ce moment, que je ne lui avois vu dans quelques autres conversations communes que nous avions eues sur la même matière, j'eus lieu d'être persuadé qu'il ne m'en parloit pas sans quelque dessein. Je ne m'ouvris sur ce qui s'étoit passé à Castel qu'à proportion de ce que je pus connoître qu'il en avoit appris, et je vis qu'il n'ignoroit rien de tous les sentiments que j'y avois portés pour l'éclaircissement de l'équivoque, mais qu'il ne savoit quoi que ce soit de ce que Sa Sainteté m'avoit dit touchant l'écrit [5] : ce qui me fait juger que le Pape n'a rien dit de ce particulier, qui est le point le plus important, à

4. *Assurer* est en interligne, au-dessus de *dire*, biffé.
5. Le Cardinal parle ici sans doute de l'ordre que le Pape lui a promis d'envoyer au Nonce, de confirmer ce qu'il était convenu que Retz écrirait à Paris : voyez plus haut, p. 93 et p. 100.

M. le cardinal Pallavicin ni au P. Oliva[6], lesquels certainement sont ceux de qui Monsieur l'ambassadeur de Venise a appris la chose. Il me demanda si je croyois qu'elle fût en termes d'accommodement, et me dit qu'il n'en pouvoit douter, sachant, comme il faisoit, du côté de Paris, que la Sorbonne ne prétendoit point d'avoir censuré la doctrine de l'infaillibilité du Pape, et, du côté de Rome, que l'on n'avoit point eu la pensée, etc., et que, la chose ne tenant qu'à une explication, il n'y paroissoit plus de difficulté que celle de la faire avec dignité de part et d'autre, et que je devois penser à en ouvrir quelque moyen. Je lui répondis que, n'ayant point d'ordre du Roi d'entrer dans cette affaire, je n'en avois parlé que dans les rencontres, par un pur scrupule que j'avois eu de demeurer absolument dans le silence sur une matière dont je pouvois avoir quelque connoissance, comme étant du corps de la Faculté[7]; que ce n'étoit point à moi à aller plus loin, et que je ne voyois, en mon particulier, aucune autre voie que celle de la rétractation ou de l'explication équivalente de la Bulle. Sur quoi il me dit qu'il ne croyoit pas que l'on dût espérer que le Pape pût prendre cette résolution. J'ai cru à propos de vous mander ce détail, et parce que je crois y avoir vu clairement que le Pape ne s'est point ouvert aux Jésuites de ce qu'il m'a dit touchant la déclaration par écrit, ce qui est, s'il est vrai, un fort bon signe, et parce qu'ayant fait le récit à M. de Bourlemont de la

---

6. Jean-Paul Oliva, né à Gênes en 1600, d'une famille qui donna deux doges à cette république, entra, vers l'âge de seize ans, dans la Compagnie de Jésus, et fut élu général de l'ordre en 1661. Il exerça les fonctions de prédicateur du palais apostolique sous Innocent X, Alexandre VII, Clément IX et Clément X. Il mourut en 1681, après avoir été, plus de vingt ans, à la tête de la Compagnie.

7. Retz était docteur en Sorbonne. Voyez *lettre* 15, p. 37.

conversation que j'ai eue avec Monsieur l'ambassadeur de Venise, il y a joint la considération d'une visite toute pareille, qu'il en reçut dernièrement, et de laquelle il m'a dit avoir rendu compte au Roi par l'ordinaire précédent. Vous jugerez beaucoup mieux du dessein de l'Ambassadeur que nous ne le pouvons faire ici nous-mêmes. Ce n'est pas que je ne sois obligé, pour la vérité, d'ajouter que je suis persuadé qu'il n'a sur le tout que de bonnes intentions; car il m'a paru ici fort homme d'honneur et même très-affectionné au service de Sa Majesté.

Je sais de science certaine que Monsieur le Nonce me rend tous les mauvais offices qu'il peut en cette cour, et qu'il a mandé que j'ai donné à celle de France des avis très-dangereux contre les intérêts du Saint-Siége. Cette imposture est si noire et si grossière que je suis résolu de ne pas faire seulement[8] semblant que j'en aie la moindre connoissance.

M. de Bourlemont a été d'avis que je misse encore dans ce paquet un duplicata de la lettre que je vous ai envoyée par l'extraordinaire du 24[9].

M. le prince Pamphile me vient d'envoyer aussi la lettre ci-jointe pour le Roi[10].

Je suis,
  Monsieur,
    Votre très-affectionné serviteur,
    Le cardinal de Retz.

A Rome, ce 27ᵉ octobre 1665.

Je sors[11] de chez la reine de Suède, qui m'a témoigné

---

8. *Seulement* est en interligne.
9. A savoir la longue *lettre* 24 (ci-dessus, p. 81-102). Pour la date 24, au lieu de 23, voyez p. 102, note 1.
10. Cette lettre n'est point aux archives des Affaires étrangères.
11. Ce post-scriptum a été ajouté, dans le blanc, de la main du secrétaire, entre *Je suis* et *Monsieur*.

toute la reconnoissance imaginable de la manière dont il a plu au Roi de se conduire avec elle, et m'a dit qu'elle lui alloit écrire pour l'en remercier; mais qu'elle désespéroit de pouvoir trouver des termes qui pussent exprimer les sentiments de son cœur. Elle m'a paru en effet sensiblement touchée du procédé du Roi.

1665

---

26. — LETTRE DU CARDINAL DE RETZ
A M. DE LIONNE.

(Sur la nomination du duc de Chaulnes a l'ambassade de Rome et une visite que le cardinal Imperiali lui avoit faite.)

A Rome, ce 3⁰ novembre 1665.

Monsieur,

Quoique M. le duc de Chaulnes[1] ne me fasse assurément que justice d'être persuadé, comme il est, que j'ai une extrême joie du choix que le Roi a fait de sa personne pour l'ambassade de Rome, je ne laisse pas de lui être très-obligé et de recevoir avec toute la reconnoissance que je dois ce que vous avez eu la bonté de me mander de ses sentiments sur mon sujet. Je suis trop attaché au service de Sa Majesté pour ne pas prendre une part très-sensible à sa nomination, que j'y sais être très-utile. J'oserois même prendre la liberté

Lettre 26. — Archives des Affaires étrangères, Rome, 1665. *Lettres à Lionne*, tome XXII (172), pièce 1, fol. 9. Original, de la main du secrétaire; la ligne de signature est seule autographe.

1. Charles d'Albert d'Ailly devint duc de Chaulnes (dans l'original *Chaunes*), après son frère aîné, en 1653. Il fut nommé gouverneur de Bretagne en 1670, puis lieutenant général en Picardie, et trois fois ambassadeur à Rome, une fois à Cologne. Voyez le piquant portrait que Saint-Simon fait de lui dans ses *Mémoires* (tome II, p. 114 et 115, édition de la collection des *Grands écrivains*).

de vous dire que, selon le peu de connoissance que j'ai de cette cour, le Roi ne pouvoit à mon opinion jeter les yeux sur personne qui y pût servir Sa Majesté avec plus de capacité et plus de dignité. J'espère que vous me ferez bien la grâce de ne pas douter que l'alliance qu'il a avec vous[2] augmente encore dans mon esprit les sentiments que je lui dois et pour son mérite et pour les dispositions qu'il me fait l'honneur d'avoir pour moi.

J'ai essayé, dans les dernières chapelles[3], de mettre les discours de Monsieur le Nonce dans leur jour, et, si je ne me trompe, je l'ai fait d'une manière qui doit apparemment toucher les cardinaux du Saint-Office.

M. le cardinal Imperial[4] me vint voir jeudi passé, et me parla de l'honneur que le Roi lui a fait, dans la dernière occasion, en des termes qui marquent qu'il le sent comme il doit, et je sais qu'il parle du fond du cœur.

J'écris à M. de Chaulnes et j'ai pris la liberté de mettre ma lettre[5] dans ce paquet, espérant que celui de vos secrétaires qui l'ouvrira me fera bien la grâce de la lui rendre.

Je suis,
    Monsieur,
        Votre très-affectionné serviteur,
            Le cardinal de RETS.

2. Élisabeth le Féron, qui, en secondes noces, avait épousé, en 1655, le duc de Chaulnes, était fille de Barbe Servient (sœur de la duchesse de Saint-Aignan), et cousine d'Hugues de Lionne qui avait pour mère une sœur du ministre d'État Abel Servient, petite-fille de Girard Servient, bisaïeul de Barbe.

3. On dit que le Pape tient chapelle lorsqu'il assiste, avec les cardinaux, à l'office divin, soit dans la chapelle d'un de ses palais, soit dans une église : voyez ci-dessus, p. 64; ci-après, p. 109, 122, etc.

4. Voyez ci-dessus, p. 12 et note 27.

5. Ces quatre derniers mots sont écrits deux fois, sans rature.

27. — LETTRE DU CARDINAL DE RETZ
A M. DE LIONNE.
(Sur les sentiments du Pape touchant l'explication de la Bulle
et la mort du duc Cesarini.)

Monsieur,

Je suis si sensible à tout ce qui regarde la personne de la Reine mère que je ne vous saurois rendre assez de grâces de la bonté que vous avez eue de m'informer du progrès de sa santé[1]. Je ne puis croire que Dieu n'achève son ouvrage, et qu'il ne la rende bientôt toute entière et toute parfaite aux vœux de toute la terre.

J'ai vu, ces jours passés, M. le cardinal Imperial, qui me dit que M. le cardinal Albizzi parloit, depuis peu, sur ce qui touche la Bulle comme moi-même, et que ce changement procédoit de l'ordre que le Pape avoit envoyé à Monsieur le Nonce de dire publiquement que sa pensée n'a pas été de protéger les erreurs de Guimenius, d'ôter aux évêques la connoissance, etc., ni à la Faculté le pouvoir de censurer. Monsieur le cardinal Dataire me demanda, le lendemain, à la chapelle de Saint-Charles[2], pourquoi la Faculté ne s'adressoit pas au Pape pour lui demander l'explication d'une bulle dans laquelle Sa Sainteté n'a rien prétendu de ce qui forme les plaintes

---

Lettre 27. — Archives des Affaires étrangères, Rome 1665. *Lettres à Lionne*, tome XXII (172), pièce 17, fol. 44. Original, de la main du secrétaire; la ligne de signature est seule autographe. — Voyez la réponse de Lionne, en date du 4 décembre, aux *Pièces justificatives*, n° 26.

1. Mme de Motteville ne nous parle pas, entre septembre 1665 et janvier 1666, de ce progrès de la santé d'Anne d'Autriche. Tout ce qu'elle dit (tome IV, p. 415), c'est qu'elle souffrait toujours et que le Roi et Monsieur, « qui crurent que les maux de la Reine leur mère ne finiroient pas sitôt, » ne s'interdisaient pas les divertissements.

2. La fête de saint Charles Borromée est le 4 novembre.

du clergé, du Parlement et de la Sorbonne. Je crois vous devoir marquer ces circonstances, parce qu'elles donnent au moins sujet de croire que le Pape n'a pas changé de sentiment depuis ce que je vous en écrivis par ma lettre du 23e octobre.

M. le duc Césarin[3] mourut la nuit du vendredi au samedi passé. Je le vis le jeudi précédent, et il me pria d'assurer le Roi qu'il n'avoit que deux regrets en quittant la vie, dont l'un étoit d'avoir offensé Dieu, et l'autre de n'avoir pu rendre à Sa Majesté les services qu'il auroit souhaités. Il est vrai qu'il m'a toujours paru ici très-bien intentionné et fort zélé.

M. de Bourlemont me dit, hier au soir, qu'il y a ici un livre françois fait pour la défense de la bulle contre la censure de la Faculté, et qu'il vous envoyeroit le titre, qui est tout ce qu'il en a pu avoir jusques ici[4]. Je ferai, de ma part, mes diligences pour le recouvrer et pour prévenir le mauvais effet qu'il peut faire ici.

Le Pape revint, hier au matin, de Castel.

Je suis,

Monsieur,

Votre très-affectionné serviteur,
Le cardinal de RETS.

A Rome, ce 10 novembre 1665.

3. Le duc Cesarini, agent secret de Louis XIV à Rome, montra beaucoup de zèle pour défendre la cause du duc de Créqui, lors de l'affaire de la garde corse. Le Pape ordonna plusieurs procédures contre lui ; on mit ses biens sous le séquestre. Louis XIV exigea, par l'article x du traité de Pise, que toutes ces procédures fussent cassées et annulées, et tous les dommages réparés dans les quatre mois qui suivraient la ratification du traité. Il est parlé de cette réparation dans les articles cités plus haut, p. 12, note 28.

4. Nous n'avons pu découvrir ni ce livre ni son titre.

28. — LETTRE DU CARDINAL DE RETZ A M. DE LIONNE.

1665

(Sur ce que le Pape persiste dans son sentiment touchant l'explication de la Bulle sur la condamnation de Gui-menius, etc., et que le convent de Saint-Denis a Rome, où sont les Mathurins François, est de la province de France.)

Monsieur,

Il y eut mercredi consistoire extraordinaire dans lequel le Pape donna part au Sacré Collége de la mort du roi d'Espagne. J'y pris audience pour parler à Sa Sainteté des intérêts de Monsieur l'évêque d'Orléans[1], et je connus visiblement, par cinq ou six paroles qu'Elle me dit de la censure et de la Bulle, qu'elle avoit curiosité de savoir ce que je pourrois avoir fait en suite de ce qui s'étoit passé à Castel. Je ne fis pas semblant de m'apercevoir de sa pensée et je lui coulai seulement dans le discours, naturellement et sans affectation, que je n'avois pas manqué de faire pénétrer à mes amis de la Faculté ce qu'elle m'avoit fait l'honneur de me dire de ses sentiments, et que je ne pouvois douter qu'ils ne fissent un fort bon effet dans tous les esprits. Ce qui me confirme encore plus que le Pape persiste dans la disposition où je le laissai à Castel est la manière dont l'on se conduit sur la dernière thèse que l'on dit au Palais avoir été soutenue en Sorbonne[2] et avoir fort déplu à

Lettre 28. — Archives des Affaires étrangères, Rome, 1665. *Lettres à Lionne*, tome XXII (172), pièce 36, fol. 82 et 83. Original, de la main du secrétaire ; la ligne de signature est seule autographe. — Voyez la réponse de Lionne, en date du 18 décembre, aux *Pièces justificatives*, n° 27.

1. Voyez ci-après, p. 121, note 8.
2. Cette thèse fut soutenue en Sorbonne, le 9 octobre précédent, par un bachelier nommé Edmond Imbert. La cour de Rome y trouva fort à redire, notamment en ce qui touche les propositions qui y attribuent de grands avantages aux curés et à leurs églises paroissiales. Elle fut soumise secrètement aux qualificateurs de la

l'assemblée du clergé³. Car, quoiqu'il y ait plus de huit jours que l'on l'y ait reçue imprimée et que l'on m'ait assuré que ceux qui l'y ont envoyée, que l'on ne m'a pas voulu nommer, y aient joint un commentaire fort étendu et fort exagéré sur la division qu'ils prétendent que cet incident a fait naître entre le clergé et la Faculté, et sur les avantages que le Saint-Siége peut prendre contre la Sorbonne d'une thèse de cette nature, on s'est contenté de la faire examiner avec beaucoup de secret, et je sais même de bon lieu que l'on a recommandé expressément de n'en pas jeter une seule parole dans le public : ce qui ne peut venir, à mon opinion, que de la résolution que le Pape aura prise apparemment de tenir tout en suspens en attendant la réponse de ce qu'il croit que j'ai écrit à mes amis. Car je suis persuadé que si l'on n'attendoit ou cela ou quelque autre chose, on n'auroit pas manqué de publier cette thèse avec la glose. On pourroit peut-être soupçonner que l'on se tient couvert pour éclater tout d'un coup sur ce sujet; mais je ne le crois pas, quoiqu'il soit difficile de s'en assurer bien positivement.

Je vous écrivis, il y a quelque temps, que je ne croyois pas que le Pape fît beaucoup de difficulté de condamner Guimenius nommément ; mais je commence à changer d'opinion, parce que je sais que MM. les cardinaux Corrado⁴ et Ottobon, qui avoient eu part de l'article de

sainte Inquisition afin de l'examiner et d'en faire leur rapport aux cardinaux de cette congrégation.

3. L'assemblée générale du clergé de France tenait en ce moment ses séances ; elle s'était ouverte, à Pontoise, le 6 juin 1665, et finit à Paris, le 14 mai 1666. Quelques mois avant la date de cette lettre, on lui avait déjà dénoncé une autre thèse soutenue en Sorbonne le 1ᵉʳ juillet ; mais l'affaire s'était terminée par une déclaration de parfait accord entre la Faculté et l'Assemblée : voyez Floquet, *Études sur la vie de Bossuet*, tome II, p. 434 et suivantes.

4. Jacques Corrado, né en 1602, à Ferrare, fut nommé auditeur

la congrégation *del Indice* dont je vous ai envoyé l'extrait, ayant fait, depuis peu, d'extrêmes efforts pour obliger le Pape à ne point épargner cet auteur, MM. les cardinaux Albizzi et Pallavicin s'y sont opposés avec tant d'opiniâtreté qu'il n'y a pas eu un seul des consulteurs et des qualificateurs du Saint-Office, même de ceux qui sont les mieux intentionnés, qui n'ait cru être obligé de plier, et de se rendre aux menaces que l'on leur a faites. Je travaille à un petit ouvrage qui fera voir au Pape, s'il est nécessaire de le lui montrer, que, même selon toutes les règles des congrégations de Rome, l'on ne peut se défendre de censurer nommément Guimenius[5], et j'espère que, lorsque l'accommodement ne dépendra plus que de ce point, on l'éclaircira si nettement que MM. les cardinaux Pallavicin et Albizzi seront obligés de changer de procédé. Comme je suis informé de ce qui se passe sur ces matières par une voie fort secrète et fort sûre, qu'il est important de conserver et de couvrir, vous voyez, Monsieur, de quelle conséquence il est de ne laisser à Monsieur le Nonce aucune apparence qui puisse faire naître dans son esprit le moindre soupçon que l'on pénètre ce qui se dit et ce qui se fait ici sur ce sujet.

Il y eut vendredi congrégation des Réguliers[6], dans laquelle M. le cardinal de Sainte-Croix[7], rapporteur des

---

de rote par Urbain VIII, cardinal par Innocent X, en 1652, et évêque de Jesi, en 1653; il mourut le 17 janvier 1666.

5. Le Cardinal a-t-il achevé cette dissertation théologique? Elle ne se trouve pas dans la *Correspondance de Rome* et n'a pas été découverte ailleurs jusqu'ici.

6. Voyez ci-dessus, *lettre* 5, p. 33 et note 2.

7. Marcel Sainte-Croix, né le 7 juin 1619, vice-légat de Bologne, nommé cardinal, à la demande de Casimir, roi de Pologne, par Innocent X, en 1652, puis évêque de Tivoli peu après, mort le 19 décembre 1674.

Mathurins[8] François de cette ville, fit voir clairement que le convent de Saint-Denis, où ils sont, est purement de la province de France. M. le cardinal Ginetti[9], protecteur de l'ordre, ne le nie pas absolument; mais comme, deux ou trois jours devant cette congrégation, je me trouvai dans une conversation qui me donna quelque sujet d'appréhender qu'il ne voulût peut-être l'en détacher peu à peu, comme on a fait autrefois Saint-Augustin[10] et quelques autres convents de cette nature, j'allai trouver M. de Bourlemont pour lui donner avis de mon soupçon, et pour savoir si je pourrois employer le nom du Roi dans cette affaire, en cas que je le jugeasse nécessaire. Il me dit que ce n'étoit pas son sentiment, parce qu'il avoit ordre de Sa Majesté de ne parler présentement, de sa part, sur quoi que ce soit, mais que je pourrois faire le même effet en disant que ces religieux étant François et s'étant adressés à moi comme cardinal national, j'avois lieu d'être persuadé que le Roi pouvoit prendre intérêt à cette affaire, et que je suppliois, par cette raison, la congrégation de ne rien décider que l'on n'eût appris ses sentiments. Je parlai en ces termes, et

---

8. Ordre fondé, à la fin du douzième siècle, pour racheter les esclaves des mains des infidèles. Ces religieux, dont le vrai nom est *Trinitaires*, avaient en France celui de *Mathurins*, parce qu'ils occupaient à Paris, dans la rue dite, d'après eux, *des Mathurins*, une église qui était sous l'invocation de saint Mathurin.

9. Marzio Ginetti, né à Velletri en 1585, nommé cardinal, en 1627, par Urbain VIII, fut plénipotentiaire de ce pape auprès de l'Empereur, lorsqu'on traita de la paix générale; légat de Ferrare, légat *a latere* en Allemagne, évêque d'Albano, de Sabine, de Porto, vicaire de Rome sous cinq papes, il mourut sous-doyen du Sacré Collége, le 1er mars 1671, âgé de quatre-vingt-six ans.

10. L'église Saint-Augustin, située au N. E. de la place Navone et à laquelle était annexé le couvent des Augustins, avait été bâtie, en 1482, sur les dessins de Baccio Pintelli, par le cardinal français d'Estouteville, archevêque de Rouen.

M. le cardinal Ginetti me répondit que je verrois, dans cette semaine, que ces religieux auroient toute satisfaction, et que l'on [n']avoit aucune pensée d'innover. M. le cardinal de Sainte-Croix m'assura qu'il auroit l'œil à ce qu'il ne se passât rien dans cette conjoncture qui fût contre les règles, et j'y veillerai, de mon côté, avec application; mais, comme les longueurs sont ici fort ordinaires et fort naturelles, et que peut-être on affectera même de ne rien avancer dans un moment sur lequel on voit bien que l'on n'est pas endormi[11], je ne fais presque point de doute que vous n'ayez bien le temps de me faire savoir s'il plaît au Roi que j'emploie dans cette occasion son nom et son autorité. Il n'y a rien de plus juste que la demande de ces religieux, qui ne prétendent quoi que ce soit que d'être maintenus dans la province de France[12], dans laquelle ils sont compris par les bulles mêmes des papes. M. le cardinal de Sainte-Croix le prouva clairement, comme je vous viens de dire, et je ne crois pas même que M. le cardinal Ginetti y ait répugnance; mais ce qui m'a fait peine est que celui à qui il a confié le soin de cette maison est un carme flamand, qui a certainement dessein de la faire perdre aux François, et qui soutient même publiquement qu'elle n'est point de la province de France.

Je suis,

  Monsieur,

    Votre très-affectionné serviteur,
    Le cardinal de Retz.

A Rome, ce 17ᵉ novembre 1665.

11. Tel est bien le texte. Le tour est libre, mais le sens bien clair : « On n'est pas endormi sur ce moment, c'est-à-dire sur ce qui s'y passe et s'y passera ; les affaires graves et délicates qui s'y traitent éveillent, sur toutes choses, l'attention, la prudence. »

12. Voyez ci-après, p. 156, la note 5 de la *lettre* 39.

29. — LETTRE DU CARDINAL DE RETZ A M. DE LIONNE.
(DE COMPLIMENTS.)

Monsieur,

Cette semaine me fournit si peu de matière pour vous écrire, que je ne vous fais ce mot que pour ne manquer aucun ordinaire à vous assurer de la continuation de mes services, et pour vous dire que les Espagnols qui sont ici n'ont pu s'empêcher de témoigner leur frayeur sur la marche de M. de Turenne[1] : elle a été remarquée visiblement par quelques cardinaux qui me l'ont dit eux-mêmes.

Je suis,

Monsieur,

Votre très-affectionné serviteur,
Le cardinal de RETS.

A Rome, ce 24ᵉ novembre 1665.

LETTRE 29. — Archives des Affaires étrangères, Rome, 1665. *Lettres à Lionne*, tome XXII (172), pièce 55, fol. 116. Original, de la main du secrétaire; la ligne de signature est seule autographe. — Voyez la réponse de Lionne, en date du 18 décembre 1665, aux *Pièces justificatives*, n° 27.

1. Turenne ne fit aucune campagne pendant cette année 1665. C'était un faux bruit. On savait que le Roi revendiquait les Pays-Bas au nom de sa femme Marie-Thérèse, enfant du premier lit de Philippe IV, et l'on pouvait s'attendre à ce que la guerre éclatât au premier moment; mais elle ne commença qu'en 1667. Voyez un exposé très-net de la situation dans l'*Histoire de France* de M. C. Dareste, tome V, p. 414 et 415.

30. — LETTRE DU CARDINAL DE RETZ 1665
A M. DE LIONNE.

(DE NOUVELLES.)

Monsieur,

J'ai reçu la lettre qu'il vous a plu de m'écrire du 6ᵉ de novembre[1], sur laquelle je ne me puis empêcher de vous dire que j'y vois, ce me semble, que la bonté que vous avez pour moi ne vous laisse pas, pour ce qui me regarde, ce discernement si clair et si juste que vous avez pour toutes les autres choses du monde.

J'ai enfin vu le livre contre la censure de la Faculté, dont je vous avois écrit dernièrement. Il ne contient quoi que ce soit qui ne me paroisse méprisable de tous points, et je ne m'étonne pas que l'on n'en ait pris ici aucun avantage[2].

L'on me vient de dire que les Espagnols travaillent auprès du Pape pour faire lever la clause de l'incompatibilité de l'Empire et du royaume de Naples, qui est insérée dans la bulle de l'investiture donnée par Jules second au roi Ferdinand[3]. J'essaierai de démêler si

---

Lettre 30. — Archives des Affaires étrangères, Rome, 1665. *Lettres à Lionne*, tome XXII (172), pièce 64, fol. 136. Original, de la main du secrétaire ; la ligne de signature est seule autographe.

1. Voyez, aux *Pièces justificatives*, le nº 23, et la réponse de Lionne, en date du 25 décembre, nº 28.

2. Voyez ci-dessus, p. 110, *lettre* 27 et note 4, et ci-après, p. 138 et 139, la fin de la *lettre* 34.

3. Jules II régna de 1503 à 1513, et son successeur Léon X, nommé quelques lignes plus bas, de 1513 à 1522. — « Jules.... accorda (en 1510) à Ferdinand (le Catholique) l'investiture du royaume de Naples pleine et entière.... Au lieu que la redevance annuelle des deux dernières investitures que le pape Alexandre VI donna successivement à Charles VIII et à Louis XII étaient de huit mille écus d'or, celle que Jules II accorda au roi catholique n'était que sous la simple redevance d'une haquenée avec deux mille écus d'or seulement. » (Fleury, *Histoire ecclésiastique*, tome XXV,

cette nouvelle est véritable, ou si ce n'est, comme j'ai plus de pente à le croire, qu'un bruit jeté par les politiques de Rome, qui ne croient pas, au moins pour la plupart, que la dérogation de Léon Dix° à cette clause en faveur de Charles V puisse être tirée à conséquence pour ses successeurs.

J'apprends aussi, à ce moment, que Monsieur l'ambassadeur de Venise dit, hier au soir, que l'on lui mandoit de Paris que Monsieur le Nonce avoit fait des propositions d'accommodement à la cour, sur le fondement que les questions dont il s'agissoit ne consistoient qu'en de purs équivoques⁴.

Le Pape se trouva assez mal la nuit de jeudi à vendredi ; mais il ne laissa pas de se trouver dimanche à la chapelle du Vatican, ce qui donna lieu de croire que cette indisposition n'a pas été considérable. Quelques-uns de ceux qui y furent m'ont dit qu'il avoit fort mauvais visage. Je ne vous en puis rien dire de certain, parce que je ne m'y suis pas trouvé, à cause de quelque incommodité qui m'en empêcha.

Je suis,

    Monsieur,

        Votre très-affectionné serviteur,
        Le cardinal de Retz.

A Rome, ce 1ᵉʳ décembre 1665.

Depuis⁵ ma lettre écrite, j'ai vu M. de Bourlemont,

---

p. 84.) — Sur la question de l'incompatibilité de l'Empire et du royaume de Naples, au sujet de laquelle Retz parle ici de la bulle de Jules II, et sur laquelle il revient dans les *lettres* 31, 33, 34, etc., voyez dans *le Cardinal de Retz et ses missions diplomatiques à Rome*, le chapitre VII (p. 375-391), résumé dans l'Introduction à ce tome VII.

4. Voyez ci-dessus, p. 56 et note 7.

5. Ce post-scriptum a été ajouté par le secrétaire, dans le blanc, entre *Je suis* et *Monsieur*.

qui m'a dit qu'il ne remarqua, à la chapelle, aucun changement du visage ordinaire du Pape.

---

31. — LETTRE DU CARDINAL DE RETZ
A M. DE LIONNE.

(Sur ce que l'on disoit que les Espagnols faisoient instance pour faire lever l'incompatibilité de l'Empire avec le royaume de Naples ; et les Carmélites de Nazareth, de Bretagne.)

Monsieur,

Je ne me suis pas trompé dans le peu de foi que j'ai ajouté[1] à l'avis que l'on m'avoit donné dernièrement touchant l'investiture du royaume de Naples[2]. Je l'ai éclairci à fond, et j'ai trouvé que les Espagnols n'ont fait aucune instance au Pape sur ce sujet, et qu'ils sont même persuadés, à ce que l'on prétend, par une consultation que l'on dit s'être faite ici fort secrètement, que, quand même la succession en seroit ouverte en faveur de l'Empereur, comme elle le seroit, au moins au compte qu'ils en font ici, en cas de son mariage avec l'infante[3] et de la mort du roi d'Espagne, ils n'auroient encore aucun besoin de dispense, parce que la bulle de Jules

---

Lettre 31. — Archives des Affaires étrangères, Rome, 1665. *Lettres à Lionne*, tome XXII (172), pièce 80, fol. 170. Original, de la main du secrétaire ; la ligne de signature est seule autographe. — Voyez la réponse de Lionne, en date du 1er janvier 1666, aux *Pièces justificatives*, n° 29.

1. Dans l'original, *ajoutée*, avec un accord que le sens ne comporte pas.

2. Voyez la *lettre* précédente, p. 117 et note 3.

3. L'empereur Léopold épousa en effet, en premières noces, le 12 décembre 1666, l'infante Marguerite-Thérèse, morte en 1673, fille du second mariage de Philippe IV, sœur du roi Charles II.

second, qui défend aux rois de Naples de rechercher l'Empire, n'ôte pas pour cela aux empereurs le droit de pouvoir succéder à cette couronne. Quoique cette explication ne choque pas le texte de la Bulle, je ne la crois pas bien conforme à son esprit, qui n'a pensé certainement qu'à établir l'incompatibilité de l'Empire et du royaume : sur quoi celui qui m'en parla me répondit que les clauses restrictives étant odieuses[4] ne se doivent prendre qu'à la lettre précisément.

Je rapportai, il y a quelque temps, à la congrégation des Réguliers une affaire qui regarde les religieuses carmélites de Nazareth, de Bretagne; et le P. Gabriel, carme, qui a l'honneur d'être connu de vous, et qui a été le solliciteur de cette cause, m'a prié de vous en témoigner la justice, parce que ces filles pourront implorer, dans la suite, l'autorité du Roi, pour l'exécution du bref qu'ils[5] ont obtenu, sur ce sujet, en suite du décret rendu par la congrégation. Je dois vous dire, pour la vérité, qu'il a passé tout d'une voix et sans contredit.

Le même P. Gabriel a desiré aussi de moi que je vous suppliasse de représenter au Roi qu'ayant fait l'honneur au général des Carmes[6] de lui donner sa protection en quelques occasions passées, il en auroit encore beaucoup de besoin dans le premier chapitre de son ordre, qui se doit tenir ici au mois de mars. Je m'étois excusé d'entrer dans ce détail; mais M. de Bourlemont m'a dit que je pouvois et même que je devois savoir de vous comme il plairoit à Sa Majesté que

---

4. Odieux, c'est-à-dire, au sens juridique, défavorables à celui qui est l'objet des restrictions.

5. Cet *ils* équivaut à *on*, c'est-à-dire : « ceux qui se sont entremis pour cette affaire. »

6. Le général des Carmes résidait à Rome.

je m'y conduisisse, parce qu'il savoit que le Roi avoit eu beaucoup de satisfaction du procédé de ce général.

Il y eut hier consistoire, où je pris une assez longue audience du Pape, pour lui parler de la réforme de Cîteaux[7], de la part de la Reine mère, et de l'affaire de Monsieur l'évêque d'Orléans[8]. Il ne me dit rien de la censure ni de la Bulle; mais je vis clairement qu'il attendoit que je lui en ouvrisse le discours.

Je suis,
    Monsieur,
        Votre très-affectionné serviteur,
        Le cardinal de RETZ.

A Rome, ce 8e décembre 1665.

J'oubliois[9] de vous dire que l'on continue encore ici à travailler à la censure des propositions des casuistes, mais sans nommer les auteurs. Depuis ma lettre écrite, le P. Gabriel m'a prié de vous envoyer le bref ci-joint.

---

32. — LETTRE DU CARDINAL DE RETZ
A M. DE LIONNE.
(SUR CE QU'IL A DEMANDÉ AUDIENCE AU PAPE; LA FÊTE DE SAINTE LUCE; ET LES BONS SENTIMENTS DU CARDINAL AZZOLIN.)

MONSIEUR,

Je reçus, vendredi au soir, la lettre qu'il vous a plu

---

7. Voyez ci-dessus, p. 58 et note 14, et ci-après, la *lettre 47*, fin.
8. César du Cambout de Coislin fut nommé évêque d'Orléans en juin 1665; il reçut ses bulles en mars 1666, devint cardinal en 1692, et mourut en 1706.
9. Ce post-scriptum est écrit en long à la marge.
LETTRE 32. — Archives des Affaires étrangères, Rome, 1665. *Lettres à Lionne*, tome XXII (172), pièce 86, fol. 188. Original,

de m'écrire du 20ᵉ novembre¹, et je concertai, samedi au matin, avec M. de Bourlemont la manière dont je pourrois porter au Pape les intentions du Roi. Il ne jugea pas à propos que je demandasse audience samedi, à cause de celle des ambassadeurs, ni dimanche, à cause de la chapelle du Palais, ni hier au matin, à cause de celle de sainte Luce². J'y envoyai l'après-dînée, et Mgr *Maestro di camera*³ me manda qu'il en parleroit, dès le soir, à Sa Sainteté, et qu'il me feroit savoir quel jour il lui plairoit de me donner. Je n'en ai point eu de nouvelles jusques ici, et je n'en suis point surpris, tant parce qu'il n'y a, en effet, que fort peu de temps, que parce que j'ai jugé d'abord que, comme je ne demande l'audience qu'en mon nom, l'on affecteroit de laisser partir l'ordinaire pour ne point témoigner d'empressement. Je persiste pourtant dans la pensée que l'on souhaite ici l'accommodement, et ce qui me le persuade le plus est le secret que le Pape a gardé fort exactement touchant l'écrit dont il fut parlé à Castel⁴. Je conviens, Monsieur, avec vous qu'il seroit à souhaiter que ce secret⁵ fût aussi entier sur les autres circonstances

---

de la main du secrétaire; la ligne de signature est seule autographe. — Voyez la réponse de Lionne, en date du 8 janvier 1666, aux *Pièces justificatives*, n° 30.

1. C'est le n° 25 des *Pièces justificatives*.
2. La fête de sainte Luce est le 13 décembre, qui, en 1665, était un dimanche. La lettre est datée du mardi 15, jour d'ordinaire; la chapelle de sainte Luce fut donc tenue le 14.
3. « Maître de chambre, » titre du premier officier de la maison du Pape, d'un cardinal, ou d'un autre grand personnage.
4. Voyez ci-dessus, p. 64, note 8.
5. Dans sa lettre, mentionnée plus haut, du 20 novembre, où est exposée la manière de voir du Roi sur ce qu'il y aurait à faire après l'audience du Pape dont Retz a rendu compte dans la *lettre* 24, Lionne insiste fortement sur l'importance du secret à garder, « qui est en cette occasion, dit-il, comme l'âme de l'affaire. »

de cette audience; mais vous aurez vu, par mes précédentes, que MM. les cardinaux Imperial et Albizzi et Monsieur l'ambassadeur de Venise ont assez parlé sur ce sujet pour donner lieu de croire que le Pape n'est pas demeuré couvert également sur tout ce qui est de ce détail.

Comme M. le cardinal Antoine[6] est encore *incognito*, M. de Bourlemont a jugé à propos que je fisse hier la cérémonie de la Sainte-Luce, où M. le cardinal Barberin[7] se trouva comme tenant la place de M. le cardinal Colonne[8], qui est archiprêtre de Saint-Jean de Latran. Les chanoines de cette église y prirent l'occasion de me faire remarquer que les ornements avec lesquels on célébroit étoient aux armes du grand-duc, faute d'autres qui fussent aux armes du Roi[9], et me prièrent de le faire savoir à Sa Majesté. Je leur répondis en paroles honnêtes et générales, sans m'engager d'en écrire.

Je ne puis vous exprimer les sentiments que M. le cardinal Azzolin témoigne de l'honneur que le Roi lui a fait, et je vous assure que je ne les vois pas moins clairement dans son cœur que dans sa bouche. Il m'a paru

---

6. Antoine Barberini (ou, comme il signe souvent, en francisant, *Barberin*), né à Rome en 1607, créé cardinal par son oncle Urbain VIII le 30 août 1627, et nommé grand aumônier de France en 1653, archevêque de Reims en 1667, l'un des cardinaux protecteurs des affaires ecclésiastiques de France à Rome, mort à Nemi le 3 août 1671.

7. François Barberini, frère aîné du précédent, né à Florence en 1597, créé cardinal, à la première promotion de son oncle Urbain VIII, en 1623, mort doyen du Sacré Collége le 10 décembre 1679.

8. Jérôme Colonna, né à Rome, nommé en 1627, par Urbain VIII, cardinal-diacre, évêque de Frascati, puis archevêque de Bologne; mort en 1666.

9. Voyez la fin de la *lettre* 40, p. 161 et 162.

aussi qu'il se sent très-obligé du fond et de la forme de la lettre que vous lui avez écrite.

Je suis,

Monsieur,

Votre très-affectionné serviteur,
Le cardinal de RETS.

A Rome, ce 15 décembre 1665.

---

33. — LETTRE DU CARDINAL DE RETZ
A M. DE LIONNE.

(TOUCHANT SA NÉGOCIATION AVEC LE PAPE POUR L'EXPLICATION DE SA BULLE, L'INCOMPATIBILITÉ DU ROYAUME DE NAPLES ET DE L'EMPIRE, LES VISITES DES CARDINAUX A L'AMBASSADEUR D'ESPAGNE, ET LE CONVENT DES MATHURINS FRANÇOIS A ROME.)

MONSIEUR,

Je vous ai écrit, par ma précédente, qu'après avoir concerté avec M. de Bourlemont la manière dont je pourrois porter au Pape les intentions du Roi, j'avois demandé audience à Sa Sainteté. Elle me la donna à l'issue de la chapelle de dimanche dernier, et, après m'avoir reçu avec beaucoup de douceur et de bonté, Elle me demanda si je lui apportois quelque bonne nouvelle. Je lui répondis qu'après ce qu'Elle m'avoit fait l'honneur de me témoigner de ses sentiments à Castel, j'avois toute sorte de sujet de le croire, puisque je la pouvois assurer que ceux de la Faculté de théologie étoient absolument dans la disposition de lui donner la

---

LETTRE 33. — Archives des Affaires étrangères, Rome, 1665. *Lettres à Lionne*, tome XXII (172), pièce 100, fol. 217-220. Original, de la main du secrétaire; la ligne de signature est seule autographe. — Voyez la réponse de Lionne, en date du 15 janvier 1666, aux *Pièces justificatives*, n° 31.

satisfaction qu'Elle m'avoit témoigné en desirer. Le Pape me dit à ces paroles : « *È vero? È vero*[1]? — Oui, Saint Père, lui répondis-je, il n'y a rien de si vrai, et aussitôt que les douze députés[2] que l'on a voulu faire passer pour si criminels dans l'esprit de Votre Sainteté ont vu, par ce que j'ai mandé à quelques-uns d'entre eux qui sont de mes amis, le moindre rayon d'espérance de se pouvoir justifier auprès d'Elle, ils n'ont point balancé à me faire connoître qu'ils ne souhaitent rien avec plus de passion que d'en trouver les expédients et les moyens. — Qui sont-ils, ces douze députés? me dit le Pape. *Sono i megliori della Sorbona*[3]? — Je ne sais, Saint Père, lui repartis-je, si ce sont les meilleurs selon les relations de Monsieur le Nonce, mais je sais bien qu'ils ont été au moins choisis pour tels par tout le reste de leur Compagnie, qu'ils n'y ont été nommés pour cet emploi que parce que l'on y a été persuadé qu'ils n'ont pas moins de zèle pour le véritable service du Saint-Siége que d'attachement aux intérêts de leur corps, et je ne balance point à assurer Votre Sainteté que tout ce qu'ils feront sera toujours généralement approuvé et avoué. » Le Pape m'ayant interrompu en cet endroit et m'ayant demandé ce qu'ils avoient pensé de faire pour sa satisfaction, je lui dis que, comme je n'avois rien écrit de sa part, je n'avois pas aussi positivement et directement de leur côté tout ce que j'en aurois pu assurément

---

1. « Est(-ce) vrai? »
2. *Députés*, au sens de *délégués*; quelques lignes plus bas, « nommés pour cet emploi » (pour l'examen). Voyez, dans le *Dictionnaire de Littré*, au mot Député, le dernier exemple de 1°, et, dans l'*historique*, un exemple d'Amyot où ce terme a, comme ici, le sens « d'homme choisi, désigné pour faire une chose. »
3. « (Ce) sont les meilleurs de la Sorbonne? »

tirer, s'il m'eût laissé plus de liberté de m'étendre et de m'expliquer ; mais que je savois pourtant assez de leurs intentions pour le pouvoir assurer qu'on les porteroit aisément à lui écrire une lettre très-respectueuse et très-soumise, par laquelle ils l'assureroient que leur pensée n'a jamais été de censurer la doctrine qui soutient l'infaillibilité, si on trouvoit le moyen de leur persuader que Sa Sainteté ne feroit point de difficulté de leur faire connoître, par sa réponse, que son intention n'a point été de condamner par sa bulle l'opinion contraire à celle de cette infaillibilité, ni d'ôter aux évêques la connoissance, etc., ni à la Faculté le pouvoir de censurer doctrinalement. Nous avions jugé à propos, M. de Bourlemont et moi, de lui proposer d'abord et sans circuit cette lettre, afin de prévenir et d'étouffer, par quelque chose de réel et de positif qui lui saisît l'esprit, la première opposition qui y naîtroit apparemment de la pensée que l'on le voulût obliger à négocier avec la Faculté, et je connus clairement par la suite que nous ne nous étions pas trompés ; car le Pape reprit la parole, à l'instant même, sur ce mot de réponse, et me dit qu'il concevoit bien que, selon ce que je lui proposois, la Sorbonne feroit le premier pas, mais qu'il voyoit, en même temps, qu'elle ne le feroit pas sans capitulation[4], dans laquelle il m'avoit toujours dit ne vouloir jamais entrer avec une Faculté de théologie : « Et si elle se fioit en moi, continua-t-il, je lui en donnerois plus qu'elle n'en sauroit desirer. La Faculté de Louvain[5] ne s'est pas repentie de s'être remise à ma volonté. On lui voulut donner des appréhensions de ma conduite touchant les

---

4. *Capitulation*, négociation : voyez ci-dessus, p. 89 et note 10.
5. Louvain, ville de Belgique, dans le Brabant, avait une célèbre université, fondée en 1463.

troubles[6] où elle étoit sur la doctrine de saint Augustin[7] : elle me fit justice, et elle en a eu tant de satisfaction qu'elle a fait imprimer en toutes langues le bref que je lui adressai. Que ces douze députés dont vous me parlez m'écrivent, j'assemblerai les cardinaux de la congrégation et je résoudrai avec eux, en moins d'un quart d'heure, une réponse qui satisfera plus que suffisamment les plus difficiles. » Ce mot de congrégation me donna la curiosité de savoir de quelle congrégation il vouloit parler, et fit qu'au lieu de lui répondre sur ce qu'il me venoit de dire, je lui donnai lieu de s'expliquer sur le détail de la conduite qu'il faisoit état de tenir, en cas que l'on lui eût écrit cette lettre, et, après avoir connu que son dessein étoit, s'il l'eût eue en main, de la communiquer à la congrégation que l'on appelle de Jansénius, et non pas de se résoudre tout seul, comme on l'auroit pu espérer après ce qui s'étoit passé à Castel, je me résolus de ne lui pas laisser la moindre vue ni le moindre jour que le Roi pût entrer dans cette négociation, parce qu'il est[8] impossible de prendre assez d'assurance dans le secret d'une congrégation pour hasarder d'y commettre, devant que l'on soit tout à fait convenu du fond, ni directement ni indirectement le nom de Sa Majesté. Je crus même être obligé par cette raison de laisser couler, en cet endroit, quelque parole qui l'empêchât de pouvoir dire que le Roi eût aucune part à l'avance que je faisois : ce que je lui marquai assez en lui disant que j'aurois souhaité, en mon particulier, que la Faculté de théologie de Paris voulût bien prendre la conduite de celle de Louvain, mais que l'on ne le pouvoit

---

6. Les inquiétudes nées des difficultés et doutes d'interprétation.
7. A l'occasion du jansénisme, de l'*Augustinus* de Jansénius.
8. *Est* en interligne.

espérer : à quoi j'ajoutai, comme en confiance, en abaissant la voix, que, quand la Sorbonne seroit dans ce sentiment, dont elle étoit tout à fait éloignée, je ne croyois pas que la cour souffrît qu'elle le suivît. Le Pape me parut remarquer cette parole, et me dit qu'il ne falloit point parler d'affaire, si le Roi étoit dans cette disposition. A quoi je lui répondis que j'avois tous les sujets de croire que Sa Majesté seroit aussi portée à laisser faire à la Faculté tous les pas de respect qu'elle pourroit faire vers le Saint-Siége, en conservant les droits de l'Église gallicane et du Royaume, qu'elle seroit éloignée de souffrir ceux qui ne seroient pas accompagnés de cette condition. Je fis réflexion, en disant ces dernières paroles, que l'inconvénient de la commise[9] du nom du Roi étant levé par les devants que je venois de prendre, cette ouverture de congrégation, qui m'avoit fait peine d'abord par la considération du secret, n'étoit, au contraire, que bonne et avantageuse, parce que les sûretés préalables que l'on pourroit prendre par ce moyen, devant que de tirer la lettre des députés, seroient, sans comparaison, plus grandes et plus solides que celles que l'on eût pu avoir par la simple parole du Pape : ce qui m'obligea de revenir tout à coup dans le fond de la matière et d'insister positivement que Sa Sainteté résolût, dans cette congrégation, ce

---

9. *Commise*, action de commettre, de compromettre (dans une discussion). Voyez, dans le *Dictionnaire de Littré*, un exemple de Saint-Simon (tome XIII, p. 130). Retz a employé *commise*, dans deux passages de ses *Mémoires* (tome II, p. 439, et tome III, p. 480), avec un sens moins différent peut-être de celui que le mot a ici, qu'on ne pourrait le conclure de la note par laquelle le premier de ces passages a été expliqué. Peut-être faut-il au moins modifier cette note par une addition : « la discussion compromettante, propre à compromettre. » — L'Académie ne donne le mot que dans une tout autre acception, de jurisprudence féodale.

qu'Elle voudroit faire en cas de la lettre, devant que je m'engageasse plus avant à la faire écrire. La contestation, très-douce pourtant de la part du Pape, et très-respectueuse de mon côté, s'échauffa un peu en cet endroit, et j'eus grand-peine[10] à le persuader de prendre cette conduite. Comme il vit pourtant que je lui déclarois nettement que je ne pouvois faire un pas sans ce préalable, il se rendit, après quelques exclamations sur l'importance de ce premier pas, qui donne, à ce qu'il répéta deux ou trois fois, tout l'avantage à la Faculté. Il me dit : « Hé bien, je parlerai aux cardinaux de la congrégation; informez-les bien du détail, et ordonnez-leur, de ma part, de garder le même secret auquel ils sont obligés en ce qui regarde le Saint-Office. Entretenez-en sur le tout, à fond, les cardinaux Albizzi et Chigi. » Comme je sais que ce secret des congrégations n'est pas toujours observé aussi religieusement qu'il le devroit être, je fus sur le point de supplier le Pape de me nommer quelque cardinal, en particulier, avec lequel je pusse traiter; mais, comme je ne savois pas précisément qui étoient ceux desquels cette congrégation étoit composée, l'appréhension que j'eus que Sa Sainteté ne me nommât le cardinal Pallavicin fit que je me retins, et que je répondis simplement au Pape que je ne manquerois pas de conférer avec MM. les cardinaux Chigi et Albizzi. Je ne m'expliquai pas davantage, afin de me laisser à moi-même la liberté d'en user, dans la suite, comme M. de Bourlemont le jugeroit le plus à propos, et d'engager, si il étoit dans ce sentiment, uniquement, dans les commencements de l'affaire, M. le cardinal Albizzi, que nous savons souhaiter avec passion l'accommodement et dire, tous les jours, publiquement, que le Pape peut et

---

10. Telle est l'orthographe du manuscrit.

doit éclaircir nettement l'équivoque. J'allai, au sortir de l'audience, chez M. de Bourlemont, qui jugea, comme moi, que Sa Sainteté a dessein de faire ce que l'on lui demande, et que la part qu'il en veut donner à la congrégation n'est qu'un effet de l'intérêt qu'il a ou qu'il croit avoir à ne pas faire, de lui-même et sans conseil, un pas de cette nature, qui n'est pas, à la vérité, peu considérable à l'égard de cette cour. M. de Bourlemont approuva fort la pensée que j'avois eue de m'ouvrir, dès le jour même, à M. le cardinal Albizzi, et il fut même d'avis que je disse à M. le cardinal Chigi que je ne parlerois aux autres cardinaux de la congrégation qu'après que l'on auroit mis les premières et les plus nécessaires dispositions à la conclusion de l'affaire. Je vis, dès le soir même, M. le cardinal Albizzi, qui me dit, nettement et sans balancer, que, si les députés écrivent au Pape, Sa Sainteté ne doit faire aucune difficulté de les éclaircir sur tous les points dont il s'agit, et que l'unique chef qui mérite réflexion et concert est celui de l'infaillibilité, « sur lequel toutefois (ce furent ses propres mots) il n'y a aucun inconvénient que le Pape dise qu'il ne prétend point condamner les opinions de la Faculté que ses prédécesseurs ont tolérées. » Je lui répondis que ce mot d'opinions tolérées ne seroit pas reçu en France : sur quoi il me repartit qu'il falloit que nous songeassions, de part et d'autre, à trouver quelques *mezzi termini*[11] qui ne condamnassent ni l'opinion de Rome ni celle de la Sorbonne. Comme je n'ai pas cru qu'il fût à propos de faire une visite exprès à M. le cardinal Chigi, parce qu'elle auroit été trop observée, je ne l'ai vu qu'hier au matin, au sermon du Palais, où il me témoigna avoir une extrême joie des bonnes dispositions qu'il voit à

---

11. « Moyens termes. »

l'accommodement, et aussitôt que j'eus ouvert la bouche pour lui dire qu'il n'étoit pas, à mon opinion, de la bonne conduite, pour l'intérêt même du Saint-Siége, de faire, sur ce sujet, des conférences qui pussent être remarquées, il me dit qu'il étoit vrai, et que, pour la considération du secret, le Pape n'avoit voulu consulter cette affaire qu'avec la congrégation de Jansénius, qui n'est composée que de cinq cardinaux, avec lesquels même il ne me conseilloit d'en parler que par rencontre et sans affectation, comme, par exemple, jeudi au soir dans son appartement, où tout le collége se trouve et demeure trois ou quatre heures en conversation, en attendant la cérémonie de la nuit. A quoi il ajouta que le Pape l'avoit déjà amplement informé, aussi bien que M. le cardinal Rospigliosi, qu'Albizzi l'étoit plus que suffisamment, et que je n'avois qu'à en dire un mot, dans l'occasion, à MM. les cardinaux Ginetti et Borromée[12]. Ces cardinaux sont, dis-je, Ginetti, Borromée, Albizzi, Chigi et Rospigliosi, et de ces cinq il est certain qu'il y en a quatre dont on ne peut douter qu'ils ne souhaitent avec passion l'accommodement : ce qui, joint à l'exclusion du cardinal Pallavicin, à l'inclusion[13] du cardinal Chigi, qui ne se trouve presque jamais en ces sortes d'assemblées, et au choix de cette congrégation, au préjudice de celle du Saint-Office, persuaderoit absolument et M. de Bourlemont et moi du succès certain et assuré de la négociation, si la déclaration sur l'infaillibilité, sur laquelle

12. Gilbert Borromée, petit-neveu de saint Charles, né à Milan le 28 septembre 1615, nommé cardinal *in petto*, en 1652, par Innocent X, et déclaré le 2 mars 1654, mort à Rome le 18 janvier 1672.

13. Voyez, dans le *Dictionnaire de Littré*, à l'article de ce mot, 2°, deux exemples, l'un de Bossuet, l'autre de Saint-Simon (tome XI, p. 251) où *inclusion* est de même opposé à *exclusion*.

Rome ne s'est jamais voulu, en aucune occasion, expliquer clairement, ne nous laissoit toujours dans l'esprit les soupçons et les défiances que vous avez vues[14] dans toutes mes lettres sur ce point. Vous croyez bien, Monsieur, par cette raison, que nous ne voudrions pas répondre de l'événement, mais nous osons bien vous assurer que, si nous nous trompions dans nos espérances, le nom du Roi n'y sera, en aucune façon du monde, engagé; que, quoique celui de la Faculté ne se voie encore dans la négociation qu'en éloignement, il n'en sera que plus disculpé et plus déchargé de toutes les suites; et que, nous espérons que, si nous nous méprenons dans nos mesures, nous serons au moins justifiés par les raisons que nous avons eues de les prendre. Ce n'est pas qu'il n'eût été fort à souhaiter, pour la considération du secret, que vous avez si judicieusement marquée, que le Pape eût voulu prendre sa résolution de lui-même; mais outre qu'il eût été impossible de s'assurer, par la voie de Sa Sainteté, des suites de la lettre, aussi certainement que nous le ferons par celle de la congrégation, nous espérons de faire en sorte que, si cette cour n'agit pas sincèrement, elle aura au moins beaucoup plus d'intérêt à garder le secret que nous-mêmes. Il ne seroit pourtant pas judicieux, à notre sens, de se le promettre; mais nous sommes persuadés que, si il manque[15], les inconvénients de ce défaut tomberont beaucoup davantage sur Rome que sur la France. Car enfin le pis du pis pour la France est que le cardinal de Retz ait cru voir dans les esprits des députés qu'ils sont dis-

---

14. Il y a ainsi accord, dans l'original, avec le second seulement des deux noms qui précèdent.
15. Si le secret manque, si on ne le garde pas. — Sur l'importance que Lionne, comme il vient d'être dit, attachait à ce secret, voyez p. 122, note 5.

posés à ne point censurer l'opinion qui soutient l'infaillibilité du Pape, si Sa Sainteté se dispose à [16] ne point condamner celle qui combat cette infaillibilité; et le mieux qui puisse arriver à Rome, si Elle refuse ce parti, est qu'Elle soit obligée d'avouer que rien ne l'empêche de vouloir l'accommodement que la pensée d'établir son infaillibilité. Cette réflexion a fait que nous avons jugé, M. de Bourlemont et moi, que l'ouverture que le Pape a faite de [17] la congrégation n'est pas mauvaise, et M. le cardinal Albizzi ne put s'empêcher de me dire d'abord [18], par la même considération, qu'il ne pouvoit concevoir pourquoi le Pape avoit pris ce parti, devant que d'être tout à fait assuré du succès de la négociation.

J'oubliois de vous dire que le Pape me parla de Guimenius comme d'un livre contre lequel on verroit bientôt quelque chose de sa part de plus rude et de plus sanglant que tout ce que l'on a fait en France : ce que je ne puis pourtant accorder, en mon particulier, avec la délicatesse que l'on a ici de ne le point nommer; mais, sur le tout [19], je suis persuadé que l'accommodement ne tiendra pas à cela.

Il y a quinze jours que je vous mandai l'avis que l'on m'avoit donné touchant l'investiture du royaume de Naples [20] : on me l'a confirmé de bon lieu et il est certain que la consultation a été faite secrètement; mais il n'est pas possible que les Espagnols y aient trouvé, comme ils ont dit, qu'ils ne peuvent avoir besoin du Pape en aucun cas. J'ai enfin vu la bulle de Jules II, qui

---

16. C'est-à-dire est dans la disposition de, disposée à.
17. Il y a bien *de*, et non *à*, dans le manuscrit. Voyez plus haut, dans cette même lettre (p. 127) : « J'assemblerai les cardinaux de la congrégation » (de Jansénius).
18. *D'abord*, aussitôt. — 19. En somme, après tout.
20. Voyez la lettre du mardi 8 décembre, ci-dessus, p. 119 et 120.

porte expressément que l'Empire et ce royaume sont incompatibles de tout point dans une même personne, et elle exprime même [21] clairement et nettement le cas de la succession d'un empereur qui auroit épousé l'héritière devant qu'elle le fût. Il n'y a rien de plus positif, et ce que les Espagnols ont dit, à ce que l'on m'a assuré, du résultat de la consultation, me feroit soupçonner que le premier bruit qu'il y a eu de leurs instances sur ce sujet auprès du Pape ne fût véritable. On n'en parle pourtant point ici, et Monsieur l'ambassadeur de Venise, qui me vint voir hier après dîner, ne m'en dit rien, quoiqu'il me parlât assez longtemps du traité *del Balio*[22], qui a couru ici. J'ai donné à M. de Bourlemont la bulle de Jules II[23], et il a jugé à propos de vous l'envoyer, parce qu'elle ne se trouve point dans les bullaires.

Monsieur l'ambassadeur d'Espagne[24], n'ayant pas eu encore sa patente de vice-roi de Naples, n'en a point

21. Après *même*, *le* a été biffé.
22. Le terme italien *balio* (comparez les formes *bailo*, *balivo* et le français *baillif*, *bailli*) est clairement expliqué par cette phrase d'une lettre de M. de Bourlemont au Roi, du 8 juin 1666 (tome XXV, fol. 220 r°) : « L'on dit que le Pape ayant accordé l'investiture de Naples, pourra parler d'y mettre un *Balio* ou « administrateur » pendant la minorité du roi d'Espagne. » — Nous retrouverons souvent le mot en ce sens dans la suite de la correspondance. Voyez, au sujet du droit d'administration que s'attribuait le Pape, l'*Histoire de Naples* de Giannone, livre xxxix, chapitre I, où est cité un ouvrage latin de Marciano intitulé : *de Baliatu regni Neapolitani*. On peut voir dans le *Glossaire de du Cange*, à l'article Bajulus, 3°, où *baliatus* est traduit par *tutela*, toute une famille de dérivés de signification analogue.
23. Ici *Jules II* dans le manuscrit; plus haut (p. 133) *Jules II^d*.
24. Don Pedro d'Aragon, qui succéda dans la vice-royauté à son frère le cardinal Pascal d'Aragon, ne fit son entrée à Naples que le 3 avril 1666. Voyez la *lettre* 48, et Giannone, livre xxxviii, chapitre II.

donné part au Collége par cette raison, et n'a pas laissé d'être visité de presque tous les cardinaux. M. de Bourlemont n'a pas jugé à propos que je le visse en cette occasion, parce que l'on n'a jamais visité les ambassadeurs de France qu'ils n'eussent donné part, au préalable, du sujet pour lequel on leur devoit la visite, et il a même été d'avis que j'en parlasse au maître des cérémonies du Pape, d'une manière qui prît une note avec lui[25], si le Roi trouvoit qu'il fût à propos de tirer en conséquence pour ses ambassadeurs ce qui s'est fait pour celui d'Espagne, et qui n'engageât pourtant à rien, si Sa Majesté ne trouvoit pas qu'il fût[26] de son service. Ceux des cardinaux à qui j'ai parlé de ce pas qu'ils ont fait, qui ne me paroît pas conforme au cérémonial romain, m'ont répondu qu'ils n'avoient considéré, en ce rencontre[27], l'ambassadeur d'Espagne que comme leur ami particulier, et le maître des cérémonies, à qui j'en parlai, me dit que l'on n'y avoit fait aucune réflexion, parce que cette circonstance de n'avoir point ses patentes n'arrivera peut-être jamais, et qu'ainsi elle ne peut tirer à conséquence, « d'autant plus que ceux du Collége qui n'y ont point été font assez voir, ajouta-t-il, que ce pas n'est qu'une civilité extraordinaire rendue personnellement à l'ambassadeur d'Espagne par ses amis. »

Je vous écrivis, il y a quelque temps[28], du dessein que je crois que l'on a ici de faire perdre aux François le convent de Saint-Denis. M. le cardinal de Sainte-Croix

---

25. *Qui prît*, etc., tour très-librement abréviatif : « qui consistât à prendre avec lui note de ce fait de la visite des cardinaux. »

26. *Qu'il fût*, « que cela fût ».

27. Retz fait *rencontre* tantôt féminin, tantôt, et plus souvent, masculin : voyez des exemples du féminin ci-dessus, p. 11, 88, 100 ; du masculin, p. 49, 63, 71, etc. ; et ceux de l'un et de l'autre genre que cite, au tome V, la note 3 de la page 50.

28. Voyez ci-dessus, p. 114 et note 8.

m'a fait dire que tous les religieux, à la réserve d'un seul, se sont déjà laissé[29] gagner pour n'être pas compris dans la province de France. J'en ai aujourd'hui donné avis à M. de Bourlemont.

Je suis,

Monsieur,

Votre très-affectionné serviteur,
Le cardinal de Retz.

A Rome, ce 22e décembre 1665.

---

34. — LETTRE DU CARDINAL DE RETZ A M. DE LIONNE.

(Sur ce qu'on ne s'est point encore expliqué sur la manière de faire l'accommodement, et quelques nouvelles.)

Monsieur,

La parfaite connoissance que vous avez de cette cour me persuade que vous ne serez pas surpris de ce que je ne vous mande pas encore, par cet ordinaire, ce que l'on peut attendre de ses résolutions sur ce qui regarde la Bulle. Vous savez quelles sont les occupations *delle buone feste*[1], dont les derniers jours ne sont guère moins indispensablement employés aux cérémonies et aux visites, que les premiers le sont aux fonctions et aux chapelles. M. de Bourlemont a cru qu'il étoit à propos

---

29. Dans l'original, avec accord incorrect : *laissés gagner*.

Lettre 34. — Archives des Affaires étrangères, Rome, 1665. *Lettres à Lionne*, tome XXII (172), pièce 120, fol. 255. Original, de la main du secrétaire; la ligne de signature est seule autographe. Le secrétaire a écrit en tête : « Pour duplicata de la lettre du 29 décembre 1665 » : voyez le post-scriptum de la lettre suivante. La réponse de Lionne, en date du 22 janvier 1666, est le no 32 des *Pièces justificatives*.

1. « Des bonnes fêtes, » de Noël et de la semaine suivante.

de ne pas contraindre le génie du pays, et qu'il y avoit même de l'inconvénient à témoigner de l'empressement. Je n'ai pas laissé de pénétrer que l'on continue ici à souhaiter l'accommodement et à convenir que l'on ne prétend point condamner l'opinion de la Faculté, mais que l'on est fort en peine de trouver des expressions qui ne fassent préjudice ni directement ni indirectement à celle de Rome. Ce qui embarrasse le plus cette cour est l'appréhension qu'elle a de faire voir à toute la chrétienté qu'elle désavoue, par la déclaration que l'on lui demande, Bellarmin[2] et les autres auteurs qui ont traité l'opinion contraire à l'infaillibilité de téméraire et même de fort approchante d'hérésie. C'est, à mon sens, où est le nœud de la difficulté. Nous avons jugé à propos, M. de Bourlemont et moi, d'attendre les ouvertures que l'on pourra faire, et j'espère de l'application que je vois ici à les chercher qu'elles pourront réussir. Ce n'est pas qu'il n'y ait eu, depuis longtemps, une grande délicatesse en cette cour sur cette matière ; mais, voyant

---

2. « Le cardinal Bellarmin (1542-1621), ancien jésuite, dans plusieurs de ses ouvrages, sans tenir compte de la doctrine constante de l'Église, pendant plus de mille ans, sur sa propre infaillibilité, chercha à faire prévaloir les opinions ultramontaines pour la transférer à la personne du Pape. Ses ouvrages : *de Romano Pontifice* et *de Potestate Summi Pontificis in rebus temporalibus*, furent condamnés par des arrêts du parlement (de Paris). Il y soutient, ainsi que dans deux autres de ses traités, que la puissance temporelle des rois est subordonnée à la puissance spirituelle des papes ; que le Pape, chef absolu de l'Église, est supérieur aux conciles généraux ; que la juridiction des évêques n'est qu'une délégation de la sienne. C'est Bellarmin qui fit mettre à l'*Index* l'arrêt du parlement de Paris contre Jean Châtel, l'un des assassins d'Henri IV. Bossuet reprochait, avec raison, à la cour de Rome de s'appuyer, en ce qui touchait à ses prétentions d'infaillibilité, plutôt sur les ouvrages de Bellarmin que sur l'ancienne tradition de l'Église. » (*Le Cardinal de Retz et ses missions diplomatiques à Rome*, p. 344, note 1.)

clairement, comme je vois, que l'on y reconnoît ingénument l'équivoque, je ne saurois croire que le fond d'une affaire de cette nature, dont on commence à concevoir l'importance, puisse être emporté par des difficultés et des scrupules qui n'ont, à proprement parler, ni conséquence ni fondement.

Je ne vous dis rien du démêlé du Pape avec les Vénitiens[3], ne doutant point que M. de Bourlemont, qui a vu, depuis moi, Monsieur l'ambassadeur de Venise, ne vous en mande tout le détail.

On me dit, hier au soir, que les Espagnols disent ici que la bulle de l'investiture, qui n'exclut pas moins les empereurs de la succession de la plus grande partie de la Lombardie que de celle du royaume de Naples, ne regarde point le duché de Milan, parce qu'il n'en est, ce disent-ils, que la moindre partie, à l'égard de l'État des Vénitiens depuis Bergame jusques à Padoue, du Mantouan, du Parmesan, du Modenois et du Bolognois[4].

J'ai donné à M. de Bourlemont la relation que vous lui avez demandée, mais il m'a été impossible d'avoir le livre, que l'on ne m'a laissé qu'une heure entre les mains. Je crois vous avoir déjà mandé qu'il ne contient

---

3. Au sujet de marchands de l'État ecclésiastique qui refusaient de payer aux Vénitiens le droit de navigation dans la mer Adriatique. Après des contestations, des représailles, ce fut le Pape qui céda. Voyez Muratori, *Annali d'Italia*, année 1665, tome XI, p. 296.

4. Dans les temps modernes, le nom de Lombardie désigna spécialement l'ancienne Gaule cisalpine, répondant à peu près à l'ancien duché de Milan ; mais, au moyen âge, on le donnait à toute la partie de l'Italie occupée par les Lombards, et il comprenait, outre l'Italie septentrionale, une partie de l'Italie centrale, et même, plus anciennement (Retz ici ne remonte pas jusque-là), presque toute l'Italie méridionale. — « La moindre partie à l'égard de, etc. », c'est-à-dire « la moindre partie si on le compare à l'État des Vénitiens.... et aux autres États constituant la Lombardie. »

quoi que ce soit qui ne soit méprisable de tout point[5].

Je suis,
>Monsieur,
>>Votre très-affectionné serviteur,
>>Le cardinal de RETZ.

A Rome, ce 29e décembre 1665.

---

35. — LETTRE DU CARDINAL DE RETZ
A M. DE LIONNE.

(SUR SA NÉGOCIATION AVEC UN PRÉLAT QUE LE PAPE LUI A ENVOYÉ.)

MONSIEUR,

Je vous mandai, par ma dernière, que nous avions jugé à propos, M. de Bourlemont et moi, de laisser couler les fêtes sans faire aucun pas, et nous trouvons, par l'événement, que nous ne nous sommes pas trompés dans nos mesures, car le Pape, qui s'est imaginé apparemment que mon silence pouvoit être l'effet de quelque refroidissement sur le fond de la négociation, a fait lui-même les avances, et me fit dire, jeudi au soir, à la chapelle, par M. le cardinal Chigi, qu'il m'envoyeroit, au premier jour,

---

5. Voyez ci-dessus la *lettre* 27, p. 110, et le commencement de la *lettre* 30, p. 117. — Dans une lettre de même date que notre *lettre* 27, et que nous n'avons vue qu'après le tirage de la page 110, M. de Bourlemont envoie à Lionne le titre de ce livre, qui est : « La Doctrine ancienne des théologiens de la Faculté de Paris opposée à la censure par la même Faculté sur le livre de l'Autorité de N. S. P. le Pape contre les erreurs du temps par Jacques de Vernant. » La Bibliothèque nationale a la 2de édition de cet ouvrage (1666).

LETTRE 35. — Archives des Affaires étrangères, Rome, 1666. *Lettres à Lionne*, tome XXIII (174), pièce 6, fol. 16-19. Original, de la main du secrétaire ; la ligne de signature est seule autographe. — Voyez la réponse de Lionne, en date du 29 janvier, aux *Pièces justificatives*, n° 33.

1666 Mgr Varese[1], assesseur du Saint-Office et secrétaire de la congrégation de Jansénius, pour conférer avec moi, et pour lever les inconvénients et les apparences que l'on ne pourroit éviter si la négociation se faisoit directement avec les cardinaux. Il me tint sa parole fort exactement; et ce Mgr Varese, dont M. de Bourlemont a fort bonne opinion, et qui passe en effet ici pour homme de bien, vint samedi chez moi ; et, après avoir témoigné une extrême joie de la bonne disposition où il voyoit le Pape, il me dit qu'il me prioit de lui marquer, positivement et en détail, ce que l'on pourroit tirer de la Sorbonne pour la satisfaction de Sa Sainteté. Je lui répondis que je m'en étois expliqué fort particulièrement avec Elle-même, et que je ne doutois point que je ne pusse porter les députés de la Faculté de théologie à écrire au Pape qu'elle n'a jamais eu la pensée de toucher, par sa censure, à la doctrine qui soutient son infaillibilité, et que son sentiment n'a été que de censurer celle qui condamne la contraire, mais qu'il étoit impossible de les obliger à ce pas, à moins qu'ils fussent tout à fait assurés que Sa Sainteté leur répondra qu'Elle n'a point aussi prétendu, par sa bulle, condamner l'opinion contraire à cette infaillibilité, ni d'ôter aux évêques la connoissance, etc., ni à la Faculté, etc. Nous avons cru, M. de Bourlemont et moi, qu'il étoit à propos de faire la proposition en ces termes, qui sont plus forts que ceux que vous nous aviez marqués, parce que l'expérience nous fait voir, en toutes occasions, qu'il faut toujours demander le plus aux gens de ce pays pour avoir le moins, et, comme nous savons que la plus grande et la seule difficulté que le Pape peut avoir est de dire directement

---

1. Pompeio Varese. Il devint gouverneur de Rome en 1668, puis nonce à Venise, et nonce à Paris, où il mourut en 1678. — Ici et plus bas, la prononciation est marquée par des accents : *Varésé*.

qu'il ne condamne pas la doctrine contraire à celle de son infaillibilité, nous estimons qu'il croira avoir beaucoup gagné quand nous nous réduirons, selon ce que vous m'en avez mandé, à souhaiter que, mettant à part le fond de cette question, il ne fasse, par sa réponse, que déclarer qu'il n'a prétendu, par sa bulle, condamner que la doctrine qui accuseroit la sienne, c'est-à-dire celle de l'infaillibilité, d'hérésie, d'erreur, de présomption, de scandale, de témérité, etc.[2], comme aussi, en ce cas, la Sorbonne ne dira, par sa lettre, autre chose sinon qu'elle n'a entendu quoi que ce soit par sa censure, si ce n'est de condamner l'opinion qui accuseroit la sienne, c'est-à-dire celle qui est contraire à l'infaillibilité, d'hérésie, d'erreur, de présomption, de scandale, de témérité, etc. M. de Bourlemont a pensé à un autre expédient, qui faciliteroit beaucoup l'accommodement, si le Roi jugeoit qu'il fût recevable, qui seroit que, sur la déclaration de la Sorbonne, que vous me marquez par votre dépêche du 20ᵉ novembre[3], l'on se contentât que le Pape répondît qu'étant éclairci avec satisfaction du sujet de la censure de la Faculté, il déclaroit[4] qu'il ne prétend pas l'avoir touchée, en aucune manière, par sa bulle, ni ôter aux évêques la connoissance, etc., ni à la Faculté le pouvoir de censurer, etc. Ce qui lui a donné cette pensée, et nous a fait prendre la liberté de vous la proposer, est qu'après avoir lu ensemble, avec soin et avec exactitude, votre dépêche du 20ᵉ, il nous semble que l'intention de Sa Majesté seroit que l'on n'entrât point, de part ni d'autre, dans le fond de la question, en remédiant pourtant aux inconvénients de la Bulle,

---

2. Ajoutez, dans la note 7 de la page 38, un renvoi à cette énumération, répétée quelques lignes plus bas.
3. Voyez aux *Pièces justificatives*, nº 25.
4. Dans l'original, *déclarât*.

qui, comme vous voyez, ne préjudicieroit plus à la Sorbonne par ce moyen, chacun demeurant ainsi dans ses opinions, au moins pour ce qui regarde l'infaillibilité; car, pour ce qui est du pouvoir des évêques et de celui de la Faculté, le Pape ne fait aucune difficulté de s'expliquer comme l'on s'en explique même en France. Comme, selon cet expédient, Sa Sainteté ne se[5] déclareroit point qu'Elle n'a pas prétendu condamner l'opinion contraire à l'infaillibilité, je n'ai pas cru d'abord qu'il nous pût donner pleinement ce que le Roi desire selon vos dépêches; mais, outre qu'il tranche toutes les difficultés et toutes les pointilles[6] qui se pourront rencontrer, de part et d'autre, dans la manière de s'expliquer, j'ai fait réflexion que, Sa Majesté ne desirant que la révocation de la Bulle ou l'équivalent de cette révocation, ce moyen tient lieu de l'équivalent, parce qu'il suppose que le Pape déclarera positivement que la Bulle ne touche, ni directement ni indirectement, la Faculté, dont la doctrine, étant bien expliquée dans la lettre des députés au Pape, seroit ainsi, en quelque façon, approuvée par une réponse qui marqueroit que Rome n'a pas eu seulement la pensée de la condamner.

Pour ce qui est de Guimenius, nous avions résolu, M. de Bourlemont et moi, de n'en point parler, parce que, sachant de très-bon lieu, comme nous le savons, que la résolution est prise de le censurer nommément au premier jour, nous n'avons pas cru qu'il fût à propos de donner lieu au Pape de nous faire valoir pour beaucoup un pas qu'il se voit obligé de faire de lui-même par le

---

5. Il y a bien *se* dans l'original.
6. Mot que l'Académie avait rayé de son *Dictionnaire* en 1762 (il était dans les trois premières éditions), et qu'elle a bien fait d'y rétablir en 1878. Il a été employé par Bossuet, par Saint-Simon, et par Retz dans ses *Mémoires*, comme ici, au tome IV, p. 290.

murmure public, qui a même forcé MM. les cardinaux
Albizzi et Pallavicin de se rendre. Nous avons balancé
quelque temps à prendre ce parti, parce qu'il y auroit, ce
semble, quelque réputation[7] pour la France à obliger
Rome de condamner cet auteur; mais, outre que l'on
ne l'y peut jamais contraindre, si elle ne veut, parce
qu'il ne tient qu'à elle de prévenir, comme elle en est
sur le point, les instances que l'on lui en pourroit faire,
devant qu'elles pussent paroître dans le public, où elles
ne pourroient être portées que par la lettre des députés, nous avons considéré et que la déclaration qu'elle
accorde sur le pouvoir des évêques et sur celui de la
Faculté, confirme plus que suffisamment tout ce qui
s'est fait dans le Royaume contre ce livre, et que, le
seul intérêt solide et réel que le Roi a en cette occasion
se réduisant à ce qui regarde l'infaillibilité, il ne seroit
que mieux d'y porter tous nos efforts, et de n'en pas
divertir une partie à des instances que la cour de Rome
éluderoit sans doute, après s'en être servie autant
qu'elles lui auroient été utiles, pour faire paroître que
l'on lui demande des choses extraordinaires, et que la
France veut même entrer dans le détail de la congrégation *del Indice*. Ce qui nous a déterminés plus que
toutes choses à en user ainsi est que nous n'avons pas
vu, dans votre dépêche du 20ᵉ novembre, que le Roi
insiste sur ce point : nous l'avons relue avec attention
pour nous en éclaircir; et si nous y eussions trouvé cet
ordre, nous n'eussions pas manqué de le suivre exactement. Je reviens à Mgr Varese, qui, après avoir écouté
avec attention ce que je lui disois de ce que l'on pourroit tirer de la Sorbonne en cas que le Pape donnât les

---

7. Emploi à remarquer du mot *réputation*, au sens où nous dirions plutôt *honneur*.

assurances, etc., me témoigna que, les moindres mots sur cette matière étant importants et délicats, il avoit peine de s'en fier à sa mémoire, et je crus voir, dans son visage plutôt que dans ses paroles, qu'il eût été bien aise que j'eusse voulu lui en donner un mot par écrit. Je ne fis pas semblant de soupçonner seulement qu'il eût cette pensée ; et comme il vit que je continuois le discours simplement et sans affectation, il me pria d'agréer qu'il pût seulement marquer sur ses tablettes la substance de ce que je lui avois dit. Vous pouvez croire que je n'y trouvai, de mon côté, aucun inconvénient. Il me témoigna ensuite que l'affaire ne rencontreroit, à son opinion, ni obstacle, ni difficulté, et que le seul embarras qu'il y appréhendoit n'étoit que la peine que le Pape pourroit avoir de ne traiter qu'avec des députés qui pourroient être désavoués de leur compagnie, parce qu'elle ne leur avoit pas donné le pouvoir de lui écrire. Il m'eût été bien aisé de lui lever ce scrupule, si je me fusse pu ouvrir[8] sur le pas que le Roi veut bien faire quand on sera convenu du fond ; mais, comme on n'en est pas encore d'accord, au moins touchant les termes par lesquels on le doit expliquer, je me tins absolument couvert, et je lui répondis simplement que j'étois si assuré que ces députés seroient avoués de leur corps, que j'osois même répondre au Pape que ce même corps ne feroit point de difficulté, dans la suite, de témoigner à Sa Sainteté la joie qu'il auroit de l'éclaircissement dont Elle auroit bien voulu honorer ses députés. Il me voulut faire expliquer plus particulièrement sur ce détail ; mais je demeurai dans les termes généraux, en disant qu'il falloit convenir des

8. Substitution de l'auxiliaire du verbe réfléchi à l'auxiliaire (*eusse*) de *pouvoir* ; c'est une attraction qu'explique la place du pronom.

expressions devant que d'entrer dans ce particulier, sur lequel je croyois que l'on pouvoit trouver fort aisément des expédients. Mr⁹ Varese me repartit, sans balancer, qu'il ne voyoit rien de plus facile que de convenir de [10] ces expressions, et qu'il espéroit de me le faire connoître au premier jour; que le Pape ne l'avoit envoyé que pour savoir précisément le sens et la force des paroles que l'on pourroit tirer de ceux de la Faculté; qu'il lui feroit un fidèle rapport, lundi au matin [11], de ce qui s'étoit passé dans notre conversation, et qu'il ne doutoit point qu'elle n'eût un fort bon succès. Nous nous séparâmes ainsi l'un de l'autre, avec beaucoup de civilité, et je remarquai, si je ne me trompe, sur son visage bien de la satisfaction et bien de la joie de ce que le Pape l'avoit mis dans cette affaire : ce qui mérite d'être observé dans un pays où il est certain que les prélats n'entrent, pour l'ordinaire, qu'avec peine et qu'avec chagrin dans les affaires qu'ils croient pouvoir n'être pas, dans leur conclusion, agréables aux couronnes.

1666

Comme toutefois celui-là est très-particulièrement dépendant du Pape et de toute sa maison, nous avions jugé à propos, M. de Bourlemont et moi, de ne nous pas remettre si fort à ce qu'il rapportera de nos sentiments et au Pape et aux cardinaux, que nous ne tenions toujours ouvert, avec soin et avec application, le canal de M. le cardinal Albizzi, qui est, à notre opinion, le plus sûr sur ce point, tant parce qu'il souhaite l'accommodement pour ses intérêts particuliers, que parce qu'il parle plus hardiment que personne au Pape, et qu'il le contredit, et l'emporte même assez souvent contre ses premières résolutions. Je le vis, samedi au soir, au sortir

---

9. Il y a bien ici *Mr*, et non *Mgr*, dans l'original.
10. Dans le manuscrit, « que de convenir que de ».
11. Le lundi 11 ; la lettre est du mardi précédent.

de chez la reine de Suède, et il me dit qu'il falloit terminer cette affaire, qui n'étoit bonne à personne, que je travaillasse de mon côté à faire un canevas de la lettre des députés, et qu'il travailleroit du sien à en dresser un de la réponse du Pape. Je ne[12] lui témoignai pas désapprouver cette proposition, afin de l'engager à me faire voir la manière dont il prétend la concevoir devant que de la communiquer aux autres ; mais je ne me hâterai pas, de ma part, à lui montrer celle dont nous croyons, M. de Bourlemont et moi, que la Faculté peut concevoir sa lettre, afin de nous laisser toujours plus de terrain pour prendre nos avantages sur les expressions et sur les termes.

Voilà l'état où[13] est la chose, qui, par beaucoup de circonstances, nous feroit croire, à M. de Bourlemont et à moi, que l'accommodement est en fort bon chemin, si la connoissance que nous avons de cette cour nous permettoit d'assurer[14] et de croire quoi que ce soit de tout ce qui n'y est pas consommé.

J'ai dit à M. de Bourlemont ce que j'ai appris de la raison pour laquelle l'ambassadeur d'Espagne n'a point donné part au Sacré Collége de son emploi de Naples[15], qui confirme assez ce que le maître des cérémonies m'avoit dit, que les visites que l'on lui a rendues ne peuvent tirer à conséquence.

Je suis,

Monsieur,

Votre très-affectionné serviteur,
Le cardinal de RETZ.

A Rome, ce 5e janvier 1666.

12. *Ne* en interligne.
13. *Où est* en interligne, au-dessus de la préposition *de*, biffée.
14. *De assurer*, dans le texte.
15. Voyez la *lettre* 33, p. 134 et 135.

Comme[16] j'apprends, à ce moment, que le courrier de la semaine passée est tombé dans un torrent, où ses lettres ont été fort gâtées, je joins à ce paquet un duplicata de ma précédente, parce que, bien qu'elle ne contienne rien d'important, elle ne laisse pas de marquer le fil et la suite de la négociation présente.

---

36. — LETTRE DU CARDINAL DE RETZ
A M. DE LIONNE.

(SUR CE QU'IL N'A POINT ENCORE REÇU DE RÉPONSE; LE DISCOURS DU PAPE; LA MANIÈRE DONT LE ROI A TRAITÉ LE NONCE; ET L'ARRÊT DES GRANDS-JOURS.)

Monsieur,

Vous savez le terme des bonnes fêtes[1], selon le style de ce pays, et vous ne vous étonnerez pas sans doute que l'on ne se soit pas encore expliqué sur ce qui regarde la Bulle. M. le cardinal Chigi me dit hier, au consistoire, que l'on y pensoit avec application. Comme il est à propos de ne témoigner aucune impatience, j'avois fait dessein de n'y pas prendre audience du Pape; mais je ne m'en pus défendre à cause d'une affaire dont je fus obligé de lui parler pour le prince de Masseran[2],

---

16. Ce post-scriptum a été ajouté, dans le blanc, entre *Je suis* et *Monsieur*. — Voyez ci-dessus, p. 136, la note préliminaire de la lettre 34.

Lettre 36. — Archives des Affaires étrangères, Rome, 1666. *Lettres à Lionne*, tome XXIII (174), pièce 24, fol. 54. Original, de la main du secrétaire; la ligne de signature est seule autographe.

1. Voyez ci-dessus, p. 136, note 1.
2. Paolo Besso Ferrero, prince de Masserano, marquis de Crè-

qui est mon parent. Sa Sainteté ne me tint qu'un moment, et en usa de même avec tous les autres cardinaux, qu'il dépêcha fort promptement, non pas pour la promotion, quoique l'on l'eût publiée, ces jours passés, comme certaine, mais pour nous faire une espèce de sermon, dans lequel il nous fit connoître, en termes latins fort élégants, l'obligation très-particulière que nous avons de porter au Ciel toutes nos pensées, dans les commencements d'une année qui donne lieu de craindre une infinité de malheurs pour toute la terre. Il fit ensuite le portrait au naturel de l'état où se trouve l'Europe. Il dit que l'Allemagne rencontre[3] de grandes difficultés à faire ratifier à la Porte le traité qu'elle a conclu *propere*[4], ce fut son mot ; que les forces otto-

vecœur, né en 1608, mort en 1667. A la mort de sa femme, il se fit prêtre et fut nommé, en 1639, par Urbain VIII, prélat domestique. Il eut, en 1657, des contestations avec Alexandre VII, au sujet de la terre de Masserano, fief de l'Eglise, enclavé dans la seigneurie de Verceil, du côté du Milanais, que le pape Boniface IX avait cédée au cardinal Louis de Fiesque et à son frère Antoine, en 1394 ; c'était un marquisat qui fut érigé plus tard en principauté. Elle appartenait à la branche aînée de la maison de Ferrero-Fieschi, depuis le mariage de Philibert Ferrero avec Bartholomée de Fiesque, qui l'avait apportée en dot. Voyez Litta, *Famiglie celebri Italiane*, Ferrero, tavola IV. — Voici comment Retz était parent de Paolo, prince de Masseran, dont il est ici question. La grand'tante paternelle de Retz, Marie de Gondi, morte en 1603, qui avait épousé Nicolas Grillet, seigneur de Pomiers et de Bessey, avait acquis, après la mort de son mari, la terre de Saint-Trivier en Bresse, qu'elle fit ériger en comté en 1575, et la fille de son fils, Charles-Maximilien comte de Saint-Trivier, fut la mère de Paolo, lequel était donc fils d'une cousine issue de germain du Cardinal.

3. *Rencontre* corrige *rencontroit*.

4. « A la hâte, avec précipitation ». — La Porte avait opposé des refus à la plupart des demandes faites par l'ambassadeur extraordinaire que l'Empereur avait envoyé à Constantinople, après la trève ou paix conclue à la suite de la bataille de Saint-

manes, formidables et par leur nombre et par leur qualité, sont sur le point d'entrer dans la Dalmatie ; que l'Espagne continue la guerre qu'elle fait depuis si longtemps au Portugal[5] ; que la Hollande, protégée par les armes de France, est aux mains avec l'Angleterre[6] ; que la Pologne se trouve dans une condition douteuse et embarrassée par l'incertitude de la succession[7] ; que l'évêque de Munster[8], sans aucune participation du Saint-Siége, a fait une irruption dans le pays des États. Le Pape s'étendit un peu plus sur ce point que sur les autres, et il dit expressément et positivement qu'il n'y a rien de plus faux que le bruit que l'on a fait courre qu'il a eu quelque part à cette guerre. Tout le monde croit ici que cette explication a été l'unique fin de tout le discours, qui finit par des expressions de l'affliction et de la douleur que Sa Sainteté ressent en voyant des

---

Gothard (ci-dessus, p. 4, note 5). Voyez l'*Histoire*, déjà citée, *de l'empire ottoman* par de Hammer, livre LIV.

5. Après sa défaite à Montes-Claros, en 1665 (voyez ci-dessus, p. 34 et note 2), l'Espagne avait, en effet, d'abord continué la guerre contre le Portugal. Ce n'est qu'en 1668, par le traité de Lisbonne, conclu le 13 février et ratifié, à Madrid, le 23, qu'elle reconnut l'indépendance de ses voisins et la dynastie de Bragance.

6. Le 26 janvier 1666, la France joignit ses armes aux Hollandais contre les Anglais.

7. En Pologne, il y avait de vifs débats entre le roi Jean-Casimir, qui voulait abdiquer et avait même déjà désigné, en 1665, le duc d'Enghien pour lui succéder, et la Diète, qui s'opposait à son dessein d'abdication, que toutefois il accomplit en 1667.

8. *Monster*, ici et partout, dans le manuscrit. — « Un prince allemand, l'évêque de Munster (Bernard Van Galen), qui contestait aux États-Généraux la possession de deux ou trois places, s'arma pour les leur reprendre. Louis XIV sortit alors de son rôle d'observation. Pradelles, avec le corps qui avait soumis Erfurt, aida les Hollandais à chasser l'agresseur de leur territoire. L'évêque fut obligé de traiter et de se retirer le 18 avril 1666. » (C. Dareste, *Histoire de France*, tome V, p. 416.)

commencements de trouble et d'altération à la paix générale, qu'Elle a toujours souhaitée avec tant d'ardeur et avec tant de passion.

Je n'ai point encore appris comme on a reçu au Palais la manière[9] si généreuse dont il a plu au Roi de traiter Monsieur le Nonce dans la dernière occasion; mais je vous puis assurer, avec beaucoup de vérité, qu'elle a fait un très-bon effet dans le Sacré Collége et que plus de vingt cardinaux m'en ont parlé avec sentiment et avec joie.

Je suis,

Monsieur,

Votre très-affectionné serviteur,
Le cardinal de Retz.

A Rome, ce 12ᵉ janvier 1666.

J'oubliois[10] presque de vous dire qu'on commence, depuis trois ou quatre jours, à parler ici des arrêts des Grands-Jours[11], et je sais qu'il y a des gens qui essaient

---

9. Ici un mot effacé, peu lisible, peut-être *obligeante*.

10. Ce post-scriptum a été ajouté, dans le blanc, entre *Je suis* et *Monsieur*.

11. Sur le sens de ce mot et sur la nature, la mission des assises extraordinaires nommées *les Grands-Jours*, voyez le *Dictionnaire de Littré*, à l'article Jour, 17°. — Il s'agit ici des Grands-Jours d'Auvergne dont Fléchier a laissé une intéressante relation. Les commissaires du Roi avaient presque terminé leur session à cette date : ils l'avaient ouverte le 26 septembre 1665, et ils partirent de Clermont, pour retourner à Paris, le 4 février 1666. — L'arrêt dont parle Retz et qui devait faire grande sensation à Rome (il en avait fait beaucoup même en France), touchait la discipline ecclésiastique. Il avait pour objet de réformer maint abus qui s'était glissé dans les chapitres et dans les monastères, et portait, entre autres choses, que toutes les personnes ecclésiastiques, tant séculières que régulières, seraient soumises à la juridiction de l'évêque diocésain. Cet arrêt avait été rendu sur un réquisitoire très-éner-

de persuader au Pape d'entrer dans ce détail. Je ne crois pas qu'ils y réussissent. J'ai répondu à quelques cardinaux qui m'ont mis sur ce discours que l'on auroit grand tort à Rome de faire seulement la moindre réflexion sur ces incidents, qui n'ont jamais eu, en France, d'autres suites que la réunion plus parfaite des partis par l'éclaircissement des malentendus, qui y[12] font seuls ces sortes de difficultés.

---

37. — LETTRE DU CARDINAL DE RETZ
A M. DE LIONNE.

(Sur ce qu'il n'a eu aucunes nouvelles touchant la Bulle; les comédiens que l'abbé de Bourlemont a fait emprisonner et ensuite délivrer; et la mort du cardinal Corrado.)

Monsieur,

Je ne vous saurois mander encore aujourd'hui aucunes nouvelles touchant la Bulle, parce qu'on ne m'en a dit quoi que ce soit du côté du Palais, et M. de Bourlemont n'a pas été d'avis que je fisse de ma part aucun pas. La conduite ordinaire de cette cour et l'incommodité de M. le cardinal Albizzi, qui a eu de la fièvre, fait que nous ne pouvons dire encore qu'elle soit en demeure[1];

---

gique de Denis Talon, qui faisait, aux Grands-Jours, les fonctions de procureur général. Voyez la relation citée de Fléchier, dans l'édition de M. Chéruel, p. 90 et suivantes (Hachette, 1862).

12. *Y* est ajouté en interligne.

Lettre 37. — Archives des Affaires étrangères, Rome, 1666 *Lettres à Lionne*, tome XXIII (174), pièce 38, fol. 88. Original, de la main du secrétaire; la ligne de signature est seule autographe. — Voyez les réponses de Lionne, en date du 19 février, à cette lettre et aux deux suivantes, aux *Pièces justificatives*, n° 39.

1. C'est-à-dire « en retard ». On trouvera dans le *Dictionnaire*

mais nous commencerions à le dire si ce silence continuoit encore un ou deux ordinaires. Nous espérons qu'entre ci et le premier² nous en pourrons pénétrer la vérité. Nous persistons cependant dans la pensée que l'on continue à vouloir, dans le fond, l'accommodement, et que l'on n'est en peine que des expressions et de la forme.

M. de Bourlemont vous mande ce qui s'est passé ici à l'égard des comédiens. Il a relevé leur insolence, si fortement et si judicieusement, que cet exemple ne peut faire qu'un très-bon effet dans les suites. Il a voulu absolument que je lui disse ma pensée sur la manière dont il pouvoit prendre la chose, et j'ai cru, comme lui, qu'il n'étoit pas moins de la grandeur de Sa Majesté de témoigner du mépris pour des gens de cette nature, en les faisant remettre en liberté, qu'il avoit été de son service de ne les pas laisser tout à fait sans châtiment³.

M. le cardinal Corrado⁴ mourut ici samedi au soir ; ceux qui se croient le mieux avertis sont persuadés que l'on ne donnera pas sa charge à un cardinal, et il y

---

de Littré, 1°, divers exemples de P. Corneille, la Fontaine, Fénelon, de ce sens, que ce mot au reste a gardé dans la phrase encore assez usitée : « Il y a péril en la demeure. »

2. Mme de Sévigné dit de même (voyez son *Lexique*) : « Entre ci (le moment présent) et Noël, et demain, et quinze jours, etc. » Cet emploi de *ci* est surtout fréquent dans la locution : *entre ci et là*.

3. Il s'agit de l'emprisonnement de quelques comédiens qui avaient joué une pièce improvisée dans laquelle les Français, pour leur échec, à la fin d'octobre 1664, dans l'expédition contre Gigery (Djijelli) en Afrique (province de Bougie), avaient été tournés en ridicule. M. de Bourlemont avait demandé au Pape que ces comédiens fussent punis. Nous voyons, dans la réponse de Lionne, que le Roi approuva fort le conseil donné par le Cardinal de ne pas faire durer l'emprisonnement plus d'un jour.

4. Voyez ci-dessus, la note 4 de la *lettre* 28, p. 112 et 113.

en a d'autres qui assurent que M. le cardinal Celsi[5] y a $\overline{1666}$
bonne part.

Je suis,

Monsieur,
Votre très-affectionné serviteur,
Le cardinal de Retz.

A Rome, ce 19e janvier 1666.

---

38. — LETTRE DU CARDINAL DE RETZ A M. DE LIONNE.
(EN FAVEUR DU SIEUR D'ESCOUY.)

Monsieur,

Je vous ai écrit aujourd'hui par l'ordinaire et j'ajoute ce billet à ma lettre[1] pour vous supplier d'honorer de votre protection M. d'Escouy de Pont-Saint-Pierre[2], qui

---

5. Angelo Celsi, Romain, d'abord auditeur de rote, créé cardinal, en 1664, par Alexandre VII. Il est l'auteur d'un ouvrage estimé, *Decisiones Rotæ* (*Bibliothèque historique des auteurs de droit*, par Denis Simon). Il mourut le 7 novembre 1671. C'était un politique d'une haute capacité.

Lettre 38. — Archives des Affaires étrangères, Rome, 1666. *Lettres à Lionne*, tome XXIII (174), pièce 39, fol. 89. Original, de la main du secrétaire; la ligne de signature est seule autographe. — Voyez la fin de la note préliminaire de la lettre précédente.

1. On voit par la dernière phrase de ce mot de recommandation qu'il fut emporté par M. d'Escouy, et qu'il arrivait, en ce temps-là, que les voyageurs allaient plus vite que les courriers ordinaires des dépêches.

2. Claude de Roncherolles, marquis de Pont-Saint-Pierre, baron d'Écouis (dans notre original *d'Escouy*). On lit dans le *Dictionnaire de la noblesse* de la Chenaye-Desbois (tome XII, p. 295) qu'un régiment de cavalerie dont il était mestre de camp et qui portait son nom ayant été réformé à la paix des Pyrénées, Louis XIV lui en donna un autre, en 1665, qu'il commanda jusqu'à ce que les infirmités l'obligèrent de quitter le service. Nous voyons, par

1666 part d'ici en poste, à la première nouvelle qu'il y a eue des levées que fait Sa Majesté, pour essayer d'y avoir quelque emploi. Il est mon parent fort proche[3], mon ami très-particulier, et je vous puis assurer qu'il a déjà fait d'assez bonnes actions pour vous pouvoir répondre qu'il ne se rendra pas indigne de l'emploi que Sa Majesté lui pourra donner. La bonté que vous avez pour moi me fait espérer que vous ne lui refuserez pas vos bons offices, desquels je vous serai très-obligé.

Je suis, plus que personne du monde,
Monsieur,
    Votre très-affectionné serviteur,
    Le cardinal de Rets.

A Rome, ce 19° janvier 1666.

Vous[4] verrez, par ce que vous écrit M. de Bourlemont, ce qui s'est passé ici à l'égard des comédiens; je vous ai mandé, par l'ordinaire, qu'il a relevé leur insolence d'une manière et si forte et si judicieuse qu'elle ne peut faire ici qu'un très-bon effet, et que, m'ayant obligé à lui en dire mon sentiment, j'ai cru, comme lui, qu'il étoit de la grandeur du Roi de témoigner du mépris pour ces sortes de gens[5] en les faisant mettre en liberté, comme il avoit été de son service de ne les pas laisser sans

la réponse de Lionne (n° 39), que c'est pour lui obtenir une nouvelle « commission » que Retz le recommande au ministre; il faut, dans la Chenaye, à la date de 1665 substituer celle de 1667, que nous donne l'*Histoire de la cavalerie française* du général Susane, tome III, p. 218.

3. Marie de Lannoy, grand'mère maternelle de Retz, était arrière-grand'tante du baron d'Écouis.

4. Ce post-scriptum a été écrit, dans le blanc, entre *du monde* et *Monsieur*.

5. Ces cinq derniers mots, et, à la phrase suivante, *ici*, sont en interligne.

châtiment. Je répète ici ce que je vous en ai déjà écrit, parce que je crois que M. d'Escouy arrivera devant l'ordinaire.

1666

---

39. — LETTRE DU CARDINAL DE RETZ A M. DE LIONNE.
(Sur ce qu'on ne lui fait aucune réponse de la part du Palais; et les affaires du convent des Grands Augustins de Paris et de celui de Saint-Denis.)

Monsieur,

On ne m'a fait encore aucune réponse du côté du Palais, et la continuation de ce silence a si peu de rapport à l'impatience que la visite de Mgr Varese avoit fait paroître que je ne pourrois qu'en dire, s'il n'y avoit lieu de l'attribuer à la maladie de M. le cardinal Albizzi, qui n'a pas été en état d'agir toute la semaine passée, et qui n'a commencé à sortir que d'avant-hier. La pensée de M. de Bourlemont et la mienne est que, comme on ne résout rien ici sur ces matières sans en prendre son avis, son incommodité est apparemment la cause de ce délai. Si il va plus loin, nous commencerons à croire qu'il peut y avoir quelque changement dans les esprits.

J'oubliai de vous mander, par le dernier ordinaire, ce qui s'étoit passé dans la congrégation des Réguliers touchant l'affaire des Augustins. M. le cardinal Farnèse[1] y voulut rapporter la requête des religieux qui se plai-

---

Lettre 39. — Archives des Affaires étrangères, Rome, 1666. *Lettres à Lionne*, tome XXIII (174), pièce 59, fol. 150. Original, de la main du secrétaire; la ligne de signature est seule autographe. — Voyez la fin de la note préliminaire de la *lettre* 37.

1. Jérôme Farnèse, né le 30 septembre 1599, créé cardinal par Alexandre VII en 1658, mort le 18 décembre 1668. Il fut archevêque de Patras, gouverneur de Rome et légat de Bologne.

gnent de l'ordre qui a été établi dans le grand convent[2], et je pris la parole pour représenter à la compagnie les volontés du Roi. Elles y furent reçues avec tout le respect qui leur est dû; la congrégation déclara qu'elle ne prétendoit, en façon du monde, toucher à ce qui avoit été ordonné par Sa Majesté et[3] à ce qui seroit réglé par les évêques nommés par Elle; et M. le cardinal Farnèse me dit, en sortant, qu'il ne parleroit plus de cette affaire, sans en avoir la permission du Roi.

J'ai expliqué à M. le cardinal de Sainte-Croix les intentions de Sa Majesté touchant le convent de Saint-Denis[4]. Il me paroît tout à fait disposé à suivre ses ordres, et il n'y trouvera aucune difficulté du côté de la congrégation, parce que M. le cardinal Ginetti, qui en est le président, concourra à faire que cette maison ne soit point de la province de Provence[5]. J'aurai l'œil à ce que[6] l'on ne se serve pas, dans les suites, de cette raison pour y introduire peu à peu les Italiens. Je suis persuadé que l'on en a le dessein; mais la protection du Roi conservera aussi facilement cette maison que celle de la Trinité du Mont, contre laquelle on voulut se servir, il y a quelque temps, du même prétexte.

Je suis,
    Monsieur,
        Votre très-affectionné serviteur,
        Le cardinal de RETS.

A Rome, ce 26° janvier 1666.

2. Le couvent des Grands Augustins de Paris.
3. *Par* a été biffé après *et*. C'est, il semble, de même que la correction indiquée dans la note 6, un indice de dictée.
4. Voyez la *lettre* 28, p. 114.
5. Mais restera de France, sans désignation de province : voyez *ibidem*, et ci-après, p. 160. Les Trinitaires de France se partageaient en six provinces.
6. *Que* corrige *qu'il*.

40. — LETTRE DU CARDINAL DE RETZ A M. DE LIONNE.
(Sur ce qu'il n'a point encore eu réponse du Palais; le convent de Saint-Denis, et les ornements de Saint-Jean de Latran.)

1666

MONSIEUR,

Le gentilhomme de M. le comte de Saint-Paul[1], qui n'est pas arrivé ici plus tôt que l'ordinaire, m'a rendu la lettre que vous m'avez fait l'honneur de m'écrire du 8ᵉ janvier[2]. Elle m'apprend l'état de la maladie de la Reine mère, sur lequel je crois que vous ne doutez pas de ma douleur; elle est assurément aussi grande qu'elle est juste, et je suis persuadé que je ne la saurois mieux exprimer[3].

Je n'ai encore aucune réponse du Palais, et quelque diligence que j'aie pu faire pour pénétrer la raison de ce silence, il m'a été impossible d'en tirer aucune lumière. L'application extraordinaire que l'on a eue d'abord à recevoir et à examiner les[4] ouvertures que

---

LETTRE 40. — Archives des Affaires étrangères, Rome, 1666. *Lettres à Lionne*, tome XXIII (174), pièce 75, fol. 184 et 185. Original, de la main du secrétaire; la ligne de signature est seule autographe. — Voyez la réponse de Lionne, en date du 26 février, aux *Pièces justificatives*, n° 41.

1. Charles-Paris de Longueville, comte de Saint-Paul, second fils d'Anne-Geneviève de Bourbon-Condé, duchesse de Longueville, né à l'Hôtel de Ville de Paris, en 1649, pendant la Fronde. Il devint duc de Longueville, en 1671, à la place de son frère aîné, Jean-Louis-Charles, qui embrassa l'état ecclésiastique, et il fut tué, le 12 juin 1672, au passage du Rhin.

2. Le n° 30 des *Pièces justificatives* est daté du 8 janvier; mais il n'y est pas question de la Reine mère. Lionne avait-il écrit, le 8, deux lettres et n'y en a-t-il qu'une aux Archives?

3. Anne d'Autriche était morte quand Retz écrivait ces mots; elle l'était déjà avant la lettre précédente. Elle quitta ce monde le mercredi 20 janvier, au lendemain de la date des *lettres* 37 et 38. Voyez les *Mémoires de Mme de Motteville*, tome IV, p. 445.

4. *Les* corrige *mes.*

j'ai faites au Pape, jointes à toutes les circonstances que je vous ai écrites de temps en temps, font que nous ne nous pouvons imaginer, M. de Bourlemont et moi, qu'il y ait eu de l'art et du dessein dans les premières apparences qui nous ont persuadé que l'on souhaitoit ici l'accommodement. Le secret que l'on y observe encore, avec une exactitude qui passe jusques au scrupule, sur tout ce qui regarde la dernière audience que j'ai eue de Sa Sainteté, nous empêche même de soupçonner que ce qu'Elle laissa pénétrer, de la première que j'avois eue à Castel, à M. le cardinal Pallavicin et au P. Oliva⁵, fut en vue de prendre avantage des apparences de la négociation. L'utilité que la cour de Rome auroit pu concevoir à jeter de fausses lueurs pour ralentir les pas du clergé, du Parlement et de la Sorbonne, seroit un fondement plus vraisemblable pour nous faire croire que son intention n'a été, dès les commencements, que de *dar' tempo al tempo*⁶, ce qui est assez du génie du pays ; mais nous ne pouvons pas même tomber dans ce sentiment, quand nous considérons le détail de ce qui s'est passé, que vous avez vu sans doute beaucoup plus clairement, dans la suite de mes lettres, que je ne vous le pourrois exprimer ici, et nous nous réduisons à croire que la froideur qui paroît au Palais est plutôt l'effet du changement qui y est apparemment dans les esprits, qu'une suite d'aucun dessein que l'on y ait formé d'abord. Ce qui nous confirme dans cette opinion est l'avis certain que nous avons et que Monsieur le Nonce donne tous les faux jours et

---

5. Voyez ci-dessus, p. 105, note 6.

6. Gagner du temps, pour laisser mûrir les choses ; littéralement « donner temps au temps ». Nous avons déjà vu cette locution au tome V des *Mémoires*, p. 73.

toutes les fausses couleurs dont il se peut aviser à toutes les nouvelles qui regardent le dedans et le dehors du Royaume, et que l'on se flatte, au Palais, de la pensée que, si la France venoit à rompre avec l'Angleterre[7], elle n'auroit peut-être pas tant d'application aux affaires de Rome. Voilà ce qui nous paroît des véritables causes du silence que les gens du pays, qui sont accoutumés à ne voir que de la lenteur et de l'irrésolution dans les affaires même pour lesquelles on ne peut avoir que de bonnes dispositions, n'attribueroient certainement qu'à l'inaction inconcevable où l'on est sur toutes choses en cette cour, et nous nous rendrions peut-être à une infinité d'exemples aussi surprenants que nous en avons ici, si l'application que l'on y a fait paroître, dans les commencements de cette négociation, ne nous obligeoit de juger autrement de sa continuation et de ses suites, et d'attribuer à d'autres causes le changement visible qui y paroît. On s'y veut, tout au moins, donner du temps pour prendre son parti selon les conjonctures, et ce qui nous confirme tout à fait dans ce sentiment est que le Pape, de qui je pris hier audience au consistoire, pour lui parler d'une affaire de moines de Portugal qui m'étoit recommandée par Mademoiselle de Nemours[8], ne me parla, en façon du monde, de la Bulle ; M. le cardinal Chigi, que j'abordai exprès sous le même prétexte, demeura dans le même silence; M. le cardinal Albizzi, avec qui je m'entretins quelque temps, ne m'en ouvrit pas seulement la bouche; et M. de Bourlemont n'avoit pas

---

7. Elle avait déjà rompu, en effet, à la date de cette lettre : voyez ci-dessus, p. 149 et note 6.
8. Marie-Françoise-Élisabeth, née en 1646, fille puînée de Charles-Amédée de Savoie, duc de Nemours, et qui, quelques mois après la date de cette lettre, le 25 juin 1666, épousa Alphonse VI, roi de Portugal.

été d'avis que j'en commençasse le discours, parce que l'on n'auroit pas manqué de prendre pour empressement ce que j'en aurois pu dire sur le tout[9]. Nous nous croyons obligés d'ajouter, en ce lieu, que la conduite de cette cour est si obscure, si irrégulière et si incertaine, que nous ne serions pas tout à fait surpris si, après même ce que nous vous écrivons aujourd'hui, on nous faisoit demain une réponse toute contraire à ce que nous vous mandons; et le même principe qui nous a empêchés[10] de vous assurer que ses dispositions fussent bonnes, dans le temps qu'elles nous ont paru les meilleures, fait que nous ne voudrions pas vous répondre qu'elles se trouvent, par l'événement, aussi mauvaises que nous avons sujet de le craindre par ce que nous en voyons présentement.

J'ai conçu, comme vous aurez vu par ma dernière, que l'intention du Roi, touchant le convent de Saint-Denis de cette ville, est qu'il soit conservé aux François, et qu'il ne soit pourtant d'aucune province de France, et je l'ai dit à M. le cardinal de Sainte-Croix, qui, pour ce particulier, suivra les ordres de Sa Majesté, quoique son premier sentiment fût de le faire déclarer incorporé dans la congrégation des Réformés[11], tant parce qu'il l'a été en effet par les brefs des papes, que parce que nous avions cru que cette voie étoit la plus sûre pour se défendre contre les Italiens. Je vous mandai dernièrement que la protection du Roi mettroit suffisamment à couvert de leurs entreprises cette maison par les mêmes

---

9. Il n'y a de point, dans l'original, ni avant ni après *sur le tout*; mais le premier *Nous* qui suit y est écrit par une majuscule.

10. Dans le manuscrit, *empêché*, sans accord; mais, plus haut, *obligés*; il parle au nom de M. de Bourlemont et au sien.

11. Il y avait eu trois réformes des Trinitaires; l'une comprenait deux des provinces françaises; une autre étoit celle des Déchaussés de France.

voies que l'on a suivies pour conserver la Trinité du Mont[12], quoiqu'elle ne soit d'aucune province ; mais il reste une autre difficulté dans cette affaire, sur laquelle je n'ai pu éclaircir M. le cardinal de Sainte-Croix, parce que M. de Bourlemont ne m'a pu dire les intentions de Sa Majesté sur le détail dont il s'agit. Les religieux réformés, qui prétendoient que ce convent seroit déclaré de même nature que les autres de leur congrégation, demandent que l'on fasse ici une province de sept ou huit convents qu'ils ont en France, et je vous supplie de me faire savoir les volontés de Sa Majesté sur ce point, afin que j'en puisse informer M. le cardinal de Sainte-Croix.

J'ai su que l'on ne donna point d'ornements aux chanoines de Saint-Jean de Latran[13] en leur donnant l'abbaye, et qu'ils se sont toujours servis pour la cérémonie de sainte Luce de ceux de leur sacristie ordinaire. Deux d'entre eux me pressèrent encore, il y a quelque temps, de vous écrire sur ce sujet, et je leur répondis que je le ferois avec joie, s'ils me donnoient quelque titre de le pouvoir faire avec bienséance, mais que je n'en trouvois pas à demander au Roi des parements[14] pour une cérémonie qui ne se fait que par reconnoissance et pour mémoire d'un bienfait qui leur venoit

---

12. Voyez p. 69, note 3.

13. Les rois de France étaient chanoines de Saint-Jean de Latran depuis qu'Henri IV, après sa conversion, avait fait don à la basilique de la riche abbaye de Clérac, en Gascogne. On voit ici que, le jour de sainte Luce, le chapitre fêtait la commémoration de ce bienfait.

14. Ici, sans doute, le mot *parements* signifie, en général, ornements d'église. Le sens ordinaire du mot est « étoffes qui parent le devant d'un autel. » — Il y a *ornements* huit lignes plus haut, et dans le sommaire extrait de la Table : voyez en tête de la *lettre*, p. 157.

de la France; je suis persuadé qu'ils n'en feront plus d'instance.

Je suis,
    Monsieur,
        Votre très-affectionné serviteur,
        Le cardinal de RETS.

A Rome, ce 2 février 1666.

M. le[15] cardinal Sforze[16] porta hier au matin au Pape la nomination[17] de l'Empereur en faveur de l'archevêque de Saltzburg, et Sa Sainteté lui répondit qu'Elle[18] feroit la promotion pour les couronnes quand le Saint-Esprit le lui inspireroit. Je sais ce particulier d'un cardinal à qui M. le cardinal Sforze l'a dit lui-même. On croyoit ici communément que l'Espagne nommeroit le jésuite confesseur de la reine[19]; mais on commence à en douter et l'on dit que D. Pedro de Benavides y a bonne part.

Un de mes estafiers[20], qui est auprès de M. le comte de Saint-Paul, eut, hier au soir, un démêlé avec un portier de la comédie, et fut pris prisonnier par les sbires.

15. Toute cette fin de la lettre est écrite, dans le blanc, entre *Je suis* et *Monsieur*.

16. Voyez ci-dessus, *lettre* 16, p. 64 et note 10.

17. La nomination de cardinal. — Guidobald de Thun, Allemand, archevêque de Saltzbourg (dans le manuscrit, ici, *Salsbourg*, dans la *lettre* 42, p. 171, *Saltzburg*). Il fut nommé cardinal sans titre, en 1666, dans la dernière promotion d'Alexandre VII.

18. *Elle* corrige *il*.

19. Le jésuite allemand Nithard, confesseur de Marie-Anne d'Autriche, veuve de Philippe IV, et régente d'Espagne, ne fut promu cardinal qu'en 1672, par Clément X, après que la reine, contrainte de le faire partir d'Espagne (1669), l'eut envoyé à Rome, avec la qualité d'ambassadeur. — Sur Benavidès, voyez p. 243 et note 6.

20. On nommait ainsi, en Italie, des domestiques armés qui portaient la livrée et avaient un manteau.

Un gentilhomme qui est à moi, s'étant trouvé sur le lieu par hasard, le fit relâcher, à l'heure même, et Mgr Conti, gouverneur de cette ville[21], cassa, à l'instant, le lieutenant qui commandoit cette garde et m'en envoya donner le premier avis. M. de Bourlemont a jugé à propos que, pour répondre à cette courtoisie, je donnasse congé à mon estafier, ce que j'ai fait à ce matin, en envoyant faire un compliment au gouverneur. Le maître de chambre de M. le duc de Bracciane[22] m'est venu trouver, de la part de son maître, pour m'offrir ce qui dépendoit de lui en cette occasion. Sans cette circonstance, que je me crois obligé de vous faire savoir, je n'aurois pas pris la liberté de vous entretenir d'une bagatelle de cette nature.

---

41. — LETTRE DU CARDINAL DE RETZ
A M. DE LIONNE.
(En lui envoyant ces deux actes[1], avec des réflexions et quelques nouvelles.)

MONSIEUR,

J'ai reçu, par cet ordinaire, deux nouvelles qui ont

---

21. La *lettre* 42 annonce sa promotion au cardinalat : voyez p. 170, note 6.
22. Flavio Orsini, duc de Bracciano et de Santo-Gemini, grand d'Espagne, chevalier des ordres du Roi. Il épousa, en secondes noces, Anne-Marie de la Trémoïlle-Noirmoutier, la célèbre princesse des Ursins, et mourut en 1698, sans postérité.

LETTRE 41. — Archives des Affaires étrangères, Rome, 1666. *Lettres à Lionne*, tome XXIII (174), pièce 89, fol. 209 et 210. Original, de la main du secrétaire; la ligne de signature est seule autographe. — Voyez la réponse de Lionne, en date du 5 mars, aux *Pièces justificatives*, n° 42.

1. Ces deux actes étaient « la copie de la bulle de Léon X, par laquelle il dispensa Charles-Quint, dit Lionne dans sa ré-

fait en moi les effets du monde les plus contraires. Rien ne me sauroit jamais donner plus de joie que l'agrément qu'il plaît à Sa Majesté de me témoigner, par un excès de bonté, du peu que j'essaie de faire ici pour son service, et rien ne me peut causer plus de douleur que l'appréhension que j'ai [que] les mauvais bruits qui courent ici touchant la Reine mère ne soient que trop véritables ².

Vous trouverez ci-jointe la copie de la bulle de Léon X[e], qui n'est, à proprement parler, qu'une dispense qu'il donne à la personne de Charles-le-Quint ³, pour pouvoir retenir avec l'Empire le royaume de Naples. Un prélat de cette cour, assez intelligent, me disoit, il y a quelques jours, qu'il croyoit que les Espagnols pourroient prétendre que ses successeurs sont compris dans cette dispense, parce qu'il est porté, par une de ses clauses, que la bulle de Jules II[d] demeurera dans toute sa force, excepté sur l'article sur lequel on avoit dispensé. Mais, outre que cet endroit même ne se peut expliquer que comme une précaution que Léon X[e] a prise pour faire voir qu'en se relâchant en faveur de Charles-le-Quint de la clause de l'incompatibilité insérée dans la

ponse, de l'incompatibilité de l'Empire avec le royaume de Naples, et la copie aussi de l'investiture dudit royaume donnée par Clément VIII au roi d'Espagne Philippe III. » Le ministre avertit qu'il n'y a pas trouvé jointe celle de Jules III à Philippe II[a], « que je présuppose néanmoins, ajoute-t-il, n'être différente en rien de celle de Clément VIII[b]. » Ces pièces n'accompagnent pas la lettre dans le tome XXIII (174) des Archives.

2. Voyez, p. 157, la note 3 de la lettre précédente.
3. Charles I, comme roi d'Espagne.

[a] Ces trois papes régnèrent, le premier de 1513 à 1522, le second de 1550 à 1555, le troisième de 1592 à 1605 ; les trois rois, le premier de 1516 à 1556, le second de 1556 à 1598, le troisième de 1598 à 1621.
[b] Voyez l'*Histoire ecclésiastique* de Fleury, année 1554, tome XXX, p. 629 et 630.

bulle de Jules II[d], il ne prétendoit pas [4], pour cela, décharger cet empereur des autres obligations de l'investiture : outre, dis-je, cette considération, qui est certainement et visiblement le vrai sens de la bulle, le mot *dum vixerit* [5], qui y est répété deux ou trois fois, convainc incontestablement que cette dispense de Léon X [e] n'a aucun trait aux successeurs de Charles-le-Quint [6], et qu'elle n'a regardé que sa seule personne ; et cette réponse détruit à mon opinion, plus que suffisamment, le fondement sur lequel le prélat dont je vous viens de parler appuyoit la sienne. Il disoit que le pape Léon, ayant marqué précisément, par sa bulle, qu'il donnoit cette dispense à l'Empereur pour établir plus fermement ses descendants dans la possession du royaume de Naples, faisoit voir clairement que son intention ne s'arrêtoit pas à la personne de Charles-le-Quint, mais qu'il prétendoit encore comprendre dans le bénéfice de la dispense ceux de sa maison. Ces mots *dum vixerit* et *dum viveret* [7] arrêtèrent ce raisonnement tout court, et ce prélat m'avoua qu'il ne les avoit pas remarqués dans la bulle. Celles des investitures données par Jules III [e] à Philippe II [e], et par Clément VIII [e] à Philippe III [e], dont vous trouverez ici la copie, ont fait naître un autre scrupule dans mon esprit. Il y est porté que ces rois observeront inviolablement toutes les conditions stipulées par la bulle de Jules II [e], à la réserve de celles desquelles le Saint-Siège se trouveroit avoir dispensé, d'où l'on voudroit peut-être inférer que, le Saint-Siège ayant dispensé sur l'article de l'incompatibilité, et n'ayant jamais dispensé sur aucun autre, cette clause d'excep-

---

4. *Pas* est en interligne.
5. « Tant qu'il aura vécu, vivra. »
6. *Le* est en interligne, après *Charles*.
7. « Pendant qu'il vivait. »

tion, portée dans ces dernières bulles en faveur des princes qui n'en avoient pas besoin pour leurs personnes, puisqu'ils n'étoient pas empereurs, ne pourroit être que l'explication de celle qui a été insérée dans la bulle de Léon X.ᵉ en faveur de Charles-le-Quint, et devroit servir, par conséquent, de témoignage que la dispense s'étend à ses descendants ; et ce qui donneroit peut-être quelque légère apparence à cette réflexion est qu'il semble que l'on pourroit dire que, Charles V ayant imposé à ses successeurs au royaume de Naples beaucoup de charges non accoutumées, pour obtenir cette nouvelle condition dans une investiture qui étoit d'ailleurs assurée à sa maison même par la bulle de Jules II, il est vraisemblable qu'il a cru qu'elle entreroit dans le bénéfice de la dispense. Voilà, au moins à ce qui m'en paroît, où les Espagnols pourroient porter leurs chicanes, je dis leurs chicanes, car il est certain qu'il ne faut qu'un peu de bonne foi, et qu'une fort légère connoissance du style des bulles, qui ne sont pas tout à fait régulières dans l'observation des temps de la grammaire, pour confesser que les papes n'ont prétendu, par la clause dont il s'agit, que déclarer[8], d'une part, qu'ils n'ont déchargé Charles-le-Quint d'aucune des obligations de l'investiture que de celle de l'incompatibilité, et de faire voir, de l'autre, qu'ils se sont réservé[9] le pouvoir de dispenser, quand il leur plaira, et de celle-là et des autres. Vous trouverez, Monsieur, beaucoup de confusion dans ce peu de réflexions informes que je vous écris la hâte sur des bulles que je n'ai que depuis hier au soir[10] entre les mains et que je n'ai pas eu même le temps

---

8. Un mot, peut-être un premier *déclarer*, a été effacé puis ré- après *que*.
9. Dans l'original, *réservés*, avec accord incorrect.
10. *Au soir* est en interligne.

de faire copier bien correctement. Je n'ai pu encore avoir l'investiture de Philippe IIII[11].

Vous aurez ouï parler sans doute de la difficulté que Francesco Lescora a faite ici sur le calcul de Clavius[12] touchant le temps de la célébration de Pâques. Ses remontrances ont été longtemps négligées[13] en cette cour. On y a fait, depuis quelques jours, beaucoup de réflexion, parce qu'il y a grande quantité de gens qui prétendent que cette fête sera cette année un mois plus tard qu'elle ne le devroit être selon l'intention du concile de Nicée[14]; et je sais même, de fort bon lieu, que si il y eût eu assez de temps pour avertir les Églises, on l'auroit[15] avancée dès cette année. Les Jésuites font les derniers efforts pour empêcher ce changement et pour soutenir la supputation de Clavius, qui étoit de leur compagnie; on ne croit pas qu'ils y réussissent. Les difficultés qui ont été dans l'Église sur cette question

---

11. Philippe IV (dans notre manuscrit, IIII), fils et successeur de Philippe III, régna en Espagne de 1621 à 1665, sous les pontificats de Grégoire XV, Urbain VIII, Innocent X et Alexandre VII. Sa mort est annoncée plus haut, p. 80, dans le post-scriptum de la *lettre* 22.

12. Christophe Clavius, savant mathématicien, né à Bamberg, entra dans l'ordre des Jésuites et fut envoyé par eux à Rome, en 1581, où le pape Grégoire XIII l'employa à la réforme du calendrier, ordonnée par la bulle du 24 février 1582. Jean Vossius, dans son livre *de Scientiis mathematicis*, le regarde comme l'auteur du calendrier grégorien, et Bailly ajoute qu'il fut chargé de tous les calculs nécessaires à la perfection de ce calendrier. Il combattit victorieusement ses adversaires dans son ouvrage intitulé : *Calendarii romani gregoriani explicatio, jussu Clementis VIII*, 1603, in-folio.

13. Ce mot est en interligne, sur *méprisées*, biffé.

14. Le concile de Nicée décréta, en 325, que la fête de Pâques serait célébrée le premier dimanche après la première pleine lune qui suivrait l'équinoxe du printemps.

15. L'initiale *l'* est en interligne, devant *auroit*.

au temps du pape Victor[16], et qui ont fait même l'hérésie des *quartadecimani*[17], font qu'elle n'est pas si peu considérable qu'elle a paru d'abord.

Je n'ai rien appris, depuis ma dernière, des intentions du Pape touchant la Faculté, et M. de Bourlemont n'a pas jugé à propos que je fisse aucun pas : son sentiment est que, lorsque j'aurai la réponse à la lettre[18] que je vous écrivis au sujet de la conversation que j'eus avec Mgr Varese, je donne lieu à cette cour de s'expliquer, en m'y conduisant pourtant d'une manière qui ne lui fasse voir aucune impatience, et qui ne lui laisse aucun lieu d'en prendre avantage.

J'ai fait mon possible pour trouver quelque tempérament dans le démêlé que Monsieur l'archevêque de Gênes a avec la République[19], qui n'en a voulu recevoir aucun, quoique la congrégation de l'Immunité se soit conduite, à son égard, avec toute la douceur et avec toute la considération imaginable. Comme je ne suis point juge nécessaire en cette cause, je m'en suis abstenu, et j'ai témoigné au Signor Ferdinando[20] Raggi que, croyant ma conscience engagée si je m'y trouvois

---

16. Victor I ou saint Victor, pape de 193 à 202. La dispute sur la célébration de la fête de Pâques se renouvela sous son pontificat, et il « ne garda pas la même modération que ses prédécesseurs. » (*Art de vérifier les dates*, tome I, p. 221.)

17. « Plutôt schismatiques qu'hérétiques, dit du Cange, dans son *Glossaire de la basse latinité*. On les nomme ainsi, et, en français, *quartodécimans* ou *quartodécimains*, parce qu'ils fixaient la fête au dimanche qui suit le 14e jour de la lune de mars. » — Au sujet de la fixation du jour de Pâques, voyez, dans l'*Art de vérifier les dates*, que nous venons de citer, la *Dissertation sur les dates*, etc., § XIII, *du Cycle pascal*.

18. La *lettre* 35.

19. Voyez ci-dessus, *lettre* 15, p. 57 et 58. — L'archevêque de Gênes était alors le cardinal Jean-Baptiste Spinola.

20. Plus haut (p. 58), Raggi a pour prénom *Giacomo*.

à parler contre l'intérêt de ses supérieurs, je m'en déportois[21] à la considération de la bonne volonté dont je savois que le Roi les honoroit.

Je suis,
   Monsieur,
     Votre très-affectionné serviteur,
      Le cardinal de RETS.

A Rome, ce 9ᵉ février 1666.

---

42. — LETTRE DU CARDINAL DE RETZ
A M. DE LIONNE.

(SUR LA NOUVELLE DE LA MORT DE LA REINE MÈRE, LA PROMOTION, ET QUELQUES NOUVELLES.)

MONSIEUR,

Le courrier de France n'est pas encore arrivé, mais nous n'avons eu, par celui de Venise, que trop de confirmation de la mauvaise nouvelle dont le dernier ordinaire nous avoit déjà apporté le bruit[1]. Elle est si funeste et elle nous donne ici tant de douleur que nous sommes bien aises, M. de Bourlemont et moi, de nous flatter encore et d'attendre, pour en écrire à Leurs Majestés, l'arrivée du courrier.

Il y eut hier consistoire, où MM. Litta[2], archevêque

---

21. *Se déporter*, s'abstenir : voyez le *Dictionnaire de Littré*, 2°.

LETTRE 42. — Archives des Affaires étrangères, Rome, 1666. *Lettres à Lionne*, tome XXIII (174), pièce 110, fol. 252 et 253. Original, de la main du secrétaire; la ligne de signature est seule autographe. — Voyez la réponse de Lionne, en date du 12 mars, aux *Pièces justificatives*, n° 44.

1. La mort d'Anne d'Autriche, arrivée, nous l'avons dit, le 20 janvier 1666 : voyez ci-dessus, p. 157 et note 3.

2. Alphonse Litta, né à Milan le 19 septembre 1608, devint ar-

1666 de Milan, Corsini[3], trésorier, Paluzzi[4], auditeur de la Chambre, Nini[5], maggiordome, Conti[6], gouverneur de Rome, et Rasponi[7] furent faits cardinaux. Le Pape se réserva *in petto* les quatre autres places vacantes[8], dont[9]

chevêque de cette ville, après avoir été commissaire général des armes du Pape. Alexandre VII le nomma cardinal, ainsi que les cinq suivants, le 14 janvier 1664, mais ils ne furent déclarés que le 15 février 1666. C'est à la date de 1664 que Moréri (tome III, p. 234) place leur promotion, avec celle de six autres. Litta mourut à Rome le 8 août 1679.

3. Neri Corsini, né à Florence en 1600, trésorier général de la chambre apostolique, archevêque de Damiette, fut envoyé comme nonce en France en 1652. Il fut ensuite évêque d'Arezzo et mourut à Florence le 19 septembre 1678.

4. Paluzzo Paluzzi Albertoni devint secrétaire d'État sous Clément X, qui l'adopta et lui fit porter le nom d'*Altieri*. Il fut archevêque de Ravenne, légat d'Avignon, et mourut, sous-doyen du Sacré Collége, le 29 juin 1698.

5. Voyez ci-dessus, p. 64, note 9.

6. Jean-Nicolas Conti, évêque d'Ancône et de Sabine, gouverneur de Rome, mort le 20 janvier 1689, à l'âge de quatre-vingts ans, dans le conclave qui élut Alexandre VIII. Il est nommé plus haut, dans la *lettre* 40 (p. 163), avec son titre de gouverneur de Rome, comme ayant donné prompte satisfaction à notre cardinal, au sujet de l'arrestation par les sbires d'un de ses estafiers.

7. César Rasponi, né à Ravenne en 1615, d'une des plus anciennes familles de l'Italie. Nommé nonce extraordinaire auprès de tous les princes chrétiens, en 1662, lors des démêlés de Louis XIV et d'Alexandre VII, au sujet de l'affaire de la garde corse, il eut l'habileté de mettre fin au différend, par le traité de Pise, dont il fut l'un des signataires (voyez ci-dessus, p. 2, et p. 9, note 21). En 1668, Clément IX l'investit de la légation d'Urbin. Il mourut le 21 novembre 1675.

8. Les quatre cardinaux réservés ce jour-là, ou du moins ceux qui furent déclarés le 7 mars 1667, sont Delfini, patriarche d'Aquilée, G. de Thun, archevêque de Saltzbourg, puis évêque de Ratisbonne (voyez ci-dessus, p. 162 et note 17), Louis duc de Vendôme, gouverneur de Provence, et Louis-Guillaume de Moncade de Luna, duc de Montalte, celui probablement dont il s'agit dans la phrase suivante.

9. *Dont*, pour *ce dont*, *chose dont*.

on a été ici assez surpris, parce que le délai que cette réserve apportera apparemment à la promotion qui se doit faire pour les couronnes ne s'accorde pas trop avec les instances que Sa Sainteté a fait faire par son nonce auprès de l'Empereur pour la nomination de l'archevêque de Saltzburg. Monsieur l'ambassadeur d'Espagne porta, il y a quelques jours, au Palais celle du roi son maître, mais d'une manière qui paroît ici fort extraordinaire ; car il dit au Pape que cette nomination lui avoit été envoyée d'Espagne cachetée, avec ordre de ne l'ouvrir que lorsque Sa Sainteté seroit résolue de faire la promotion pour les couronnes. Il la pressa, à ce que l'on m'a assuré, de donner au plus tôt cette satisfaction au roi son maître ; mais on ne dit pas qu'il ait témoigné pourtant aucun mécontentement de la réponse qu'il a reçue assez clairement par la réserve *in petto*. Au moins est-il certain que je le vis, hier après dîner, chez Mme la princesse Chigi[10], où il vint, comme tous les autres, selon la coutume, faire ses compliments de la promotion.

Je trouvai hier au consistoire M. le cardinal Albizzi si gai et si disposé à entrer en discours sur toutes matières, que j'eus lieu de le mettre naturellement et imperceptiblement sur celle de la Bulle, qui regarde la Faculté de théologie, et il me répondit fort ingénument[11], à ce qui m'en parut, que l'on ne lui en avoit parlé, du côté du Palais, en façon du monde. Ce qui, joint à ce que je sais d'ailleurs, que l'on ne s'y est pas tenu si couvert avec M. le cardinal Borromée, me confirme dans l'opinion et que le silence que l'on observe n'est pas

10. Dona Bérénice de Aciaria ou Ciaja, née en 1626, morte le 25 mai 1667, femme de don Mario Chigi, frère aîné d'Alexandre VII et général des armes de l'Église.
11. Franchement, avec vérité.

un pur effet de l'inaction ordinaire de cette cour, et que l'on prétend de le continuer ou de le rompre selon le cours des affaires générales. Ce n'est pas que je ne croie et même que je ne sache que M. le cardinal Borromée, qui n'agit certainement, en toutes occasions, que par le principe de la conscience, souhaite[12] l'accommodement pour le moins autant que M. le cardinal Albizzi; mais je ne laisse pas de pouvoir, ce me semble, fonder la réflexion que je fais sur la différence de la conduite que cette cour a gardée à l'égard de ces deux cardinaux, parce que la confiance qu'elle peut prendre au secret de Borromée, et la connoissance qu'elle a de la liberté qu'Albizzi donne à sa langue me font juger que, s'étant ouverte à celui-là, qu'elle estime assurément encore plus qu'elle ne l'aime, elle ne demeure pas sans application à l'affaire ; et que, n'en ayant rien dit à celui-ci, elle veut encore demeurer libre sur la manière dont elle pourra agir dans les conjonctures. J'oserois presque vous promettre que je vous éclaircirai à fond des véritables intentions de Rome, par le premier[13], ou, tout au plus tard, par le second ordinaire.

Il y a eu, ces jours passés, sept frégates angloises à Ligourne[14], qui s'y sont rafraîchies et qui en attendent, à ce que l'on dit, sur cette côte, quinze autres qui sont déjà, à ce que l'on prétend, au détroit[15]. On assure aussi, en cette cour, que l'armée navale d'Espagne est sur le point de passer dans ces mers.

12. Devant *souhaite* a été biffé *ne*.
13. C'est ce qu'il fit en effet : voyez la lettre suivante.
14. Livourne. Sur cette ancienne orthographe, voyez au tome V, p. 592, note 3.
15. Au détroit de Gibraltar. — Les derniers mots, depuis « qui sont », ont été écrits à la suite de la phrase suivante, avec un signe de renvoi.

J'oubliai, mardi passé, de vous remercier de la comédie d'*Alexandre*[16], qui est fort belle. La reine de Suède, qui l'a admirée, eut tant d'impatience de la voir qu'elle me l'envoya demander, devant que j'eusse eu le temps de la lui porter.

Je suis,
  Monsieur,
    Votre très-affectionné serviteur,
    Le cardinal de RETZ.

A Rome, ce 16e février 1666.

---

43. — LETTRE DU CARDINAL DE RETZ A M. DE LIONNE.

(SUR LES RAISONS QUI ARRÊTENT LA NÉGOCIATION AU SUJET DE LA BULLE, LE SERMENT DE LA BULLE DE CASTRO, LES NOUVEAUX CARDINAUX, ET QUELQUES NOUVELLES.)

MONSIEUR,

Nous avons eu ici presque en même temps les deux derniers ordinaires, celui du 22e janvier n'étant arrivé que jeudi au matin, et celui du 29, vendredi à midi[1]. Il seroit superflu que je vous disse que je ressens plus que personne du monde la funeste nouvelle dont le premier

---

16. La tragédie d'*Alexandre* par Racine, jouée pour la première fois le 4 décembre 1665. On sait qu'au dix-septième siècle le mot *comédie* était un terme générique et s'appliquait aussi à la tragédie. Voyez le *Lexique de Mme de Sévigné*, etc.

LETTRE 43. — Archives des Affaires étrangères, Rome, 1666. *Lettres à Lionne*, tome XXIII (174), pièce 128, fol. 301 et 302. Original, de la main du secrétaire; la ligne de signature est seule autographe. — Voyez la réponse de Lionne, en date du 19 mars, aux *Pièces justificatives*, n° 45.

1. Le jour de départ de l'ordinaire de Paris pour Rome était le

a apporté la confirmation entière, puisque je crois que vous me faites bien la justice d'être persuadé de cette vérité. Je prends la liberté de mettre dans ce paquet les deux lettres que je me donne l'honneur d'écrire à Leurs Majestés sur ce malheureux sujet[2].

Je tiens la parole que je vous donnai, mardi passé, de vous éclaircir à fond des intentions de la cour de Rome touchant la Bulle. J'appris jeudi, au consistoire qui fut intimé[3] pour donner le chapeau aux nouveaux cardinaux[4], que le Pape, étant sur le point de faire tenir la congrégation de Jansénius[5] pour y résoudre les termes selon lesquels il pourroit répondre à ma proposition, en avoit sursis tout d'un coup l'assemblée, sur la nouvelle qu'il eut d'un courrier extraordinaire d'Espagne, arrivé à Gênes le 21ᵉ janvier, qui apporte au gouverneur de Milan, à ce que l'on prétend au Palais, la confirmation de la ligue conclue entre l'Empire, l'Espagne et l'Angleterre. Cet avis m'a été donné d'un lieu auquel je crois pouvoir prendre toute sorte de créance, et ce qui m'y confirme davantage est que j'ai su depuis, par une autre voie, que M. le cardinal Chigi a parlé de cette

vendredi. L'ordinaire du vendredi 22 janvier n'était arrivé à Rome que le jeudi 18 février, et celui du vendredi 29 que le vendredi 19.

2. Ces deux lettres de Retz au Roi et à la Reine ne se trouvent pas dans la Correspondance de l'ambassade de France à Rome. — A la ligne précédente, le secrétaire avait, devant *l'honneur*, écrit, par attraction, *donneur*, puis il a effacé *ur*.

3. *Intimer* est le terme consacré pour ces sortes de convocations. « Intimer un consistoire, un concile, etc., » c'est assigner le temps et le lieu auxquels ils s'assembleront.

4. Aux six cardinaux nommés au commencement de la lettre précédente (p. 169 et 170) et qui avaient été déclarés dans le consistoire du 15 février.

5. Nous avons vu plus haut, p. 131, que « le Pape n'avoit voulu consulter cette affaire (de la Bulle) qu'avec la congrégation de Jansénius..., composée de cinq cardinaux. »

ligue⁶, comme d'une chose très-assurée, dans le moment même que celui qui m'a donné l'avis ci-dessus m'a marqué que le changement de la disposition du Pape touchant la tenue de la congrégation est arrivé. Comme je crois toutefois être bien informé que l'on n'a pas laissé, depuis ce temps-là, de demander, du côté du Palais, à M. le cardinal Borromée ses sentiments sur ce que j'avois proposé, ainsi que je vous l'ai mandé par ma dernière, je persiste dans la pensée que la conduite du Pape est de se mettre en état, s'il lui est possible, de rompre ou de reprendre la négociation selon le cours des affaires générales. Et j'ai cru, sur ce fondement, qu'il étoit du service du Roi d'en user de même à l'égard de Sa Sainteté, et de m'y conduire d'une telle manière que, si Sa Majesté juge qu'Elle ne doive pas attendre plus longtemps la réponse de Rome, je puisse dire, dans les suites, que, ne l'ayant pas eue en six semaines, je ne croyois plus que l'on se ressouvînt seulement, en cette cour, de ce qui s'y est passé entre Mgr Varese et moi; et que si, au contraire, Sa Majesté trouvoit qu'il fût à propos de revenir, dans les temps, à quelque pourparler, je pusse attribuer au respect que j'ai, en mon particulier, pour Sa Sainteté le silence dans lequel je serai demeuré en attendant la réponse dudit Signor Varese. J'ai proposé pour cela à M. de Bourlemont s'il ne jugeroit point à propos que je parlasse, dans les rencontres, à ces Messieurs de la congrégation d'une façon ambiguë qui diroit l'une et l'autre de ces choses. Il l'a approuvé, et je m'en démêlerai assez aisément en parlant italien, qui est⁷ une langue où l'on a affecté de

---

6. C'était un faux bruit; il n'y eut pas de conclusion de ligue cette année entre les Etats dont il est ici parlé.

7. Les mots : « italien, qui est, » ont été ajoutés en interligne.

trouver des expressions qui ne peuvent servir à quoi que ce soit qu'à ne se point faire entendre. Je crois que c'est tout ce qui me reste à faire dans la conjoncture présente, qui est d'une telle nature que je suis persuadé que, quand même il auroit plu au Roi de se relâcher jusques à l'expédient qui étoit venu dans l'esprit à M. de Bourlemont, il ne seroit pas à propos de s'en ouvrir, parce qu'il y a toute sorte d'apparence que la délibération de cette cour ne dépend plus du plus ou du moins de ce que l'on lui peut donner sur la question du côté de France : je dis apparence, car je demeure toujours dans le sentiment que l'on ne peut fonder aucun jugement sur sa conduite, et que ce qui y paroît aujourd'hui le plus assuré y paroîtra peut-être demain le plus incertain.

On me dit vendredi que les cinq cardinaux nouveaux[8] qui sont à Rome avoient juré la bulle de l'incamération de Castro[9], comme étant insérée, avec toutes les autres, dans le serment que l'on fait le jour que l'on prend le chapeau, et M. le cardinal Antoine[10], qui étoit présent à ce serment en qualité de camerlingue, et qui en a pu distinguer toutes les paroles, que nous ne pouvions pas seulement entendre, parce que nous étions fort éloignés de l'autel, me l'a confirmé, en ajoutant que Monsieur de Parme n'ayant point encore exécuté ce à quoi il est obligé par le traité de Pise, le Pape auroit peut-être prétendu qu'il pouvoit faire encore jurer cette bulle. Le sentiment de M. de Bourlemont a été que je vous donnasse cet avis.

8. Cinq sur les six promus.
9. A ce sujet et pour le traité de Pise, dont il est parlé un peu plus bas, voyez ci-dessus, p. 9, la note 21 de la pièce 1.
10. Antoine Barberin, attaché à la France par les plus hautes dignités ecclésiastiques : voyez ci-dessus, p. 123 et note 6.

SUR LES AFFAIRES DE ROME. — II, 43.

Je vous écrivis dernièrement[11] que j'avois trouvé Monsieur l'ambassadeur d'Espagne chez Mme la princesse Chigi ; j'ai su depuis qu'il ne lui a fait, dans cette visite, aucun compliment sur la promotion, et qu'il a dit assez hautement qu'il ne la lui a rendue, en ce rencontre, que pour satisfaire à la coutume et à la bienséance publique ; qu'il a grand sujet de se plaindre du Pape, qui lui avoit donné parole, le samedi[12], qu'il ne feroit pas si tôt la promotion, et que le moins qu'il eût cru devoir attendre de la bonté de Sa Sainteté est qu'Elle eût bien voulu lui donner quelque part d'un changement si prompt et si surprenant. Ses plaintes ont été publiques les deux premiers jours ; elles se sont ralenties ensuite, et elles ont recommencé, à ce que l'on m'a assuré, depuis vendredi[13]. Je ne sais si vous ne trouverez point ces minuties que je vous écris bien superflues ; mais vous savez qu'elles sont presque toujours mystérieuses en ce pays.

Je sais, de bon lieu, que le P. Dominique, carme déchaussé françois, et qui a été général ces années passées, fait état de faire imprimer ici, incontinent après Pâques, un livre de l'infaillibilité du Pape et de sa supériorité sur le concile. J'ai essayé de le détourner indirectement de cette pensée par la voie de l'un de ses amis, qui lui en a parlé et qui n'a pu rien gagner sur son esprit. Je ne sais si Sa Majesté ne trouveroit point à propos de lui en faire dire un mot de sa part[14]. Cet ouvrage, qui ne sera pas apparemment méprisable, parce que ce religieux est d'un esprit fort clair et fort net, ne peut avoir que deux mauvaises suites, dont l'une est qu'il

---

11. Voyez plus haut, p. 171.
12. Le samedi 13 février, l'avant-veille de la promotion.
13. Le vendredi 19.
14. En marge de cette expression de doute du Cardinal est écrit : *Non*, de la main de Lionne.

donnera peut-être occasion à un nouveau feu par les propositions délicates qui se coulent naturellement dans ces sortes de livres, et l'autre qu'il n'y a rien qui donne plus d'espérance à cette cour d'établir sa doctrine dans le Royaume, d'affoiblir la contraire, de faire naître de la division dans les esprits, etc., que de voir que des François se déclarent publiquement en sa faveur, sur des matières contestées dans Rome, où il est certain que toutes les nations se distinguent et, pour ainsi parler, se cantonnent pour s'unir en elles-mêmes[15] avec plus de force, avec plus d'application et[16] avec plus de zèle que dans leur propre pays. Nous sommes persuadés, M. de Bourlemont et moi, que rien n'a donné plus de créance en cette cour aux nouvelles de Monsieur le Nonce que l'application qu'il a eue à y trouver des échos de cette nature.

La condamnation de Guimenius, qui avoit été tout à fait résolue, a été encore sursise[17] par l'extrême résistance du P. Oliva[18]. On croit pourtant qu'il faudra qu'il cède, à la fin, aux efforts de M. le cardinal Ottobon, qui fait assurément, sur toutes ces matières, tout ce que l'on peut attendre de sa capacité et de sa vertu.

Le procureur général des Mathurins[19] me vint avertir avant-hier que le Pape a enfin accordé un visiteur général à la province d'Andalousie. J'en ai donné l'avis à M. de Bourlemont; quoique je ne puisse encore croire que cela soit, au moins vous puis-je assurer que l'on

15. Pour s'unir en un tout qu'elles forment par elles-mêmes, à elles seules.
16. Ces cinq derniers mots sont en interligne.
17. Dans le manuscrit, *surcise*.
18. Le général des jésuites : voyez plus haut, p. 105 et note 6.
19. Voyez ci-dessus, p. 114 et note 8 ; p. 156 et note 5 ; p. 160 et note 11.

n'en a point parlé dans la congrégation des Réguliers, où je n'ai jamais manqué de me trouver, particulièrement pour empêcher cette surprise.

Je suis,
Monsieur,
Votre très-affectionné serviteur,
Le cardinal de RETZ.

A Rome, ce 23ᵉ février 1666.

J'en use pour le deuil[20] comme M. de Bourlemont l'a jugé à propos.

---

44. — LETTRE DU CARDINAL DE RETZ A M. DE LIONNE.
(SUR LES SENTIMENTS DU PAPE AU SUJET DE LA GUERRE ENTRE[1] LA FRANCE ET L'ANGLETERRE.)

MONSIEUR,

M. de Bourlemont, qui vit avant-hier Monsieur l'ambassadeur d'Espagne, vous mandera sans doute ce qu'il lui a dit de l'audience qu'il eut samedi de Sa Sainteté, et je suis persuadé que ce qu'il lui en a dit est la pure vérité. Je sais d'ailleurs que l'ambassadrice en a parlé de la même sorte et aux mêmes termes à un cardinal qui est de ses amis très-particuliers; je suis pourtant obligé de vous dire qu'un autre cardinal, qui est, pour l'ordinaire, des mieux informés de cette cour, m'a assuré que le Pape avoit témoigné, en paroles générales,

---

20. Pour le deuil de la reine Anne d'Autriche.
LETTRE 44. — Archives des Affaires étrangères, Rome, 1666. *Lettres à Lionne*, tome XXIV (175), pièce 7, fol. 17 et 18. Original, de la main du secrétaire; la ligne de signature est seule autographe. — Voyez la réponse de Lionne, en date du 26 mars, aux *Pièces justificatives*, n° 46.
1. Dans la Table, d'où est tiré ce sommaire, D'ENTRE.

à l'ambassadeur qu'un sage ministre ne devoit jamais se plaindre d'un prince à qui il est envoyé², sur des matières dans lesquelles on peut encore trouver des remèdes, et que l'ambassadeur avoit répondu qu'un sage ministre devoit rendre compte³ fort exactement à son maître du bien et du mal qu'il connoissoit dans la cour où il se trouvoit. Cette conversation ne s'est faite qu'après coup, à mon sens, et je ne vous la manderois pas même, si elle ne me venoit de l'homme du pays le mieux instruit. Ce que je sais, de science certaine, est que le Pape, faisant des plaintes entre ses plus proches de la manière dont l'ambassadeur d'Espagne parle dans le monde, répéta, quatre fois de suite, ces propres mots : « La trêve de Portugal n'est point signée⁴, et je doute que la ligue soit conclue⁵ ; de quoi les Espagnols s'avisent-ils de dépêcher des courriers pour porter des nouvelles qui ne soient pas tout à fait sûres ? » Cela fut dit jeudi au soir. J'en avertis, vendredi au matin, M. de Bourlemont, et il fut d'avis que je prisse audience du Pape, au consistoire, pour essayer de pénétrer la disposition de son esprit. Je le fis hier, sous prétexte d'une affaire de daterie. Il me reçut avec un visage fort ouvert, et, après qu'il m'eut

---

2. Voyez la lettre précédente, p. 177.

3. *Compte* est en interligne.

4. Après la défaite de Montes-Claros, la cour de Madrid se vit bientôt incapable de poursuivre la lutte, et elle avait commencé à traiter de la paix dès la fin du règne de Philippe IV. Elle offrit inutilement au Portugal de reconnaître son indépendance par une trêve de quarante ans. La paix ne fut conclue, nous l'avons dit (p. 149, note 5), que le 13 février 1668.

5. Elle ne le fut pas en effet, bien que l'Espagne n'eût rien négligé pour éveiller les jalousies de l'Europe et l'unir contre la France. Ce n'est qu'à la fin de janvier 1668 qu'elle réussit à faire conclure une première ligue, entre trois États, pour contraindre la France à la paix.

parlé, quelque temps, du regret qu'il avoit de la perte de la Reine mère, il me dit, en me témoignant de l'inquiétude et du chagrin : « Mais est-il possible que l'on n'ait pu éviter la guerre d'Angleterre[6]? » Il s'arrêta tout d'un coup, après cette parole, et me regarda fixement. Je lui répondis qu'il n'y avoit personne dans la chrétienté qui ne vît clairement que le Roi avoit fait[7] jusques ici, pour y maintenir la tranquillité, tout ce qui étoit de la dignité d'un grand monarque, qui aime la paix et qui ne craint point la guerre. Je ne crus pas me devoir étendre davantage ; et, comme Sa Sainteté vit que j'en demeurois là, Elle reprit la parole, et Elle me témoigna beaucoup de douleur des maux qu'Elle prévoyoit pouvoir naître, dans toute l'Europe, de la rupture qui paroît entre les couronnes de France et d'Angleterre. Elle exagéra même, avec émotion, les raisons qui devoient faire craindre que ce feu allumé en Angleterre ne se portât dans les autres parties du monde, et Elle fit ensuite une assez longue réflexion sur les causes de cette guerre, à laquelle tous les intérêts, de part et d'autre, étoient contraires, n'y ayant, à ce qu'il ajouta, *che quella plebe bestiale di Londra*[8] qui voulût la rupture. Je pris ce temps pour répondre au Pape que le Roi, à ce qui me paroissoit, n'en avoit aucun, en ce rencontre, que la protection de ses alliés[9] ; que cette considération me faisoit croire que la guerre ne seroit pas de durée, parce que l'Angleterre, qui avoit encore beaucoup plus de raison de souhaiter la paix que la France, seroit sans doute obligée de donner bientôt satisfaction aux Hollandois ; que j'avois vu, dans une lettre écrite de Lyon du 20ᵉ février, qu'elle

6. Voyez ci-dessus, p. 149, note 6.
7. *Fait* est en interligne.
8. « Cette plèbe bestiale de Londres. »
9. Les Hollandais, avec qui l'alliance ne dura pas longtemps.

commençoit déjà à se rapprocher; mais que, quand même on n'en parleroit pas présentement, je pouvois assurer Sa Sainteté, par toutes les connoissances qu'Elle savoit que je pouvois avoir eues des affaires de ce pays-là, qu'il étoit impossible que les Anglois pussent soutenir une guerre de durée contre la France ; que leur roi, en son particulier, avoit trop d'intérêt de la finir, que le chancelier n'en avoit pas moins de la prévenir, et que la folie de ce peuple, qui témoignoit la desirer aujourd'hui, et qui ne la voudroit plus demain, ou qui ne la voudroit que civile, étoit un des plus puissants motifs qui pouvoient obliger les ministres à ne la pas continuer[10]. Le Pape entra dans toutes mes raisons et me dit qu'il ne souhaitoit rien au monde avec plus de passion que de trouver, par l'événement, que je ne me fusse pas trompé dans mes conjectures, « auxquelles en effet, ajouta-t-il, je vois beaucoup de raison et de fondement, et je conviens qu'il y a lieu de bien espérer. » Sa Sainteté ne me dit pas un mot de la Bulle, et M. de Bourlemont n'avoit pas jugé à propos que je lui en ouvrisse le discours.

Dès les premières nouvelles que nous eûmes ici, par la voie de Venise, de la mort de la Reine mère, je m'abstins d'aller aux comédies que la reine de Suède fait faire chez elle[11]. M. de Bourlemont vous mande les

10. Le Cardinal ne se trompait pas : un mois plus tard, Louis XIV concluait secrètement avec Charles II, roi d'Angleterre, une trêve d'un an.

11. Christine avait fait construire un théâtre dans le palais qu'elle habitait à Rome, et elle avait pris à ses gages une troupe d'acteurs pour jouer des tragédies et des comédies récemment applaudies sur notre scène de Paris ; chaque semaine, il y avait au moins une représentation. La seconde tragédie de Racine, *Alexandre*, fut notamment une de ces pièces (voyez ci-dessus, p. 173). Retz assistait aux représentations, en compagnie de nombreux cardinaux. Voyez *le Cardinal de Retz et ses missions diplomatiques à Rome*, p. 425.

raisons pour lesquelles il a jugé à propos que je me relâchasse, en quelque chose, de cette conduite.

J'apprends, à ce moment, que le Pape a parlé encore à d'autres gens, sur la déclaration de la guerre, au même sens et dans les mêmes termes que je vous ai marqués; et, comme on a dit ici assez publiquement qu'il n'en avoit pas fait paroître beaucoup de déplaisir dans les commencements, on ajoute que ce changement vient de ce que les ambassadeurs d'Espagne et de Venise se sont plaints dans le monde de ce qu'il ne témoignoit pas assez de douleur d'une guerre qui en pouvoit attirer de plus fâcheuses. Il est certain que le premier s'en est expliqué fort ouvertement.

Je suis,

Monsieur,

Votre très-affectionné serviteur,
Le cardinal de Retz.

A Rome, ce 2 mars 1666.

---

45. — LETTRE DU CARDINAL DE RETZ A M. DE LIONNE.
(Sur ce qu'on dit que la promotion a été faite de concert avec la reine d'Espagne.)

Monsieur,

On me dit, mercredi passé, que le Pape n'a rien fait, dans la dernière promotion, que de concert avec la reine d'Espagne[1], qui, à ce que l'on prétend, a été bien aise

---

Lettre 45. — Archives des Affaires étrangères, Rome, 1666. *Lettres à Lionne*, tome XXIV (175), pièce 22, fol. 64 et 65. Original, de la main du secrétaire; la ligne de signature est seule autographe. — Voyez la réponse de Lionne, en date du 2 avril, aux *Pièces justificatives*, n° 48.

1. Marie-Anne d'Autriche, fille de l'empereur Ferdinand III,

de l'éloigner² par le canal secret du P. Oliva³, pour se donner le temps de se déclarer en faveur du jésuite son confesseur⁴, quand elle ne se croiroit plus obligée aux égards qu'elle a eus jusques ici pour les prétendants⁵. Je donnai cet avis, jeudi au matin, à M. de Bourlemont, qui y fit réflexion, particulièrement sur ce que l'auditeur de rote Castillan lui avoit dit, la veille, que la nomination cachetée, qui avoit été portée à Sa Sainteté par l'ambassadeur⁶, étoit la même que celle qui lui avoit été envoyée, en cette forme, du temps du feu roi. L'ambassadeur a dit ici d'abord que la raison pour laquelle on avoit donné la nomination cachetée étoit la considération que l'on avoit eue de ne désobliger, par avance, aucun de ceux qui en étoient exclus; et les Espagnols ont publié ensuite que la reine même n'avoit pas voulu ouvrir le paquet où étoit la nomination du feu roi son mari, pour marquer plus de respect pour ses volontés. Cette réserve, qui paroît en cette cour assez extraordinaire dans la conduite⁷ d'une régente, fait apparemment que l'on y cherche du mystère, et peut avoir fait naître, par cette raison, le soupçon de cette intelligence du Pape et de la reine d'Espagne. Je ne vois pourtant pas qu'il

née en 1634, mariée, en 1649, à Philippe IV, roi d'Espagne, morte le 16 mai 1696. Elle était mère de Charles II, et de l'infante Marguerite-Thérèse, que l'empereur Léopold épousa à la fin de cette année 1666 (12 décembre). Nous avons dit qu'elle était régente d'Espagne pendant la minorité du jeune roi.

2. De la retarder.

3. C'est-à-dire à l'insu de l'ambassadeur don Pedro d'Aragon, dont, en ce cas, les plaintes (voyez p. 177 et 180) n'étaient pas de nature à faire grande impression sur le Pape.

4. Voyez ci-dessus, p. 162 et note 19.

5. Pour les divers autres prétendants au cardinalat.

6. Voyez la lettre du 16 février, p. 171.

7. Ces trois derniers mots sont en interligne au-dessus de *pour*, biffé; *d'* qui suit est ajouté dans la ligne même.

trouve beaucoup de créance dans l'esprit de ceux qui sont, pour l'ordinaire, les mieux informés de ce pays, et, comme l'avis que j'en ai eu me vient d'une personne qui a beaucoup d'habitude au Palais, nous ne voudrions pas même répondre, M. de Bourlemont et moi, que l'on n'y ait peut-être été bien aise de nous donner cette vue, pour diminuer celle que l'on peut prendre, en France, sur ce que la cour de Rome se fait des affaires avec toutes les couronnes à la fois.

Je prends la liberté de vous adresser un mémorial qui m'a été donné par le signor Benedetto Millino, bibliothécaire de la reine de Suède[8], et qui est homme de mérite et de capacité, dont le neveu, qui est aussi fort estimé, a eu le canonicat de Saint-Jean de Latran vacant par la promotion de M. le cardinal Rasponi[9]. Je renvoie toujours à M. de Bourlemont les gens qui viennent à moi pour ces sortes d'affaires; mais je n'ai pu me défendre de vous écrire en faveur de celui-ci, et parce que son oncle est domestique[10] de la reine de Suède, et parce qu'il est mon ami fort particulier. Je crois que M. de Bourlemont vous en a écrit ces jours passés.

Vous verrez les copies qu'il vous envoie des lettres que je lui ai fait voir : s'il y a quelque chose qui aille directement ou indirectement contre le service du Roi, je ne fais aucune difficulté et même je tiens à gloire d'y paroître; si ce n'est qu'une folie, qu'une inquiétude et même[11] qu'un dessein de me nuire, je vous supplie de contribuer ce que vous pourrez au secret. Vous savez quelle peine doit avoir un homme de bien aux choses qui peuvent faire dire, au moins à ses ennemis, qu'il a

---

8. Voyez ci-après la *lettre* 53, p. 222.
9. Voyez plus haut, p. 170, note 7.
10. *Domestique*, attaché à la maison: voyez tome V, p. 33 et 108.
11. *Même* est en interligne.

affecté de faire du mal à ceux qui sont déjà dans le malheur[12].

Je suis,

Monsieur,

Votre très-affectionné serviteur,
Le cardinal de RETZ.

A Rome, ce 9 mars 1666.

---

46. — LETTRE DU CARDINAL DE RETZ A M. DE LIONNE.
(DE NOUVELLES.)

MONSIEUR,

On m'avertit d'assez bon lieu, jeudi passé, que Mgr Varese me devoit faire réponse au premier jour. J'en donnai vendredi l'avis à M. de Bourlemont, qui jugea à propos que je fisse l'étonné, si cela arrivoit, comme ne m'y attendant plus, et comme doutant que le Palais n'eût pris sa résolution un peu trop tard[1], et que je ne laissasse pourtant pas d'écouter et d'en tirer ce qui me seroit possible. Je n'en ai point ouï parler du depuis[2],

---

12. Tout ce paragraphe est relatif à des lettres adressées au cardinal de Retz par le secrétaire de l'évêque d'Agde (voyez ci-après, p. 212-214), l'une du 5 février précédent, l'autre sans date ; on les trouvera l'une et l'autre dans les *Pièces justificatives*, nos 35 et 36.

LETTRE 46. — Archives des Affaires étrangères, Rome, 1666. *Lettres à Lionne*, tome XXIV (175), pièce 44, fol. 108. Original, de la main du secrétaire ; la ligne de signature est seule autographe. — Voyez la réponse de Lionne, en date du 16 avril, aux *Pièces justificatives*, n° 49.

1. *Doutant* où nous dirions *craignant*, c'est-à-dire « ne sachant point si le Palais n'aurait pas pris, etc. » Voyez la lettre suivante, p. 190 et note 6.

2. Voyez les *Lexiques de Malherbe, de Corneille* et *de la Rochefoucauld*.

ce qui me fait juger que l'avis n'étoit pas véritable : au moins ne vis-je rien, hier au consistoire, dans l'esprit du Pape, qui y eût aucun rapport. Il ne m'en parla en façon du monde, et il affecta même de me mettre sur des matières tout à fait indifférentes.

Il y a ici beaucoup de lettres de Paris qui portent que Monsieur le Nonce a reçu un bref de Sa Sainteté portant interdiction à ceux de Messieurs les évêques de France qui ont expliqué le formulaire³ du Pape. J'ai été surpris de cette nouvelle, parce qu'elle a été tout à fait secrète en cette cour. Comme j'ai pourtant fait réflexion qu'il n'y avoit rien d'impossible dans ce secret, en cas qu'il soit demeuré entre les cardinaux du Saint-Office et qu'il ne soit pas passé jusques aux consulteurs et aux qualificateurs⁴, ce que l'on peut avoir affecté en cette occasion, j'ai cru que je devois essayer d'en pénétrer la vérité, et ce que j'en ai pu découvrir est que l'on a certainement envoyé d'ici quelque ordre au Nonce au sujet de ces évêques, mais que cet ordre, dont je n'ai pu savoir le particulier, n'est point en forme de bref. On se tient ici extraordinairement couvert sur ce détail, et ce n'est pas sans peine que j'en ai tiré le peu que je vous en écris.

J'allai vendredi dire adieu à l'ambassadeur et à l'ambassadrice d'Espagne, qui partent pour Naples⁵ le 27ᵉ de

---

3. Le formulaire (formule de foi), condamnant les cinq propositions de Jansénius, par lequel Alexandre VII, en 1665, avait confirmé celui de 1653, d'Innocent X.

4. On nommait ainsi les théologiens chargés d'examiner et de qualifier les propositions déférées au Saint-Office. Les deux titres ainsi réunis se trouvent dans l'Avertissement de l'*Exposition de la doctrine catholique*, de Bossuet ; nous les avons déjà vus plus haut, p. 113.

5. L'ambassadeur don Pedro d'Aragon se rendait à Naples, en qualité de vice-roi : voyez ci-dessus, p. 53, note 8, et p. 134, note 24.

ce mois. L'ambassadeur affecta de ne me parler en aucune manière du mécontentement qu'il a eu du Pape. Ce qui m'oblige d'observer cette circonstance est qu'il n'y a pas un homme à Rome, sans exception, de tous ceux qui l'ont vu, à qui il ne s'en soit ouvert et à qui même il n'ait cherché de s'en ouvrir.

Je crois que vous ne serez pas fâché de savoir une manière de prodige qui est ici, et que je n'ai appris moi-même que depuis deux jours. Une femme du bas peuple est grosse depuis trois ans et demi, et mon médecin, qui l'a visitée, dit que ce ne peut être que d'un monstre fort extraordinaire, au moins selon les mouvements très-grands et très-étranges qu'il y a sentis.

Je suis,
    Monsieur,
        Votre très-affectionné serviteur,
        Le cardinal de Retz.

A Rome, ce 16ᵉ mars 1666.

---

47. — LETTRE DU CARDINAL DE RETZ A M. DE LIONNE.
(Sur ce qui a arrêté l'affaire de la Bulle ; un bref contre les évêques, et des nouvelles.)

Monsieur,

Vous aurez vu, par l'une de mes précédentes, que la manière dont j'ai parlé aux cardinaux de la congrégation de Jansénius[1] me donne lieu d'exécuter fort juste-

---

Lettre 47. — Archives des Affaires étrangères, Rome, 1666. *Lettres à Lionne*, tome XXIV (175), pièce 56, fol. 148 et 149. Original, de la main du secrétaire; la signature est seule autographe. — Voyez la réponse de Lionne, en date du 16 avril, aux lettres de Retz des 16 et 23 mars, dans les *Pièces justificatives*, n° 49.

1. C'est-à-dire les cardinaux chargés de l'affaire de la Bulle : voyez la *lettre* 43, p. 174 et note 5.

ment, selon les intentions de Sa Majesté, les ordres que j'ai reçus par votre lettre du 26ᵉ février². Je n'aurai qu'à ajouter quelques syllabes à ce que je leur ai dit pour leur faire croire qu'il y a près d'un mois que je me tiens quitte de toutes sortes de paroles, et je m'en serois expliqué encore plus clairement, dès avant-hier, à M. le cardinal Albizzi, si nous n'avions jugé à propos, M. de Bourlemont et moi, de ne le faire que par occasion, tant pour ne lui pas donner sujet de croire que je prétende lui apprendre une nouveauté en lui disant que la négociation est rompue, que pour lui laisser lieu de s'imaginer que l'acte du Bernardin, qui touche au dernier point cette cour, peut être ou une suite ou un effet de la lenteur avec laquelle elle a agi dans cette négociation. Je ne sais si le détail de ce que je vous écrivis, il y a trois semaines ou un mois, de ce que j'avois appris du changement du Palais³, n'aura point fait juger à Sa Majesté qu'il peut avoir été plutôt causé par les différentes vues qu'il prend sur le cours des affaires générales, que par aucune difficulté qu'il ait trouvée dans le fond de la question. Je vous puis au moins assurer, avec certitude, de la vérité des faits que je vous ai mandés. Je sais, de science certaine, que la congrégation étoit sur le point d'être tenue, lorsque l'on reçut ici la nouvelle du courrier de Madrid qui portoit à Milan la signature du traité conclu entre Espagne et Angleterre, et j'ai connu sensiblement que ceux même d'entre les mieux intentionnés qui m'ont parlé ici de la Bulle ont relevé ou abaissé leur ton selon les différents jours que l'on a donnés de temps en temps à ce traité. Ce

---

2. Voyez la lettre ainsi datée de Lionne à Retz, aux *Pièces justificatives*, n° 40.
3. Voyez le détail dont parle ici le Cardinal aux pages 174 et 175 de la dernière lettre de février (n° 43).

n'est pas que je ne sache que Monsieur le Nonce a écrit au sens que vous me marquez, et je suis même informé, de très-bon lieu, qu'il n'avoit pas encore changé de style au pénultième ordinaire[4], quoiqu'il y eût déjà près d'un mois que la guerre étoit déclarée ; mais il faut de nécessité que cette cour ait d'autres lumières ou plutôt d'autres nouvelles que les siennes, et il est certain que M. le cardinal Chigi a cru et dit la rupture assurée, dans les moments même que Monsieur le Nonce répondoit que l'accommodement étoit sur le point de se conclure.

Je vous mandai, mardi passé, que l'on avoit envoyé d'ici quelque chose à Monsieur le Nonce contre les évêques[5] qui ont expliqué le formulaire du Pape, et il n'y a rien de plus vrai ; mais j'ajoutai qu'il n'y avoit point de bref, et c'est de quoi je doute présentement[6], parce que je vois des gens bien informés qui sont persuadés que l'on en a joint un à un décret du Saint-Office, et que l'on en a laissé l'usage et l'application à la discrétion de Monsieur le Nonce. Ce qui est de certain est que les cardinaux du Saint-Office jettent tous, différemment les uns des autres, des paroles ambiguës sur ce particulier, qu'il n'y a aucun des consulteurs et des qualificateurs qui en aient connoissance, et qu'un prélat des plus intimes du Palais a dit à un cardinal de mes amis, à propos des bruits qui sont venus de France sur ce bref, que l'on avoit grand tort, en cette cour, de laisser le

4. Dans sa lettre du 19 février. L'ordinaire de Paris à Rome partait, nous l'avons dit, le vendredi.

5. Lionne dit dans sa réponse qu'il pourrait arriver qu'on vît « joindre grand nombre d'évêques, comme dans une cause commune, aux quatre de leur corps que l'on veut pousser. » Voyez ci-après, p. 196, la note 5 de la *lettre* 48.

6. C'est-à-dire j'ai du doute à cet égard, je crois qu'il serait bien possible qu'il y eût un bref. Voyez la *lettre* 46, p. 186 et note 1.

choix ou plutôt l'application des résolutions à la conduite et au jugement de Monsieur le Nonce. Ce furent ses propres mots.

Le bruit court ici que l'on y remplira au premier jour les [7] quatre places qui sont demeurées *in petto*, et l'on croit que ce sera en faveur de dom Sigismond[8], de Mgr Ugolino, auditeur du Pape, de Carraccioli, auditeur de la chambre, et de Borromée[9], gouverneur de Rome. Il y en a qui mettent en la place de ce dernier le prince Mathias de Toscane[10], et d'autres le prieur Bichi. Je

---

7. *Les* est écrit en interligne.

8. Sigismond Chigi, neveu d'Alexandre VII; il devint cardinal l'année suivante, à la première promotion de Clément IX. — On ne voit pas figurer d'Ugolino parmi les diverses promotions de cardinaux. Nous avons vu (p. 29 et p. 46) deux personnages nommés *Ugolini*. Les finales italiennes de noms propres s'écrivant souvent, *ad libitum*, *o* ou *i* (p. 123, note 6), il se peut bien qu'il s'agisse du second, qui, d'auditeur du Dataire, en 1665, pouvait être devenu, depuis ce temps, *Monsignore*, c'est-à-dire prélat, et auditeur du Pape. — Quant au nom de l'illustre famille napolitaine des Carraccioli, c'est le seul de cette énumération de Retz que nous trouvions dans la cinquième promotion d'Alexandre VII, de 1666 (voyez *Moréri*, tome III, p. 235), avec les noms de Jules Spinola, de Vitalis Visconti et de Charles Roberti, le nonce du Pape en France dont il est si souvent question dans nos lettres. Deux autres Carraccioli ont été plus tard promus cardinaux par Clément XI, en 1715.

9. Frédéric Borromée, préfet de la congrégation de l'Immunité, patriarche de Constantinople, devint cardinal, en 1670, à la première promotion de Clément X, qui en fit son secrétaire d'État. Il mourut le 18 février 1673.

10. Retz, à son passage à Sienne en juin 1665, avait demeuré chez ce prince, frère du grand-duc Ferdinand II (voyez ci-dessus, p. 30 et note 1); il mourut en 1667, sans avoir été cardinal. — Un autre Médicis, Léopold, frère du grand-duc et de Mathias, figure, avec Sigismond Chigi (voyez la note 8), dans la première promotion de Clément IX, en 1667; un autre, François, leur neveu, dans la seconde d'Innocent XI, en 1686; un Charles Bichi, de Sienne, auditeur de la Chambre apostolique, dans la seconde d'Alexandre VIII, en 1690.

ne crois pas qu'il y ait encore rien de certain; mais je suis persuadé que la promotion ne tirera pas en longueur.

J'ai commencé à jeter dans le monde ce que le Roi m'a fait l'honneur de me faire savoir par M. de Bourlemont[11] de ses généreuses et saintes intentions pour la défense du Saint-Siége. J'en parlai avant-hier à la reine de Suède, et je le dis hier à deux cardinaux. Il n'y a personne qui ne convienne que, si la reconnoissance du Pape se mesure au besoin qu'il aura de la protection de Sa Majesté, au cas que les Anglois l'attaquent aussi peu préparé qu'il l'est, elle ne pourra être que très-grande, très-sensible et très-véritable.

J'ai fait toutes les recherches imaginables pour trouver l'investiture[12] du royaume de Naples en la personne de Philippe IV, et je n'y ai pu réussir jusques ici, tous ceux à qui je me suis adressé m'ayant dit qu'ils ne l'ont jamais vue. Elle doit être apparemment conforme aux précédentes, parce qu'elle a été donnée dans un temps où il ne paroît pas qu'il pût y avoir rien de particulier. Je ne sais pourtant à quoi attribuer la rareté si grande de ces exemplaires, qui, au moins comme plus nouveaux, devroient être plus communs que les anciens.

J'ai conféré avec M. de Bourlemont touchant le con-

---

11. Voyez la dernière phrase de la lettre de Lionne, du 26 février, mentionnée plus haut (p. 189). — Une lettre du même jour, du Roi lui-même à M. de Bourlemont, qui suit, au tome XXIII des Archives, celle de Lionne, se termine par cette promesse : « Vous devez dire hautement que si cette armée (*cette escadre*) angloise qui a déjà été vue sur les côtes d'Espagne dans la Méditerranée prenoit sa route vers les mers de Toscane, je ne permettrai pas qu'elle puisse endommager en rien l'État ecclésiastique et l'y envoyerai combattre par cette partie de mes vaisseaux qui est encore en Provence sous le commandement du duc de Beaufort. »

12. Tel est le texte du manuscrit; le sens est clair : « La bulle de l'investiture ».

vent de Saint-Denis et touchant la province que les Réformés prétendent d'établir, et il a jugé à propos que, devant que de prendre une dernière résolution, je parlasse à M. le cardinal de Sainte-Croix[13] et que j'examinasse avec lui les moyens les plus propres et pour la conservation de ce convent, et pour l'état de cet ordre.

On témoigne ici beaucoup de regret de la mort de M. le prince de Conti[14]; mais on y parle fort diversement de ses derniers sentiments. Les Jésuites publient qu'il a reconnu, par un acte solennel, l'infaillibilité du Pape, même quant au fait, et l'on fait voir, d'autre part, une lettre d'un père de l'Oratoire, écrite de Pézenas, qui ne mêle pas cette circonstance dans le particulier qu'elle porte de ce qui est arrivé à sa mort.

Il y a un mois que je vous écrivis[15] que le procureur général des Mathurins m'avoit averti que le Pape avoit enfin accordé un visiteur général à la province d'Andalousie[16]. M. de Bourlemont m'a dit qu'il en a découvert la vérité, quoique l'on l'ait cachée ici avec soin. Son sentiment n'a pas été que je m'en plaignisse publiquement dans la congrégation, parce qu'il a cru qu'il seroit plus à propos d'attendre, sur ce détail, ce qu'il plaira au Roi d'en ordonner. Mais il est d'avis que j'en parle de moi-même au président et au rapporteur, comme m'étonnant qu'ils aient signé, sous le nom de la congrégation des Réguliers, un décret qui n'y a point été mis en délibération. Je crois vous avoir déjà mandé que je n'ai pas manqué une

---

13. Voyez plus haut, p. 113, note 7, et p. 161.
14. Armand de Bourbon, prince de Conti, fils de Henri, prince de Condé, et de Charlotte-Marguerite de Montmorency, avait épousé, le 22 février 1654, Anne-Marie Martinozzi, nièce de Mazarin. Il était né à Paris le 11 octobre 1629 et mourut à Pézenas le 21 février 1666.
15. Le 23 février : ci-dessus, p. 178.
16. Voyez la lettre suivante, p. 198 et 199.

1666 — assemblée, et que je n'y ai jamais ouï parler de cette affaire. Il faut que l'on ait affecté, du côté du Palais, de la faire passer secrètement; M. de Bourlemont m'a dit qu'il vous en écriroit le détail, que je n'ai su que de lui.

Je suis,
>Monsieur,
>>Votre très-affectionné serviteur,
>>Le cardinal de RETS.

A Rome, ce 23ᵉ mars 1666.

J'apprends[17], depuis ma lettre écrite, que l'on tint hier une congrégation, touchant l'ordre de Cîteaux, que l'on n'a point intimée aux deux abbés qui sont ici pour la réforme[18], et où l'on a pourtant appelé deux fois de suite le religieux qui s'y oppose de la part de Monsieur de Cîteaux[19]. Une personne fort informée m'a dit, ce matin, que la colère où l'on est ici contre la thèse soutenue à Paris par le Bernardin réformé est la cause de ce mouvement, si subit et si peu ordinaire à cette cour. La protection de cet ordre, vacante par la mort de M. le cardinal Franciotti, a été donnée à M. le cardinal Nini[20].

17. Ce post-scriptum a été ajouté entre *Je suis* et *Monsieur*.
18. De Rancé, abbé de la Trappe, et Dominique Georges, abbé du Val-Richer : voyez ci-après (p. 247) la note 26 de la *lettre* 57. — Pour le Bernardin réformé, voyez p. 189, p. 196 et note 4.
19. L'abbé de Cîteaux, dom Vaussin, opposé à la réforme, avait devancé d'un mois à Rome l'abbé de Rancé. « En France..., *il* avait pour lui, dit l'abbé Dubois (*Histoire de l'abbé de Rancé*, tome I, p. 275 et 276), les grands seigneurs, dont les frères cadets peuplaient les monastères relâchés. Par sa naissance, il se rattachait à la plupart des familles parlementaires de Dijon.... Le prince de Condé, gouverneur de la province, aimait à en protéger les hommes et les institutions.... A Rome,... le cardinal neveu (Flavio Chigi) lui était dévoué.... Le Pape lui-même était sympathique, je ne dirai pas précisément à sa cause, mais à sa personne. »
20. Voyez ci-dessus, p. 59, note 15, et p. 64, note 9.

48. — LETTRE DU CARDINAL DE RETZ
A M. DE LIONNE.

(Sur ce qu'il a dit a deux cardinaux touchant l'affaire de
la Bulle; le visiteur d'Andalousie; et des nouvelles.)

1666

A Rome, ce 30 mars 1666.

Monsieur,

J'ai reçu la lettre que vous m'avez fait l'honneur de m'écrire du 5ᵉ de ce mois. La circonstance qui y est marquée que l'Empereur ne descend pas de Charles-Quint[1] me paroît tout à fait considérable, et il ne me semble pas même que sa force soit diminuée par la raison de l'origine qu'il tire de Ferdinand et d'Isabelle parce que la bulle de Léon X^e, qui ne peut regarder que les descendants de Charles-Quint, contient des clauses particulières, qui ne doivent pas s'étendre par conséquent à ceux de Ferdinand et d'Isabelle.

J'ai rencontré une occasion fort naturelle d'exécuter les commandements du Roi sur ce qui touche la Faculté. Je me trouvai jeudi[2], à la chapelle de la Minerve, auprès de M. le cardinal Albizzi, qui s'entretenoit avec

---

Lettre 48. — Archives des Affaires étrangères, Rome, 1666. *Lettres à Lionne*, tome XXIV (175), pièce 75, fol. 205 et 206. Original, de la main du secrétaire; la ligne de signature est seule autographe. — Voyez la réponse de Lionne, en date du 23 avril, aux *Pièces justificatives*, nᵒ 51, et sa lettre du 5 mars, *ibidem*, nᵒ 42.

1. L'empereur Léopold I avait pour grand-père Ferdinand II, arrière-petit-fils de Ferdinand I, frère puîné et successeur de Charles-Quint, et fils, comme lui, de Jeanne la Folle, laquelle était fille d'Isabelle et de Ferdinand le Catholique.

2. Le jeudi 25 mars, c'est-à-dire le jour de l'Annonciation. — *La Minerve*, par abréviation, pour *Sainte-Marie sur la Minerve* (*Santa Maria sopra Minerva*), est une ancienne et grande église située près et au S. E. du Panthéon, sur l'emplacement d'un temple de Minerve, construit par Pompée après ses victoires en Asie. Elle appartenait aux Dominicains.

M. le cardinal Barberin³ de la thèse que le Bernardin réformé⁴ a soutenue à Paris, et, comme il en témoignoit de l'étonnement, je lui répondis que je ne pouvois en être surpris après ce que j'avois été obligé de mander à mes amis de Sorbonne, et que j'appréhendois que la conduite de cette cour n'eût encore de plus fâcheuses suites. Je fis le même discours à M. le cardinal Borromée, et l'un et l'autre ne me répondit que des épaules.

On continue de tenir ici fort couvert ce que l'on a envoyé à Monsieur le Nonce contre les cinq évêques de France⁵; je vois pourtant que, depuis quelques jours, la plus commune opinion est qu'il n'y a point de bref, et que l'on s'est contenté d'un décret du Saint-Office qui censure leurs mandements.

3. Le cardinal Barberin, tout court, c'est le cardinal François Barberin : voyez plus haut, p. 123, note 7.

4. C'est la thèse qui avait été soutenue en Sorbonne, le 4 avril 1663, par Frère Laurent Desplantes, religieux Bernardin, dans laquelle il soutenait la supériorité du Pape sur le concile et la doctrine de l'infaillibilité. Le parlement de Paris la condamna par un arrêt et la Faculté de théologie rédigea, à ce sujet, une déclaration en six articles dans lesquels les libertés de l'Église gallicane étaient affirmées en substance. (*Histoire ecclésiastique du dix-septième siècle* par Ellies du Pin, tome II, p. 656-665.) Le Parlement ordonna que ces articles fussent enregistrés. On peut dire qu'ils furent en quelque sorte la préface de la fameuse déclaration de 1682.

5. Voyez p. 187 et p. 190. — Les quatre évêques d'Alet, de Beauvais, d'Angers et de Pamiers avaient, dans leurs mandements de l'année précédente, fait une distinction du fait et du droit pour la signature du formulaire imposé par Alexandre VII contre les cinq propositions de Jansenius. Ce ne fut qu'en 1667 que le même pape, par deux brefs, condamna ces mandements et commit d'autres évêques pour juger ces prélats. — Un cinquième évêque, celui de Noyon, sans aller aussi loin que les quatre autres, avait usé de termes qui, à l'égard des faits, bornaient la soumission à une déférence respectueuse ; mais, les cinq mandements ayant été supprimés par un arrêt du conseil d'État, il s'empressa d'expliquer le sien et il donna même un mandement nouveau qui exigeait la signature pure et simple.

Vous aurez vu sans doute un livre que Stockman, conseiller au conseil de Brabant[6], a fait imprimer au Pays-Bas[7], de la succession des filles à ceux de Brabant et de Hainaut. Il n'y en a encore à Rome qu'un exemplaire que le Pape reçut par le pénultième ordinaire.

M. de Bourlemont vous mandera sans doute les raisons pour lesquelles il n'a pas jugé à propos que j'aie fait accompagner par un carrosse le nouveau vice-roi de Naples[8], lorsqu'il est sorti de Rome. Elles sont si bonnes et si justes qu'il y auroit eu même un extrême inconvénient à en user autrement. Je ne sais pourtant si D. Pedro d'Aragon n'en a point été un peu choqué, et ce qui me le fait soupçonner est que l'on m'a assuré qu'il se plaignit de moi, le jour qu'il partit de Rome, sur un sujet si frivole que j'ai de la peine à vous le mander.

Deux cardinaux sujets du roi d'Espagne me dirent, en raillant, vendredi au sermon du Palais, que c'étoit à moi à leur apprendre le détail de ce qui s'étoit passé à Constantinople à l'égard de l'ambassadeur de France, qui, selon les avis de Venise, avoit été outragé par le grand vizir et traité fort magnifiquement deux heures après[9]. Je leur répondis que je n'ajoutois aucune foi à cette nouvelle, de laquelle je n'avois pas même ouï

---

6. Il s'agit des traités de Pierre Stockman, professeur de droit à Louvain, intitulés : 1° *De jure devolutionis adversus Franciæ Reginam*, 2° *Deductio ex qua probatur non esse jus devolutionis in ducatu Brabantiæ*, 3° *Tractatus de jure devolutionis*. Ces traités ont pour but de démontrer la nullité des droits de Marie-Thérèse sur le Brabant.

7. Il y a bien ainsi dans le manuscrit le singulier : *au Pays-Bas*. Le pronom *ceux* qui suit remplace *aux pays* (de Brabant, etc.).

8. L'ancien ambassadeur d'Espagne à Rome, don Pedro d'Aragon, nommé, comme il a été dit (p. 134, note 24), vice-roi de Naples.

9. A la réception de l'ambassadeur de France, M. de la Haye de Vantelet, par le grand vizir Ahmet Kiuperli, en décembre 1665, il y avait eu, à la suite d'injures et de reproches de celui-ci, une

parler, et que je ne la pouvois attribuer qu'aux politiques de Saint-André de la Val[10], qui en forment toujours une vingtaine sur tout ce qui passe devant leurs yeux, et qui auroient peut-être fait courre celle-là sur ce que le mauvais traitement que l'ambassadeur d'Espagne prétendoit avoir reçu du Pape étoit suivi du superbe festin dont nous venions de voir les préparatifs[11]. Je crus qu'il n'étoit pas mal à propos de faire cette réponse, en riant, dans un pays où vous savez que M. le cardinal d'Ossat[12] disoit qu'il ne falloit jamais demeurer sans repartie aux moindres railleries qui regardent la réputation des couronnes.

Je parlai dernièrement à M. le cardinal Ginetti[13] du visiteur général qui a été accordé aux Mathurins d'Andalousie; mais il ne me parut pas qu'il se ressouvînt seulement de ce qui s'étoit passé dans cette affaire, sur laquelle il me dit, en général, qu'il falloit chercher des expédients pour l'accommoder. M. le cardinal Ottobon[14], qui en a été rapporteur, s'expliqua davantage. Il s'éten-

---

scène de violences réciproques. Non pas deux heures, mais trois jours après, le grand vizir convoqua le ministre français, et, sans qu'on puisse dire qu'il le traita magnifiquement, lui fit des réparations. Voyez de Hammer, *Histoire de l'empire ottoman*, livre LV.

10. C'est-à-dire aux nouvellistes qui se réunissaient pour politiquer devant *Saint-André delaval* (écrit ainsi dans l'original) : c'est le nom, singulièrement francisé, de l'église de *Sant' Andrea della Valle*, vantée comme une des plus magnifiques de Rome et située à peu de distance, au sud, de la place Navone.

11. La *Gazette* du 13 avril rapporte ce dîner donné par le Pape à don Pedro d'Aragon.

12. Arnaud d'Ossat (dans le manuscrit *Dossat*), né en 1536, mort en 1604, fut ambassadeur d'Henri III, puis d'Henri IV, à Rome, et obtint pour ce dernier l'absolution pontificale ainsi que son divorce avec sa première femme, Marguerite de Valois. Il eut en récompense l'évêché de Bayeux et, en 1598, le cardinalat.

13. Voyez p. 114, note 9. — 14. Voyez p. 46, note 2.

dit sur le déréglement des religieux de cet ordre qui sont en France ; il m'en raconta des particularités considérables. Il se plaignit beaucoup de leur général[15] ; il m'assura que l'on n'avoit eu d'autre pensée que d'empêcher que ce général ne détruisît, par ses manières d'agir peu conformes à l'humilité religieuse, la régularité, qu'il prétend être fort bien établie dans la province d'Andalousie, sans rien diminuer pourtant de ce qui est essentiel à l'autorité de ce général ; à quoi il ajouta qu'il n'avoit point vu le bref, et que je n'avois qu'à l'envoyer querir pour m'éclaircir plus à fond de l'état de chose. Cette dernière parole, qui me marqua qu'il n'avoit point de connoissance du détail du bref, me fit juger que le Palais a la principale part en cette résolution, et me confirme ce que le procureur général des Mathurins m'a dit, qui est que le Pape a considéré beaucoup, en ce rencontre, les prières de l'ambassadrice d'Espagne, qui reconnoît pour son parent le religieux qui a été fait visiteur.

Il y eut hier consistoire, qui ne fut tenu que pour proposer les évêchés d'Ancône et de Monte-Fiascon, qui ont été donnés aux cardinaux Conti et Paluzzi[16]. Comme on croyoit qu'il seroit remis à lundi prochain, je ne m'y trouvai pas, n'étant pas retourné d'assez bonne heure de Palestrine[17], où j'étois allé samedi prendre un peu d'air.

M. de Bourlemont m'a dit qu'il vous envoyoit les propositions des casuistes qui ont été condamnées nouvellement. Guimenius n'y est point encore nommé ;

---

15. Le général des Trinitaires était alors Pierre Mercier, élu en 1655, mort à Paris en 1685. Voyez *Moréri*, tome X, p. 344.

16. Voyez ci-dessus, p. 170, notes 4 et 6.

17. Ville du territoire romain, à quarante-quatre kilomètres et demi de Rome, l'ancienne *Præneste*, que Florus (livre I, chapitre XI) nomme les délices de l'été : *æstivæ deliciæ*.

mais on croit et même on publie qu'il le sera dans l'*Indice*[18].

Comme M. de Bourlemont m'a témoigné qu'il n'y a rien ici présentement qui m'y puisse arrêter pour le service du Roi, je fais état d'aller passer à Palo[19] ce qui reste du carême jusques à la semaine sainte[20]; ce n'est qu'à vingt milles de[21] Rome, et je m'y puis toujours rendre en trois heures.

Le Pape parut fort abattu, et avec un fort mauvais visage, à la chapelle de l'Annonciation[22], ce qui, joint à la distribution assez opulente qu'il a faite de bénéfices et de pensions à ses créatures, donne lieu à beaucoup d'almanachs[23] : je les crois, en mon particulier, fort incertains, et un homme de qualité qui le vit hier au consistoire m'a dit qu'il l'avoit trouvé tout à fait dans son naturel.

Je suis,

  Monsieur,

    Votre très-affectionné serviteur,
      Le cardinal de Rets.

---

18. Voyez ci-après la *lettre* 50, p. 207 et note 7.
19. Petit port de pêcheurs, sur la route de Civittà-Vecchia à Rome, et sur l'emplacement de l'ancienne ville étrusque d'Alsium, où Pompée et Antonin le Pieux avaient eu des villas.
20. Pâques, en 1666, était le 25 avril.
21. *De* corrige *d'ici*. — Le mille d'Italie fait un peu moins de deux kilomètres.
22. Tenue à la Minerve : voyez ci-dessus, p. 195 et note 2.
23. On trouvera dans le *Lexique de Mme de Sévigné* plusieurs exemples du mot *almanach* au sens de pronostic : « Il ne faut point faire d'almanachs ».

49. — LETTRE DU CARDINAL DE RETZ A M. DE LIONNE. 1666
(DE NOUVELLES.)

MONSIEUR,

Je vous écris encore de Rome, parce qu'un tour de trois ou quatre jours que j'ai fait, la semaine passée, du côté de Nettuno[1], avec M. le comte de Saint-Pol[2], m'a fait connoître la vérité de l'avis que l'on m'avoit déjà donné, qui est que l'air de la marine[3] n'est bon pour le mal des yeux qu'au mois de mai. Je fais état d'y aller le lendemain de Pâques, et d'y régler le plus ou moins de séjour que j'y ferai selon le voyage de Monsieur l'Ambassadeur[4], à l'arrivée duquel je ne manquerai pas de revenir ponctuellement ici.

Vous aurez vu, par mes précédentes, qu'il n'a pas été nécessaire que j'aie retiré ma parole pour l'accommodement, parce que la défiance que j'ai toujours eue de la conduite de cette cour m'y a fait garder des mesures tout à fait éloignées d'aucun engagement. Ce que je dis, à la chapelle de la Minerve, à MM. les cardinaux Albizzi et Borromée leur a fait assez connoître qu'il y a longtemps que je tiens la négociation pour rompue. Je trouvai

---

LETTRE 49. — Archives des Affaires étrangères, Rome, 1666. *Lettres à Lionne*, tome XXIV (175), pièce 90, fol. 247 et 248. Original, de la main du secrétaire; la ligne de signature est seule autographe. — Voyez la réponse de Lionne, en date du 30 avril, aux *Pièces justificatives*, n° 52.

1. Petit port voisin de l'ancien Antium, à trente-huit kilomètres S. S. E. de Rome. Il tire son nom d'un temple de Neptune dont on voit les ruines sous les eaux de la mer.

2. Voyez ci-dessus, p. 157, note 1.

3. *Marine* dans l'ancien sens de rivage de la mer : voyez le *Dictionnaire de Littré*, à l'article MARINE, 9°.

4. Le duc de Chaulnes (p. 107, note 1), qui ne partit de Paris que le 26 mai et arriva à Rome le 24 juin, comme nous l'apprend la *Gazette*, p. 576 et 770.

encore hier une occasion assez naturelle de l'insinuer à des gens qui ne manqueront pas de le porter fidèlement au Palais, parce qu'ils sont fort attachés à M. le cardinal Chigi. Je continuerai à m'en expliquer comme d'une chose passée, et je suis persuadé que le livre imprimé pour la défense de la censure de la Faculté, dont on a eu nouvelles par le dernier ordinaire, fera que l'on [5] donnera plus aisément créance à mes paroles : je ne l'ai point vu ; mais on me l'a promis, et on prétend qu'il n'y en a encore qu'un exemplaire à Rome [6]. Mon étonnement est que le Palais ne l'ait point ; je crois le savoir de bon lieu, et de plus qu'il en a beaucoup de curiosité.

Ce que vous me marquez de M. le duc de Vendôme [7] m'oblige à vous dire que je sais, de science certaine, qu'il n'y a pas quinze jours que le Pape a dit que le Roi ne l'a jamais nommé, et qu'il n'a été que recommandé. Je vois même que l'on affecte d'en parler ainsi dans le public.

Les Espagnols publient que l'ambassadeur d'Espagne a parlé au Pape avec beaucoup de fierté en prenant congé de lui. Je ne vous puis dire ce qui en est en effet,

---

5. *Y* a été biffé devant *donnera*.

6. Il s'agit du volume, plusieurs fois cité, de Jacques Boileau, intitulé : *Recueil de pièces*, etc. Voyez ci-dessus, p. 36, note 4, et p. 51, note 4.

7. Louis de Vendôme, duc de Mercœur, fils aîné de César de Vendôme et de Françoise de Lorraine, né en 1612, et qui, par la mort de son père (22 octobre 1665), était devenu duc de Vendôme, et gouverneur de Provence. Ayant perdu sa femme Laure Mancini, le 8 février 1657, il entra dans l'état ecclésiastique et sollicita le chapeau de cardinal. Il ne l'obtint que le 7 mars 1666 [a], et devint plus tard légat *a latere* en France. Il n'avait pas plus de portée d'esprit que son frère le duc de Beaufort. Il mourut à Aix le 6 août 1669.

[a] Moréri place sa nomination de cardinal, ainsi que les trois mentionnées ci-dessus, p. 170 et note 8, à la dernière promotion d'Alexandre VII, en 1667.

mais un cardinal qui est d'ordinaire fort bien informé dit, hier au soir, à un de mes amis que, dans les trois jours que cet ambassadeur a logé au Palais, on y a aussi peu parlé de promotion que si il ne s'y en étoit jamais fait.

M. le cardinal de Hesse[8] est ici depuis trois ou quatre jours, qui doit voir M. le cardinal d'Aragon[9] à son passage à Civita-Vecchia, aussi bien que MM. les cardinaux Sforze et Raggi[10].

Sa Sainteté a quelque dessein d'y aller, après Pâques, pour voir mettre en mer deux vaisseaux; mais on croit que ses médecins s'y opposeront, parce que l'air y est fort mauvais en tout temps, et qu'Elle ira, par cette raison, droit à Castel.

8. Frédéric de Hesse, fils de Louis, landgrave de Hesse-Darmstadt, et de Madeleine de Brandebourg, né le 28 février 1616. Il abjura le luthéranisme en 1636, entra dans l'ordre de Malte, fut nommé grand prieur d'Allemagne et général des galères de la Religion, vice-roi de Sardaigne, puis évêque de Breslau, en 1670, et gouverneur de Silésie. Il avait été fait cardinal dans la même promotion que le cardinal de Retz, en 1652, p. 211 et note 6. Il mourut en 1682.

9. Voyez ci-après, la fin de la *lettre* 51. — Pascal d'Aragon, né à Cordoue, promu cardinal, en 1660, par Alexandre VII, vice-roi de Naples de 1664 à 1666, mort en 1677. — Nommé à la place du cardinal de Sandoval, qui était mort le même jour que Philippe IV, archevêque de Tolède, ce qui le faisait membre de la junte ou conseil de régence, il venait d'être rappelé en Espagne par la reine régente et remplacé, nous l'avons dit (p. 134, note 25), à Naples, par son frère don Pedro d'Aragon, qui n'alla prendre possession de la vice-royauté qu'au commencement d'avril. Ce dernier avait eu tout récemment, comme nous l'apprend le postscriptum de cette lettre, son audience de congé du Pape, l'état de la mer n'ayant pas permis au cardinal, son frère, de s'embarquer pour l'Espagne avant avril. Voyez Giannone, livre XXXVIII, chapitre II.

10. Laurent Raggi, né à Gênes, évêque de Catane, puis archevêque de Salerne et de Tarente, trésorier de la sainte Église, intendant général des galères de l'État ecclésiastique;

M. de Bourlemont me dit, il y a douze ou quinze jours, que le P. Oliva avoit trouvé fort à redire que le jésuite confesseur de la reine d'Espagne[11] se fît traiter d'Excellence; mais j'ai appris aujourd'hui un détail de leur correspondance si étroite et si intime qu'il n'est pas possible que l'éclat qu'il a fait sur ce sujet n'ait été affecté. Il est certain que le Palais se croit tout à fait assuré d'Espagne[12] par ce canal.

J'ai vu ce matin le Pape à la Signature de grâce[13]. Il y a paru assez gai et avec un fort bon visage.

Je suis,
  Monsieur,
    Votre très-affectionné serviteur,
    Le cardinal de RETZ.

A Rome, ce 6ᵉ avril 1666.

J'apprends[14], depuis ma lettre écrite, le détail de ce qui s'est passé à l'audience de congé de Monsieur l'ambassadeur d'Espagne, que je sais d'une personne très-digne de foi, à qui il l'a conté lui-même. Le Pape voyant qu'il se mettoit à genoux pour recevoir sa bénédiction, lui demanda s'il n'avoit rien à lui dire devant que de

---

nommé cardinal, en 1647, par Innocent X, il mourut en 1687.

11. Le P. Nithard : voyez ci-dessus, p. 162, note 20; et les *Mémoires de Saint-Simon* (édition de 1879), tome III, p. 87, 88 et note 2. La régente l'avait nommé grand inquisiteur, à la place du cardinal d'Aragon, devenu archevêque de Tolède, et, par cette dignité, il entrait, lui aussi, en vertu du testament de Philippe IV, dans la junte de régence.

12. Nous avons dans les *Mémoires* de fréquents exemples d'*Espagne* sans article : voyez notamment au tome II, p. 63, 109, 121, etc.

13. C'est-à-dire à la congrégation de ce nom, dont Retz était membre : voyez la *lettre* 5, p. 33.

14. Ce post-scriptum a été ajouté, dans le blanc, entre *Je suis* et *Monsieur*.

se licencier[15], et l'ambassadeur lui ayant répondu simplement que non, Sa Sainteté ajouta qu'Elle s'étonnoit de ce qu'il ne lui parloit point de la promotion, puisqu'il en avoit fait tant de plaintes dans le public. L'ambassadeur lui dit ces propres paroles : « Je ne me suis point plaint comme ambassadeur, parce que je ne sais pas les sentiments du Roi mon maître sur ce qui s'est passé ; mais j'ai cru que, comme *cavallero*[16], j'en avois eu beaucoup de sujet, après la parole que Votre Sainteté m'avoit donnée de ne point faire de cardinaux que quand il y auroit douze places vacantes. » Le Pape lui ayant reparti qu'il avoit mal pris son sens et que ce qu'il avoit voulu dire étoit qu'il attendroit à faire la promotion pour les couronnes quand il y auroit huit chapeaux vacants, qui, joints aux quatre demeurés *in petto*, en feroient douze, l'ambassadeur lui dit que la cour de Rome auroit peine à faire comprendre cet équivoque au roi d'Espagne. Le Pape s'éleva sur cette parole et dit : « Comme si je me souciois du roi d'Espagne ! » à quoi l'ambassadeur repartit : « Si Votre Sainteté ne se soucie pas du roi mon maître, le roi mon maître se soucie encore moins de Votre Sainteté ; » et ainsi finit la conversation. Les gens du Palais soutiennent qu'elle ne s'est pas passée ainsi. L'ambassadeur d'Espagne l'a contée en cette manière, parole pour parole, et ce qu'il en dit trouvera de la créance en cette cour, parce qu'il a toujours conservé la réputation d'un homme fort véritable.

15. Le verbe réfléchi *se licencier*, au sens de « prendre congé », était, dès le temps de Retz, un archaïsme. Littré, dans l'*historique*, cite un exemple tiré des *Mémoires de Bassompierre* ; mais l'Académie, en 1694, ne donne plus au mot, construit avec le pronom, que le sens figuré qu'il a aujourd'hui.

16. *Cavallero*, caballero, en espagnol « chevalier, gentilhomme ».

50. — LETTRE DU CARDINAL DE RETZ A M. DE LIONNE.

(Sur l'audience que D. Pedro d'Aragon a eue du Pape, la condamnation de Guimenius, et des nouvelles.)

Monsieur,

J'ai reçu la lettre qu'il vous a plu de m'écrire du 19e de mars[1]. Il étoit si tard et j'étois si pressé quand j'ajoutai l'apostille à ma dernière du 6e de ce mois, que j'oubliai à vous mander une circonstance de l'audience de l'ambassadeur d'Espagne qui n'est pas la moins considérable des douceurs qui la composèrent. Il dit au Pape qu'il auroit toute sa vie pour lui, comme Souverain Pontife, tout le respect et toute la soumission qui lui étoient dus, mais qu'il ne pouvoit s'empêcher de lui confesser qu'il le tenoit, comme Fabio Chigi[2], pour *el mas instable ombre del mondo*[3]. Il est à remarquer que Sa Sainteté ne releva point cette parole en particulier, et qu'il tourna sa réponse du côté du roi d'Espagne en disant : *Che farà il re di Spagna*[4]? L'ambassadeur eut tant d'impatience de partir qu'en descendant de l'appartement du Pape, il monta en carrosse et il dit à l'ambassadrice en l'abordant : « Je viens de parler au Pape d'une manière qui me feroit souhaiter que le roi mon maître, et tous les autres princes de la

---

Lettre 50. — Archives des Affaires étrangères, Rome, 1666. *Lettres à Lionne*, tome XXIV (175), pièce 103, fol. 278 et 279. Original, de la main du secrétaire ; la ligne de signature est seule autographe. — Voyez la réponse de Lionne, en date du 6 mai, aux *Pièces justificatives*, n° 53.

1. C'est le n° 45 des *Pièces justificatives*.
2. Prénom et nom de famille d'Alexandre VII : voyez p. 1, note 1.
3. En espagnol, « l'homme le plus inconstant, le plus changeant du monde. » On comprend que Lionne, dans sa réponse, ait quelque peine à croire que le Pape, « fier et sensible » comme il était, n'ait point relevé cette impertinence. Comparez la *lettre* 57.
4. En italien, « Que fera le roi d'Espagne ? »

chrétienté m'eussent pu entendre. » On ne s'étoit pas trompé quand on m'avoit assuré qu'il ne s'étoit[5] pas dit un mot de la promotion dans les deux jours et demi que l'ambassadeur avoit logé au Palais[6], rien ne s'y étant passé de la part du Pape et de M. le cardinal Chigi que de fort honnête et de fort civil jusques à l'audience de congé. Il est vrai que, la veille du départ, M. le cardinal Nini voulut faire parler l'ambassadeur : à quoi il n'eut aucune peine, dom Pedro s'étant expliqué de son mécontentement avec beaucoup de fierté et même avec beaucoup de ressentiment.

La cour de Vienne est bien plus aisée à satisfaire, et Monsieur le Nonce, qui est auprès de l'Empereur, a répondu au Pape qu'il n'y auroit, de ce côté-là, aucune altération sur ce sujet. Je suis persuadé qu'il n'en est pas de même de la part de Monsieur l'archevêque de Saltzbourg, qui se croyoit si assuré et si proche du chapeau qu'il n'y a que deux mois qu'il écrivit à M. le cardinal de Hesse qu'il espéroit qu'il seroit à Rome plus tôt que lui. Il est certain qu'il avoit fait un superbe équipage pour ce voyage.

On a enfin confirmé cette semaine, dans la dernière congrégation *del Indice*, le décret de la condamnation de Guimenius[7]. Vous le trouverez ci-joint[8]. Les Jésuites menacent de représailles sur le livre du P. Baron[9] ;

5. *Qu'il ne s'étoit* corrige *que l'on n'avoit*.

6. Au palais du Quirinal, résidence du Pape, lequel, en outre, avant l'audience de congé, lui avait donné, comme il est dit dans la *lettre* 48 (p. 198 et note 11), un « superbe festin ».

7. Il paraît probable qu'il s'agit toujours d'un décret ne nommant pas le casuiste ; au moins la condamnation de Guimenius nommément n'est-elle datée, dans l'*Index* romain, que du pontificat d'Innocent XI, 16 septembre 1680.

8. Le décret n'est pas joint à la lettre dans le volume des Archives.

9. Le P. Bonaventure Baron, Irlandais, de l'ordre des Francis-

mais comme Mgr Fagnano[10] le défend avec application et avec ardeur, on ne croit pas qu'ils obtiennent ce qu'ils souhaitent, et on dit qu'ils se réduisent déjà à se contenter que l'on donne à ce religieux un ordre de supprimer, dans les éditions suivantes, ce qu'il a dit touchant le cardinal Bellarmin[11].

Mgr Capobianco, évêque de Syracuse[12], et très-confident de dom Pedro d'Aragon, avoit eu parole, il y a quelque temps, par le moyen de Mgr le cardinal Farnèse[13], avec qui il a une correspondance très-intime et très-particulière, du secrétariat *de Propaganda fide*[14], qu'il a recherché[15], depuis huit ou dix mois, avec des instances continuelles, pour avoir lieu de demeurer à Rome et de ne point aller à sa résidence. Les Espagnols, qui ont intérêt de le tenir ici, parce qu'il est tout à eux et qu'il est d'ailleurs fort agissant, n'oublient rien pour lui faire obtenir cette grâce, pour laquelle M. le cardinal Farnèse, qui paroît avoir repris beaucoup de part dans la confiance du Pape, emploie aussi tout son crédit. On ne croit pourtant pas que les uns ni les autres y réussissent, parce que l'on ne témoigne pas au Palais être satisfait de la conduite de ce prélat, qui, dès les premières plaintes de l'ambassadeur d'Espagne, y

---

cains, auteur de plusieurs ouvrages. Celui dont parle ici Retz est sans doute un de ceux que contient le volume intitulé : *Opuscula varia*, publié à Wurtzbourg en 1666, in-folio.

10. Prosper Fagnano ou Fagnani, célèbre canoniste, mort, en 1678, âgé de plus de quatre-vingts ans. Il fut secrétaire du Sacré Collége et composa, par ordre d'Alexandre VII, un commentaire sur les Décrétales (3 volumes in-folio, Rome, 1661).

11. Voyez plus haut, p. 137, note 2.

12. Jean-Antoine Capobianco, évêque de Syracuse, de 1649 à 1673.

13. Voyez p. 155, note 1.

14. La congrégation de la Propagande, fondée à Rome par Grégoire XV, en 1622, pour la propagation de la foi.

15. *Rechercher*, solliciter.

avoit fait espérer qu'il radouciroit son esprit. Il est constant qu'il y a fait tous ses efforts ; mais comme dom Pedro ne l'en a pas voulu croire, on ne sait si le mauvais succès de sa négociation ne retombera pas sur lui. Ce prélat ne manque ni d'intelligence, ni d'amis, ni d'intrigue en cette cour, et je suis persuadé qu'il sera mieux, pour le service du Roi, en Sicile qu'à Rome.

Le livre fait pour la défense de la Faculté[16], dont je vous ai parlé par le dernier ordinaire, a été enfin vu au Palais, et je sais que l'on l'y traita, à l'ouverture, à cause de son titre, de « recueil de vieilles pièces. » Quelques-unes de celles qu'il contient y avoient en effet déjà paru ; mais on y[17] est fort piqué des quatre nouvelles qui y sont insérées[18], et particulièrement des *Remarques* qui ont été faites sur le dix-huitième tome des *Annales d'Odoricus Raynaldus*, continuateur de Baronius[19].

Il y eut hier consistoire, où je pris audience du Pape

---

16. Le *Recueil* de Jacques Boileau : voyez ci-dessus, p. 202, note 6.

17. Le mot *y* est en interligne ; il se rapporte, comme les deux précédents, à *Palais*.

18. Ce sont : 1º les *Remarques sur la bulle contre les censures de Sorbonne* (par Antoine Arnauld) ; 2º les *Considérations respectueuses sur la bulle de notre Saint-Père le pape Alexandre VII contre la Faculté de théologie de Paris* (par Jacques Boileau) ; 3º les *Remarques*, dont va parler Retz, *sur les Annales ecclésiastiques de Odoricus Raynaldus*, continuateur de Baronius ; 4º, probablement, tout ou partie soit des *Actes du Parlement*, soit des pièces qui s'y rapportent.

19. César Baronius, né en 1538, mort en 1607, général de la congrégation de l'Oratoire en Italie, confesseur du pape Clément VIII, qui le nomma, en 1596, cardinal et bibliothécaire du Vatican. Il est l'auteur des *Annales ecclesiastici* (12 vol. in-folio, Rome, 1588-1607), qui embrassent toute l'histoire de l'Église jusqu'en 1198. La continuation d'Od. Raynaldus va de 1198 à 1565 : elle se publiait à Rome, à la date de cette lettre (1646-1667, 10 vol. in-folio).

pour quelques affaires de Daterie [20]. Il me répondit précisément à ce que je lui disois, et il ne me parla d'aucune autre chose. Je ne vous ai rien mandé de la grâce que Sa Sainteté a faite nouvellement à M. le cardinal d'Aragon, parce que M. de Bourlemont m'a dit qu'il vous l'avoit écrite. J'ai su de plus qu'avant-hier au soir le Pape dit assez publiquement qu'il n'y avoit rien de plus injuste que la chicane que l'on fait en Espagne à ce cardinal sur la prise de possession de l'archevêché de Tolède [21] : ce furent ses propres mots.

Je suis,
  Monsieur,
    Votre très-affectionné serviteur,
    Le cardinal de Retz.

A Rome, ce 13e avril 1666.

---

51. — LETTRE DU CARDINAL DE RETZ A M. DE LIONNE.
(De nouvelles.)

Monsieur,

Il y a peu de semaines qui ne m'aient donné plus de matière de vous entretenir que celle-ci; mais il n'y en a point qui m'en ait fourni de plus agréable, puisqu'elle me donne lieu de vous remercier des nouvelles

---

20. Voyez ci-dessus, p. 46, note 2.
21. Voyez p. 203, note 9. Le cardinal d'Aragon, à qui le Pape avait fait, sans retard, expédier ses bulles, s'était fait sacrer, le 28 février, dans une petite église du diocèse de Pouzzoles.

Lettre 51. — Archives des Affaires étrangères, Rome, 1666. *Lettres à Lionne*, tome XXIV (175), pièce 114, fol. 307. Original, de la main du secrétaire; la ligne de signature est seule autographe. — Voyez la réponse de Lionne, en date du 21 mai, aux *Pièces justificatives*, n° 55.

que vous m'avez fait la grâce de m'écrire par la vôtre du 26ᵉ de mars¹, qui ne sont pas moins glorieuses à la personne de Sa Majesté qu'elles sont avantageuses au bien de son service. Je les reçus à l'entrée du consistoire qui se fit jeudi passé² pour donner le chapeau à M. le cardinal Litta³, et je les répandis sans affectation dans l'assemblée. J'aurois continué dimanche⁴ si une petite incommodité, qui m'a obligé de garder la chambre ces derniers jours, ne m'avoit pas empêché d'assister à la fonction de celui-là. On a paru assez surpris, en cette cour, de l'accommodement de Munster⁵ ; mais les divisions de Madrid y étoient déjà sues : les Espagnols qui sont ici n'en disconviennent pas, et il y en a même qui s'en expliquent avec assez de liberté.

Je ne vous mande rien de M. le cardinal d'Aragon à Civita-Vecchia, parce que M. de Bourlemont m'a dit qu'il vous en écrivoit le détail⁶.

1. C'est le nº 46 des *Pièces justificatives.* Lionne y annonce à Retz la pacification du différend entre Louis XIV et l'évêque de Munster, lequel « renonce à toute liaison avec l'Angleterre ; » puis il lui apprend encore que la négociation anglaise à Lisbonne a « entièrement échoué, » et que « les divisions.... s'augmentent, » à Madrid, entre les ministres, pour et contre le confesseur (Nithard).

2. Le jeudi 15 avril.

3. Il avait été déclaré le 15 février 1666 : voyez ci-dessus, p. 169 et note 2.

4. Le dimanche des Rameaux.

5. Dans le manuscrit, comme plus haut, p. 149, *Monster.*

6. Voici ce que M. de Bourlemont écrit à ce sujet à Lionne, à la date du 13 avril, c'est-à-dire dès le précédent ordinaire *ᵃ* : « Les cardinaux Sforza, Raggi et Hesse, de la faction d'Espagne, sont allés à Civita-Vecchia pour visiter M. le cardinal d'Aragon et s'aboucher avec lui à son passage pour Espagne. Le cardinal Ludovisio, pour marquer son zèle et sa reconnoissance vers la couronne d'Espagne, y est aussi allé, et le cardinal Brancaccio..., ainsi

ᵃ Tome XXIV (175), pièce 105, fol. 286 r°.

Nous avons ici de mercredi il signor Zandedari[7], petit-neveu de Sa Sainteté. Il n'a que treize ans et on croit que l'on le destine à l'Église.

Je suis,

Monsieur,

Votre très-affectionné serviteur,
Le cardinal de RETZ.

A Rome, ce 20ᵉ avril 1666.

---

52. — LETTRE DU CARDINAL DE RETZ A M. DE LIONNE.
(DE NOUVELLES.)

MONSIEUR,

Je crois que vous ne doutez pas que je ne reçoive avec autant de reconnoissance que de respect les nouvelles marques qu'il plaît au Roi de me donner de sa bonté par votre lettre du 2ᵉ de ce mois[1], et que la plus sensible satisfaction que je puisse avoir au monde est d'être assez heureux pour rencontrer ce qui peut être de ses volontés. La délicatesse que j'ai sur ce point m'y

que le connétable Colonna, et l'agent d'Espagne comme ministre. »

7. Ou Zondodari. Il était fils de Ansiano Zondodari et d'Agnès, fille de Mario Chigi, frère d'Alexandre VII : voyez plus haut, p. 12, note 26, et ci-après, p. 219, note 25.

LETTRE 52. — Archives des Affaires étrangères, Rome, 1666. *Lettres à Lionne*, tome XXIV (175), pièce 127, fol. 339-342. Original, de la main du secrétaire; la ligne de signature est seule autographe. — Voyez la réponse de Lionne, en date du 21 mai, aux *Pièces justificatives*, nº 55.

1. C'est le nº 47 des *Pièces justificatives*. Voyez, au sujet de l'affaire dont il va être question, de l'évêque d'Agde, ce nº 47, et surtout les nᵒˢ antérieurs 35, 36 et 43. — L'évêque et comte d'Agde était alors (20 septembre 1658-4 février 1702) Louis Foucquet, quatrième frère du surintendant Nicolas Foucquet.

rend si sensible que je ne me pus empêcher d'abord
de prendre quelque soupçon du procédé de Monsieur
d'Agde. Je le perdis toutefois, presque aussitôt que je le
conçus, parce que je connus, en entretenant plus particulièrement celui qui m'avoit parlé de sa part, qu'il n'étoit pas impossible que les remerciements que ce prélat
me faisoit ne fussent de bonne foi par l'opinion qu'il
pouvoit avoir que la déclaration que j'avois faite de ne
le pouvoir servir, en ce qui regardoit la cour, ne tomboit
pas sur son affaire de Sorrèze, pour laquelle il savoit
qu'il avoit eu l'agrément et l'*expediatur*. La Borne² ne
m'avoit point dit ce dernier détail, non plus que l'abbé
de Cassagne³, qui m'a avoué depuis que, ne sachant pas
lui-même si le Roi n'avoit pas changé de sentiment, il
n'avoit pas osé insister contre la première réponse que
je lui fis, et qu'il s'étoit contenté d'écrire à Monsieur
d'Agde que je lui avois témoigné que je le servirois
volontiers personnellement, mais que je ne pouvois entrer en quoi que ce soit qui regardât la cour. Je me
crois obligé par la vérité de vous faire savoir ce détail,
qui marque qu'il peut n'y avoir que de la méprise du
côté de M. l'évêque d'Agde, à moins que le chiffre⁴ ne
donne quelque lumière contraire. J'avoue que cette circonstance de chiffre m'avoit fait croire qu'il pouvoit y
avoir quelque dessein de me faire pièce, au moins⁵ du

2. Il est question dans les *Mémoires*, en 1655 (tome V, p. 87),
de la Borne, avec le titre d'expéditionnaire du cardinal Mazarin.

3. « Prêtre séculier, » qui, quelques mois auparavant, avait
servi d'intermédiaire à l'évêque d'Agde auprès de Retz, comme le
dit M. de Bourlemont (au n° cité, 43). Il ne faut pas le confondre
avec la célèbre victime de Boileau, Jacques Cassagnes (sans *de*),
membre de l'Académie française depuis 1662.

4. C'est-à-dire la lettre en chiffre, comme l'explique la phrase
suivante; nous la donnons, traduite, aux *Pièces justificatives*, n° 36.

5. *Au moins* et, deux lignes plus loin, *un*, sont en interligne.

1666 côté du secrétaire, parce qu'il est étrange en effet qu'un homme que je ne connois point m'écrive en un chiffre que je connois aussi peu. Je me suis enquis soigneusement de l'abbé de Cassagne si on ne lui avoit point auparavant envoyé quelque chiffre. Il assure fort que non, et je le crois, tant parce qu'il me paroît homme sincère et sans intrigue que parce qu'il témoigne même, fort naturellement, si je ne me trompe, être très-mal satisfait de ce que l'on a fait passer par ses mains une lettre dont j'ai eu lieu de me plaindre.

Vous croyez bien que je ne puis douter que vous ne soyez et bien mieux et bien plus tôt informé des affaires d'Espagne que l'on ne l'est à Rome. Comme il peut être néanmoins du service du Roi de savoir la manière dont on les prend, ou plutôt dont on les croit ici, je vous dirai les avis que l'on y eut, la semaine passée, par les lettres du nonce de Madrid en date du 26e de mars. Ils portent que, quand l'ambassadeur d'Angleterre fut sur le point de partir pour aller en Portugal, le conseil d'Espagne fit tous ses efforts pour mettre auprès de lui un secrétaire espagnol, sous prétexte de lui servir d'interprète; que le jésuite confesseur de la reine[6], piqué et de ce qu'il avoit refusé ce secrétaire et de ce qu'il avoit témoigné prendre plus de confiance au duc de Médina[7] qu'à lui, fit écrire par un autre jésuite, confesseur du marquis de Caracène[8], à un religieux portugais,

6. Le P. Nithard : voyez p. 211, note 1.

7. Emmanuel Figuerroa de Cordoue et de la Cerda, marquis de Priego, duc de Feria et de Medina Celi (voyez les *Mémoires de Saint-Simon*, tome XVIII, p. 30), grand chambellan et président du conseil des Indes, devint, quatorze ans plus tard, le 22 février 1680, premier ministre d'Espagne et occupa cette charge jusqu'en juin 1685. Voyez Lafuente, *Historia general de España*, tome XVII, p. 156-185.

8. Le marquis de Caracène avait été rappelé des Pays-Bas pour commander l'armée espagnole; c'est sous ses ordres qu'elle fut

de la même compagnie, pour proposer aux ministres de ce royaume une conférence sur la frontière entre les généraux des deux armées; que l'ambassadeur d'Angleterre s'étant abouché avec le comte de Castelmelhor[9], et lui ayant proposé de traiter de roi à royaume[10], n'en avoit reçu, pour toute réponse, que l'original de la lettre écrite par le confesseur de Caracène, qui marquoit que la Castille[11] ne prétendoit point cette différence, puisqu'elle proposoit une négociation de général à général; que l'ambassadeur, surpris de la conduite du conseil de Madrid, y étoit retourné plein de colère et de ressentiment de ce que l'on lui avoit ôté les moyens de conclure le traité qu'il avoit entrepris; que la reine d'Espagne se plaignoit, de son côté, de son procédé et lui avoit même refusé audience sur ce qu'il n'avoit pas accompli ce qu'il lui avoit promis; que l'on désespéroit, au reste, de la trêve[12], particulièrement à cause que le Portugal prétendoit que les grands seigneurs de ce pays qui avoient suivi le parti d'Espagne seroient exclus du traité. Voilà le précis de la dépêche du Nonce, qui est mêlée de beaucoup de réflexions sur les intérêts différents de la cour de Madrid. Il conclut que le jésuite, qui se raccommode, à ce qu'il prétend, avec le duc de Médina, demeurera le maître. On en étoit déjà persuadé au Palais, et les cardinaux et les autres prélats de la faction d'Espagne qui sont ici agissent sur ce fondement. Je sais un homme de qualité à qui M. le

---

vaincue à Villaviciosa : voyez plus haut, p. 34 et note 2. Il est nommé dans les *Mémoires*, tome III, p. 111, et tome V, p. 40.

9. Castelmelhor : voyez plus haut, p. 34, où l'orthographe, au lieu de *Castelmehor* (sans *l*), comme ici, est *Castel-Mejor*.

10. Voyez le second alinéa de la lettre de Lionne du 19 mars.

11. La *Castille*, comme souvent autrefois, pour l'*Espagne*.

12. La trêve conclue après la bataille de Villaviciosa. La paix ne le fut qu'en 1668 : voyez plus haut, p. 149, note 5.

cardinal Nini dit, il n'y a pas longtemps, que le Pape se moquoit de Pedro d'Aragon, et se raccommoderoit, quand il voudroit, avec la reine d'Espagne en faisant le jésuite cardinal[13]. Cette parole pourroit faire croire que l'on a hasardé la promotion dans cette vue. On tient toutefois ici pour très-constant qu'il n'y a aucun fondement au bruit que l'on y a voulu faire courre, qu'elle ait été faite de concert avec la reine d'Espagne. Je ne puis même accorder ce que l'on dit de l'intelligence secrète que l'on prétend que Rome entretient avec cette couronne par la voie du confesseur avec l'éclat que fait le P. Oliva contre sa conduite. Il commence à être si grand que je commence moi-même à n'être plus si persuadé que je l'étois que ce ne soit qu'un jeu. Il a fait voir à cinq ou six personnes une lettre qu'il lui écrit, par laquelle il lui témoigne que sa vanité démesurée fait un tort incroyable à son ordre. Il dit, comme publiquement, qu'il seroit fort aise qu'il changeât d'habit. Ces expressions me paroissent un peu trop fortes pour être de concert. Il faut, d'un autre côté, que le zèle du P. Oliva soit bien ardent pour l'obliger à se brouiller avec un religieux de sa compagnie qui peut être demain cardinal et qui est, dès aujourd'hui, un des ministres de la couronne d'Espagne[14]. Ce n'est pas que je ne croie le P. Oliva fort homme de bien ; mais ceux qui le connoissent disent qu'il y a eu des occasions moins importantes où sa piété n'a pas rejeté tout à fait les tempéraments de sa politique. Il est vrai qu'il y a des gens ici qui sont persuadés que l'élévation du confesseur ne plairoit pas à ce général,

---

13. Voyez ci-dessus, p. 162, note 19.
14. Le P. Nithard était, nous l'avons dit (p. 204 et note 11), membre de la junte de régence, comme ayant succédé au cardinal d'Aragon dans la dignité de grand inquisiteur.

parce qu'elle pourroit partager son autorité dans sa compagnie. Sur le tout [15], ceux mêmes qui sont de cette opinion ne laissent pas de convenir qu'ils conservent entre eux un commerce de lettres fort ponctuel et fort réglé. Voilà des faits ; voilà des conjectures. Celle qui me paroît la plus juste est que cette cour n'est pas bien avec celle d'Espagne, mais qu'elle se flatte de l'espérance de s'y pouvoir raccommoder avec facilité.

Je ne vous ai point parlé jusques ici de la division qui est dans la maison du Pape, parce que n'y ayant rien vu, depuis que je suis à Rome, que les intérêts différents que j'y avois trouvés en arrivant, j'avois toujours cru que je ne vous en pouvois rien écrire que vous ne sussiez devant moi. Les nuages y grossissent depuis quelques jours, et quoique la hauteur que Sa Sainteté se conserve à l'égard de ses proches les tienne dans la soumission et dans la crainte, je crois qu'Elle aura besoin de toute son autorité pour éviter l'éclat, pour peu que les mécontentements domestiques augmentent. D. Augustin [16], qui ne se voit nullement établi, au moins à proportion du vol qu'il a pris, se plaint de ce que le cardinal [17] et D. Mario ne font pas un *maiorasgo* [18] en

---

15. Voyez ci-dessus, p. 133 et note 19.
16. Augustin Chigi, fils d'Auguste (frère d'Alexandre VII et de don Mario). Le cardinal Flavio Chigi avait acheté la terre de Farnèse, et en avait fait don, en 1659, à son cousin Augustin. Le Pape avait érigé en principauté cette terre d'un médiocre revenu (cinq mille écus), mais qui avait le précieux avantage de ne dépendre d'aucun souverain. La même année 1659, Augustin, âgé de vingt-trois ans, avait épousé Marie-Virginie Borghèse. Il devint, à la mort de son cousin Flavio (1698), chef de la famille. — Voyez P. Sforza Pallavicino, *Della vita di Alessandro VII libri cinque*, tome II, p. 226 et 230.
17. Flavio Chigi, fils du frère aîné du Pape, don Mario : voyez ci-dessus, p. 32, note 1.
18. *Majorasco* (on trouve aussi *maggiorasco*), majorat.

faveur de son fils. Le Pape le souhaite, mais il y trouve de la résistance, particulièrement dans l'esprit de dona Berenice[19], qui dit hautement qu'elle ne sait pas pourquoi elle seroit obligée à abandonner les Zandedari, qui sont enfants de sa fille[20], pour les intérêts de D. Augustin qui n'a jamais assisté son oncle[21] dans le temps qu'il avoit du bien de son patrimoine, et qu'il le pouvoit faire sans s'incommoder. L'aigreur a été jusques au point que le Pape ayant proposé, il y a plus de deux mois, au cardinal de contribuer une somme assez modique[22] pour une acquisition qu'il vouloit faire au nom du fils de D. Augustin, n'en eut pour toute réponse qu'une déclaration fort claire et fort nette qu'il dépensoit tout son revenu et qu'il n'avoit point d'argent comptant. Sa Sainteté s'en plaignit, et le cardinal Nini raccommoda la chose. Le prieur Bichi[23], qui seroit éloigné de ses prétentions par la promotion et par la faveur de Nini, s'est uni plus étroitement qu'à l'ordinaire avec D. Augustin, en espérance, à ce que l'on prétend, de partager les créatures et la considération de la maison par le moyen de la promotion de D. Sigismond[24], que l'on croit proche. Les éloges que le Pape

---

19. Dona Berenice, belle-sœur du Pape : voyez ci-dessus, p. 171, note 10. — L'original a ici et plus bas la forme espagnole *doña*, au lieu de l'italienne *dona*.

20. Voyez la fin de la *lettre* 51, p. 212. — Zondodari, famille de Sienne. De ces petits-fils de Mario Chigi, l'un, Marc-Antoine, fut grand maître de l'ordre de Saint-Jean de Jérusalem ; le second, Antoine-Félix, cardinal ; le troisième, Alexandre, archevêque de Sienne.

21. Son oncle don Mario Chigi, le mari de dona Berenice.

22. Voyez plus haut, p. 71, note 8.

23. Voyez p. 191, note 10.

24. Sigismond Chigi, frère d'Augustin Chigi dont il est parlé dans la note 16 de la page 217, et plus haut, p. 191 et note 8.

commence à donner à son esprit et à sa conduite, joints à la vue de cette promotion, ont obligé M. le cardinal Chigi de tenter une diversion de la tendresse du Pape, par le moyen du jeune Zandedari[25], petit-fils de D. Mario, qui est fort bien fait, et qui plaira apparemment à Sa Sainteté par la douceur de son naturel. Elle l'a appelé à Rome, à la prière très-instante de dona Berenice, qui avoit fait, il y a quelque temps, tous les efforts possibles pour obtenir la même grâce pour le père et pour la mère de cet enfant. Elle n'y put réussir, et elle s'en prit, en quelque façon, au cardinal son fils[26], parce qu'elle crut qu'il ne s'y étoit pas employé avec assez de chaleur, « pour se venger (ce furent les propres mots de cette dame[27]) de ce qu'il croyoit que D. Mario avoit témoigné quelque radoucissement et quelque condescendance pour concourir à l'établissement de D. Augustin. » Il est certain que le cardinal Chigi a eu quelquefois cette pensée ; mais il ne l'est pas moins qu'elle est sans aucun fondement, et que D. Mario a beaucoup plus d'inclination pour les Zandedari que pour D. Augustin. On a cru d'abord que la pensée du Pape étoit de marier le jeune Zandedari à l'héritière de Renzi, qui a cinq cent mille écus romains d'argent comptant. Je crois savoir de bon lieu qu'il n'en est rien et qu'il est destiné à l'Église, comme je vous l'ai déjà mandé. J'appréhende que ce récit ne soit bien long pour n'être pas tout à fait important, mais, comme la matière a quelque trait à toutes les affaires présentes de Rome,

---

25. Voyez ci-dessus la note 20 de la page 218, et la note 7 de la page 212. — Il s'agit évidemment ici de Marc-Antoine Zondodari, né en 1644 ; son frère cadet, Antoine-Félix, était né à la fin de 1665 ; le troisième, Alexandre, était encore à naître.
26. Flavio Chigi.
27. *De cette dame*, en interligne.

et en peut avoir beaucoup davantage aux futures, je prends la liberté d'en rendre compte à Sa Majesté. Je suis persuadé, en mon particulier, qu'il n'y aura aucun éclat considérable durant la vie du Pape, qui assoupira, ou du moins couvrira vraisemblablement par son autorité les ressentiments des uns et des autres. Ils éclateront sans doute après sa mort, et à mon avis irréconciliablement, parce que, d'un côté, M. le cardinal Farnèse, qui est l'âme de l'une des cabales par sa liaison étroite et intime avec M. le cardinal Nini, n'oublie rien, dès à cette heure, pour empêcher le raccommodement du cardinal Chigi, à qui il s'est plus attaché que jamais, et de D. Augustin, qu'il hait personnellement depuis ce qui s'est passé touchant la terre de Farnèse [28], et parce que, d'autre part, le prieur Bichi se rend maître absolu de l'esprit de D. Augustin et de celui de D. Sigismond, par le moyen duquel, s'il est cardinal, comme on croit qu'il le sera infailliblement dans peu de temps, il prétend, et non pas sans fondement, d'emporter ou tout au moins de partager les créatures et la considération du pontificat. Les conjectures sur tous ces chefs peuvent être différentes; mais je vous puis au moins [29] assurer de la vérité des faits, que je sais de trop bon lieu pour en pouvoir douter.

Je ne vous mandai rien par ma dernière de ce qui est arrivé à l'inquisiteur de Mantoue, parce que je crus que la nouvelle en seroit presque aussitôt à Paris qu'à Rome. J'appris hier que le Pape, qui avoit quelque pensée, à ce que l'on dit, de se retenir la disposition de l'affaire, l'avoit absolument remise au Saint-Office, qu'elle y a été

---

28. Voyez plus haut, p. 217, note 16.
29. *Au moins* est en interligne.

reçue avec beaucoup d'aigreur, que l'on la poussera apparemment à l'extrémité du côté de Rome, que l'on est résolu, à Mantoue, de soutenir avec fermeté ce que l'on y a fait, et que les ministres des princes d'Italie qui sont ici disent publiquement que les prétentions de l'inquisiteur ne sont pas justes. Je ne sais pas sur quoi ils se fondent. Si la relation de l'inquisiteur est véritable, il est constant que, selon ce qu'il suppose, cette cour a bien du sujet de se plaindre de la conduite de l'archiduchesse [30].

M. de Bourlemont a jugé à propos que je misse entre les mains de M. le cardinal Azzolin les expéditions du Signor Millino [31]. Je le fis hier, et je ne puis vous exprimer avec combien de respect et de reconnoissance il les reçut. Il me dit qu'il les porteroit, dès hier au soir, à la reine de Suède, et qu'il pouvoit m'assurer, par avance, qu'elle s'en sentiroit très-obligée au Roi.

Je suis,
 Monsieur,
  Votre très-affectionné serviteur,
   Le cardinal de Retz.

A Rome, ce 27ᵉ avril 1666.

---

30. L'archiduchesse Isabella-Chiara, fille de l'archiduc Léopold d'Autriche, petit-fils de l'empereur Ferdinand I. Veuve de Charles II Gonzague, duc de Mantoue, mort en 1665, elle gouvernait, comme régente, au nom de son fils Ferdinand-Charles.

31. Il s'agit de l'expédition d'un brevet de pension accordé par Louis XIV au bibliothécaire de la reine de Suède : voyez ci-dessus, *lettre* 45, p. 185, et, aux *Pièces justificatives*, le n° 47.

53. — LETTRE DU CARDINAL DE RETZ A M. DE LIONNE.

(Sur les bons sentiments de la reine de Suède pour le service du Roi; le livre des réflexions sur la Bulle; et des nouvelles.)

Monsieur,

La reine de Suède m'a dit qu'elle écrivoit aujourd'hui au Roi pour lui donner part de son voyage, et pour le remercier de la grâce qu'il lui a plu de faire, à sa considération, au Signor Millino. Il m'est impossible de vous exprimer la passion qu'elle témoigne pour tout ce qui regarde la personne et les intérêts de Sa Majesté, et elle m'a commandé expressément de vous supplier de l'assurer que, bien qu'elle n'aille en Suède que pour ses affaires particulières[1], elle y cherchera, avec application, dans les générales, les occasions de lui faire paroître le zèle très-véritable et très-ardent qu'elle a pour son service. Ce furent ses propres mots, qu'elle accompagna d'une infinité d'honnêtetés et même de beaucoup d'instances qu'elle me fit de ne vous rien écrire sur ce sujet qui vous pût donner la pensée qu'elle crût offrir beaucoup au Roi en lui offrant, en cette conjonc-

---

Lettre 53. — Archives des Affaires étrangères, Rome, 1666. *Lettres à Lionne*, tome XXV (176), pièce 6, fol. 11 et 12. Original, de la main du secrétaire; la ligne de signature est seule autographe. — Voyez la réponse de Lionne, en date du 28 mai, aux *Pièces justificatives*, n° 56.

1. Christine, depuis son abdication, avait fait, en 1660, un premier voyage en Suède, après la mort de Gustave-Adolphe. Dans le second, qu'elle entreprit en 1666 et dont Retz annonce ici le projet, elle ne poussa pas jusqu'à Stockholm, parce qu'elle apprit qu'on ne lui accorderait pas l'exercice public de sa nouvelle religion. Après un séjour à Hambourg, où elle aspira vainement à la couronne de Pologne, elle reprit le chemin de l'Italie et se fixa à Rome pour le reste de ses jours.

ture, ce qui y dépendra de son pouvoir. Elle ajouta qu'elle avoit déjà témoigné à M. de Bourlemont ces mêmes sentiments, et qu'elle souhaitoit que je les lui confirmasse encore de sa part. M. le cardinal Azzolin m'aborda samedi, à la chapelle², pour m'assurer qu'elle partoit en résolution de concourir avec chaleur à tout ce qui pourroit être des avantages et de la grandeur de Sa Majesté. J'ai plus d'un sujet d'être persuadé que les intérêts de la reine de Suède se trouvent fort justement et fort naturellement, en cette occasion, dans ceux du Roi; mais je me crois encore beaucoup moins assuré de ses intentions par cette raison que par la parole que M. le cardinal Azzolin m'en a donnée. Je lui demandai si je la pouvois faire savoir à Sa Majesté. Il me répondit qu'il m'en seroit même très-obligé, et je vous puis répondre, en mon particulier, qu'il ne m'auroit pas employé en ce rencontre, s'il n'étoit au moins très-assuré qu'il ne tiendra pas aux intentions que les effets ne répondent aux paroles. Vous êtes sans doute beaucoup mieux informé que moi de ce que la reine de Suède peut et ne peut pas dans ce royaume; mais ce que j'en sais avec certitude est qu'elle y entretient des correspondances réglées avec des gens qui y sont en grande considération.

Je vous ai déjà parlé du livre qui a paru ici sous le titre de *Réflexions très-respectueuses sur la Bulle*, etc.³. Un cardinal du Saint-Office me demanda, samedi à la chapelle, en présence de plusieurs autres, s'il étoit vrai

2. Le 1ᵉʳ mai, jour de saint Jacques et saint Philippe.
3. C'est l'opuscule anonyme qui est aux pages 121-152 du *Recueil* dont nous avons parlé (p. 36, note 4, et p. 209, notes 16 et 18). Il a pour auteur l'éditeur même de ce recueil, Jacques Boileau. Retz cite le titre inexactement (*Réflexions*, au lieu de *Considérations*), ce qui peut servir peut-être à expliquer que Lionne réponde, le 28 mai, qu'il ne se souvient pas précisément d'avoir vu cet ouvrage.

qu'il fût imprimé à Paris. Je lui dis que je ne le croyois pas, et qu'on voyoit, au moins par le titre, qu'il étoit de l'édition de Munster. « Mais, ajouta-t-il, est-il possible que la doctrine qu'il contient soit approuvée à la cour de France ? » A quoi je lui répondis que je le pouvois assurer que la seule doctrine suivie par la cour de France étoit celle de l'Église gallicane, « qui n'est autre, lui dis-je, que celle de l'Église romaine, quand l'une et l'autre sont bien entendues et bien expliquées. » Je crus que j'en devois demeurer aux termes généraux, tant afin de lui laisser soupçonner, selon ce que M. de Bourlemont et moi avions concerté, que ces sortes d'ouvrages peuvent être[4] des suites de la manière dont cette cour s'est conduite en ces derniers temps, que pour n'être point obligé de m'expliquer sur le détail de quelques propositions contenues dans ce livre, qui passe universellement ici pour être *assai aromatico*[5]. Vous connoissez, Monsieur, la force de ce mot, et nous avons cru d'ailleurs que, ne sachant pas précisément les sentiments de Sa Majesté sur le particulier de cette édition, nous ne ferions que mieux de n'y point entrer de notre côté.

Il y a quelque temps que l'on a dit ici que le Pape a

---

4. *Être* est en interligne.

5. *Assez aromatique*, au sens où l'on dit parfois en français, bien que l'Académie ne mentionne pas cet emploi figuré, *assez épicé*, c'est-à-dire, comme l'explique Littré, « rempli de traits mordants. » Appliqué à une chose, le mot *aromatico* signifie aussi « épineux, difficile; » et à un homme, « âpre, bourru. » — A la fin des *Considérations respectueuses* (voyez ci-dessus, p. 209, note 18), l'auteur anonyme (Jacques Boileau) demandait la convocation d'un concile. Ce fut sans doute pour désavouer ce moyen extrême, qui pouvait provoquer un schisme, que le parlement de Paris crut devoir condamner au feu (arrêt du 19 mai 1666) ce petit volume imprimé à Munster. Voyez les *Mémoires chronologiques et dogmatiques*, par d'Avrigny, tome II, p. 1.

mis de l'argent au château Saint-Ange⁶, et je ne vous en ai rien mandé jusques à présent, parce que j'ai voulu m'éclaircir à fond de la vérité et du détail du fait. Il est certain que, de neuf cent mille⁷ écus que Sa Sainteté avoit en réserve, Elle en a mis huit cent mille au château, mais il ne l'est pas moins qu'Elle ne les a pas mis dans le trésor de Sixte, qu'ils ne sont point par conséquent sujets à sa bulle⁸, et que le Pape en disposera comme il lui plaira sans le consentement et même sans la participation du Sacré Collége. On en a parlé autrement, et il y a même encore des gens ici qui soutiennent le contraire ; mais je sais, de science certaine, que les huit cent mille écus ont été consignés de la même manière que le furent les quatre cent mille d'Innocent X⁹, un peu devant sa mort, dont le pape qui est aujourd'hui s'est servi depuis sans y observer aucune formalité.

1666

On m'a averti, de bon lieu, que Monsieur le Nonce qui est à Paris a écrit au Palais, par le dernier ordinaire, qu'il y a beaucoup d'apparence que la paix de Portugal se conclura¹⁰, et que celle de Munster¹¹ trouve

6. L'ancien mausolée d'Adrien, *Castel Sant' Angelo*, situé sur la rive droite du Tibre, à l'entrée du pont du même nom. Dans une rotonde supérieure du château, fermée par de doubles portes chargées de verrous, on voit un énorme coffre où les papes ont autrefois conservé leur trésor.

7. Ici et plus bas, deux fois, il y a dans l'original, devant *mille*, le pluriel *cens*.

8. Sixte-Quint (1585-1590) avait laissé, en mourant, un trésor de sept millions, mais qu'il destinait, par sa bulle, aux pressantes nécessités de l'Église.

9. Innocent X (1644-1655), le prédécesseur d'Alexandre VII.

10. Voyez ci-dessus, p. 149, note 5.

11. Il n'est pas besoin d'avertir qu'il ne s'agit pas des fameux traités de la paix de Westphalie, signés à Munster en 1648, mais de l'accommodement avec l'évêque de cette ville : voyez p. 149, note 8, et p. 211, note 1.

beaucoup d'obstacle. M. le comte d'Arondel[12], qui revient de Constantinople, est ici depuis quelques jours. Comme il est neveu de feu M. d'Aubigny[13], et que je l'ai connu autrefois en Angleterre[14], il a souhaité de me voir; je m'en suis excusé le plus civilement qu'il m'a été possible sur la rupture des deux couronnes, après en avoir pris l'avis de M. de Bourlemont, qui a été de ce sentiment.

Il y aura demain consistoire, et Sa Sainteté fait état d'aller après-demain à Castel, d'où il ne reviendra qu'à l'Ascension[15].

Je suis,

Monsieur,

Votre très-affectionné serviteur,
Le cardinal de Retz.

A Rome, ce 4° mai 1666.

12. Thomas Howard, duc de Norfolk, comte d'Arundel (dans l'original, *Arondel*), mort en 1677. Il était petit-fils du célèbre comte Thomas d'Arundel qui avait donné son nom aux fameux marbres dits ensuite d'Oxford. Sa mère était fille d'Esme Stuart, duc de Lenox, et sœur de M. d'Aubigny.

13. Louis d'Aubigny, l'un des fils d'Esme Stuart (duc de Lenox), abbé de Hautefontaine au diocèse de Châlons, à partir de 1647. En 1653, il renonça à cette abbaye, en échange d'un canonicat à Notre-Dame de Paris. Il était grand aumônier de la reine d'Angleterre et parent de Charles II. Le cardinal de Retz, après son retour en France, s'entremit activement pour lui faire obtenir le chapeau de cardinal, mais sans succès. Louis d'Aubigny mourut le 10 novembre 1665, et fut inhumé aux Chartreux.

14. Le cardinal de Retz alla plusieurs fois en Angleterre pendant son exil et ses démêlés avec la cour au sujet de son archevêché. Il s'y trouvait au moment de la mort de Mazarin (9 mars 1661). Sur ses relations avec d'Aubigny, son parent, voyez *le Cardinal de Retz et ses missions diplomatiques à Rome*, p. 12 et 13.

15. Le jour de l'Ascension, en 1666, était le 3 juin.

54. — LETTRE DU CARDINAL DE RETZ A M. DE LIONNE.

(SUR LA PERTE DU PROCÈS DES CLERCS NATIONAUX; ET DES NOUVELLES.)

MONSIEUR,

J'ai reçu la lettre que vous m'avez fait l'honneur de m'écrire du 16ᵉ d'avril. Je crois que M. de Bourlemont vous mande le détail de ce qui se passa mercredi au consistoire touchant l'affaire des clercs[1]. Nous y perdîmes de trois voix l'instance que nous y faisions sur ce sujet, depuis longtemps, en commun avec les Espagnols; mais si leur agent, qui en a eu nécessairement toute la direction, parce que le clerc de sa nation est en année, eût voulu suivre le conseil de M. de Bourlemont, et prendre le chemin qu'il lui avoit ouvert, nous y aurions réussi apparemment avec beaucoup de facilité. L'incapacité de cet agent passe jusques à l'imbécillité, et vous le jugerez aisément de ce qu'il assura dernièrement à un cardinal des plus confidents du Pape que la paix de Portugal s'en alloit [être] conclue, sur ce qu'il avoit découvert, par le moyen d'un gentilhomme florentin, qu'il m'avoit détaché, disoit-il, avec beaucoup d'adresse pour me faire parler, que le Roi, qui en est le médiateur, la desiroit avec une extrême passion : ce

---

LETTRE 54. — Archives des Affaires étrangères, Rome, 1666. *Lettres à Lionne*, tome XXV (176), pièce 17, fol. 33 et 34. Original, de la main du secrétaire; les deux lignes de signature sont seules autographes. — Voyez, aux *Pièces justificatives*, le n° 49; et, sous le n° 57, la réponse de Lionne, en date du 4 juin.

1. Il s'agissait du rétablissement des gages des clercs dits nationaux. On voit par la lettre de M. de Bourlemont dont parle Retz que le cardinal Antoine Barberin fit, dans cette affaire, « du pis qu'il put » contre la commune sollicitation du clerc de France et du clerc d'Espagne. — M. de Bourlemont nous apprend aussi (fol. 44) que l'agent d'Espagne dont il va être question était don Nicolas Antonio.

qu'il n'avoit, ajouta-t-il, pu croire jusque-là. Je ne vous dis cette circonstance, qui n'est rien en soi, que pour vous faire voir en quelles mains est ici le paquet d'Espagne, qui se décrie encore plus dans cette cour par la foiblesse de ses ministres que par ses autres malheurs. M. le cardinal de Hesse dit publiquement qu'il est venu en carrosse de voiture², qu'il est prêt de s'en retourner avec un bourdon³, et qu'il n'y manquera pas, si le confesseur ne le traite plus favorablement que le cardinal d'Aragon. Il est encore *incognito*, et il ne parle pas d'en sortir. Jugez quel effet cette conduite peut produire dans une cour où l'on a tant d'attention et tant d'égard à l'apparence des choses, qu'elle ne manque presque jamais d'entrer dans leur substance.

On m'a sondé, depuis quelques jours, du côté d'Allemagne, pour savoir si je voudrois recevoir des propositions que l'on prétend de porter au Pape, par mon entremise, pour la conversion de M. le duc de Saxe⁴.

2. Faut-il entendre dans la voiture publique ou, ce qui serait un peu moins choquant pour un cardinal, dans une voiture de louage ? L'expression était très-usitée autrefois dans le premier de ces deux sens, témoin cette épigramme qui courut jadis contre le *Mercure galant* et qui se lit dans la Préface de l'*Esprit du Mercure* (1810), p. VII :

> Savez-vous pourquoi le *Mercure*
> Si souvent ne nous offre rien ?
> C'est le carrosse de voiture :
> Il faut qu'il parte vide ou plein.

Littré ne cite de cette expression qu'un exemple du dix-huitième siècle; l'Académie la donne dans ses éditions de 1718, 1740 et 1762. — Nous avons vu, p. 211, note 6, que le cardinal de Hesse était de la faction d'Espagne.

3. Comme un pèlerin : voyez ci-après, p. 231 et note 12.

4. Jean-Georges II, électeur de Saxe, né le 31 mai 1613, mort le 1ᵉʳ septembre 1680. Il avait épousé, le 13 novembre 1638, Madeleine-Sibylle, fille de Christian, marquis de Brandebourg-Culmbach, dont il eut un fils, Georges III, qui lui succéda, et deux

Comme je n'ai pas cru devoir entrer en aucune affaire sans les ordres du Roi, j'ai répondu d'une manière qui, sans manquer à la civilité que je dois à l'honneur que l'on me fait de jeter les yeux sur moi pour une négociation de cette nature, me laisse toute la liberté d'accepter ou de ne pas accepter cet emploi. Je vous supplie de me faire la grâce de savoir de Sa Majesté comme il lui plaît que j'en use. On me fait entendre que l'intention de l'électeur de Saxe est très-bonne et très-ferme; mais comme il demande la communion sous les deux espèces, pour ceux au moins de ses sujets qui la desireront, je crois qu'il y aura bien de la difficulté du côté de Rome. Il est vrai que je ne sais pas encore assez du détail des prétentions de ce prince pour en pouvoir bien juger, d'autant plus que l'on m'a dit, en général, qu'elles sont, même sur ce chef de la coupe, beaucoup plus modérées que celles que les Bohémiens ont eues autrefois[5]. On m'a fort recommandé le secret; mais je ne crois pas y manquer en rendant au Roi le compte que je lui en dois, et que l'on ne peut pas ignorer que je ne lui en doive, puisqu'on souhaite que je m'y emploie.

Je ne doute point que vous n'ayez eu, presque aussitôt que nous, la nouvelle de ce qui se passe à Venise touchant les propositions de paix avec le Turc[6], et je ne

---

filles. — Trente ans plus tard, en 1697, ce fut Frédéric-Auguste, roi de Pologne, petit-fils de Jean-Georges II et son troisième successeur comme électeur de Saxe, qui se convertit, de la foi luthérienne, à la foi catholique.

5. Au temps de la guerre des Hussites, qui éclata en Bohême après le supplice de Jean Huss à Constance en 1415, Jean Huss et ses adhérents voulaient de même, pour les simples fidèles, outre la communion sous l'espèce du pain, la participation à la coupe, c'est-à-dire à l'espèce du vin.

6. Venise, sentant qu'après la guerre de Hongrie et le traité de

vous en parle ici que pour vous dire que les Vénitiens en font encore un si grand secret, en cette cour, que leur auditeur de rote a dit à M. de Bourlemont qu'il n'en avoit pas seulement ouï parler. Les lettres particulières de Venise n'en portent quoi que ce soit : ce qui me paroît assez étrange et assez remarquable, le fond de la chose étant aussi vrai qu'il l'est.

Sa Sainteté alla, mercredi après dîner, à Castel, d'où on commence à dire qu'Elle ne reviendra qu'à la Pentecôte[7], au moins pour demeurer à Rome; car on croit qu'Elle y pourra venir dîner le jour de l'Ascension, pour la bénédiction ordinaire de Saint-Jean de Latran.

Il y a déjà quelque temps que les uns disent que le Pape a dessein d'acheter toutes les maisons qui sont vis-à-vis du portail de la Minerve[8] pour y faire bâtir un palais pour D. Sigismond, et les autres qu'il est en traité de celui du prince Ludovisio[9], qui est à Monte-Citorio[10], et qui n'est pas achevé. Il me semble que ces bruits commencent à passer du peuple aux gens de la

---

Temeswar les hostilités ne tarderaient pas à se rallumer entre elle et la Turquie, avait chargé son envoyé Ballarino de travailler au rétablissement de la paix. Mais, sur le refus d'une seule des conditions de la Porte, la négociation fut rompue. Voyez de Hammer, *Histoire de l'empire ottoman*, livre LV. — La *Gazette*, annonçant ces pourparlers, dit dans l'*Extraordinaire* du 11 juin : « On y voit peu d'apparence (à la paix) par ce qui se fait des deux côtés pour les apprêts de la prochaine campagne. »

7. La Pentecôte tombait, cette année, au 13 juin.

8. Voyez p. 195, note 2.

9. Ou, comme écrit Litta, *Lodovisi*. — Ce devait être alors Giambattista Lodovisi, arrière-petit-neveu de Grégoire XV, Alexandre Lodovisi de Bologne, qui fut pape de 1621 à 1623. En lui s'éteignit, en 1699, cette famille papale : voyez l'ouvrage cité de Litta, LODOVISI, *tavola* II. — Sur le Monte Pincio est la magnifique villa dite Lodovisi; il nous paraît fort invraisemblable que Retz ait pu confondre *Citorio* avec *Pincio*.

10. Petite éminence située non loin du Quirinal.

cour, et comme on sait que le Pape ne fait jamais les petites choses sans dessein, on philosophe différemment sur ces différents projets. Je ne vous les marque ici que pour vous faire voir que, s'ils sont véritables, Sa Sainteté compte encore sur plusieurs années de vie. Il est certain qu'Elle[11] ne s'est jamais mieux portée, si l'on en juge au moins par ce qui en paroît.

Au moment que je croyois finir cette lettre, j'ai été obligé de voir M. le cardinal de Hesse, qui m'a témoigné beaucoup de reconnoissance de la protection qu'il a reçue de Sa Majesté dans les intérêts qu'il a en Hollande[12]. Il a affecté de ne[13] me dire quoi que ce soit qui eût aucun rapport à ce que je vous ai écrit ci-dessus sur son sujet, et ses gens mêmes ont témoigné aux miens que rien ne l'empêchoit de paroître en public que la quarantaine que son équipage est obligé de faire à la frontière du Milanois. Il n'y a pourtant rien de plus vrai que ce que vous avez vu là-dessus au commencement de cette lettre. Il me demanda ce que l'on disoit en France de la promotion : à quoi lui ayant répondu que je croyois que l'on n'y pouvoit pas douter que la réserve *in petto* du Pape[14] ne regardât ceux qui seroient nommés par les couronnes, il m'assura fort du contraire, en ajoutant qu'il savoit, de science certaine, que l'on s'en étoit encore clairement expliqué au Palais depuis quelques jours. Il me dit ensuite qu'il avoit des lettres de Madrid par lesquelles on lui mandoit que le Roi avoit offert sa jonction à la reine d'Espagne pour témoigner au Pape que ni l'une ni l'autre cour n'étoient

---

11. *Elle* corrige *il*.
12. « Pour le dédommagement des biens de son ordre, » dit Lionne dans sa lettre du 4 juin (*Pièces justificatives*, n° 57), c'est-à-dire de l'ordre de Malte : voyez plus haut, p. 203, note 8.
13. *Ne* est en interligne. — 14. Voyez ci-dessus, p. 170 et note 8.

satisfaites de son procédé. Je remarquai cette dernière parole, parce qu'elle a quelque rapport à un mot qui est dans la lettre que vous m'écrivîtes le 19° de mars[15], et c'est ce qui m'a obligé de vous faire le détail et la suite de cette conversation, qui, hors cette circonstance, ne mériteroit pas de vous être mandée. Mais vous jugez bien que, si le Roi a fait porter quelques paroles à la cour d'Espagne sur le sujet de la promotion, elle ne lui en a pas gardé le secret, puisqu'il est entre les mains du cardinal de Hesse, qui n'est pas toutefois, pour l'ordinaire, le premier à savoir les nouvelles. Il est certain d'ailleurs que tout ce qui n'arrive pas *nuovo*[16] à cette cour n'y fait pas, à beaucoup près, le même effet que ce qui la surprend.

Je suis,

Monsieur,

Votre très-affectionné serviteur,
Le cardinal de Retz.

A Rome, ce 11° mai 1666.

55. — LETTRE DU CARDINAL DE RETZ A M. DE LIONNE.
(De nouvelles.)

Monsieur,

J'ai appris, par votre lettre du 23° avril, le malheur qui

---

15. Le n° 45 des *Pièces justificatives* : voyez la fin de l'avant-dernier paragraphe de cette lettre de Lionne du 19 mars.

16. « Nouveau, neuf. »

Lettre 55. — Archives des Affaires étrangères, Rome, 1666. *Lettres à Lionne*, tome XXV (176), pièce 42, fol. 127. Original, de la main du secrétaire; la ligne de signature est seule autographe. — Voyez la réponse de Lionne en date du 11 juin, aux *Pièces justificatives*, n° 58.

est arrivé à M. de Lessins[1]. Je vous supplie de croire que j'en ai toute la douleur à laquelle je suis obligé et par l'estime très-particulière que je fais de sa personne, et par la part très-sensible que je prends et que je prendrai toute ma vie à tout ce qui vous touche.

1666

Je ne vous mande rien de ce qui regarde M. le cardinal Sforze[2], parce que M. de Bourlemont m'a dit qu'il vous en avoit écrit le détail, sur lequel je suis persuadé, par une circonstance que je lui ai dite et que je n'ai observée qu'après coup, que la conjecture qu'il a tirée de la conduite de ce cardinal est très-bonne et très-certaine.

Les Vénitiens continuent avec application de cacher en cette cour ce qui s'est passé dans leur Sénat touchant les propositions de paix qui leur ont été faites par leur ministre qui est à Constantinople[3].

L'agent d'Espagne change de ton depuis le dernier ordinaire et il affecte de publier que l'Espagne conclura certainement l'accommodement de Portugal[4] sans la médiation du Roi.

Comme je suis de samedi hors de Rome[5], je ne sais aucune autre nouvelle, et il ne me reste qu'à vous assurer que je servirai avec beaucoup de joie et avec beaucoup de soin Mme de Sainte-Marie, qui ne m'a fait

1. Dans sa lettre du 23 avril (n° 51), écrite de Saint-Germain, où la cour était depuis la mort de la Reine mère et resta jusqu'au 29 mai, Lionne apprend à Retz le terrible accident de voiture arrivé, dans la descente du château, à son « proche parent » M. de Lessins, « qu'il aimoit comme son fils. » Dans la réponse à cette lettre-ci de Retz (n° 58), nous voyons que l'accident fut suivi de mort.
2. Voyez ci-dessus, p. 64, note 10.
3. Voyez, p. 229, la note 6 de la lettre précédente.
4. Voyez, p. 149, la note 5 de la *lettre* 36.
5. Nous voyons par la date au bas de cette lettre et par la réponse de Lionne que le Cardinal était à Tivoli : voyez p. 78, note 4.

tenir que depuis deux ou trois jours la lettre qu'il vous a plu de m'écrire en sa faveur⁶, du 5 février.

Je suis,

Monsieur,

Votre très-affectionné serviteur,

Le cardinal de RETZ.

A Tivoli, ce 18ᵉ mai 1666.

---

56. — LETTRE DU CARDINAL DE RETZ A M. DE LIONNE.

(DE NOUVELLES, ET TOUCHANT L'ÉLECTION FAITE A PRÉMONTRÉ.)

MONSIEUR,

Je suis assuré que vous ne doutez pas que je n'aie reçu la lettre que vous m'avez fait l'honneur de m'écrire du 30ᵉ d'avril[1] avec tous les sentiments que je dois aux extrêmes bontés du Roi. Il est impossible que je vous les puisse assez exprimer; mais je ne saurois m'empêcher de vous dire que je n'ai jamais été si fortement touché de quoi que ce soit, et qu'il n'y a que le respect qui retienne au moins les plus tendres et les plus vives expressions de la reconnoissance du monde la plus en-

---

6. Cette lettre, écrite par Lionne en faveur de Mme de Sainte-Marie (l'abbesse de la Visitation de Paris?), n'est point aux Archives des Affaires étrangères.

LETTRE 56. — Archives des Affaires étrangères, Rome, 1666. *Lettres à Lionne*, tome XXV (176), pièce 50, fol. 145-147. Original, de la main du secrétaire; la ligne de signature est seule autographe. — Voyez la réponse de Lionne, en date du 19 juin, aux *Pièces justificatives*, n° 59.

1. C'est le n° 52 des *Pièces justificatives*. Lionne y dit au Cardinal : « Non-seulement le Roi trouvera toujours bon que Votre Éminence aille aux lieux dont l'air pourra contribuer à guérir le mal des yeux, mais Sa Majesté l'exhorte de songer à cela préférablement à toutes les affaires. »

tière et la plus parfaite. Si il n'avoit plu à Sa Majesté de m'ouvrir la bouche sur les incommodités que l'air de ce pays me fait ressentir, je les aurois souffertes jusques à la dernière extrémité, et je serois demeuré dans un silence qui m'auroit au moins fait trouver dans la ruine de ma santé la satisfaction de donner au Roi la marque la plus sensible de ma soumission et de mon obéissance. Mais, comme j'ai lieu de croire, par ce que vous me faites la grâce de m'en témoigner, que Sa Majesté n'a pas désagréable que je pense aux soulagements qui peuvent au moins retarder les extrêmes inconvénients que j'ai sujet d'appréhender d'une fluxion que j'ai sur les yeux et qui est devenue continuelle depuis que je suis dans un pays où l'expérience fait voir que ces sortes de maux ne reçoivent jamais de guérison, vous jugez bien, Monsieur, qu'il ne se peut que je ne sois sensible, au delà de tout ce que je vous puis dire, à la bonté que Sa Majesté veut bien avoir pour moi, et que je ne la considère, jusques au dernier soupir, comme une grâce qui me conservera la vue, qui m'est, sans comparaison, plus précieuse que la vie même. Comme je n'estimerai pourtant jamais ni l'une ni l'autre à l'égal de ce qui touche, le moins du monde, le service du Roi, il sera toujours la seule règle même de mes desirs, et vous verrez, par ce que j'en ai dit à M. de Bourlemont, que la juste impatience que j'ai de trouver quelque soulagement à mon mal ne me fera rien omettre des préalables qui peuvent faire connoître à Sa Majesté, autant que ma foiblesse me le permet, que je ne considérerai jamais ma santé que pour être plus en état d'employer toute ma vie à son service.

J'ai en vérité quelque honte de vous mander des nouvelles de cette cour, parce que toutes celles que l'on y dit sont si changeantes et si irrégulières qu'il semble qu'il y ait même de la légèreté à les rapporter. Je vous écrivis dernièrement que l'agent d'Espagne assuroit que la trêve de Portugal se feroit sans la médiation du Roi[2], et j'ai su depuis que, le même jour qu'il avoit dit cette nouvelle à un cardinal, il dit publiquement, au Palais, que l'Espagne ne vouloit plus d'accommodement et que toute la négociation étoit rompue. Ce même agent protesta, il n'y a que sept ou huit jours, à l'ambassadeur de Venise que tout son emploi à Rome étoit de faire passer les paquets d'Espagne à D. Pedro d'Aragon[3], et il n'y en a que quatre qu'il montra à un cardinal de mes amis une lettre de neuf pages de chiffre, qu'il disoit être écrite de la main du comte de Pigneranda[4], adressée à lui. Les actions des Espagnols ne sont guère plus réglées ici que leurs discours, et il est impossible, à mon sens, de bien comprendre la conduite qu'ils tiennent avec le Palais, tant elle est bigarrée et extraordinaire. Il est certain qu'ils n'ont pas eu le pouvoir de retenir à Rome Mgr Capobianco, dont je vous ai déjà parlé[5], quoiqu'ils y aient fait tous leurs efforts auprès du Pape, et il ne l'est pas moins que M. le cardinal Sforze a renouvelé auprès de Sa Sainteté, de la part de la reine d'Espagne, les offices que le feu roi son mari[6] avoit déjà faits, il y a deux ou trois ans, en

2. Voyez, p. 233, l'avant-dernier paragraphe de la *lettre* 55.
3. Le vice-roi de Naples.
4. Gaspar de Bracamonte, devenu comte de Peñaranda par son mariage avec une de ses nièces, fut conseiller d'État, président des conseils des ordres, des Indes et d'Italie, vice-roi de Naples, ambassadeur plénipotentiaire d'Espagne à la paix de Munster; il fit, à la mort de Philippe IV, partie du conseil de régence; et mourut à Madrid en 1676. Voyez les *Mémoires de Saint-Simon*, tome XVIII, p. 101, édition de 1873.
5. L'évêque de Syracuse : voyez ci-dessus, p. 208 et note 12, et, aux *Pièces justificatives*, la fin du n° 53.
6. Philippe IV.

cette cour, en faveur de M. le prince Léopold de Toscane, contre M. le prince Mathias son frère⁷. Cet office renouvelé est fort secret ; mais je le sais de bon lieu et je le crois vrai. Je ne conçois pourtant pas comme il s'accorde avec les autres circonstances que l'on remarque ici de l'état où l'Espagne est avec le Pape, qui fait des railleries assez publiques de ses ministres, mais qui fait en même temps des éloges de la conduite de Mgr Roberti⁸. Je lui ai pourtant fait couler ce que ce nonce a dit de l'union du Saint-Siége avec l'Angleterre, d'une manière qui, si je ne me trompe, aura besoin de la protection toute entière de M. le cardinal Pallavicin⁹. Il est toujours fort échauffé pour lui, et il défend sa conduite en toutes occasions. Je vous puis dire pourtant, avec beaucoup de vérité, qu'elle n'a guère ici plus d'approbateurs qu'à Paris. Les fausses lumières qu'il essaie d'y donner sur les affaires du Roi sont tellement éclaircies par les glorieux avantages qui accompagnent tous les justes desseins de Sa Majesté, que je ne puis croire que le Palais ne fasse, à la fin, la même justice à ses conjectures et à ses nouvelles qui leur est déjà rendue presque universellement par la cour de Rome.

J'ai appris, depuis hier, que l'affaire de Saxe, dont je

7. Léopold de Médicis, cinquième fils de Cosme II, grand-duc de Toscane, et de Marie-Madeleine d'Autriche, né le 6 novembre 1617 ; il fut fait cardinal, le 12 décembre 1667, par le pape Clément IX (p. 191, note 10), et mourut le 10 novembre 1675. — Son frère Mathias (p. 30, note 1, et p. 191, note 10), né, comme nous l'avons dit, le 9 mai 1613, mourut, et sans avoir eu la pourpre et sans alliance, le 11 octobre 1667, deux mois avant la promotion de Léopold au cardinalat.

8. Le nonce du pape à Paris : voyez p. 51, note 3.

9. C'est-à-dire la manière dont j'en ai parlé au Pape rendra nécessaire auprès de lui, pour le nonce Roberti, dont j'ai fait sentir les torts, toute la protection du cardinal Pallavicini (p. 41, note 2).

vous écrivis dernièrement [10], n'est pas nouvelle ici, qu'elle y a été portée il y a plus d'un an, que le Pape, à la première proposition de la coupe, la rebuta avec hauteur, et qu'il fit dire de plus à Monsieur l'Électeur qu'il ne pouvoit recevoir ses offres par un autre canal que celui que Sa Sainteté lui avoit désigné, qui est, à ce que l'on m'a assuré, un Furstenberg de la branche des barons de ce titre, toute différente de celle des comtes du même nom. Ce qui est à remarquer est que le prince avoit témoigné que ce canal ne lui étoit pas agréable. Il est aisé d'inférer de toutes ces dispositions générales et particulières le peu de facilité ou plutôt le nouvel obstacle que l'entremise d'un cardinal françois trouveroit dans une négociation de cette nature.

On avoit envoyé d'ici un interdit touchant l'affaire de l'inquisiteur de Mantoue [11] à M. le cardinal Donghi [12], évêque de Ferrare; mais on l'a suspendu, parce que M. le cardinal Chigi est, en quelque façon, obligé de passer sur le Mantouan, en allant à sa légation [13]. Mgr Varese [14], ci-devant assesseur du Saint-Office, qui est celui que le Pape m'avoit envoyé pour traiter avec moi au sujet de la Bulle, me vint voir, vendredi passé, pour me donner part de la grâce que Sa Sainteté lui a faite de la place d'auditeur de rote, vacante par la mort de Mgr Verospi. Il affecta de n'entrer dans aucun discours qui eût le moindre rapport à ce qui s'étoit passé entre nous [15].

10. Voyez ci-dessus, p. 228 et 229 et notes 4 et 5, et, aux *Pièces justificatives*, le n° 57.
11. Voyez ci-dessus, la *lettre* 52, p. 220 et 221.
12. Jean-Étienne Donghi, Génois, créé cardinal, par Urbain VIII, en 1643, évêque d'Ajazzo, d'Imola et de Ferrare, mort en 1669.
13. A sa légation projetée, à Milan, pour y complimenter, à son passage, l'infante impératrice : voyez, aux *Pièces justificatives*, n° 60.
14. Voyez p. 140 et note 1.
15. Depuis lors, il ne fut plus question de cette grosse affaire de

SUR LES AFFAIRES DE ROME. — II, 56.

1666

Comme j'ai su, à Tivoli, que l'on observeroit ici, au départ de la reine de Suède[16], beaucoup plus de cérémonies que l'on n'avoit fait les autres fois qu'elle est sortie de Rome, j'y suis revenu pour lui rendre les mêmes devoirs. Le Pape la fit accompagner, samedi au soir, par M. le cardinal Chigi, D. Mario, et D. Augustin[17] jusques au deçà du Ponte-Mole[18], ce qu'il n'avoit jamais fait jusques ici. Nous nous trouvâmes dix-huit cardinaux chez elle, à vingt et deux heures[19], avec nos carrosses à six chevaux,

---

la Sorbonne et de l'infaillibilité du Pape. Lionne avait dit à Retz dès le 30 avril (n° 52) : « C'est désormais une affaire dont nous n'aurons plus occasion de parler dans nos lettres. » Alexandre VII se garda bien de lancer l'excommunication contre la Faculté de théologie de Paris; il laissa les choses s'éteindre doucement. Disons, pour rendre hommage à la vérité, que le P. Rapin a dénaturé dans ses *Mémoires* l'affaire de Guimenius et celle de l'infaillibilité; qu'un autre jésuite, le P. d'Avrigny, en a fait autant dans ses *Mémoires chronologiques et dogmatiques*; et qu'enfin M. l'abbé Bozon, tout récemment, dans une thèse intitulée *le Cardinal de Retz à Rome*, a suivi leur exemple, passé sous silence la plupart des pièces, prétendu que cette affaire n'eut aucune importance au moment où elle se produisit, et qu'il a paru ajouter foi aux rapports, souvent blâmés dans nos lettres, du nonce Roberti. — On peut voir, comme petite preuve, à ajouter aux grandes, de la sensation qu'avait faite en France cette affaire de la censure de Sorbonne, de l'arrêt du Parlement et de la bulle du Pape, un passage en douze vers de la *Lettre de Robinet à Madame*, du 9 août 1665 (*les Continuateurs de Loret*, édition James de Rothschild, 1881, tome I, p. 167).

16. Au sujet de ce départ de Christine pour un second voyage en Suède, voyez p. 222 et note 1.

17. C'est-à-dire par son frère aîné don Mario, et deux de ses neveux : voyez ci-dessus, p. 217, notes 16 et 17.

18. *Ponte-Molle*, pont sur le Tibre, à deux kilomètres N. O. de Rome, sur la route d'Étrurie, l'ancien pont *Milvius*, près duquel se livra la bataille entre Constantin et Maxence. — *Ponté-Mole*, dans l'original, ici et plus bas.

19. C'est-à-dire à environ six heures du soir, en comptant, comme les Italiens, à partir du coucher du soleil.

1666 pour prendre la même route ; mais, sur ce qu'elle nous témoigna, avec beaucoup d'honnêteté, qu'elle seroit fâchée que nous prissions cette peine, la plupart se retirèrent, et il n'y eut que M. le cardinal Azzolin, M. l'ambassadeur de Venise et moi qui allâmes l'attendre au delà de Ponte-Mole, pour y recevoir ses commandements. M. de Bourlemont avoit jugé à propos que j'en usasse ainsi, et je vois que l'on est assez persuadé dans le public que les autres n'auroient pas plus mal fait d'en user de même, quelque instance que la reine de Suède leur eût faite du contraire ; mais M. le cardinal Pallavicin pointilla[20] sur le cérémonial, dont je vous avoue que je n'ai pas la force d'étendre les règles jusqu'aux têtes couronnées. La reine de Suède me commanda, en partant, de vous prier encore, de sa part, d'assister de vos bons offices auprès du Roi M. d'Alibert[21], touchant la pension dont elle parla, il y a quelques jours, à M. de Bourlemont. Il en a beaucoup de besoin et ses affaires sont réduites ici à l'extrémité.

Je crois être obligé de vous donner avis d'une affaire qui se passe ici touchant l'élection qui a été faite à Prémontré[22], et, pour ne point répéter le détail, qui en est assez long, j'ai pris la liberté de mettre, à cachet volant[23], dans ce paquet la lettre que j'écris sur ce sujet à

---

20. « On dit figurément *pointiller*, pour dire : disputer, contrarier, contester sur les moindres choses. » (*Dictionnaire de l'Académie*, 1694.) Voyez ci-dessus, p. 142 et note 6.

21. Voyez ci-dessus, p. 103, note 2.

22. *Prémontré*, village de Picardie, aujourd'hui du département de l'Aisne (à dix-sept kilomètres O. de Laon), où était autrefois la célèbre abbaye des Prémontrés, ordre de chanoines réguliers, fondé, en 1120, par saint Norbert.

23. « On appelle *cachet volant*, dit le *Dictionnaire de l'Académie* (1694), lorsque l'enveloppe sur laquelle est l'empreinte d'un cachet n'est pas fermée. »

M. le général de Prémontré nouvellement élu [24]. M. de Bourlemont m'a dit que les intérêts de M. le cardinal d'Este [25] touchant Cluny avoient été ruinés, en cette cour, par une conduite de même nature qu'est celle qui me paroît de ce procureur général [26] dont il s'agit ici; et il croit qu'il seroit du service du Roi d'en faire un exemple. Vous me connoissez assez pour être persuadé que ce n'est pas sans peine que je rends ce mauvais office à ce religieux; mais je sens que mon devoir m'y oblige, parce que la cour de Rome se rendroit, sans comparaison, plus facile qu'elle n'est aux affaires de France, si elle n'étoit échauffée dans les occasions par les naturels du pays qui sont ici; et M. de Bourlemont a jugé qu'il est nécessaire, pour le service du Roi, que je vous fasse savoir ce détail.

Je suis,
    Monsieur,
        Votre très-affectionné serviteur,
            Le cardinal de RETZ.

A Rome, ce 25e mai 1666.

---

24. Le P. Michel Colbert, de la famille du grand ministre; il mourut en 1702: voyez la fin de la réponse de Lionne du 19 juin, et Moréri, tome III, p. 804. — La *Gazette* (p. 597) annonce que le chapitre général de Prémontré s'est réuni le 1er juin, peu après la date de cette lettre, qu'il a ratifié l'élection naguère faite du P. Colbert « pour général en chef de cet ordre, » par une lettre au Pape « signée de tous les abbés, qui supplient Sa Sainteté de confirmer cette élection, » et que le P. Colbert a été nommé en outre « vicaire général de tout l'ordre. »

25. Voyez ci-dessus, p. 7, note 12. — Le cardinal Renaud d'Este avait été élu prieur de l'abbaye de Cluny, à la mort de Mazarin, en novembre 1661; il n'obtint ses bulles qu'à la fin de mai 1668.

26. Cette affaire de Prémontré revient dans plusieurs des lettres suivantes (57, 59, 61, 74).

57. — LETTRE DU CARDINAL DE RETZ A M. DE LIONNE.
(De nouvelles.)

A Rome, ce 1ᵉʳ juin 1666.

Monsieur,

J'ai reçu la lettre qu'il vous a plu de m'écrire, du 6ᵉ mai[1], au retour d'un petit voyage de quatre ou cinq jours que j'ai fait à Frescati[2]. Je fus jeudi à Castel, où le Pape, dans une audience de quatre grosses heures, ne me parla que de ce qui s'est passé autrefois à Munster[3], au temps de sa nonciature, et à Malte quand il y étoit inquisiteur. Je ne lui ai jamais vu tant de santé. Il se promena toujours, sans s'asseoir un moment, dans une chambre qui n'a que sept ou huit pas de longueur, et il me dit, en passant, que les médecins s'étoient tout à fait trompés sur le sujet de la maladie qu'il eut au mois d'août, et qu'ils avoient reconnu, depuis peu, par quelques accidents légers qui lui étoient arrivés, qu'il n'y avoit eu aucun péril en ceux que l'on avoit appréhendés pour lui en ce temps-là. Ce qui me paroît mériter quelque réflexion est qu'il ne me parla en façon du monde du voyage de Monsieur l'Ambassadeur[4].

Lettre 57. — Archives des Affaires étrangères, Rome, 1666. *Lettres à Lionne*, tome XXV (176), pièce 59, fol. 166 et 167. Original, de la main du secrétaire; la ligne de signature est seule autographe. — Voyez la réponse de Lionne, en date du 26 juin, aux *Pièces justificatives*, n° 60.

1. C'est le n° 53 des *Pièces justificatives*.
2. Frescati ou plutôt Frascati, l'ancien Tusculùm, à dix-sept kilomètres S. E. de Rome, lieu célèbre par les villas de Cicéron, de Lucullus. — Retz était, le 18 mai, à Tivoli (*lettre* 55, p. 233 et note 5); nous voyons par la date de la *lettre* 56 (p. 241) que de là il était rentré à Rome avant d'aller à Frascati.
3. Lors de la négociation de la paix de Munster (1648).
4. Du duc de Chaulnes, qui partit de Paris le 26 mai : voyez la *Gazette* du 29, p. 576.

Je vous avois mandé le *mas instable*[5] sur la foi de l'ambassadeur d'Espagne, qui l'avoit dit lui-même à un cardinal de mes amis, et je vous le confirme présentement par le témoignage de M. le cardinal Chigi, qui l'a conté justement, en mêmes termes, à plusieurs personnes de cette cour, en ajoutant que cette manière de parler n'étoit qu'une répétition figurée de la distinction que D. Pedro avoit accoutumé de faire, en parlant au Pape, de la personne de Fabio Chigi à celle de Sa Sainteté. Je conviens que la chose, pour être très-vraie, comme elle l'est, ne laisse pas d'être incroyable, et je vous avoue que j'ai encore peine à la concevoir, quoique je n'en puisse douter.

Il m'a été impossible de pénétrer ce que contenoit le paquet d'Espagne cacheté[6]. Les uns ont dit qu'il portoit la nomination de D. Pedro de Benavidès; les autres du duc de Montalte[7]; quelques-uns du Jésuite[8]; les Espagnols ont publié que ce paquet étoit celui-là même qui avoit été envoyé ici, fermé, par le roi d'Espagne, devant sa mort; la plus commune opinion de cette cour est que la reine d'Espagne n'avoit point fait encore de nomination positive, et qu'elle n'avoit commandé à son ambassadeur de faire la montre de ce paquet que pour sonder l'intention du Pape sur le moment de la promotion, et pour voir si elle ne se pourroit pas encore donner du temps devant que de se déterminer. Les

---

5. Voyez ci-dessus, p. 206 et note 3.
6. Voyez *lettre 42*, p. 171, et *lettre 45*, p. 183-185. — D. Pedro Benavidès, qui suit, est déjà nommé plus haut, p. 162; son nom n'est dans aucune liste de promotion au cardinalat. Sur l'illustre maison Benavidez y Bazan, issue de sang royal par les mâles et par les femmes, on peut voir les *Mémoires de Saint-Simon*, tome XVIII, p. 69 et suivantes, édition de 1873.
7. Voyez p. 170 et note 8.
8. Le P. Nithard : voyez p. 162 et note 19.

spéculatifs[9] de Rome se confirment dans cette opinion, et par la conduite de l'ambassadeur, qui ne remit point effectivement la lettre entre les mains du Pape, en lui disant qu'il n'avoit ordre de la lui rendre qu'après que Sa Sainteté se seroit expliquée du terme de la promotion, et par celle de la reine d'Espagne, qui a témoigné si peu de ressentiment de la manière dont son ambassadeur a été traité, qu'elle donne lieu de présumer qu'elle n'a peut-être pas été fâchée que la promotion n'ait pas été faite dans un temps où l'on s'imagine qu'elle pouvoit avoir encore des égards pour ne pas nommer si tôt le confesseur. Voilà les conjectures du jour, qui seront peut-être demain détruites par d'autres lumières. Le Pape est en défiance de la manière dont les Espagnols se conduiront à Milan avec M. le cardinal Chigi[10], et il dit avant-hier publiquement qu'il lui avoit donné ordre exprès de revenir à Rome, et de ne faire aucune fonction de légat, si D. Louis Ponce de Léon[11] manquoit à la moindre formalité de celles qui avoient été observées autrefois, en même lieu et en même occasion, en la personne du cardinal Ludovisio[12]. On croit pourtant qu'il y aura de l'embarras, vu l'humeur de D. Louis, et la disposition où il est pour la cour de Rome.

J'ai appris, depuis deux jours seulement, qu'aussitôt

---

9. *Spéculatif*, dit l'Académie (1694), « est aussi substantif; et alors il ne se dit guère que de ceux qui raisonnent profondément sur les matières politiques. »

10. A Milan, où il devait être envoyé comme légat : voyez ci-dessus, p. 238 et note 13; et ci-après, p. 247, 256, etc.

11. Gouverneur de Milan : voyez ci-dessus, p. 27, note 2.

12. Louis Lodovisi, né à Bologne en 1575, neveu du pape Grégoire XV, fut nommé par lui archevêque de Bologne et cardinal; il mourut à Bologne en 1632. D'après ce passage de la lettre de Retz, il avait été légat à Milan.

après que D. Pedro d'Aragon fut parti, le Pape dit à l'évêque de Syracuse[13] qu'il ne pouvoit assez s'étonner de la mauvaise conduite des ministres du roi son maître, qui s'amusoient à se plaindre du Saint-Siége sur un sujet de nulle conséquence, au même moment qu'ils ne pensoient pas seulement à ce qui étoit de plus essentiel à son service ; qu'il falloit que lui-même[14] suppléât à leur défaut, et qu'il ne pouvoit s'empêcher de l'avertir que les François faisoient de continuelles instances de pourvoir au régime du royaume de Naples, puisque les Espagnols n'en avoient pas demandé l'investiture depuis la mort du roi d'Espagne, comme ils y étoient obligés, etc. On croit ici que c'est sur cet avis que M. le cardinal Sforze a reçu procuration de Madrid pour demander cette investiture, à l'expédition de laquelle on travaille en diligence, afin qu'elle puisse être en forme devant la cérémonie de la haquenée[15] qui doit être présentée par le duc de Carpinette[16], fils de M. le prince Pamphile. Le Pape s'est expliqué qu'il ne l'auroit pas reçue, si on n'avoit pris au préalable l'investiture. Le même courrier qui a apporté la procuration au cardinal Sforze lui a aussi apporté l'ordre de faire ici les affaires d'Espagne, dont[17] M. le cardinal de Hesse[18] témoigne beaucoup de mécontentement, parce qu'il prétend que l'on lui avoit fait espérer cet emploi.

13. Capobianco : voyez ci-dessus, p. 208 et note 12.
14. Lui, le Pape.
15. Voyez plus haut, p. 117, note 3.
16. Comme elle le fut en effet à la fin de juin (*lettre* 61, p. 286 et note 16). — Jean-Baptiste Pamfili, petit-neveu d'Innocent X, et fils de Camille Pamfili et de la princesse de Rossano (voyez p. 34 et note 1). Il mourut le 7 novembre 1709, et son père, le prince Camille, le 26 juillet 1666.
17. *Dont* pour *ce dont*, comme plus haut, p. 170.
18. Voyez p. 203 et note 8 ; et p. 211, note 6.

La division augmente dans la maison du Pape, et les nouvelles créatures de Sa Sainteté commencent à s'expliquer assez publiquement sur le sujet de M. le cardinal Nini, dont l'union avec M. le cardinal Farnèse[19] leur déplaît au dernier point. Ce qui surprend plus que tout le reste est que Mgr Ravizza, que vous avez vu à Paris, s'est déclaré contre lui beaucoup plus ouvertement qu'il n'avoit encore fait jusqu'ici[20].

Nous avions, hier au soir, M. de Bourlemont et moi, sujet[21] d'être comme persuadés que l'affaire de Prémontré seroit bientôt consommée, parce que le procureur général, après avoir fait réflexion à ce qui s'étoit passé, et même après avoir vu les sentiments de M. le cardinal Carpegna[22], a si fort changé de discours et de procédé qu'il a même contribué beaucoup à faire supprimer l'opposition, qui étoit entre les mains de ce Federico et de ce Jacobelli dont vous aurez trouvé les noms dans la lettre que j'écrivis, il y a huit jours, à Monsieur de Prémontré[23]; mais je viens d'apprendre, par un discours que le sous-dataire a fait à Hache[24] ce matin, que nous y trouverons encore bien de la difficulté. Ce qui me confirme dans cette opinion est que le cardinal Carpegna, que je viens de voir, m'a paru beaucoup plus froid qu'il ne le devoit être, vu la facilité qu'il a apportée à la suppression de l'opposition. Je ne puis encore démêler le fond de ce

---

19. Voyez p. 64, note 9; et p. 155, note 1.
20. Il y a, à la suite de ceci, une demi-ligne effacée, illisible sous la rature.
21. *Sujet* est en interligne.
22. Voyez p. 52, note 6.
23. Au P. Colbert (p. 241, note 24). Cette lettre de Retz ne se trouve pas dans la *Correspondance de Rome*.
24. Expéditionnaire, déjà nommé plus haut, p. 80. Quant au titre de sous-dataire, nous l'avons vu (p. 46) désigner *Ugolini;* comparez p. 191.

détail, et je verrai demain M. de Bourlemont pour concerter avec lui ce qu'il y aura à faire. J'ai cru être obligé de vous écrire ce particulier pour vous faire savoir ce que le procureur général a fait de bien, comme je vous avois mandé ce qui m'avoit paru de mal dans sa conduite.

Je ne me trompois pas quand je vous écrivis que l'on étoit fort aigri au Palais de la thèse du Bernardin[25]. On n'y a pas seulement voulu écouter, depuis ce temps, l'abbé du Val-Richer[26], qui est ici pour la réforme, et on a concerté toutes les résolutions avec le procureur général de Cîteaux. Mgr Fagnano[27] ne l'a pas nié.

M. de Bourlemont vous mande sans doute ce qui s'est passé ici sur la naissance de M. le prince de Piémont[28]. Je m'y suis conduit, en mon particulier, selon ce qu'il a ugé à propos.

Le Pape revient ici de Castel demain au matin, et on croit qu'il y aura consistoire lundi pour donner la croix à Monsieur le Légat[29], qui prendra la mer sur les ga-

---

25. Dans la *lettre* 47, p. 189, dans le post-scriptum de cette même lettre, p. 194, et dans la lettre 48, p. 196.

26. Dominique Georges, qui fut abbé du Val-Richer (diocèse de Bayeux) de 1651 à 1693, avait été député à Rome avec de Rancé, abbé de la Trappe, par l'assemblée des supérieurs de l'observance de Cîteaux : voyez à son sujet l'*Histoire de l'abbé de Rancé et de sa réforme*, par M. l'abbé Dubois, livre III, chapitre v (tome I, p. 263 et 264).

27. Voyez ci-dessus, p. 208 et note 10.

28. Victor-Amédée, né le 14 mai 1666, fils de Charles-Emmanuel II, duc de Savoie, et de Marie de Savoie-Nemours, fille de Charles-Amédée, duc de Nemours. Victor-Amédée, XVe du nom, devint duc de Savoie après la mort de son père, arrivée le 12 juin 1675 ; il abdiqua le 3 septembre 1730 et mourut le 31 octobre 1732.

29. La croix destinée à être portée devant lui, en sa qualité de légat.

lères de Sa Sainteté et qui ne débarquera qu'à Savone[30].

Je suis,

Monsieur,

Votre très-affectionné serviteur,
Le cardinal de Retz.

58. — LETTRE DU CARDINAL DE RETZ
A M. DE LIONNE.

Sur la procuration du cardinal Sforze pour l'investiture du royaume de Naples; la congrégation de Sainte-Geneviève; et des nouvelles.)

Monsieur,

J'ai reçu la lettre que vous m'avez fait la grâce de m'écrire, du 14ᵉ mai[1]. M. de Bourlemont me dit, avant-hier au soir, que l'on lui avoit donné avis que le Pape proposeroit hier au consistoire l'investiture du royaume de Naples, que les Espagnols n'ont point demandée dans les six mois qui sont prescrits aux rois de Naples pour prêter le serment, par la bulle du pape Urbain IVᵉ[2] donnée à Charles Iᵉʳ, et par celle de Jules II[d] à Ferdinand Vᵉ

---

30. Savone, sur le golfe de Gênes, à trente-huit kilomètres S. O. de Gênes.

Lettre 58. — Archives des Affaires étrangères, Rome, 1666. *Lettres à Lionne*, tome XXV (176), pièce 81, fol. 205-209. Original, de la main du secrétaire; la ligne de signature est seule autographe. — Voyez la réponse de Lionne, en date du 1ᵉʳ juillet, aux *Pièces justificatives*, n° 61.

1. C'est le n° 54 des *Pièces justificatives*.

2. Dans le manuscrit, Urbain VIᵉ; mais le nom de Charles Iᵉʳ, qui suit, prouve que c'est un *lapsus* et qu'il faut évidemment lire Urbain IVᵉ. Ce pape, qui régna de 1261 à 1265, appela Charles, comte d'Anjou et de Provence, pour combattre Mainfroi, roi de Naples et de Sicile, et lui donna la couronne de ce prince. —

le Catholique. Quoiqu'il n'ajoutât pas beaucoup de foi à
l'avis qu'il avoit reçu[3], il jugea à propos que je me tinsse
prêt pour m'expliquer, en cas de délibération, sur
l'importance de la matière et sur la conséquence qu'il
pourroit y avoir à y faire des démarches qui ne fussent
pas selon l'esprit des bulles, et son sentiment fut que
j'opinasse à prendre du temps, par cette considération,
pour faire examiner ces bulles par le Sacré Collége, et
pour considérer avec plus de connoissance ce qu'il y
auroit à faire pour la conservation des droits de l'Église.
Je n'eus pas lieu, hier au matin, de porter au consistoire
l'avis que j'avois formé sur ce fondement, parce que le
Pape ne mit point l'affaire en délibération, et il se contenta de nous faire lire, par le secrétaire du consistoire,
la procuration datée du 30ᵉ avril dernier et envoyée par
la reine d'Espagne à M. le cardinal Sforze, pour prêter le
serment accoutumé : à quoi Sa Sainteté ajouta qu'il nous
ordonnoit de nous tenir prêts pour en dire notre sentiment au premier consistoire, et qu'en attendant il feroit discuter la matière par la congrégation des chefs
d'Ordre. Je remarquai deux circonstances dans le discours du Pape, dont l'une fut qu'il nous proposa la
chose avec trop d'emphase pour ne nous pas laisser lieu
de croire qu'il ne la vouloit pas traiter tout à fait comme
une matière qui allât dans le cours ordinaire, et l'autre
qu'il s'abstint pourtant avec soin de toucher la seule
difficulté qui y peut être, savoir la lenteur que les Espagnols ont eue à prêter leur serment. La conjecture que
je tirai de cette conduite, en mon particulier, fut que
Sa Sainteté vouloit acquérir du mérite auprès des Espa-

1666

Pour Jules II et Ferdinand V, et l'investiture, voyez p. 117 et
note 3, p. 119, 134, 164, etc.
 3. *Reçu* est en interligne.

gnols, en leur faisant voir qu'il leur auroit pu faire de la peine parce qu'ils ne sont pas venus dans le temps ordonné, et qu'il étoit pourtant résolu de les satisfaire, dans la suite, puisqu'il jetoit la délibération du Collége sur la procuration, à laquelle il n'y a apparemment rien à redire, et non pas sur le temps des six mois expirés, où il y auroit eu au moins plus d'apparence de difficulté. Je communiquai ma pensée, au sortir du consistoire, à M. de Bourlemont, et nous nous y sommes confirmés d'autant plus l'un et l'autre que nous avons trouvé, par la lecture des bulles d'Urbain et de Jules, qu'elles portent assez clairement l'obligation de prêter le serment dans les six mois pour laisser lieu de dire que l'on se peut plaindre de ce que les Espagnols[4] n'y ont pas satisfait dans le temps[5], mais que cette obligation n'y est pourtant pas conçue en termes sur lesquels on les puisse pousser en effet, au moins devant que de les avoir intimés[6], parce qu'elle n'est accompagnée d'aucune clause qui emporte la commise du fief[7] ou autre peine de cette nature en cas de défaut. Voilà la réflexion que je fis sur ce que je vis hier au consistoire. Il me paroît aujourd'hui que celles de Rome vont bien plus loin.

Les Espagnols témoignent une extrême inquiétude

---

4. *Que les* corrige *qu'ils*; *Espagnols* est ajouté en interligne.

5. Nous sommes au commencement de juin 1666, et Philippe IV était mort le 17 septembre 1665.

6. Terme de pratique : « avant de les avoir sommés de se conformer à cette condition du traité. » Le régime pourrait être aussi *les termes*; mais le mot revient un peu plus loin (p. 252) d'une manière qui détermine le sens. Nous avons déjà rencontré plusieurs autres emplois de ce verbe (voyez p. 174 et note 3, p. 194, etc.).

7. « *Fief tombé en commise...*, fief que le seigneur suzerain a droit de réunir, faute de devoirs rendus par le vassal. » (*Dictionnaire de l'Académie*, 1694.) — Voyez ci-dessus, p. 128 et note 9, un autre sens du mot *commise*.

de ce que le Pape a proposé cette affaire dans le consistoire. Monsieur l'ambassadeur de Venise, que j'ai vu ce matin, croit qu'il y a du mystère, et que l'intention de Sa Sainteté est peut-être de se faire proposer, dans les avis, le *Balio*[8], pour faire voir aux Espagnols que le Collége l'y oblige, quoiqu'il n'y eût pas d'inclination de lui-même. Il y en a qui disent que le Pape est bien aise d'incidenter[9] et d'avoir un prétexte de passer la Saint-Pierre sans recevoir la haquenée, pour embarrasser les Espagnols et les obliger à accorder à M. le cardinal Chigi tous les traitements qu'il souhaite dans sa légation; d'autres assurent que Sa Sainteté n'a garde de perdre l'avantage que les Espagnols lui ont donné en ne prêtant pas, dans les six mois, le serment accoutumé. Voilà les bruits les plus communs de Rome, auxquels j'ai peine, en mon particulier, d'ajouter beaucoup de foi, quand je fais réflexion qu'ils ne sont fondés que sur des suppositions toutes fausses et toutes imaginaires. Il est si peu extraordinaire aux papes de proposer dans les consistoires les investitures de Naples, que celle qui fut donnée par Clément VIIIe à Philippe IIIe[10], et qui est la plus simple de toutes, passa par cette voie, et même par celle de la congrégation consistoriale pareille à celle que M. de Bourlemont vous mande devoir être tenue samedi prochain pour nous faire opiner, et le Pape a si peu de fondement, selon les bulles, de pousser les Espagnols sur ce qu'ils n'ont pas prêté le serment dans les six mois, que l'on ne croit

---

8. La nomination d'un administrateur qui gouvernerait, au nom du suzerain, du Souverain Pontife, durant la minorité du roi Charles II. Voyez plus haut, p. 134 et note 22.

9. Autre terme de pratique: *Incidenter*, dit l'Académie (1694), c'est « faire naître un ou plusieurs incidents durant le cours d'un procès pour retarder le jugement. »

10. Voyez ci-dessus, la *lettre* 41, p. 163 et note 1.

pas même qu'il s'en puisse plaindre dans les formes, parce qu'il ne les a pas intimés. Joignez, s'il vous plaît, à cela le soin qu'il a eu de les avertir lui-même de faire les pas nécessaires et préalables à la réception de la haquenée, la joie qu'il témoigna quand il sut que le cardinal Sforze avoit reçu la procuration à temps pour faire les préparatifs de la cérémonie de la Saint-Pierre, les mesures qu'il a prises, depuis quatre jours, avec D. Louis Ponce de Léon, qui s'est rendu bien plus raisonnable que l'on ne croyoit sur la conduite qu'il doit tenir avec le Légat, et vous serez, à mon opinion, persuadé que, selon les apparences, la proposition de l'investiture au consistoire n'est pas si mystérieuse que les politiques de Rome la veulent croire. J'avoue pourtant qu'il est difficile de fonder des conjectures sur la conduite de cette cour, et je crois que celle de M. de Bourlemont a été très-sage et très-judicieuse en prenant ses devants, comme il a fait du côté de la congrégation des chefs d'Ordre, soit pour éviter les surprises qui s'y pourroient glisser fort aisément, soit pour en tirer les avantages que cette cour peut donner au Roi, dans ce rencontre, sans en avoir l'intention. Je ne m'étendrai point sur ce détail, parce que je ne l'ai appris moi-même que de M. de Bourlemont, qui vous l'écrit sans doute au long, et je me contenterai de vous dire que, lorsque l'on opinera dans la congrégation consistoriale, je ne manquerai pas de m'opposer, avec toute la vigueur que je dois, à tout ce qui pourroit aller le moins du monde ou à autoriser la renonciation prétendue de la Reine, ou à dispenser de l'incompatibilité de l'Empire et du royaume de Naples. Le sentiment de M. de Bourlemont est que je me conduise, sur le reste, avec tout le zèle qu'un cardinal doit avoir pour maintenir les droits de l'Église et avec toute la modération qui peut empêcher les Espagnols de dire qu'ils aient emporté ce qu'ils souhaitent malgré les François, et qui ne donne pas lieu au Pape de leur faire valoir son investiture par l'opposition qu'il seroit peut-être bien aise de leur faire paroître ou soupçonner du côté des serviteurs du Roi. Monsieur l'ambassadeur de Venise m'a dit que le Pape avoit jeté les yeux pour le *Balio* sur M. le cardinal d'Aragon, pour conserver son droit sans blesser les intérêts du roi d'Espagne, et qu'ayant perdu cette ouverture par le départ de ce cardinal, il en a voulu chercher une autre par le moyen du consistoire. Je crois ce raisonnement un peu trop subtil ; mais je n'ai pas laissé de demander à M. de Bourlemont comme il juge à propos que j'en use sur ce détail du *Balio*, sur lequel je vous avoue que j'aurois quelque scrupule de me taire dans une occasion aussi naturelle qu'est celle-ci. Car le Pape nous ouvrant lui-même la bouche sur la procuration du roi d'Espagne, nous l'ouvre, ce me semble, suffisamment sur tout ce qui regarde les autres droits du fief. J'en userai pourtant selon ce que M. de Bourlemont me dira être le plus à propos pour le service du Roi et sur ce détail du *Balio*, et sur les autres différents tours que cette affaire peut prendre. Son sentiment est que nous fassions la guerre à l'œil[11], et que nous avancions plus ou moins selon le plus ou moins d'ouverture que nous y trouverons. Il est d'avis que, si il y a lieu de pouvoir réussir à éloigner la réception de la haquenée, il ne sera que bon d'y contribuer, en observant les égards que je vous ai marqués ci-dessus.

Je vous mandai, par ma dernière, que M. le cardi-

---

11. Littré cite plusieurs exemples de cette locution, qu'il explique par « observer avec soin ce qui se fait, afin de profiter des conjonctures. » — La Fontaine a dit (*Ragotin*, acte V, scène XIII) :
Sur eux autour d'ici j'ai fait la guerre à l'œil.

nal Sforze avoit reçu l'ordre de faire ici les affaires d'Espagne [12]; mais j'ai su depuis que cet ordre n'est pas général, qu'il ne contient que la procuration pour demander l'investiture du royaume de Naples et une commission particulière de parler au Pape touchant la promotion, et que le paquet d'Espagne vient toujours à l'agent de cette couronne [13]. On est pourtant persuadé ici que ce cardinal aura bientôt l'emploi dans toute son étendue, et je sais que M. le cardinal de Hesse continue de le croire et de s'en plaindre.

On est si accoutumé, en cette cour, au peu de considération que l'on a au Palais pour M. le cardinal Rospigliosi, que je crois avoir oublié de vous mander que l'on n'a pas seulement pensé à l'appeler à Castel, tant que le Pape y a été. On commence à dire, depuis deux jours, que l'on lui veut ôter sa charge [14] : ce que j'ai peine à croire.

D. Pedro d'Aragon ne garde pas plus de mesures avec le Pape depuis qu'il est à Naples qu'il n'en a observé dans son audience de congé. Il s'explique publiquement, sur ce qui touche Sa Sainteté, avec une liberté qui n'est pas ordinaire. Il a même fait une ordonnance par laquelle il enjoint à tous les évêques du royaume de Naples de donner la note du revenu de leurs Églises, et des pensions dont elles sont chargées, pour les réduire, selon ce qu'il publie, à ce qui est réglé par le concile de Trente, c'est-à-dire à beaucoup moins, sans comparaison, que ce qui a été ordonné par le Pape. On ne croit pas ici que ses premières démarches soient soutenues, et l'on ne doute pas même, au Palais, qu'elles ne soient désavouées par la cour d'Espagne, quand on y fait ré-

---

12. Voyez p. 245. — 13. Voyez p. 225 et note 1.
14. De secrétaire d'État : voyez p. 44, note 4.

flexion et sur les dépêches du nonce[15] qui est à Madrid et sur la conduite que M. le cardinal Sforze garde ici avec le Pape. Il se plaignit à Sa Sainteté, un peu avant son retour de Castel, du peu de considération qu'Elle avoit eue pour l'instance que cette couronne lui avoit faite pour la promotion. Le Pape s'éleva avec chaleur, aussitôt qu'il lui eut seulement prononcé le nom de D. Pedro, qu'il traita d'insolent et d'imposteur, et le cardinal Sforze changea de discours en même temps, et entra dans celui de l'investiture, qu'il crut être beaucoup plus agréable à Sa Sainteté. Elle avoit dit, quelques jours auparavant, à Lambardi, ci-devant agent de l'Empereur, que les couronnes ne se pouvoient pas plaindre, quand elle ne leur donneroit des cardinaux que d'ici à six ans, et je sais que Lambardi avoit averti M. le cardinal Sforze de ce discours un peu devant qu'il eut son audience.

M. de Bourlemont vous écrivit, par le dernier ordinaire, le bruit qui est arrivé à Naples[16]. On a cru depuis qu'il étoit absolument assoupi et on recommence à dire, d'hier au matin, qu'il y paroît encore quelque étincelle. Sur le tout, je crois que ce n'est rien ou fort peu de chose, ce que je juge par le peu de compte que je vois que les gens les mieux informés en font ici.

Le marquis de Gatinare[17], envoyé de Monsieur de

15. Ici le secrétaire a récrit, puis biffé *du n[once]*.
16. Il n'y a point aux Archives de lettre de M. de Bourlemont à Lionne du 8 juin, mais une au Roi (fol. 173 v°), où il n'est pas question de ce bruit arrivé à Naples. — La *Gazette* du 3 juillet dit, en date de Naples, le 29 mai : « Depuis quelques jours il y a ici un grand désordre, qui a été causé par le menu peuple, auquel partie de la noblesse s'est jointe. » Dans le n° du 10 juillet, à la date du 5 juin, nous voyons que les esprits ne sont pas calmés.
17. Gattinara était le nom d'une famille noble issue de Verceil, dont le membre le plus célèbre fut Mercurin Arborio de Gattinara,

Savoie vers Sa Sainteté pour lui donner part de la naissance de M. le prince de Piémont[18], m'en a apporté une lettre, que je n'ai pas cru devoir recevoir, parce qu'elle n'est pas dans la forme selon laquelle Monsieur de Savoie avoit accoutumé de m'écrire. M. de Bourlemont, à qui j'en ai demandé conseil, a été de cet avis parce que la souscription est directement contraire à ce qui avoit été autrefois concerté à Paris entre son ambassadeur et moi. Comme ce détail n'a aucun rapport au service du Roi, je ne prendrois pas la liberté de vous l'écrire si je n'appréhendois que le marquis de Gatinare, qui m'a pourtant paru très-satisfait de mon procédé, ne me mette peut-être au nombre de ceux qui ne veulent pas[19] traiter Monsieur de Savoie d'Altesse Royale, c'est-à-dire au nombre de tous ceux du Collège, à la réserve de trois ou quatre; mais je n'en ai jamais fait difficulté et j'ai cru la lui devoir, puisque les ambassadeurs du Roi la lui donnent[20].

Le Pape déclara hier M. le cardinal Chigi légat. On croit qu'il y aura samedi consistoire public pour lui donner la croix[21].

Le procureur général de la congrégation de Sainte-Geneviève[22] m'a fait voir deux lettres du Roi, dont l'une

né en 1465, mort en 1530; il fut successivement conseiller du duc de Savoie, président du parlement de Bourgogne, ambassadeur de l'empereur Maximilien en Savoie, chancelier de l'archiduc Charles en Espagne, puis promu cardinal en 1529.

18. Voyez ci-dessus, p. 247 et note 28.
19. *Pas* est en interligne.
20. « Lui devoir l'*Altesse*..., lui donnent l'*Altesse*, » tours connus, très-usités.
21. Voyez la fin de la *lettre 57*, p. 247.
22. On nommait ainsi à Paris, du nom de leur abbaye de Sainte-Geneviève, les chanoines réguliers de Saint-Augustin, de la réforme du P. Faure, établi supérieur, en 1624, par le cardinal de la Rochefoucauld, qui était devenu abbé de Sainte-Geneviève en

fut écrite, en 1648, à M. de Fontenay, qui étoit pour lors ambassadeur à Rome[23], et l'autre à M. Gueffier, en 1658[24], par lesquelles Sa Majesté commande au premier de s'opposer à l'établissement d'une nouvelle congrégation de chanoines réguliers de l'ordre de Saint-Augustin, que feu Monsieur de Cahors, abbé de Chancelade[25], prétendoit de faire ériger séparément de celle de Sainte-Geneviève, et enjoint expressément au second d'avoir l'œil à empêcher toutes les entreprises qui se pourront faire au préjudice de cette dernière congrégation. Le procureur général m'a mis ces lettres en main, pour m'obliger à prévenir, dans celle des Réguliers, les tentatives que le successeur de feu M. l'évêque de Cahors, en la même abbaye de Chancelade, y fait sous main, à ce qu'il prétend, pour obtenir des décrets[26] pareils à ceux qui y avoient été demandés par son prédécesseur. J'en ai parlé à M. de Bourlemont, qui est d'avis que je trouve moyen d'arrêter, dans la congrégation, le cours de cette affaire, jusques à ce que

---

1619. Cette abbaye était chef d'Ordre et son abbé était général de la congrégation.

23. François du Val, marquis de Fontenay-Mareuil, né en 1595, fut ambassadeur en Angleterre (1629), puis deux fois à Rome (1641 et 1647). On lui doit d'importants *Mémoires* sur le règne de Louis XIII. Il mourut à Paris le 25 octobre 1665. Retz parle de lui dans ses *Mémoires*, tome IV, p. 218, 307 et 308.

24. Gueffier, chargé d'affaires de France à Rome pendant soixante ans, de 1601 à 1660, époque de sa mort. Voyez aussi les *Mémoires*, tome V, p. 89, note 7.

25. Alain de Solminihac, qui avait été évêque de Cahors de 1637 à 1659. Il fut abbé régulier de Chancelade (Dordogne, à cinq kilomètres de Périgueux). Son successeur à cette abbaye fut, de 1658 à 1674, Jean Garet.

26. *Décrets* (*decretz*) est en interligne, au-dessus d'un mot biffé, probablement *bulles*, et à la suite les féminins *pareilles*, *celles* et *demandées* ont été corrigés en masculins.

vous m'ayez fait savoir, comme je vous en supplie, si l'intention de Sa Majesté est encore, comme elle étoit dans les temps que je vous viens de marquer, que l'on emploie son nom et son autorité en cette occasion.

Je suis,

Monsieur,

Votre très-affectionné serviteur,
Le cardinal de Rets.

A Rome, ce 8e juin 1666.

---

59. — LETTRE DU CARDINAL DE RETZ A M. DE LIONNE.

(Sur ce qui se passa au consistoire, où on résolut de donner au roi [d'Espagne] l'investiture du royaume de Naples.)

Monsieur,

Vous aurez vu, par ma dernière, que je ne me pouvois rendre aux bruits de Rome qui vouloient que le Pape eût quelque dessein caché touchant l'investiture du royaume de Naples. Je ne me suis pas trompé dans mes conjectures, et ce qui s'est passé dans la congrégation consistoriale de samedi montre, plus que suffisamment, que Sa Sainteté, en cette occasion, n'a pensé qu'à se tirer d'affaire, et à suivre l'exemple de ses prédécesseurs. Je vous ai déjà mandé qu'il avoit affecté de prendre celui de Clément VIIIe eu égard à la forme, et je

---

Lettre 59. — Archives des Affaires étrangères, Rome, 1666. *Lettres à Lionne*, tome XXV (176), pièce 111, fol. 267-275 (moins 272, omis par mégarde). Original, de la main du secrétaire; la ligne de signature est seule autographe. — Voyez la réponse de Lionne, en date du 10 juillet, aux *Pièces justificatives*, n° 62.

vous puis dire aujourd'hui qu'il n'y a pas trouvé plus de difficulté dans la matière, puisque la congrégation des chefs d'Ordre a décidé que le Pape étoit obligé d'accorder l'investiture en la même manière que si le roi d'Espagne eût prêté le serment dans les six mois ; que quand bien même il eût été mineur, c'est-à-dire, qu'il eût eu sept ans passés [1], on ne la lui eût pas pu refuser nonobstant ce délai, parce que l'obligation de le faire dans ce terme n'emporte aucune peine selon les bulles en cas de défaut ; que tout ce qui eût été possible, même suivant cette supposition, eût été de *sanare il mancamento* [2] par un acte qui eût remédié, pour l'avenir, à de pareils inconvénients ; mais que le roi d'Espagne n'étant que pupille, c'est-à-dire n'ayant pas sept ans, il n'y restoit pas seulement ombre de difficulté, puisque les rois de Naples ne sont obligés de prêter leur serment qu'après qu'ils ont pris possession de leur royaume, et qu'ils ne sont jamais censés l'avoir pris que quand ils commencent à entrer dans la majorité ; que les bulles portant de plus qu'ils ont un an pour s'acquitter de ce devoir, quand les papes ne sont pas en Italie, il y a raison pareille d'inférer qu'ils doivent jouir de ce privilége, quand eux-mêmes en sont éloignés. Ces raisons, qui furent portées à la congrégation des chefs d'Ordre par l'agent et par l'avocat d'Espagne, y passèrent pour bonnes. Je n'ai pas assez de déférence pour ces sentiments pour m'être laissé persuader de toutes également, et je n'en trouve, en mon particulier, aucune de recevable, que celle qui est tirée de la nature de la clause des six mois, qui n'emporte, comme je vous ai déjà dit, aucune

1666

---

1. Avant cet âge, comme il est dit un peu plus bas, il n'était point *mineur*, mais *pupille*.

2. « Guérir le manquement », corriger l'imperfection de l'état présent des choses, de ce qui avait été établi à ce sujet.

peine, et il est vrai que celle-là est si solide et si convaincante, que je n'ai jamais cru que le Pape pût inquiéter les Espagnols sur cet article. Il ne fut pas seulement traité de problématique dans la congrégation des chefs d'Ordre, et le résultat fut que l'on accorderoit au roi d'Espagne l'investiture en la forme et teneur qu'elle avoit été accordée à ses prédécesseurs. L'avis certain que nous eûmes, M. de Bourlemont et moi, du détail de cette délibération nous confirma dans la pensée que le Pape ne vouloit rien innover, et fit qu'au lieu de songer aux précautions particulières touchant l'incompatibilité, etc., et[3] la renonciation prétendue de la Reine, que je vous avois marquées par ma dernière, nous ne nous appliquâmes qu'à examiner celles qui pouvoient empêcher, en général, que la rénovation de l'investiture autorisât, par quelque circonstance, les vues que les Espagnols peuvent avoir sur ces matières, ou blessât les droits que Sa Majesté a sur le royaume de Naples par le testament de Charles, comte du Maine, qui transmet à Louis XIe les droits de la maison d'Anjou[4], par la dona-

3. *Et* est en interligne.
4. Les mots « Charles.... d'Anjou » sont écrits en interligne, au-dessus d'une ligne raturée et illisible. — Le cardinal de Retz commet ici volontairement (on pourrait le croire) de graves inexactitudes. Depuis la donation faite à Louis XI, par Charles d'Anjou (voyez la note suivante), le royaume de Naples appartint au roi de France jusqu'à François Ier ; mais, depuis ce prince, il y eut plusieurs renonciations à ce royaume : la première fut faite par François Ier pour lui et ses successeurs, en 1526, par le traité de Madrid (article 7); la seconde par le même, en 1529, par le traité de Cambrai (article 2); la troisième par le même, en 1544, dans le traité de Crespy (article 12); la quatrième par Henri II, dans le traité de Câteau-Cambrésis, en 1559 (articles 1 et 7); la cinquième par Henri IV, dans le traité de Vervins, en 1598 (articles 1, 22 et 30); enfin le traité des Pyrénées contenait implicitement cette renonciation, dans les articles 89 et 108. Il faut re-

tion de Jeanne seconde à Jacques de Bourbon, comte de la Marche⁵, par l'investiture donnée par Alexandre VI° à Charles VIII°⁶, et par le traité de Louis XII° avec Ferdinand⁷. M. de Bourlemont, à mon opinion, n'eût pas eu beaucoup de partis à choisir sur ce qui regarde ces anciens droits, parce que, bien qu'ils soient fort légitimes, ils n'ont pas été tenus assez en vigueur,

marquer de plus que, dans le contrat de mariage de Louis XIV avec Marie-Thérèse, Philippe IV prit le titre de roi des Deux-Siciles et Louis XIV simplement celui de roi de France et de Navarre. En 1666, le roi de France n'avait donc plus de droits personnels sur le royaume de Naples, et il ne pouvait invoquer que les droits éventuels de sa femme, la reine Marie-Thérèse, provenant de la nullité de ses renonciations dans son contrat de mariage, par suite du non-payement de la dot, nullité qui avait été prévue et stipulée pour. cette cause. Voyez *le Cardinal de Retz et ses missions diplomatiques à Rome*, p. 381 et 382.

5. Ce ne fut point à Jacques de Bourbon, comte de la Marche, que Jeanne II, de la maison d'Anjou, reine de Naples, fît une donation de son royaume, mais bien à René d'Anjou. En 1436, René d'Anjou reçut l'investiture du royaume de Naples des mains du pape Eugène IV ; il choisit pour son successeur son neveu Charles d'Anjou, duc de Calabre et fils du comte du Maine, lequel, à son tour, institua pour son héritier Louis XI, roi de France, et tous ses successeurs : voyez *ibidem*, p. 381.

6. Charles VIII, héritier des droits sur Naples de son père Louis XI, passa les Alpes, entra à Rome le 29 décembre 1494, et contraignit Alexandre VI (pape de 1492 à 1503) de lui donner l'investiture du royaume des Deux-Siciles. Il prit possession de Naples le 22 février 1495 ; mais on sait qu'après y avoir fait, le 12 mai suivant, une entrée solennelle, et s'être donné à lui-même, devant l'autel de saint Janvier, l'investiture, rétractée par le souverain pontife, il se remit, huit jours après, en route pour les Alpes, laissant dans sa nouvelle capitale le comte de Montpensier, avec le titre de vice-roi.

7. Ferdinand le Catholique avait consenti à partager à l'amiable le royaume de Naples avec Louis XII. Naples et ses châteaux furent remis aux Français le 25 août 1501. Mais bientôt Ferdinand viola indignement le traité, et, après une année d'hostilités où les Français eurent le dessous, Naples reçut dans ses murs les troupes espagnoles, le 14 mai 1503.

en cette cour, par les ambassadeurs et par les ministres de Sa Majesté, pour prétendre, avec fondement, de les y pouvoir soutenir par des actes plus forts et plus positifs que par des clauses générales, et par les exceptions communes du droit d'autrui. Ce n'est pas qu'il ne nous parût très-rude, à lui et à moi, de voir renouveler, en notre présence, dans le consistoire, une investiture directement contraire à celle dont la France tire ses droits sur la couronne de Naples, sans y pouvoir apporter d'autre remède que cette exception du droit d'autrui, qui passe, parmi tous les jurisconsultes, pour être une clause de nulle valeur, quand elle n'est que générale. Mais, après avoir examiné à fond les moyens que nous pourrions prendre pour nous tirer de ce pas, nous n'y rencontrions que fort peu d'ouverture, parce que tous les chemins particuliers s'y trouvoient embarrassés par tant de circonstances, qu'ils nous paroissoient beaucoup moins utiles que dangereux. Quelle apparence de s'opposer à une investiture que le Pape est obligé par les bulles de ses prédécesseurs de donner au roi d'Espagne, aussitôt qu'il la lui demande ! Quelle contumace à des cardinaux de s'absenter d'un consistoire[8] qui est intimé sur un sujet si ordinaire et si peu contesté que nous en avons trois exemples différents dans notre siècle[9] !

8. Retz détourne ici un peu de son acception ordinaire, qu'il combine avec sa valeur étymologique latine de révolte, d'opposition orgueilleuse, l'expression juridique *contumace*, qui se dit proprement d'un prévenu qui ne comparaît pas, refuse de comparaître devant ses juges. « Que dirait-on des cardinaux (de la faction de France) qui, par esprit d'opposition, s'absenteraient d'un consistoire, etc. ? »

9. Trois exemples, si aux avénements de Philippe IV, en 1627, de Charles II, en 1665, on joint celui de Philippe III, qui monta sur le trône le 13 septembre 1598, date bien voisine, il est vrai, du dix-septième siècle.

Quelle conduite, à ces mêmes cardinaux, d'engager le nom du Roi, non pas seulement sans son ordre exprès, mais sans aucun exemple de ceux qui nous ont précédés, puisque nous n'avons pu trouver aucun vestige d'aucune opposition! Quel inconvénient d'agir au nom de la France contre une investiture qui peut demain donner au Roi la couronne de Naples par la mort d'un enfant de quatre ans et malsain [10], pour n'en tirer aucun avantage que celui d'empêcher que l'on ne donne atteinte, au moins de notre consentement, à de vieux droits dont il n'y a pas d'apparence que l'on ait occasion de se servir si tôt que l'on la pourroit peut-être avoir de l'autre part! Et sur le tout, quel rapport de l'avantage que le Roi peut tirer de ses droits anciens à celui qu'il trouve dans une investiture qui, étant postérieure à la renonciation prétendue de la Reine, contribue encore à l'invalider, au moins à l'égard du royaume de Naples [11]? M. de Bourlemont balançoit ces raisons, qu'il avoit souhaité que je discutasse avec lui, lorsqu'il s'aperçut, par l'étude d'une nuit, qu'il employa toute entière à rechercher le sens et l'esprit des dernières investitures, qu'il y avoit des difficultés dans la matière, sans comparaison plus considérables que celles que nous nous formions sur ces vieux droits, et il me dit que la clause, insérée dans toutes les investitures, qui adjuge la succession du royaume aux successeurs et héritiers de celui qui a été investi, lui faisoit beaucoup de peine, parce que, selon toutes les lois et selon toute la pratique de Rome, elle excluoit du bénéfice de l'investiture la

---

10. Le roi Charles II : voyez ci-dessus, p. 74, note 4.
11. Nous n'avons pas besoin de dire que le Cardinal ajoute ces derniers mots pour bien distinguer ce qui a rapport à Naples des prétentions de la France sur une partie des Pays-Bas espagnols et sur la Franche-Comté.

Reine, qui, selon ces mêmes lois et cette même pratique, ne pouvoit être tenue pour héritière à cause de sa renonciation [12]. Nous fîmes réflexion, en cet endroit, que l'état où se trouve la cour de Rome à l'égard de celle de France, porteroit fort aisément et fort naturellement les maximes de sa jurisprudence civile jusques à sa politique, et que, comme l'âge et l'état de la santé du roi d'Espagne obligeoit à faire plus de considération sur les clauses particulières de l'investiture que sur ces droits anciens dont je vous ai déjà parlé, nous devions aller au plus pressé, et chercher des tempéraments qui nous donnassent lieu, en évitant les inconvénients que je vous ai marqués dans la suite de cette lettre, de prévenir, au moins autant qu'il nous seroit possible, ceux que l'on peut craindre de la manière dont la cour de Rome a accoutumé, dans les procès ordinaires, d'expliquer la clause où ces deux qualités de successeur et d'héritier se rencontrent conjointes. Et ainsi nous jugeâmes que, puisque nous ne trouvions que trop naturellement dans cette clause le sujet de méfiance que nous ne nous étions figuré [13] d'abord que dans la mauvaise disposition où cette cour est pour la France, ou dans quelque suprise des Espagnols, il étoit à propos de chercher de nouveau, avec soin, les expédients que nous n'avions pas crus si nécessaires depuis quelques jours, parce que

---

12. M. de Bourlemont, en parlant ainsi, ne tenait pas compte de la fameuse clause de nullité de la renonciation de Marie-Thérèse à la couronne d'Espagne, dans le cas où la dot de cette princesse ne serait pas payée à Louis XIV, clause qui fut insérée, à la demande de Lionne, dans le traité des Pyrénées. Cette dot ne fut jamais versée, même en partie, entre les mains du Roi, et c'est sur cette clause que l'on se fonda uniquement plus tard pour faire valoir les droits de la reine de France sur la succession de son père. Voyez plus haut, p. 261, la fin de la note 4.

13. Dans l'original, *figurés* (*figurez*); et quatre lignes plus bas, *cru*.

nous avions reconnu assez clairement, à notre opinion, qu'il n'y avoit rien à craindre ni du côté du Pape, qui ne vouloit rien innover, ni de celui du roi d'Espagne, qui ne prétendoit qu'à avoir l'investiture selon la forme ordinaire.

Ce n'est pas que nous ne fissions réflexion, M. de Bourlemont et moi, sur les nullités de la renonciation de la Reine, qui ne se peut soutenir, particulièrement à l'égard du royaume de Naples, parce qu'il n'auroit pas été en son pouvoir, quand même elle auroit été majeure, de changer, sans le consentement du Pape et du Collége, l'ordre de l'investiture, qui l'appelle immédiatement après le roi son frère, le seul mâle qui reste de la maison d'Autriche, qui est l'Empereur, étant incapable de cette succession, et l'Impératrice [14] ne l'étant pas moins par la même raison. Mais comme nous voyons, par la disposition où sont les choses, que, si le cas arrivoit, on iroit assurément fort vite, en cette cour, à suppléer tous les manquements, à donner toutes les dispenses, et à faire tous les passe-droits imaginables qui sont en la puissance du seigneur dominant, et comme nous avons appris d'ailleurs que l'on dit [15], par avance, assez publiquement, et au Palais et même chez plusieurs cardinaux, que quand même la renonciation de la Reine seroit nulle de droit, le Pape seroit obligé, par cette clause de *successores et hæredes*, à la reconnoître pour bonne jusques à ce que la nullité fût jugée, dont

---

14. Marguerite-Thérèse, que l'empereur Léopold devait prochainement épouser. Nous n'avons pas besoin de dire qu'il est parlé d'elle ici en sa qualité, non d'impératrice, mais de fille du dernier roi d'Espagne et de Naples, Philippe IV. — Quant à l'Empereur, qui, au reste, descend, non de Charles-Quint, mais de son frère, il est, en tout cas, incapable à cause de l'incompatibilité de l'Empire et du royaume de Naples.

15. *Dit* est au-dessus d'un ou deux mots biffés, indéchiffrables.

vous voyez la conséquence[16], nous avons estimé qu'il falloit au moins prendre une date pour faire que ce qui se passeroit dans le consistoire, en notre présence, et le concours même que les cardinaux de la faction de France ne pourroient refuser à l'investiture ne pussent être employés, à l'avenir, comme un consentement que les sujets et les serviteurs de Sa Majesté auroient donné à ce que l'on voudroit peut-être, dans les suites, expliquer contre son service.

Je vous ai marqué ci-dessus les inconvénients que nous avons trouvés[17] à nous absenter du consistoire, et ceux que nous avons jugé qui se rencontreroient encore plus grands à nous opposer, puisque nous n'en aurions tiré quoi que ce soit que la satisfaction que nous aurions donnée aux Espagnols de leur faire voir cinq vœux pour nous contre trente-six donnés en leur faveur, de souhaiter du Pape ce qu'aucun des ministres des rois prédécesseurs de Sa Majesté ne lui a demandé depuis cent ans[18], et d'unir davantage contre les intérêts de la France tout le Sacré Collége, par l'ombrage qu'il eût pris d'une nouveauté qu'il eût soupçonnée de quelque plus grand dessein. Nous joignîmes à ces raisons celle que je vous ai déjà touchée, qui est de ne point donner lieu aux Espagnols de dire, en cas de mort du roi d'Espagne, que les François auroient été si persuadés que les clauses de l'investiture leur sont contrai-

---

16. Toute cette partie de la phrase, depuis : « que la nullité », jusqu'à : « la conséquence », est écrite à la marge, avec un signe de renvoi. C'est une preuve que le secrétaire n'a pas écrit cette lettre à la dictée, mais l'a copiée.

17. Dans l'original, *trouvé*, sans accord. — Pour le mot *vœu* (cinq lignes plus bas), voyez p. 271, note 28.

18. *Cent ans* nous portent au milieu du règne de Charles IX, c'est-à-dire à un temps postérieur aux quatre premières renonciations rappelées ci-dessus, p. 260, note 4.

res, qu'ils l'auroient même ou combattue dans le consistoire, ou désapprouvée par leur absence.

M. de Bourlemont se résolut sur ces principes à prendre un *mezzo termine* [19], et il fut d'avis que nous opinassions d'une manière qui, sauvant les inconvénients que je vous viens d'expliquer, et qui, laissant au Roi les avantages qu'il a par ses droits anciens, marquât particulièrement que nous prétendons qu'il en acquiert encore de nouveaux par la nouvelle investiture. Vous verrez, à mon opinion, par la suite de cette lettre, que M. de Bourlemont a réussi fort justement dans ses mesures. Il desira que nous conférassions, lui et moi, avec Messieurs les cardinaux de la faction [20], et je crois qu'il vous mande ce qui se passa dans ces visites, sur lesquelles je me contenterai de vous dire que je crus être obligé de commencer mon discours par la protestation que je leur fis de ne parler sur ces matières que parce que M. de Bourlemont l'avoit souhaité, étant persuadé que nous devions, les uns et les autres, faire, sans discussion et sans difficulté, tout ce que le ministre du Roi jugeroit qu'il fût à propos pour son service. J'y trouvai Messieurs les cardinaux si disposés qu'il ne me resta qu'à les suivre, comme vous verrez, après que je vous aurai fait le détail de quelques préalables de la congrégation consistoriale, qui fut tenue samedi.

Il y eut vendredi des conclusions, à la réception d'un auditeur de rote espagnol, où tout le Collége se trouva, et où M. le cardinal Chigi affecta de publier qu'il n'y auroit point de délibération le lendemain, qu'elle seroit

---

19. « Un moyen terme. » Voyez p. 130.
20. A savoir, comme nous le voyons par la lettre de M. de Bourlemont, du 15 juin (fol. 284 v° et 285 r°), les quatre cardinaux Antoine Barberin, Orsini, Mancini et Maidalchini (voyez p. 270).

remise à une congrégation suivante, et que l'on se contenteroit, en celle-là, de rapporter ce qui auroit été fait par les chefs d'Ordre. Je trouvai ce même bruit, samedi au matin, en arrivant au Palais, et cette incertitude déplut au Collége et obligea même quelques cardinaux à dire au sieur Favoriti, secrétaire du consistoire, qu'ils ne pouvoient concevoir pourquoi le Pape affectoit de les traiter avec cette hauteur, sur une affaire qui les regardoit aussi directement et aussi principalement que celle dont il s'agissoit; qu'ils s'étonnoient, au dernier point, que l'on ne leur eût pas porté chez eux les pièces nécessaires pour pouvoir délibérer avec plus de lumière et plus de connoissance; et le murmure commençant un peu à croître, j'avoue que, me ressouvenant de ce que M. de Bourlemont m'avoit dit, qu'il ne seroit pas mal à propos d'embarrasser un peu la scène, si on le pouvoit faire couvertement et naturellement, j'avoue, dis-je, que je ne m'employai pas avec chaleur à apaiser l'altération qui paroissoit dans les esprits. J'eus pourtant sujet de n'être pas fâché de ce que je ne m'étois pas trop ouvert, car elle ne dura guère, et quand je voulus pénétrer jusqu'où elle se pourroit porter, je trouvai qu'elle se termineroit à consentir fort paisiblement que l'investiture fût accordée, dès ce jour-là, en la forme ordinaire.

Je vous confesse qu'il ne me fut pas possible d'être si modéré sur un autre incident. Le maître des cérémonies du Pape dit à quelques cardinaux que Sa Sainteté, étant fort incommodée de la grande chaleur, vouloit que l'on n'opinât que du bonnet[21], et un de ceux-là me le vint dire en présence de quelques autres. Il me

21. Locution connue : « ne faire qu'ôter son bonnet, et donner ainsi son assentiment, comme dit l'Académie (1694), à l'avis d'autrui, sans dire le sien. »

passa par l'esprit que ce pourroit être un artifice des Espagnols qui eussent mis le Pape en défiance de quelque éclat des François, et voyant que tout le monde se regardoit et que personne ne répondoit à ce que l'on venoit d'avancer, je pris la parole et je dis que je ne pouvois croire que ce discours vînt du Pape, parce qu'il me paroissoit injurieux au Sacré Collége; que je déclarois, en mon particulier, que je parlerois, parce que je m'y croyois obligé par ma dignité : sur quoi tout le monde demeura dans le silence. Je veux croire que le maître des cérémonies avoit avancé cette proposition de lui-même, sans la participation du Pape : au moins Sa Sainteté entra-t-elle, un quart d'heure après, et mit l'affaire en délibération en la manière accoutumée, et en nous demandant fort positivement nos avis. M. le cardinal Barberin[22], qui parla le premier, opina, en un mot, au renouvellement de l'investiture avec les clauses ordinaires. M. le cardinal Antoine, qui s'étendit un peu plus, à cause de sa charge de camerlingue[23], conclut de même, mais en réservant les droits du Roi, comme il l'avoit promis à M. de Bourlemont. M. le cardinal Sforze, qui opinoit à deux ou trois places de lui, et qui est procureur du roi d'Espagne en ce fait particulier, releva légèrement cette réserve, en disant qu'il falloit se régler si justement à ce qui s'étoit fait autrefois en pareille occasion qu'il ne seroit même que

22. Le cardinal François Barberin : voyez ci-dessus, p. 123, note 7; et pour son frère, le cardinal Antoine, nommé ci-après, *ibidem*, note 6.

23. Camerlingue (du bas latin *camer-* ou *camarlengus*, même mot que chambellan) est le titre du cardinal qui préside la chambre apostolique et qui exerçait l'autorité temporelle dans l'intervalle entre la mort d'un pape et l'élection d'un autre. « C'est, dit le dictionnaire de Trévoux, l'officier le plus éminent de la cour romaine. »

mieux de ne pas écouter ce que l'on y pourroit dire de nouveau. J'opinai ensuite en ces termes : *Censeo concedi posse renovationem investituræ, dummodo concedatur salvis juribus quæ competunt iisque quæ quocumque tempore competere possunt et poterunt Regi Christianissimo*[24] : à quoi M. le cardinal Sforze ne répliqua point, non plus qu'aux opinions de MM. les cardinaux Ursin, Maldachin[25], et Mancini, qui parlèrent après au même sens que M. le cardinal Antoine et[26] moi. Le cardinal Sforze eut raison de ne le pas faire, parce que, dans le consistoire, nous ne devons parler qu'à notre rang; mais ce qui me surprit fut qu'après que la délibération fut finie, il demeura encore dans le silence; car, quoiqu'il pût bien juger que ce qu'il eût dit ne fût pas demeuré sans repartie, il me semble qu'il avoit quelque sujet de parler sur une matière sur laquelle la contestation ne pouvoit presque naître sans lui donner au moins quelque espèce d'avantage, parce qu'elle eût encore donné plus de lieu au Pape de trouver à redire à notre avis. Car c'est beaucoup, à mon sens, qu'il nous ait laissé opiner comme nous avons fait, sans nous interrompre, ayant autant de prétexte qu'il en avoit. Je m'étois préparé, dans cette vue, à lui répondre

24. Retz, par cette formule générale, réservait et maintenait parfaitement les droits éventuels que le Roi pouvait avoir ou acquérir, à un moment donné, du chef de sa femme, fille du premier lit de Philippe IV. Il explique lui-même son vote à Lionne à la page suivante.

25. François Maldachini ou Maidalchini, né à Viterbe en 1621, neveu de dona Olimpia, belle-sœur d'Innocent X, fut nommé cardinal par ce pape en 1647, et mourut en 1700. — Pour les cardinaux Ursin (*Orsini*) et Mancini, voyez p. 78, note 3, et p. 7, note 13.

26. Les mots : « M. le cardinal Antoine et », sont ajoutés en interligne.

avec respect et avec fermeté, et de [27] tourner plutôt ma réponse sur la liberté du Sacré Collége que sur le fond de la question, pour ne point trop engager le nom du Roi. Je ne me trouvai point dans cette peine, car Sa Sainteté ne fit que sourire lorsque je dis mon avis, et le reste du Collége conclut ensuite, ou du bonnet ou en deux paroles, au renouvellement de l'investiture dans la forme ordinaire, ainsi que fit le Pape, qui dit simplement qu'il passoit à donner l'investiture avec les clauses accoutumées.

Vous voyez par mon vœu [28] que les anciens droits acquis au Roi sont réservés comme par une manière de protestation, et qu'ils le sont pourtant d'une façon qui établit même le nouveau que Sa Majesté acquiert par l'investiture, en cas de la mort du roi d'Espagne. Il auroit été à souhaiter que le Pape et le Collége eussent bien voulu se porter à insérer dans la bulle de cette investiture la réserve que nous avons faite des droits du Roi; mais comme nous n'avons pu espérer une seule voix en notre faveur sur ce sujet, nous avons cru qu'il auroit été très-périlleux d'en faire seulement la proposition, parce que nous aurions détruit, par les moindres apparences que nous aurions données de le desirer, le principal effet que nous prétendons tirer de notre conduite, qui est de faire voir qu'en cas de la mort du roi d'Espagne, l'investiture touche directement, selon les bulles, la personne de la Reine. Car les Espagnols n'auroient pas manqué de dire que, puisque nous étions persuadés qu'il auroit été nécessaire, pour la conserva-

---

27. Il y a bien, dans l'original, *à*, puis *de*, après *préparé*.
28. *Vœu*, au sens de suffrage, que nous rendons aujourd'hui par *vote*, lequel n'a été admis par l'Académie que dans sa 5ᵉ édition (1798); la 4ᵉ (1762) ne donne encore que le verbe *voter*. Voyez le *Dictionnaire de Littré*, au mot Vœu, 5°.

tion des droits de Sa Majesté, d'insérer cette réserve dans l'investiture, ces mêmes droits auroient encore beaucoup perdu de leur force par le refus que le Pape et le Collége auroient certainement fait de l'y insérer.

M. de Bourlemont m'a dit qu'il vous mandoit les ouvertures qui nous sont venues dans l'esprit, pour conserver la mémoire de ce que nous avons dit dans le consistoire, et pour suppléer à ce que nous n'avons pas cru devoir hasarder de demander touchant l'enregistrement.

On croit que, mercredi ou jeudi, le Pape fera la cérémonie publique de l'investiture, dans laquelle tous les cardinaux signeront la bulle. Vous jugez bien que les mêmes raisons qui nous ont obligés à y donner notre voix, nous obligent à la signer comme les autres, et que le Pape ni le Collége ne souffriroient pas que nous insérassions[29] notre réserve au bas de notre signature, puisqu'ils sont en droit de nous faire souscrire purement et simplement à ce qui a passé à la pluralité des voix. Il y auroit d'ailleurs à ne le pas souscrire l'inconvénient que je vous ai marqué ci-dessus, qui seroit celui de faire dire que nous sommes persuadés que l'investiture ne nous est pas favorable. M. de Bourlemont fait état de prendre, à l'égard de cette signature, les mêmes précautions auxquelles il a pensé pour l'avis que nous avons porté au consistoire. Nous avons cherché, lui et moi, à nous éclaircir, par les souscriptions des cardinaux aux autres investitures, de la manière dont ceux de la faction s'y étoient conduits; mais comme la France n'a point ici d'archives, et que les papes en[30] cachent, avec soin, par différents intérêts, les originaux,

29. *Souffriront* a été corrigé en *souffriroient*, et *insérions* en *insérassions*.

30. *En* est écrit au-dessus de la ligne.

nous n'en avons pu tirer aucune lumière qu'une seule, qui marque qu'un cardinal, du titre de Sainte-Anastase, évêque de Nantes[31], a signé à la bulle par laquelle Jules II investit Ferdinand le Catholique : ce que je ne puis pourtant concevoir, vu le temps et les circonstances de cette investiture. Enfin voilà toute la connoissance que nous avons pu avoir du fait.

Comme, à vous dire le vrai, je m'attendois qu'il y auroit des gens qui trouveroient étrange que nous eussions parlé des droits du Roi, dans une occasion où l'on ne voit point que les François en aient fait mention en des[32] rencontres pareilles, je m'étois préparé, au sortir de la congrégation consistoriale, à répondre aux indifférents d'une manière qui les eût laissés en doute que nous eussions trouvé des exemples dans nos registres, et aux plus intelligents d'une façon qui, en les laissant dans le même doute, autant qu'il m'eût été possible, les auroit obligés d'avouer, au pis aller, que la circonstance de l'âge du roi d'Espagne et celle du mariage de la Reine nous pouvoient bien permettre quelque nouveauté. Mais je n'ai point eu cet embarras, tout le monde généralement ayant approuvé ce qui s'est fait, et l'ayant même reçu comme une chose due et ordinaire. Il n'est pas croyable combien il est important, en ce pays, de saisir d'abord l'imagination des hommes, et je suis persuadé que la date que l'on a prise pourra peut-être un jour être fort dommageable aux Espagnols en cette cour. La réserve des droits du Roi, faite, en présence du Pape, par un camerlingue, peut être de grande considération, pour les suites, dans un pays où l'attachement que l'on a aux formalités fait

---

31. Voyez ci-après, p. 278, note 53.
32. *Des* est en interligne.

que l'on observe assez souvent beaucoup plus les circonstances que la propre substance des affaires.

Vous jugez assez, par le contenu de cette dépêche, que l'on n'a pas été en état de s'ouvrir sur le *Balio*[33], etc. Le sentiment de M. de Bourlemont a été que je ne jouasse qu'à jeu sûr.

Je ne puis m'empêcher de vous dire que nous trouvons ici, l'un et l'autre, dans une infinité de rencontres, qu'il auroit été fort à souhaiter pour le service du Roi que l'on eût tenu[34] des notes de ce qui concerne les intérêts de la France, et vous voyez qu'il n'auroit pas été inutile que l'on eût su, en cette occasion, comme les cardinaux françois se sont autrefois conduits quand ils en ont eu de pareilles. M. de Bourlemont a voulu que je fisse cette dépêche, parce que je me suis trouvé présent à la congrégation consistoriale. J'ai eu beaucoup de peine à m'y résoudre, et parce que ne m'étant conduit, en ce rencontre, que selon ce qu'il a jugé à propos, tout ce qui y est est proprement de lui, et parce qu'étant, comme je suis, le plus mauvais jurisconsulte de France et d'Italie, je m'imagine que vous y trouverez beaucoup de termes, et beaucoup d'expressions fort peu justes, et même fort impropres.

Il y a longtemps que l'on parle ici d'une levée de six cents Suisses, que fait le Pape, dont il destine la moitié pour demeurer à Rome, et l'autre pour tenir la campagne au lieu des Corses. Il y en a cent cinquante d'arrivés ici, dont on va établir les corps de gardes[35]

---

33. Voyez p. 134, note 22 ; p. 251 et note 8.
34. *Tenu*, en interligne.
35. Telle est l'orthographe de l'original. — L'église de San Salvator in Lauro est située dans Rome, à l'extrémité N. E., sur la rive gauche du Tibre, à peu de distance du Pont Saint-Ange. Bâtie, en 1450, par un Orsini, probablement un des deux cardi-

à San Salvator in Lauro, et à Ponte Sisto[36], mais du côté de Transtévéré[37], pour les éloigner, à mon opinion, un peu plus du palais Farnèse[38], dont ils seront pourtant encore assez proches.

L'affaire du grand maître de Malte[39] est fort aigrie, en cette cour, depuis deux jours. Je ne vous en ai rien écrit, parce qu'il ne se peut que vous n'en sachiez plus de nouvelles que moi. Le Pape parle de lui presque comme d'un hérétique.

On continue de dire qu'il n'y a plus aucune émotion à Naples[40]; mais il est certain que la foiblesse de D. Pedro d'Aragon y a déjà été pénétrée.

M. le duc Sforze[41] me vint voir jeudi et me parla longtemps de la reine de Pologne[42], de M. l'évêque du

---

naux de ce nom qui vivaient alors, elle a été reconstruite sous Pie IX en 1852.

36. Le troisième pont de Rome en descendant le cours du Tibre. Il doit son nom à Sixte IV, qui le fit rebâtir, en 1474, par Baccio Pintelli.

37. Sur la rive droite. — Le mot est ainsi accentué dans l'original; la prononciation est fréquemment, dans nos lettres, marquée de cette façon.

38. Le palais Farnèse, sur la place du même nom, était la demeure de l'ambassadeur de France : voyez ci-dessus la *Notice* de la 1ʳᵉ partie, p. 1, et ci-après, note 45. La distance du pont à cette place n'est pas grande en effet, et la via Fontanone, qui continue la via Giulia, mène directement de l'un à l'autre.

39. Nicolas Cotoner, élu grand maître en 1663; il succéda, en cette qualité, à son frère Raphaël, et gouverna l'Ordre jusqu'en 1680.

40. Voyez plus haut, p. 255 et note 16.

41. Louis-François-Marie Sforza, duc de Sforza, d'Ognano et de Segni, mort en 1685, à l'âge de soixante-sept ans. Il était neveu du cardinal Frédéric Sforza, protecteur du royaume de Naples, dont il est souvent parlé dans nos lettres.

42. Marie-Louise de Gonzague de Clèves, fille de Charles, duc de Nevers, puis de Mantoue, et de Catherine de Lorraine, née en 1612, mariée, en 1645, à Vladislas-Sigismond, roi de Pologne,

Mans[43] et de l'abbé Bouti. Je ne vous en mande pas le détail, parce que je sais que ce que j'ai appris de lui n'est que la répétition de ce qu'il en a dit à M. de Bourlemont.

On ne sait encore quand il y aura consistoire pour donner la croix à Monsieur le Légat; car l'on n'a ici aucunes nouvelles de l'embarquement de l'Impératrice.

M. Altoviti[44], ci-devant nonce à Venise, vint chez moi, le jour de la Pentecôte, au sortir de la chapelle, et me dit que le Pape lui avoit commandé de ne point rendre la visite ordinaire à l'ambassadeur de cette république, qui est ici, qu'il ne fût assuré qu'il lui donneroit la main, et cela fondé sur ce que M. Roberti avoit écrit que le Roi avoit promis de commander à ses ambassadeurs d'en user de même, dans la première visite qu'ils recevroient des nonces de France, à leur retour à Rome.

Je reçus, hier après dîner, votre lettre du 28ᵉ du mois passé[45], qui a été apportée par le courrier, qui ne devoit arriver que demain et qui a avancé par l'ordre de

---

et, en 1649, au frère de ce prince, Jean-Casimir, qui lui succéda (voyez ci-dessus, p. 149 et note 7). Elle mourut à Varsovie, le 10 mai 1667, sans enfants.

43. Philibert-Emmanuel de Beaumanoir de Lavardin, évêque du Mans de 1649 à 1671. C'était un prélat fort peu édifiant, dont il est assez souvent parlé dans les *Lettres de Mme de Sévigné*. Voyez, dans ces lettres, tome II, la note 4 de la page 305, et, au tome I, la *Notice* de M. Mesnard *sur Mme de Sévigné*, p. 158.

44. C'est sans doute le prélat, archevêque d'Athènes, qui, au rapport de la *Gazette* (Rome, 27 juin, p. 770), conduisit, avec Mgr Ugolino, archevêque de Corinthe, le cardinal Sforza au consistoire où il fit hommage au Pape du royaume de Naples.

45. C'est le n° 56 des *Pièces justificatives*. — Le duc de Chaulnes, parti de Paris, comme nous l'avons dit, le 26 mai, arriva à Civittà-Vecchia le 23 juin et le 24 à Rome, au palais Farnèse, où avait logé avant lui le duc de Créqui. Voyez ci-après, p. 285, et la *Gazette*, p. 770.

Monsieur l'Ambassadeur, que nous croyons pouvoir être ici dans sept ou huit jours. Je fis part à M. le cardinal Azzolin, le même soir, de ce que vous me mandez sur son sujet, et je vous assure qu'il en a toute la reconnoissance à laquelle il est obligé. Il me dit que sa seule douleur est de n'avoir pas été assez heureux pour pouvoir mériter les bontés de Sa Majesté par des services effectifs.

Le Pape ne s'est point trouvé à la chapelle de la Pentecôte, ce qui, joint à quelques remèdes qu'il a commencés, fait courre le bruit à Rome qu'il ne se porte pas bien. Je vois pourtant que les gens les mieux informés sont persuadés qu'il n'a pas d'autre mal que l'incommodité que les fonctions lui donnent dans les grandes chaleurs : il est vrai qu'elles sont excessives ici[46] cette année.

Quoique la longueur de cette lettre me fasse honte, M. de Bourlemont m'oblige d'y ajouter encore qu'ayant desiré que je me plaignisse, comme cardinal national, à Mgr Ugolino, auditeur du Pape[47], de la difficulté que l'on lui avoit dit qu'il faisoit d'admettre la clause *sub bene placito Regis Christianissimi* dans la procuration *ad resignandum*[48] de M. Abelli pour l'évêché de Rodez[49], j'en parlai hier audit sieur Ugolino, qui me dit que

---

46. *Ici*, en interligne.
47. Voyez p. 191, note 8, et (p. 276) la note 44 de cette lettre-ci.
48. « Sous le bon plaisir du roi très-chrétien. » — « Pour résigner, se démettre. »
49. Louis Abelly, né en 1603, évêque de Rodez depuis 1662, se démit de son siége en cette année 1666. Il se retira dans la maison de Saint-Lazare à Paris, mais sans faire partie de l'ordre de la Mission. Il est auteur de plusieurs ouvrages de théologie et a prêté son nom à une *Vie de saint Vincent de Paul* (in-4°, 1664), écrite en grande partie par M. Fournier, prêtre de la Mission et l'un de principaux disciples du saint.

cette affaire ne seroit point arrêtée sur cette clause, qu'il reconnoissoit, par les raisons que je lui en alléguois, être très-bien fondée. M. de Bourlemont avoit aussi jugé à propos que je témoignasse à ce prélat et au sous-dataire, comme de moi-même, qu'il seroit à souhaiter que l'on ne continuât pas ici à faire des difficultés à l'élection de Prémontré [50], qui avoit été autorisée par un commissaire du Roi. Ils me donnèrent l'un et l'autre de fort bonnes paroles; mais je vis clairement, par de certaines expressions du dernier, que, bien que l'opposition n'ait pas été produite [51], elle ne laisse pas de faire du mal.

Je suis,
  Monsieur,
    Votre très-affectionné serviteur,
      Le cardinal de RETS.

A Rome, ce 15e juin 1666.

Depuis [52] ma lettre écrite, j'ai trouvé que ce cardinal de Sainte-Anastase dont je vous ai parlé ci-dessus [53] s'appeloit Robert Guibé, qui étoit à la vérité Breton et

50. Voyez p. 240 et note 22; p. 241 et note 26, etc.
51. *Produite* surcharge et corrige *faite*.
52. Le post-scriptum est écrit entre *Je suis* et *Monsieur*.
53. Page 273. — Il s'agit de Robert de Guibé, fils d'Adoner de Guibé, gentilhomme breton, et d'Olive Landais, sœur du tailleur d'habits, Pierre Landais, qui devint favori de François II duc de Bretagne. Robert de Guibé fut tour à tour évêque de Tréguier, de Rennes et de Nantes. Après la mort du duc, il suivit sa fille Anne à la cour de France. Louis XII l'envoya ambassadeur à Rome et lui fit obtenir de Jules II, en 1505, le chapeau de cardinal. Ce pape le circonvint, et l'attacha à sa cause, au détriment de Louis XII, qui le priva de ses bénéfices. Il mourut à Rome, en 1513, dans un état voisin de la pauvreté. — L'église de Sainte-Anastase ou Anastasie (*Anastasia*), à laquelle Guibé devait son titre de cardinal, est située au pied du Palatin. Elle date du quatrième siècle; c'était une des principales églises de Rome au temps de saint Jérôme.

neveu de Pierre Landais; mais il est à remarquer que la Bretagne étoit déjà réunie à la France [54].

60. — LETTRE DU CARDINAL DE RETZ A M. DE LIONNE.
(Sur l'affaire de l'investiture.)

Monsieur,

J'ai appris, depuis ma dernière lettre, la raison pour laquelle le Pape ne fit point passer, comme l'on avoit cru qu'il le feroit, par les mains des cardinaux les pièces concernant l'investiture. Les Espagnols, qui avoient toujours affecté, dans toutes les autres occasions pareilles à celle-ci, d'insérer dans leurs procurations quelque clause indirecte qui marquoit qu'ils ne prétendent pas que la Sicile *ultra pharum*[1] fût comprise dans l'investiture, se sont expliqués dans l'acte par lequel ils ont donné pouvoir à M. le cardinal Sforze de prêter le serment accoutumé de la même manière dont les papes se sont servis dans leurs bulles d'investiture, qui est celle-ci : *Investi-*

---

54. Retz parle ainsi à cause du mariage successif, avec Charles VIII et Louis XII, d'Anne, fille unique et héritière du dernier duc de Bretagne François II; mais ce ne fut que le mariage de Claude, fille d'Anne et de Louis XII, avec François Ier (1515) qui assura à la France l'héritage de cette province, dont la réunion au Royaume ne fut solennellement proclamée qu'en 1532.

Lettre 60. — Archives des Affaires étrangères, Rome, 1666. *Lettres à Lionne*, tome XXV (176), pièce 132, fol. 331 et 332. Original, de la main du secrétaire; la ligne de signature est seule autographe. — Voyez la réponse de Lionne, en date du 17 juillet, aux *Pièces justificatives*, n° 63.

1. La Sicile « au delà du phare (de Messine), » du détroit, c'est-à-dire la Sicile proprement dite. Cette manière de parler s'explique par le nom même de « Royaume des Deux-Siciles. » *Phare* ne prend que dans ce cas ce sens de détroit.

*tura regni Siciliæ cum tota terra citra pharum*². Le Saint-Siége a toujours prétendu comprendre par ces paroles les deux Siciles, et c'est pourquoi les rois d'Espagne avoient évité avec soin jusques ici cette expression dans leurs procurations. Le Pape, qui s'est aperçu de la méprise, a caché autant qu'il a pu cette pièce, ne doutant point que, si elle étoit examinée par beaucoup de gens, il ne se trouvât quelqu'un qui y fît la même réflexion et n'en donnât avis aux Espagnols, pour les obliger à y trouver quelque remède. La vérité est qu'ils ont connu d'eux-mêmes la méprise de Madrid, mais que n'ayant pas le temps de faire venir une autre procuration d'Espagne, et voyant trop d'inconvénients à différer la cérémonie de la haquenée, ils n'ont pu prendre d'autre expédient que celui de faire opiner M. le cardinal Raggi³, qui est de leur faction, d'une manière qui fît sensiblement la distinction des deux Siciles. Je le remarquai bien ; mais, comme je n'en savois pas le motif et que d'ailleurs son expression me parut assez embarrassée, je n'y fis presque pas de réflexion.

M. le cardinal Sforze a enfin reçu l'ordre de faire ici les affaires d'Espagne. Il en a donné part au Pape et au Sacré Collége, et il dit même publiquement que Sa Sainteté a agréé qu'il prît les audiences réglées, les samedis, comme les ambassadeurs. On l'a pressé aussi, du côté d'Espagne, de prendre leur palais⁴ ; mais il n'a pas voulu quitter le sien. Comme sa commission lui est venue par deux courriers qui ont été dépêchés de Madrid

---

2. « Investiture du royaume de Sicile avec toute la terre, tout le territoire, en deçà du phare. » Ici la Sicile devient la partie principale.

3. Voyez p. 203, note 10.

4. Le palais des ambassadeurs d'Espagne : voyez ci-dessus, p. 69, note 3.

en diligence l'un par terre et l'autre par mer, on se veut figurer, en cette cour, qu'elle ne fait pas la seule cause de leur voyage, et qu'ils ont apporté quelque ordre touchant le *Balio*. Je n'en ai pu pénétrer la vérité.

Il y eut samedi congrégation consistoriale, où M. le cardinal Sforze prêta le serment de l'investiture. Tout s'y passa à l'accoutumée, sans aucune innovation.

Le bruit est ici que le Pape pense pour M. le cardinal Chigi à la protection d'Espagne, vacante par la mort de M. le cardinal de Médicis⁵. Je ne vous saurois dire ce qui en est en effet, cette nouvelle étant d'une nature à courre également ou fausse ou vraie.

Vous trouverez ci-joint le double de ma dernière lettre, au moins de ce qu'elle contient touchant l'investiture. M. de Bourlemont a jugé à propos que je le misse dans ce paquet.

Nous attendions aujourd'hui Monsieur l'Ambassadeur; mais, s'il fait aussi mauvais temps à la mer qu'il fait ici depuis ce matin, je ne crois pas qu'il puisse encore être arrivé à Civitta-Vecchia.

Je suis,

    Monsieur,

        Votre très-affectionné serviteur,
        Le cardinal de RETZ.

A Rome, ce 22ᵉ juin 1666.

---

5. Charles de Médicis, fils de Ferdinand Iᵉʳ, grand-duc de Toscane, et de Catherine de Lorraine, né le 19 mars 1595, évêque de Velletri et d'Ostie, était oncle du grand-duc régnant Ferdinand II. Nommé cardinal, en 1615, par Paul V, il devint protecteur d'Espagne et doyen du Sacré Collége, et mourut à Florence, le 17 juin 1666.

61. — LETTRE DU CARDINAL DE RETZ
A M. DE LIONNE.

(Sur la conversion de l'électeur de Saxe, l'arrivée du duc
de Chaulnes a Rome ; et quelques nouvelles.)

Monsieur,

J'ai reçu la lettre que vous m'avez fait l'honneur de m'écrire, du 4e de ce mois[1], sur le principal article[2] de laquelle ce que je vous puis dire de plus certain est que j'y observerai le secret nécessaire avec toute l'exactitude que je dois à l'importance de la chose, au commandement du Roi, et à la confiance dont il a plu à Sa Majesté de m'honorer par un excès de sa bonté. Je ne sais si vous pourrez trouver l'éclaircissement que vous souhaitez dans l'exposition du fait que vous allez voir ; mais je crois que vous aurez au moins lieu d'en tirer des conjectures qui vous pourront donner de plus grandes lumières dans les suites. Un gentilhomme, qui est à moi depuis fort longtemps, appelé Malclerc[3], étant allé, au mois de décembre, à Commercy pour les af-

---

Lettre 61. — Archives des Affaires étrangères, Rome, 1666. *Lettres à Lionne*, tome XXV (176), pièce 153, fol. 365 et 366. Original, de la main du secrétaire ; la ligne de signature est seule autographe. — Voyez la réponse de Lionne, en date du 24 juillet, aux *Pièces justificatives*, n° 64.

1. C'est le n° 57 des *Pièces justificatives*.
2. Ce principal article est relatif à la conversion de l'électeur de Saxe. Le Roi voudrait savoir par quel canal Jean-Georges a fait parler au cardinal de Retz; et Lionne recommande tout particulièrement de garder le secret sur l'intelligence de ce prince avec Louis XIV.
3. M. de Malclerc, écuyer du cardinal de Retz, dont il est souvent question dans ses *Mémoires* (voyez, entre autres mentions, tome III, p. 304, note 4) et dans ceux *de Gui Joli*, qui avait pour lui une aversion profonde et qui n'a rien négligé pour le noircir aux yeux de ses lecteurs. Malclerc survécut au cardinal de Retz ; mais nous ignorons l'époque exacte de sa mort.

faires de cette terre, me dit, à son retour en cette ville, qui fut au commencement du mois de mai, que le sieur de Risaucour, qu'il connoît particulièrement, et qui est celui que Monsieur de Lorraine [4] emploie le plus ordinairement dans les affaires qu'il a avec Monsieur l'électeur de Mayence [5], s'étoit adressé à lui pour savoir de moi si j'agréerois que cet électeur m'écrivît pour me prier de me charger de la négociation que M. le duc de Saxe avoit dessein de lier avec la cour de Rome pour sa conversion : à quoi il ajouta que Monsieur de Mayence lui avoit parlé à fond de cette affaire, en lui témoignant un grand desir que j'en voulusse prendre le soin; mais que le sieur de Reiffemberg l'en avoit encore entretenu fort particulièrement, et que ce Reiffemberg avoit ou un frère, ou un parent, ou un ami (Malclerc ne s'en est pas souvenu précisément), domestique [6] du duc de Saxe, et qui est l'homme de confiance entre ces deux électeurs. Risaucour lui donna ensuite un mémoire pour m'apporter, qui contient en substance que Monsieur de Saxe demande au Pape la permission de communier sous les deux espèces pour ceux de ses sujets qui le desireront, la rétention de tous les biens d'Église usurpés par ses prédécesseurs, la nomination de l'évêque, et l'habi[li]tation des ministres convertis pour annoncer la parole de Dieu. Je fis faire, par Malclerc, la réponse que je vous ai mandée ci-devant [7], et qu'il avoit déjà presque faite de lui-même

1666

---

4. Charles IV, duc de Lorraine, né le 5 avril 1604, succéda, en 1624, au duc Henri, son oncle, dont il avait épousé la fille aînée, Nicole. Il mourut en 1675, après avoir passé sa vie, dit Voltaire, à perdre ses États et à lever des troupes.

5. Jean-Philippe de Schœnborn, archevêque et électeur de Mayence de 1647 à 1673.

6. Voyez p. 185, note 10.

7. Voyez plus haut, *lettre* 54, p. 229.

lorsque Risaucour lui parla. Je n'en ai eu depuis aucune nouvelle, ce qui n'est pas étrange à la vérité, parce que Risaucour aura voulu apparemment, devant d'écrire ici, faire savoir à Monsieur de Mayence la manière dont j'ai reçu sa première proposition. Vous pouvez pénétrer, à mon opinion, par la connoissance que vous avez sans doute des habitudes de Reiffemberg, si sa correspondance est ou avec les Frises, ou avec le baron de Bouquerode[8]; mais j'ai appris, depuis peu, une circonstance qui me feroit assez croire qu'elle est apparemment avec les premiers, parce que celui qui a fait au Pape l'ouverture de cette négociation ayant été M. le cardinal Caraffe[9], qui revenoit de sa nonciature de Vienne, il y a lieu de croire qu'il pourroit y entrer du concert de la maison d'Autriche. La proposition fut si mal reçue de Sa Sainteté que, bien que ce cardinal lui eût fait dire qu'il avoit cette commission, il demeura six semaines entières devant que d'en pouvoir avoir audience, au bout desquels on lui fit la réponse dont je vous écrivis il y a quelque temps le détail[10]. Jugez, s'il vous plaît, sur cela de ce que l'on pourroit espérer de la disposition de cette cour par la négociation d'un cardinal françois. J'essayerai de tirer, dans les suites, ce que je pourrai de Risaucour touchant la correspondance de Reiffemberg, sans lui donner pourtant aucun soupçon du motif de ma curiosité, qu'il ne me pourra même

8. La lettre de Lionne mentionnée au début de celle-ci nous apprend qu'il y avait à la cour de Saxe deux frères Frise, dévoués à la maison d'Autriche, qui avaient eu longtemps un crédit absolu sur l'esprit de l'Électeur, mais à la faveur desquels paraissait succéder « un nommé le baron de Bouquerode ».

9. Charles Caraffa, évêque d'Aversa, successivement nonce en Suisse, à Venise, à Vienne, et légat à Bologne, fut créé cardinal, en 1664, par Alexandre VII; il mourut le 19 octobre 1680.

10. Voyez ci-dessus la *lettre* 56, p. 238.

attribuer, parce que je me servirai d'un canal auquel il n'aura pas lieu de croire que j'aie aucune part.

Nous allâmes, la nuit de mercredi à jeudi [11], *alla Grotta*[12], qui est à huit milles de Rome, au-devant de Monsieur l'Ambassadeur, MM. les cardinaux Antoine, Ursin, Maldachin et moi. M. le cardinal Mancini [13] ne s'y put trouver à cause de son indisposition. Je me crois obligé de vous dire pour la vérité que, bien que Monsieur l'Ambassadeur n'ait pas encore paru en public, il ne laisse pas d'avoir déjà beaucoup d'approbation à Rome de ceux mêmes qui ne l'ont vu qu'en passant. Ils ont tous remarqué sa *desinvoltura*[14]. Vous connoissez la force de ce mot. Il comprend trois ou quatre qualités, qui, comme vous savez mieux que moi, ne sont pas les moins nécessaires pour la pratique de cette cour.

Il y a six ou sept jours qu'allant faire mes compliments à M. le cardinal Sforze sur son nouvel emploi, il affecta de me dire qu'il attendoit, avec impatience, Monsieur l'Ambassadeur, parce qu'il avoit ordre d'Espagne de traiter avec lui *un negotio assai scabroso*[15], ce furent ses

---

11. C'était la nuit du 23 au 24 juin.

12. La *Grotta* ou *Malagrotta*, à la distance de Rome que marque ici Retz, sur la route de Civittà-Vecchia, l'ancienne via Aurelia.

13. Ce sont les quatre cardinaux, de la faction de France, nommés ci-dessus, p. 267, note 20.

14. Retz francise un peu ce mot, dont la vraie forme italienne est *disinvoltura*. L'Académie n'a admis, comme français, *désinvolture* que dans sa dernière édition (1878), où elle l'explique par : « tournure, tenue pleine d'aisance et de laisser-aller. » Littré donne en outre l'adjectif, bien moins usité, *désinvolte*, qu'il traduit par : « qui est à l'aise, sans embarras ni gêne, dégagé, alerte. » — Ce jugement du Cardinal sur le duc de Chaulnes s'accorde parfaitement avec celui de Saint-Simon (*Mémoires*, tome II, p. 114, édition de 1879) : « C'étoit, sous la corpulence.... d'un bœuf, l'esprit le plus délié, le plus délicat, le plus souple, etc. »

15. « Une affaire (*negozio*) assez scabreuse, assez difficile. »

propres paroles. J'en ai donné avis à Monsieur l'Ambassadeur, aussi bien que d'une nouvelle tentative que la Daterie fit ici, trois ou quatre jours devant qu'il arrivât, pour obliger les évêques nommés par le Roi à des formalités qui n'ont jamais été en usage.

Je ne puis vous exprimer avec combien de respect et de reconnoissance M. le cardinal Azzolin a reçu l'honneur que le Roi lui a fait. Je me suis chargé de vous faire tenir sa réponse, à laquelle je ne crois pas devoir rien ajouter, parce que je suis persuadé qu'elle explique, beaucoup mieux que je ne pourrois faire, les sentiments que je crois avoir vus dans son cœur.

Le Pape n'a point assisté aujourd'hui à la chapelle de Saint-Pierre, et il reçut hier à Monte-Caval la haquenée[16]. Les gens du Palais disent qu'il a la goutte avec une débilité d'estomac. La plus commune opinion est qu'il n'y a rien d'extraordinaire que les grandes chaleurs, qui l'obligent de se conserver avec soin et de s'abstenir des fonctions qui le pourroient incommoder, et dont il est pourtant malaisé de se défendre sans quelque autre prétexte. Ce qui donne l'apparence à cette dernière pensée est qu'il affecte de faire paroître qu'il ne se porte pas bien, par de petites circonstances qu'il a évitées, avec application, toutes les fois qu'il s'est trouvé mal en effet. M. le duc de Carpinette[17], chez qui nous allâmes hier au

16. La *Gazette* (p. 793) nous apprend, en date du 4 juillet, que le Pape reçut, le 29 juin, dans son appartement du Quirinal, « la haquenée blanche, avec la cédule de sept mille ducats, que le roi d'Espagne donne tous les ans pour le royaume de Naples, qu'il tient en fief de Sa Sainteté, » et que « cette fonction fut faite par le duc de Carpineto, fils aîné du prince Pamphilio. » La chapelle de la Saint-Pierre, comme elle nous l'apprend aussi, fut tenue par les cardinaux au Vatican. — D'après la date de notre lettre, il faut, dans la *Gazette*, substituer 28 à 29, qui est la fête de la Saint-Pierre, le jour de la chapelle.

17. Voyez la note précédente, et la note 16 de la page 245.

soir, M. le cardinal Antoine et moi, voir les feux de la place d'Espagne [18] où il nous avoit invités, me dit qu'il n'avoit jamais vu Sa Sainteté en meilleure santé, quoiqu'Elle fût au lit. Monsieur l'Ambassadeur et Madame l'Ambassadrice [19] me firent l'honneur de venir *incognito* chez moi, hier après dîner, pour voir passer la cavalcade.

Je sais de bon lieu que les Espagnols font ici un grand mystère de ce qu'ils ont caché, à ce qu'ils prétendent, à Monsieur d'Embrun [20] le dessein qu'ils avoient de faire faire l'ambassade à M. le cardinal Sforze. Je ne sais pas quelle finesse ils y entendent ; mais je suis assuré qu'ils ont affecté de se [21] faire valoir, au Palais, de la conduite qu'ils ont tenue pour le secret en ce rencontre ; je n'ai pu pénétrer sur quel fondement. Je suis si accoutumé aux ridicules vanités [22] de leur agent [23], que je ne puis croire qu'elles méritent seulement la moindre réflexion.

Je suis,

Monsieur,

Votre très-affectionné serviteur,
Le cardinal de Retz.

A Rome, ce 29° juin 1666.

Je [24] suis obligé pour la vérité de vous avertir que j'ai

18. Voyez plus haut, p. 69, note 3.
19. Voyez p. 108, note 2.
20. L'archevêque d'Embrun fut, de 1649 à 1668, Georges d'Aubusson de la Feuillade, né en 1612. En 1668, il passa à l'évêché de Metz, où il mourut en 1697. Il fut successivement ambassadeur à Venise, à Madrid, à Londres.
21. *Se* et le *de* qui suit *Palais* sont en interligne, ainsi qu'à la ligne suivante les mots *pour le secret*.
22. Après *vanités* est biffé *que*.
23. Voyez p. 227, note 1.
24. Ce post-scriptum est écrit à la marge.

beaucoup de sujet de croire que le procureur général de Prémontré [25] trahit tout de nouveau les intérêts de son général et de son ordre, et j'ose prendre la liberté de vous dire qu'il est très-important de ne pas souffrir que ces procureurs généraux qui sont ici s'entendent avec la cour de Rome pour ruiner même des affaires où le nom et l'autorité du Roi paroissent. Je dirai demain à Monsieur l'Ambassadeur le détail que j'ai appris de la conduite de cet homme.

62. — LETTRE DU CARDINAL DE RETZ A M. DE LIONNE.

(Sur son retour a Commercy; et des nouvelles.)

Monsieur,

M. de Bourlemont me promit, mardi passé, de suppléer à mon silence et de vous mander le peu que j'avois à vous écrire. La fluxion qui m'empêcha de m'acquitter moi-même de ce devoir est assez diminuée par deux saignées que l'on a été obligé de me faire coup sur coup, pour me permettre de reprendre le commerce ordinaire; mais comme il me semble que celle qui étoit sur la moitié du visage ne se soit guérie que pour revenir sur les yeux, où elle est sans comparaison plus à craindre, elle m'oblige à ressentir encore avec plus de joie, et avec plus de reconnoissance dans ce moment

---

25. Voyez p. 241 et 246.

Lettre 62. — Archives des Affaires étrangères, Rome, 1666. *Lettres à Lionne*, tome XXVI (177), pièce 28, fol. 76 et 77. Original, de la main du secrétaire; la ligne de signature est seule autographe. — Voyez la réponse de Lionne, en date du 7 août, aux *Pièces justificatives*, n° 65.

qu'en tout autre, la bonté qu'il a plu au Roi d'avoir pour moi, en me tirant d'un air qui est aussi contraire à ma santé que celui-ci. Si je ne croyois qu'il est plus respectueux de rendre à Sa Majesté les très-humbles grâces que je lui en dois, par le même canal par lequel j'ai reçu ses ordres, je prendrois la liberté de lui écrire moi-même, pour l'en remercier avec tous les sentiments auxquels je suis obligé par tant de titres. J'espère, Monsieur, que vous y voudrez bien suppléer par vos bons offices, et que vous ne me refuserez pas la grâce de témoigner à Sa Majesté que je n'ai pas tant de satisfaction, à beaucoup près, de trouver dans le congé qu'il lui a plu de m'accorder la conservation de ma vue et peut-être celle de ma vie, que j'en sens, dans le plus intérieur de mon cœur, à ne devoir l'une et l'autre qu'à son extrême bonté. Je ne la saurois mériter par aucun service ; mais ce que je puis au moins, en ce rencontre, est d'employer le peu de séjour qui me reste ici à porter d'abord à Monsieur l'Ambassadeur le peu d'habitudes que mes différents voyages m'y ont données, et que son propre mérite lui auroit même acquises sans moi en fort peu de temps. Pour ce que vous me dites du conclave[1], je vous supplie d'assurer Sa Majesté que je me rendrai toujours certainement de Commercy à Rome en vingt jours, et peut-être en moins. Je fais état de partir d'ici au commencement de septembre, parce que les neiges, qui sont extrêmement contraires à mon incommodité, m'obligent à passer les montagnes devant qu'elles arrivent : ce qui ne passe jamais, en ce pays-là, la première ou la seconde semaine d'octobre. M. de Bourlemont est d'avis que je prenne le chemin par Venise pour éviter Milan, où le gouverneur me feroit

---

1. En cas de mort du Pape.

apparemment quelque chicane à cause de ce qui se passa entre lui et moi, l'année dernière, touchant la visite ².

Le Pape n'a point fait signer la bulle de l'investiture aux cardinaux, ce qui en a fait murmurer quelques-uns jusques au point de dire qu'ils s'en plaindroient au premier consistoire. Je ne crois pourtant pas que l'éclat aille jusque-là; mais je n'ai pas laissé, à tout hasard, de demander à Monsieur l'Ambassadeur comme il juge à propos que je me conduise à cet égard. Sa pensée est que je contribue autant qu'il sera en moi à assoupir plutôt la plainte qu'à l'échauffer, parce qu'il a cru, et ce me semble avec beaucoup de raison, qu'il n'est pas nécessaire pour le service du Roi que toutes les³ formalités de cette investiture y soient observées si ponctuellement.

J'ai dit à Monsieur l'Ambassadeur ce que je sais des divisions qui continuent dans la maison du Pape. Il y a encore de la nouveauté depuis ce que je vous écrivis il y a quelque temps⁴, et les créatures de Sa Sainteté se sont déclarées si publiquement contre M. le cardinal Nini, que M. le cardinal Chigi en a été touché ou a fait semblant de l'être. Il est certain qu'il affecte de leur faire voir qu'il y a moins de communication d'affaires que de plaisirs entre le cardinal Nini et lui. Il ne l'est pas moins que, depuis quinze jours, le premier a appris, par le moyen d'un ministre subalterne, une affaire de conséquence⁵ que le second lui avoit cachée. Ce qui m'en paroît sur le tout est que, tant que le Pape vivra, l'égard que M. le cardinal Chigi aura pour les créatures de Sa Sainteté ne pourra tirer de lui que des

---

2. Le gouverneur de Milan était toujours don Louis Ponce de Léon : voyez la *lettre* 2, p. 27 et note 2.

3. *Les*, en interligne. — 4. Voyez ci-dessus, p. 217-220.

5. *De conséquence* est ajouté au-dessus de la ligne.

lueurs et des apparences sur ce sujet pour les satisfaire ; mais qu'un conclave arrivant, la réflexion, qui ne fait que commencer, prendra plus de force, et portera plus de changement.

Je ne saurois m'empêcher de vous dire que l'accommodement de M. le cardinal Sforze avec M. le duc de Bracciane⁶ s'est fait ici avec tant de dignité pour le nom du Roi, qu'il est tout à fait avantageux au service de Sa Majesté que le premier pas de Monsieur l'Ambassadeur ait acquis à sa conduite l'approbation générale de Rome sur une nature d'affaire qui est plus considérable en cette cour qu'elle ne le peut paroître dans les autres pays.

Je suis,

Monsieur,

Votre très-affectionné serviteur,
Le cardinal de RETS.

A Rome, ce 13ᵉ juillet 1666.

---

63. — LETTRE DU CARDINAL DE RETZ A M. DE LIONNE.
(SUR L'ÉTAT DE LA SANTÉ DU PAPE ; ET DES NOUVELLES.)

MONSIEUR,

J'étois encore si mal de ma fluxion mardi passé, et

---

6. Voyez p. 163, note 22. — Il s'agit d'une affaire de cérémonial et d'étiquette, dont il est parlé dans diverses lettres (tome XXVI, fol. 14, 23, 25, 31) du duc de Chaulnes, de M. de Bourlemont, du cardinal Orsini, de l'abbé de Machault. Le cardinal Sforza était attaché, nous l'avons vu souvent dans des lettres précédentes, aux intérêts de l'Espagne et de Naples ; le duc de Bracciano à ceux de la France ; c'est dans son carrosse que le duc de Chaulnes, à son arrivée, vint de Civittà-Vecchia à Rome.

LETTRE 63. — Archives des Affaires étrangères, Rome, 1666. *Lettres à Lionne*, tome XXVI (177), pièce 51, fol. 120-122. Ori-

—— il étoit si tard lorsque je me mis à écrire, que ma précipitation fit que j'oubliai de vous mander que Monsieur le Nonce avoit assuré Sa Sainteté, par l'ordinaire du 19ᵉ, que la victoire des Hollandois n'étoit pas, à beaucoup près, si grande que l'on la publioit; qu'il étoit vrai que les Anglois avoient perdu quelques vaisseaux, mais qu'ils étoient demeurés les maîtres de la mer, que la flotte de Hollande étoit encore plus ruinée que celle d'Angleterre, et que sur le tout cette espèce d'avantage apparent que les États avoient remporté sur la Grande-Bretagne avoit si fort aigri ces braves insulaires, ce sont les propres mots de la dépêche, qu'il n'y avoit plus de paix à espérer, et qu'il savoit, de science certaine, que l'on les verroit, au premier jour, dans la Manche, plus forts, sans comparaison, que leurs ennemis[1]. Comme j'appris, en même temps, que l'internonce de Bruxelles avoit écrit ici, en des termes qui ne sont pas, à la vérité, pareils à ceux de Mgr Roberti, mais qui ne laissent pas de jeter quelque doute sur le détail du succès, je crus qu'il ne seroit pas mal

ginal, de la main du secrétaire; la ligne de signature est seule autographe. — Voyez la réponse de Lionne, en date du 14 août, aux *Pièces justificatives*, n° 66.

1. Pendant quatre jours consécutifs, à partir du 11 juin, il y eut quatre batailles navales livrées entre les Hollandais, commandés par les amiraux Ruyter, Tromp et Meppel, et les Anglais, commandés par le prince Robert et le général Monk. Durant trois journées d'une lutte opiniâtre, la victoire resta indécise, et les pertes furent énormes de part et d'autre; enfin, le 14, la victoire resta aux Hollandais. Voyez les deux *Extraordinaires* de la *Gazette* des 23 juin et 16 juillet 1666 (n°ˢ 77 et 86); les *Annales des Provinces Unies depuis les négociations pour la paix de Munster*, par Basnage (la Haye, 1719, in-folio), tome I, p. 772-784; et, dans les *Lettres, Mémoires et négociations du comte d'Estrades*, ambassadeur de France en Hollande (la Haye, 1719, in-12, tome VI, p. 268-272), sa lettre à Louis XIV, du 17 juin 1666.

à propos d'en éclaircir le Palais, dans une conjoncture où il ne peut rien y avoir en cette cour qui n'ait trait à l'arrivée et aux premières audiences de Monsieur l'Ambassadeur[2]. J'en eus une occasion tout à fait naturelle par une lettre qu'un cardinal de mes amis reçut, mercredi passé, d'un docteur de Louvain, Allemand, qui est en Angleterre, et qui a eu autrefois habitude avec le Pape lorsqu'il étoit à Cologne[3]. Comme je sais que Sa Sainteté connoît la main de cet ecclésiastique, qui lui a envoyé plusieurs mémoires touchant les catholiques de ce pays-là, j'ai trouvé moyen de lui faire tomber, sans affectation, entre les mains sa lettre, qui circonstancie fort bien et fort exactement la perte des Anglois. Le Pape, après l'avoir lue et relue, dit ces propres paroles : « J'ai déjà connu, en deux autres rencontres, que le Nonce mêle sa passion dans ses nouvelles. » J'ai dit ce détail à Monsieur l'Ambassadeur, qui a approuvé que je n'aie pas perdu cette occasion de faire connoître à Sa Sainteté la conduite de Mgr Roberti.

Je dis aussi hier à Monsieur l'Ambassadeur ce que je sais très-certainement, et sans en pouvoir douter, de la santé du Pape. Je ne me suis pas trompé dans les conjectures que je vous mandai, il y a quelque temps, de l'affectation qu'il a eue à se faire croire malade, et il n'y a rien de plus vrai qu'il s'est toujours porté à son ordinaire, jusques à jeudi passé, à la réserve de la goutte assez légère qu'il a eue à un pied. Quelque bruit qui ait couru du contraire, il y a eu peu de dupes en ce rencontre, et on s'est aperçu, par beaucoup de circonstances, qu'il n'y avoit aucune alarme véritable au Palais : de

2. A cause de l'état de santé du Pape, le duc de Chaulnes n'eut sa première audience que le 6 août : voyez la *Gazette* du 4 septembre, p. 917 et 918.
3. Voyez au tome V, p. 30, note 4.

sorte que la curiosité de Rome n'a été, plus de quinze jours durant, qu'à essayer de pénétrer les motifs de cette conduite si éloignée de celle que l'on a toujours observée en cette cour, en des occasions pareilles. Les uns ont cru que la pensée de Sa Sainteté étoit d'éloigner l'audience de Monsieur l'Ambassadeur, que Mgr Roberti a mandé au Pape être chargé de très-grandes instances touchant la promotion [4], Castro [5], le rappel de ce nonce, etc. Les autres ont dit que cette maladie n'étoit qu'un prétexte pour ne faire de consistoire, où l'on ne pourroit pas s'empêcher de reconnoître M. le cardinal Barberin pour doyen du Sacré Collége [6], qu'après que l'on auroit ôté à l'évêché d'Ostie [7], qui en est le titre, la juridiction temporelle de Velletri, et que l'on auroit même recueilli les fruits de cette Église pendants sur terre [8], qui sont au Pape tant qu'elle n'est pas remplie : ce qui peut aller à six ou sept mille écus. Quelques-uns ont voulu croire qu'il avoit dessein de faire la promotion et de surprendre le monde, tout d'un coup, par un consistoire imprévu. Il y a même des gens qui sont persuadés que le Pape, étant fort incommodé des chaleurs, a résolu de

4. La promotion dont il a été question dans plusieurs des lettres précédentes, et que les prétentions des couronnes rendaient importante et délicate.

5. Voyez p. 9, note 21. Nous avons déjà vu (p. 176) que le traité de Pise n'avait pas arrangé définitivement, entre Parme et Rome, l'affaire de Castro.

6. Le décanat du Sacré Collége était vacant par la mort du cardinal Charles de Médicis : voyez la *lettre* 60, p. 281 et note 5.

7. Ostie, *Ostia*, sur la rive gauche du Tibre, près de son embouchure, à dix-neuf kilomètres S. O. de Rome, est le premier des évêchés suburbicaires de Rome. — *Velletri*, chef-lieu de légation, à trente-quatre kilomètres S. E. de Rome.

8. C'est-à-dire les blés, les fruits qui sont encore sur la terre, et dont on n'a pas fait la récolte. On dit aujourd'hui plus ordinairement : « pendants par les racines » ou « par racines. »

ne plus faire aucune fonction l'été, et de paroître toujours malade en cette saison, pour se défendre, avec plus de bienséance, de cette fatigue. Je ne sais laquelle de ces différentes conjectures est la mieux fondée; mais ce qui est de certain est que, hors la fluxion de goutte, dont je vous viens de parler, et qui n'a pas fait perdre à Sa Sainteté un moment de la conversation *de' virtuosi*², il n'y a rien eu d'extraordinaire dans sa santé, jusques à jeudi passé, qu'il se ressentit en effet de sa gravelle, et qu'il jeta beaucoup de sable, avec une fort petite pierre. Une excoriation causée par cet accident lui donna de la douleur et même de l'appréhension. Il fut soulagé samedi de l'une et de l'autre, et je sais, de bon lieu, que D. Mario dit, vendredi à neuf heures du soir, à un prélat de ses plus confidents que l'on étoit bien heureux d'en être quitte pour un aussi léger tribut à l'été. Le Pape signa hier à l'ordinaire, et il a aujourd'hui donné audience au secrétaire des brefs et au sous-dataire. Il est certain de plus que son enflure de jambes que l'on a publiée dans Rome ne s'est pas trouvée vraie, et que le bruit ne s'en est répandu que par un équivoque que l'on a pris sur sa goutte. Ce n'est pas que la considération que l'on a eue de ne lui pas faire prendre du lait d'ânesse, comme il avoit été résolu avant-hier au soir, ne marque que l'on lui croit de la foiblesse à l'estomac. Sur le tout, son mal habituel, qui est la gravelle invétérée, avec des cicatrices anciennes de sa taille, jointe à son âge, fait que l'on ne pourra pas être surpris quand il lui ar-

---

9. *Virtuoso*, proprement « excellent, distingué, » désigne particulièrement les gens distingués dans les arts, surtout la musique, la danse, et parfois aussi les savants et les lettrés (voyez le *Vocabolario universale italiano* de Tramater, 6°). Le mot a ici une valeur analogue à celle de *trattenitori* que nous avons plus haut, p. 100 (et note 27).

rivera accident ; mais la vigueur qui paroît en ses yeux et en son marcher, et qui me donna de l'admiration dernièrement à Castel [10], m'empêchera toujours de condamner d'imprudence ceux qui croient que l'on peut compter encore sur quelques années de vie.

Comme je n'ai pas tenu mon départ secret depuis que j'ai reçu le congé que Sa Majesté a eu la bonté de m'accorder, et que j'ai même commencé à me défaire de mon équipage, j'ai cru que je ne devois pas changer de conduite sur ce bruit de la maladie du Pape, parce que ce changement n'auroit servi qu'à faire croire à Sa Sainteté que la France reçoit et prend avec avidité les apparences même les plus légères de sa chute, et parce que, ne faisant état de partir que dans le commencement de septembre, qui est un terme dans lequel il n'est pas possible que l'on ne puisse juger du cours de son mal, les dispositions que je mets à mon voyage, comme les adieux, etc., n'ont rien de contraire au retardement de ce même voyage au cas que l'occasion du conclave arrivât. Ç'a été le sentiment de Monsieur l'Ambassadeur, auquel j'ai demandé comme il jugeoit à propos que j'agisse en ce rencontre. Il a cru, pour les raisons que je vous viens de dire, que je devois continuer dans ma conduite, à laquelle je vous avoue que j'ai encore un intérêt personnel, qui est celui de me mettre en état, si un conclave arrivoit présentement, que je pusse au moins partir immédiatement après et devant les grandes neiges. La bonté que Sa Majesté a eue de me permettre de retourner à Commercy fait que je vous parle de mes incommodités avec bien plus de liberté que je n'aurois fait auparavant, et je vous assure, Monsieur, qu'elles sont beaucoup plus

---

10. Voyez la *lettre* 24, p. 99.

grandes que je ne les ai même voulu dire jusques ici.

Il y a longtemps que le chapelain d'une chapelle de Sainte-Pétronille, qui est située dans l'église de Saint-Pierre[11], et qui est de la fondation de nos rois, m'a pressé de vous écrire en sa faveur. Je l'ai toujours remis à Monsieur l'Ambassadeur, à qui je présentai hier ce bon ecclésiastique, qui a toujours été fort zélé pour la France. La chapelle dont il s'agit et une autre de la même nature dans la même église, dont il n'y a point de titulaire, parce qu'il n'y a point de revenu, sont considérables par leur situation, et il y a plus de soixante ans que le cardinal d'Ossat[12] s'employa, avec application, par les ordres du roi Henri le Grand, auprès de Clément VIII[e 13], pour leur rétablissement.

Sur le point de fermer ma lettre, j'apprends que Mgr Roberti a fait de grands commentaires, dans sa pénultième dépêche au Pape, sur la négociation du Théatin qu'il prétend être à Paris, depuis sept ou huit mois, de la part de Monsieur de Bavière, et sur celle

11. La chapelle de Sainte-Pétronille est au fond de la basilique, au delà du maître-autel, à droite. Sur l'autel est une mosaïque, la plus belle de toute l'église, d'après la sainte Pétronille du Guerchin qui est au musée du Capitole.

12. Voyez ci-dessus, p. 198, note 12.

13. Pape de 1592 à 1605. — On lit dans une lettre de 1601, du cardinal d'Ossat à Henri IV[a] : « En l'église de Saint-Pierre de Rome, il y a deux chapellenies de sainte Pétronille, fille de saint Pierre, et tient-on qu'elles soient de droit-patronat des rois de France. » Il est question des mêmes chapellenies dans plusieurs autres lettres de d'Ossat, soit au Roi, soit au ministre Villeroi[b]. Voyez aussi le chapitre 1 du *Mémoire historique sur les institutions de France à Rome*, par Mgr Pierre La Croix.

[a] *Lettres de l'Illustrissime et Révérendissime cardinal d'Ossat, évêque de Bayeux, au roi Henry le Grand et à M. de Villeroy, depuis l'année* M.D.XCIV *jusques à l'année* M.DC.XXIV, 2de édition, à Paris, M.DC.XXIV, 2de partie, p. 306, *lettre* 110.

[b] *Lettres* 118, 119, 122, 123.

d'un envoyé de Saxe[14], qu'il dit être un homme sans qualité, mais d'esprit et de mérite. Je ne sais point encore le détail de ce qu'il en écrit; mais je le pénétrerai, à mon opinion. Celui qui m'a donné cet avis m'a dit que Monsieur le Nonce en fait un grand mystère, et qu'il y a dans sa lettre sept pages de chiffre sur ce sujet. J'irai, demain au matin, chez Monsieur l'Ambassadeur, pour le lui dire.

Je suis,
  Monsieur,
    Votre très-affectionné serviteur,
    Le cardinal de Rets.

A Rome, ce 20e juillet 1666.

Je rouvre ma lettre pour vous dire que je viens de recevoir la vôtre du 3e de ce mois[15]. Il est si tard que j'en remets la réponse au premier ordinaire; mais je ne saurois m'empêcher de me réjouir, par avance, avec vous, du gain de votre procès[16], et de vous rendre un million de grâces de la bonté que vous avez eue de m'en faire part.

14. La mission de ces envoyés se rapportait-elle au projet de conversion de l'électeur de Saxe?
15. C'est le n° 61 des *Pièces justificatives*.
16. C'était un procès contre des moines gagné au Grand Conseil et dont Lionne désire que le Cardinal puisse « retirer de l'avantage en son abbaye de Saint-Denis, en cas de semblable contestation. » On sait que Retz, lorsqu'il s'était démis de l'archevêché de Paris, avait été nommé abbé commendataire de cette abbaye.

64. — LETTRE DU CARDINAL DE RETZ A M. DE LIONNE.

(Visite des Escadronites a la duchesse de Chaulnes, et l'état de la cour de Rome.)

1666

Monsieur,

Je fus encore obligé, mardi passé, par une nouvelle fluxion, qui m'a fait souffrir des douleurs incroyables, de prier M. de Bourlemont de vous faire mes excuses de ce que je ne vous écrivis pas le dernier ordinaire. Comme je ne doute point qu'il ne vous ait porté l'état où a été le Pape jusques au jour qu'il partit, je me contenterai de vous dire ici que Sa Sainteté, après avoir pris et quitté deux fois le lait d'ânesse, tomba jeudi dans une si grande foiblesse que son maître de chambre, qui la soutenoit, la[1] crut morte, que le vendredi Elle eut, au moins selon la pensée de l'un de ses médecins, de la fièvre, et, selon le sentiment des deux autres, de l'émotion ; qu'ils convinrent tous trois ensuite que ces sortes d'altérations étoient fort dangereuses aux gens qui ont des ulcères ; qu'Elle dormit, la nuit du vendredi au samedi, assez paisiblement, à force d'opium que l'on lui fit prendre, mais que son médecin ordinaire lui trouva le pouls si affoibli qu'il dit, le matin, à M. le cardinal Chigi qu'un changement si notable et si subit ne pouvoit avoir été produit que *per un'mancamento precipitoso di natura*[2], que Domenico Viva, ce fameux

---

Lettre 64. — Archives des Affaires étrangères, Rome, 1666. *Lettres à Lionne*, tome XXVI (177), pièce 106, fol. 235-238. Original, de la main du secrétaire ; la ligne de signature est seule autographe. — Voyez la réponse de Lionne, en date du 27 août, aux *Pièces justificatives*, n° 67.

1. *La* corrige *le*.

2. « Un manquement précipité de nature, une défaillance soudaine des forces. »

apothicaire, que Sa Sainteté a tiré des Jésuites pour s'en servir, dit avant-hier à une personne de qualité de mes amis, que Sa Sainteté ne pouvoit aller sans miracle jusques à la fin du mois d'août. J'ai dit aujourd'hui ce détail à Monsieur l'Ambassadeur, qui, à quelques circonstances près, a eu les mêmes avis par d'autres voies : ce qui, joint à d'autres remarques que j'ai faites sur le même sujet, me fait voir que le secret touchant les accidents journaliers de la maladie du Pape n'est pas, à beaucoup près, si exactement gardé qu'il l'étoit, l'année dernière, en pareille occasion. Les parents ne laissent pas de faire bonne mine. Ils continuent de presser la conclusion du traité d'Albane³, dont ils offrent sept cent mille écus romains à M. le prince Savelli⁴, et M. le cardinal Chigi, à qui j'allai, dimanche passé, donner part du dessein que j'ai de prendre congé de Sa Sainteté et du Collége, me répondit tout de même que si le Pape eût été en parfaite santé. Il y aura décision sur son mal entre ci et le mois de septembre, parce qu'il n'est plus en état de traîner et qu'il faut qu'il guérisse ou qu'il manque, au moins *si l'on en croit les médecins*⁵, et Monsieur l'Ambassadeur me disoit très-judicieusement, ce matin, que, si les adieux que j'ai commencés ne se trouvent, par l'événement, avoir été nécessaires pour le temps que j'avois projeté, ils pourroient au moins n'être pas tout à fait inutiles pour les préalables du conclave. Il est cer-

3. Voyez la note suivante.
4. Giulio Savelli, prince d'Albano, frère du cardinal Fabrice Savelli. Il appartenait à une des plus anciennes familles de l'Italie. Il avait vendu à Mario Chigi, en 1661, la seigneurie della Riccia; on le pressait de vendre aussi le fief d'Albano, mais il s'y refusa longtemps; la cession au Saint-Siége ne fut conclue que sous le pontificat d'Innocent XI. Voyez Litta, tome X, *tavola* ix.
5. Ce membre : « au moins », etc., est écrit au-dessus de la ligne.

tain que les prétextes naturels de se voir et de s'entretenir sont quelquefois importants et précieux, en cette cour, dans ces conjonctures.

Il y a eu ici une espèce de malentendu qui, par le succès, pourra être, comme je l'espère, de quelque utilité au service de Sa Majesté. Vous savez que, selon le cérémonial, les cardinaux ne doivent point visiter les ambassadrices que les ambassadeurs ne les aient visités eux-mêmes. Comme les nationaux et les factionnaires [6] ne gardent pas ces mesures, la plupart des vieux qui prétendent au pontificat s'en sont aussi dispensés, depuis quelques années, pour faire leur cour aux couronnes, et, à l'arrivée de D. Pedro [7], il n'y eut que ceux que l'on appelle ici de l'Escadron [8] qui demeurèrent dans la règle ordinaire, jusques au point que M. le cardinal d'Aragon s'en étant plaint à M. le cardinal Azzolin, qu'il croyoit devoir montrer l'exemple à l'égard de l'ambassadrice d'Espagne, parce qu'il avoit le malheur, en ce temps-là, de n'être pas dans les bonnes grâces du Roi, n'en eut pour réponse qu'une déclaration fort nette et fort expresse, que lui et ceux de ses amis qui n'avoient aucun attachement particulier aux couronnes demeureroient, sans balancer, dans leur conduite accoutumée : ce qui fut, en effet, si bien observé qu'à la réserve de ceux de ce nombre qui sont sujets du roi d'Espagne, il n'y en eut aucun qui visitât l'ambassadrice, qu'après que l'ambassadeur eut rendu la visite à plus de la moitié du Sacré Collége, et il y eut même quelques-uns de ces sujets du roi d'Espagne qui ne se voulurent point départir de cette formalité, comme, par exemple, le car-

---

6. Voyez ci-dessus, p. 64, note 11.
7. Lorsqu'il succéda, comme ambassadeur d'Espagne à Rome. à son frère le cardinal Pascal d'Aragon : voyez p. 197 et note 8.
8. Voyez p. 18, note 3.

dinal Homodei[9], quoiqu'il soit Milanois. Ces Messieurs ne sont pas demeurés si fermes à l'égard de Mme la duchesse de Chaulnes[10], car ils l'ont été voir aussitôt après que Monsieur son mari a rendu la visite au doyen du Sacré Collége[11]; mais, comme les factionnaires de France et d'Espagne et tous les vieux avoient même prévenu cette visite, il est arrivé ce qui ne manque jamais de se glisser naturellement dans toutes les occasions qui portent ou des intérêts ou des caprices différents, et je fus surpris quand je m'aperçus, tout d'un coup, que le bruit couroit dans Rome que Monsieur l'ambassadeur de France avoit sujet de se plaindre de ce que les cardinaux de l'Escadron[12] n'avoient pas rendu à Madame sa femme les mêmes civilités que l'ambassadrice d'Espagne en avoit reçues. Il ne faut, en cette cour, qu'un murmure de cette nature pour donner corps à toutes les chimères que les spéculatifs les plus indifférents se veulent former par fantaisie[13], ou que quelques autres qui s'avisent de s'y intéresser affectent quelquefois de faire paroître pour différentes fins, et Monsieur l'Ambassadeur crut qu'il étoit du service de Sa Majesté d'éclaircir d'abord ces petits nuages, qui, n'ayant aucun

---

9. Louis Homodei (Omodei), de la famille du célèbre jurisconsulte Signorello Homodei qui vivait à Milan vers 1330. Il fut nommé cardinal, en 1652, par Innocent X, devint légat d'Urbin, et mourut en 1685.

10. Voyez ci-dessus, p. 108, note 2.

11. La *Gazette* (p. 890) nous apprend que le duc de Chaulnes avait commencé ses visites le 25 juillet, et était allé voir d'abord le cardinal Barberin, doyen du Sacré Collége, et le cardinal neveu, Flavio Chigi. L'abbé de Machault raconte à Lionne (27 juillet, fol. 190) les visites des cardinaux à l'Ambassadrice.

12. Retz caractérise un peu plus bas (p. 305) les cardinaux de l'Escadron par « l'indépendance des couronnes qu'ils professent. »

13. Dans l'original, *phantaisie*, orthographe que l'Académie constate encore dans sa dernière édition, tout en préférant *fantaisie*.

fondement dans la vérité, n'eussent pas laissé peut-être, avec le temps, de produire, par les différents rapports qui se font toujours, de part et d'autre, en ces conjonctures, des indispositions imperceptibles, contre l'intention même des intéressés. Vous ne sauriez, Monsieur, vous imaginer à quel point la réputation de Monsieur l'Ambassadeur s'est établie, ou plutôt confirmée, par sa conduite toute égale et toute élevée, et par la supériorité qu'il a témoignée, en cette occasion, à[14] ces bruits populaires, et je vous avoue que j'ai eu aussi beaucoup de joie de voir que, de l'autre côté, on recevoit ces mêmes bruits si raisonnablement et si honnêtement, que j'ai cru avoir lieu de me pouvoir servir de ce petit éclaircissement que je ménageois, sans éclat, entre les uns et les autres, pour avancer, avec moins de mesures que je n'en aurois peut-être gardé[15] sans cette occasion, la bonne intelligence que j'ai toujours souhaité de laisser établie, en partant de Rome, entre Monsieur l'Ambassadeur et les cardinaux que l'on appelle ici de l'Escadron. Vous verrez, par ce que Monsieur l'Ambassadeur vous en écrira sans doute, que mon espérance n'a pas été mal fondée. Il est mieux, à mon opinion, de laisser ce détail à son chiffre que de le commettre à cette lettre[16],

14. Nous n'avons pas besoin de faire remarquer que la préposition *à* dépend ici, non de *a témoignée*, mais de *supériorité*, prenant le même régime que l'adjectif *supérieur*.

15. Dans l'original, par un accord fautif, *gardées*.

16. Voici en quels termes le duc de Chaulnes, dans une lettre au Roi, du 3 août (pièce 91, fol. 214 v°-216 r°), confirme ce que dit ici le Cardinal. Ce qui est imprimé en italique est la traduction, jointe à l'original, de parties écrites en chiffre :

« Ayant cru qu'il étoit nécessaire de n'avoir pas *Messieurs les cardinaux de l'Escadron contraires dans un conclave,* je rendrai compte à V. M. de ce qui s'est passé sur leur sujet. Je pris la liberté d'informer V. M., il y a quelque temps, de la conduite de ces Messieurs les cardinaux sur les visites de ma femme, et

1666 et je me contenterai de vous dire, sur ce sujet, qu'il y a tout lieu d'espérer des suites utiles et avantageuses d'un commencement que je vous puis assurer, sans exagération et sans flatterie, n'être dû qu'à la sagesse et qu'à la délicatesse de la conduite de Monsieur l'Ambassadeur.

La faction d'Espagne n'a plus de force ni de vigueur à Rome que celle que Naples et Milan lui laissent comme en dépit des égarements de ses ministres; celle de Médicis ne subsiste plus, parce qu'il n'y a point de cardinaux de ce nom [17]; la dissipation où est celle des Chigi [18] commence déjà, par une aventure assez peu commune durant la vie des papes, à se rendre sensible. Ces trois circonstances grossissent l'Escadron, qui est plus uni que jamais, et qui fait assurément une

que j'avois pris le parti dans l'indifférence extérieure, plutôt que celui d'un mécontentement qui pouvoit produire de méchants effets et aliéner les esprits, pendant que *par M. le cardinal de Retz, qui est fort ami des principaux, je pourrois négocier sous main....* La conduite que Mondit sieur le cardinal de Retz a tenue, dans cette rencontre, ayant beaucoup plus fait que la mienne, et le zèle que je suis obligé de dire à V. M. qu'il témoigne, en toutes occasions, pour son service l'ayant obligé de m'offrir le crédit qu'il a sur eux, je crus, Sire, qu'il l'employeroit utilement pour le bien de vos affaires *en établissant quelque sorte de correspondance de ces Messieurs avec moi.* Auxquels ayant parlé, il me rapporta, le 31ᵉ juillet, qu'il y avoit trouvé les dispositions qui se pouvoient souhaiter, et me fit, de leur part, toutes les amitiés possibles.... Je profiterai, Sire, dans les occasions, des *avances que font à V. M. les cardinaux de l'Escadron, sans donner ombrage aux autres factions,* ainsi que j'ai prié ces Messieurs de n'en point prendre, ayant pris mon parti de me mettre bien avec toutes les cabales, pour avoir la liberté de choisir celle que V. M. m'ordonnera. »

17. Le cardinal Charles de Médicis, doyen du Sacré Collége, était mort, nous l'avons dit (p. 281, note 5), le 17 juin 1666, et son neveu Léopold ne fut promu cardinal qu'en décembre 1667, par Clément IX.

18. Il a été déjà question, dans les *lettres* 52 (p. 217-220), 57 (p. 246) et 62 (p. 290), des dissensions qui divisaient la famille du Pape. Voyez aussi la suite de cette *lettre* 64 (p. 305 et 306).

figure considérable en cette cour. J'y ai quelques amis, et j'avoue que j'aurois toujours beaucoup de joie de leur pouvoir procurer, autant qu'il seroit en moi, la gloire et l'avantage de servir le Roi en quelque rencontre. Mais je crois que Monsieur l'Ambassadeur aura connu, par plus d'une circonstance, que je n'ai considéré, en celle-ci, que le pur service de Sa Majesté, et que l'unique mesure de mes inclinations particulières sera toujours celle de sa gloire et de ses intérêts. Je sais bien que l'on ne peut pas espérer que ces cardinaux entrent dans tous ses intérêts en général, vu l'indépendance des couronnes qu'ils professent, et l'attachement au Saint-Siége dont je ne crois pas qu'ils se départent jamais; mais il n'est pas moins vrai que ces qualités, qui restreignent, d'un côté, ce que l'on peut attendre de leur bonne intelligence avec Monsieur l'Ambassadeur, leur donne, d'autre part, un caractère qui les met en état d'agir avec beaucoup plus de force, plus de dignité et plus d'effet, dans les occasions où ils trouveront leur intérêt et leur devoir d'accord avec le service de Sa Majesté. Vous verrez, par la lettre de Monsieur l'Ambassadeur, que ces occasions ne sont pas éloignées, et je serai trompé si la conduite de cette cour, soit que le théâtre change, soit que la scène demeure, n'en fait naître dans les suites d'assez fréquentes.

Je crois que Monsieur l'Ambassadeur vous mande les éclats qui sont arrivés entre MM. les cardinaux Chigi et Nini touchant l'abbaye, l'entrée de la Salle Royale [19], etc.; mais je vous avoue que ce que je vous

---

19. La *Sala Regia* du Vatican, construite par San-Gallo, sous Paul III; elle sert de vestibule aux chapelles Pauline et Sixtine. Sur l'importance qu'on attachait au privilége d'entrée ou de réception dans la Salle Royale, voyez les *Mémoires de Saint-Simon* (édition de 1879), tome III, p. 133 et note 5.

ai mandé, il y a longtemps, de la disposition des créatures du Pape, joint à beaucoup de circonstances que j'assemble, continueroit à me faire croire qu'il y a plus de feinte que de vérité dans ces démêlés, si je n'étois presque convaincu du contraire par trois faits qui vous paroîtront, à mon avis, un peu trop forts pour n'être qu'un jeu. Mgr Ravizza se plaint, à qui le veut entendre, qu'il a été empoisonné par M. le cardinal Nini, et qu'il ne s'est pu guérir de sa maladie que par les mêmes remèdes que l'on trouva, il y a huit ou dix ans, contre le poison, appelé l'*acquetta*[20], qui fit tant de bruit à Rome dans ce temps-là. M. le cardinal Celsi, que M. le cardinal Chigi veut certainement porter au pontificat[21], parle publiquement contre Nini d'une manière qui ne seroit pas concevable, s'il le croyoit encore dans les bonnes grâces du cardinal Patron, auquel Celsi est uniquement attaché. Le troisième fait est si honteux et

20. Le secrétaire, écrivant sans doute à la dictée, a mis *la coëta*. A cette évidente altération nous substituons, sans hésiter, la correction qu'a suggérée notre savant botaniste M. Decaisne, consulté sur ce passage. L'italien *acquetta*, « petite eau », diminutif d'*acqua*, et forme presque identique, à l'audition, avec *la coëta*, est un des noms du subtil et célèbre poison dit l'*Acqua-Toffana*, dont une femme nommée *Toffana* passait pour être l'inventrice et qu'en français même on a appelé l'*aquette*. Voyez le *Dictionnaire de Littré* à ce dernier mot, 2°, et à l'article Aqua-toffana, où il dit que c'était une solution concentrée d'arsenic; Tramater, dans son grand *Vocabolario universale italiano*, à l'article Acquetta, 4°, l'appelle un poison de composition inconnue, d'*ignota composizione*. M. Decaisne incline à croire que l'*acquetta* s'obtenait par la distillation des tourteaux d'amandes, dont l'un des produits, l'acide prussique, est très-vénéneux et mortel à fort petite dose. Le duc de Chaulnes parle aussi de cet empoisonnement dans sa lettre citée, du 3 août, mais sans nommer le poison.

21. Ce ne fut pas le cardinal Celsi (p. 153, note 5), mais le cardinal Rospigliosi (p. 44, note 4), qui succéda à Alexandre VII (sous le nom de Clément IX).

si infâme, que je n'ose vous l'écrire, et je me suis contenté d'en rendre compte, en l'enveloppant, à Monsieur l'Ambassadeur. Sur le tout, ils dînent et soupent ensemble, et ils se promènent tous les jours au Cours dans le même carrosse.

Les pensées du Pape, touchant les options des titres [22], ne sont pas encore, à mon opinion, trop fixées, et je viens d'apprendre que M. le cardinal Barberin en est tout de nouveau en défiance. J'en ai donné avis à Monsieur l'Ambassadeur, et, si ce bruit a du fondement et que l'éclat arrive devant que je sois parti, je m'y conduirai selon qu'il le jugera à propos.

Je rapportai, vendredi passé, à la congrégation de Réguliers l'affaire de la Chancelade [23], et aussitôt que j'eus fait connoître à la compagnie les intentions de Sa Majesté, elle y acquiesça avec tout le respect qui leur est dû, et fit un décret qui impose silence pour jamais aux religieux de la Chancelade, et qui leur ordonne d'obéir aux sentences données par feu M. le cardinal de la Rochefoucauld [24].

Le Pape déclara, hier au matin, que M. le cardinal Chigi n'iroit point légat à Milan [25], à cause de la maladie de Sa Sainteté, et on croit qu'Elle nommera en sa place M. le cardinal Caraffe, d'autres disent que ce sera M. le cardinal Bichi [26].

22. Retz revient, dans la lettre suivante (p. 312), sur ce sujet de l'option, à propos du cardinal Brancacio.
23. Voyez ci-dessus, p. 257 et note 25.
24. Voyez p. 256, note 22.
25. Comparez les *lettres* 57 (p. 247), 58 (p. 256), 59 (p. 276).
26. Pour le cardinal Caraffa, voyez p. 284, note 9. — Antoine Bichi, né à Sienne, en 1614, successivement internonce en Flandre, évêque de Montalcino, d'Osimo et de Carpentras, fait cardinal *in petto* par Alexandre VII, en 1657, et déclaré en 1659. Il fut pendant quelques années protecteur des affaires de France, et mourut en février 1691. — On peut conclure du silence de la *Gazette*, depuis le 12 septembre, date de l'arrivée de l'Impératrice à

On nous a enfin envoyé la bulle de l'investiture pour la signer, et je crois qu'il n'y a eu d'autre mystère au délai que l'inapplication ordinaire en cette cour. M. le cardinal Sforze me dit dernièrement que la nomination d'Espagne étoit enfin déclarée en faveur du duc de Montalte[27].

J'ai reçu par les mains de Monsieur l'Ambassadeur la lettre dont il a plu au Roi m'honorer du 14° mai, et comme je crois qu'il est plus respectueux de ne pas faire une réponse directe à Sa Majesté, je prends la liberté de vous supplier de vouloir bien lui rendre pour moi les très-humbles grâces que je lui en dois, et de l'assurer que je n'employerai le peu de moments qui me restent de séjour en ce lieu qu'à chercher toutes les occasions d'y servir Monsieur l'Ambassadeur.

Je suis,
    Monsieur,
        Votre très-affectionné serviteur,
            Le cardinal de Rets.

A Rome, ce 3e août 1666.

Je[28] vous supplie que ce que je vous mande de Domenico Viva[29] demeure secret, parce que[30] autrement on pourroit juger aisément d'où me vient cet avis.

Milan, jusqu'au 10 octobre, date de son départ pour Trente, que le cardinal Chigi ne fut remplacé par aucun autre membre du Sacré Collège. Nommant les divers envoyés qui vinrent le complimenter, la *Gazette* n'eût certainement pas omis, comme elle fait, le principal, c'est-à-dire le légat du Pape.

27. Voyez p. 170, note 8, et p. 243.

28. Le post-scriptum est écrit, dans le blanc, entre *Je suis* et *Monsieur*.

29. Nous avons vu plus haut dans cette lettre (p. 299 et 300) que ce Domenico Viva était un apothicaire qu'Alexandre VII avait retiré de la maison des Jésuites pour le faire entrer dans la sienne; il tenait le cardinal de Retz au courant de la santé du Pape.

30. Après *que* est biffé *lon* (sic).

65. — LETTRE DU CARDINAL DE RETZ A M. DE LIONNE.
(DE NOUVELLES.)

1666

Monsieur,

Il ne se peut que vous ne soyez surpris des nouvelles que vous aurez par cet ordinaire, après celles que le dernier vous a portées. Il n'est presque pas croyable que le Pape, ayant été le lundi en péril, ait donné audience le vendredi à Monsieur l'Ambassadeur, et cette circonstance, jointe à quelques autres, fait croire à plus de la moitié de Rome qu'il n'a pas été, à beaucoup près, si mal que l'on l'a dit, et qu'il a été bien aise d'en jeter le bruit dans le public pour avoir lieu de rompre le voyage de M. le cardinal Chigi, qui, dans la vérité, lui a toujours fait beaucoup de peine, à cause de la tendresse qu'il a pour lui. Ce raisonnement est, à mon opinion, trop subtil, et je crois savoir, de science certaine, que le Pape a été effectivement en danger, qu'il ne fut soulagé de ses douleurs très-aiguës et très-violentes que la nuit du mardi au mercredi, et que le jeudi ses médecins dirent à D. Mario[1] qu'ils avoient beaucoup d'espérance, parce que le mal avoit fait son dernier effort. Il ne laissa pas, la nuit du vendredi au samedi, d'en avoir du ressentiment, jusques au point que M. le cardinal Chigi monta deux fois à son appartement. Il est beaucoup mieux depuis dimanche, et il commence même à se promener. Je sais que ses parents croient qu'il en est quitte pour cette année, et je suis

---

LETTRE 65. — Archives des Affaires étrangères, Rome, 1666. *Lettres à Lionne*, tome XXVI (177), pièce 142, fol. 289-291. Original, de la main du secrétaire; la ligne de signature est seule autographe. — Voyez la réponse de Lionne, en date du 3 septembre, aux *Pièces justificatives*, n° 68.

1. Voyez p. 12, note 26.

de leur opinion, à moins qu'il ne lui arrive quelque accident notable avant la *rinfrescata*[2], qui est fort proche et dont nous commençons à voir, depuis hier, des apparences, le temps se disposant à se brouiller : ce qui a fort réjoui le Pape, et l'on me vient d'assurer, de bon lieu, qu'il dit, hier au soir, en voyant les nuées : « Voilà mes véritables médecins. » Enfin je demeure dans ma première pensée, qui est que l'été on ne devra jamais être surpris de la mort du Pape ni de la continuation de sa vie dans les autres saisons. Le mois où nous sommes décidera, pour cette année, à ce que disent tous les médecins, qui le croient sauvé s'il passe les chaleurs.

Je sais, sans en pouvoir douter, que Sa Sainteté étoit absolument résolue samedi de faire consistoire, et j'en avertis Monsieur l'Ambassadeur, aussitôt que je l'eus appris. Je n'ai pu pénétrer la raison qui a obligé le Pape à changer de pensée ; mais si son dessein a été d'y faire la promotion, comme beaucoup de gens le croient, j'aurois assez de pente à me persuader qu'il s'en est peut-être retenu sur quelque lumière qu'il aura eue des diligences qui se font pour la traverser, ou plutôt pour la rectifier. Je n'entre point ici dans ce détail, parce que, n'ayant eu, en mon particulier, de mouvement, en cette négociation, que celui que Monsieur l'Ambassadeur a donné et dirigé avec la conduite du monde la plus sage et la plus délicate, je ne doute point que le compte qu'il rend au Roi de ce qui s'y passe n'en explique toute la suite à Sa Majesté beaucoup mieux que je ne le pourrois faire de moi-même. Je lui ai dit ce que j'ai appris des deux ordres que M. le cardinal Sforze a reçus d'Espagne sur ce sujet. Le premier

---

2. Le rafraîchissement, la saison fraîche. Retz se sert de la même expression dans ses *Mémoires* : voyez tome V, p. 94 et note 1.

lui enjoint de faire ses instances particulières quand même la France n'y concourroit point; le second suppose, comme chose certaine, que la France y concourra.

Je ne vois pas que l'on se soit si fort éveillé sur la maladie du Pape, cette année, que l'on avoit fait la dernière; et il a même paru visiblement que les prétendants se sont tenus fort couverts, moins par art, à mon opinion, que par l'incertitude où la situation des choses laisse[3] tous les esprits de cette cour. Personne n'a été pénétré, au moins autant que je l'ai pu juger, que celui qui, par toutes sortes de raisons, se devoit tenir plus caché que tous les autres, à savoir M. le cardinal Sforze, qui a paru, assez à découvert, aller à M. le cardinal Ginetti[4]. Il y auroit lieu de soupçonner, par cette manière d'agir, qu'il auroit affecté de lui nuire, pour se conformer au génie d'Espagne, qui, en plusieurs rencontres, n'a pas témoigné inclination pour ce cardinal; mais je sais, sans en pouvoir douter, qu'il lui rend des offices très-solides et très-effectifs en ce pays-là, et que le commencement de sa pénultième dépêche à Madrid n'est qu'un jeu de paroles en sa faveur, sur le *refran*[5] espagnol : *No ay*

---

3. Il y a ici deux lettres biffées, peut-être *ro*, commencement de la finale du conditionnel *laisseroit*.

4. Comme à son candidat au prochain conclave. — Voyez p. 114, note 9.

5. *Refran* est la forme de notre mot *refrain* en espagnol, où il signifie « proverbe ». — Nous conservons, pour les passages espagnols qui suivent, l'orthographe de notre original; on écrirait aujourd'hui *hay, quince, francés*. Le sens des trois petites phrases est : « Il n'y a pas de quinze ans laids, » c'est-à-dire on n'est jamais laid à quinze ans; « il n'y a pas (pour un candidat à la papauté) de quatre-vingts ans laids, » un octogénaire est ce qu'il y a de mieux pour la papauté ; « pape français, pourvu qu'il soit vieux, » c'est-à-dire un pape français, j'y consens, pourvu qu'il soit vieux. — Le cardinal Ginetti, qui était, comme nous l'avons dit, né en avril 1585, avait, à la date de cette lettre, plus de quatre-vingt-un

quinze años feos. Le premier mot de sa lettre est *no ay ochenta años feos*. A quoi il ajoute le mot de Philippe second : *Papa francez, pues que sea viejo*. L'application va à M. le cardinal Ginetti, duquel il fait l'éloge, en répondant de la reconnoissance de ses neveux.

On a voulu faire croire aux Espagnols que M. le cardinal Brancace⁶ avoit obligation aux instances de Monsieur l'Ambassadeur de ce que le Pape ne paroissoit pas vouloir pousser ce qu'il avoit commencé, à son égard, touchant l'option, et l'on ne doute point que ce bruit n'ait été répandu dans le monde par ses ennemis, pour le mettre en jalousie du côté d'Espagne.

Voilà, au moins à ce qui m'a paru, tout ce que la maladie du Pape a produit jusques ici. Ce n'est pas que les spéculatifs de Rome n'aient fait huit ou dix papes, et n'aient partagé, par avance, le conclave en cinq ou six factions ; mais il s'est trouvé, par malheur pour leur politique, que les cardinaux n'ont point été de leur avis, et qu'ils se sont tenus plus couverts qu'il n'auroit été à propos pour la satisfaction des *novellans*⁷.

Je ne me dédis pas absolument de ce que je vous écrivis, il y a huit jours, sur l'état où MM. les cardinaux Chigi et Nini sont ensemble ; car il est certain qu'il y a eu rupture, mais il n'est pas moins vrai qu'il y a des accommodements de temps en temps, et que, tant que ces

---

ans ; il mourut en mars 1671, sous-doyen du Sacré Collége, et ayant tout près de quatre-vingt-six ans.

6. François-Marie Brancacio, né en 1591, évêque de Saint-Marc, puis de Todi, de Terni et de Capaccio, avait été fait cardinal par Urbain VIII, en 1634. Il fut, en 1670, proposé dans le conclave pour succéder à Clément IX ; mais les Espagnols lui donnèrent l'exclusion. Il mourut le 9 janvier 1675, sous-doyen du Sacré Collége.

7. *I novellanti*, participe du verbe *novellare*, les nouvellistes, les fabricants de nouvelles.

raccommodements durent, ils concourent l'un et l'autre à se servir de l'éclat que leur division fait dans le monde, pour ramener les créatures du Pape, et pour leur faire voir que Nini n'a pas tout le pouvoir que l'on avoit cru. Le dernier dit avant-hier au P. Cataneo, jésuite, secrétaire du P. Oliva, qu'il étoit absolument perdu dans l'esprit du cardinal Patron[8], et il le lui prouva par un fait que je sais certainement être faux, et que lui-même ne peut croire véritable : ce qui, joint à plusieurs autres remarques, me fait voir que bien qu'assurément il y ait de la réalité et du fondement en ce qui se croit de leur division, il y a aussi quelquefois de l'art et du dessein en ce qui s'en dit. Celle qui est entre Nini et Ravizza n'est pas si mêlée et ambiguë, car celui-ci continue de dire qu'il a été empoisonné[9], et celui-là prétend de justifier à M. le cardinal Chigi que le testament que l'autre a fait en sa faveur, dans sa dernière maladie, n'est qu'une illusion, parce qu'il avoit, à ce que dit Nini, disposé auparavant de son bien en mariant son neveu. Ces petites circonstances ne méritent presque pas de vous être mandées ; mais, comme elles peuvent avoir trait, dans les suites, à ce qu'il y a de plus important en cette cour, j'en ai averti Monsieur l'Ambassadeur, qui a jugé à propos que je vous les écrivisse.

M. le cardinal Sforze, qui a été procureur du roi d'Espagne pour l'investiture, n'a pas laissé de signer la bulle en qualité de cardinal : ce qui me paroît une faute considérable, qui peut être relevée un jour par les serviteurs du Roi, selon les conjonctures.

Le bruit court ici que le dernier courrier dépêché

---

8. Flavio Chigi. On appelait alors à Rome « cardinal Patron » le cardinal premier ministre. Le mot est déjà plus haut, p. 306.

9. Voyez la lettre précédente, p. 306.

par D. Pedro d'Aragon en Espagne porte des instances de sa part pour obliger cette cour à envoyer ici un ambassadeur. Je ne crois pas que cette nouvelle soit véritable, parce que je sais, de bon lieu, qu'il a été d'avis de donner cet emploi à M. le cardinal Sforze; mais ce qui est de vrai est que tous les Espagnols qui sont ici ne peuvent s'empêcher de témoigner le déplaisir qu'ils ont de le voir entre les mains d'un Italien.

Je vous mandai, il y a quelque temps, que, selon le bruit de Rome, et même selon les apparences, M. le cardinal de Hesse [10] étoit tout à fait mécontent des Espagnols. Je vous puis dire aujourd'hui que son mécontentement augmente tous les jours, et que Carlo Eustachio, chevalier de l'ordre de Saint-Jacques [11], son maître de chambre, qui lui a été donné par D. Pedro d'Aragon, les a avertis de ne prendre aucune confiance en lui.

Je ne sais si vous ne m'accuserez point de vanité; mais je ne saurois m'empêcher de vous dire que je suis en faveur au Palais, et que le Pape a été si touché de ce que les bruits de sa maladie ne m'ont pas empêché de continuer mes adieux, qu'il a dit qu'il se sentiroit toujours obligé à ceux *qui non ita facile desperarent de republica* [12].

Je suis,

Monsieur,

Votre très-affectionné serviteur,
Le cardinal de Retz.

A Rome, ce 10ᵉ août 1666.

10. Voyez p. 203, note 8.

11. L'ordre de Saint-Jacques de l'Épée, institué, en 1670, pour défendre les pèlerins qui se rendaient à Saint-Jacques de Compostelle.

12. « Qui ne désespéraient pas si aisément de la chose publique, » c'est-à-dire ici de la vie du chef de l'État.

66. — LETTRE DU CARDINAL DE RETZ A M. DE LIONNE. 1666
(Sur les cardinaux Imperiale et Azzolin, la santé du Pape, et la promotion.)

Monsieur,

J'ai fait voir à MM. les cardinaux Imperiali et Azzolin ce qui les regarde dans votre lettre du 24° juillet[1], et je vous puis dire, avec beaucoup de vérité, qu'ils ont reçu l'un et l'autre avec une extrême joie les marques qu'il vous a plu de leur donner de votre souvenir et de votre amitié. Ils m'ont prié de vous en témoigner leur reconnoissance, et de vous assurer qu'elle répond fort justement à la haute estime qu'ils ont pour votre personne et pour votre mérite. J'ai vu particulièrement dans l'esprit de M. le cardinal Azzolin une satisfaction très-sensible de ce que vous avez eu la bonté de lui faire savoir touchant la reine de Suède, et il me dit qu'il ne se pouvoit que les sentiments de passion et de zèle qu'il lui avoit vus en partant de Rome, pour ce qui concerne la personne et les intérêts du Roi, ne reçussent encore une augmentation considérable par les obligations qu'elle a, en ce rencontre, à Sa Majesté[2].

On a dit, tous ces jours passés, que le Pape se portoit beaucoup mieux; mais on commença avant-hier à changer de discours, et Monsieur l'Ambassadeur me dit hier

---

Lettre 66. — Archives des Affaires étrangères, Rome, 1666. *Lettres à Lionne*, tome XXVI (177), pièce 171, fol. 337 et 338. Original, de la main du secrétaire; la ligne de signature est seule autographe. — Voyez la réponse de Lionne, en date du 10 septembre, aux *Pièces justificatives*, n° 69.

1. C'est le n° 64 des *Pièces justificatives*.
2. La reine Christine était alors à Hambourg : voyez p. 222 et note 1; p. 239 et note 16. — Le Roi, comme il est dit à la fin de la lettre (n° 64) de Lionne, avait fait donner ordre à Pomponne, son ambassadeur à Stockholm depuis le mois de février, « d'appuyer les prétentions de la reine. »

qu'il savoit, de bon lieu, que Sa Sainteté se trouvoit plus mal. Il étoit bien averti, et j'en ai appris le détail, ce matin, jour par jour et heure par heure. Le Pape se montra, vendredi au matin, aux fenêtres du Palais, et il donna même la bénédiction à ceux qui se trouvèrent sur la place ; mais il eut une grande foiblesse sur l'heure du dîner, jointe à un dégoût général pour toute sorte de nourriture. Il augmenta samedi jusques au point qu'il fut deux heures et demie à table, sans se pouvoir résoudre à manger, quoique tous ses proches lui en fissent de grandes instances.

Les *Virtuosi*[3] n'eurent point d'audience l'après-dînée, et le P. Bona[4] même, qui est le plus confident, ne put entrer, quoiqu'il le fît demander par M. le cardinal Nini. Les douleurs survinrent dimanche au matin, qui donnèrent l'après-dînée assez de relâche à Sa Sainteté[5] pour se faire entretenir à l'ordinaire ; mais Elle se trouva plus mal le soir, et il y eut hier consultation de ses médecins, faite en la présence de tous ses proches, dans laquelle les opinions furent partagées : les uns soutenants que la pierre est dans la vessie, et que le Pape ne peut plus vivre, et les autres prétendants qu'il n'y a que le vieil ulcère, qu'il peut encore porter quelques mois et

---

3. Voyez ci-dessus, p. 295 et note 9.

4. Il s'agit du P. Jean Bona, né à Mondovi le 10 octobre 1609, de l'ordre des Feuillants, dont il fut général en 1651. Le pape Alexandre VII l'aimait particulièrement, à cause de son érudition très-étendue. Il a laissé plusieurs ouvrages latins sur la théologie, la morale et la liturgie. Il fut créé cardinal par Clément IX, le 29 novembre 1669. Lorsque ce pape mourut, Bona fut mis sur les rangs pour être son successeur, ce qui donna lieu à cette pasquinade : *Papa Bona sarebbe un solecismo.* Il mourut à Rome le 27 octobre 1674.

5. Les mots *à Sa Sainteté* ont été ajoutés, en abrégé (*à S. S^té*), au-dessus de la ligne.

même quelque année. Il a passé cette nuit assez mal, et il avoit encore ce matin de la douleur. Ce détail a été plus secret que les autres accidents de sa maladie ; mais je le sais de bon lieu et il est certain. Domenico Viva, dont je vous parlai dernièrement, continue de dire que le Pape aura peine à passer ce mois, mais que s'il ne tombe pas dans ce terme, on pourra juger certainement qu'il n'y a point de pierre : ce qu'étant présupposé [6], il prétend que Sa Sainteté peut encore aller loin.

On croit ici assez communément que la promotion ira, au moins pour le temps, selon la santé de Sa Sainteté ; que si elle empire, Elle la fera sans délai, et que si elle se rétablit, il n'y aura de cardinaux qu'à Noël ou en carême. Le bruit est que D. Sigismond [7] va prendre la soutane ; je ne sais s'il y a fondement [8], mais ce qui est assuré est que D. Mario, qui est résolu de retourner à Sienne après la mort du Pape, lui a enfin persuadé de faire cardinal M. le prince Mathias [9], contre l'inclination de Sa Sainteté, qui croit que la faction de Médicis, ressuscitée par ce moyen, partagera, dans le conclave, celle de Chigi. Le cardinal Patron a écrit, depuis sept ou huit jours, à ce prince une lettre, qui ne lui donne pas assurance positive du chapeau, mais qui le lui montre, et il y a même affecté la *fineza* [10] de le traiter deux fois

---

6. Tel est bien le texte : *que*, au lieu de *qui*, dans une proposition équivalente à un ablatif absolu latin.

7. Voyez p. 218 et note 24.

8. *S'il y a fondement* est écrit au-dessus d'un mot biffé illisible.

9. Nous avons vu, p. 30, que le prince Mathias de Médicis habitait à Sienne, et, p. 191, note 10, qu'il mourut sans avoir été nommé cardinal.

10. *Fineza*, « finesse », ici et quatre lignes plus bas, au lieu de *finezza*.

d'Eminence au lieu d'Altesse[11], comme par méprise. Ce qui me surprend est que, dans la lettre qu'il lui écrivit sur la dernière promotion, de laquelle on s'étoit plaint à Florence, il s'étoit déjà servi de cette même *fineza*, qui avoit été assez mal reçue par le prince Mathias, parce qu'il avoit su que le Pape avoit dit, presque au même moment, à Mgr Magalotti[12] qu'il étoit assez étrange que l'on prétendît qu'y ayant deux frères dans la maison de Toscane, il choisît pour le chapeau celui des deux qui n'étoit pas ecclésiastique[13]. Je dis hier à Monsieur l'Ambassadeur ce particulier, qui mérite d'être observé en cette conjoncture, parce que, d'un côté, M. le cardinal Sforze a été attaché, de tout temps, de faction et même d'intrigue, à la maison de Médicis, et parce que, d'autre part, il a intérêt sensible à ce qu'il n'y ait point de cardinal de ce nom, qui lui emporteroit assurément ou la considération ou tout au moins l'apparence de la considération qu'il peut tirer des affaires d'Espagne, et qui n'entreroit pas aisément, un conclave arrivant, dans les sentiments que M. le cardinal Sforze a pour M. le cardinal Ginetti[14].

Je suis,
  Monsieur,
    Votre très-affectionné serviteur,
    Le cardinal de RETS.

A Rome, ce 17e août 1666.

11. Nous n'avons pas besoin de dire que le premier de ces deux titres est celui des cardinaux, le second celui des princes.

12. Voyez ci-dessus, p. 100 et note 26.

13. Il a été dit en effet, dans la note 10 de la page 191, qui vient d'être citée, que c'est l'autre frère, Léopold de Médicis, qui fut promu au cardinalat, non par Alexandre VII, mais par son successeur, l'année même où mourut Mathias.

14. Voyez la lettre précédente, p. 311.

67. — LETTRE DU CARDINAL DE RETZ A M. DE LIONNE.
(DE NOUVELLES.)

1666

MONSIEUR,

Nous sommes ici[1] au pays des bénédictions ; mais il me semble que nous nous y retrouvons de plus au temps des miracles. Je vous mandai, par le dernier ordinaire, que le Pape n'étoit pas encore hors de péril, et je vous puis dire, par celui-ci, qu'il n'y a presque plus de reste qui marque qu'il y ait été, qu'il se promène, des heures entières, dans sa galerie, sans s'asseoir et même sans s'appuyer, qu'il descend réglément, tous les jours, au jardin, qu'il a envoyé le prieur Bichi[2] à Castel pour quelques embellissements qu'il y fait, qu'il projette d'y aller le 27ᵉ septembre, et que ses médecins le lui ont conseillé. Vous ne doutez pas que ces changements si subits ne fournissent une belle et ample matière aux spéculations politiques de Rome. Les uns disent que la maladie n'a pas été si grande que l'on l'a publiée, et ils trouvent, sur ce fondement, mille raisons différentes qui ont pu obliger Sa Sainteté à se faire croire plus mal qu'Elle n'a été en effet. Les autres, en beaucoup plus grand nombre, sont persuadés que sa convalescence n'est pas si parfaite que l'on la dit[3], et ils font, dans cette pensée, tous les pronostics que l'Italie ne manque jamais de faire en ces occasions. La vérité est que le Pape n'a pas

---

LETTRE 67. — Archives des Affaires étrangères, Rome, 1666. *Lettres à Lionne*, tome XXVI (177), pièce 186, fol. 380-382. Original, de la main du secrétaire ; la ligne de signature est seule autographe. — Voyez la réponse de Lionne, en date du 21 septembre, à cette lettre et à la suivante, aux *Pièces justificatives*, n° 70.

1. *Ici* est en interligne.
2. Déjà nommé plus haut : voyez p. 191 et note 10, et p. 218.
3. Il semble qu'il y avait d'abord *l'à*, et que l'apostrophe a été grattée.

été si mal que l'année passée, qu'il a pourtant été en péril, qu'il n'y en paroît plus depuis huit jours, et que sa maladie est d'une nature que [4] l'on ne devra pas être surpris, soit qu'il tombe dans quelques mois, soit qu'il passe encore quelques années. Je persiste, en mon particulier, dans la pensée qu'il courra fortune tous les étés, mais qu'il faut encore du temps et de nouveaux accidents pour s'assurer qu'il ne se remette pas peut-être pour plus d'un hiver. Je demandai, hier au soir, à Sa Sainteté mon audience de congé ; je l'ai déjà pris du Collége, et je fais état de partir le 4º septembre par la voie de Florence, contre ma première résolution, qui étoit de prendre le chemin de Venise; mais les nouvelles que l'on a ici [5] de la peste de Strasbourg et de quelques autres villes d'Allemagne [6], m'ont obligé à changer de pensée, et à suivre la route ordinaire de la Suisse, quoique la plus incommode, par le Milanois, d'autant plus que je puis éviter Milan. Monsieur l'Ambassadeur est d'avis que j'envoie, en passant sur cet État, un gentilhomme faire compliment à dom Louis Ponce de Léon [7], ou à celui qui commandera en son absence, s'il est encore à Final [8]. Je passerai partout *incognito*.

4. C'est-à-dire d'une nature telle que.
5. Ce membre conjonctif : « que l'on a ici », a été ajouté au-dessus de la ligne.
6. La *Gazette*, depuis le 22 mai jusqu'au 30 octobre, parle fréquemment d'une maladie contagieuse qui ravageait les villes du Rhin, de Düsseldorf à Spire, et avait décidé les électeurs de Mayence, de Cologne, de Trêves à quitter leurs résidences.
7. Le gouverneur de Milan, qui s'était montré fort prévenant pour le Cardinal lors de son passage dans cette ville, à la fin de mai 1665. Voyez p. 27 et note 2, et p. 244, 290, etc.
8. Petit port sur le golfe de Gênes, où l'Impératrice venait d'arriver, le 20 août. Don Louis Ponce de Léon, qui était allé l'y attendre et la recevoir, devait y être encore : l'Impératrice ne se rendit à Milan que le 12 septembre. Voyez la *Gazette*, p. 1015 et 1039.

Je sais, de lieu très-assuré, que le marquis de la Fuente[9] a écrit ici au marquis Mathei[10], qui a fait voir sa lettre au Palais, que la France prend très-peu de part à tout ce qui regarde la promotion. J'en avertis Monsieur l'Ambassadeur, à l'instant que je l'eus appris, aussi bien que d'un projet très-secret qui commence à se former, en cette cour, pour éclore dans le conclave. Je n'entre point ici dans ce détail, parce que Monsieur l'Ambassadeur, que j'en ai informé à fond, m'a dit qu'il en rendra compte à Sa Majesté[11]. Le fait est vrai, et je serai trompé si, comme du murmure l'on a passé assez brusquement au dessein, l'on ne passe, en temps et lieu, assez promptement du dessein à l'exécution. Monsieur l'Ambassadeur a approuvé que, sans m'engager et[12] même sans m'expliquer en aucune manière, je n'aie pas rejeté les premières propositions que l'on m'en a faites, parce qu'elles lui ont paru, aussi bien qu'à moi, avantageuses au service de Sa Majesté, par l'opposition à l'ancienne maxime d'Espagne, qui a tou-

9. Voyez ci-après la note 11.
10. Lors du différend entre Louis XIV et Alexandre VII, à propos de l'affaire de la garde corse, ce marquis Mathei (ou Mattei), agent de l'Empereur à Rome, avait été chargé par le Pape de faire faire tous les jours l'exercice à ses troupes. Voyez l'*Histoire*, déjà citée (p. 2), de l'abbé Regnier Desmarais, p. 82.
11. J'ai fait savoir aux cardinaux de l'Escadron, dit le duc de Chaulnes dans sa lettre au Roi du 24 août (fol. 375 v° et 376 r°), que « M. le cardinal Sforza n'a ordre que de faire du bruit, et que, sans en faire, Votre Majesté fera beaucoup plus que l'Espagne dans les occasions, et (*sic*) dont ils sont présentement persuadés. Ce n'est pas, Sire, que M. le cardinal de Retz ne m'ait donné avis que M. de la Fuente, ambassadeur d'Espagne près de la personne de Votre Majesté, a écrit à M. Mattei, lieutenant général dans l'État ecclésiastique, que Votre Majesté traitoit fort indifféremment l'affaire de la promotion, et qu'Elle ne s'en soucioit pas. »
12. *E* en interligne devant *même*, au-dessus de *ni* (*ny*), biffé.

jours trouvé, à Naples et à Milan, des moyens bien plus sûrs et plus courts de s'assurer des papes par le népotisme, que la France, qui n'a point d'Etat en Italie, ne le pourra peut-être jamais faire par le véritable intérêt du Saint-Siége. A propos de quoi, je vous dirai que le bruit augmente que M. le cardinal Chigi recherche la protection d'Espagne, ce que je ne puis toutefois accorder avec l'engagement que l'on prétend qu'il a pris avec M. le prince Mathias pour le chapeau[13]. Il n'y a, à ce qui me paroît, rien de plus contraire.

Je vous écrivis, mardi passé, que, dans le temps de la maladie du Pape, tous les cardinaux, à l'exception de Sforze, se sont tenus fort couverts à l'égard des pensées qu'ils peuvent avoir pour le successeur, et je vous le confirme encore, quelques bruits que le peuple et même le Palais aient voulu jeter dans le monde du contraire. Je sais, de bon lieu, que les parents du Pape ont été étonnés, au dernier point, de cette conduite, qui est, à la vérité, peu ordinaire, mais qui ne doit pourtant pas surprendre ceux qui connoissent l'état de cette cour et qui voient qu'il eût été difficile de s'ouvrir sur une matière sur laquelle cinq factions différentes que l'on prévoit devoir être dans le conclave, et desquelles il y en a même quelques-unes qui assurément se subdiviseront, font qu'il est comme impossible que les cardinaux s'ouvrent à eux-mêmes, dans le plus intérieur de leur cœur, par la difficulté qu'ils trouvent à discerner, par avance, ce qui sera possible.

MM. les cardinaux Sforze et Raggi[14], qui sont les seuls factionnaires d'Espagne déclarés, au moins de ceux qui sont présentement en cette cour[15], sont brouillés au

---

13. Voyez p. 317 et 318. — 14. Voyez p. 203 et note 10.
15. Ce membre de phrase : « au moins.... cour », est ajouté en interligne, avec un signe de renvoi.

dernier point, et quoiqu'ils gardent encore les apparences, je sais que celui-ci écrit à Madrid fort aigrement contre l'autre : j'en ai dit à Monsieur l'Ambassadeur le détail, qu'il seroit inutile de répéter ici.

Je suis,
  Monsieur,
    Votre très-affectionné serviteur,
    Le cardinal de RETZ.

A Rome, ce 24ᵉ août 1666.

Monsieur[16] l'Ambassadeur me vient de mander que les Hollandois se sont tirés, avec beaucoup de gloire et avec avantage presque égal[17], d'un combat où ils devoient, selon les règles, perdre la meilleure partie de leur armée[18]. Ce que l'on peut inférer, ce me semble, de cette nouvelle, est qu'il n'y a point de conjoncture où ceux qui ont l'honneur d'être sous la protection du Roi puissent être battus.

---

68. — LETTRE DU CARDINAL DE RETZ A M. DE LIONNE.
(SUR SON PROCHAIN DÉPART.)

MONSIEUR,

Je ne crois pas qu'il fût du respect que je dois au Roi de vous supplier encore aujourd'hui de lui vouloir bien

---

16. Ce post-scriptum est écrit à la suite de la lettre, au fol. 382.
17. Les mots : « *et avec avantage presque égal* », sont en interligne.
18. Ce combat fut livré le 4 août, et n'eut pas l'issue que dit ici Retz d'après le rapport du duc de Chaulnes. La flotte hollandaise, malgré les efforts héroïques de l'amiral Tromp, essuya un notable échec : voyez les *Annales*, déjà citées, *des Provinces Unies*, par Basnage, tome I, p. 780 et suivantes. — La *Gazette* atténue aussi la défaite, dans son *Extraordinaire* du 20 août et ses nᵒˢ du 21 et du 23.

LETTRE 68. — Archives des Affaires étrangères, Rome, 1666. *Lettres*

1666

témoigner à quel point je ressens l'excès de ses bontés pour moi; mais je suis si plein de ce que vous m'avez fait la grâce de m'en écrire, par votre letre du 8ᵉ de ce mois¹, que je ne saurois m'empêcher moi-même de vous en marquer au moins ma reconnoissance et de vous conjurer d'assurer Sa Majesté que, bien qu'il y ait beaucoup d'apparence que le mal du Pape tirera assez en longueur pour m'accabler moi-même, si j'en attendois ici la fin, l'appréhension que j'ai de perdre le moindre moment de ceux que je pourrois employer au service du Roi feroit que je n'y balancerois pas un moment, si la déclaration que j'ai faite, il y a six ou sept semaines, de mon voyage n'avoit obligé Monsieur l'Ambassadeur, aussi bien que moi, de croire qu'il y auroit trop d'inconvénients à le différer, au moins pour longtemps, et qu'il seroit même plus à propos que j'hasardasse² de revenir sur mes pas, que de donner à Sa Sainteté et au public les apparences que l'on ne pourroit éviter si je ne partois. Comme néanmoins le bruit est grand, depuis vendredi, que le Pape se porte plus mal, pour s'être, à ce que disent ses médecins, trop promené, je tirerai jusques au lendemain de la Notre-Dame³, sous prétexte de l'audience, que je ferai sem-

à *Lionne*, tome XXVI (177), pièce 200, fol. 411 et 412. Original, de la main du secrétaire; la ligne de signature est seule autographe. — Le n° 70 des *Pièces justificatives* est, nous l'avons dit (p. 319), la réponse de Lionne à cette lettre et à la précédente.

1. Lisez 7° au lieu de 8°. C'est le n° 65 des *Pièces justificatives*, qui ne contient rien autre chose que les très-gracieuses paroles transmises au Cardinal par ordre du Roi.

2. Nous avons vu, aux tomes III, p. 406, 462, et IV, p. 33, Retz se dispenser de même d'aspirer l'*h* des mots *hasarder* et *hasard*, dans le manuscrit autographe des *Mémoires*.

3. C'est-à-dire jusqu'au 9 septembre; le 8 est la Nativité de la Vierge.

blant d'attendre sans l'espérer, et il n'est pas possible que l'on ne pénètre entre ci et là⁴ ce qui sera de la santé du Pape. La plupart du monde veut qu'il soit mal ; mais je crois savoir, de bon lieu, que ses proches sont persuadés qu'il est sauvé pour cette année, et je vous avoue que, par cette raison, je ne sais si l'on doit tout à fait rejeter le soupçon de ceux qui croient que cette nouvelle attaque peut n'être qu'une apparence, causée par le grand bruit que M. le cardinal Sforze a fait ici sur la rupture du voyage de M. le cardinal Chigi⁵. Je ferai la guerre à l'œil⁶. Je ne partirai qu'au moment que Monsieur l'Ambassadeur croira que je le puisse et même que je le doive, et surtout⁷ je prendrai avec lui de si bonnes mesures pour la route que, si il arrive accident, je serai à mon devoir à point nommé, et aussi justement que si je n'avois bougé d'ici.

Il y a trois ou quatre mois⁸ que je vous écrivis que la foiblesse de D. Pedro d'Aragon commençoit à être pénétrée à Naples, qu'elle pourroit produire de mauvais effets, et l'événement justifie mon présage. Il y a eu quelque espèce d'émotion, depuis trois semaines, causée par l'insolence d'un soldat espagnol, et, comme elle fut apaisée, en un instant, par le châtiment exemplaire qu'en fit le vice-roi, elle n'avoit pas seulement été remarquée. La récidive en a rappelé la mémoire, et le mouvement qui y est arrivé, depuis sept ou huit jours, a été beaucoup plus grand

4. Voyez plus haut, p. 152 et note 2.
5. De sa légation projetée à Milan : voyez p. 238 et note 13.
6. Nous avons déjà vu cette locution plus haut, p. 253 et note 11. La Fontaine a dit de même dans *Ragotin* (acte V, scene XIII) :

> Sur eux, autour d'ici, j'ai fait la guerre à l'œil.

7. Les deux syllabes *et sur* corrigent des lettres grattées.
8. Deux mois et demi : voyez la *lettre* du 15 juin, p. 275.

que le premier, le peuple ayant crié *Serra*[9], qui est à Naples le mot de ralliement. D. Pedro a appliqué le même remède au même mal, et il paroît qu'il l'a adouci pour le présent; mais je doute qu'il soit bien guéri, vu le peu de respect que l'on a pour sa personne et la disposition où sont les esprits, qui n'éclatent, sur ces incidents particuliers, que parce qu'ils sont trop pleins de la rage que leur donne la garnison espagnole qui est dans le *Torrion del Carmine*[10].

Comme je sais que M. le cardinal Pallavicin travaille à un ouvrage qu'il prétend devoir être fort curieux et fort décisif pour justifier la conduite que le Pape tient à l'égard des couronnes touchant la promotion, et comme j'ai même pénétré, par avance, les fondements sur lesquels il l'appuie, j'ai cru qu'il étoit de mon devoir d'y répondre, devant mon départ, sans nommer ni marquer M. le cardinal Pallavicin. Je mettrai demain ce petit mémoire[11] entre les mains de Monsieur l'Ambassadeur, qui l'emploiera comme il le jugera à propos. Je lui ai dit une circonstance qui me confirme dans l'opinion que M. le cardinal Sforze, qui se console de n'avoir point à Rome de cardinal espagnol, ne fera de bruit sur cette matière que celui qui ne peut pas y faire beaucoup d'effet.

Toute cette cour est remplie, depuis quelques jours, du bruit de la promotion. On prétend même que D. Si-

---

9. *Serra*, en dialecte napolitain *sciarra*, a, entre autres acceptions, celles de « foule, tumulte, fureur », qui expliquent bien cet emploi du mot à Naples.

10. *Torrione* (augmentatif de *torre*) *del Carmine*, « la grosse tour, le castel du Carmel, » situé à l'extrémité orientale de Naples. Ce castel fut construit, en 1484, par Ferdinand I, et plus tard fortifié; le peuple l'occupa lors du soulèvement de Masaniello, en 1647.

11. Ce mémoire sur la promotion se trouve aux Archives des Affaires étrangères, et nous le donnons à la suite de cette lettre.

gismond paroîtra en habit long à la première signature : ce qui en seroit un préalable comme assuré. Je ne voudrois pas vous répondre que cette créance publique fût sans fondement, mais ce que je sais de très certain est que, si elle est vraie, M. le cardinal Chigi est trompé. Il s'en est moqué depuis deux jours, et il a ajouté à la raillerie des circonstances assez sérieuses pour faire croire qu'il est persuadé que le Pape connoît l'importance qu'il y a pour sa maison à ne pas donner deux chefs à sa faction dans un conclave.

Je suis,

  Monsieur,

    Votre très-affectionné serviteur,
    Le cardinal de Retz.

A Rome, ce dernier août 1666.

On[12] m'assure, depuis ma lettre écrite, que le Pape a eu beaucoup de fièvre cette nuit, et qu'elle l'a quitté sur les dix heures; ou cela est vrai, ou ses proches et ses domestiques veulent qu'on le croie. Je suis persuadé[13] par de certaines circonstances qu'il faut qu'il ait été effectivement mal cette nuit, et que ce qui a paru au Palais n'est pas feinte, au moins pour aujourd'hui.

12. Le post-scriptum est écrit, dans le blanc, entre *Je suis* et *Monsieur.*
13. Après *persuadé*, il y a deux mots biffés, illisibles.

69. — MÉMOIRE SUR LA PROMOTION[1].

(SUR LA PROMOTION DES CARDINAUX EN FAVEUR DES COURONNES, ET PARTICULIÈREMENT DE CEUX RÉSERVÉS *IN PETTO*.)

Le concile de Trente déclare si positivement que le Sacré Collége doit être composé de toutes les nations, que ce seroit manquer de respect aux conciles infaillibles de l'Église que de chercher des preuves de cette vérité ailleurs que dans leurs décisions : *Quos S^m Romanus Pontifex ex omnibus Christianitatis nationibus, quantum commode fieri poterit, prout idoneos repererit, assumet*[2].

Cette disposition est fondée sur la raison qui veut que toutes les nations du christianisme entrent dans un corps qui élit, par un droit universellement reçu dans

---

LETTRE (Mémoire) 69. — Archives des Affaires étrangères, Rome, 1666, tome XXVII (178), portant au dos : « Le duc de Chaulnes et divers particuliers », pièce 139, placée entre deux lettres du 27 octobre, fol. 354-362. — Cette pièce, non signée ni datée, est écrite d'une belle main, autre que celle du secrétaire habituel.

1. Tel est le titre au manuscrit; nous donnons au-dessous, selon notre coutume, le sommaire de la Table. — Ce mémoire que le cardinal de Retz, dans la lettre qui précède, du dernier août, dit à Lionne devoir remettre au duc de Chaulnes le lendemain, 1er septembre, est ainsi annoncé par le duc au Roi, dans une lettre du 7 septembre (même tome, pièce 9, fol. 20 v°) : « Mondit sieur le cardinal de Retz ayant su que M. le cardinal Pallavicin avoit fait un mémoire pour prouver que les Papes ne peuvent donner aux couronnes les chapeaux qu'ils ont retenus *in petto*, et sur quelques points qui regardent la promotion, en a fait un fort curieux qu'il m'a donné, et, comme je prendrai la liberté de l'envoyer à Votre Majesté, Elle jugera beaucoup mieux de la force de ses raisons et de la beauté de son mémoire. » Il est aussi question de ce mémoire dans plusieurs lettres de Lionne. Voyez, dans notre volume intitulé : *le Cardinal de Retz et ses missions diplomatiques à Rome*, le chapitre VIII, que nous avons consacré à cette question (p. 397-400) et dont nous avons donné l'analyse dans l'Introduction de ce tome VII.

2. *Concilii Tridentini sessio XXII^a, (decreti de Reformatione) cap. I.*

l'Église, le chef spirituel de toutes ces nations, et d'où ce même chef est, pour l'ordinaire, tiré, par une coutume qui, depuis quelques siècles, n'est guère moins établie.

La conduite des plus grands papes a répondu fort justement et à la décision et à la raison, et pour ne point chercher des lumières dans des temps dont l'éloignement ne peut être sans obscurité, je me contenterai de marquer ici que :

Martin V[e3] a fait dix cardinaux nationaux[4], quoiqu'il n'en ait créé, en tout, que dix-huit dans le cours de son pontificat.

Eugène IV[e5], treize, sur vingt-sept.

Nicolas V[e6], neuf, sur douze.

Calixte III[e7], cinq, de neuf.

Pie II[e8], cinq, de quatorze.

Paul II[e9], quatre, de onze[10].

Sixte IV[e11], onze, sur trente-quatre.

Innocent VIII[e12], deux, de huit.

Alexandre VI[e13], vingt-neuf, sur quarante-trois.

Jules II[e14], neuf, sur vingt-sept.

---

3. Martin V, Othon Colonne, pape de 1417 à 1431.
4. *Nationaux*, c'est-à-dire choisis dans les diverses nations de la Chrétienté.
5. Eugène IV, Gabriel Condolmerio, pape de 1431 à 1447.
6. Nicolas V, Thomas Parentucelli, de Sarsane, pape de 1447 à 1455.
7. Calixte III, Alphonse Borgia, pape de 1455 à 1458.
8. Pie II, Énée Piccolomini, pape de 1458 à 1464.
9. Paul II, Pierre Barbo, pape de 1464 à 1471.
10. Dans le manuscrit, *unze*, ici et deux fois plus bas.
11. Sixte IV, François d'Albescola de la Rovère, pape de 1471 à 1484.
12. Innocent VIII, Jean-Baptiste Cibo, pape de 1484 à 1492.
13. Alexandre VI, Roderic Borgia, pape de 1492 à 1503.
14. Jules II, Julien de la Rovère, pape de 1503 à 1513.

Léon X[e 15], dix, de quarante-deux.
Adrian VI[e 16], un seul, qui étoit national.
Clément VII[e 17], dix-sept, sur trente-trois.
Paul III[e 18], vingt-six, sur soixante et onze.
Jules III[e 19], deux, sur vingt.
Paul IIII[e 20], cinq, sur dix-neuf.
Pie IIII[e 21], sept, sur quarante-cinq.
Pie V[e 22], six, sur vingt et un.
Grégoire XIII[e 23], seize, de trente-quatre.
Sixte V[e 24], sept, sur trente-deux. — Sur quoi il est à remarquer qu'il trouva beaucoup de nationaux encore vivants lorsqu'il fut élevé au pontificat.

Deux circonstances méritent d'être observées en cet endroit :

La première, qu'il y a peu de ces pontificats où le nombre des nationaux n'ait excédé en la troisième ou la quatrième partie [25] du Collége;

La seconde, que l'Église et les princes n'ont pas laissé de faire de grandes plaintes des promotions mêmes où ce nombre a été observé. Qui ne sait, par exemple, le bruit qui s'éleva sur cette matière sous Pie IIe, parce

---

15. Léon X, Jean de Médicis, pape de 1513 à 1522.
16. Adrien VI Adrien Florent Boyers, pape de 1522 à 1523.
17. Clément VII, Jules de Médicis, pape de 1523 à 1534.
18. Paul III, Alexandre Farnèse, pape de 1534 à 1550.
19. Jules III, Jean-Marie Giocchi, pape de 1550 à 1555.
20. Paul IV, Jean-Pierre Caraffa, pape de 1555 à 1559.
21. Pie IV, Jean-Ange Medici ou Medichino, pape de 1559 à 1565.
22. Pie V, Michel Ghisleri, pape de 1565 à 1572; mis au nombre des saints par Clément XI, en 1713.
23. Grégoire XIII, Hugues Buoncompagno, pape de 1572 à 1585.
24. Sixte-Quint, Félix Peretti, pape de 1585 à 1590.
25. Le tiers ou le quart. — Il y a bien *en* dans le manuscrit; ne faut-il pas plutôt lire *ou* ?

qu'il n'avoit promu que cinq nationaux, de quatorze cardinaux qu'il avoit créés? qui ignore la mauvaise satisfaction que tous les rois firent paroître de la conduite de Léon X^e, sur le même sujet? qui n'a point lu ce qui se passa, au temps du concile de Trente, touchant le même point, à l'égard de Jules IIIe et de Pie IVe? D'où il s'ensuit clairement que les papes qui se sont le moins éloignés des règles de la juste proportion qui est ordonnée par les conciles et par la discipline de l'Église en ont toujours reçu des éloges, et que ceux d'entre eux qui ne les ont pas observées ne se sont jamais attiré[26] que des reproches : ce qui, ayant été très-judicieusement remarqué par Sixte V^e, obligea ce grand pape d'en renouveler la mémoire à ses successeurs, d'une manière qui leur fit connoître qu'ils ne pourroient jamais se dispenser de cette règle inviolable sans contrevenir expressément aux décrets du concile de Trente. Voici les termes de sa bulle[27] : *Ut autem ipsi cardinales, in regimine universalis Ecclesiæ, Nobis et pro tempore existenti Romano Pontifici utiliter assistere valeant, ac de omnibus christianorum regnorum provinciarumque moribus, rebus et negotiis, prompte et fideliter certa ab eis notitia, pro rerum emergentium opportunitate, habeatur, prædicti Concilii Tridentini decreto inhærentes*[28], *statuimus ut ex omnibus Christianitatis nationibus, quantum commode fieri poterit, assumantur.* Et ce même pape, en donnant la raison pour laquelle il fixe le nombre des cardinaux à septante et deux, s'explique ainsi: *Ut, juxta generalis Concilii Tridentini decretum, omnium Chris-*

---

26. Dans le manuscrit, *attirés* (*attirez*), avec accord irrégulier.
27. C'est la bulle du 3 décembre 1586, la LXXVIe de Sixte V. — La première citation est du § 11; la seconde, quelques lignes plus bas, du § 4.
28. Voyez le décret cité ci-dessus, p. 328 (et note 2).

tianitatis nationum ratio habeatur. Qui est l'homme de bon sens qui n'infère, par une conséquence infaillible de cette clause, que, selon la pensée de Sixte, il seroit à propos de restreindre ce nombre, si l'on n'y observoit avec exactitude la juste proportion qui est due aux nations?

J'avoue que les successeurs de ce grand pape n'ont pas suivi ses sentiments et ses maximes aussi exactement qu'il auroit été à souhaiter; mais on ne peut nier qu'ils n'aient toutefois observé, dans une infinité de rencontres, une partie des égards auxquels ils étoient obligés, et la déférence qu'ils ont eue pour les couronnes, même dans les occasions où elles leur ont donné des personnes peu agréables, en est un témoignage convaincant. Le pape Urbain VIIIe, ayant peine à se résoudre à donner le chapeau à l'abbé Perretti[29] et à Mgr Mazarin[30], dont l'un étoit nommé par la France et l'autre par l'Espagne, parce qu'il étoit persuadé qu'on ne les lui avoit proposés que pour choquer son inclination, qui ne leur étoit pas favorable, prit le parti de différer la promotion toute entière, et il aima mieux la suspendre neuf ans entiers[31] que de remplir les places vacantes sans donner aux couronnes la satisfaction

---

29. François Peretti de Montalte, Romain, archevêque de Montréal, fait cardinal, en décembre 1641, par Urbain VIII, mort à Rome le 3 mai 1655.

30. Notre célèbre ministre Jules Mazarin, né en 1602, mort en 1661. Il fut nommé cardinal à la même promotion, de décembre 1641, que Peretti.

31. Neuf ans auparavant, en 1632, Urbain VIII n'avait nommé qu'un seul cardinal, l'archevêque de Cracovie, puis neuf en 1634, et ensuite il ne fit plus de promotion avant 1641. Bazin, dans son *Histoire de France sous Louis XIII et sous le ministère du cardinal Mazarin* (tome III, p. 130), ne dit pas qu'Urbain VIII ait fait attendre neuf ans à la France cette nomination, mais seulement qu'elle avait été sollicitée en vain plus de deux années.

qu'elles souhaitoient et qu'il leur accorda à la fin; et le pape Innocent X, quoique fort aigri du refus que l'Espagne faisoit de nommer au chapeau qu'il lui offroit pour lui donner satisfaction à l'égard de celui que la France avoit obtenu pour le cardinal de Sainte-Cécile[32], ne laissa pas d'avoir la considération pour le roi catholique de lui conserver une place vacante dans la promotion de 1647[33].

1666

Nous croirions manquer au respect que nous devons à la prudence et à la piété du Pape, si nous n'étions persuadés que la dernière réserve qu'il a faite *in petto* des quatre chapeaux[34], n'est qu'un effet de la même considération, ou plutôt de la même justice qu'il veut rendre aux couronnés, à laquelle il ne se peut qu'il ne se croie encore plus obligé que ses prédécesseurs, par trois raisons que nous déduirons ici en peu de lignes :

1re Il n'y a peut-être jamais eu d'affaires plus importantes, ni pour le spirituel, ni pour le temporel, que celles que notre siècle nous a fait voir, et il n'y a certainement jamais eu de siècle où les affaires importantes aient été moins communiquées au Sacré Collége, et particulièrement aux cardinaux nationaux, dont la fonction pourtant n'est, selon la bulle de Sixte V^e, que d'*assistere utiliter Romano Pontifici, ut de omnibus*

---

32. Le cardinal de Sainte-Cécile (église antique du Transtévère) était Michel Mazarin, né en 1607, frère puîné de Jules, d'abord dominicain, archevêque d'Aix en 1645, promu cardinal en 1647, vice-roi de Catalogne en 1648, et mort, cette même année, à Rome. Innocent X fit attendre sa nomination à son frère aîné, de même qu'Urbain VIII avait refusé la promotion de celui-ci à Richelieu.

33. La liste de promotion de 1647, de sept cardinaux, se termine par le nom d'un Espagnol, Antoine d'Aragon, de Cordoue.

34. La dernière promotion d'Alexandre VII, de 1667, fut, nous l'avons déjà dit (p. 170, note 8), de quatre cardinaux, un Vénitien, un Allemand, un Français, un Espagnol.

christianorum regnorum provinciarumque moribus, rebus et negotiis, prompte et fideliter certa ab eis notitia, pro rerum emergentium opportunitate, habeatur[35]. N'est-il donc pas de grande conséquence au Pape de faire connoître à toute la terre l'amour et le zèle qu'il a pour le rétablissement de l'ordre, en faisant une promotion qui efface, en quelque façon, les soupçons que le peu de part qu'il a donné jusques ici des affaires de l'Église au consistoire a pu faire naître dans les esprits?

2ᵉ Il n'y a que quatre nationaux présentement dans tout le monde, dont l'un, qui est le cardinal d'Aragon, est attaché à sa résidence de Tolède[36], l'autre, qui est le cardinal de Harach, est obligé à celle de Prague[37]; il n'y a personne qui ne sache que le cardinal de Retz[38] est forcé par l'incommodité qu'il a aux yeux de s'éloigner de l'air de Rome, de sorte qu'il n'y reste que le cardinal de Hesse pour informer le Pape des qualités et des besoins de toutes les nations différentes de la Chrétienté. Joignez à ces circonstances que Sa Sainteté n'a fait, en douze ans de pontificat[39], que trois nationaux[40], de

---

35. Phrase comprise dans la citation précédente de la page 331.
36. Voyez ci-dessus, p. 203, note 9, et p. 210.
37. Ernest Albert, comte de Harrach, né à Vienne, en 1598, créé cardinal par Urbain VIII, en 1626, grand chancelier de l'université de Prague, mort le 15 octobre 1667.
38. Il y a encore ici *Retz*, par un *z*, et non, comme à nos signatures de cette époque, par une *s* : voyez p. 92 et note 13.
39. Plus exactement, un peu moins de onze ans et cinq mois. Nous sommes à la fin d'août 1666, et Alexandre VII était pape depuis le 7 avril 1655. Quant au chiffre 26, il ne marque pas le nombre des cardinaux créés par Alexandre VII, lequel s'élève à 30, non compris la dernière promotion de 1666, mais seulement le nombre de ceux qui vivaient encore à la date du mémoire. Quatre étaient morts : Meltio, Bagni, Polucci, Würtenberg.
40. Dans toutes les listes de promotions d'Alexandre VII, non compris la dernière, nous ne trouvons que deux cardinaux étran-

vingt et six cardinaux qu'Elle a créés, et vous avouerez qu'il n'y a peut-être jamais eu de pape qui ait eu des raisons si pressantes de faire une promotion pour les couronnes.

3° S'il y balançoit dans la conjoncture présente, dans laquelle il n'y a personne qui ne convienne que les intérêts de l'Église demandent, par une infinité de raisons, que l'on satisfasse les princes, quelles considérations pourroit-on alléguer, ou plutôt de quel prétexte se pourroit-on couvrir pour justifier cette irrésolution? Que répondroit-on aux Romains mêmes qui demanderoient pourquoi l'on observe religieusement de mettre dans la Rote, qui n'est qu'un tribunal de matières légales, quatre auditeurs nationaux, quoiqu'il n'y en ait que douze en tout, et qui s'étonneroient, avec raison, que, de tout un Collége que l'on peut appeler le sénat chrétien, il n'y eût que la dix-huitième partie [41] qui fût nationale? Que répondroit-on à ces mêmes Romains qui voient, à toutes les promotions, passer de la *Camera* au Consistoire [42] deux ou trois officiers d'un corps dont les charges sont vénales, et qui n'est composé que de quatorze personnes? Que répondroit-on aux réflexions que ces spéculatifs pourroient faire sur la préférence qu'il semble que l'on donne à ces sortes de gens au préjudice de tant de grands évêques, illustres par leur naissance, recommandables par leur savoir, fameux par leur sainteté, et dont la réputation présente à nos yeux rappelle

---

gers à l'Italie, Guillaume de Würtenberg, mort en 1661, et Pascal d'Aragon. Nous ne savons quel est, parmi les Italiens, le troisième de ceux qui furent présentés par les couronnes.

41. La dix-huitième partie du total de 72, fixé par Sixte V (ci-dessus, p. 331).

42. De la Chambre papale au Consistoire, c'est-à-dire au Sacré Collége.

la mémoire de Thomas de Villeneuve[43], et de François de Sales[44], à la canonisation desquels il n'y a point de cardinal qui puisse penser sans avoir du regret que ces grands hommes n'aient pas sanctifié la pourpre dans le cours de leur vie? Que répondroit-on à ceux qui remarqueroient que les villes de Sienne et de Gênes ont chacune plus de cardinaux que tout le reste des nations chrétiennes[45]? et n'est-il pas vrai que Sa Sainteté a grand intérêt de faire connoître à toute la terre que cette préférence si notable et si sensible de deux villes assez médiocres n'est ni la suite de l'attachement à la chair et au sang, ni l'effet d'une passion trop basse pour pouvoir tomber dans un esprit aussi grand et aussi élevé que le sien? Enfin que répondroit-on à ces politiques qui se veulent imaginer que l'éloignement de la promotion pour les couronnes n'est causé que par le dessein de réduire toutes les forces du Conclave à la seule faction des Chigi[46], et de faire, en faveur d'une seule famille, une espèce de juspatronat[47] du vicariat de Jésus-Christ?

43. Garcias, connu sous le nom de Thomas de Villeneuve, né vers 1487 à Fuenblana en Espagne, professeur de philosophie à Alcala, puis à l'université de Salamanque, archevêque de Valence, mort le 8 septembre 1555, canonisé, en 1658, par Alexandre VII; il est auteur de plusieurs ouvrages, principalement de *Sermons*. Quevedo a publié en espagnol (1620) la vie de ce saint.

44. François de Sales, né au château de Sales, en Savoie, le 21 août 1567, évêque de Genève, mort à Lyon le 28 décembre 1622. Béatifié, en 1601, par Clément VIII, il avait été canonisé, lui aussi, par Alexandre VII, tout récemment, en 1665. Nous avons de lui divers ouvrages fort goûtés encore des âmes pieuses et qui le rangent parmi les meilleurs écrivains de son temps.

45. Il n'est pas besoin de rappeler qu'Alexandre VII était de Sienne et que le dogat de Gênes n'en est pas loin. Nous trouvons dans ses promotions six Siennois, mais seulement deux Génois.

46. La faction qui devait se rallier, après la mort d'Alexandre VII, à son neveu, Flavio Chigi.

47. C'est, francisée à moitié en un composé, l'expression latine

Nous ne pouvons douter, par ces raisons, que la réserve *in petto* ne regarde les nations dans l'esprit et dans le dessein du grand Alexandre[48]; mais comme il se trouve des gens en cette cour qui affectent de se persuader le contraire, et qui même, par une complaisance lâche et servile, essaient d'inspirer à ses proches qu'ils se doivent servir de quelques subtilités basses et indignes pour obliger le Pape à réserver encore ces quatre chapeaux à leurs amis et à leurs créatures, nous estimons qu'il n'est pas mal à propos d'éclaircir ces images et de porter le flambeau de la vérité sur le point le plus embrouillé, mais, à mon sens, le plus certain de la question.

Ces faux théologiens soutiennent que si l'intention du Pape a été, comme ils le publient, de créer des sujets qui ne fussent pas nationaux, lorsqu'il les a réservés *in petto*, il ne peut, en conscience, changer de résolution, et nous soutenons, au contraire, que le Pape ne peut avoir eu cette pensée, et que, quand même il l'auroit eue, il seroit obligé par toutes sortes de règles de s'en départir : ce que nous prouvons par deux raisons :

1re Ce seroit faire une trop grande injustice à Sa Sainteté que de croire que, dans une conjoncture où la promotion pour les couronnes est si nécessaire, et où il est si important à l'Église de ménager les esprits des rois,

---

jus patronatus, équivalente à *patronatus* seul, « patronage », comme dit et traduit du Cange (tome V, p. 145, édition de 1845, in-4°). Nous avons vu le mot entièrement francisé en *droit-patronat*, p. 397, note 13.

48. On ne peut s'empêcher, après ce qui précède, de voir dans cette épithète, qui rappelle le roi de Macédoine, une intention ironique. Mais il faut considérer que le mémoire, tel qu'il a été communiqué à l'Ambassadeur, n'est encore destiné qu'à être mis sous les yeux du Roi. En cas de publication, ou de communication au Saint-Père, l'auteur y eût fait sans doute quelques faciles retouches.

elle ait voulu préférer l'établissement de quelques particuliers à la satisfaction des successeurs des Pepins, des Charles et des Othons. Ces grands monarques s'étoient suffisamment expliqués; la France avoit fait témoigner au Pape, plus d'une fois, qu'elle considéroit le duc de Mercœur[49] comme nommé, bien qu'elle ne l'eût d'abord que recommandé; D. Pedro d'Aragon offrit à Sa Sainteté d'ouvrir en sa présence son paquet, qui portoit la nomination du duc de Montalto[50]; et qui ne sait que l'Empire s'étoit déclaré en faveur de l'archevêque de Salzbourg[51]? Ces trois sujets auroient apparemment soutenu la gloire de la pourpre avec autant d'éclat que quelques-uns de ceux qui ont été honorés du chapeau dans la dernière promotion.

2ᵉ La disposition du concile de Trente est si contraire à la maxime qui veut que le Pape ne puisse changer ceux qu'il a une fois réservés *in petto*, que je ne conçois pas comme on a le front de la défendre. Ce concile, au chapitre 1ᵉʳ, session XXIV, *de Reformatione*, ordonne expressément que l'on fasse une recherche très-exacte des qualités, des mœurs, et de toutes les circonstances qui regardent les évêques qui doivent être créés par le Pape. Il prescrit qu'ils soient préconisés par un consistoire[52], qu'ils soient proposés dans un autre, afin

---

49. Louis de Vendôme (ci-dessus, p. 202 et note 7), qui fut créé cardinal le 7 mars 1667, était devenu duc de Vendôme à la mort de son père, César de Vendôme, le 22 octobre 1665; mais il avait été recommandé pour le cardinalat n'étant encore que duc de Mercœur.

50. Sur le paquet cacheté remis au Pape par don Pedro d'Aragon, voyez *lettre* 42, p. 171; *lettre* 45, p. 183-185; et sur le duc de Montalte, créé cardinal à la même promotion que le duc de Vendôme, p. 170 et note 8, p. 243, p. 308.

51. Voyez p. 162 et note 17.

52. Il y a bien *par*; on s'attendrait plutôt à *dans*; mais Retz a

que le Collége puisse délibérer plus mûrement et porter ses avis mieux digérés à Sa Sainteté, et il ajoute ensuite ces propres paroles : *Eadem autem*[53] *omnia et singula quæ de episcoporum præficiendorum, etc., constituta sunt, decernit eadem etiam in creatione S. R. E. cardinalium exigenda*[54], d'où il s'ensuit infailliblement que, puisque le synode requiert pour la création des évêques l'examen et le conseil du Sacré Collége, il l'exige de même pour la création des cardinaux : ce que nous justifions par quatre raisons :

1re Le concile déclare lui-même, par les paroles suivantes, que l'on trouve au lieu que nous avons déjà cité : *Postremo eadem sancta synodus, tot gravissimis Ecclesiæ incommodis commota, non potest non commemorare nihil magis Ecclesiæ Dei esse necessarium, quam ut Sanctissimus Romanus Pontifex, quam sollicitudinem universæ Ecclesiæ, ex muneris sui officio, debet, eam potissimum impendat ut lectissimos tantum sibi cardinales adsciscat*[55]. Quelle apparence que le concile n'ait pas prétendu que le consentement du Sacré Collége intervienne à un choix qui ne regarde que ses membres, et qui est d'ailleurs si important à l'Église de Dieu qu'un synode général déclare même qu'il n'y a rien qui lui soit plus nécessaire, et cette première raison détruit plus que suffisamment la subtilité frivole avec la-

1666

---

préféré *par*, pour marquer « la participation et le consentement, comme il dit plus loin (p. 340), du Sacré Collége. » — *Préconiser*, proprement *louer*, c'est déclarer dans un consistoire qu'un sujet désigné pour un évêché, ou, comme nous voyons ici, pour le cardinalat, a les qualités requises.

53. *Autem* est en interligne.
54. *Sessio* XXIV, (*decreti de Reformatione*) *caput* I. C'est le chapitre déjà cité, p. 328.
55. *Ibidem.*

quelle on voudroit éluder la force du mot *eadem*[56] en disant qu'il ne se doit pas entendre à la lettre, puisque l'on voit, par la diversité de ce qui se pratique à la création des évêques et à celle des cardinaux, dont les derniers sont proposés et créés dans le même consistoire, et les autres préconisés et prononcés en deux temps différents, que l'intention du concile n'a pas été de les rendre tout à fait semblables. Mais le bon sens n'enseigne-t-il pas que cette diversité ne peut aller qu'à quelques formes et non pas à l'essentiel, tel qu'est naturellement la participation et le consentement du Sacré Collége ? et, pour le faire connoître plus clairement, nous n'avons qu'à jeter les yeux sur les évêques que Sa Sainteté propose elle-même et crée, au même moment, dans le même consistoire. Y auroit-il ombre de raison de prétendre, sur ce fondement, que les cardinaux n'y concourent pas de leurs voix ? et qui le prétendroit n'accuseroit-il pas le Pape de donner lieu à une illusion en leur en demandant leur avis, après les avoir créés, au moins selon l'opinion de ces docteurs ?

2ᵉ La seconde raison qui marque que le consentement du Collége est requis dans la création des cardinaux est tirée de la bulle de Sixte Vᵉ, qui s'explique en ces termes, en parlant des qualités requises aux cardinaux : *Quæ et aliæ qualitates a jure requisitæ tam ipsi Pontifici quam universo Collegio cognitæ et probatæ sint*[57].

3ᵉ Le style même et la forme qui s'observe encore aujourd'hui en la création des cardinaux est une

---

56. Nous n'avons pas besoin d'avertir que ceci s'applique au double *eadem* de la citation latine du précédent paragraphe.

57. Cette phrase est au § 14 de la bulle. Le *Quæ* initial est ajouté par Retz pour résumer les qualités énumérées.

marque convaincante de cette vérité. Le Pape, voulant faire la promotion, dit ces mots : *Venerabiles fratres, intendimus creare cardinales venerabilem fratrem N. archiepiscopum Mediolanensem; dilectum filium N. Cameræ apostolicæ clericum*, etc.; et puis il ajoute en même temps : *Quid vobis videtur?* Le Collége opine ensuite, et, quand le dernier diacre [58] a dit son avis, Sa Sainteté reprend la parole et dit : *Autoritate omnipotentis Dei, sanctorum apostolorum Petri et Pauli, et nostra, creamus in S. R. E. cardinales*, etc. Ces derniers forment le décret; mais, comme ils le commencent, ils l'achèvent pareillement, puisqu'ils ne peuvent avoir aucun trait à ceux qui sont réservés *in petto*, dont le Pape ne parle qu'après qu'il a créé les autres, en disant : *Reliquos quatuor, vel quinque, vel*, etc., *in pectore reservamus*, sur lesquels il est à remarquer qu'il ne fait point opiner : ce qui est pourtant si nécessaire pour la création d'un cardinal que, quand le Pape vient à déclarer ceux qu'il a réservés *in petto*, il observe toute la même forme qui se garde pour les autres. Il commence par *intendimus*, il poursuit par *quid vobis videtur?* il prend les avis et finit par *creamus*, etc.

4° Dans les bulles même du cardinalat, le Pape déclare qu'il a choisi N., etc., *de venerabilium fratrum consilio et assensu* : y a-t-il rien de plus exprès ?

De ces quatre raisons il s'ensuit nécessairement que la réserve *in petto* est plutôt une réserve de lieu que de personne, que, tout au plus, ceux qui sont réservés ne sont cardinaux qu'après que le Pape les a déclarés publiquement, ce qu'il ne fait qu'après avoir pris les avis du Sacré Collége, et que si ce fondement n'étoit vrai, ce qui s'observe, à cet égard, dans les consistoires

---

58. Le dernier des cardinaux diacres.

ne seroit qu'une pure illusion, puisque le choix des personnes seroit préalable au conseil, qui ne se doit ni ne se peut demander que pour se déterminer au choix.

La pratique de cette cour ne fait voir que trop clairement que l'on ne doit pas attribuer à la délicatesse ni à la tendresse de la conscience les scrupules que l'opinion contraire fait naître dans les esprits. Il seroit difficile de persuader aux ministres des princes qui sont à Rome que les prélats et même les cardinaux de cette cour fissent beaucoup de difficulté de travailler, ou pour eux ou pour leurs amis, à changer les dispositions que l'on s'imagine que le Pape a eues lorsqu'il a réservé *in petto* les quatre chapeaux : Sa Sainteté même a fait connoître publiquement que son opinion n'est pas que la simple réserve fasse des cardinaux, puisqu'Elle n'a pas obligé le cardinal Bandinelli[59], qui fut fait patriarche de Constantinople après avoir été réservé, à donner la démission de son Église quand il a reçu le chapeau, et qu'au contraire Elle n'a laissé vaquer cette même Église que par la seule déclaration du cardinalat. C'est peut-être sur ce fondement que le bruit court à Rome que M. le cardinal Nini et Mgr Ravizza, que l'on sait être tout à fait attachés au Palais, sont de l'opinion de ceux qui croient que la destination du Pape, touchant les réservés *in petto*, n'est pas immuable.

Il conste de[60] ce que nous venons de justifier par tant de raisons et de confirmer par l'exemple même du Pape, ou que Sa Sainteté n'a destiné à aucun sujet, en

---

59. Volumnio Bandinelli, né à Sienne, patriarche de Constantinople, majordome du Pape, créé cardinal au titre de Saint-Martin-aux-Monts par Alexandre VII, en 1660, mort en 1667.

60. « Il conste (*constat*) de », il est évident par, terme de scolastique et de Palais.

particulier, les quatre chapeaux qu'Elle s'est réservés[61], ou que, si Elle s'y est déterminée, il faut, de nécessité, que ce soit en faveur des nationaux, parce que, étant trop bien informée qu'Elle ne peut prendre de résolution sur cette matière que par rapport aux avis qu'Elle doit recevoir du Collége dans le moment de la déclaration, Elle a été sans doute trop bien avertie pour ne pas savoir que ce Collége est fort éloigné, dans la conjoncture présente, de donner son approbation à une promotion qui attireroit sur la cour de Rome les plaintes et les reproches de tout l'univers.

Il est donc clair et certain que le Pape ne peut avoir eu la pensée de réserver les quatre chapeaux pour d'autres sujets que pour des nationaux, d'où il est aisé d'inférer, par une suite nécessaire, que, si Sa Sainteté avoit eu d'autres sentiments, ce qui n'est pas à croire, Elle seroit obligée en conscience de les changer, par la considération des inconvénients que le mécontentement des rois qui sont les défenseurs du Saint-Siége porte naturellement, par l'appréhension légitime des plaintes et des reproches que nous avons marqués ci-dessus, et par les instances du Sacré Collége, qui ne pourroit manquer de représenter à Sa Sainteté, avec tout le respect qui lui est dû, mais avec toute la vigueur à laquelle les ecclésiastiques sont obligés, que ses prédécesseurs ayant eu la bonté de déférer aux remontrances des cardinaux sur cette matière, même dans les occasions où il ne s'agissoit que de quelques défauts personnels, il est de la justice de ne pas rejeter leurs[62] instances, dans une conjoncture où l'intérêt général de l'Église, émue par les plaintes de toutes les nations, anime leurs voix.

---

61. Dans le manuscrit, avec accord irrégulier, « s'est réservée ».
62. *Leurs* a été substitué à un mot gratté.

Et seroit-il possible que la piété d'Alexandre pût souffrir seulement l'ombre vaine et légère de ce faux et dangereux scrupule qui affecte, par un effort directement contraire à l'expérience et au bon sens, de donner un corps à des promotions imaginaires, et qui a eu jusques ici si peu de cours à Rome que la seule proposition en fut rejetée avec mépris par Innocent X[e], lorsque l'on lui voulut persuader de s'en[63] servir en faveur du comte d'Ognate[64], dont il souhaitoit pourtant avec ardeur la promotion? Et seroit-il possible que la doctrine d'Alexandre pût être éblouie[65] par cet axiome, mal appliqué : *ad explendum actum sufficit voluntas et potentia*[66]? comme si l'on pouvoit présumer sans crime que la volonté d'un Souverain Pontife pût être aussi peu sincère que le seroit celle qui affecteroit de tenir pour des cardinaux fixes et arrêtés des gens qui le sont si peu en effet, qu'il se passe quelquefois des années entières devant que les Papes demandent au Collége s'il les croit dignes de l'être? comme s'il étoit permis à l'évêque universel de se procurer la honte de pouvoir être accusé[67] d'un mensonge solennel en faisant croire à toute la terre qu'il a créé des cardinaux dans un temps où il ne doit même avoir eu aucune pensée de les faire qui ne fût soumise à la connoissance qu'il doit

---

63. *S'en* corrige *se.*

64. Il n'y a pas de cardinal de ce nom dans les promotions d'Innocent X. Sur les comtes d'Oñate, voyez les *Mémoires de Saint-Simon*, tome XVIII, p. 98, édition de 1873.

65. On lit dans le manuscrit *esloüye*, évidemment pour *esbloüye*, vieille orthographe d'*éblouie*. La correction donne un sens très-satisfaisant : « que la doctrine, c'est-à-dire la science solide d'Alexandre pût être éblouie, qu'un Pape aussi instruit qu'Alexandre pût se laisser éblouir, séduire par, etc. »

66. « Pour accomplir un acte, la volonté et le pouvoir suffisent. »

67. Il y avait d'abord *accusés* (*accusez*), au pluriel.

prendre un jour de la qualité des sujets dans les avis du Sacré Collége? Et seroit-il possible que l'esprit d'Alexandre fût touché de cet avantage imaginaire qu'il semble que l'on veuille prendre sur les couronnes, en prétendant qu'elles ont affoibli elles-mêmes leur droit par la nomination de deux ou trois cardinaux italiens [68]? comme si deux ou trois exemples de cette nature pouvoient prescrire contre le droit universel des nations, et comme s'il n'étoit pas plus juste de conclure de cette remarque que, puisque l'Empereur et les rois de France et d'Espagne, pour des considérations temporelles, se relâchent quelquefois à choisir des Italiens, il ne seroit pas mal à propos que les Papes se laissassent porter avec plus de facilité, dans les rencontres, pour des raisons ecclésiastiques et spirituelles, à créer des François, des Allemands et des Espagnols? Et seroit-il possible que la sagesse d'Alexandre pût écouter cet autre conseil, encore plus dangereux, de faire des cardinaux par bref, qui n'a jamais été suivi par les bons papes, et qui ne le peut être même par les mauvais sans des inconvénients très-grands et très-considérables.... dans [69] le pontificat d'un pape aussi juste et aussi saint que le grand Alexandre [70].

68. Les couronnes ne présentaient pas toujours pour le cardinalat des sujets nationaux : voyez ci-dessus, p. 334, note 40.

69. Au manuscrit, *considérables* est suivi d'un point, après lequel il y a un blanc. *Dans*, par une majuscule, commence la ligne suivante ; il y a très-probablement quelques mots sautés.

70. Voyez ci-dessus, p. 337, la note 48. — Dans sa lettre du 13 novembre (n° 72 des *Pièces justificatives*), Lionne écrit au Cardinal : « J'avois demandé, avec grand empressement, à M. le duc de Chaulnes le discours de Votre Éminence sur les promotions, et l'ayant enfin reçu par le dernier ordinaire, j'en ai fait aujourd'hui la lecture au Roi, qui y a pris un plaisir singulier. »

1666 70. — LETTRE DU CARDINAL DE RETZ A M. DE LIONNE.
(Sur ses indispositions, la maladie du Pape; et des nouvelles.)

Monsieur,

Il est si vrai que je préférerai toujours avec joie au service du Roi et ma vie et ma vue[1], qu'il n'est pas possible que je ne me sente très-obligé à ceux qui sont persuadés de cette vérité, parce qu'ils ne me peuvent faire cette justice, qu'ils ne me fassent, en même temps, la grâce de croire que j'y suis moins inutile que je ne l'y suis en effet. Je ne me dois pas plaindre, par cette raison, de ce qu'ils ont mandé de ma santé, mais l'état où elle étoit à l'instant même qu'ils en ont écrit vous aura fait connoître la grandeur et le poids de la nouvelle obligation que j'ai au Roi, puisque, au lieu d'être guéri, comme le portoient les avis auxquels Sa Majesté m'a fait la grâce de ne point déférer, j'avois précisément, au même temps, une fluxion si violente et si dangereuse qu'elle obligea même les médecins à me faire trois grandes saignées, coup sur coup, dans les plus ardentes chaleurs de l'été. A quoi je puis ajouter que j'espère si peu la guérison d'un mal qui a pris son cours, que je ne sais si je ne dois pas même douter de la possibilité du soulagement.

Vous aurez vu que les restes et les suites de ces fluxions, qui n'en reçoivent jamais de véritable dans l'air de Rome, n'ont pas fait jusques ici assez d'impression

---

Lettre 70. — Archives des Affaires étrangères, Rome, 1666. *Lettres à Lionne*, tome XXVII (178), pièce 11, fol. 29-31. Original, de la main du secrétaire habituel; la ligne de signature est seule autographe. — Il n'y a pas aux Archives de réponse de Lionne à cette lettre.

1. Phrase tournée à contre-sens; il faut évidemment: « que je préférerai toujours le service du Roi et à ma vie et à ma vue. »

sur mon esprit pour m'obliger à me servir du congé qu'il a plu à Sa Majesté de m'accorder, ou du moins qu'elles n'en ont fait qu'autant que me l'ont permis et mon inclination et mon devoir, qui m'ont également retenu à Rome, et qui m'y retiendroient, sans balancer, jusques au dernier soupir de ma vie, si je croyois que ma présence y pût être le moins du monde utile au service du Roi. Je crois que Monsieur l'Ambassadeur vous aura témoigné que j'ai essayé de faire ici, par avance, le peu qu'un plus long séjour y eût pu produire par mon entremise[2]; et vous verrez, par les nouvelles de cet ordinaire, que la maladie du Pape a tiré assez en longueur pour rompre les mesures que l'on eût pu prendre sur sa chute[3] prochaine.

La fièvre dont je vous écrivis, il y a huit jours[4], ne fut, à ce que l'on prétend, et à ce que j'ai appris, depuis deux jours, avec beaucoup de fondement, qu'une émotion légère dont l'on veut que l'on ait grossi le bruit pour étouffer les railleries de D. Louis Ponce de Léon[5], et les plaintes de M. le cardinal Sforze. Ce qui donne lieu à ce soupçon est qu'il est certain que le Pape se promène tous les jours, dans sa galerie, avec une vi-

---

2. Le duc de Chaulnes, dans sa lettre du même jour au Roi (7 septembre, fol. 19 v°), s'exprime ainsi au sujet du Cardinal : « Toutes ses actions m'ont marqué un fort grand desir d'effacer les taches anciennes et ensevelir ses fautes passées sous les soins particuliers et les applications de se rendre utile au service de Votre Majesté. »

3. Nous avons déjà vu, p. 296, *chute* ainsi employé au sens de *fin, mort*; et p. 317 et 320, *tomber*, au sens de *finir, mourir*.

4. Voyez p. 327.

5. Du gouverneur de Milan, mécontent que ce prétexte de maladie eût empêché l'envoi du légat pour complimenter l'Impératrice : voyez p. 307 et 325. — Le cardinal Sforza se plaignait de son côté, comme cardinal chargé des affaires d'Espagne.

gueur tout à fait extraordinaire aux convalescents[6], qu'il descend même dans son jardin, et que l'on prépare, avec assez de diligence, le logement de Castel, où M. le cardinal Nini[7] doit aller, au premier jour, mettre toutes choses en état pour y recevoir Sa Sainteté à la fin du mois. Sur le tout je persiste dans l'opinion que j'ai prise en arrivant à Rome, qu'il y a assez d'affectation et assez de feinte dans tous les maux du Pape, pour croire qu'il pourra vivre encore quelques années[8], et qu'il y a pourtant assez de réalité pour n'être point surpris quand il mourroit dans quelques mois. Vous jugez bien que, dans une incertitude de cette nature, qui peut durer longtemps, je ne pourrois attendre ici qu'avec beaucoup de péril pour ma santé la fin des incommodités du Pape, et je vous puis assurer toutefois que l'attachement que j'ai à mon devoir, qui passe, en cette occasion, jusques au scrupule, ne m'auroit pas permis de balancer un moment à prendre ce parti, si Monsieur l'Ambassadeur, à qui j'ai soumis, comme j'y suis obligé, toute ma conduite, n'avoit jugé, comme moi, qu'après un engagement aussi public que celui dont je vous ai parlé par mes dernières, il est nécessaire que nous sacrifiions[9] l'un et l'autre à la bienséance du service du Roi les inclinaisons qu'il auroit, en son particulier, de me retenir ici, par la bonté qu'il a pour moi, et que j'aurois, de ma part, à y demeurer par l'appréhension de perdre un

---

6. Comparez plus haut, p. 319. — Les mots : « avec.... convalescents, » sont en interligne.

7. Majordome du palais apostolique, comme nous l'avons dit dans la note 9 de la page 64.

8. Ces deux mots ont été mis au pluriel après coup, par des additions d'*s*; voyez ci-dessus, p. 296, ligne 5.

9. Il y a bien dans notre texte *sacrifiions* par les deux *i*, bien souvent remplacés, en ce temps-là, par un seul.

seul des moments que je pourrois employer à l'essentiel du même service. Vous aurez vu, par ma dernière[10], que nous avons pris ensemble toutes les précautions possibles sur ce détail, sur lequel je ne saurois m'empêcher de vous dire que, quand même il y auroit plus d'apparence qu'il n'y en a à un retour précipité, je me consolerois, par avance, de la nécessité où mon engagement me réduit[11], par la considération de l'usage dont un cardinal national survenant à un conclave ouvert ou plutôt fermé peut être selon les différentes occasions. Je suis assez persuadé par l'état où est le Pape que ce retour ne sera pas si prompt. J'espère que je vous en pourrai mander, au premier jour, plus de nouvelles, au moins de ce qui en paroît, parce que l'on me fait, depuis avant-hier, espérer mon audience de congé, sous le prétexte de laquelle je diffère mon départ de jour à jour. Je ne sais pourtant si je me la dois tout à fait promettre, parce que l'on a lieu de croire, par beaucoup de circonstances, que le Pape se tiendra couvert, au moins pour les audiences, jusques à ce que l'Impératrice parte de Milan[12] ; et ce qui me confirme cette opinion est que Mgr Aciaia a répondu, depuis quatre jours, à quelques prélats qui sont allés ou à leurs gouvernements ou à leurs diocèses, que le Pape leur donnoit sa bénédiction et leur congé, mais qu'il ne leur pouvoit donner audience. Je la demanderai encore après-demain, et je me conduirai selon la réponse. Je vous en manderai le détail, par le premier ordinaire, si je suis encore ici, ou par une lettre que je vous écrirai de Florence ou plutôt

1666

10. Voyez p. 324 et 325.
11. On pourrait s'attendre à *réduiroit*; mais il y a bien *réduit*, qui au reste s'explique aussi.
12. Voyez p. 353 et note 2.

que je laisserai à la poste de Rome, si je pars devant le courrier.

Il y a trois ou quatre jours que M. le cardinal Azzolin me fit voir une lettre de la reine de Suède, qui portoit qu'elle avoit des obligations extrêmes au Roi pour les ordres qu'il lui a plu de donner à M. de Pomponne[13] sur ce qui regarde ses intérêts; que l'on lui avoit pourtant voulu faire croire que les instructions secrètes ne répondoient pas tout à fait aux démonstrations publiques, mais qu'elle étoit bien éloignée d'ajouter aucune[14] foi à ces rapports, connoissant comme elle fait la générosité du Roi. Je répondis comme je dus à M. le cardinal Azzolin, qui demeura aussi persuadé que moi-même de la vérité, et qui m'a paru encore plus touché de cette imposture si ridicule, depuis que je l'ai entretenu de ce que Monsieur l'Ambassadeur a voulu que je lui disse sur ce sujet. J'ai vu sa réponse à la reine de Suède, qui est telle que je l'aurois pu faire, à la réserve qu'elle est plus juste et beaucoup mieux conçue.

Le Pape a envoyé à M. le cardinal Barberin[15] le bref qui lui est nécessaire pour le gouvernement de Velletri, ce qui marque qu'il y a du fondement au bruit qui court ici que Sa Sainteté ne veut faire de consistoire qu'à son retour de Castel.

M. le cardinal Sforze s'est plaint à un homme de foi et de qualité, qui me l'a dit, de ce que les intrigues de D. Louis Ponce de Léon étoient cause que l'on manquoit à la parole que l'on lui avoit donnée de lui laisser[16] les

---

13. Voyez p. 315 et note 2.
14. *Aucune* est en interligne.
15. Le cardinal François Barberin : voyez p. 123, note 7. — Pour Velletri, p. 294 et note 7.
16. De laisser à lui, le cardinal Sforze. — Il est déjà parlé, p. 203 et p. 280, du cardinal Raggi comme appartenant à la fac-

affaires d'Espagne pour trois ans, et je sais d'ailleurs que D. Pedro d'Aragon, qui l'avoit porté à cet emploi, a témoigné du ressentiment contre M. le cardinal Raggi de la correspondance qu'il prétend qu'il a entretenue sur cette matière avec D. Louis.

Une confrérie [17] de cette ville ayant dédié, ces jours passés, un sonnet de dévotion à M. le cardinal Sforze, et y ayant mis le titre d'ambassadeur d'Espagne, le Pape envoya retirer tous les exemplaires en faisant dire au maître de la confrérie qu'il étoit défendu, par la bulle d'Urbain [18], aux cardinaux de prendre cette qualité, et qu'il ne devoit donner à M. le cardinal Sforze que celle de surintendant ou de directeur des affaires d'Espagne, à l'exemple des cardinaux Trivulce [19] et d'Aragon [20].

Mgr Ravizza accuse publiquement M. le cardinal Nini d'avoir pris vingt et deux mille écus à M. le cardinal Chigi dans le temps de sa légation [21]. Ce qui

---

tion d'Espagne ; et, p. 322, des cardinaux Sforza et Raggi comme étant les seuls de cette faction qui fussent alors à la cour papale.

17. Dans l'original, ici et un peu plus bas, *confrairie*, orthographe que l'Académie conserve dans ses deux premières éditions (1694 et 1718), tout en écrivant *confrère*.

18. On peut conclure de l'exemple cité des cardinaux Trivulce et d'Aragon, confirmé, quelques années plus tard, par celui du cardinal Nithard, entre autres, que cette bulle d'Urbain VIII interdisait le titre, mais non la fonction.

19. Jean-Jacques-Théodore Trivulce, créé cardinal par Urbain VIII en 1629, fut gouverneur général du Milanais, vice-roi d'Aragon, puis de Sicile et de Sardaigne, et chargé des fonctions d'ambassadeur extraordinaire d'Espagne à Rome ; il mourut à Milan le 3 août 1657. Voyez au tome III, p. 111, note 2 ; au tome V, p. 23 et 26 ; et ci-après, p. 378 et note 12.

20. Le cardinal Pascal d'Aragon : voyez p. 203, note 9.

21. Sans doute dans sa légation en France à l'occasion de l'affaire des Corses, en 1664 (voyez p. 32, note 1) ; nous avons vu plus haut (p. 307, note 26) que le récent projet de légation à

me[22] persuade qu'il n'agit pas sans ordre est qu'il est, depuis quelque temps, dans les plaisirs les plus intimes du dernier. Il est impossible d'ailleurs d'accorder ce fait, qui est vrai et constant, avec les apparences d'union ou au moins de réconciliation très-étroite qui paroît entre ces deux cardinaux.

Le Pape a accordé une grâce en Daterie[23] à Monsieur de Metz[24], sur les instances que Monsieur l'Ambassadeur, à qui la Reine en avoit écrit, lui en a fait faire. Comme Elle m'avoit honoré de ses commandements sur le même sujet, j'ai pris la liberté de faire à Sa Majesté la réponse ci-jointe[25]. J'espère que vous me ferez bien l'honneur de la lui rendre.

Je suis,

Monsieur,

Votre très-affectionné serviteur,
Le cardinal de RETS.

A Rome, ce 7ᵉ septembre 1666.

Milan n'avait pas eu de suite. — Dans la *lettre* 64 (p. 306), Mgr Ravizza fait peser sur le cardinal Nini une accusation encore plus grave.

22. *Me* est ajouté au-dessus de la ligne, ainsi qu'un peu plus loin les mots *vrai et* devant *constant*.

23. Voyez p. 46, note 2.

24. Dans l'original, *M. du Metz*. — L'évêque de Metz était alors (1663-1668) Guillaume Égon de Fürstenberg. Il ne put jamais obtenir du Pape, non plus que ses deux prédécesseurs, ses bulles d'institution et finit par se démettre. Son successeur fut, en 1668, l'archevêque d'Embrun, Georges d'Aubusson de la Feuillade : voyez ci-dessus, p. 287, note 20.

25. Cette lettre du cardinal de Retz à la Reine ne se trouve pas dans la *Correspondance de Rome*.

71. — LETTRE DU CARDINAL DE RETZ A M. DE LIONNE.

1666

(De nouvelles.)

Monsieur,

Les médecins et les astrologues sont presque à bout sur la maladie du Pape, et il paroît que les uns n'en ont guère plus de connoissance que les autres. Ce qui en est de constant est qu'il y a aujourd'hui dix-sept jours que Sa Sainteté se porte mieux et sans aucune attaque que l'on puisse au moins appeler rechute. Elle se promène, tous les matins, dans sa galerie, et, quoiqu'on dise que son voyage de Castel ou plutôt de Frescati est différé jusques à la Saint-François[1], on croit que ce délai n'est causé que par le séjour de l'Impératrice à Milan[2], qui fera aussi, à mon opinion, que le Pape se tiendra apparemment fort couvert et ne donnera que peu d'audiences. M. le cardinal Chigi me fit savoir vendredi que la conséquence que M. le cardinal Sforze pourroit tirer, pour la sienne propre, de celle que l'on me donneroit, obligeoit Sa Sainteté, contre son inclination, à ne me point voir devant mon départ. Je suis persuadé par cette circonstance que Monsieur l'Ambassadeur ne l'aura pas vendredi. J'ai pourtant pris le prétexte d'attendre ce que l'on lui répondra jeudi, pour me donner encore plus de temps de pouvoir voir jusques à ce jour la confirmation de la santé du Pape; et s'il n'y arrive point d'accident

---

Lettre 71. — Archives des Affaires étrangères, Rome, 1666. *Lettres à Lionne*, tome XXVII (178), pièce 34, fol. 85 et 86. Original, de la main du secrétaire; la ligne de signature est seule autographe. — Il n'y a point de réponse de Lionne à cette lettre, non plus qu'aux suivantes, sauf 80, de cette seconde partie.

1. La Saint-François d'Assise, et c'est évidemment la fête dont il s'agit ici, est le 4 octobre.

2. Elle y était entrée, nous l'avons dit (p. 320, note 8), le 12 septembre, *incognito*, y fit son entrée solennelle le 29, et n'en repartit que le 10 octobre.

capable d'excuser un homme qui a pris congé, je partirai infailliblement samedi, la neige des montagnes commençant à me presser. Sa Sainteté se fait entretenir presque toutes les après-dînées par les *Virtuosi;* mais M. le cardinal Chigi dit que les médecins lui ont défendu expressément de donner audience à aucun de ceux qui lui peuvent parler d'affaires. Les officiers ne laissent pas de l'avoir assez réglée, et je crois que l'ordonnance ne s'étend qu'aux cardinaux et aux ambassadeurs. On s'en explique au moins assez clairement au Palais, et je sais que D. Mario a dit, depuis deux jours, que le Pape ira encore bien plus loin qu'on ne pense, pourvu que l'on ne lui parle d'aucune affaire. Je persiste dans ce que je vous ai mandé, par mes précédentes, sur ce sujet, qui m'a toujours paru si incertain, depuis que je suis à Rome, qu'il me semble que je ne pourrai jamais être surpris ni de la vie ni de la mort du Pape.

Le bruit est ici que les Espagnols lui ont déclaré que, Sa Sainteté étant hors de péril, comme Elle leur a elle-même fait mander par une lettre de M. le cardinal Chigi à D. Louis [3], ils ne pouvoient douter que ce légat n'allât à Vienne ou du moins à Trente, s'il ne trouvoit plus l'Impératrice à Milan. Je ne vous assure pas que cette nouvelle soit bien fondée, n'en ayant pu pénétrer la vérité : elle est pourtant si publique en cette cour qu'il faut, à mon opinion, qu'il y ait eu du feu ou de la fumée. Je ne puis croire, en mon particulier, tout à fait le premier, vu la foiblesse d'Espagne, et le peu d'obligation que les papes ont dans le fond d'envoyer des légats aux impératrices et aux reines quand elles ne passent pas sur l'État de l'Église.

Il a paru, depuis quelque temps, beaucoup de refroi-

3. Au gouverneur de Milan, D. Louis Ponce de Léon.

dissement entre MM. les cardinaux Farnèze et Nini, sur 1666 ce que celui-ci, à ce que l'on publie, a prétendu, pour le temps de la légation de Milan, la signature de justice, que l'autre avoit exercée pendant que M. le cardinal Chigi étoit en France, et sur ce que le second a donné, depuis peu, beaucoup de démonstrations d'une union étroite avec M. le cardinal Rospigliosi, dont les intérêts sont fort contraires à ceux de Farnèze. J'ai dit à Monsieur l'Ambassadeur ce que j'ai appris des réflexions différentes que l'on fait sur ces démarches si diverses, afin qu'il puisse juger pour l'avenir, auquel elles ont assurément beaucoup de trait, des finesses et des contre-finesses qui se peuvent trouver ou imaginer dans ces apparences. Je dis apparences, parce que je suis persuadé que cette brouillerie n'est qu'un jeu concerté entre les cardinaux Farnèze et Nini, pour faire croire, d'une part, à M. le cardinal Chigi que leur union n'est pas si grande qu'elle ait dû donner lieu à ses créatures de s'en plaindre au point qu'elles ont fait, et pour le mettre, d'un autre côté, en jalousie des vues que l'on pourroit prendre en faveur du cardinal Rospigliosi, pour la personne duquel on sait qu'il a une aversion particulière.

Les barons romains commencent à se relâcher de la considération et du respect qu'ils ont eu jusques ici pour les proches de Sa Sainteté, et M. le prince Borghèze[4] n'a répondu aux plaintes que M. le cardinal Chigi a faites de ce qu'il ne lui a pas donné part de la naissance d'un fils dont Madame sa femme est accouchée, qu'en disant

---

4. *Burgheze*, dans l'original. — Jean-Baptiste Borghèse, prince de Sulmone et de Rossano, né le 4 octobre 1639, mort le 8 mars 1717, marié à Léonore Buoncompagni, fille de Hugues, duc de Sora, morte le 9 septembre 1695. Le fils dont il est question dans la lettre leur était né le 23 août 1666, et se nommait Scipion.

publiquement, à tous ceux qui l'ont voulu entendre, qu'il avoit été si mal traité, et de sa personne et de sa maison, qu'il ne rendroit jamais ni à lui, ni à ceux de son nom, que les civilités auxquelles il étoit obligé par le cérémonial. Voilà les termes dont il s'est servi en parlant même à Mme la princesse Chigi, sa sœur[5].

L'antiquaire du Pape ayant été ces jours derniers à Palestrine[6], pour chercher des médailles[7] dans les ruines du Temple de la Fortune[8], a été maltraité par les officiers du prince Barberin[9], qui lui ont même déchiré la patente de M. le cardinal Chigi. Ce qui est à remarquer est que cela est même arrivé depuis que l'on voit que la maladie du Pape ne va pas[10] *in precipitio*[11], comme on l'avoit cru.

Je suis,

Monsieur,

Votre très-affectionné serviteur,
Le cardinal de RETS.

A Rome, ce 14ᵉ septembre 1666.

5. Femme de D. Augustin Chigi : voyez p. 217, note 16.
6. Voyez p. 199, note 17.
7. Dans l'original, *medales*, orthographe qui se rapproche de la forme bas latin (voyez du Cange) *medalla*.
8. Le fameux temple que Sylla avait fait raser, puis reconstruire dans d'immenses proportions. Après avoir été détruite deux fois, au treizième et au quinzième siècle, Palestrine se releva plus haut, au centre des ruines du temple. Elle fut vendue en 1630 par les Colonna aux Barberini.
9. Maffei Barberini, prince de Palestrine, marié à dona Olimpia Giustiniani, petite-fille de la célèbre dona Olimpia Maidalchini, (p. 34, note 1). Il devint préfet de Rome, grand d'Espagne, et chevalier de la Toison d'or; il mourut le 26 novembre 1685. Il était neveu des cardinaux François et Antoine Barberin.
10. Il y a, après *pas*, un mot biffé illisible; ensuite les mots *comme on* sont ajoutés en interligne.
11. Les mots *in precipitio* ne sont pas une locution latine comme

72. — LETTRE DU CARDINAL DE RETZ AU ROI.
(Sur son départ de Rome.)

1666

Sire,

Je ne puis partir de Rome sans supplier très-humblement Votre Majesté d'être persuadée que le seul regret que j'en emporte est d'avoir été si inutile à son service et de n'avoir pu lui donner des marques effectives de l'attachement inviolable que j'aurai toute ma vie à sa personne et du zèle très-passionné et très-soumis avec lequel je suis,

Sire,

De Votre Majesté

Très-humble, très-obéissant et très-fidèle serviteur et sujet,

Le cardinal de Rets.

A Rome, ce 16e septembre 1666[1].

---

73. — LETTRE DU CARDINAL DE RETZ A M. DE LIONNE.
(Sur le même sujet.)

Monsieur,

J'ai trop reçu de marques de la bonté que vous avez

---

pourrait le faire croire la vieille orthographe *precipitio* pour *precipizio*; c'est une locution italienne : *andare in precipizio*, « aller précipitamment. »

Lettre 72. — Archives des Affaires étrangères, Rome, 1666. *Lettres à Lionne*, tome XXVII (178), pièce 41, fol. 101. Original, de la main du secrétaire; la ligne de signature est seule autographe.

1. Cette lettre et la suivante furent écrites l'avant-veille du départ du Cardinal. La *Gazette* (p. 1085) nous apprend qu'il quitta Rome, pour retourner en France, le (samedi) 18 septembre.

Lettre 73. — Archives des Affaires étrangères, Rome, 1666. *Lettres à Lionne*, tome XXVII (178), pièce 42, fol. 102. Original,

pour moi, depuis que je suis à Rome, pour en sortir sans vous témoigner au moins ma reconnoissance, et vous supplier d'être persuadé que je ne la perdrai jamais qu'avec la vie. Vous verrez, par la lettre de Monsieur l'Ambassadeur, qu'il y a si peu de certitude aux audiences que l'on peut espérer de Sa Sainteté, que je me trouve obligé par la saison de ne pas attendre celle que j'avois pris la liberté de lui demander. Je pars cette nuit, et j'espère que je serai mercredi au plus tard à Florence, d'où je fais état de vous écrire et de vous assurer que je suis,

Monsieur,

Votre très-affectionné serviteur,
Le cardinal de Retz.

A Rome, ce 16 septembre 1666.

---

74. — COPIE D'UNE RÉPONSE SUPPOSÉE DU CARDINAL DE RETZ.
(Au sujet du P. Colbert.)

De Ronciglione[1], le 19° septembre 1666.

J'ai reçu le rapport que vous m'avez fait de M. Favoriti[2]. Je

---

de la main du secrétaire; la ligne de signature est seule autographe.

Lettre 74. — Archives des Affaires étrangères, Rome, 1666. *Lettres à Lionne*, tome XXVII (178), pièce 48, fol. 111. Cette copie, qui porte en tête le titre que nous lui donnons, est d'une belle écriture, d'une autre main que celle du secrétaire habituel. La lettre s'adresse évidemment à une personne chargée par Retz de suivre à Rome l'affaire de l'élection à Prémontré du P. Colbert, nommé plus bas. Voyez ci-dessus, notamment p. 241 et note 24.

1. Sur la route d'Étrurie, à quarante-huit kilomètres de Rome, un peu au delà de Monterosi, où commence la région déserte qu'on appelle la Campagne de Rome.

2. Déjà nommé dans la *lettre* 59 (p. 268), avec le titre de « secrétaire du consistoire. »

suis persuadé qu'il se trompe dans ses mesures, et après s'être relâché, comme on l'a fait, pour prendre un parti conforme à leurs intentions, il est constant qu'on ne fera qu'aigrir avec justice la cour de France, et perdre l'avantage que recevroit celle de Rome de donner les bulles à l'une des conditions qu'on avoit proposées, ou de confirmation avec supplétion des défauts, comme fut faite la provision de Cîteaux en l'an 1645 [3], ou par validation, qui est un moyen qui a été loué et approuvé des premiers avocats de la cour de Rome, ou enfin par la provision *ex integro* [4], qui est le dernier projet qui a été donné, et que ledit sieur Favoriti jugea si avantageux au Saint-Siége qu'il dit à l'expéditionnaire qu'il s'étonnoit que la France voulût accepter la provision en cette forme. Il doit être par là bien plus persuadé qu'un autre que jamais il n'y aura en France de nouvelle élection et que l'on trouvera facilement des expédients pour maintenir le R. P. Colbert, si l'on continue, à Rome, à rejeter les propositions auxquelles l'on s'étoit relâché. Je suspendrai de rendre compte de cette affaire à la cour, ainsi que j'en suis chargé, jusqu'à la réponse que vous me ferez de ce que je vous charge de dire à M. Favoriti, laquelle ayant communiquée [5] à M. le duc de Chaulnes, vous aurez soin de m'envoyer aussi ses lettres.

3. Sous le pontificat d'Innocent X.

4. *Ex integro*, « de nouveau », par un acte pourvoyant de nouveau. *Provision* signifie, comme terme ecclésiastique, le droit de pourvoir à un bénéfice.

5. Ce membre absolu, un peu insolite en français, est bien écrit ainsi dans le manuscrit, avec l'accord, au reste régulier, du participe.

75. — LETTRE DU CARDINAL DE RETZ
A M. DE LIONNE.

(Sur ce qu'il attend des nouvelles de la santé du Pape.)

A Camaiore [1], dans le pays de Lucques,
ce 7 octobre 1666.

Monsieur,

Mon dessein a été, en partant de Rome, de prévenir la neige des montagnes. Mais, si je continue mon voyage comme je l'ai commencé, je ne sais si elle ne sera point écoulée devant que je les passe. J'ai déjà fait soixante et dix lieues en trois semaines. Vous aurez vu, par ma lettre du 2 de ce mois [2], que je n'avois pas encore reçu celle que j'attendois de Monsieur l'Ambassadeur, du 27 de septembre, et je ne l'eus en effet qu'avant-hier assez tard, par un malentendu qui est arrivé à la poste de Florence. Elle porte que la santé du Pape est toujours fort incertaine, mais que, sur le tout, elle est au même état où je l'ai laissée en partant de Rome. Monsieur l'Ambassadeur ajoute qu'il me croit déjà si avancé qu'il doute même que je reçoive sa dépêche. Il ne m'écrit pas du 3 d'octobre par le courrier de Gênes, et il mande à M. l'abbé Strozzi [3] qu'il l'auroit fait si il ne me

---

Lettre 75. — Archives des Affaires étrangères, Rome, 1666. *Lettres à Lionne*, tome XXVII (178), pièce 93, fol. 232. Original autographe.

1. *Camaiore* ou *Camaiori*, dans le pays de Lucques, à soixante-dix lieues de Rome, comme le dit la troisième phrase de la lettre. Ce nom revient assez souvent dans les lettres suivantes de cette seconde partie, toutes autographes, sauf les trois dernières, et partout le Cardinal écrit, de même qu'ici, *Camaiote*.

2. Nous n'avons pas trouvé aux Archives cette lettre de Retz du 2 octobre.

3. L'abbé Strozzi, secrétaire d'État du grand-duc de Toscane, Ferdinand II. L'abbé Regnier Desmarais, dans son *Histoire des desmeslez de la cour de France avec la cour de Rome* (p. 34), nous ap-

croyoit trop éloigné. Je vois, par ces deux circonstances, que sa pensée n'étoit pas que je m'arrêtasse sur ce qu'il m'avoit écrit de la rechute du Pape, et que j'ai peut-être failli en croyant bien faire. Je ne crois pourtant pas qu'il y ait inconvénient à ce séjour, parce que je n'ai pas oublié aucune des précautions nécessaires pour faire voir[4] qu'il n'a été causé que par ma fluxion. Je serois parti dès hier, pour continuer mon voyage, si je n'avois jugé plus à propos d'attendre encore, en ce lieu, la réponse d'une lettre que j'écrivis, le 30 du passé, à Monsieur l'Ambassadeur, parce que je lui ai mandé que je ne sortirois d'ici que quand il m'auroit fait savoir précisément son intention. J'espère que j'aurai cette réponse après-demain d'assez bonne heure pour me remettre en chemin.

Monsieur le Grand-Duc m'a fait écrire pour très-certain, par M. l'abbé Strozzi, que le Pape se porte beaucoup mieux, qu'il donnera demain audience aux ambassadeurs[5], et qu'il ira ensuite à Castel. Mais, comme je ne crois pas devoir déférer à aucun avis qu'à ceux qui me viennent de Monsieur l'Ambassadeur, j'attendrai

1666

prend qu'au temps dont il s'agit dans ce livre, il « faisoit les affaires du Roi à Florence. » Retz dit un peu plus loin, dans cette *lettre* 75, que le Grand-Duc lui a fait écrire par l'abbé Strozzi, pour lui donner des nouvelles de Rome.

4. *Voir* est en interligne, au-dessus d'un mot biffé, probablement *croire*. — A la ligne précédente, le *pas*, inutile avec *aucune*, est bien dans le manuscrit.

5. La *Gazette*, dans son n° du 30 octobre (p. 1110), donne, en date de Rome, le 3 du même mois, la nouvelle suivante : « Le Pape ayant résolu d'aller, la semaine prochaine, à Castel-Gandolphe,... il a fait avertir les ministres des princes étrangers qu'il leur donneroit audience avant que partir. » Et nous voyons en effet (à la page 1158 de la *Gazette*, que nous citons plus loin) qu'il en reçoit plusieurs le jour de l'audience du duc de Chaulnes : voyez p. 366, note 1.

sa réponse, pour faire ponctuellement ce qu'il m'écrira. Je suis,

Monsieur,

Votre très-affectionné serviteur,
Le cardinal de Retz.

76. — LETTRE DU CARDINAL DE RETZ A M. DE LIONNE.
(Sur l'incertitude de la santé du Pape.)

A Camaiore, le 9 octobre 1666.

Monsieur,

Comme je ne croyois pas que je pusse recevoir des nouvelles, de Monsieur l'Ambassadeur assez à temps pour vous écrire par ce courrier ce qu'il m'auroit fait savoir par la voie de Florence, j'envoyai, dès avant-hier, une lettre pour vous[1], à Pise, que vous recevrez avec celle-ci. L'estafette que j'avois dépêché[2], le même jour, à Florence m'a apporté plus tôt que je ne l'espérois celles de Rome, du 5 de ce mois, et elles sont arrivées assez à propos pour me donner le temps de joindre encore l'ordinaire à Viaregge[3].

Je ne doute point que Monsieur l'Ambassadeur ne vous mande le détail des avis qu'il a touchant la santé du Pape, et il seroit inutile, par cette raison, que je vous entretienne de ce qu'il m'en écrit. Je me contenterai de vous dire que, selon ce que je peux juger et

---

Lettre 76. — Archives des Affaires étrangères, Rome, 1666. *Lettres à Lionne*, tome XXVII (178), pièce 99, fol. 247 et 248. Original autographe.

1. La lettre précédente, du 7 octobre.
2. Il y a bien *dépêché*, au masculin, accord avec le sens.
3. Viareggio, ville du littoral, sur la route de la Spezzia à Pise, à vingt-deux kilomètres de Pise.

des siens et de ceux que j'ai d'ailleurs, je ne crois pas avoir encore sujet de me dédire de ce que je vous ai mandé, il y a longtemps, que la maladie de Sa Sainteté n'est pas connue et qu'il n'y a rien de plus incertain que le jugement que l'on peut faire sur le temps de sa mort. Voilà ma spéculation. Ma pratique suivra ponctuellement les sentiments de Monsieur l'Ambassadeur; il me mande qu'il n'avoit pas cru que je m'arrêtasse sus[4] ce qu'il m'écrivoit de la rechute du Pape, mais que, si je ne me suis pas encore remis en chemin, il est persuadé que j'attendrai les lettres du premier ordinaire, parce qu'elles pourront donner beaucoup d'éclaircissement. Je les aurai ici mercredi, et je me conduirai en tout et partout selon ce qu'elles me marqueront de ses intentions.

Je suis,

Monsieur,

Votre très-affectionné serviteur,
Le cardinal de Retz.

J'ai[5] reçu les deux lettres que vous m'avez fait l'honneur de m'écrire du 3 et du 10 de septembre[6].

J'oubliois de vous dire que dom Mario continue d'écrire à M. le prince Mathias que *il Papa se ha riavuto*[7].

---

4. Le Cardinal a bien écrit *sus*, au lieu de *sur*, et nous retrouverons fréquemment cette orthographe dans les lettres suivantes. Voyez particulièrement la 7ᵉ de la 3ᵉ partie. — A la ligne suivante, il y a, après *je*, deux mots biffés, illisibles, l'un en interligne ; et plus bas, après *j'attendrai*, deux lettres effacées.

5. La première phrase du post-scriptum est entre *Je suis* et *Monsieur*; la seconde au folio 248 rº.

6. Les nᵒˢ 68 et 69 des *Pièces justificatives*.

7. « Le Pape s'est rétabli. » Ces mots italiens sont fort mal écrits. Sans oser affirmer absolument que nous lisons bien, nous donnons la leçon qui nous paraît la plus probable.

1666

77. — LETTRE DU CARDINAL DE RETZ A M. DE LIONNE.

(Sur ce qu'il continue lentement son voyage.)

Monsieur,

Les nouvelles de Rome que je reçus à Florence m'ont obligé de ralentir ma marche. J'ai demeuré un jour à Pise, j'ai été même me promener à Lucques, et j'ai eu ici, à ce matin, une lettre de Monsieur l'Ambassadeur qui me marque que la rechute du Pape a plus de suite que l'on n'avoit cru au commencement, et que sa santé diminue de jour en jour. J'attendrai en ce lieu les nouvelles que j'en aurai demain, par le retour d'une estafette que je dépêche à Florence, si l'air n'étoit[1] si mauvais qu'il m'oblige de passer jusques à Lirezane, qui n'est qu'à seize milles[2] d'ici, où je m'arrêterai sous prétexte d'une fluxion sur le col dont j'ai commencé effectivement de me sentir à Lucques, et je n'en partirai (à moins que Monsieur l'Ambassadeur me mande, poste

---

Lettre 77. — Archives des Affaires étrangères, Rome, 1666. *Lettres à Lionne*, tome XXVII (178), pièce 113, fol. 288 et 289. Original autographe. Deux cachets noirs avec deux initiales, dont la seconde est certainement G (*Gondi*), la première P ou F (*Paul* ou *François*). — La lettre n'est point datée, mais elle est placée, avec des lettres d'autres personnes, du 12 octobre, entre nos deux de Retz du 9 et du 13, et, n'était ce qui est dit plus bas de Lirezane, nous la supposerions écrite, comme elles, de Camaiore : voyez la note 2.

1. Cet imparfait ne peut s'expliquer que par un sous-entendu : « Je m'y engagerais, je m'engagerais à attendre si l'air n'était si mauvais qu'il m'obligeât.... » Dans l'original, il n'y a aucun signe de ponctuation devant *si l'air*.... A la ligne suivante, Retz a écrit : « qui n'en est qu'à seize milles d'ici » ; il a évidemment oublié d'effacer *en*.

2. C'est-à-dire à un peu plus de trente kilomètres. Nous trouvons un Lirezzano situé à deux kilomètres O. de Camaiore, et qui ne pourrait donc être celui dont il s'agit ici, à supposer que la lettre soit écrite de Camaiore.

venant³, que je dois continuer mon voyage) que pour aller à une maison de M. l'abbé Lenami, qui est auprès de Lucques, dont⁴ je me pourrai rendre facilement à Rome en⁵ deux jours ou tout au plus en deux jours et demi. Je crois que les sentiments de Monsieur l'Ambassadeur, que j'ai absolument suivis, justifient suffisamment mon départ de Rome. Mais j'en suis consolé même par l'événement, parce qu'il ne me fera perdre aucun des moments que je dois au service de Sa Majesté.

Je suis,

Monsieur,

Votre très-affectionné serviteur,
Le cardinal de RETZ.

Suscription, de la main du Cardinal : A Monsieur Monsieur de Lionne, secrétaire d'État.

78. — LETTRE DU CARDINAL DE RETZ A M. DE LIONNE.
(SUR CE QU'IL CONTINUE SON VOYAGE.)

A Camaiore, le 13 octobre 1666.

MONSIEUR,

Vous aurez vu, par ma précédente, que je ne dois pas être trop surpris des nouvelles que je viens de recevoir de Rome, du 9 de ce mois. Monsieur l'Ambas-

---

3. Par la poste qui vient, par la poste prochaine.
4. Archaïsme, pour *d'où*.
5. Il y a, après *en*, un premier *deux*, biffé.
LETTRE 78. — Archives des Affaires étrangères, Rome, 1666. *Lettres à Lionne*, tome XXVII (178), pièce 114, fol. 290. Original autographe.

sadeur m'écrit que le Pape lui a donné audience[1], qu'il a paru en public, qu'il s'est promené dans Saint-Pierre assez longtemps à pied, et que je ne dois faire aucune difficulté de continuer mon voyage. M. de Bourlemont me mande que Sa Sainteté n'a jamais eu si bon visage, et je vois, par beaucoup de lettres de Rome et de Florence, que, si l'on croit le bruit public, il y a eu dans la dernière rechute beaucoup plus d'affectation que de réalité. Je pars d'ici, demain au matin, pour passer les montagnes, s'il m'est possible, devant les grandes neiges. Mais je croirois manquer à mon devoir si je quittois le pays de Lucques sans vous faire savoir que, bien que je n'y aie passé qu'*incognito*, j'y ai été reçu et traité d'une manière qui marque que cette République joint une véritable passion et un zèle particulier au respect qu'elle doit[2] à Sa Majesté. Je ne saurois même m'empêcher de vous dire que M. l'abbé Lenami, qui a l'honneur d'être connu de vous, m'a tenu et traité dix ou douze jours cheux[3] lui avec une politesse et avec une magnificence incroyable. Je crois vous avoir déjà mandé

---

1. On écrit à la *Gazette*, en date de Rome, du 10 octobre (p. 1134), que, le 8, le Pape a donné audience au duc de Chaulnes, lequel s'y est rendu avec un cortége de cent quarante carrosses; puis on écrit encore, en date du 17 (p. 1158), que cette audience de l'Ambassadeur a duré une heure, « ce qui fait espérer un bon succès de sa négociation. » A la suite de la première mention de l'audience, la *Gazette* rapporte que le Pape est allé visiter plusieurs églises et, entre autres, comme le dit notre lettre, « Saint-Pierre du Vatican; » et, à la suite de la seconde mention, que Sa Sainteté a reçu, après l'ambassadeur de France, ceux de Venise, de Malte, et le cardinal Sforza, faisant fonction d'ambassadeur d'Espagne.

2. Un mot, peut-être *rendre*, est biffé après *doit*.

3. Retz, dans ses *Mémoires* autographes, écrit toujours *cheux*, au lieu de *chez* (voyez, par exemple, tome I, p. 179), et de même, nous l'avons dit (ci-dessus, p. 32, note 1), *Ghisi*, au lieu de *Chigi*, comme il fait quelques lignes plus loin.

que je passerai partout *incognito*, et que je me contenterai d'envoyer un gentilhomme à Monsieur de Parme[4] et dom Louis Ponce de Léon[5], en touchant[6] le Plaisantin et le Milanois.

Un cardinal de mes amis m'écrit que la division de MM. les cardinaux Ghisi et Nini[7] est augmentée à un point, depuis mon départ, que l'on ne doute presque plus qu'il n'y ait au premier jour un fort grand éclat.

Je suis,

Monsieur,

Votre très-affectionné serviteur,

Le cardinal de Retz.

79. — LETTRE DU CARDINAL DE RETZ A M. DE LIONNE.
(Sur ce qu'il est dans le Milanois.)

A la Torrita[1], à sept milles de Milan,
ce 20 octobre 1666.

Monsieur,

Je vous écrivis le 13 de ce mois de Camaiore. J'en

---

4. Pour le duc de Parme, Ranuce II, et le Plaisantin, voyez p. 29, notes 1 et 2.

5. Le gouverneur de Milan, souvent nommé plus haut.

6. *Touchant* est en interligne, au-dessus d'un mot biffé, illisible. Après l'*et* qui suit *Plaisantin*, il y a trois lettres rayées.

7. Il a été question plus d'une fois de cette division des deux cardinaux dans les lettres antérieures écrites de Rome.

Lettre 79. — Archives des Affaires étrangères, Rome, 1666. *Lettres à Lionne*, tome XXVII (178), pièce 126, fol. 319-321. Original autographe.

1. Ou plutôt *Torretta* (le mot est écrit ainsi dans la *lettre* 81, p. 372), à sept milles, comme le dit le Cardinal lui-même, c'est-à-dire à près de treize kilomètres de Milan. Il y a, dit la *Corografia* de Rampoldi, divers hameaux de ce nom dans la Lombardie, trois dans la province de Milan, deux dans la province de Pavie.

partis le lendemain, et, aussitôt que je fus arrivé à Tornovo², j'envoyai un gentilhomme à Monsieur de Parme. Il me dépêcha, en même temps, M. le comte Antonio-Maria Terzi di Sisa³, qui me joignit en poste et me témoigna, de la part de son maître, toute la reconnoissance imaginable des obligations qu'il a au Roi⁴. Je vins, avant-hier, coucher à la Chartreuse de Pavie⁵, pour éviter la grande route de Milan, dans laquelle j'ai été toutefois obligé par la nécessité des passages de retomber. Je passai hier à la vue de cette ville et j'envoyai un gentilhomme à dom Louis Ponce de Léon, qui m'a répondu avec toutes les honnêtetés possibles, et qui auroit envoyé des carrosses après moi si l'on ne l'eût assuré que j'étois déjà dans les vallées. Il fait des observations sus⁶ la maladie du Pape qui passent assurément de bien loin les lumières de Galien.

Le gentilhomme que j'avois envoyé à Milan m'a mené ici, cette nuit, le fils du sieur Rosseli, qui m'a rendu la lettre que vous m'avez fait l'honneur de m'écrire du 21 de septembre⁷, et je vous assure, Monsieur, qu'elle

---

2. Tornovo, abréviation de *Torrenuovo*, à neuf milles, c'est-à-dire un peu plus de seize kilomètres et demi de Milan.

3. Ou plutôt *di Sessa*, gentilhomme allié par sa femme, Anne-Marie Farnèse, au duc de Parme.

4. Louis XIV, par le premier article du traité de Pise (février 1664), avait maintenu les droits du duc de Parme sur le duché de Castro, et il continuait de soutenir ses prétentions à cet égard.

5. La célèbre Chartreuse de Pavie est située à neuf kilomètres N. de cette ville et à vingt-huit S. de Milan.

6. Voyez ci-dessus, p. 363 et note 4.

7. C'est le n° 70 des *Pièces justificatives*, où Lionne se livre à un « transport d'affection, » comme il dit lui-même, et, exprimant au Cardinal, dans l'intérêt du service du Roi, le plus vif regret de départ de Rome, ajoute, entre autres choses : « Il en est resté (de votre voyage) tant de satisfaction à Sa Majesté, que la vôtre doit être très-grande d'avoir eu cette occasion non-seulement de si-

a produit en moi les effets du monde les plus différents, car il ne se peut rien ajouter, d'un côté, à l'extrême joie qu'elle m'a donnée en me marquant que le Roi a la bonté d'être satisfait d'une conduite qui ne me peut contenter moi-même, parce qu'elle n'a jamais rempli le zèle que je conserverai jusques au dernier soupir de ma vie pour la gloire et pour la personne de Sa Majesté[8]; et je vous confesse, d'autre part, que la reconnoissance que j'en ai et qui[9] est encore émue par ce que vous me faites la grâce de m'en mander, renouvelle et augmente, dans le plus intérieur de mon cœur, le regret sensible que je dois avoir d'être obligé, par une incommodité aussi pressante que la mienne, de m'éloigner d'un lieu[10] qui m'a procuré le seul bonheur que j'ai souhaité dans tout le cours de ma vie et qui est l'unique, je vous proteste, pour lequel il me reste du sentiment. Je ne sais si je ne manque point au respect de parler avec tant de liberté d'une douleur que je ne dois ressentir que par ma propre considération; car, outre que je ne saurois jamais[11] être que très-inutile au service de Sa Majesté, les mesures sont si bien prises avec nos amis que ma présence ne serviroit de quoi que ce soit pour les préalables, que je me rendrai au conclave avec autant de ponctualité pour le besoin que si je n'avois bougé de Tivoli, et que Monsieur l'Am-

gnaler, comme Elle (Votre Éminence) a fait, son zèle et sa capacité, mais de se remettre aussi bien dans son esprit qu'Elle l'a toujours été dans son estime. »

8. C'est-à-dire qu'elle est toujours restée au-dessous de ce que j'ai de zèle, n'y a jamais répondu complétement. Voyez des exemples analogues chez *Littré*, à l'article Remplir, 16°.

9. Après *qui* est biffé *en*; et après *que*, trois lignes plus bas, *j'ai*.

10. De Rome, où j'ai pu me dévouer au service du Roi.

11. *Jamais* est écrit au-dessus de la ligne.

bassadeur recevra, en attendant, tous les avis de la part des gens que vous savez, aussi justement que si il les avoit par moi-même. Je n'ai d'application, dans la route que je fais à cette heure, qu'à observer ce qui pourra accourcir celle de mon retour, et je vois déjà, par avance, que si il ne m'arrive point d'accident, je la ferai en beaucoup moins de vingt jours.

Je suis si plein de ce que vous m'avez fait l'honneur de me mander de la bonté du Roi pour moi, que je sens qu'il faut que j'aie une haute estime pour votre mérite et, si vous me permettez de parler ainsi, une amitié et même une tendresse très-véritable pour votre personne, pour ne pas remettre à une autre fois les remerciements que je vous dois des sentiments que vous avez pour moi. J'en suis toutefois si touché qu'ils trouvent encore plus de place dans mon cœur que dans cette lettre, et je vous conjure d'être persuadé qu'il n'y aura jamais personne à qui l'honneur de votre amitié soit plus sensible et qui soit avec plus de passion, plus de reconnoissance et plus de sincérité,

Monsieur,

Votre très-affectionné serviteur,
Le cardinal de Rets.

Je[12] trouvai hier M. de Longueville[13] à trois ou quatre milles de la Chartreuse de Pavie.

12. Ce post-scriptum est écrit en long, du haut en bas, à la marge.
13. Le comte de Saint-Paul, fils de Mme de Longueville : voyez ci-dessus, p. 157 et note 1.

80. — LETTRE DU CARDINAL DE RETZ A M. DE LIONNE.
(Sur son arrivée a Bâle.)

A Bâle, le 27 octobre 1666.

Monsieur,

Je trouve, en arrivant ici, le courrier de France prêt de monter à cheval, et je ne saurois laisser passer cette occasion pour vous assurer encore de la continuation de mes services très-passionnés. Je vous écrivis, le 20 de ce mois, de la Torrita[1], et il m'arriva, deux jours après, un accident assez bizarre. Une chaise qui se renversa sous moi me porta avec violence sus[2] la quarre[3] d'un piédestal de table et m'a fait un trou à la tête. Je vous supplie de n'en être en aucune peine. L'os n'est point offensé; je n'en ai point discontinué ma route, et j'espère que je serai dans quatre ou cinq jours à Commercy.

Je suis,
Monsieur,
Votre très-affectionné serviteur,
Le cardinal de Retz.

Lettre 80. — Archives des Affaires étrangères, Rome, 1666. *Lettres à Lionne*, tome XXVII (178), pièce 140, fol. 304. Original autographe.

1. La *lettre* 79.
2. Voyez ci-dessus, p. 363 et note 4.
3. *Quarre* ou *carre*, angle ; c'est le premier sens que Littré donne au mot.

81. — LETTRE DU CARDINAL DE RETZ A M. DE LIONNE.

1666

(Sur les sentiments de l'Escadron[1] touchant le pape futur.)

Monsieur,

Je vous écrivis de Bâle le 27ᵉ du mois passé. J'eus, le lendemain, un éblouissement qui, ayant été suivi d'un autre, le jour d'après, m'obligea de demeurer deux jours à Remiremont[2]. Ces accidents ont été si légers, que l'on n'y auroit pas fait de réflexion, sans ma chute préalable. J'espère qu'ils n'auront point d'autre suite, et je ne prendrois pas même la liberté de vous en parler, si je ne me croyois obligé, par la bonté que vous avez pour moi, de prévenir la peine où l'avis que vous en aurez peut-être d'ailleurs vous pourroit mettre.

Vous aurez vu ce que je vous écrivis de la Torretta[3]; je ne crus pas me devoir expliquer plus clairement par une voie de laquelle je ne m'assurois pas tout à fait[4], et je pensai qu'il étoit plus à propos de remettre le par-

---

Lettre 81. — Archives des Affaires étrangères, Rome, 1666. *Lettres à Lionne*, tome XXVIII (179), pièce 10, fol. 31-33. Original, de la main du même secrétaire que la plupart des lettres de la seconde partie. Dans sa lettre du 13 novembre (n° 72 des *Pièces justificatives*), où Lionne répond à celle-ci, il dit qu'il n'a point encore reçu celle que le Cardinal, au début de la sienne, marque lui avoir écrite de Bâle. Par la suivante, du 11 décembre (n° 73), nous voyons que, de son côté, Retz n'avait pas reçu exactement la réponse faite par Lionne aussitôt après l'arrivée à Commercy, réponse qui était évidemment la lettre du 13 novembre; mais la dernière de notre 2ᵈᵉ partie (n° 83) montre qu'elle ne s'était pas perdue, mais avait simplement éprouvé un retard, ainsi qu'une lettre du Roi contenue dans le même paquet.

1. Voyez ci-dessus, p. 18 et note 3, et, au tome V, p. 18 et note 1.
2. Chef-lieu d'arrondissement du département des Vosges, à vingt-sept kilomètres S. E. d'Épinal.
3. Dans les deux lettres précédentes, *la Torrita*.
4. Dont je n'étais pas tout à fait sûr.

ticulier à cette lettre, dont la matière, n'étant que le compte que je dois au Roi, à mon retour, de l'état[5] où j'ai laissé les affaires de Rome, au moins à mon égard, reçoit même naturellement beaucoup de circonstances que j'ai plutôt touchées dans mes dépêches d'Italie, que je ne les y ai marquées, et par une considération que vous trouverez dans la suite de celle-ci, et par la déférence que j'ai cru devoir au scrupule de ceux de mes amis qui avoient quelque peine que je confiasse à des ordinaires, dont les paquets se peuvent égarer par mille accidents différents, le détail d'une conduite dont ils sont persuadés que le secret est fort nécessaire. La voie qui vous portera celle-ci n'est pas moins sûre que celle d'un exprès, et je commencerai par l'explication de ce que je vous ai écrit plusieurs fois touchant les mesures prises avec Messieurs les cardinaux que l'on appelle de l'Escadron.

Aussitôt que le Roi m'eut fait l'honneur de me permettre de retourner à Commercy, je fis réflexion que le ménagement de cette faction, qui sera certainement très-considérable dans un conclave, étant l'unique chef sur lequel la liaison que j'ai eue autrefois avec elle me rendoit un peu moins inutile au service de Sa Majesté que je ne le pouvois être sur tous les autres, mon devoir étoit de ne pas quitter Rome sans prévenir, au moins autant qu'il me seroit possible, les malentendus que beaucoup de circonstances passées et quelques conjonctures présentes porteroient naturellement dans toutes les démarches qui se feroient, de part et d'autre, à l'arrivée de Monsieur l'Ambassadeur. Je considérai que les gens

---

5. Dans le manuscrit, « le compte de ce que je dois au Roi.... de l'état, etc. »; il faut évidemment, comme nous avons fait, supprimer *de ce*.

du[6] bas étage, qui, ne sachant pas le dessous des cartes, croient presque toujours qu'il est de leur intérêt de rendre de mauvais offices à ceux qui n'ont pas été, dans tous les temps, agréables à la cour, ne manqueroient pas de jouer ce personnage dans un rencontre où il ne seroit pas difficile de trouver, ou du moins de feindre de la matière. Je pensai que cette disposition naturelle seroit aisément échauffée par l'état où l'Escadron se trouve avec M. le cardinal d'Este[7], c'est-à-dire par leur division, qui est assurément très-grande, et vous savez qu'il n'y en a point de médiocres en Italie. Je m'aperçus, en même temps, que l'évêque de Syracuse[8], qui est le seul homme de tête que les Espagnols aient en ce pays-là, faisoit insinuer avec art à ces cardinaux que Monsieur l'Ambassadeur ne venoit à Rome que pour suivre tous les mouvements de M. le cardinal d'Este, et pour travailler au pontificat de M. le cardinal Farnèse[9], pour lequel ils ne sont guère mieux disposés que pour le premier ; et ce qui me donna cette lumière fut que je sus qu'un jacobin, très-confident de Mgr Capobianco, rapportoit fidèlement à ces Messieurs tout ce qu'il alloit, de jour en jour, tirer, avec soin et avec exactitude, de M. le cardinal Albizzi[10], qui parle avec beaucoup de liberté, et qui dit même assez souvent plus qu'il ne sait. M. de Bourlemont, à qui je m'ouvris de la pensée que j'avois de prévenir, par une liaison de

---

6. *Du* est écrit au-dessus d'un mot biffé, qui semble être *subalternes*.

7. Le cardinal d'Este fut longtemps, nous l'avons dit (p. 7, note 12), protecteur des affaires ecclésiastiques de France à Rome.

8. Capobianco ; il est nommé quelques lignes plus bas : voyez p. 236, note 5.

9. Voyez p. 155, note 1.

10. Voyez p. 36, note 3.

l'Escadron avec Monsieur l'Ambassadeur, les mauvaises suites que ces petits nuages me faisoient appréhender, fut d'avis que je commençasse insensiblement à y mettre les dispositions nécessaires, et Monsieur l'Ambassadeur, à son arrivée, m'ayant témoigné être dans le même sentiment, je pris la conjoncture que me donna l'éclaircissement dont je vous ai mandé le détail, à propos de la visite de Madame l'Ambassadrice[11]. Monsieur l'Ambassadeur, qui jugea très-prudemment que les liaisons prises sur un incident particulier ont des conséquences plus fermes et plus sûres que les générales, trouva bon, dans la suite, que j'engageasse, s'il se pouvoit, l'Escadron à servir Sa Majesté en ce qui touche la promotion des cardinaux : en quoi je trouvai assez de facilité, comme vous aurez vu sans doute par les dépêches de Monsieur l'Ambassadeur, qui fut aussi d'avis que je travaillasse, sans engager le nom du Roi, à mettre les choses en état que Sa Majesté, à la mort du Pape, pût prendre, touchant le népotisme, le parti qu'Elle jugeroit le meilleur. Je ne crus pas d'abord qu'il y eût d'autres mesures à prendre, devant le conclave, avec des gens qui font profession d'une indépendance pleine et entière de toutes les couronnes[12], et j'estimai que celles-là suffisoient pour les empêcher d'entrer au moins dans aucune cabale contraire à la France, et même pour leur donner un concert secret avec Monsieur l'Ambassadeur, qui se pourroit appliquer, selon les différentes occasions, à différents usages. Monsieur l'Ambassadeur ayant voulu depuis que je leur disse que le Roi avoit tant d'estime pour leurs personnes, qu'il ne s'éloigneroit pas d'honorer de sa protection ceux

---

11. Voyez plus haut la *lettre* 64, p. 302-304.
12. Comparez ci-dessus, même *lettre* 64, p. 305.

d'entre eux qui pourroient penser au pontificat, je commençai à croire que cette obligation qu'ils ont à Sa Majesté pourroit tirer quelque chose de plus, même touchant le conclave, et de leur politique, qui agiroit avec moins d'égards, quand elle auroit moins de soupçon de l'attachement prétendu à la personne de M. le cardinal Farnèse, et de leur reconnoissance, qu'ils m'ont paru avoir sensible et véritable, de l'honneur que le Roi leur a fait, quoiqu'ils n'aient, à ce qu'ils m'ont fait voir, aucune pensée d'en profiter en leur particulier, parce qu'il n'y a personne d'entre eux qu'ils croient assez âgé pour être pape, au moins si le siége vaque bientôt. Il n'a pas tenu à eux de me faire expliquer plus positivement sur ce qui regarde M. le cardinal Farnèse, et même sur les intentions particulières de Sa Majesté en ce qui touche le conclave; mais je me suis contenté, sans m'ouvrir davantage, de leur laisser tirer les conséquences de ce que Monsieur l'Ambassadeur avoit voulu que je leur disse de sa part, et je n'ai pas cru devoir entrer en aucun détail sur ce sujet, sur lequel le concert que Monsieur l'Ambassadeur a avec eux sur plusieurs autres chefs lui donnera apparemment des ouvertures, plus naturelles que celles que l'on eût pu prendre d'abord, sur une matière de cette nature, avec des gens qui mêlent et qui conservent, dans le desir qu'ils ont de servir le Roi, beaucoup d'autres considérations et beaucoup d'autres égards. Monsieur l'Ambassadeur m'a écrit, à Camaiore, qu'il étoit très-satisfait de leur conduite, et particulièrement d'une conversation qu'il avoit eue avec M. le cardinal Azzolin sur le passé, le présent et le futur; et je juge, par ce dernier mot, qu'ils peuvent être entrés en discours sur le conclave. Vous voyez, Monsieur, que, les choses étant en cet état, ce n'a pas été sans raison que je vous ai mandé que les mesures étoient si bien prises, entre Monsieur l'Ambassadeur et mes amis, pour les préalables, que ma présence n'y pourroit être que très-inutile.

Je vous écrivis aussi, de la Torretta, que je me trouverois apparemment au conclave aussi à propos que si je n'avois bougé de Tivoli[13], et je ne doute point que vous ne soyez de la même opinion, quand vous vous ressouviendrez de ce que vous avez vu, dans plusieurs de mes lettres, de la disposition de la cour de Rome. Il y a cinq factions différentes déclarées, dès à présent, qui se subdiviseront du moins en sept ou huit. L'on ne doute plus que celle de Médicis ne ressuscite par la promotion de l'un des princes de Toscane, que l'on croit comme assurée. Il y a quinze cardinaux qui prétendent au pontificat, dont il y en a neuf ou dix qui en sont plus éloignés en effet que ceux qui n'y pensent pas, mais qui ne laisseront pas d'amuser et de remplir le théâtre comme des machines, en attendant que la véritable pièce se joue. Il faudra du temps pour les démonter, et je serai trompé si cet ouvrage n'en emporte beaucoup davantage qu'il n'en est nécessaire à un cardinal national pour se rendre à Rome. Vous voyez qu'il faut que j'aie une entière confiance à la bonté du Roi pour parler si positivement d'un fait qui enfin peut changer par des accidents imprévus; mais je crois qu'il est permis de juger et d'agir sur les dispositions présentes, qui, au moins apparemment, ne doivent pas changer, par les raisons que je vous viens de marquer. Je ne me suis pas expliqué si précisément, tant que j'ai été à Rome, parce que, à vous dire le vrai, j'ai appréhendé que Sa Majesté ne crût que je ne cher-

---

13. Voyez *lettre* 79, p. 369.

chasse encore de nouveaux motifs à mon congé ; mais, comme je ne le dois qu'à la seule bonté du Roi, je crois qu'il est de mon respect de vous marquer que je n'ai au moins manqué à aucune des réflexions qui concernent son service.

Je ne me suis jamais étendu, par la même considération que je viens de toucher, sur ce que je vous ai quelquefois fait entendre de l'usage auquel on pouvoit mettre un cardinal national qui surviendroit à un conclave fermé. Feu M. le cardinal Trivulce[14], qui, comme vous savez, étoit le plus habile homme d'Italie, disoit qu'il y falloit, de temps en temps, un homme neuf, et, si cette maxime n'est pas fausse, elle ne peut jamais être si véritable que dans la conjoncture dont il s'agit, puisque les démarches les plus sages, les plus prudentes et les plus concertées y seront apparemment si traversées par les contre-temps qui sont inséparables de toutes les affaires où il y a grand nombre de factions, que Monsieur l'Ambassadeur ne sera peut-être pas fâché, dans les rencontres, de trouver à propos des prétextes et des noms sous lesquels il puisse faire agir ses ressorts. Il sera difficile que la division de M. le cardinal d'Este et de l'Escadron ne lui en donne la pensée plus d'une fois le mois, et vous pouvez croire que, sans la liaison que j'ai eue avec les cardinaux[15] à qui l'on donne ce nom, je n'aurois garde de me proposer pour un emploi auquel M. le cardinal Grimaldi[16], qui ne peut guère arriver à Rome de-

---

14. Voyez ci-dessus, p. 351 et note 19. Au tome V, p. 23, il est nommé « le plus capable sujet de sa faction et peut-être de tout le Sacré Collége. »

15. Après *cardinaux*, est un mot biffé illisible.

16. Archevêque d'Aix de 1648 à 1685 : voyez tome V, p. 19, note 2.

vant moi, seroit, sans comparaison, plus propre par sa capacité, par son expérience et par sa réputation.

Comme il n'y a rien dans cette lettre que je n'aie dit, dans les occasions, à Monsieur l'Ambassadeur, j'appréhende qu'elle ne soit qu'une répétition de ce que vous aurez peut-être trouvé dans les siennes; mais j'ai pensé qu'il n'y auroit pas d'inconvénient de vous faire voir, d'une seule vue, ce qui ne peut vous avoir été écrit que dans les temps et pièce à pièce.

Je suis,
  Monsieur,
    Votre très-affectionné serviteur,
    Le cardinal de RETZ.

A Commercy, ce 5ᵉ novembre 1666.

---

82. — LETTRE DU CARDINAL DE RETZ AU ROI.
POUR LUI DEMANDER LA PENSION QU'IL DONNE AUX CARDINAUX DE SA NOMINATION.)

SIRE,

Je ne trouve pas moins de satisfaction que de gloire à demander des grâces à Votre Majesté. Je les ai si peu méritées, que je ne sais si je ne manque point au respect d'en oser espérer; mais comme je ne les attends, Sire, que de la pure bonté de Votre Majesté, je prends la hardiesse de lui représenter, avec toute la soumission que je lui dois, la nécessité de mes affaires domestiques[1], et de la supplier très-humblement de m'ho-

---

LETTRE 82. — Archives des Affaires étrangères, Rome, 1666. *Lettres à Lionne*, tome XXVIII (179), pièce 96, fol. 253. Original, de la même main que la précédente et la suivante; la ligne de signature est seule autographe.

1. On sait dans quel triste état se trouvaient les affaires du cardinal de Retz. Ce n'est qu'en 1675 qu'il entreprit sérieusement de

norer de la pension dont il [lui] plaît de gratifier les cardinaux de sa nomination². Cette grâce, Sire, contribuera à l'éclaircissement d'un bien que je ne tiens que de la bonté de Votre Majesté³, et que j'emploierois pour son service avec autant de joie que j'y sacrifierois ma propre vie. Je travaille à remettre ma santé pour l'aller assurer moi-même de mes très-humbles obéissances, et la supplier d'être persuadée que je suis, avec plus de passion et plus de soumission que personne du monde,

 Sire,
  De Votre Majesté
   Très-humble, très-obéissant et très-fidèle serviteur et sujet,
    Le cardinal de RETZ⁴.

A Commercy, ce 19ᵉ décembre 1666.

---

83. — LETTRE DU CARDINAL DE RETZ A M. DE LIONNE.
(DE COMPLIMENTS.)

A Commercy, ce 19ᵉ décembre 1666.

MONSIEUR,

J'ai reçu la lettre qu'il vous a plu de m'écrire du 11ᵉ de

---

les rétablir et de s'acquitter; mais il n'y réussit qu'en partie, et sa succession était si obérée au moment de sa mort qu'elle fut répudiée par sa famille.

 2. On a vu dans les *Mémoires* qu'après avoir d'abord obtenu de la Régente la promesse de la nomination de la couronne (tome III, p. 315 et 316), il fut ensuite (tome V, *passim*) promu par le pape Innocent X, malgré la cour de France.

 3. Le Cardinal ne devait guère alors au Roi que le revenu de l'abbaye de Saint-Denis.

 4. Louis XIV s'empressa d'accorder la pension qui lui était demandée en termes si respectueux, et, avec une délicatesse rare, peut-être pour cacher un oubli involontaire, il disait au duc de Chaulnes, en lui annonçant cette grâce, que le Cardinal ne l'avait pas

ce mois¹; et quoiqu'il n'y ait rien de plus obligeant que ce qu'elle contient, je ne laisse pas de m'en plaindre, parce qu'elle ne me dit pas toutes les bontés que vous avez pour moi. Malclerc², qui a eu l'honneur de vous entretenir de ma part, a trahi votre secret, et il m'en a encore bien plus appris que vous ne m'en dites. Je vous avoue que je n'en devrois pas être surpris, connoissant, par expérience, votre manière d'agir; mais, en vérité, je n'en suis pas moins touché et je trouve que l'habitude m'y rend encore plus sensible. Je suis au désespoir de la peine où vous avez été des lettres dont vous me parlez³; je les reçus deux jours après que Malclerc fut parti d'ici, et je crois qu'il seroit inutile de vous assurer que je les reçus avec tous les sentiments de respect et de reconnoissance que je dois aux bontés du Roi, et avec toute la réflexion à laquelle m'oblige la continuation de vos bons offices. Je travaille à remettre ma santé, pour pouvoir aller, dans quelque temps, assurer Sa Majesté de mes très-humbles obéissances⁴. Je vous supplie de croire que l'une des plus sensibles satisfactions que j'aurai dans ce voyage sera d'avoir

---

sollicitée. Voyez *le Cardinal de Retz et ses missions diplomatiques à Rome*, p. 445.

LETTRE 83. — Archives des Affaires étrangères, Rome, 1666. *Lettres à Lionne*, tome XXVIII (179), pièce 97, fol. 254. Original, de la même main que les deux précédentes; la ligne de signature est seule autographe.

1. C'est le n° 73 des *Pièces justificatives*.
2. Écuyer et confident de Retz : voyez p. 282, note 3.
3. Voyez la note préliminaire de la *lettre* 81, ci-dessus, p. 372.
4. Retz se rendit à Paris, au commencement de mars 1667, pour y saluer le Roi et prendre ses instructions pour le conclave, dont la santé du Pape, qui mourut le 22 mai 1667, faisait prévoir la prochaine ouverture. Voyez dans *le Cardinal de Retz et ses missions diplomatiques à Rome*, p. 445, un extrait de la lettre de Lionne au duc de Chaulnes, du 11 mars 1667.

1666 l'honneur de vous voir et de vous dire de bouche que je suis, avec plus de passion et de sincérité que personne du monde,
   Monsieur,
       Votre très-affectionné serviteur,
       Le cardinal de Retz.

 Dans le titre de la seconde partie, nous avons caractérisé uniquement la mission du cardinal de Retz à Rome, en 1665 et 1666, par la grande affaire de l'infaillibilité du Pape, qui avait été l'occasion et la cause principale de son envoi, et que peu à peu, par un tacite accord, on laissa s'assoupir, à peu près indécise. Nous avons vu, par ses lettres, qu'en même temps son attention et son activité, aussi zélée qu'intelligente, s'étendirent, comme le voulaient son devoir et ses instructions, à tous les intérêts, grands et petits, de la France à Rome. De ces intérêts les deux plus considérables furent l'investiture du royaume de Naples et les difficultés que faisait Alexandre VII pour satisfaire au droit des couronnes dans la promotion au cardinalat. Notre Introduction donne, sur ces deux points, les éclaircissements propres à compléter le commentaire de la correspondance.
 Au sujet de quelques autres affaires de moindre importance dont il est parlé dans les lettres, nous devons renvoyer à un ouvrage que nous avons eu trop tard à notre disposition et n'avons pu citer qu'à la page 297, note 13. C'est le *Mémoire historique sur les institutions de France à Rome* (1868), dont l'auteur, Mgr Pierre La Croix, fut à Rome, de 1828 à 1869, date de sa mort, clerc national français du consistoire. Le chapitre I de ce livre est consacré, nous l'avons dit (p. 297), à la chapelle de Sainte-Pétronille de Saint-Pierre du Vatican; le chapitre IV aux Clercs nationaux; le chapitre V à Saint-Louis des Français; le chapitre IX à Saint-Jean de Latran; le chapitre XII aux Mathurins ou Trinitaires de Provence, dont le couvent et l'église, sous le vocable de saint Denis, étaient situés, nous avons omis de le dire à la place voulue, sur la pente S. E. du Quirinal.

TROISIÈME PARTIE.

Mission de Retz à Rome pour les conclaves où furent élus papes Clément IX, Clément X, Innocent XI; sa vaine tentative pour se démettre du cardinalat.

NOTICE.

Alexandre VII étant mort le 22 mai 1667, le cardinal Jules Rospigliosi, candidat choisi par Louis XIV, fut élu pape, le 20 juin suivant, sous le nom de Clément IX. Le cardinal de Retz contribua, pour une part décisive, à son élection, en manœuvrant avec une extrême dextérité.

Clément IX mourut le 7 décembre 1669. Le conclave dura quatre mois, et ce fut le cardinal Altieri, âgé de quatre-vingts ans, qui, grâce à l'habile influence du cardinal de Retz, fut choisi pour son successeur, le 29 avril 1670, sous le nom de Clément X.

La mort de Clément X étant survenue le 22 juillet 1676, le cardinal Odescalchi fut élu pape, sous le nom d'Innocent XI, le 20 septembre suivant.

Pour le détail du rôle considérable de Retz dans ces conclaves, nous renverrons encore le lecteur à notre livre intitulé : *le Cardinal de Retz et ses missions diplomatiques à Rome*, dans lequel nous avons traité cet intéressant sujet avec l'étendue qu'il mérite : voyez les chapitres x, xi et xii de cet ouvrage, consacrés à ces trois élections.

Dans le *Complément de la vie du cardinal de Rais*, publié par MM. Champollion, à la suite de l'édition des *Mémoires* qu'ils ont donnée, en 1837, dans la *Collection Michaud et Poujoulat*, se trouvent, imprimées pour la première fois, les lettres de cette 3ᵉ partie (jusqu'à notre nᵒ 22 inclusivement), sauf les nᵒˢ 4, 8, 10, 18 ; les nᵒˢ 7, 9, 17 et 20 sont incomplets ; à partir de l'année 1676, ils n'ont donné que les lettres des 1ᵉʳ et 21 août, et des 2, 14 et 22 septembre. Les éditeurs ont omis de nous dire quels sont et où étaient les manuscrits qu'ils ont reproduits. Pour ne pas laisser de doute sur la fidélité de notre texte, nous noterons leurs variantes.

I

Élection de Clément IX[*].

I. — LETTRE DU CARDINAL DE RETZ A M. DE LIONNE.

(Sur ce qu'il attend a Aix des nouvelles de la santé du Pape.)

Monsieur,

Je crois que M. le cardinal Grimaldi[1] vous mande ce que Monsieur l'Ambassadeur lui écrit du 22ᵉ de mars, touchant la santé du Pape ; il la[2] croit sans ressource. Il marque que M. le cardinal d'Este[3] marche vers Rome à petites journées ; et il semble même, en quelque manière, qu'il[4] ne seroit pas éloigné du sentiment que nous en usassions de même de notre côté. Comme son intention toutefois ne nous a pas paru tout à fait clairement, parce qu'il nous assure, par la même lettre, qu'il nous tiendra ponctuellement averti des accidents de la maladie de Sa Sainteté, et qu'ainsi il semble qu'il nous remette à ses avis, MM. les cardinaux de Grimaldi et de Vendôme ont cru qu'il seroit plus à propos de les attendre, et je suis entré dans leur sentiment avec d'autant plus de facilité que nous avons fait réflexion les uns et les autres que les lettres écrites de Rome, du 22ᵉ de mars, devant être arrivées à la cour presque

---

[*] *Jules Rospigliosi, pape du 20 juin 1667 au 9 décembre 1669.*

Lettre 1. — Archives des Affaires étrangères, Rome, 1667. *Lettres à Lionne*, tome XXX (182), pièce 112, fol. 252. Original, d'une autre main que celle du secrétaire ordinaire de la 2ᵈᵉ partie ; la ligne de signature est seule autographe.

1. Voyez ci-dessus, p. 378, note 16.
2. Dans le texte de MM. Champollion, *le.*
3. Voyez ci-dessus, p. 374 et note 7. — 4. *Il*, l'Ambassadeur.

au même jour que l'on les a reçues ici, le courrier que
M. le cardinal de Vendôme a dépêché au Roi pour la
prise du bonnet⁵ peut nous apporter les volontés et les
ordres de Sa Majesté avec une diligence qui lève tous
les inconvénients du délai. M. le cardinal de Vendôme
fait état de faire demain ou après-demain un tour à
Marseille pour les affaires de la province⁶. Je prends
ce temps pour aller passer quelques jours à Salon⁷ avec
M. l'archevêque d'Arles.

Je suis,
  Monsieur,
    Votre très-affectionné serviteur,
     Le cardinal de Retz.

Aix, ce 12ᵉ avril⁸ 1667.

5. On peut conclure de là que la cérémonie de la remise du bonnet par le Roi au duc de Vendôme, déclaré cardinal en 1667, à la dernière promotion d'Alexandre VII, n'avait pas encore été faite.

6. Le cardinal de Vendôme était, nous l'avons dit (p. 202, note 7), gouverneur de Provence.

7. Chef-lieu de canton des Bouches-du-Rhône, à trente-trois kilomètres N. O. d'Aix. C'est une ville très-ancienne, qui appartint longtemps aux archevêques d'Arles. — Le prélat dont il est ici question est l'oncle du mari de Mme de Grignan, François Adhémar de Monteil de Grignan, qui occupa ce siége de 1643 à 1689.

8. Le secrétaire a écrit ici, avec chiffre romain : « xii avril ».

2. — LETTRE DU CARDINAL DE RETZ
A M. DE LIONNE.

(Sur le même sujet : sur ce que lui et les cardinaux françois vont partir sans délai.)

Monsieur,

Il n'y a qu'une heure que je vous avois écrit que MM. les cardinaux Grimaldi et de Vendôme et moi avions aujourd'hui pris résolution de partir au premier jour, sus[1] ce que nous avions vu par les lettres de Monsieur l'Ambassadeur, du 29 de mars, que sa pensée étoit que nous nous missions en chemin sans attendre les nouvelles de la mort du Pape. Vous verrez, par la dépêche de M. le cardinal de Vendôme, que nous les avons assez fraîches pour avoir lieu de croire que nous arriverons d'assez bonne heure au conclave. Comme il vous mande tout le détail de ce qu'il en a appris, que je n'ai su moi-même que de lui, je me contenterai ici de vous assurer que nous ferons toute la diligence imaginable, et que je suis de tout mon cœur,

Monsieur,

Votre très-affectionné serviteur,
Le cardinal de Retz.

Aix, ce 19 avril 1667.

J'ai[2] reçu les deux lettres que vous m'avez fait l'honneur de m'écrire du 8 et du 14 de ce mois[3].

Lettre 2. — Archives des Affaires étrangères, Rome, 1667. *Lettres à Lionne*, tome XXX (182), pièce 150, fol. 326. Original autographe.

1. Voyez plus haut, p. 363; et note 4.
2. Ce post-scriptum, omis dans le texte de MM. Champollion, est écrit entre les mots *cœur* et *Monsieur*.
3. Nous n'avons pas trouvé ces deux lettres aux Affaires étrangères.

3. — LETTRE DU CARDINAL DE RETZ A M. DE LIONNE.
(Sur son départ.)

A Marseille, ce 23 avril 1667.

Monsieur,

Nous sommes ici d'hier à midi, M. le cardinal de Vendôme et moi, et nous n'attendons que le vent[1] pour partir. Il y a deux mois qu'il est contraire, ce qui, joint au changement de lune qui sera ce soir, nous fait espérer qu'il pourra se tourner à l'entrée de la nuit. Vous verrez, par la lettre du 16 de ce mois, que nous reçûmes hier de Monsieur l'Ambassadeur, par une barque[2], et dont M. le cardinal de Vendôme vous envoie le duplicata, que le Pape n'étoit pas encore mort le jour de sa date, et que le courrier de M. le cardinal Ghisi[3] n'avoit pas dit la vérité. Nous avons résolu, M. le cardinal de Vendôme et moi, de nous embarquer sur la même galère, de peur que, dans un temps aussi incertain que l'est celui où nous sommes, quelque coup de vent ne nous sépare, et, comme il fait porter une chaise roulante[4], nous faisons état, si la mer nous re-

---

Lettre 3. — Archives des Affaires étrangères, Rome, 1667. *Lettres à Lionne*, tome XXXI (183), pièce 9, fol. 31. Original autographe.

1. Dans le texte de MM. Champollion, *les vents*, pour *le vent*; plus loin, *la date*, pour *sa date* ; et, à la fin de l'alinéa, *lundi*, au lieu de *Lerice*.

2. *Par une barque* est en interligne.

3. *Ghisi*, orthographe habituelle de Retz : voyez p. 32, note 1.

4. Une lettre du duc de Chaulnes à Lionne, en date du 3 mai 1667 (tome XXXI, fol. 117), nous apprend que le cardinal de Vendôme fit porter une chaise roulante dans la galère, afin de s'en servir dans le cas où les vents n'auraient pas été favorables. — Une *chaise roulante* (voyez tome V, p. 95) est, dit l'Académie dans sa 1re édition (1694), « une voiture à deux roues traînée par un homme ou par un cheval. » Dans les trois éditions suivantes, « par un homme » est omis, et il y a ensuite « par un ou par deux chevaux » ; dans la 5e, l'épithète *roulante* disparaît.

fuse, de prendre la poste ensemble, aussitôt qu'il nous sera possible, c'est-à-dire vers Lerice⁵.

Je suis,

   Monsieur,

     Votre très-affectionné serviteur,
     Le cardinal de Retz.

---

4. — LETTRE DU CARDINAL DE RETZ A M. DE LIONNE.
(Sur ce que le cardinal de Vendôme et lui ont passé devant Gênes sans recevoir aucune civilité.)

Monsieur,

Nous avons eu le temps si contraire que, bien que nous n'ayons pas perdu un moment de navigation, nous ne sommes ici¹ que de ce soir. Nous faisons état d'en

---

5. *Lerici*, gros bourg, situé sur la rive orientale du golfe de la Spezzia, à quatre milles O. de la Spezzia.

Lettre 4. — Archives des Affaires étrangères, Rome, 1667. *Lettres à Lionne*, tome XXXI (183), pièce 37, fol. 93 et 94. Original autographe.

1. C'est-à-dire à *Porto-Fino*: voyez, à la fin de la lettre, la date, et la note 9. — « Il existe un opuscule aussi curieux que rare sur cette navigation de Retz, écrit par un sieur Barbier de Mercurol, qui se trouvait sur la même galère que nos deux cardinaux. En voici le titre : *Voyage d'Italie tant par mer que par terre, le premier, par mer, fait par MM. les cardinaux de Vendôme et de Retz, etc.*; à Paris, chez Jean de Bray, 1671, in-16 de 160 pages. La traversée ne se fit pas sans incidents et sans dangers, comme on le verra par l'analyse que nous allons donner de la relation de ce témoin oculaire. Le cardinal Grimaldi, à cause de son extrême vieillesse, qui aurait eu trop à souffrir des incommodités de la mer, se fit conduire à Rome en litière. Quant à Retz et à Vendôme, partis de Marseille le 24 avril, ils abordaient à Cannes (la relation dit *Ganay*, par erreur), le même jour, sur la côte de Provence, et le lendemain à Villafranca, dans le comté de Nice. Les vents contraires

partir deux heures devant le jour, et nous espérons que nous pourrons être à Livorne² demain ou après-demain de bonne heure, au plus tard. M. le marquis Justinian, qui nous est venu voir en felouque, à la hauteur de Gênes, nous a fait voir des lettres de Rome, du 23, qui portent que le Pape n'étoit pas encore mort, et, comme il n'y a point eu de courrier extraordinaire depuis ce jour-là, nous jugeons qu'il ne l'étoit pas même le 26. Nous n'en ferons pas moins de diligence et nous continuons dans la résolution de prendre, à Lerice, la terre ou la mer, selon ce qui nous la pourra faire faire plus certaine et plus grande. Comme nous n'ignorons pas, M. le cardinal de Vendôme et moi, les difficultés qui se rencontrent assez souvent pour le traitement entre les cardinaux et la république de Gênes, nous avons pris le parti de n'y point toucher et de passer à trois ou quatre milles de la ville. Le sénat avoit délibéré de nous envoyer à chacun six sénateurs et nous avons vu même sortir du port la galère sur laquelle ils étoient embarqués. Mais ils y sont rentrés sans nous faire aucune civilité, après avoir parlé au commissaire de la santé, qui étoit venu, sous ce prétexte, savoir qui étoit sur les galères. Nous ne savons à quoi attribuer ce

les y retinrent jusqu'au 27; à leur départ, comme à leur arrivée, ils furent salués à coups de pierriers. A Vintimiglia, à l'entrée de l'État de Gênes, nos voyageurs, à cause du gros temps, furent forcés de rebrousser chemin jusqu'à Monaco, où ils eurent à essuyer es salves d'artillerie de la citadelle et les harangues du gouverneur. Un bon vent les porta, le lendemain, à quatre-vingt-dix milles de Monaco, et, le jour suivant, 29, ils arrivaient à Porto-Fino, où ils passèrent la journée à visiter les beaux paysages des environs. C'est de ce port qu'est datée la seule lettre de Retz adressée à Lionne pendant la traversée. » (*Le Cardinal de Retz et ses missions diplomatiques à Rome*, p. 454 et 455.)

2. Plus haut, ce même nom est écrit *Ligourne* : voyez p. 172 et note 14.

changement qu'à la pensée qu'ils avoient eue peut-être que nous entrerions dans leur port et qu'ainsi nous les saluerions les premiers. Ce qui mérite considération est que M. l'abbé Bonzy[3] soutient que M. le cardinal Antoine[4], passant devant Gênes sans y mouiller, du temps du pape Innocent[5], la République lui rendit une civilité et envoya des sénateurs sus son passage. Nous trouvâmes, hier au soir, en *vaye*[6] M. le cardinal Grimaldi, qui continue son voyage par terre.

Vous[7] verrez, par la lettre de M. le cardinal de Vendôme, l'avis que M. le marquis Justiniani lui a donné ici depuis ma lettre écrite.

Je suis,

Monsieur,

Votre très-affectionné serviteur,
Le cardinal de Rets.

A Portfin[8], le 29 avril 1667.

3. L'abbé Pierre Bonzy, né à Florence, le 15 avril 1631, neveu de Clément Bonzy, évêque de Béziers, dont il fut le successeur. C'est lui qui fut chargé de négocier le mariage de Mademoiselle d'Orléans, dont nous avons parlé ci-dessus (p. 29, note 5), avec le prince de Toscane. Bonzy fut tour à tour ambassadeur de Louis XIV, auprès du grand-duc de Toscane, de la république de Venise, de la cour de Pologne, etc. Parvenu au cardinalat, en 1672, sous Clément X, il mourut à Montpellier, le 11 juillet 1703.

4. Antoine Barberin : voyez p. 123, note 6.

5. Innocent X (1644-1655), le prédécesseur immédiat du pape alors régnant, Alexandre VII.

6. C'est-à-dire « en fourrure, » proprement « en *vair*, en fourrure de *vair*, » sorte d'écureuil, en italien *vajo*, du latin *varius* (Retz, qui n'emploie jamais l'*y*, écrit *vaie*).

7. Le post-scriptum est écrit entre *Je suis* et *Monsieur*. — Nous ne trouvons pas dans la lettre du cardinal de Vendôme (fol. 95) l'avis dont parle Retz.

8. Porto-Fino, petit port situé à vingt-quatre kilomètres S. E. de Gênes, donne son nom à un promontoire, à partir duquel les navires s'écartent de plus en plus de la côte.

5. — LETTRE DU CARDINAL DE RETZ A M. DE LIONNE.
(Sur son arrivée a Rome.)

A Rome, ce 10 mai 1667.

Monsieur,

Je vous écrivis de Marseille, le 23 d'avril, et, le 29 du même mois, de Portfin[1]. Je sais si peu les termes de marine que je ferois assurément beaucoup d'incongruités si j'entrois dans le détail de notre navigation, et M. le cardinal de Vendôme a bien voulu se charger de rendre compte à Sa Majesté des petits rencontres[2] que nous y avons eus. Nous arrivâmes le 6 de ce mois à Civita-Vecchia, et le 8 en cette ville, où Monsieur l'Ambassadeur m'a fait l'honneur de me loger cheux[3] lui. Comme je n'ai encore vu que fort peu de monde, je me contenterai, pour aujourd'hui, de vous assurer qu'il n'y aura jamais personne qui soit avec plus de sincérité, plus de reconnoissance et plus de passion que moi,

Monsieur,

Votre très-affectionné serviteur,
Le cardinal de RETS.

Je[4] prends la liberté d'écrire au Roi.

LETTRE 5. — Archives des Affaires étrangères, Rome, 1667. *Lettres à Lionne*, tome XXXI (183), pièce 69, fol. 173. Original autographe.

1. Voyez les *lettres* 3 et 4.
2. Dans le texte de MM. Champollion, *petites* et *eues*.
3. Voyez p. 366 et note 3.
4. Ces mots sont écrits en long, à la marge.

6. — LETTRE DU CARDINAL DE RETZ A LOUIS XIV.
(Pour l'assurer de son zèle pour son service.)

Sire,

J'ose espérer de la bonté de Votre Majesté qu'Elle me fera l'honneur d'être persuadée que l'unique application que j'aurai ici sera de lui faire connoître qu'il n'y aura jamais personne qui soit avec plus de soumission, plus d'attachement et plus de zèle,

Sire,

De Votre Majesté

Le très-humble, très-obéissant et très-fidèle serviteur et sujet,

Le cardinal de Retz.

A Rome, le 10 mai 1667.

---

7. — LETTRE DU CARDINAL DE RETZ A M. DE LIONNE.
(Sur la disposition des esprits des cardinaux.)

Monsieur,

Il me semble qu'il n'y a que M. le cardinal de Vendôme qui vous dût mander aujourd'hui des nouvelles de la santé du Pape[1]. Je me crois pourtant obligé de vous

---

Lettre 6. — Archives des Affaires étrangères, Rome, 1667. *Lettres à Lionne*, tome XXXI (183), pièce 68, fol. 171. Original autographe.

Lettre 7. — Archives des Affaires étrangères, Rome, 1667. *Lettres à Lionne*, tome XXXI (183), pièce 87, fol. 218 et 219. Original autographe.

1. La lettre du cardinal de Vendôme (fol. 217) est très-courte; il représente aussi l'état du Pape comme fort grave, mais sans donner de détails.

dire que ses proches² continuent à ne compter sus sa vie que par jours, et que je tiens cet avis de la même personne sus la foi de laquelle je crus que je pouvois sortir de Rome³, au mois de septembre de l'année dernière.

Je vous écrivis, en ce temps-là, que les factions différentes que l'on prévoyoit devoir être dans le conclave⁴ faisoient qu'il étoit comme impossible que les cardinaux s'ouvrissent à eux-mêmes⁵ dans le plus intérieur de leur cœur, par la difficulté qu'ils trouvoient à discerner, par avance, ce qui seroit possible. Ce qui me paroît depuis mon retour est que la disposition du Collége n'est pas changée sus cet article, qui consiste dans un détail sus lequel je ne m'étendrai point, parce que Monsieur l'Ambassadeur, qui en est beaucoup mieux informé que moi, en a rendu compte à Sa Majesté.

J'ai vu M. le cardinal Albizi⁶ et je lui ai parlé dans le sens que Monsieur l'Ambassadeur me l'a marqué. J'ai entretenu aussi quelques-uns de mes amis de l'Esca-

2. Dans le texte de MM. Champollion, *des proches*; à la ligne suivante, *jour*, au singulier; dix lignes au-dessous, *c'est* pour *est*; deux alinéas plus loin, ligne 4, ils omettent *et*; puis n'ont pas le dernier paragraphe de la lettre : « La cour de Rome, etc. »

3. Sans doute l'apothicaire Domenico Viva : voyez ci-dessus, p. 299, et p. 308 et note 29.

4. Le conclave qui aurait à élire le successeur d'Alexandre VII, lequel, nous l'avons dit, fut le cardinal Jules Rospigliosi, qui régna sous le nom de Clément IX. Voyez *le Cardinal de Retz et ses missions diplomatiques à Rome*, chapitre x, p. 447-480. C'est surtout dans la lettre 81 de la seconde partie, datée du 5 novembre 1666, que Retz a parlé à Lionne des dispositions des cardinaux.

5. Pussent savoir et se dire à eux-mêmes qui ils choisiraient : voyez la fin de la première phrase de la *lettre* 9, ci-après, p. 395).

6. Sur le cardinal Albizi, ou plutôt Albizzi, voyez p. 36, note 3, où nous avons dit qu'il faisait partie de l'Escadron volant.

dron, et, autant que je puis juger de leurs[7] discours, je crois que les Espagnols auront peine à empêcher que ceux de leurs sujets qui sont de ce corps demeurent dans leur conduite ordinaire.

La cour de Rome n'avoit fait, jusques ici, que fort rarement des évêques par bref, et on n'en a pu trouver que quatorze exemples dans les registres. Il y en a dix depuis deux mois, quoique deux cardinaux aient fait représenter à Sa Sainteté que ce procédé pourroit avec le temps donner atteinte aux[8] informations de vies et de mœurs qui se font devant les nonces. Cette circonstance m'a paru de considération et digne de vous être mandée.

Je suis,
  Monsieur,
    Votre très-affectionné serviteur,
    Le cardinal de RETS.

A Rome, ce 17 mai 1667.

8. — LETTRE DU CARDINAL DE RETZ A LOUIS XIV.

(POUR ASSURANCE DE SON SERVICE DANS LE PROCHAIN CONCLAVE.)

SIRE,

Je ne puis laisser partir le courrier de Monsieur l'Ambassadeur sans supplier très-humblement Votre Majesté d'être persuadée que l'unique application que j'aurai

---

7. Dans l'original, *leur*, sans *s*, archaïsme encore fréquent alors: voyez au tome II, p. 316, 386 ; et *passim*.

8. Il y a, après *aux*, un mot biffé, qui nous paraît être *mœurs*.

LETTRE 8. — Archives des Affaires étrangères, Rome, 1667. *Lettres à Lionne*, tome XXXI (183), pièce 106, fol. 258. Original autographe.

dans le conclave sera de lui témoigner que je suis avec plus de zèle, avec plus d'attachement et avec plus de soumission que personne du monde,

 Sire,

  De Votre Majesté

   Le très-humble, très-obéissant et très-fidèle serviteur et sujet,

    Le cardinal de Retz.

A Rome, le 22 mai 1667.

---

9. — LETTRE DU CARDINAL DE RETZ A M. DE LIONNE.
(Sur ce que plusieurs cardinaux se vouloient déclarer contre le népotisme; et quelques nouvelles.)

Monsieur,

Je vous écrivis, mardi passé, que j'avois trouvé ici les choses qui regardent le conclave presque au même état que je les y avois laissées, et que les difficultés de pénétrer ce qui y seroit possible faisoit que les cardinaux avoient peine de s'ouvrir à eux-mêmes. Les quatre jours de l'extrémité du Pape, qui n'est mort qu'aujourd'hui à six heures du soir, commencent à donner de l'ouverture à la scène. Mais, comme Monsieur l'Ambassadeur m'a dit qu'il vous en mandoit le détail, je ne répéterai point ici ce que j'en ai appris, parce que je lui en ai rendu compte, et je me contenterai de vous parler de ce qui concerne le népotisme, sur lequel Monsieur l'Ambassadeur m'a témoigné qu'il ne s'étoit point étendu dans sa dépêche. Nous avons commencé de

---

Lettre 9. — Archives des Affaires étrangères, Rome, 1667. *Lettres à Lionne*, tome XXXI (183), pièce 107, fol. 259-261. Original autographe.

travailler aux moyens qui peuvent remédier à ces abus, et nous avons lieu d'espérer que notre application ne sera pas inutile. Notre nombre s'augmente tous les jours, et nous sommes déjà vingt-huit[1] prêts à nous déclarer[2]. M. le cardinal Palotta[3], qui est des plus anciens du Collége, s'y est engagé, et M. le cardinal Pallavicin y paroît même des plus échauffés. Nous avons lieu de croire que nous ferons encore plus de progrès dans le conclave, et, selon toutes les apparences, nous réussirons dans notre dessein. Mais, supposé même qu'il fût traversé par des obstacles que nous ne puissions surmonter, il est comme impossible que nous n'en tirions au moins l'avantage de commettre l'Escadron, qui est comme l'âme de cet ouvrage, avec l'Espagne, qui le trouera[4] de tout son pouvoir. Son ambassadeur s'en expliqua comme d'une pensée chimérique et même dangereuse, et je sais certainement qu'il fait état de faire déclarer sur ce point ceux de cette faction qui sont sujets du roi son maître. Il n'y gagnera rien, à mon opinion, que de la désobliger toute entière : ce qui me paroît assez considérable dans cette conjoncture, où l'on ne peut, ce me semble, trop serrer les mesures qui furent prises l'année passée avec Monsieur l'Ambassadeur. Ce n'est pas que, comme vous aurez vu par ses dépê-

---

1. L'original a la singulière orthographe *vintouit*, en un mot. Dans le texte de MM. Champollion, « vingt touts (prêts) » ; et, à la ligne suivante, *Palatta*, au lieu de *Palotta*.

2. Contre les abus du népotisme.

3. Jean-Baptiste Palotta, né à Calderola (Marche de Rome), archevêque de Thessalonique, nonce à Vienne, créé cardinal par Urbain VIII en 1629 ; depuis évêque de Frascati et d'Albano, gouverneur de Rome, où il mourut le 24 janvier 1668.

4. Tel est bien le texte : « y fera des trous, des brèches, en détachera tout ce qu'elle pourra ». — MM. Champollion donnent *troublera*.

ches, ces Messieurs[5] ne les aient gardées avec toute sorte d'honnêtetés et de bonne foi et qu'ils ne les continuent encore de fort bonne grâce; mais enfin ils demeurent dans l'indépendance qu'ils professent des couronnes[6], ils ne s'engagent pas à tout, ils conservent leur liberté, et il est bon par conséquent de ménager, avec soin, les occasions qui les peuvent toujours de plus en plus détacher de l'Espagne. Je suis persuadé que la protection que Sa Majesté donne à un dessein qu'ils ont fort à cœur, et l'imprudence du duc d'Astorga[7], qui n'est rien moins qu'un[8] habile homme, contribueront beaucoup à cet effet. On m'a assuré, d'assez bon lieu, qu'il y auroit déjà éclat contre MM. les cardinaux Borromée, Aquavive[9] et Omodei sur la proposition contre le népotisme, sans M. le cardinal Barberin, qui est de leurs amis et qui a toujours conservé, depuis le dernier conclave, quelque liaison avec l'Escadron.

Monsieur l'Ambassadeur me témoigna mercredi qu'il étoit à propos que, dans les visites que je devois rendre à M. le cardinal Ghisi et recevoir de dom Mario, j'es-

1667

---

5. Les cardinaux de l'Escadron.

6. La même idée est rendue, dans les mêmes termes, ci-dessus, *lettre* 81, p. 375.

7. Ambassadeur du roi d'Espagne à Rome, qui avait remplacé don Pedro d'Aragon. — Dans le texte Champollion, « et que l'imprudence de M. d'Astorga »; trois et quatre lignes plus loin, *entre*, au lieu de *contre*; *Aquenine* et *Omodée*; à l'alinéa suivant, ligne 5, « de ces derniers moments »; ligne 8, « qu'il me fût possible ».

8 *Ne.... rien moins que* prête souvent à deux sens (voyez *Littré*, à l'article RIEN, 13°), mais ici la signification est bien déterminée, ne fût-ce que par *imprudence* qui précède.

9. Aquaviva (Octave), fils de Josias duc d'Atri, né le 23 septembre 1609, devint gouverneur de Viterbe; créé cardinal, le 9 mars 1652, par Innocent X, il mourut à Rome le 29 septembre 1674. — Pour les cardinaux Borromée et Omodei (que Retz écrit ailleurs *Homodei*), voyez p. 131, note 12, et p. 302, note 9.

sayasse de faire connoître à l'un ou à l'autre l'intérêt qu'ils avoient de se servir des derniers moments de la vie du Pape pour donner au Roi la satisfaction qu'il souhaite touchant l'affaire de Castro[10]. Je m'en acquittai le moins mal qui me fût possible, mais sans aucun fruit, le premier m'ayant répondu que le Pape n'étoit pas en état de parler d'affaires, et le second m'ayant dit simplement qu'il n'étoit pas informé de ce détail et qu'il en parleroit pourtant à M. le cardinal Ghisi, son fils.

Un gentilhomme du même cardinal vint prier le Collége jeudi, de sa part, de se trouver le lendemain au Palais, à onze heures d'Italie[11], pour recevoir la dernière bénédiction de Sa Sainteté, et, comme M. le cardinal Ursin eut avis que l'on nous assembloit sous ce prétexte, pour faire lire un écrit que le Pape a fait, à ce que l'on prétend, contre ce qui concerne l'État de Castro, dans le traité de Pise, le sentiment de Monsieur l'Ambassadeur fut que nous nous préparassions pour y répondre; mais nous n'en eûmes pas l'occasion, M. le cardinal Ghisi nous étant venu dire, un quart d'heure après que nous fûmes entrés dans l'antichambre du Pape, que Sa Sainteté avoit[12] eu la nuit un fort grand redoublement qui l'empêchoit de nous pouvoir voir. Nous y retournâmes le lendemain, qui fut hier, et nous le trouvâmes sans connoissance, au moins n'en donna-t-il aucune marque à M. le cardinal Pallavicin, qui s'approcha beaucoup plus près de son lit que les autres.

10. Voyez p. 9, note 21.
11. C'est-à-dire vers sept heures du matin. Les Italiens font leur journée de vingt-quatre heures, qu'ils commencent à compter, nous l'avons dit (p. 239, note 19), depuis le coucher du soleil : voyez le *Dictionnaire de Trévoux*, à l'article HEURE (p. 817, colonne 2, édition de 1771). Le 22 mai, le soleil se couche un quart d'heure environ avant huit heures.
12. Dans le texte Champollion, *auroit*.

Je viens d'apprendre, depuis ma lettre écrite, que le P. Spazza, jésuite espagnol et professeur de théologie au collége romain, travaille à un ouvrage par lequel il prétend de prouver que les cardinaux ne peuvent en conscience donner leurs voix aux sujets qui sont exclus par une couronne. On n'accorde pas cet éclat d'un homme très-confident du ministre avec la déclaration que fait l'ambassadeur de n'exclure personne, et les spéculatifs de Rome croient que cela peut aller à M. le cardinal de Brancace[13].

Je suis,
  Monsieur,
    Votre très-affectionné serviteur,
    Le cardinal de Retz.

A Rome, ce 22 mai 1667.

---

10. — LETTRE DU CARDINAL DE RETZ A M. DE LIONNE.
(Sur la beauté du discours de M. de Chaulnes.)

Monsieur,

Je sors de la congrégation des cardinaux, si plein de la beauté de l'action[1] que Monsieur l'Ambassadeur y

---

13. Voyez p. 312, note 6.

Lettre 10. — Archives des Affaires étrangères, Rome, 1667. *Lettres à Lionne*, tome XXXI (183), pièce 124, fol. 303. Original autographe.

1. *Action*, au sens, commun alors, de discours. — « Aujourd'hui le duc de Chaulnes a, par un très-éloquent discours, dit au Sacré Collége qu'il avoit ordre du Roi son maître, comme premier prince chrétien et fils aîné de l'Église, de lui offrir tout ce qui dépendoit de Sa Majesté pour la sûreté du conclave et l'élection d'un nouveau pontife, et de lui déclarer qu'il n'avoit point d'exclusion à proposer : ne se trouvant aucun dans la compagnie

vient de faire que je ne me puis empêcher d'ajouter ce billet à la lettre que je vous écrivis avant-hier. Vous ne serez pas surpris quand je vous dirai que son discours y a eu, et pour le fond et pour la manière, toute l'approbation imaginable ; mais il est étonnant qu'il n'y ait eu personne dans le Sacré Collége qui n'ait été ravi d'être obligé de la lui donner. Vous connoissez trop bien la cour de Rome pour ne pas avouer que cette disposition n'y est pas commune à l'égard des ambassadeurs. On avoit hier résolu de faire le conclave à Monte-Cavallo[2], à cause du mauvais air du Vatican[3] ; mais on a trouvé, à ce matin, tant d'inconvénients à s'éloigner de Saint-Pierre, que l'on a arrêté le contraire par une nouvelle délibération.

J'ai donné aujourd'hui à Monsieur l'Ambassadeur un avis, qui me paroît mieux fondé que les précédents, sur ce que l'on dit de l'alliance des maisons Barberine et Ghisi. J'essaierai d'en pénétrer la vérité.

Je suis,
    Monsieur,
        Votre très-affectionné serviteur,
        Le cardinal de RETZ.

A Rome, ce 24 mai 1667.

---

qui n'ait les qualités pour remplir dignement cette place. » (*Gazette*, p. 579, « de Rome, le 24 mai ».)

2. Au palais du Quirinal : voyez p. 66, note 3.

3. « On résolut que le.... conclave se tiendroit au Vatican, et non au Quirinal, comme plusieurs l'avoient proposé, dit la *Gazette* (en date du 30 mai), à cause de la mauvaise odeur venant des terres qu'on a remuées dans la place de Saint-Pierre. »

SUR LES AFFAIRES DE ROME. — III, 11.

11. — LETTRE DU CARDINAL DE RETZ A M. DE LIONNE.
(TOUCHANT LES SENTIMENTS DU CARDINAL AZZOLIN EN FAVEUR DU CARDINAL GRIMALDI ; ET L'AFFAIRE DU NÉPOTISME.)

A Rome, ce 31 mai 1667.

MONSIEUR,

Je n'entrerai aujourd'hui que fort peu dans le détail de ce qui s'est passé ici depuis[1] la mort du Pape, et parce que je ne doute point que Monsieur l'Ambassadeur n'en rende exactement compte à Sa Majesté, et parce qu'il me paroît que les lumières que l'on a commencé à tirer, en cette cour, du premier mouvement des factions différentes sont encore si confuses et si incertaines, que je ne sais si elles ne seroient pas plus capables d'embrouiller le plan qu'il m'a dit vous en avoir envoyé, que de l'éclaircir. Je lui porte, avec application, le peu de découvertes que je fais d'heure à autre. Mais, comme la plupart n'ont de considération que celle du jour, et que toutes ont rapport aux choses qu'il vous aura certainement fait savoir devant que je fusse arrivé en cette ville, je crois que je lui dois déférer le jugement et le choix de celles qui méritent de vous être mandées. Il a jugé à propos que je vous écrivisse ce qui s'est passé, de ma part, avec l'Escadron, touchant le conclave, et la proposition contre le népotisme. Je m'en acquitterai le plus succinctement qu'il me sera possible.

M. le cardinal Azzolin me dit, jeudi dernier, que l'on étoit persuadé généralement à Rome que la France ne souhaitoit pas l'exaltation de M. le cardinal Barberin,

---

LETTRE 11. — Archives des Affaires étrangères, Rome, 1667. *Lettres à Lionne*, tome XXXI (183), pièce 135, fol. 329 et 330. Original autographe.

1. La première syllabe de *depuis* surcharge deux autres lettres.

1667

et que, bien qu'il la crût[2] fort difficile, il se tenoit obligé de s'expliquer, sur ce sujet, et avec moi, pour lui et pour ses amis; qu'il ne pouvoit, avec bienséance, s'engager contre les intérêts de M. le cardinal[3] Barberin, pour les raisons qui étoient connues de tout le monde; que ceux mêmes d'entre eux qui pourroient ne pas porter jusques à la tiare[4] l'amitié qu'ils ont pour sa personne ne prendroient jamais, par bienséance et par honneur, de liaisons contraires; mais que, pour témoigner à Monsieur l'Ambassadeur la passion qu'ils avoient de rencontrer le service et la satisfaction du Roi dans le bien de l'Église, il me prioit de l'assurer que la disposition qu'il me faisoit voir pour M. le cardinal Barberin n'empêcheroit pas qu'il ne concourût, avec fidélité, au premier sujet capable qu'il leur proposeroit, sans excepter même M. le cardinal Grimaldi, qu'il préféroit de très-bon cœur à tout autre, parce qu'il le tenoit pour le plus digne du pontificat, et pour le plus éloigné du népotisme; que la qualité de factionnaire de France et l'entreprise de Naples[5] mettroient vraisemblablement de grands obstacles aux pensées que l'on prendroit pour lui, mais que l'on y pourroit garder de telles mesures

2. Dans le texte de MM. Champollion, *croit*, et, trois lignes au-dessous, « le cardinal de Barberin »; puis, plus loin, *fonctionnaire*, pour *factionnaire*; *les* pour *ces*, devant *obstacles*; le cardinal *Giraffi*, pour *Ginetti*; *Ravino*, pour *Ravissa*; *d'Azzolin*, pour *Azzolin*; et, avant la signature, *obéissant*, pour *affectionné*.

3. Ici et neuf lignes plus loin l'abréviation *M. le C.* est ajoutée en interligne.

4. Dans le manuscrit, *thiare*.

5. En 1648, Grimaldi, qui venait de s'engager au service de la France, s'était embarqué, par ordre du cardinal Mazarin, sur l'escadre qui fut envoyée en vain sur les côtes de Naples pour ranimer et soutenir la révolte napolitaine, après le premier échec du duc de Guise. Voyez Bazin, *Histoire de France sous Louis XIII et sous le ministère du cardinal Mazarin*, tome III, p. 400 et 401.

que ces obstacles se trouveroient peut-être, avec le temps, plus apparents qu'effectifs, et qu'il les concerteroit avec Monsieur l'Ambassadeur, quand il lui plairoit. Ils se virent, dès le jour même, et je ne doute point que Monsieur l'Ambassadeur ne vous mande le détail de leur conversation, aussi bien que les précautions très-judicieuses qu'il prend pour empêcher que ce qui est fort bon de soi-même ne puisse être mauvais par l'événement. Ce n'est pas que je ne sois persuadé, et par la probité de M. le cardinal Azzolin, et par ce que je sais, depuis longtemps, de ses dispositions pour la personne de M. le cardinal Grimaldi, que sa proposition est sincère et de bonne foi; mais, comme le succès en est dans le fond très-difficile, on ne sauroit, ce me semble, agir avec trop d'égards pour faire que, si elle n'a point son effet, elle n'en produise pas[6] au moins qui soit contraire aux sentiments et aux volontés du Roi, particulièrement en ce qui touche M. le cardinal Barberin. Je crois, Monsieur, qu'il est inutile que je vous dise que je me conduirai, sur ce détail et sur tous les autres, précisément et ponctuellement selon ce que Monsieur l'Ambassadeur me dira.

Pour ce qui est du népotisme, vous aurez vu, par ma précédente, que l'on poussoit ici le premier projet avec vigueur. Je trouve quelque changement dans les esprits, depuis deux jours, sur ce que l'ambassadeur d'Espagne, qui y est contraire au dernier point, s'est servi de cette occasion avec adresse, par le conseil, à ce que l'on prétend, de M. le cardinal Ginetti[7], pour essayer de brouiller l'Escadron avec MM. les cardinaux Barberin et Ghisi, qui sont tous deux, par différents motifs, fort

---

6. *Pas* est ajouté au-dessus de la ligne.
7. Voyez p. 114, note 9.

opposés au dessein qui se forme contre le népotisme. Le zèle et le peu de secret de M. le cardinal Pallavicin, à qui l'on s'est ouvert, contre mon sentiment, de trop bonne heure, ont donné lieu à la défensive, qui ne peut être foible dans un temps où il ne se peut que l'Escadron ne garde beaucoup de mesures avec les chefs de faction. J'espère toutefois que la justice et la nécessité du dessein soutiendront des intentions qui sont assurément fort sincères et fort bonnes.

Nous nous enfermons après-demain, et vous croirez aisément que je suis trop religieux observateur des bulles pour vous écrire du conclave. Comme Monsieur l'Ambassadeur n'est pas si scrupuleux que moi, je m'imagine que vous serez presque aussi ponctuellement informé de ce qui se passera par les mesures qu'il y prend, que si vous y étiez présent[8].

Je crois que vous aurez su que, le jour de la mort du Pape, le peuple éclata avec fureur contre sa mémoire; que dom Mario fut injurié publiquement dans les rues; que M. Ravissa[9] courut fortune; et que, les jours suivants, toute cette cour, sans exception, a rendu plus de civilités à ses parents que famille de pape n'en a jamais reçu. Vous inférerez de là facilement que nous

---

8. Les deux lettres les plus importantes du duc de Chaulnes sont celles du 21 juin (tome XXXII, fol. 110-112) et du 6 juillet (*ibidem*, fol. 238-249). Il parle des manœuvres dont on a usé avec le cardinal Chigi pour faire élire l'un des cardinaux Celsi ou d'Elci (voyez p. 153, note 5, et p. 425, note *b*), dit que ce sont « les vieux, » Ginetti, Brancaccio, Palotta, qui ont décidé l'élection, et donne de grands éloges au cardinal de Retz.

9. Ravizza, plusieurs fois nommé ci-dessus, occupait une assez haute fonction dans la domesticité du Palais. Il est dit de lui dans *Il Cardinalismo di santa Chiesa*, tome II, p. 309 : *Ravizza huomo odioso a Romani*. — En 1670 il fut envoyé en Portugal par Clément X, en qualité de nonce (*Gazette*, p. 881, en date du 19 août).

sommes dans un pays où l'intérêt l'emporte toujours sus la passion. Je ne vous recommande point le secret sur ce que je vous viens de marquer de M. le cardinal Azzolin à l'égard de M. le cardinal Grimaldi : vous en voyez la conséquence.

Je suis,
   Monsieur,
     Votre très-affectionné serviteur,
     Le cardinal de Rets.

---

12. — LETTRE DU CARDINAL DE RETZ A LOUIS XIV.
(POUR ASSURANCE DE SON ZÈLE A SON SERVICE.)

Sire,

Je ne puis laisser partir le courrier de Monsieur l'Ambassadeur, sans supplier très-humblement Votre Majesté d'être persuadée que le seul déplaisir que j'ai eu au conclave[1], a été de n'avoir pas assez de capacité pour lui donner des marques plus considérables du zèle très-ardent que je conserverai toute ma vie pour son service, et de la soumission avec laquelle je suis,
 Sire,
   De Votre Majesté
    Très-humble, très-obéissant et très-fidèle serviteur et sujet,
     Le cardinal de Rets.

A Rome, le 20ᵉ juin 1667.

Lettre 12. — Archives des Affaires étrangères, Rome, 1667. *Lettres à Lionne*, tome XXXII (184), pièce 42, fol. 98. Original, de la main d'un secrétaire ; la ligne de signature est seule autographe. — Voyez aux *Pièces justificatives*, n° 74, la lettre du Roi au Cardinal, du 20 juillet, dont il est parlé ci-après, p. 410 et note 2, et p. 413.

1. Nous avons vu dans la lettre précédente (p. 404) que les

13. — LETTRE DU CARDINAL DE RETZ A M. DE LIONNE.
(Sur la part que le Roi a eue a l'élection du Pape.)

Monsieur,

Comme je n'ai rien fait, dans le conclave, que par les ordres de Monsieur l'Ambassadeur, je crois que je me dois remettre à ce qu'il vous en écrira; mais je ne puis m'empêcher de vous dire que la gloire que le Roi y a eue[1] de l'exaltation du Pape est due entièrement à ses soins, et que M. le cardinal Chigi, et Azzolini[2], y ont aussi agi d'une manière qui marque qu'ils ont eu une très-forte passion de plaire, en ce rencontre, à Sa Majesté. Je fais état de partir dans huit ou dix jours, pour aller faire des remèdes à Commercy, desquels j'ai assurément beaucoup de besoin. Soyez persuadé, je vous conjure, qu'il n'y a personne au monde qui soit avec plus de passion, plus de reconnoissance et plus de tendresse que moi[3],

Monsieur,

Votre très-affectionné serviteur,
Le cardinal de Retz.

A Rome, le 20 juin 1667.

cardinaux étaient entrés au conclave le 2 juin. Le cardinal Rospigliosi, Clément IX, fut élu, nous l'avons dit, le 20 juin, le jour même où le cardinal de Retz écrit cette lettre au Roi et la suivante à Lionne.

Lettre 13. — Archives des Affaires étrangères, Rome, 1667. *Lettres à Lionne*, tome XXXII (184), pièce 43, fol. 99. Original, de la main du même secrétaire que la *lettre* 12; la ligne de signature est seule autographe.

1. *Eu*, sans accord, dans l'original. — Plus loin, dans le texte de MM. Champollion, *entièrement due.*

2. *Azzolni* (sic), en interligne; à la ligne suivante, *ont*, après *qu'ils*, corrige, en le surchargeant, le singulier *a*.

3. Après *moi*, est effacé *Je suis.*

14. — LETTRE DU CARDINAL DE RETZ A M. DE LIONNE. 1667
(Sur l'audience de congé qu'il a eue du Pape.)

Monsieur,

Monsieur l'Ambassadeur ayant jugé à propos que j'assistasse aux cérémonies du couronnement et de la prise de possession, j'ai différé de quelques jours à demander mon audience de congé. Je l'eus avant-hier, et elle se passa toute entière de la part de Sa Sainteté en témoignages de la reconnoissance qu'Elle doit au Roi. Il ne se peut rien ajouter aux expressions dont Elle se servit; Elle me répéta, plus de vingt fois en une heure, qu'Elle devoit le pontificat à Sa Majesté, et toutes ces paroles furent accompagnées d'un air qui me persuade[1] qu'elles partoient du cœur. J'aurai l'honneur de recevoir encore demain ses commandements, et Elle a eu la bonté de me l'ordonner.

L'entrée du Roi en Flandres[2] m'avoit presque fait résoudre à prendre la route de Venise pour éviter le Milanois; mais Monsieur l'Ambassadeur m'ayant assuré qu'il n'y a aucun inconvénient à y toucher, je prends le parti d'envoyer un gentilhomme à dom Louis Ponce de Léon[3], pour m'assurer de ses intentions, en lui faisant compliment sur mon passage. Monsieur l'Am-

---

Lettre 14. — Archives des Affaires étrangères, Rome, 1667. *Lettres à Lionne*, tome XXXII (184), pièce 98, fol. 198. Original autographe. — Voyez la réponse de Lionne à Retz, du 23 juillet, aux *Pièces justificatives*, n° 75.

1. Dans le texte de MM. Champollion, *persuada*. Il y avait d'abord au manuscrit *persuadent*; à la suite, *partoient* y est très-surchargé; puis *il* a été changé en *Elle* devant *a eu*.

2. Louis XIV, qui réclamait la Flandre au nom de sa femme en vertu du droit de dévolution, fit, en personne, la conquête de cette province, dans une brillante et rapide campagne (juin à août).

3. Voyez ci-dessus, p. 27 et note 2.

bassadeur croit qu'il n'y aura aucune difficulté, et, à vous dire le vrai, je le souhaite, parce que dix jours de voyage de plus en cette saison et la poudre [4] de Lombardie mérite quelque réflexion. Je m'avancerai toujours jusqu'à Fornoue [5], en attendant la réponse de dom Louis.

Je ne rends point compte au Roi du peu de lumière que j'ai essayé de tirer, dans le conclave, de l'état de cette cour, parce que Monsieur l'Ambassadeur, à qui j'en ai laissé un petit mémoire, choisira beaucoup mieux que moi ce qu'il croira digne d'en être mandé à Sa Majesté.

Je suis,

Monsieur,

Votre très-affectionné serviteur,
Le cardinal de Retz.

A Rome, le 4 juillet 1667.

---

15. — LETTRE DU CARDINAL DE RETZ A M. DE LIONNE.
(Sur son départ.)

Le 6 juillet 1667 [1].

Depuis ma lettre écrite, j'ai vu le Pape, qui m'a témoigné encore plus de reconnoissance des obligations

---

4. Quelques lettres, probablement *pou*, ont été effacées devant *poudre* (ici au sens de *poussière*). A la suite, il y a bien *mérite*, au singulier. — Dans le texte de MM. Champollion : « dans cette saison, en la pauvre Lombardie, méritent réflexion. »

5. Fornoue, bourg situé à vingt-deux kilomètres S. O. de Parme. Charles VIII, revenant de Naples, y battit l'armée de la ligue italienne, en 1495.

Lettre 15. — Archives des Affaires étrangères, Rome, 1667. *Lettres à Lionne*, tome XXXII (184), pièce 117, fol. 251. Original autographe.

1. A la suite de cette date, sans nom de lieu, le manuscrit porte, écrit d'une autre main : *à Rome*.

qu'il a au Roi, qu'il n'avoit fait à ma première audience. Messieurs ses neveux[2] arrivèrent ici avant-hier au soir, et ils me firent l'honneur de me venir voir hier, ce qui m'a obligé à remettre mon départ[3] d'un jour ou deux, pour leur pouvoir rendre la visite. On m'a enseigné un chemin par lequel on m'assure que je pourrai passer du Parmesan à Bresce[4], sans toucher l'État de[5] Milan. Je prendrai ce parti, pour éviter ou les difficultés ou les cérémonies de dom Louis.

Je suis,

Monsieur,

Votre très-affectionné serviteur,

Le cardinal de RETZ.

16. — LETTRE DU CARDINAL DE RETZ A LOUIS XIV[1].
(POUR RÉPONSE A CELLE QUE SA MAJESTÉ LUI AVOIT ÉCRITE AU SUJET DE LA SATISFACTION QU'ELLE AVOIT DE SA CONDUITE DANS LE CONCLAVE.)

SIRE,

J'ai trouvé, en arrivant ici, la lettre dont il a plu à

2. Voyez ci-après, p. 446, note 9.
3. Dans le texte de MM. Champollion : « de retarder mon départ »; puis *assigné*, au lieu d'*enseigné*.
4. Brescia, ville de Lombardie, à quatre-vingts kilomètres N. E. de Milan.
5. Un mot effacé après *de*, peut-être *Milanois*.
LETTRE 16. — Archives des Affaires étrangères, Rome, 1667. *Lettres à Lionne*, tome XXXIII (185), pièce 103, fol. 244. Original, de la main du secrétaire habituel de la 2de partie. Les trois lignes de la signature sont seules autographes.
1. La lettre est sans date au manuscrit, mais on voit, par la suivante, qu'elle a été écrite du même lieu et probablement le même jour qu'elle, c'est-à-dire le 14 août, lendemain de l'arrivée du Cardinal à Commercy.

Votre Majesté de m'honorer du 20° juillet², sur laquelle je la supplie très-humblement de me permettre de lui dire que ma joie, quoique extrême, n'a pas été si pure qu'elle n'ait été mêlée de beaucoup de douleur de n'avoir pas été plus utile à son service. J'ai appris, en même temps, par M. de Lionne, la bonté qu'Elle a eue³ pour moi sur ce qui regarde l'abbaye de Quimperlé⁴. Je

2. Cette lettre du Roi, que nous donnons, sous le n° 74, dans les *Pièces justificatives*, porte dans les *OEuvres* de Louis XIV (tome V, p. 413) la date du 10 juillet.

3. *Eu*, sans accord, dans l'original.

4. Chef-lieu d'arrondissement du département du Finistère. — Le cardinal de Retz avait cédé l'abbaye bénédictine de Sainte-Croix de Quimperlé, à son fidèle et habile serviteur l'abbé Guillaume Charrier, mais sans que des bulles eussent ratifié cette cession. Charrier venait de mourir; par conséquent l'abbaye faisait naturellement retour au Cardinal, qui en restait titulaire. Qu'arriva-t-il? un Père Privigniani, qui était à Rome un des agents secrets du roi de France, ayant appris la mort de l'abbé Charrier, convoita aussitôt l'abbaye et la demanda à Lionne. Celui-ci écrivit au Roi, qui se trouvait à Douai, dans le courant de juillet 1667 : « Ledit Père (Privigniani) ayant su, à son retour, que l'abbé Charrier est mort, qui avoit deux abbayes, il a désiré de moi que j'écrivisse à Sa Majesté, pour en obtenir une de sa bonté, et qu'on pourroit, en ce cas, en solliciter les bulles, qui comprendroient la dispense. Sur le sujet desdites abbayes, je ne puis m'empêcher de faire savoir à Sa Majesté, pour en faire ce qu'il lui plaira, qu'on m'a dit qu'il y en a une dont M. le cardinal de Retz s'étoit dépouillé en faveur dudit abbé Charrier, dont même celui-ci n'a jamais pris de bulles. Et comme ledit cardinal vient de faire merveille au conclave, je ne sais si Votre Majesté ne jugeroit point à propos de laisser ladite abbaye, qui ne peut pas valoir grand'chose, à la disposition dudit cardinal, ou pour lui-même, s'il le veut, pour un de ses amis, ou, *en tout cas, la donner promptement, et lui faire faire après une honnêteté : que Sa Majesté n'en auroit pas disposé, si Elle eût plus tôt appris ce qu'Elle a su depuis, y ajoutant, si Elle veut, qu'Elle lui en donnera une autre.* » Le Roi se garda bien de suivre ce perfide conseil, et le Tellier, qui l'avait accompagné à Douai, mit cette apostille en regard de la lettre de Lionne : « Le Roi a déjà disposé d'une de ces abbayes-là, et, pour l'autre, Sa Ma-

lui en rends les très-humbles grâces que je lui dois, et
je la conjure d'être persuadée que rien n'égalera jamais
ma reconnoissance que l'attachement que je conserverai, toute ma vie, pour sa personne et pour son service.
Comme je craindrois de manquer au respect si j'entrois
dans un petit détail⁵ dont j'entretiens M. de Lionne,
je me contenterai de supplier très-humblement Votre
Majesté de me pardonner la liberté que je me donne de
lui faire une nouvelle prière, puisqu'elle n'est qu'un

jesté ordonne qu'on fasse savoir à M. le cardinal de Retz qu'Elle
la laisse à sa disposition. » C'est ce que nous lisons aux pages 20
et 21 d'un livre intitulé : *Mémoires de M. de Lyonne au Roy interceptez par ceux de la garnison de Lille, le sieur Héron, courrier du cabinet, les portant à l'armée de Paris;* très-petit in-12 de 70 pages,
sans nom de lieu, daté de 1668, et imprimé en Hollande. — Conformément aux ordres du Roi, Lionne s'empressa d'écrire à Retz
que l'abbaye de Quimperlé lui était gracieusement donnée (ou
plutôt restituée) par Sa Majesté. Elle était de 7000 livres de revenu. C'était beaucoup pour l'abbé Charrier; ce n'était rien pour
le Cardinal, eu égard aux éclatants services qu'il venait de rendre. « Il devait s'attendre à une autre récompense, et au fond il
fut assez piqué de la parcimonie de ce don, qui, à tout prendre,
était une restitution. Au lieu de l'accepter pour lui-même, et afin
de donner indirectement une leçon de générosité au grand Roi, il
le supplia*a*, dans les termes les plus respectueux, de lui permettre
de disposer des revenus de cette abbaye en faveur d'un neveu de
l'abbé Charrier et d'un fils de M. de Montmorency, qui se trouvait
dans un état voisin de l'indigence. » (*Le Cardinal de Retz et ses
missions diplomatiques à Rome*, p. 476-478.) Le Roi approuva les
deux choix du Cardinal. Il est fort probable que celui-ci aura eu
connaissance de l'opuscule, que nous venons de citer, des *Mémoires
interceptez,* etc., et qu'ayant pu se convaincre, par ses propres
yeux, du peu de bienveillance et de la duplicité du ministre à son
égard, c'ait été là une des raisons pour lesquelles il se soit cru dégagé de toute reconnaissance à son égard quand il eut à parler de
lui dans ses *Mémoires.* Voyez ci-dessus, p. 25, note 4.

5. Voyez le troisième et le quatrième paragraphes de la lettre
suivante.

a Par l'entremise de Lionne : voyez la lettre suivante.

effet de l'extrême confiance que je prends en sa bonté.

Je suis, avec plus de zèle et plus de passion que personne du monde,

    Sire,

        De Votre Majesté

            Le très-humble, très-obéissant et très-fidèle serviteur et sujet,

                  Le cardinal de Retz.

---

17. — LETTRE DU CARDINAL DE RETZ A M. DE LIONNE.
(Sur le même sujet, et l'abbaye de Quimperlé.)

Monsieur,

Je ne suis ici que d'hier, le détour que j'ai pris ayant allongé mon voyage de dix ou douze jours. Je vous écrivis de la Garfagnane[1] que, pour éviter le Milanois, je prendrois la route de Vérone. On m'y fit tant de peur des montagnes des Grisons[2], que je me résolus de passer par le Tyrol et par l'Allemagne. J'en ai trouvé en effet le chemin beaucoup plus beau, mais, sans comparaison, plus incommode à cause de la longueur. J'ai passé partout *incognito*.

Lettre 17. — Archives des Affaires étrangères, Rome, 1667. *Lettres à Lionne*, tome XXXIII (185), pièce 104, fol. 245 et 246. Original, de la même main que la précédente; la ligne de signature est seule autographe. — Dans l'édition de MM. Champollion, la lettre s'arrête à *bons offices* (ligne 15); une seule variante, *par* omis (ligne 6) devant *l'Allemagne*.

1. Garfagnana, petit pays d'Italie situé dans l'Apennin, entre les territoires de Modène et de Lucques. Nous n'avons pas trouvé aux Archives la lettre écrite de là; dans celles du 31 mai et du 4 juillet Retz parle aussi à Lionne de son désir d'éviter le Milanais.

2. Le canton des Grisons a le Tyrol à l'est, et au sud le canton du Tessin.

J'ai reçu, en arrivant, la lettre dont il a plu à Sa Majesté de m'honorer du 20ᵉ juillet et les deux vôtres du 23ᵉ du même mois et du 3ᵉ du courant³. Vous pouvez croire que j'ai reconnu aisément, dans la première, les effets de vos bons offices, et quelques observations dans les deux autres qui ne marquent pas moins la bonté que vous avez pour moi. Soyez persuadé, je vous conjure, que rien au monde ne m'a jamais été plus sensible, et que la reconnoissance que j'en ai dans le plus intérieur de mon cœur est beaucoup au-dessus de ce que je vous en saurois jamais dire. Je vois bien que vous et Monsieur l'Ambassadeur vous vous entendez ensemble pour me nuire, et je lui en ferai, au premier jour, des reproches, aussi bien qu'à l'abbé de Machault⁴, de ce qu'il vous a mandé sur le billet. Vous connoissez sa cordialité⁵ et la chaleur qu'il a pour ses amis. Je lui fis la guerre de son inquiétude sur ce même sujet, parce que je voyois de Rome justement la chose comme elle s'est passée, et M. de Chaulnes vous le pourra dire un jour. Je vous supplie de croire qu'après les obligations que je vous ai et dont je conserve chèrement toutes les circonstances dans le fond de mon âme, je ne sache rien au monde qui me pût faire entrer dans le moindre doute de votre amitié, et permettez-moi, s'il vous plaît, de vous faire même des reproches du petit éclaircissement que vous m'avez voulu donner sur cette bagatelle.

3. Ces lettres de Lionne sont les nᵒˢ 75 et 76 des *Pièces justificatives;* la lettre du Roi du 20 juillet a été déjà mentionnée plus haut, p. 409 et 410. — Le secrétaire a écrit, par mégarde : « *des* 23ᵉ du même mois et du 3ᵉ du courant. »

4. Voyez ci-après, p. 421 et note 8. — Nous n'avons pas trouvé aux Affaires étrangères le billet de l'abbé de Machault dont parle ici Retz.

5. Nous n'avons pas besoin de dire que *sa* se rapporte à l'Ambassadeur.

J'espère que vous me ferez bien la grâce de témoigner au Roi le ressentiment que j'ai de ses bontés encore plus particulièrement que je n'ai osé, par respect, le faire dans la lettre que je me donne l'honneur d'écrire à Sa Majesté. Je prends la liberté de vous en envoyer la copie, afin que vous me puissiez faire la grâce de tourner en la manière que vous jugerez la plus convenable la prière très-humble que je lui fais sur ce qui regarde l'abbaye de Quimperlé. Je vous remercie, de tout mon cœur, du soin que vous avez eu, en ce rencontre, de ce qui me regarde. Je n'en suis point surpris, mais, en vérité, je n'en suis pas moins touché. L'abbé Charrier n'a point eu de bulles de cette abbaye. Il n'en a point pris possession, et je n'en ai jamais été dépossédé; mais il est certain toutefois qu'y ayant une démission de moi, et un brevet du Roi ensuite, le plus sûr seroit d'en prendre un nouveau, et, si je faisois état de retenir pour moi le bénéfice, je ne balancerois pas à suivre votre conseil, tant par cette raison, que parce que je trouverois de la satisfaction à le tenir encore comme une nouvelle grâce du Roi ; mais, puisqu'il plaît à Sa Majesté de m'en donner la disposition, je me résous de le laisser à un des neveux de l'abbé Charrier, et j'écris aujourd'hui à Lyon pour savoir de ses frères celui de leurs enfants pour lequel ils desirent que je supplie le Roi de donner son brevet.

Il est vrai que je vous aurois encore une nouvelle et très-sensible obligation si vous pouviez obtenir pour moi de Sa Majesté une permission de réserver une pension de mille écus sur l'abbaye pour le fils de M. de Montmorency[6]. Comme elle est de sept mille livres, charges faites, et par conséquent de plus de neuf mille

---

6. Voyez la lettre suivante, p. 416 et note 3.

en tout, elle la peut porter. C'est, en vérité, une très-grande charité ; car je vous puis assurer qu'il n'a pas du pain⁷ avec un fort grand nom, et jugez, Monsieur, s'il ne faut pas que je sois persuadé que les uns et les autres en ont beaucoup de besoin, puisque je m'en dépouille moi-même, ou plutôt puisque j'en dépouille mes créanciers, qui seront, encore pour quelque temps, plus maîtres⁸ de mon bien que moi-même : vous voyez la confiance avec laquelle je m'adresse à vous. Aimez-moi toujours, je vous conjure, et croyez que je suis avec plus de passion et de tendresse que personne du monde,

Monsieur,

Votre très-affectionné serviteur,
Le cardinal de RETZ.

Je⁹ prends la liberté de mettre dans ce paquet deux lettres pour M. le Tellier et pour M. Colbert¹⁰. Ce n'est que compliments et je ne leur parle point du tout de Quimperlé.

A Commercy, ce 14ᵉ août 1667.

7. Il y a bien dans l'original *du*, et non *de*, pain.
8. *Maître*, au singulier, dans le manuscrit.
9. Le post-scriptum est écrit entre *Monsieur* et *Votre*. — Dans la seconde phrase, *leur* est en interligne.
10. Nous avons cherché en vain ces deux lettres du Cardinal dans les papiers de Colbert et dans ceux de le Tellier.

18. — LETTRE DU CARDINAL DE RETZ A M. DE LIONNE.
(DE COMPLIMENTS.)

A Sarri[1], près Châlons, le 4 octobre 1667.

Monsieur,

J'ai reçu les deux dernières lettres que vous m'avez fait l'honneur de m'écrire, à deux jours l'une de l'autre, parce qu'un petit tour que je suis venu faire ici pour y voir Monsieur de Châlons[2] a fait, par une méprise qui est arrivée à la poste, que je n'ai reçu la première qu'avec la seconde. Je suis si accoutumé à vous être obligé qu'il me semble que je ne vous devrois plus faire de remerciements. Je ne saurois pourtant m'empêcher de vous dire que je ressens au delà de tout ce que je vous puis exprimer les bontés que vous avez pour moi et les soins qu'il vous plaît de prendre de tout ce qui me touche. J'ose espérer que vous me ferez encore la grâce de rendre pour moi à Sa Majesté les très-humbles grâces que je lui dois de la pension qu'il lui a plu de m'accorder sus Quimperlé pour un des enfants de M. de Montmorency[3]. Le respect m'empêche de lui en écrire moi-même.

Lettre 18. — Archives des Affaires étrangères, Rome, 1667. *Lettres à Lionne*, tome XXXIV (186), pièce 66, fol. 196. Original autographe. — Nous n'avons pas trouvé aux Affaires étrangères les deux lettres dont parle la première phrase de celle-ci.

1. Sarry, commune située à cinq kilomètres de Châlons, où il reste encore, de la propriété des évêques de Châlons, quelques débris du jardin dessiné par le Nôtre.

2. Félix Vialart de Herse, né à Paris le 5 septembre 1613, sacré évêque de Châlons-sur-Marne le 6 juillet 1642, mort le 10 juin 1680. L'abbé Goujet a écrit *la Vie de Messire Félix Vialart de Herse* (1739). Ce prélat était l'un des plus fidèles amis du cardinal de Retz et son confident.

3. Le cardinal de Retz, comme on peut le voir par ses *Mémoires*

Je retourne demain à Commercy, d'où je vous enverrai le neveu de l'abbé Charrier, qui y est arrivé depuis que j'en suis parti, et je vous ferai savoir, en même temps, le nom du pensionnaire⁴. Je suis avec plus de passion et plus de reconnoissance que personne du monde,

   Monsieur,

      Votre très-affectionné serviteur,
      Le cardinal de Retz.

1667

(voyez le tome III, p. 486ᵃ et 510), était l'ami de François de Montmorency, marquis de Thury, baron de Fosseuse ou Fosseux, chef de la partie de la famille de Montmorency qui représentait alors la branche aînée. Le fils du marquis dont il est question dans cette lettre et dans la précédente doit être l'aîné, Henri-Mathieu, qui devint, dans la suite, abbé de Geneston, chanoine et grand vicaire de Tournai; il était né en pleine Fronde, en 1648, et mourut le 6 novembre 1708.

4. A savoir de celui des enfants de M. de Montmorency pour lequel il avait demandé la pension.

ᵃ La note 6 de cette page 486 est à compléter par celle-ci, et il y faut corriger la date de la mort 1664 en 1684.

II

Élection de Clément X*.

1669. 19. — LETTRE DU CARDINAL DE RETZ A LOUIS XIV.
(Sur ce qu'il va partir pour Rome.)

Sire,

Je supplie très-humblement Votre Majesté de me permettre de lui rendre les très-humbles grâces que je lui dois pour toutes les bontés dont il lui a plu d'accompagner le commandement dont Elle m'a honoré[1]; je l'exécuterai, Sire, avec toute la ponctualité que je dois. Je partirai, demain au matin, pour Lyon, où j'arriverai pour le moins aussitôt que M. le cardinal de Bouillon[2] et M. le duc de Chaulnes; et j'ose assurer Votre Majesté qu'il n'y a que la mort qui me puisse empêcher de me rendre en mon devoir, avec toute la diligence imaginable, et de lui témoigner qu'il n'y a personne au

---

* *Émile Altieri, pape du 29 avril 1670 au 22 juillet 1676.*

Lettre 19. — Archives des Affaires étrangères, Rome, 1669. *Lettres à Lionne*, tome XLVII (201), pièce 122, fol. 328. Original, de la main du secrétaire habituel de la 2de partie; les trois lignes de signature : « Le très-humble, etc. », sont autographes.

1. Voyez dans les *Pièces justificatives*, n° 78, la lettre du Roi, du 10 décembre, qui annonce au cardinal de Retz qu'il vient d'arriver un courrier de Rome avec la nouvelle de la mort imminente du Pape, et lui ordonne de se rendre au conclave « avec le plus de diligence qu'il *lui* sera possible ».

2. Emmanuel-Théodose de la Tour d'Auvergne, né le 24 août 1643, troisième fils de Frédéric-Maurice de la Tour, duc de Bouillon, prince de Sedan. N'étant âgé que de vingt-cinq ans, il obtint la pourpre, en 1669, du pape Clément IX, dans une promotion unique. Il fut depuis grand aumônier de France, et doté de nombreuses et riches abbayes. Il devint doyen du Sacré Collége, et finit ses jours à Rome, le 2 mars 1715, à l'âge de soixante-douze ans.

monde qui soit avec plus de zèle et plus de soumission que moi,

Sire,

De Votre Majesté

Le très-humble, très-obéissant et très-fidèle serviteur et sujet,

Le cardinal de Retz.

A Commercy, le 13 de décembre 1669.

---

20. — LETTRE DU CARDINAL DE RETZ A M. DE LIONNE.
(Sur le même sujet.)

Monsieur,

Je n'ai reçu le paquet de Sa Majesté[1] que cette nuit, à onze heures, parce que je me suis trouvé, cette nuit, à quatre lieues d'ici, où j'étois allé voir M. le marquis de Pierrefitte[2]; mais ce délai n'a été que de deux heures. Je serois parti dès aujourd'hui si je n'avois été obligé de

---

Lettre 20. — Archives des Affaires étrangères, Rome, 1669. *Lettres à Lionne*, tome XLVII (201), pièce 123, fol. 329. Original, de la même main; la ligne de signature est seule autographe. — Deux cachets rouges avec lacs de même couleur.

1. Voyez aux *Pièces justificatives*, outre la lettre du Roi mentionnée dans la note 1 de la lettre précédente, celle de Lionne de la même date, n° 79, et la lettre collective de Louis XIV aux trois cardinaux (Retz, Grimaldi et Bouillon), du 12 décembre 1669, n° 80.

2. Il y a un chef-lieu de canton de ce nom à vingt-deux kilomètres de Commercy. — La famille de Pierrefitte, branche de la maison du Châtelet en Lorraine, a fini à celui de ses membres dont parle ici Retz : Charles-Antoine du Châtelet, marquis de Pierrefitte, qui mourut lieutenant général des armées du Roi, n'ayant eu qu'une fille unique, qui porta Pierrefitte dans la branche des comtes de Lomont.

faire avancer et de préparer³ des relais sur la route de Lyon, où, comme vous savez, il n'y a point de poste de ce côté-ci. Je partirai demain, devant le jour, et je ne doute point que je n'y arrive aussitôt que MM. de Bouillon et de Chaulnes. La voie des montagnes est beaucoup plus courte, et je n'aurois pas manqué de la prendre dans une autre saison; mais, comme nous sommes justement dans le temps où le mont Saint-Godart⁴ se ferme quelquefois deux ou trois fois, et assez souvent pour huit⁵, dix jours, j'ai cru qu'il seroit plus à propos que je prisse la mer avec ces Messieurs, pour me rendre plus tôt et plus infailliblement en mon devoir, auquel je vous assure que j'ai, sans comparaison, plus de passion de satisfaire que s'il y alloit de ma propre vie. J'y suis obligé par tous les titres imaginables; mais je ne vous saurois exprimer, Monsieur, avec quelle ardeur je m'y sens porté encore tout fraîchement par la reconnoissance que je dois aux bontés dont il a plu au Roi d'accompagner le commandement dont il m'a honoré⁶. Ce que vous m'avez fait la grâce de m'écrire sur mon retour⁷ m'en donne particulièrement une marque dont je ne puis jamais perdre la gratitude, puisqu'il n'y

---

3. Dans le texte de MM. Champollion, *et préparer*; neuf lignes plus bas, « pour huit ou dix jours »; et, avant la signature, *obéissant*, au lieu d'*obligé*.

4. Le mont Saint-Gothard, entre les cantons d'Uri et du Tessin, passage le plus ordinaire de Suisse en Italie.

5. Entre *huit* et *dix* est biffé un *à*, qui surchargeoit déjà un *et*.

6. Voyez la lettre citée du Roi, et celle où Lionne (n° 79) annonce à Retz le payement anticipé d'une année de sa pension de cardinal national, qui était de 18 000 livres.

7. Ce qui est dit dans la lettre de Lionne d'un prompt retour, « dès que le Pape sera élu, » se rapporte au duc de Chaulnes, mais s'étend naturellement, comme le comprend Retz, aux cardinaux envoyés avec l'Ambassadeur.

va pas moins que de la conservation d'une chose que j'estime plus que la vie, qui est ma vue. Vous voulez bien, Monsieur, que je vous remercie, en votre particulier, des bons offices qu'il vous plaît de me rendre en tant de différentes manières, et que je vous proteste, sans compliment, que je suis et serai jusques au dernier soupir de ma vie, avec plus de passion, plus de tendresse et plus de respect que personne du monde,

Monsieur,

Votre très-affectionné et très-obligé serviteur,
Le cardinal de RETZ.

A Commercy, ce 13ᵉ de décembre 1669.

Je[8] suis tout à fait surpris de l'ingratitude de l'homme dont vous me parlez; j'en userai, Monsieur, comme vous me le marquez; je crois que vous n'en avez pas douté.

Suscription : A Monsieur Monsieur de Lionne, ministre et secrétaire d'État.

---

21. — LETTRE DU CARDINAL DE RETZ A M. DE LIONNE.

MONSIEUR,

Je vous rends un million de grâces de toutes vos

---

8. Ce post-scriptum est écrit dans le blanc, entre les mots *monde* et *Monsieur*. L'homme ingrat dont il y est question est l'abbé de Machault, dont Lionne parle très-sévèrement dans une apostille du n° 79 des *Pièces justificatives*, en priant Retz de n'en point faire un de ses conclavistes.

LETTRE 21. — Archives des Affaires étrangères, Rome, 1669. *Lettres à Lionne,* tome supplémentaire (104), sans chiffre ancien, pièce 20, fol. 277. Original, d'une main nouvelle; la ligne de signature est seule autographe.

bontés, et je vous conjure de croire que rien au monde ne m'est ni plus sensible ni plus cher. Vous savez, Monsieur, quel est mon cœur pour vous, mais je ne laisse pas de vous supplier d'en juger avec les marques si obligeantes et si continuelles qu'il vous plaît de me donner de votre amitié. Le peu que j'essaye de faire pour le service du Roi ne mérite pas seulement la moindre réflexion, et je ne puis attribuer celle que Sa Majesté me fait l'honneur d'y avoir qu'à sa bonté et à vos bons offices. Je n'entre point dans le détail de notre voyage, parce que Monsieur l'Ambassadeur m'a dit qu'il vous en écriroit amplement[1]. Je me contenterai de vous assurer que nous faisons tout le possible, et que je serai fort trompé si nous n'arrivons à Rome assez à temps pour y servir Sa Majesté dans le conclave. Je suis de tout mon cœur et plus que je ne le vous puis jamais exprimer,

Monsieur,

Votre très-affectionné et très-obligé serviteur,
Le cardinal de Retz.

A Monaco, ce 29 décembre 1669.

1. Le cardinal de Retz avait rejoint le duc de Chaulnes et le cardinal de Bouillon à Avignon, où il était arrivé en même temps qu'eux, « ayant fait, comme l'Ambassadeur l'écrit de cette ville à Lionne, le 23 décembre (*ibidem*, fol. 226), très-grande diligence depuis Commercy. » « Il courut avant-hier, ajoute-t-il, beaucoup de risque sur le Rhône, aussi bien que nous, par les grands vents qui s'y élevèrent. » Dans une autre lettre du 28 décembre (fol. 274), datée de Cane (Cannes) : « Nous sommes arrivés ici, dit-il, à bon port; mais ce n'a pas été sans beaucoup de fatigue, dans le passage des montagnes, où, en bien des endroits, M. le cardinal de Retz s'est fait ramasser sur son manteau. » — Voyez la note 2 de la lettre suivante.

22. — LETTRE DU CARDINAL DE RETZ A M. DE LIONNE.
(Sur son arrivée a Rome.)

1670

Rome, le 18ᵉ de l'an¹ 1670.

Monsieur,

Je n'entre point dans le détail de notre voyage, ni de l'état où nous avons trouvé ici les affaires, parce que je sais que M. le duc de Chaulnes vous en écrit amplement²; mais je ne puis toutefois m'empêcher de vous

---

Lettre 22. — Archives des Affaires étrangères, Rome, 1670. *Lettres à Lionne*, tome XLVIII (208), pièce 53, fol. 63 et 64. Original, d'une autre main encore; la ligne de signature est seule autographe.

1. Dans le texte de MM. Champollion, la lettre est datée du 18 juin; *a reconnu*, pour *connoîtra* (ligne 9); *j'ai eu*, pour *j'ai* (ligne 14); et à la fin, « très-assuré et très-obéissant serviteur ».

2. « On était au cœur de l'hiver, et l'hiver, cette année, était extrêmement rigoureux; aussi ce ne fut qu'à travers les plus grands obstacles et les plus pénibles épreuves que le duc de Chaulnes et les deux cardinaux, qui faisaient route ensemble, purent parvenir à leur destination. Le duc a fait de leur voyage un récit d'un vif intérêt. Sa première lettre (d'Italie) est datée de Gênes, du 4 janvier 1670. Peu de jours auparavant, ils s'étaient embarqués à Marseille, par une mer très-rude ; l'antenne de leur galère avait été brisée par la tempête, et ce ne fut qu'à force de rames qu'ils abordèrent à une grande distance de Gênes.... Le 7 janvier, le duc écrivait à Lionne, de *Moneille* (Moneglia, petit port sur la Méditerranée, à cinquante-sept kilomètres E. de Gênes) : « Ce courrier
« nous a trouvés dans un assez méchant poste, toutes les montagnes
« étant bouchées à cinquante milles de Gênes, n'y ayant jamais
« eu de si grandes chutes de neige ni de vents si grands. Nous
« avons tenté toutes choses pour faire faire des passages ; mais,
« les vents recouvrant, dans le même moment, les chemins, il a
« été impossible de passer, ayant perdu cinq de nos gens; nous ne
« savons ce qu'ils sont devenus. Nous fûmes obligés de revenir à
« pied du haut des montagnes en ce lieu, et ce ne fut pas, en vé-
« rité, en marche de cardinaux ni d'ambassadeur. Cependant,
« ajoutait le duc avec un entrain tout français, le service du Roi
« fait que tout le monde se porte bien. Nous avons envoyé cher-
« cher des felouques et, pour peu que la mer s'adoucisse, nous

dire qu'il n'y a guère d'obstacle que nous n'ayons trouvé sur la terre et sur la mer, et que toutes les dispositions de cette cour sont changées en un point qui nous a dû surprendre : j'espère néanmoins que l'on connoîtra, en ce rencontre, comme dans tous les autres, que tout est possible et même facile à Sa Majesté. Je ne prends pas la liberté de lui écrire, parce que je suis persuadé, Monsieur, que vous aurez bien la bonté de l'assurer que la seule peine que j'ai, en cette occasion, est de ne pouvoir remplir avec assez de capacité le zèle très-parfait et très-ardent que j'ai pour son service [3]. Monsieur l'Ambassadeur, qui ne craint pas l'excommunication, vous fera savoir les choses que nous sommes obligés de ren-

« prendrons cette route, dans l'impatience où sont les cardinaux et
« moi de nous rendre à notre devoir. Il ne se peut exprimer com-
« bien ce retardement nous donne de déplaisir; mais il est dif-
« ficile de surmonter tous les éléments conjurés contre nous si
« opiniâtrément. Nous vous supplions donc, Messieurs les cardi-
« naux et moi, d'assurer Sa Majesté que, hors l'impossible, nous
« faisons le reste pour obéir à ses commandements.... Après avoir
« passé heureusement de Moneille à Lérice (voyez p. 388, note 5)
« en felouques, dans un temps où l'on n'en voyoit guère en mer,
« Messieurs les cardinaux et moi fûmes dans le même moment à
« Serazane (Sarzana, à douze kilomètres E. S. E. de la Spezzia)
« par terre. Je crois me devoir dispenser de dire en quel équipage,
« la nécessité du lieu l'ayant rendu trop peu proportionné à la di-
« gnité du cardinalat et au caractère d'un ambassadeur.... Mais
« ayant été secourus des carrosses de Mgr Spinola, évêque dudit
« lieu (voyez p. 168, note 19), sur l'avis que je lui fis donner de
« notre marche, et magnifiquement régalés par ce prélat dans son
« palais, nous fûmes dîner le lendemain chez M. le prince de
« Massa.... » A Pise, le grand-duc de Toscane leur fit donner des carrosses et des litières pour traverser les montagnes; enfin, à Ronciglione (p. 358, note 1), ils trouvèrent les voitures des cardinaux de la faction française, qui avaient été disposées en relais sur la route, et, le 16 janvier, ils arrivaient à Rome escortés par quarante carrosses à six chevaux. » (*Le Cardinal de Retz et ses missions diplomatiques à Rome*, p. 485-487.)

3. Voyez ci-dessus, p. 369 et note 8.

fermer dans l'enclos du conclave[4], et, de la manière dont il m'a parlé, je vois qu'il prétend d'en être assez bien averti pour me guérir du scrupule que j'aurois si j'étois obligé de vous en donner moi-même des nouvelles. Je suis, sans compliment et sans exagération, avec plus de passion et plus de sincérité que personne du monde,

Monsieur,

Votre très-affectionné et très-obligé serviteur,
Le cardinal de RETZ[5].

4. C'est le 20 décembre 1669 que s'était ouvert, au Vatican, le conclave où fut élu Clément X. Le cardinal de Retz y entra le 19 janvier 1670; le cardinal de Bouillon, le 20. Le 22, le duc de Chaulnes s'y étant rendu, à la porte, exposa aux cardinaux le sujet de son ambassade. Il avait fait, nous venons de le dire, son entrée à Rome le 16, avec les cardinaux Retz et de Bouillon, dans le carrosse du cardinal d'Este : voyez la *Gazette*, p. 67, 185 et 186.

5. Dans une lettre écrite pendant le conclave, à la date du 18 février, par le duc de Chaulnes au Roi, il est parlé des « mille amitiés » que le cardinal de Retz a reçues du cardinal Léopold de Médicis[a], avec lequel il s'est entendu pour empêcher l'élection du cardinal d'Elci[b]. Dans une autre, du même jour, à Lionne, l'Ambassadeur se moque de la « folie » d'un abbé Melani, agent secret de Louis XIV, « qui est de faire Bonvisi[c] pape, sur ce que son neveu lui a promis un emploi. » — Une pièce plus curieuse est une lettre, de même date, du cardinal de Bouillon à Lionne, à la fin de laquelle se lit, comme en post-scriptum, la discussion suivante écrite de la main, tour à tour, de Retz et de Bouillon : RETZ. « Si Monsieur le cardinal de Bouillon n'étoit allié de M. le cardinal Mancini[d], je vous ferois, Monsieur, de terribles reproches de vous être plutôt adressé à lui qu'à moi ; car je lui envie ce bon-

[a] Voyez p. 237, note 7. — Ce nom et la plupart de ceux qui se lisent dans les deux lettres de Chaulnes que mentionne la note 5 sont écrits en chiffre, avec traduction au-dessus de la ligne.

[b] Scipion d'Elci de Sienne, créé cardinal en 1657, par Alexandre VII, mort en 1670. Il est parlé longuement des motifs de son exclusion au n° 81 des *Pièces justificatives*.

[c] Jérôme Bonvisi, Lucquois, créé cardinal en 1657, mort en 1677.

[d] Voyez p. 7, note 13. — Marie-Anne Mancini, nièce de Mazarin et du cardinal Mancini, avait épousé, en 1662, Godefroy-Maurice de la Tour, duc de Bouillon, frère du cardinal de Bouillon.

23. — LETTRE DU CARDINAL DE RETZ A M. DE LIONNE.

(Sur une histoire du conclave qu'on lui demandoit.)

Monsieur,

J'ai reçu par M. le duc de Chaulnes la lettre dont il a plu au Roi de m'honorer[1], et comme le respect m'em-

heur, et je[a] soutiens que je vous honore et que je vous aime mieux que lui. Il y a plus d'un mois qu'il ne s'est dit dans le conclave une si grande vérité. Le cardinal de Rets. » — Bouillon. « La vérité a plus de force que l'éloquence de M. le cardinal de Rets, quelque grande qu'elle soit. Il y auroit à moi de la méconnoissance si je ne vous étois pas plus attaché que lui, quoiqu'il le soit beaucoup : il ne vous est pas redevable de son chapeau, et vous savez, Monsieur, ce que je pense sur le mien. » — Retz. « Je vous suis redevable de quelque chose que j'estime plus que mon chapeau. Si les gens bien réglés écrivoient du conclave, je vous ferois un compliment sur le mariage de Mademoiselle votre fille[b]. » — Bouillon. « C'est une pure malice à M. le cardinal de Retz ; il n'y a pas de jour qu'il n'écrive ou pour mieux dire qu'il ne dicte des lettres de vingt et trente pages[c]. Quoique M. le cardinal de Retz ait écrit dans ma lettre, néanmoins il n'a pas vu ce que j'ai l'honneur de vous écrire touchant l'affaire de Saint-Martin[d], de laquelle il ne sait rien du tout[e]. »

Lettre 23. — Archives des Affaires étrangères, Rome, 1670. *Lettres à Lionne*, tome LI (210), pièce 13, fol. 29. Original, d'une nouvelle main ; la ligne de signature est seule autographe.

1. Nous n'avons pas trouvé cette lettre du Roi dans la *Correspondance de Rome*.

[a] *Je* est en interligne ; et de même *d'un*, à la ligne suivante.

[b] Madeleine de Lionne, mariée, le 10 février 1670, à François-Annibal d'Estrée, marquis de Cœuvres, depuis duc et pair de France, morte en septembre 1684.

[c] Nous regrettons fort de n'avoir trouvé ni aux Affaires étrangères ni ailleurs aucune de ces lettres écrites par le cardinal de Retz, si Bouillon ne plaisante point et dit vrai, du sein du conclave, et adressées, la plupart probablement, au duc de Chaulnes.

[d] Le cardinal de Bouillon fut nommé, en 1670, abbé commendataire de l'abbaye bénédictine de Saint-Martin de Pontoise, et en prit possession le 14 juillet 1671.

[e] Les trois lettres du 18 février que nous venons de citer sont les pièces 147, 149, 151 du tome XLVIII (208), et commencent aux folios, la 1re 237, la 2e 245, la 3e 249.

pêche de lui en faire moi-même mes très-humbles remerciements, j'espère, Monsieur, ce bon office de votre bonté; j'en ai tant de marques, que, si je me croyois, je vous en témoignerois à tout moment ma reconnoissance; mais au moins je vous conjure d'être persuadé qu'elle ne sortira de mon cœur qu'avec ma vie, et que ce cœur est très-véritablement à vous.

Je ferai avec joie ce que vous souhaitez touchant l'histoire du conclave; mais je vous demande un peu de temps, c'est-à-dire celui qui sera nécessaire pour faire des remèdes contre les douleurs d'une sciatique qui commence à me tourmenter; si cet excellent remède pour les yeux dont vous me parlez avoit réussi, je ne me servirois pas de la main d'un autre pour vous assurer de la continuation de mes services très-passionnés et vous dire que je suis et serai, toute ma vie, avec autant de tendresse que de respect,

Monsieur,

Votre très-affectionné et très-obligé serviteur,
Le cardinal de Retz.

J'attends[2] au premier jour M. le cardinal de Bouillon. Que nous dirons de mal de vous!

A Commercy, ce 7 juillet 1670.

2. Le post-scriptum est écrit dans le blanc, entre *Monsieur* et *Votre*.

24. — LETTRE DU CARDINAL DE RETZ AUX CARDINAUX[1].

(Pour obtenir l'autorisation de se démettre du cardinalat.)

Eminentissimi et Reverendissimi Patres,

Nostrum de Cardinalis titulo deponendo exuendaque[2] sacra purpura consilium refero ad vos, nec eorum ju-

---

Lettre 24. — Dom Calmet raconte ce qui suit dans la *Bibliothèque lorraine* (Nancy, 1751, in-folio), tome IV de son *Histoire de Lorraine* (col. 436) : « En 1675, le Cardinal (de Retz) avoit conçu le dessein de quitter entièrement le monde et de se faire religieux en l'abbaye de Saint-Mihiel.... Il fit l'ouverture de son dessein à dom Henry Hennezon, abbé de ce monastère et son confident, et lui déclara qu'il vouloit renvoyer son chapeau de cardinal au Pape. Dom Hennezon ne s'opposa pas à sa résolution ; mais il lui dit qu'il n'étoit pas nécessaire, pour cela, de renoncer au cardinalat.... Le Cardinal persista, et lui dit qu'il ne vouloit pas faire la chose à demi ni devenir l'Hermite de la Foire. » A la suite, dom Calmet rapporte le petit conte de l'Hermite, puis donne nos deux lettres latines 24 et 25 (col. 433-435). Elles ont été réimprimées, quelques années après, dans l'*Histoire de la célèbre et ancienne abbaye de Saint-Mihiel, précédée de cinq discours préliminaires, avec l'abrégé de la vie du cardinal de Retz et de plusieurs grands hommes*, par le R. P. dom Joseph de l'Isle, abbé de Saint-Léopold, prieur de l'abbaye de Saint-Mihiel (Nancy, 1757, in-4°), *Preuves*, p. 505-507. Dom Calmet et dom de l'Isle les avaient très-probablement trouvées, avec les autres documents relatifs à la démission du chapeau, dans l'abbaye de Saint-Mihiel, où Retz s'était retiré « pour ne plus vaquer, comme il le dit, qu'à soi et à Dieu. » — Il n'y a ni minute ni copie des deux pièces dans ce qui existe encore des papiers de l'abbaye aux archives de Bar-le-Duc ; on y a fait, à notre demande, de vaines recherches. — Voyez, aux *Pièces justificatives*, comme se rapportant à la démission, une lettre du Roi (n° 82), la réponse des cardinaux à Retz (n° 90), trois brefs du Pape (n°ˢ 85, 86 et 91), quatre lettres de Pomponne (n°ˢ 83, 92, 93 et 94), une du duc d'Estrée (n° 84), deux du cardinal son frère (n°ˢ 88 et 89), et une de l'abbé Servient (n° 87).

1. Cette lettre n'est point datée, non plus que la suivante : voyez, à la note 2 de celle-ci, p. 430 et 431, les dates qui se peuvent déduire de la lettre de Clément X, du 17 septembre (n° 91).

2. Dans le texte de dom Calmet, par une faute d'impression probablement, *cavendaque*.

dicium reformido quorum e numero expungi postulo. Sacro Senatui qui³ semper honos habitus habendusque sit pene ab incunabulis didici; adscriptus deinde huic ordini, laudem hominum captans, dignitati quidem consului diligentius quam saluti. Hunc diem novissimum cogitanti cœpit oneri esse iste honor; id jam unice opto, ut, omnibus curis ac negotiis solutus, mihi uni ac Deo vacem, omnique ope contendam splendere potius ornamentis virtutum quam insignibus dignitatum.

Liceat ergo mihi Cardinalis habitum deponere : vilesceret, in privati secessus angustiis in quem me confero, vestra purpura. Liceat mihi titulos omnes amplissimi ordinis vestri a me amovere, cujus partes obire non potero. Non enim eo institutus⁴ est ordo vester, ut in solitudinis quamlibet sanctæ latebris ferietur⁵, sed ut in oculis omnium potius orbi christianissimo præluceat, et gravissimis quibusque negotiis pertractandis Summo Pontifici præsto sit. Quod quum ego præstare non valeam, demum restat ut alterum mihi sufficiendum curem, et, tenuitatis meæ mihi conscius, ei oneri me subtraham quod nec olim subire debuerim, nec ferre jam possim.

Hæ sunt, Eminentissimi Patres, abdicationis nostræ causæ, quam, ut ex sola conscientia ac Dei respectu profectam, ita Sacro Collegio honorificam probare, et omnibus modis tueri, vestræ tum⁶ æquitatis est, tum tentatæ⁷ in me toties charitatis. Extremum hoc et meo judicio maximum beneficium a vobis mente exspectare

---

3. Nos deux textes ont ici, au lieu du nominatif *qui*, le datif *cui*, avec lequel la phrase est inintelligible.

4. Dans l'*Histoire de l'abbaye*, « institus », faute évidente.

5. *Feriari*, ferias agere, être oisif.

6. Dans le texte de dom Calmet, *tam*, autre faute certaine.

7. Ne faut-il pas plutôt lire *testatæ* ? Les bons exemples ne manquent pas du sens passif.

mihi videor, cui vicissim enitar, quam potero ardentissimus, pro Eminentiarum Vestrarum salute et incolumitate ad Deum preces jugiter rependere,

Eminentiarum Vestrarum

Humillimus, devotissimus et addictissimus,

Cardinalis Retius[8].

25. — LETTRE DU CARDINAL DE RETZ A CLÉMENT X.
(Même sujet.)

[23 juillet 1675.]

Beatissime Pater,

Nuntiatum Sanctitati Vestræ quod de exuenda[1] sacra purpura consilium meditabar, ante redditas tibi litteras quibus id exsequendi licentiam postulabam[2], ex Brevi

---

8. *Petrus*, au lieu de *Retius*, leçon fautive du texte de dom de l'Isle. — La réponse des cardinaux à la lettre du cardinal de Retz, en date du 9 septembre, n'est ni dans la *Bibliothèque lorraine*, ni dans l'*Histoire de l'abbaye de Saint-Mihiel*. Elle se trouve au tome LXXVII (240) de la *Correspondance de Rome*, et, comme nous l'avons dit, nous la donnons ci-après, dans nos *Pièces justificatives*, n° 90.

Lettre 25. — Mêmes sources : voyez la note préliminaire de la *lettre* 24.

1. Dans la *Bibliothèque lorraine*, nouvelle faute d'impression, sur le même mot que dans la *lettre* 24, *exeunda*.

2. Retz, en effet, avait écrit au Pape, pour l'instruire de son dessein, une première lettre que nous n'avons pas. Clément X lui répond, le 17 septembre (n° 91), qu'il en a reçu, en même temps (*simul accepimus*), deux, datées, l'une du troisième jour avant les calendes de juin (c'est-à-dire du 30 mai : voyez p. 19, note préliminaire de la lettre 4), l'autre du 23 juillet. Le long retard qu'eut la première, du 30 mai, vient de ce que, à l'ambassade de France, où elle avait été envoyée par Louis XIV, on différa de la remettre au Pape, par ordre même du Roi, jusqu'à la fin d'août : voyez les n°s 88 et 89 des *Pièces justificatives*. On retint de même la

Beatitudinis Vestræ³ intellexi, ac insuper instituti mei rationem ita esse acceptam ut non modo purpurati sacerdotii⁴ infulas cuculla commutare velle, verum etiam id, inconsulta Sede Apostolica, aut saltem non exspectata venia, moliri existimarer. Dolebam, Beatissime Pater, me publica fama præventum esse, imo ægre ferebam mentem meam sic esse interpretatam ut honori quo Beatitudinem Vestram, quo Sanctam Sedem prosequor, ut obsequio quod ad ultimum usque spiritum utrique exhibebo detractum aliquid consilio meo videretur. Sperandi tamen locus erat Sanctitatem Vestram, acceptis quas scripsi litteris, quum genuinos⁵ animi mei sensus satis assecuturam, tum probe intellecturam nihil me contra debitam Sanctæ Sedi obedientiam, quam enixe semper et invicte præstabo, nihil quo de Sacri Collegii honore quidquam vel minime delibetur, attentasse. Imo mihi persuadebam, Beatissime Pater, fieri posse ut, rationibus meis adductus, consilium meum probares et ejus exsequendi veniam dares. Hæc fuit causa cur serius rescripserim quam fecissem, nisi me exorandæ pietatis tuæ spes aluisset, ac differre suasisset usque eo dum scirem quo demum⁶ sententia tua, perpensis litterarum mearum rationibus, inclinaret. Sed quum mihi spem eripere videatur Dominus cardinalis

lettre au Sacré Collége (n° 24), qui se trouve ainsi datée approximativement, d'un des derniers jours de mai ou des premiers de juin.

3. C'est le bref du 22 juin 1675, n° 85 des *Pièces justificatives*.

4. Dans l'*Histoire de l'abbaye*, « sacerdotis », leçon qui semble moins probable que celle de dom Calmet, *purpurati sacerdotii*, « du cardinalat ». — Le féminin *cuculla*, « capuchon, de moine », a été employé par saint Jérôme et saint Paulin au sens du masculin, de meilleure époque, *cucullus.*

5. Nos deux textes ont *geminos*, à quoi, sans hésiter, nous croyons pouvoir substituer *genuinos*.

6. Dans l'*Histoire de l'abbaye*, *quod demum*, leçon impossible; et, trois lignes plus loin, *quia*, pour *quin*.

Spada⁷, quin etiam satis indicet non difficile fieri posse ut Sanctitas Vestra, acceptis etiam litteris meis, non ante rescribat quam mandatis ejus obtemperare paratum esse me cognoverit, interim vero diuturniorem responsi moram posse detorqueri in defectum obsequii, aut in minoris saltem erga Sanctam Sedem observantiæ suspicionem, hinc⁸, Beatissime Pater, Sanctitatem Vestram enixe rogo ne in animum inducat me, ob pravam aliquam non obsequendi voluntatem, aut jussis tuis aliam fraudem faciendi, procrastinasse. Nemo id sibi persuasum esse patiatur, me tantis bonitatis ac benevolentiæ testimoniis, quibus, ut imparem, oneratum esse me sentio, gratias quas possum promereri ac referre, si possem, ardentissimo desiderio [non] teneri. Ausim tamen, si per te liceat, Beatissime Pater, et salva quam debeo obedientia, obsecrare ut infirmitatem meam attendas, ut anteactæ [vitæ] cursum æstimes, ut sic demum alas quibus in solitudinem avolabam flectas ac dirigas, ut eum qui salvum me facere cupit exspectare secure possim,

Beatissime Pater, Sanctitatis Vestræ humillimus, devotissimus et obsequentissimus servus ac filius,

J. F. P. cardinalis de Retz⁹.

Ex fano Sancti Michaelis¹⁰.

7. Fabrice Spada, promu cardinal le 27 mai 1675, et non-ce en France à la date de cette lettre, avait averti le Pape du dessein de Retz : voyez les deux brefs de Clément X, du 22 juin, nᵒˢ 85 et 86.

8. Nos deux textes ont devant *hinc* un point qui rend la phrase inintelligible. Plus loin, nous substituons à un second *me* la négation *non*, nécessaire pour le sens ; à la ligne suivante, on serait tenté de changer *et* en *te* devant *salva* ; après *anteactæ*, nous ajoutons *vitæ*.

9. Plutôt Rais, à cette date : voyez p. 434, note 6.

10. Du couvent de Saint-Michel (Saint-Mihiel). — Cet emploi de *fanum* étonne un peu : c'était, dans les premiers siècles, le mot propre servant aux chrétiens à désigner, non les églises chrétiennes, mais les temples des païens.

III

Élection d'Innocent XI.

26. — LETTRE DU CARDINAL DE RETZ
A M. DE POMPONNE[1].

(SUR CE QU'IL VA PARTIR POUR LE CONCLAVE.)

1676

Ce 1 d'août 1676, à Commercy.

J'AI reçu, Monsieur, la lettre que vous m'avez fait l'honneur de m'écrire, à sept heures, et je pars demain à la pointe du jour[2]. Vous ne pouvez douter[3] de la répugnance que j'ai à ce voyage; mais j'ai encore plus de soumission aux volontés de Sa Majesté. Je ferai toute la diligence qui sera en mon pouvoir, et je n'oublierai rien pour me rendre à Turin, aussitôt que MM. les cardinaux de Bouillon et de Bonzy[4].

Soyez persuadé, je vous supplie, Monsieur, que personne du monde n'estime et ne chérit plus véritable-

---

* *Benoît Odescalchi, pape du 21 septembre 1676 au 12 août 1689.*
LETTRE 26. — Archives des Affaires étrangères, Rome, 1676. *Divers particuliers*, tome LXXXIII (246), pièce 1, fol. 19. Original autographe. — Deux cachets verts, avec lacs de soie violette.

1. Simon Arnauld de Pomponne (marquis de ce nom à partir de 1682), second fils d'Arnauld d'Andilly, avait succédé, comme ministre secrétaire d'État aux Affaires étrangères, en septembre 1671, à Lionne, mort le 1ᵉʳ de ce mois. — Il est déjà nommé ci-dessus, p. 350.

2. Voyez la lettre de Pomponne au cardinal de Retz, du 30 juillet 1676, aux *Pièces justificatives*, n° 96. Le pape Clément X était mort, après six ans de pontificat, le 22 juillet 1676, à l'âge de quatre-vingt-six ans. — Le cardinal de Retz reçut 18 000 livres avant son départ, ainsi que les cardinaux de Bouillon et Bonzy, nommés à la fin du paragraphe (*Mémoires du marquis de Pomponne*, tome Iᵉʳ, p. 16 et 17); comparez p. 420, note 6.

3. Dans le texte Champollion, « Vous pouvez vous douter ».
4. Voyez ci-dessus, p. 418, note 2, et p. 390, note 3.

ment et plus sincèrement que moi l'honneur de votre amitié[5].

Le cardinal de Rais[6].

Suscription, de la main de Retz : A Monsieur Monsieur de Pomponne, ministre et secrétaire d'État.

27. — LETTRE DU CARDINAL DE RETZ A M. DE POMPONNE.
(Sur son arrivée a Florence.)

A Florence, le 21 août [1676[1]].

Nous sommes, Monsieur, d'hier au soir ici, et nous en partons à ce moment, pour nous rendre à Rome

---

5. Il est à remarquer que les formules de la fin des lettres sont beaucoup moins cérémonieuses avec le sieur de Pomponne, qui devint marquis, nous l'avons dit, en 1682 seulement, qu'avec Hugues de Lionne, marquis de Berny ; le *Monsieur* du commencement n'y est non plus ni en vedette ni initial.

6. On voit par les lettres, de date antérieure, qui nous restent de notre auteur que jusqu'au 18 mars 1671, inclusivement, il signa : « Le cardinal de *Rets* ». Ayant reçu de son frère aîné une lettre, en date du 16 mars de la même année 1671, signée : *le duc de Rais*, ce fut sans doute ce qui le détermina à adopter, à partir de cette époque, cette autre orthographe. Cette particularité permet de résoudre une question assez obscure jusqu'à présent : dans le manuscrit autographe des *Mémoires*, le Cardinal écrit constamment *Rais* ; il s'ensuit que, sous la forme où nous les avons dans ce manuscrit, et c'est évidemment la dernière et définitive, la rédaction en est postérieure au 18 mars 1671. Voyez au tome I, la page 47 de la *Notice* sur les *Mémoires*, qui est à compléter par cette note.

Lettre 27. — Archives des Affaires étrangères, Rome, 1676. *Divers particuliers*, tome LXXXIII (246), pièce 30, fol. 105. Original autographe.

1. A cette lettre et à la suivante, l'année a été ajoutée soit par Pomponne, soit par un commis des Affaires étrangères.

lundi ou mardi au plus tard. Nous n'avons séjourné en aucun lieu et nous avons fait toute la diligence que les chaleurs² de la saison nous ont permis. C'est la faute du Roi si elle n'a été plus grande ; car il est si respecté en Italie, comme partout ailleurs, qu'il est impossible à ceux qui ont le moins du monde de son caractère³ de se défendre des honnêtetés que tous les princes leur font à l'envi, pour témoigner à Sa Majesté le respect qu'ils ont pour Elle. Il n'a pas été, par cette raison, en notre pouvoir d'éviter les cérémonies autant que nous l'avions résolu. Notre consolation est que, si ce que l'on nous dit du conclave est vrai, nous n'avons pas sujet de croire que nous devions encore avoir beaucoup de regret au temps que nous avons été obligés d'employer à notre voyage, et, selon toutes les apparences, il y aura bien de la longueur.

Je ne vous fais point, Monsieur, de compliment : vous savez que personne du monde n'estime et ne chérit plus parfaitement que moi l'honneur de votre amitié.

Le cardinal de Raɪs.

2. Il y a un mot biffé après *chaleurs*, probablement *terribles.* — A la fin de la phrase, *permis*, sans accord, comme s'il y avait : « avec autant de diligence que les chaleurs nous l'ont permis. »

3. Sont marqués de son caractère, sont ses délégués, lui appartiennent. — Dans le texte de MM. Champollion, « qui ont le moins du monde son caractère » ; six lignes plus bas, *a dit*, pour *dit*, et *aurons* pour *avons* ; dans la dernière phrase, *compliments* au pluriel.

28. — LETTRE DU CARDINAL DE RETZ
A M. DE POMPONNE.

(Sur la considération qu'on a pour le Roi dans le conclave.)

Au Conclave[1], le 2 de septembre [1676].

Que cette date[2], Monsieur, ne blesse pas, s'il vous plaît, la tendresse de votre conscience. J'en fis hier la confidence au Sacré Collége, qui n'a pas désapprouvé l'exception positive[3] et publique que nous avons cru, M. le cardinal de Bouillon et moi, devoir mettre dans notre jurement[4], pour nous lever tout le scrupule que

---

Lettre 28. — Archives des Affaires étrangères, Rome, 1676. *Divers particuliers*, tome LXXXIII (246), pièce 45, fol. 183. Original autographe. — Deux cachets de cire rouge, avec lacs de soie de même couleur.

1. Les cardinaux présents à Rome s'étaient rendus processionnellement au conclave au Vatican, le 2 août, comme nous l'apprend la *Gazette* (p. 614), qui, dans un numéro extraordinaire (p. 597-608), publie *la harangue faite au Sacré Collége* (le 25 juillet, trois jours après la mort de Clément X) *par le duc d'Estrée, ambassadeur de France à Rome, avec les préparatifs pour le conclave, et les noms des cardinaux qui y sont présentement assemblés pour l'élection d'un Souverain Pontife.* — Plus loin (p. 702) la *Gazette* rapporte que les cardinaux français entrèrent au conclave le 30 août; c'est bien la date que nous donne également la lettre du duc d'Estrée au Roi, ci-après, p. 585.

2. A savoir la date de lieu : « Au Conclave ». On sait que les cardinaux s'obligent par serment à n'avoir aucune communication avec le dehors.

3. *Positive* est surchargé, difficile à lire, mais la lecture ne nous paraît pas douteuse; MM. Champollion donnent *particulière*; deux lignes plus bas, *serment*; puis *entretienne*; *à un tel point*, pour *à un point*; *choses*, au pluriel; *continuez-moi*, pour *conservez-moi*; *ne m'est*, pour *ne me peut être*. — Les mots « positive et publique », puis « jurement » (voyez la note suivante), sont aussi dans le n° 98 des *Pièces justificatives*, p. 586 et 587.

4. *Jurement*, serment. Littré cite de Bossuet un exemple du mot en ce sens. L'Académie, dès sa première édition (1694), ne lui donne, à une seule exception près, que le sens de « serment fait en

nous eussions pu avoir du commerce que nous avons avec Monsieur l'Ambassadeur⁵. Comme il rend compte au Roi du détail de tout ce qui se passe ici, je crois, Monsieur, qu'il seroit fort inutile que je vous en entretinsse. Je ne puis toutefois m'empêcher de vous dire que ses soins et ceux de M. le cardinal d'Estrée⁶ y ont mis les affaires du Roi à un point de considération et de gloire [que] je ne vous puis exprimer, et qu'il nous reste, sans exagération et sans compliment, peu de chose à y faire.

Conservez-moi, Monsieur, je vous supplie, l'honneur de votre amitié : vous savez que rien ne me peut être plus cher ni plus sensible.

Le cardinal de Rais.

Suscription, de la main de Retz : A Monsieur Monsieur de Pomponne, ministre et secrétaire d'État.

vain et sans obligation, » et, au pluriel, de « blasphèmes, imprécations. »

5. L'ambassadeur de France à Rome était alors, comme on le voit à la note 1, François-Annibal II, duc d'Estrée, qui mourut dans cette ville en 1687.

6. César d'Estrée, fils de François-Annibal I duc d'Estrée, et frère de l'Ambassadeur, était né le 5 février 1628; il devint évêque de Laon en 1655, membre de l'Académie française en 1657, cardinal le 24 août 1671, abbé de Saint-Germain-des-Prés en 1703, après s'être démis de son siége, et mourut le 19 décembre 1714.

438   LETTRES ET MÉMOIRES

29. — COPIE DU BILLET DU CARDINAL DE RETZ AU DUC D'ESTRÉE[1].

(Sur ce que le cardinal Colonne[2] lui a dit de la part du cardinal Altieri.)

[Du jeudi 3ᵉ septembre 1676[3].]

Le cardinal Nerli[4] me fit avant-hier un compliment général, de la part du cardinal Altieri, en ajoutant qu'on m'en feroit bientôt un autre plus particulier. M. le cardinal Colonna le fit hier, et me dit que le cardinal Altieri l'avoit prié de m'assurer qu'il n'avoit manqué en rien, dans les conjonctures passées, de tout ce qu'il devoit au Roi et, comme il voulut entrer plus avant dans le détail, je lui répondis qu'il ne s'agissoit plus de cela, que Sa Majesté étoit si persuadée du contraire qu'il n'y avoit personne au monde qui osât seulement révoquer en doute à cet égard les justes sujets qu'Elle avoit d'indignation[5], qu'ayant toujours honoré M. le

---

Lettre 29. — Archives des Affaires étrangères, Rome, 1676. *Divers particuliers*, tome LXXXIII (246), pièce 49, fol. 198 et 199. — Lettre entièrement chiffrée ; notre texte reproduit la traduction du chiffre, telle qu'elle est écrite en interligne. — Voyez, aux *Pièces justificatives*, la réponse de l'Ambassadeur, n° 100.

1. Voyez la note 5 de la lettre précédente.
2. Frédéric Baldeschi-Colonna, dit le cardinal Colonna, et qu'il faut distinguer de Jérôme Colonna, mort en 1666 (p. 123, note 8), était né à Pérouse, et mourut à Rome, en 1691, à soixante-six ans. Il fut archevêque de Césarée et secrétaire de la congrégation du concile. — Pour Altieri, qui avait été le secrétaire d'État de Clément X, voyez p. 170, note 4.
3. La date, ainsi que le titre : copie, etc., est de la même main que la traduction du chiffre.
4. François Nerli, Florentin, évêque de Pistoie, puis archevêque de Florence, créé cardinal, en 1669, par le pape Clément IX, mort en 1670.
5. La *Gazette* nous apprend (p. 662) que le Roi avait témoigné cette indignation de la manière la plus significative, en refusant

cardinal Altieri comme j'avois fait dans le temps passé, je ne croyois pas le lui pouvoir mieux témoigner qu'en lui conseillant de ne point songer à se justifier, mais seulement à réparer le passé par des effets réels, présents et solides.

Le cardinal Colonna repartit que c'étoit le dessein du cardinal Altieri, et qu'il ne me l'avoit envoyé que pour me dire qu'il ne souhaitoit rien avec plus de passion que de servir le Roi sans aucun intérêt. Je fis ce que je pus pour l'obliger à entrer plus avant dans le détail, et, comme je vis qu'il persistoit à n'y point entrer, je lui dis que ce qu'il me disoit, de la part du cardinal Altieri, étoit fort honnête, mais qu'il étoit si général que j'appréhendois et même que je ne doutois pas que vous et Messieurs les cardinaux n'y feriez que très-peu de fondement.

Le cardinal Colonna répondit qu'il avouoit que ce qu'il disoit étoit général, mais que je savois bien que la nature du conclave ne portoit pas de parler autrement, *e che col tempo e le cagioni le cose si potrebbero ridurre in forma più particolare*[6].

Nous en demeurâmes là, ainsi qu'il avoit été concerté entre MM. les cardinaux de Bouillon, d'Estrée, de Bonzy et moi.

---

de recevoir les lettres que le cardinal Altieri lui avait fait porter par un courrier envoyé tout exprès de Rome à Paris. Au début des *Mémoires*, déjà cités, *de Pomponne*, il est parlé longuement, sous le titre ROME, des mauvaises dispositions de ce cardinal pour la France, de sa partialité pour l'Espagne, et des sujets de plainte de Louis XIV.

6. « Et qu'avec le temps et les occasions les choses se pourraient réduire en forme plus particulière. » — Ces mots italiens sont écrits d'une autre main que le reste de la traduction.

30. — LETTRE DU CARDINAL DE RETZ AU DUC D'ESTRÉE.

(SUR LE MÊME SUJET.)

[Du 6° septembre 1676.]

M. le cardinal Colonne me vint hier trouver pour savoir la réponse de Votre Excellence. Je lui dis qu'Elle avoit trouvé la proposition si générale qu'Elle n'avoit pas cru y devoir rien répondre, si ce n'est qu'Elle attendroit ce qu'il pourroit dire de plus particulier[1] : ce que lui-même m'avoit marqué en me disant *che le cose generali si potrebbero ridurre in forma particolare*[2]. M. le cardinal Colonne reprit, sur ce point, son premier discours de la nature des conclaves, et il en parla bien honnêtement et même bien ecclésiastiquement. Comme il vit que je répondois sur le même ton, sans m'expliquer davantage, il ajouta *che il modo di ridurre le cose generali in forma particolare potrebbe esser così se, vestri gratia*[3], je voulois bien lui dire les sujets qui étoient agréables au Roi et que lui, de son côté, me dît ce que le cardinal Altieri croiroit pouvoir faire pour les sujets qui lui seroient agréables. Comme M. le car-

---

LETTRE 30. — Archives des Affaires étrangères, Rome, 1676. *Divers particuliers*, tome LXXXIII (246), lettre intercalée dans la pièce 59 (*dépêches chiffrées du duc d'Estrée*), fol. 225-227. Original écrit en chiffre, avec traduction interlinéaire; l'italien est, comme au n° 29, écrit d'une autre main, la même qu'à ce n°. La date a été ajoutée au titre. — La réponse de l'Ambassadeur, en date du 7 septembre, est le n° 101 des *Pièces justificatives*.

1. Voyez la réponse de l'Ambassadeur (n° 100), indiquée à la note préliminaire de la lettre antérieure.

2. C'est, avec *generali* de plus et *più* de moins, la fin de phrase italienne de la *lettre* 29.

3. « Que la manière de réduire les choses générales en forme particulière pourrait être ainsi, (à savoir) si, grâce à vous (instruit par vous, Monsieur l'Ambassadeur) », je voulois bien, etc. Les deux derniers mots, *vestri gratia*, en latin.

dinal Colonne ajouta que, si M. le cardinal Altieri nommoit le premier[4], il croiroit manquer au respect qu'il doit au Roi, ce discours fut suivi et mêlé de toutes les assurances d'une parfaite sincérité. J'y répondis par les mêmes assurances et en disant à M. le cardinal Colonne que, pour lui en donner, dès à présent, les marques effectives, je ne ferois pas, en cette occasion, ce qu'on fait d'ordinaire dans les conclaves ; qu'il ne pouvoit douter que je n'eusse beaucoup de choses à répondre à son ouverture ; que je m'en abstiendrois toutefois, et que je me contenterois de lui dire que je vous en donnerois part très-exactement et très-ponctuellement.

Je dis hier cette réponse à MM. les cardinaux de Bouillon, d'Estrée et de Bonzy, qui l'ont approuvée, vu les instructions et les circonstances qui nous doivent faire plus appréhender que desirer de déclaration plus précise de la part de M. le cardinal Altieri, que je n'ai eu garde de presser, parce que nous ne serions pas en état d'en pouvoir accepter jusques à ce que nous soyons éclaircis des intentions du Roi, par la réponse que Votre Excellence attend.

Nous aurions beaucoup de choses à lui dire touchant le cardinal Odescalchi[5] ; mais, comme notre résolution

---

4. Le sens doit être, si le chiffre est bien traduit : « Si M. le cardinal Altieri nommait le premier, faisait le premier (avant le Roi) connaître son candidat. »

5. Benoît Odescalchi, né à Côme en 1611, promu cardinal par Innocent X en 1645 : voyez p. 433, note*. La *Gazette* rapporte, en date du 15 août (p. 626), que, dès le 3 août, c'est-à-dire dès le premier scrutin, Odescalchi eut le plus grand nombre de voix, à savoir dix-neuf, et, un mois plus tard, en date du 16 septembre, elle exprime clairement en ces termes (p. 718) et l'espoir de son élection et la faveur de la France : « On croit toujours que le cardinal Odescalchi sera élevé sur le Saint-Siége, et qu'ayant toujours

est de ne point agir dans cette affaire, que vous n'ayez eu la réponse du Roi, nous demeurons dans le silence et dans l'inaction. Comme elle est toujours périlleuse dans les conclaves, nous souhaitons que ces réponses ne tardent pas longtemps à venir[6].

---

31. — LETTRE DES CARDINAUX FRANÇOIS A M. DE POMPONNE.
(AU SUJET DU CARDINAL MALDACHINI[1].)

A Rome, ce 8e septembre 1676.

Vous aurez de la peine, Monsieur, à vous persuader que M. le cardinal Maldachin puisse être le sujet d'une lettre datée du conclave et souscrite par quatre cardinaux françois. La grâce que nous vous demandons en sa faveur, et dont il a un très-grand besoin, est que vous ayez la bonté de lui procurer un payement exact

eu le plus grand nombre de voix, et surtout depuis l'arrivée des cardinaux françois (*entrés au conclave*, nous l'avons dit, *le 30 août*), il arrivera bientôt au nombre nécessaire pour l'élection d'un Souverain Pontife. »

6. Sur les dispositions de la France à l'égard d'Odescalchi, l'exclusion qu'elle lui avait donnée dans le précédent conclave de 1670, et sur la part qu'elle eut à son exaltation dans le conclave de 1676, voyez encore les *Mémoires de Pomponne*, tome I, p. 20-24. Comparez aussi le n° 99 des *Pièces justificatives*, p. 587.

LETTRE 31. — Archives des Affaires étrangères, Rome, 1676. *Divers particuliers*, tome LXXXIII (246), pièce 53, fol. 209 et 210. La pièce est de la main d'un secrétaire; les quatre signatures sont seules autographes.

1. Voyez p. 270, note 25. Nous avons vu, à cette page 270 et en outre aux pages 267 (note 20) et 285, qu'il appartenait à la faction de France. — Une note écrite au verso du folio 210 est plus explicite que le sommaire de la Table et porte : « Pour le payement de M. le cardinal Maldachin. »

de la pension que Sa Majesté lui donne. Vous n'en accorderez pas une moindre au Sacré Collége, si vous voulez bien prendre la peine de lui écrire une lettre pour lui faire connoître que Sa Majesté veut qu'il demeure à Rome, et qu'il ne songe point à revenir en France [2], comme il en a le dessein, l'intention de Sa Majesté étant de ne lui rien donner lorsqu'il sera hors d'Italie et dans un pays dans lequel Elle ne peut recevoir aucune utilité de ses services.

Nous sommes ici sans action et sur la défensive, en attendant les réponses et les ordres de Sa Majesté sur ce que Monsieur l'Ambassadeur a écrit. Nous aurons bien de la joie quand elles arriveront, puisqu'il n'y a point d'état plus violent dans un conclave et qui soit plus à craindre que celui de ne pouvoir pas agir et de ne pouvoir se déterminer à rien. Nous croyons, Monsieur, qu'il est inutile de vous assurer du pouvoir absolu que vous avez sur toute la faction françoise, qui se trouve aussi unie que l'espagnole est divisée, principalement depuis la venue du comte de Melgar [3], qui se prétend ambassadeur, quoique le cardinal Nithard ne le veuille pas reconnoître en cette qualité.

Le cardinal de Rais.
Le cardinal de Bouillon.
Le cardinal d'Estrée.
Le cardinal de Bonzy.

2. La *Gazette*, annonçant, à la fin d'août (p. 674), l'arrivée des cardinaux français à Rome, ajoute que le cardinal Maidalchini vient aussi de France.

3. Le comte de Melgar était arrivé à Rome dès le 9 août (*Gazette*, p. 627), mais il ne reçut, d'une manière incontestable, de la cour de Madrid, le titre d'ambassadeur d'Espagne qu'après plus d'un mois d'attente, et n'eut, comme tel, audience du Sacré Collége que le 14 septembre (*ibidem*, p. 662, 734).

32. — LETTRE DU CARDINAL DE RETZ AU DUC D'ESTRÉE[1].

[14 septembre 1676.]

Nous avons reçu les deux billets, du 13, de Votre Excellence. Voici mes sentiments. La dépêche du Roi est, à proprement parler, une permission qu'il nous donne de concourir à Odescalchi[2], en cas que les choses soient dans la disposition où elles étoient lorsque Votre Excellence a dépêché, c'est-à-dire un ordre de concourir à Odescalchi, en cas que nous ne puissions mieux faire[3]. Ces deux suppositions se réduisent à une, parce que ni les choses ne peuvent être changées que par les efforts que Colonne a faits au nom d'Altieri[4], et[5] parce que nous ne pouvons espérer de faire mieux que par la jonction d'Altieri avec nous. Ce qui échoit donc à examiner est ce que nous pouvons faire par le moyen

---

Lettre 32. — Archives des Affaires étrangères, Rome, 1676. *Divers particuliers*, tome LXXXIII (246), pièce 73, fol. 266-275. Original, tout en chiffre, avec traduction de la même main que pour les chiffres précédents.

1. Cette lettre, précédée d'une autre du cardinal de Bouillon, en faveur du cardinal Grimaldi (voyez la note 3 et p. 448), a pour sommaire dans la Table : Avis du cardinal de Retz au contraire.

2. Voyez ci-dessus, les notes 5 et 6 de la *lettre* 30, p. 441 et 442, et comparez encore la lettre du Roi, n° 99, p. 587.

3. C'est-à-dire, sans doute, en cas que nous ne puissions faire élire le cardinal Grimaldi. — Pomponne ne parle pas de restriction : « La piété de Sa Majesté, dit-il (p. 23) à l'endroit cité plus haut, l'emporta, et Elle ne voulut pas arrêter un choix qui paroissoit souhaité généralement par toute l'Église ; » et, un peu plus loin (p. 24) : « Les ordres furent envoyés en sa faveur au duc d'Estrée et aux cardinaux françois..., et l'approbation de Sa Majesté fut suivie incontinent de l'élection de ce cardinal. »

4. Dans le texte de MM. Champollion, « au nom d'aucuns » ; treize lignes plus bas, *fait*, au lieu de *faut*.

5. Corrélation à remarquer, mais peu correcte, des deux copules *ni.... et*.

de cette jonction, et si elle nous peut mettre en un autre état que celui où nous sommes.

Je suppose les offres pour sincères, je les crois telles par le grand et palpable intérêt qu'Altieri a à rentrer dans les bonnes grâces du Roi. Je crois même avoir déjà mandé à Votre Excellence que j'ai remarqué, dans les conversations de Colonne, un je ne sais quel air, qui marque de l'intention bonne et droite; mais il faut avouer, en même temps, que l'application, telle qu'il nous la faut dans la conjoncture présente, est très-difficile et même presque impossible dans une négociation où le cardinal Altieri ne peut, selon toutes les règles de la politique ordinaire, s'abandonner si absolument qu'il ne garde au moins quelques égards avec l'Espagne, et où il n'est pas en son pouvoir, quelque bonne intention qu'il ait, de prendre entièrement son parti sans ses créatures.

Mettons-nous en sa place et considérons ce que nous lui pouvons demander. Nous ne nous pouvons contenter que d'un concours de lui et de toutes ses créatures au sujet que nous pouvons desirer et qui peut réussir. Il faut que lui-même négocie, du moins avec ses créatures, et afin qu'il y négocie, il est nécessaire que nous nous ouvrions avec lui du sujet. La circonstance de l'état où se trouve le conclave touchant Odescalchi nous permet-elle cette confiance? Je ne marque cet inconvénient que comme l'un des cinq ou six qui me viennent dans l'esprit, et qui sont inévitables dans une conjoncture où les moments sont précieux, parce qu'il est constant que tous ceux que l'on perd à l'exaltation d'Odescalchi tournent au déchet du mérite que l'on en peut tirer[6], en cas que l'on soit obligé d'y concourir.

---

6. Dans le texte de MM. Champollion, « que l'on peut en tirer »;

Les plus considérables de ces inconvénients se verront dans la suite de cette lettre, et je ne les touche, en ce lieu, que pour vous faire ressouvenir qu'ils m'ont fait voir, dans le commencement, que la rapidité des premiers jours du conclave, qui n'a pas trouvé, même de la part de nos amis, tout l'obstacle que nous en pouvions espérer, nous pourroit obliger à venir à Odescalchi. Je n'en ai presque jamais douté depuis que Monsieur de Parme [7] nous eut dit, en passant chez lui, ce qui s'étoit passé, et MM. les cardinaux de Bouillon et Bonzy se peuvent souvenir que je leur dis, à l'un et à l'autre, que tout ce que nous pourrions faire de cette affaire, à mon opinion, seroit de continuer ce que M. le cardinal d'Estrée et Votre Excellence avoient très-bien et très-sagement commencé, et même presque achevé, qui étoit de faire voir à toute l'Europe qu'Odescalchi ne pouvoit être exalté que quand il auroit plu au Roi de l'agréer.

Ce que j'ai trouvé dans le conclave ne m'a pas fait changer d'opinion, parce que la connoissance que j'y ai eue que nous romprions le col à Odescalchi, si nous voulions, ne m'a pas paru d'une considération assez forte pour me faire croire que nous le dussions, sans voir clair à ce que nous ferions après lui avoir rompu le col. C'est sur quoi je n'ai jamais pu me satisfaire : Votre Excellence [8] en voit les raisons d'un coup d'œil.

Le cardinal Rospigliosi [9], soit par l'engagement qu'il

---

deux et trois lignes plus loin, *en ces lieux*; puis « que nous pouvions en espérer ».

7. Voyez p. 29, note 2. — La *Gazette* rapporte, en date du 15 août (p. 626), que les cardinaux français, se rendant à Rome, ont passé à Plaisance, dans les États du duc de Parme.

8. Dans le texte de MM. Champollion, *On*, au lieu de *Votre Excellence*.

9. Il y avait au conclave deux cardinaux Rospigliosi : l'un, Jac-

a avec le cardinal Chigi[10], soit par le peu d'inclination qu'il a pour Cerri[11], soit par la passion qu'il a pour Odescalchi, ne veut pas que l'on parle seulement de ses créatures, tant que celles de Chigi n'auront pas été ballottées. Le cardinal Chigi, qui est fort embarrassé dans ses créatures même, ne se peut presque assurer de ce qu'il y voudroit lui-même, parce que ce qu'il y voudroit effectivement ou ne convient pas au Roi, ou n'est pas possible. Nos meilleurs amis, par exemple Delfin[12] et Carles Barberin[13], souhaitent avec passion Odescalchi. Le cardinal Rospigliosi le desire plus que personne. Je sais bien qu'ils sont gens d'honneur et qu'ils ne manqueront pas au Roi; mais vous voyez au moins, par la pente du conclave, et vous pouvez juger, par celle de nos amis, de celle que prendront nos ennemis, par l'opposition qu'ils auront toujours naturellement à ce que nous voudrons, et qui les pourra même assez facilement porter à ce qu'ils ne voudront

ques, neveu de Clément IX, promu par son oncle en 1667, et mort en 1684; l'autre, Félix, petit-neveu de Clément IX, promu par Clément X en 1673, et mort en 1688. C'est de Jacques qu'il s'agit.

10. Il y avait aussi au conclave deux cardinaux Chigi, neveux d'Alexandre VII, Flavio et Sigismond (voyez p. 32, note 1, et p. 191, note 8). C'est du premier, tout-puissant à Rome sous son oncle, qu'il est ici question. Le second avait été promu par Clément IX.

11. Charles Cerri, Romain, doyen de la Rote, créé cardinal par le pape Clément IX, le 29 novembre 1669, évêque de Ferrare et légat d'Urbin, mort à Rome le 14 mai 1690.

12. Jean Delfini, né à Venise, en 1617, ambassadeur de la république de Venise auprès du roi de France et de l'Empereur, nommé cardinal le 7 mars 1667, mort en 1699.

13. Charles Barberini, Romain, petit-neveu d'Urbain VIII, et neveu des cardinaux François et Antoine Barberini, dont le premier était alors doyen du Sacré Collége, et dont le second était mort en 1671. Il avait été créé cardinal, en 1652, par Innocent X, et mourut en 1704.

pas par[14] eux-mêmes. Je mets en ce nombre peut-être le cardinal Altieri, et infailliblement, au moins à mon opinion, Azzolin[15].

Toutes ces considérations avoient fait que je n'avois pas balancé un moment, depuis mon entrée dans le conclave, jusques à hier au soir que M. le cardinal de Bouillon nous fit une ouverture qui me parut fort belle et même fort lumineuse. Je confesse que la pensée[16], qui est grande, honnête, ecclésiastique, et supérieure de beaucoup à toute la romanesquerie, me toucha infiniment. Après les réflexions, il me paroît qu'elle a de grands inconvénients, parce que le succès dépend du secret d'Altieri, dont nous ne pouvons être sûrs par la considération de sa faction, quelque bonne intention qu'il pût avoir, et de la manière d'agir des Espagnols, dont le manquement me paroît certain, par l'impossibilité qui me paroît à leur faire agréer Grimaldi[17]. Et ce qui m'embarrasse encore plus que tout cela est que, si l'affaire manque, comme apparemment elle manquera, par l'un ou par l'autre de ces moyens, nous tomberons dans la nécessité d'exclure[18] Odescalchi et dans la honte de l'avoir exclus.

14. *Par* n'est pas dans le texte de MM. Champollion.
15. Voyez p. 31, note 5.
16. Dans le texte de MM. Champollion, « que cette ouverture »; deux lignes plus bas, *touche*, au lieu de *toucha*.
17. Voyez ce qui est dit plus haut (p. 444, note 1) de la lettre du cardinal de Bouillon au sujet de l'élection de Grimaldi.
18. On peut se demander s'il ne faudrait pas plutôt *élire*, mais *exclure* est bien le texte, et ce n'est point une faute du traducteur : il y a les mêmes chiffres ici pour *exclu(re)* qu'ensuite pour *exclu(s*, sic), *exclu(re)* encore, *exclu(sions*, sic), etc. Au reste, la leçon *exclure* n'est pas inintelligible : il se pourrait que les cardinaux dont il faudrait obtenir la voix pour Grimaldi ne consentissent à la lui donner qu'à la condition qu'on exclurait, en cas d'échec, Odescalchi. Il semble que la phrase suivante confirme ce sens.

Il y a plus : d'abord que Grimaldi est entré dans le conclave, le bruit a couru que nous le faisions venir pour exclure par son moyen Odescalchi, de sorte que, s'il arrivoit que nous l'exclussions effectivement, parce que l'Espagne auroit exclus Grimaldi, ce que nous aurions fait sincèrement seroit pris, même par les indifférents, pour un artifice dont nous nous serions servis [19] pour ne nous pas attirer le blâme de l'exclusion d'un aussi homme de bien qu'Odescalchi. Nous l'aurions ainsi tout entier, et nous tomberions dans l'inconvénient que je vous ai touché ci-dessus, qui est de ne plus savoir où nous donnerions; la longueur du conclave, si préjudiciable à l'Église, nous seroit imputée ; les *zelanti* [20], qui sont répandus dans les factions, nous tomberoient sur les bras, et nous courrions fortune d'être obligés d'en venir à la fin, et après beaucoup de temps, à quelque *sconciatura* [21], qui seroit honteuse à la France, et qui, dans le fond, ne lui seroit d'aucun avantage.

Ce qui me fait encore plus de peine touchant cette alternative est qu'il seroit fort difficile que nous nous assurassions du succès, quand même elle auroit été acceptée en parole par l'Espagne, parce qu'il seroit très-malaisé de se défendre des tromperies qui pourroient

---

19. Dans le manuscrit, *servi*, sans accord.
20. Participe de *zelare*, « avoir du zèle ». — On nommait ainsi les cardinaux qui se déclaraient décidés à n'obéir qu'à leur conscience, et à choisir, sans aucune considération humaine, le sujet le plus digne, à leur sens, du pontificat. — La *Gazette* rapporte, à la date du 12 septembre (p. 703), que « vingt-quatre cardinaux, qu'on nomme les *zélés*, se sont unis, et qu'ils publient leur résolution d'élever au pontificat un sujet qui en soit entièrement digne, donnant l'exclusion à tous les autres. »
21. L'italien *sconciatura* signifie, au sens abstrait, « avortement », et, au sens concret, figurément, « avorton ».

glisser plus facilement en ce rencontre qu'en tout autre, et qui pourroient par conséquent donner pour le moins autant d'avantage à Odescalchi qu'à Grimaldi. Je sais bien que l'âge de Grimaldi lui donneroit des voix ; mais je sais bien aussi que la douceur d'Odescalchi lui en donneroit peut-être et apparemment davantage.

Voilà les inconvénients que je vois dans la tentative de Grimaldi. Voici les avantages, si elle réussissoit. Il n'y auroit rien de si utile pour l'Église, la capacité de Grimaldi étant infiniment au-dessus de celle d'Odescalchi ; rien de si glorieux pour le Roi, Grimaldi pouvant passer pour François[22] ; et l'utilité et la gloire y seroient en un point que l'on peut dire que l'avantage que l'on en peut tirer peut faire hasarder judicieusement les inconvénients qui en sont à craindre. Il est encore vrai que le Roi en tireroit de plus un avantage particulier, en ce qu'il paroîtroit, par l'événement, qu'il auroit forcé le cardinal Altieri et toute sa faction à n'espérer de pardon de lui que par le concours à un sujet françois. Je compte pour quelque chose le raccommodement du cardinal Altieri, qui se feroit, par ce moyen, devant la fin du conclave, et qui feroit disparoître, en un moment, très-glorieusement pour Sa Majesté, ce fantôme d'une faction contraire à la France. Je dis ce fantôme, parce qu'une faction, quelle qu'elle soit à Rome, ne doit faire qu'une ombre très-légère au Roi. Mais je suis persuadé qu'il seroit toujours plus avantageux que cette ombre disparût, et qu'elle disparût en s'anéantissant elle-même devant lui, dans un pays particulièrement et dans une occasion où l'on ne peut jamais s'assurer positivement et infailliblement de l'avenir.

22. Grimaldi était Génois, mais appartenait depuis longtemps à la France : voyez plus haut, p. 402, note 5.

Toutes ces considérations jointes ensemble me feroient souhaiter, avec passion, de pouvoir voir assez clair dans les suites de la proposition de M. le cardinal de Bouillon pour entrer dans son avis; mais j'avoue que je suis trop touché des inconvénients que j'ai marqués[23] ci-dessus pour n'en pas appréhender la conséquence, et pour ne pas demeurer dans le mien, qui est de n'hasarder pour chose du monde de rompre le col à Odescalchi, à moins que d'être assuré de celui que nous voudrons et que nous pourrons avoir en sa place. Si nous n'en voyons point de cette nature, comme jusques ici il ne m'en paroît point, et que l'on prenne, par cette raison, le parti de concourir à Odescalchi, il n'y a, à mon opinion, point de temps à perdre, tous les instants étants précieux. Il y a longtemps que l'on est dans l'inaction dans le conclave; l'on continue à s'impatienter, et je suis persuadé qu'il n'y a pas un moment à perdre pour se déterminer. Nous attendrons pour agir les sentiments de Votre Excellence.

Le cardinal de RAIS.

33. — LETTRE DU CARDINAL DE RETZ AU DUC D'ESTRÉE.
(Sur l'avis du cardinal d'Estrée.)

[Du 16 septembre 1676.]

M. le cardinal d'Estrée me vient de faire voir un

---

23. Dans le manuscrit, *marqué*, sans accord; deux lignes plus bas, *nahazarder* (sic) : voyez p. 324, note 2.

LETTRE 33. — Archives des Affaires étrangères, Rome, 1676. *Divers particuliers*, tome LXXXIII (246), pièce 77, fol. 294-297. Original en chiffre, traduit, entre les lignes, de la même main

mémoire qu'il vous envoie, par lequel il me paroît qu'il entre dans le sentiment de M. le cardinal de Bouillon, touchant la proposition que ce dernier vous fit dernièrement[1]. Ce mémoire porte qu'il ne croit pas que les ordres du Roi nous obligent à concourir à Odescalchi. C'est à Votre Excellence à nous les expliquer, et c'est d'Elle que nous devons prendre nos lumières sur ce sujet. Ce même mémoire porte que nous nous pouvons accommoder avec le cardinal Altieri, sans blesser les engagements que nous avons avec les cardinaux Chigi et Rospigliosi, et c'est à M. le cardinal d'Estrée à qui nous nous devons rapporter de ce détail, parce que c'est lui qui a ménagé et fait notre union avec ces deux chefs de faction. Ce qui avoit donné fondement à ma dernière lettre, qui combattoit la proposition de M. le cardinal de Bouillon, est la pensée que j'avois et que l'on ne pouvoit exclure le cardinal Odescalchi sans manquer aux ordres du Roi, et que nous ne pouvions, dans le fond, nous accommoder avec le cardinal Altieri en conservant Chigi et Rospigliosi, au moins sans hasarder le secret très-nécessaire à l'égard d'Odescalchi. Supposé que l'un ou l'autre se puisse, comme il est porté par le mémoire de M. le cardinal d'Estrée, je suis persuadé et que l'avantage de réunir dans le service du Roi tout ce qui est dans le Sacré Collège indépendant de l'Espagne est si grand pour tout le corps, et que la gloire du Roi se trouve si fort à obliger une faction entière qui lui paroît contraire et à le servir en cette occasion et à abandonner ses amis, que ces deux considérations, soutenues par la satisfaction que j'ai supposé ci-dessus avoir été

que les précédents. La date est ajoutée au titre. — Voyez la réponse de l'Ambassadeur à cette lettre, aux *Pièces justificatives*, n° 103.

1. La proposition de travailler à l'élection de Grimaldi : **voyez** la lettre précédente.

donnée par M. le cardinal d'Estrée sur un des faits qui avoient fondé mon opinion et devoir être donnée sur l'autre par Monsieur l'Ambassadeur, que ces deux considérations, dis-je, l'emportent dans[2] mon esprit sur les autres inconvénients qui m'avoient obligé à ne pas approuver la proposition de M. le cardinal de Bouillon. La principale étoit que, si nous rompions le col à Grimaldi et Odescalchi, nous tomberions dans un labyrinthe où nous ne verrions plus goutte (ce qui est inévitable) et où nous serions peut-être obligés de donner à[3] une *sconciatura*. Le remède à ce dernier[4] est de se fixer, dès à présent, à ne se relâcher jamais, pour ne recevoir que des sujets de mérite et les régler, dès à cette heure, avec les chefs de faction. Je sais bien que cela peut aller à de grandes longueurs ; mais je ne les plaindrois pas, si elles nous produisoient un bon pape avec la réunion de seize cardinaux[5], dans une conjoncture où nous ne savons pas ce que le pontificat futur pourra produire au Roi sur ce qui les[6] regarde. Si l'on prend ce parti, je crois qu'il est de toute nécessité de s'accommoder avec le cardinal Altieri, devant que de rompre le col à Odescalchi, parce qu'autrement nous dépendrions absolument de lui.

Depuis ce que dessus, nous avons reçu la lettre par laquelle Votre Excellence nous écrit que, quelque parti que l'on prenne, il faut bien prendre garde de ne pas tomber dans la nécessité de donner l'exclusion à Odescalchi, ce qui seroit tout à fait contraire aux ordres du

---

2. Par mégarde, dans la traduction, ainsi que dans le chiffre, *sur*, au lieu de *dans*.
3. De concourir à. — Pour *sconciatura*, voyez la note 21 de la *lettre* précédente, p. 449.
4. Au sens neutre : à cette dernière chose.
5. De la faction d'Altieri. — 6. Faut-il lire *le*?

Roi⁷. Si l'on prend le parti proposé par M. le cardinal d'Estrée, qui revient, à fort peu près, à celui proposé, il y a deux jours, par M. le cardinal de Bouillon, on tombe dans la nécessité d'exclure Odescalchi, à moins que par le mot d'exclusion Votre Excellence n'entende que l'on aille déclarer aux chefs de faction que le Roi ne veut point d'Odescalchi, ce que l'on ne sera pas obligé de faire, mais on sera obligé de faire l'équivalent. Quant à l'effet et la persuasion de tout le conclave, c'est purement à Votre Excellence à décider sur le mot et sur la substance de l'exclusion. Nous supplions Votre Excellence de me faire réponse dès demain ; tous les instants sont précieux, et il est absolument nécessaire d'agir de façon ou d'autre.

Le cardinal de Rais.

---

34. — LETTRE DES CARDINAUX AU DUC D'ESTRÉE.
(Pour l'engager a donner les mains a l'exaltation d'Odescalchi.)

[Du 17 septembre 1676.]

Nous avons reçu la lettre que Votre Excellence nous a fait l'honneur de nous écrire d'aujourd'hui¹, et sur laquelle nous n'avons autre chose à lui dire si ce n'est que, de la manière dont l'affaire d'Odescalchi a com-

---

7. Voyez le billet de l'Ambassadeur au cardinal de Retz, en date du 15 septembre 1676, aux *Pièces justificatives*, n° 102.

Lettre 34. — Archives des Affaires étrangères, Rome, 1676. *Divers particuliers*, tome LXXXIII (246), pièce 80, fol. 307-309. — La lettre, y compris les signatures des quatre cardinaux, est en chiffre, avec traduction interlinéaire de la même main que les précédentes; date ajoutée au titre.

1. C'est le n° 103 des *Pièces justificatives*.

mencé et qu'elle a continué jusques à cette heure, on ne sauroit rien faire en portant un autre sujet, quelque tour qu'on y donnât, que ce ne fût une exclusion d'Odescalchi et qu'on ne la crût telle universellement. Cette vérité étant posée pour certaine et pour claire, comme elle nous paroît encore plus particulièrement par ce que nous voyons dans le conclave, et Votre Excellence nous disant que l'intention du Roi n'est pas qu'on lui donne l'exclusion, nous sommes persuadés qu'il n'y a pas d'autre parti à prendre que de consentir à son exaltation, pour laquelle toutes les factions paroissent toujours engagées, quoiqu'il y ait beaucoup de particuliers qui ne la souhaitassent pas.

Votre Excellence verra, par le mémoire ci-joint que M. le cardinal de Bouillon lui écrit, qu'il n'a pas été nécessaire de rendre capable M. le cardinal Grimaldi de[2] l'inutilité du dessein que le Roi avoit pour lui; nous ne pouvons donner assez d'éloges à la supériorité avec laquelle il a traité cette affaire.

Si Votre Excellence approuve nos sentiments, nous croyons qu'il n'y a pas un moment à perdre pour les exécuter et pour rendre le consentement plus glorieux et plus éclatant. Nous estimons que, Votre Excellence

---

2. C'est-à-dire d'instruire le cardinal Grimaldi de, etc. Lionne et le duc d'Estrée emploient la même expression, l'un au n° 18 des *Pièces justificatives*, l'autre au n° 103 que nous venons de citer. C'est l'italien *rendere capace*. On lit, dans une pièce, datée de 1598, des *Mémoires de MM. de Bellièvre et Sillery* (la Haye, 1696, p. 143), cet exemple inexactement cité par Littré : « Nous estimons les avoir rendus capables (*les avoir instruits*) de la droite intention du Roi. » Dans les *Mémoires de Jean Choisnin* (dernier tiers du seizième siècle) on trouve, plusieurs fois, outre le même tour *capable de* (p. 401 et p. 402, édition Michaud et Poujoulat), la construction *capable que*. Ainsi (p. 396) : « Ledict sieur auroit moyen de rendre capables les électeurs (de leur faire savoir) que, etc. ; » il y a un autre exemple tout semblable plus haut à la même page.

ayant à rendre la réponse du Roi au Sacré Collége, vous pourriez lui demander audience le plus tôt qu'il sera possible[3], afin que tout le monde connût qu'aussitôt après votre audience, on auroit consommé l'élection d'Odescalchi. Pour ce qui est de Cibo[4], nous avons beaucoup de sujet de croire qu'il aura une place principale dans le Palais[5] : c'est tout ce qu'on peut dire sur ce sujet, sur lequel M. le cardinal d'Estrée aura sans doute plus de connoissance que nous.

M. le cardinal Rospigliosi, qui est toujours fort porté pour l'affaire d'Odescalchi, a parlé à MM. les cardinaux de Bouillon et d'Estrée d'une manière si avantageuse qu'il leur a proposé d'en écrire lui-même, comme de la chose la plus glorieuse qui pouvoit se passer pour Sa Majesté dans le conclave. Il prétend que le cardinal Chigi en écrira, et il ajoute que l'honneur et l'avantage de ses serviteurs s'y rencontre aussi, et qu'ils le recon-

---

3. L'Ambassadeur suivit ce conseil. On lit dans la *Gazette*, en date du 23 septembre (p. 734) : « Le Roi très-chrétien, bien informé depuis longtemps et entièrement persuadé du mérite exemplaire du cardinal Odescalchi, desiroit son élection, quoiqu'il fût sujet naturel du roi d'Espagne (*comme né à Côme en Lombardie*) ; et le duc d'Estrée, ambassadeur de Sa Majesté, avoit fait connoître les intentions sincères de son maître par un beau discours qu'il fit la veille de la consommation de ce grand ouvrage (*c'est-à-dire le 20 septembre*). »

4. Alderan Cibo, fils de Charles, prince de Massa, né en 1613, nommé cardinal, en 1645, par Innocent X, fut successivement légat d'Urbin, de la Romagne et de Ferrare. Innocent XI (Odescalchi), aussitôt après son élection, le choisit pour ministre d'État (voyez la *Gazette*, en date du 23 septembre, p. 734). Il mourut doyen du Sacré Collége, le 21 juillet 1700.

5. Pomponne dit (p 24) que Cibo était « ami intime » d'Odescalchi, qu'on le regardait d'avance « comme devant avoir toute l'administration de ce pontificat, » et que « Sa Majesté (*Louis XIV*), à qui il étoit attaché en secret, ne pouvoit avoir un homme plus confident. »

noissent comme une nouvelle marque de la protection de Sa Majesté. Vous en verrez toutes les raisons dans leurs lettres, comme il s'est offert de chercher tous les moyens de rendre la conclusion de cette affaire plus éclatante pour Sa Majesté. M. le cardinal de Bouillon va le trouver pour savoir de lui quelles peuvent être ses vues et ses pensées ; nous attendons au plus tôt votre dernière résolution.

Le cardinal de Rais.
Le cardinal de Bouillon.
Le cardinal d'Estrée.
Le cardinal de Bonzy.

---

35. — LETTRE DU CARDINAL DE RETZ
A M. DE POMPONNE.

A Rome, ce 22e septembre 1676[1].

Vous aurez, Monsieur, par la dépêche de Monsieur l'Ambassadeur, le détail du conclave[2] ; mais, comme je

---

Lettre 35. — Archives des Affaires étrangères, Rome, 1676. *Divers particuliers*, tome LXXXIV (247), pièce 17, fol. 60. Original, de la main d'un nouveau secrétaire ; la signature seule est autographe.

1. Le lendemain de l'élection d'Odescalchi, Innocent XI.
2. Nous donnons, aux *Pièces justificatives* (n° 106), un fragment de cette dépêche du duc d'Estrée. On peut voir, dans *le Cardinal de Retz et ses missions diplomatiques à Rome* (note des pages 569-571), un autre « détail du conclave, » mais fort peu authentique, amusant plutôt qu'exact, qui est tiré des *Mémoires pour servir à l'histoire de Louis XIV*, par l'abbé de Choisy (Utrecht, 1727, p. 508-512). Le spirituel abbé, qui avait accompagné à Rome le cardinal de Bouillon, s'y donne beaucoup plus d'importance qu'il n'en eut, se fait attribuer par le cardinal de Retz une sorte de rôle « de conclaviste général des cardinaux françois, » et, en somme, ne dit presque rien qui ne soit contredit par les lettres officielles.

m'imagine, de l'humeur dont je le connois, que sa relation sera très-imparfaite sur ce qui le regarde, je ne me puis empêcher d'y suppléer en quelque façon, et de vous dire qu'il y a dirigé et soutenu tout ce qui a été du service et de la gloire de Sa Majesté, d'une manière à laquelle je vous puis assurer, sans exagération, qu'il ne s'est rien pu ajouter. Les effets ont répondu à ses intentions, et l'Église doit incontestablement au Roi le Pape qu'elle a souhaité avec une passion extraordinaire. La division de la faction d'Espagne, qui a été jusques au scandale et au ridicule, a encore rehaussé de beaucoup l'éclat que l'union de celle de France a eu dans Rome. Le Pape sera couronné lundi prochain[3] ; je partirai aussitôt après, pour m'en retourner par le chemin des Suisses, qui est le plus court.

Je suis, Monsieur, absolument à vous et de tout mon cœur.

Le cardinal de Rais.

---

3. C'est-à-dire le lundi 28 septembre ; le 22, date de la *lettre* 35, était un mardi, jour d'ordinaire. La nouvelle n'est point exacte ; le couronnement n'eut lieu que le dimanche 4 octobre : voyez la *Gazette* (p. 777), qui ensuite ne nous apprend qu'en date du 4 novembre (p. 832) que les cardinaux de Retz, de Bouillon et de Bonzy « sont partis séparément pour retourner en France. »

FIN DES LETTRES ET MÉMOIRES SUR LES AFFAIRES DE ROME.

PIÈCES JUSTIFICATIVES

PIÈCES JUSTIFICATIVES.

Le texte des pièces de cet Appendice qui sont aux Archives des Affaires étrangères, *Correspondance de Rome*, c'est-à-dire de presque toutes, a été collationné sur les originaux avec le même soin que les lettres mêmes de Retz. Nous indiquons, comme nous avons fait jusqu'ici, la tomaison ancienne en chiffres romains, le numérotage actuel, entre parenthèses, en chiffres arabes.

Nous n'accompagnerons pas ces annexes d'un commentaire; celui des lettres de notre auteur pourra presque toujours leur en tenir lieu, et nous nous bornerons au petit nombre de notes qui nous paraîtront être absolument nécessaires pour la clarté, ou, par leur objet, vraiment opportunes et utiles.

Les lettres des deux ministres, Lionne et Pomponne, sont des minutes autographes, le plus souvent pleines de ratures, de changements et d'additions en interligne; pour les autres dépêches, nous indiquerons si elles sont des copies ou également autographes.

I. — LETTRE DE M. DE LIONNE AU CARDINAL DE RETZ.
(*Sur la réponse qu'il doit faire au Sacré Collège.*)

1663

Du 17ᵉ janvier 1663.

Monseigneur,

J'ai lu au Roi la lettre dont il a plu à Votre Éminence de m'honorer[1], et je puis lui dire, sans exagération, que Sa Majesté a reçu, avec autant d'agrément qu'Elle-même pouvoit desirer, la déférence que Votre Éminence lui a rendue. J'aurai, après cela, l'honneur de dire à Votre Éminence que Sa Majesté estime qu'Elle ne pouvoit pas s'exempter de répondre à la lettre du Sacré Collège[2], et quand, suivant votre ordre, j'ai voulu la presser de me dire le sens et le tour que Sa Majesté desiroit que Votre Éminence donne à sa lettre, je n'en ai pu tirer d'autre réponse que celle-ci : « Que Votre Éminence savoit ses sentiments et que, voulant lui plaire, comme Elle en est

---

Lettre I. — Tome VIII (154), pièce 29, fol. 61.
1. Nous n'avons pas trouvé cette lettre de Retz aux Affaires étrangères.
2. Voyez, p. 19-22, la réponse que fit en effet Retz, en date du 26 janvier.

assurée, Votre Éminence trouveroit beaucoup mieux l'un et l'autre qu'on ne sauroit le lui suggérer. »

J'ai cru néanmoins, en qualité de serviteur très-passionné de Votre Éminence et qui achèteroit, à quelque prix que ce pût être, la moindre occasion de lui plaire et de la servir, que je devois, en ce rencontre, prendre la liberté d'adresser à Votre Éminence confidemment deux articles de la dernière lettre que j'ai reçue de M. de Bourlemont, et même une copie de la réponse qu'a faite le cardinal Maidalchini à la lettre que le Sacré Collége lui a écrite, l'une et l'autre plus pour satisfaire sa curiosité qu'avec aucune pensée qu'elles puissent donner la moindre lumière à un esprit aussi éclairé que le sien. Si je commets quelque manquement en prenant cette liberté, je la supplie d'en regarder le principe, qui n'est autre que de répondre le moins mal que je puis aux bontés que Votre Éminence me témoigne, et de tâcher de lui faire connoître que personne n'est plus véritablement que moi, comme d'ailleurs avec tant de soumission, Monseigneur, de Votre Eminence, etc.

Je supplie Votre Éminence de me faire la justice de ne juger pas qu'en lui communiquant le second article de la lettre de M. de Bourlemont, j'aie la moindre visée de l'engager à rien écrire qui puisse choquer l'Escadron; au contraire, je suis très-persuadé qu'il est du service du Roi que Votre Eminence y conserve le crédit que je sais qu'Elle y a acquis.

---

2. — LETTRE DE M. DE LIONNE AU CARDINAL DE RETZ.
(*Sur la satisfaction que le Roi a eue de sa lettre au Sacré Collége.*)

3º février 1663.

Monseigneur,

J'ai présenté et lu au Roi les deux réponses de Votre Éminence à la lettre du Sacré Collége qu'Elle m'avoit fait l'honneur de m'adresser, et Sa Majesté a trouvé bon que celle où le cardinal Impérial est nommé fût envoyée[1]. Cependant, puisque Votre Éminence met sa plus grande satisfaction à pouvoir persuader au Roi l'envie extrême qu'Elle a de lui plaire, je puis assurer Votre Éminence qu'Elle a sujet d'être très-satisfaite en ce rencontre, Sa Majesté

Lettre 2. — Tome VIII (154), pièce 63, fol. 133.
1. Voyez, p. 20 et 21, la note 2 de la *lettre* 4.

ayant témoigné agréer, au delà de ce que je lui puis exprimer, toute la substance et les termes de sa lettre. Si, après une si glorieuse et si avantageuse approbation, je pouvois, Monseigneur, sans présomption, y mêler quelque chose de mon sentiment particulier, j'avouerois, en premier lieu, à Votre Éminence, avec ingénuité, que j'attendois, avec quelque sorte d'impatience, de voir comment Elle se démêleroit, avec son ordinaire habileté, d'une matière si délicate et si difficile à toucher, pour y garder tous les égards qu'il falloit avec le Sacré Collége, et ne laisser pas de contenter le Roi, ce que je savois bien qu'Elle auroit principalement en vue ; mais, quoique j'aie eu si souvent occasion d'admirer tout ce qui sort de sa plume ou de sa bouche, je confesse librement que j'ai été surpris et que je ne m'étois promis rien d'égal à ce que j'ai trouvé. Jamais rien ne m'a paru si fort, si bien tourné, ni si rempli ; et, pour la partie de la diction, elle est comme eût pu parler le plus poli courtisan du siècle d'Auguste. M. Joli[2] m'a fait la grâce de m'en donner une copie. J'aurois de bon cœur payé le voyage d'un courrier pour la faire voler à Rome. Je suis certain qu'on n'y a vu ni ne verra de longtemps de pièce de cette force ; mais ce qui sera curieux, et Votre Éminence, qui connoît mieux que moi la qualité et la portée des esprits, peut-être n'en disconviendra pas, c'est que je crois que la latinité causera encore plus de jalousie et de déplaisir au Palais que la substance même de la lettre, quoique dure à digérer.

Je suis avec le profond respect que je dois, et avec toute l'ardeur possible, Monseigneur, de Votre Éminence, etc.

---

3. — LETTRE DE LOUIS XIV AU CARDINAL DE RETZ.

Paris, le 18 juin 1663.

Mon cousin, j'ai remarqué avec plaisir l'affection que vous avez pour moi, dans les sentiments et les vœux de la lettre que vous m'avez écrite en dernier lieu sur ma guérison[1]. Je m'assure que, quand vous pourrez m'en donner des preuves plus solides, vous le ferez de bon cœur.

2. Gui Joli, qui était encore à cette date secrétaire du Cardinal.
LETTRE 3. — *OEuvres de Louis XIV*, tome V (1806), p. 144 et 145.
1. De la rougeole : voyez le *Journal de la santé du Roi*, publié par M. Le Roi, p. 82-87. — Nous n'avons pu retrouver cette lettre du Cardinal à Louis XIV.

4. — LETTRE DE M. DE LIONNE AU CARDINAL DE RETZ.
(*Sur son voyage; et de nouvelles.*)

Le 23ᵉ juin 1665.

Monseigneur,

J'ai reçu la lettre dont il a plu à Votre Éminence de m'honorer, écrite de Milan[1], et l'ayant lue au Roi, Sa Majesté m'a chargé de mander à Votre Éminence, de sa part, que le soin qu'Elle a pris de l'informer des progrès de son voyage et jusqu'aux moindres circonstances lui a été fort agréable, et qu'Elle n'avoit rien à désirer de mieux, en toute sa conduite, que ce qu'Elle a fait. Elle a aussi témoigné être fort aise que Votre Éminence ait plutôt pris son chemin par la Toscane que par la Romagne, le premier étant plus court et moins incommode en cette saison, outre qu'Elle aura eu lieu de voir une cour qui doit, ce me semble, être infiniment satisfaite du procédé que Sa Majesté a tenu et continue tous les jours à tenir sur la fâcheuse affaire qu'elle a dans son domestique[2]. Si on se fût avisé ici que Votre Éminence pouvoit y passer, je ne doute pas que le Roi ne l'eût chargée de tenter encore le grand miracle dont on a besoin pour réduire à la raison l'esprit d'une princesse qui s'en est si fort écartée. Mais peut-être que, pour la fin qu'on se propose, une personne de votre considération ne la voyant point à son passage, cet abandon apparent aura fait plus d'impression sur elle que toute la force des raisons dont Votre Éminence eût pu combattre son opiniâtreté avec son éloquence ordinaire.

J'accepte, Monseigneur, avec respect l'honneur de la correspondance que Votre Eminence m'offre, et je tâcherai de m'en prévaloir, dans la suite, pour lui rendre, auprès de Sa Majesté, tous les offices et très-humbles services dont je pourrai être capable[3].

La bataille s'est enfin donnée le 13 du courant entre les flottes angloise et hollandoise, et l'avantage est demeuré aux Anglois, qui ont pris, à ce qu'ils disent, dix-sept vaisseaux à leurs ennemis et en ont coulé à fond ou brûlé neuf autres, parmi lesquels il y en avoit trois à pavillons carrés, et, entre ceux-ci, *l'Amiral de Hollande*,

---

Lettre 4. — Tome XIX (169), pièce 103, fol. 252.
1. Voyez, p. 26, la *lettre* 2 de la 2ᵈᵉ partie, du 28 mai.
2. Voyez, p. 29 et 30, la note 5 de la *lettre* 3.
3. La minute de la lettre à Retz porte ici, au verso du folio 252 : « L'article de la bataille comme à M. de Bourlemont. » C'est un ordre, comme nous en verrons plus d'un, au secrétaire de transcrire le passage suivant, que nous tirons de la minute de la lettre à M. de Bourlemont du même jour (*ibidem*, fol. 253 vᵒ et 254 rᵒ).

qui a d'abord sauté en l'air, le feu ayant pris aux poudres, et cet accident a commencé à mettre le désordre et la confusion dans la flotte hollandoise, qui est depuis rentrée dans le Tessel et en d'autres ports de la Hollande et de la Flandre. On ne demeure pas d'accord, à la Haye, du calcul qui se fait à Londres, ne trouvant à dire, à leur compte, que dix ou douze vaisseaux au plus; l'échec que les États ont reçu ne laisse pas d'être de grande considération, tant pour la réputation que pour le mauvais exemple, la plupart des officiers de leurs vaisseaux ayant fort mal fait leur devoir.

---

5. — LETTRE DE M. DE LIONNE AU CARDINAL DE RETZ.
(*Sur la manière d'agir de la cour de Rome.*)

Le 3e jour de juillet 1665.

MONSEIGNEUR,

J'ai reçu la lettre dont il a plu à Votre Éminence de m'honorer, écrite à Florence le 7e de l'autre mois[1]. Le Roi, à qui j'en ai rendu compte, a été très-aise d'apprendre l'heureux progrès de son voyage, et Sa Majesté a estimé que Monsieur le Grand-Duc a agi très-prudemment quand il a prié Votre Éminence de s'abstenir de voir Mme la princesse de Toscane, parce qu'en l'assiette où est l'esprit de cette princesse, toutes persuasions, auxquelles elle est préparée de résister fortement, seront moins capables de le réduire qu'un abandon apparent. J'attends d'apprendre demain, par l'ordinaire, l'arrivée de Votre Éminence à Rome en bonne santé. Elle y aura trouvé une cour qui va insensiblement se rebrouillant avec la nôtre, par une conduite, il se peut dire, d'enfant; car, de part et d'autre, il n'a été question, depuis dix mois, que de pures bagatelles. Mais on a si mal correspondu aux grâces et aux bons traitements qu'on avoit fait[s] ici à Monsieur le Légat et à la réduction d'Avignon, dont l'incident, si Sa Majesté y eût voulu agir avec moins de générosité, lui eût donné lieu d'arracher du Pape tout ce qu'Elle eût desiré, qu'à la fin, après dix manquements de parole l'un sur l'autre, Sa Majesté s'est lassée de la condition de solliciteur et a écrit à M. le cardinal Chigi de n'importuner plus de rien Sa Majesté sur ses intérêts ou pour ses satisfactions. Ces Messieurs ont mieux aimé marcher par des chemins remplis d'épines que sur des roses.

LETTRE 5. — Tome XX (170), pièce 1, fol. 9 et 10.
1. Voyez la *lettre* 3 de Retz, p. 28.

Ils seroient, en quelque façon, excusables si nous avions touché des grosses cordes, comme de liaisons, de ligues, d'investitures, de doublements de décimes, de chapeaux hors de la nomination ordinaire; mais j'aurois honte moi-même de dire à Votre Éminence ce qu'on demandoit : cela fait pitié.

Il y a, Dieu merci, un tel amendement au mal de la Reine mère qu'on le regarde comme une espèce de miracle, les médecins n'ayant jamais rien vu de pareil. Ils comptoient, il n'y a que peu de temps, à mois et quelques-uns à jours, et aujourd'hui tous conviennent qu'il faut calculer à années et même à un nombre qu'on ne doit point limiter.

Je suis, etc.

6. — LETTRE DE M. DE LIONNE AU CARDINAL DE RETZ.
(*Sur la satisfaction que le Roi avoit de sa conduite.*)

Le 10° juillet 1665.

MONSEIGNEUR,

J'ai eu grande joie d'apprendre l'heureuse arrivée de Votre Éminence à Rome, en bonne santé, par la lettre dont Elle m'a honoré le 16° de l'autre mois[1]. J'ai présenté, suivant ses ordres, à Sa Majesté la lettre que Votre Éminence lui a écrit (*sic*). Elle pourra juger de quelle manière elle a été reçue tant par la circonstance que Sadite Majesté y a voulu répondre de sa main que par les termes mêmes de la réponse[2].

J'ai aussi rendu compte au Roi de ce que Votre Éminence a pris la peine de me mander touchant la première audience qu'elle a eue du Pape et sur le sujet de la reine Christine et de M. le cardinal Azzolin. M. de Bourlemont, sur ce dernier point, s'est un peu plus étendu, dans ses dépêches, que Votre Éminence, qui se contente d'examiner ce qu'on lui fait connoître des intentions de Sa Majesté, sans le faire valoir.

LETTRE 6. — Tome XX (170), pièce 23, fol. 52.
1. Voyez la *lettre* 4 de Retz, p. 30.
2. Nous n'avons pas trouvé cette lettre du Roi.

7. — LETTRE DE M. DE LIONNE AU CARDINAL DE RETZ.
(*Sur la santé de la Reine mère et de la famille royale.*)

1665

[10 juillet 1665.]

Le bon état de la santé de la Reine mère, qui s'affermit de plus en plus, ayant donné lieu au Roi d'aller passer deux jours à Versailles, où Sa Majesté avoit fait préparer quelques divertissements à la Reine, il est arrivé que Madame[1], laquelle aussi étoit de la partie avec Monsieur, s'y est délivrée d'une fille, que Dieu n'a pas voulu nous faire la grâce de conserver[2]. La cour tâche à se consoler de cette perte sur la bonne santé de la mère et sur l'espérance qu'avant qu'il soit un an, elle donnera à la France des fruits plus heureux de sa fécondité.

(*Autant à mon oncle* (Ennemond Servient, ambassadeur en Savoie), *à M. d'Estrade* (le futur maréchal, ambassadeur en Hollande), *à M. Gravel* (Robert de Gravel, résident à l'assemblée de Francfort), *à Monsieur de Béziers* (le futur cardinal de Bonzy, ambassadeur en Pologne).)

---

8. — LETTRE DE M. DE LIONNE AU CARDINAL DE RETZ.
(*De nouvelles.*)

Le 17º juillet 1665.

Monseigneur,

Le Roi a appris avec plaisir que Sa Sainteté ait donné à Votre Éminence des marques de l'estime qu'Elle fait de son mérite et de sa suffisance, en la mettant de trois des plus considérables congrégations de cardinaux qu'il y ait dans la cour de Rome et où même Votre Éminence aura souvent occasion de servir Sa Majesté et d'obliger ses sujets.

J'ai présenté moi-même, suivant l'ordre de Votre Éminence, à la Reine mère la lettre qu'Elle m'a fait l'honneur de m'adresser pour Sa Majesté[1].

Nous eûmes hier la confirmation d'un avis que le Roi avoit eu, il y a quinze jours, de la bataille gagnée par les Portugais[2]. Cette perte des Espagnols est beaucoup plus grande que celle qu'ils

---

LETTRE 7. — Tome XX (170), pièce 24, fol. 53.
1. Henriette d'Angleterre, duchesse d'Orléans de 1661 à 1670.
2. Mort-née avant terme, le 9 juillet (*Gazette*, p. 676).
LETTRE 8. — Tome XX (170), pièce 37, fol. 85.
1. Voyez la *lettre* 5 de Retz, p. 33. — 2. A Montes-Claros (p. 34, note 2).

firent, il y a deux ans, au retour de dom Jean (*sic*) d'Autriche d'Évora³. Ils trouvent à dire six mille hommes ou morts ou prisonniers, dans le nombre desquels se trouvent tous leurs principaux officiers, à la réserve du général; M. de Chalire y a été périlleusement blessé de deux coups d'estramaçon sur la tête et est prisonnier à Estremos⁴; le fils unique du président de Castille, dom Louys de Haro, est aussi blessé et prisonnier.

(« Toutes les dépenses, etc., » *comme à la lettre de M. de Béziers* (Bonzy)⁵ *jusqu'à la fin, c'est-à-dire aussi la mort de l'archiduc d'Inspruck* (Sigismond-François, arrière-petit-fils de l'empereur Ferdinand I, mort le 25 juin 1665).)

---

9. — LETTRE DE LOUIS XIV A M. DE BOURLEMONT.
(*Pour approuver sa conduite.*)

Le 17ᵉ juillet 1665.

... Vous témoignerez au prince Pamphile que j'ai eu fort agréable le nouveau témoignage d'affection qu'il m'a donné, en prêtant à mon cousin, le cardinal de Retz, son palais de Montemagnanapoli¹ et trouvant bon que mes armes fussent mises sur la porte, sans quoi ledit cardinal sans doute n'auroit pu ni voulu l'habiter...

---

10. — LETTRE DE M. DE LIONNE AU CARDINAL DE RETZ.
(*Sur sa conversation avec le cardinal Albizzi.*)

Le 7ᵉ jour d'août 1665.

MONSEIGNEUR,

J'ai reçu la lettre dont il a plu à Votre Éminence de m'honorer, du 14ᵉ de l'autre mois¹. Non-seulement le Roi, après en avoir entendu la lecture, a approuvé et fort loué que Votre Éminence

---

3. Ville de Portugal, dans l'Alentejo, prise, en 1663, par les Espagnols commandés par don Juan d'Autriche, puis reprise par les Portugais.
4. Petite ville du Portugal, à sept lieues d'Évora.
5. Nous n'avons pas vu cette lettre adressée à l'ambassadeur de Pologne.
LETTRE 9. — Tome XX (170), pièce 38 (3ᵉ paragraphe), fol. 86.
1. Dans la rue montante de Magnanapoli, qui va de la place Trajane au Quirinal.
LETTRE 10. — Tome XX (170), pièce 93, fol. 211 et 213 : voyez le n° 11.
1. Voyez la *lettre* 7 de Retz, p. 35.

ait anticipé ses ordres en s'ouvrant comme Elle a fait, avec des
expressions si fortes et si judicieuses, à M. le cardinal Albizzi,
lorsqu'il a voulu découvrir les sentiments de Votre Éminence sur
la bulle par laquelle on a prétendu, à Rome, condamner les censures que la Sorbonne a faites des deux plus pernicieux livres qui
aient paru de notre temps; mais Sa Majesté m'a chargé de témoigner à Votre Éminence qu'Elle lui en sait beaucoup de gré et
qu'Elle tient même pour une heureuse rencontre en cette affaire,
qu'une personne aussi éclairée et informée que l'est Votre Éminence se trouve de delà pour y soutenir ce qu'on a fait et qu'on
pourra faire encore ici contre des gens qui ne savent ni nos droits
ni nos mœurs, ni les maximes dans lesquelles nous vivons, ni les
raisons et les fondements de nos opinions. Il est pitoyable que ces
Messieurs, ayant envie de combattre, aient fait choix d'une cause
si mauvaise, si odieuse et si pleine du scandale qu'ils imputent aux
autres. Condamner la censure d'une doctrine relâchée, qui corrompt toute la pureté des mœurs, autoriser cette doctrine par une
bulle, en tolérer ou presque conseiller ou ordonner la pratique à
tous les chrétiens (*perpetuo Catholicorum usu nituntur*[2]), ôter aux
évêques le pouvoir de juger en première instance de toutes les
causes de la morale chrétienne, lancer une excommunication majeure contre ceux qui soutiennent cette censure, laquelle n'est
pourtant qualifiée que présomptueuse, et contre ceux mêmes qui
l'auroient chez eux, y envelopper toutes les plus hautes puissances,
réserver l'absolution au Saint-Siége seul, ce sont toutes choses qu'on
comprend si peu ici, qu'on n'a pas peine à croire que M. le cardinal Albizzi n'ait parlé fort sincèrement quand il a témoigné du
regret de n'avoir pas su, avant la publication de la Bulle, ce que
Votre Éminence lui a dit depuis sur la matière. J'adresse à Votre
Eminence une copie de l'arrêt que le Parlement a donné, sur
lequel j'apprends que Monsieur le Nonce se flatte agréablement
qu'il n'a passé à la pluralité que d'un petit nombre de suffrages,
mais ou il ne sait pas, ou il ne le dit point, que tout le corps
unanimement a estimé qu'on devoit résister fortement à la Bulle, et
que la légère diversité d'opinions n'a consisté qu'au plus ou au
moins de quelques articles de l'arrêt. Samedi dernier, la Sorbonne
s'assembla et a nommé douze commissaires, tous bien intentionnés et les plus capables de la Faculté; les autres parlements suivront bientôt l'exemple de celui de Paris, comme Votre Éminence le
jugera assez, et il est à croire aussi que l'assemblée du clergé ne demeurera pas muette quand on lui a donné tant d'occasion de crier.

2. Fragment du début de la bulle du 25 juin 1665.

11. — ADDITION A LA LETTRE PRÉCÉDENTE.

Le 7e août 1665.

J'oubliois, Monseigneur, de dire à Votre Éminence qu'il n'étoit point nécessaire qu'Elle m'adressât la lettre que M. l'ambassadeur d'Espagne lui a rendue, du Roi son maître. Sa Majesté a néanmoins fort agréé ce soin qui marque si bien sa ponctualité à lui faire savoir jusqu'aux choses indifférentes. Je viens d'avoir avis de Pontoise que l'Assemblée[1] nommera demain douze commissaires pour examiner la Bulle. Il me semble que je vais ouvrir un beau champ à Votre Éminence d'acquérir grand mérite auprès du Roi, pour la fermeté de la conduite qu'Elle tiendra, en soutenant hautement les intérêts de la couronne dans les différends qui naissent et qui vraisemblablement iront plus avant qu'on n'avoit pensé de delà.

---

12. — LETTRE DE M. DE LIONNE AU CARDINAL DE RETZ.
(Sur ce que lui avoit dit le cardinal Pallavicin.)

Du 14e août 1665.

Monseigneur,

J'ai lu au Roi la lettre dont il a plu à Votre Éminence de m'honorer le 21e de l'autre mois[1], et Sa Majesté n'a pas eu moins de plaisir d'y voir ce qui s'étoit passé, sur le sujet de la Bulle, entre Elle et M. le cardinal Pallavicin, qu'Elle avoit déjà eu de satisfaction d'apprendre, par la précédente, avec quelle force Votre Éminence avoit parlé sur la même matière à M. le cardinal Albizzi. Après avoir vu quels principes établit M. le cardinal Pallavicin, il n'y a plus de sujet de s'étonner que Monsieur le Nonce, qui est sa créature et qui ne se conduit que par ses mouvements et sa direction, fasse ici, chaque jour, diverses grandes bévues, eu égard à nos mœurs, nos maximes et nos opinions, dont l'un et l'autre ignorent les fondements.

En premier lieu, M. le cardinal Pallavicin dit que, si la Faculté de théologie de Paris se fût contentée de censurer les propositions de Guimenius comme fausses et non comme téméraires, scandaleuses, etc., la cour de Rome fût demeurée dans le silence. Il

---

Lettre 11. — Tome XX (170), pièce 94, fol. 212 (au milieu de la pièce 93).
1. L'Assemblée du clergé, dont la session de 1665-1666 se tint à Pontoise et à Paris, de même que celle de 1670-1671.
Lettre 12. — Tome XX (170), pièce 80, fol. 177-179.
1. Voyez la *lettre* 8 de Retz, p. 40.

s'ensuit de là que ladite cour n'a parlé qu'à cause de la seule qualification de *téméraire*, car le mot *scandaleuse* ne se trouve point dans la censure. Or qu'une faculté célèbre n'ait pas droit et très-grande raison de nommer *téméraire* un auteur qui l'accuse d'hérésie (*ita ut contrarium*, dit Guimenius, en la personne de Sylvester[2], *non dubitem esse hæreticum*), qui est ce que l'Église jusqu'ici n'a point fait ni les papes osé faire, c'est ce qu'on n'a pu prétendre à Rome avec la moindre apparence de justice, et la Sorbonne pourroit, ce me semble, dire, en cette occasion, ce que feu M. l'évêque de Belley[3] répondit plaisamment à M. le cardinal de Richelieu, sur le sujet des moines : « Veut-on que les Jésuites me donnent des camouflets et que je n'éternue pas? N'oserai-je appeler *téméraire* celui qui m'accuse d'hérésie? Lui puis-je dire impunément qu'il a menti, *falsum est*, sans pouvoir néanmoins le blâmer de témérité, qu'aussitôt la cour de Rome, qui n'ose condamner mon opinion, ne prenne son parti, jusqu'à des excommunications réservées au Saint-Siége, si on tient chez soi une stampe[4] où ce reproche de témérité à Guimenius soit énoncé, etc.? » Qu'au contraire[5], outre que la Sorbonne a en main les originaux des déclarations qu'ont fait[es], comme elle, presque toutes les universités du monde, en d'autres temps où les Jésuites ne s'en étoient pas encore emparés, elle a encore pour son opinion tous les plus anciens et les plus vénérables conciles.

Comme, en second lieu, M. le cardinal Pallavicin prétend (et Monsieur le Nonce répète ici tous les jours la même leçon) qu'à la réserve de la Faculté de théologie de Paris, toutes les universités du monde tiennent la doctrine de l'infaillibilité du Pape, outre qu'ils avancent cette proposition sans les preuves, la Sorbonne auroit toujours pour elle beaucoup de conciles, comme Votre Éminence le sait mieux que moi, voire des déclarations formelles de

---

2. Célèbre théologien (1460-1523), plusieurs fois cité par Guimenius.
3. Pierre Camus, évêque de Belley, de 1608 à 1629. — Nous n'avons pas besoin de faire remarquer que, dans le discours suivant, la première phrase seule est de lui.
4. Un imprimé; c'est l'italien *stampa*. La Bulle dit : *libros, scripturas aut alia opera*.
5. « Qu'au contraire, etc. » dépend, comme le discours direct qui précède, des mots : « la Sorbonne pourroit.... dire. » — A la suite, nous rétablissons *outre que*, biffé par mégarde, ainsi qu'au paragraphe suivant : « la Sorbonne auroit.... conciles. » Cette partie de la minute est enchevêtrée et chargée de telle façon qu'il est impossible, si l'on veut tenir compte des nombreux changements, additions, ratures, d'en tirer des phrases régulières. Le ministre s'en rapportait, il faut le croire, au secrétaire copiste pour démêler cet embrouillement, où après tout pourtant le fond du sens est clair.

plusieurs papes; mais, quand la proposition seroit vraie, il ne s'ensuivroit pas, comme M. le cardinal Pallavicin le veut, que tout théologien pût qualifier la contraire comme il lui plairoit, puisque l'Église, comme j'ai dit, ni les papes ne l'ont point fait ni osé le faire, et principalement quand cette qualification passe jusqu'à la note d'hérésie, dont tout bon chrétien est tenu en conscience de se laver et de rendre témoignage de sa foi, ce qui ne se peut faire plus modérément qu'en qualifiant le calomniateur au moins pour téméraire.

En troisième lieu, ledit sieur cardinal et M. le cardinal Albizzi disent que la défense que fait la Bulle à toutes personnes de prendre connoissance, etc., ne touche, en aucune façon, l'autorité des ordinaires et n'a eu d'autre principe que le dessein que le Pape a pris de faire voir à la Sorbonne que, si elle ne se soumettoit à la Bulle, Sa Sainteté s'étoit réservé des moyens plus forts que ceux qu'Elle avoit jusqu'ici employés. Il n'y a là-dessus qu'à payer d'humilité, comme Votre Éminence a fait, et captiver les entendements sous une autorité qui n'est pourtant qu'humaine, comme on a accoutumé de faire aux matières de foi, pour pouvoir comprendre quelque rapport entre l'inhibition que fait la Bulle et le fondement sur lequel Messieurs ces deux cardinaux veulent aujourd'hui l'appuyer.

Mais, pour passer encore plus outre, comment a-t-on prétendu à Rome que la Sorbonne, qui sait que, suivant nos priviléges, aucune bulle n'a son effet, en ce royaume, qu'après qu'elle est registrée dans les parlements sur des lettres patentes du Roi, la Sorbonne, dis-je, se soumît à celle-ci, dont le Nonce n'a osé demander l'enregistrement et qu'il ne débite qu'en tremblant et clandestinement, comme il feroit une mauvaise chose? Se soumettra-t-on à un papier volant et sans aveu, dans un royaume où l'on a droit d'examiner tout ce qui vient de Rome, quand même il est revêtu de toutes ses formes, et de le rejeter, et y contredire, s'il est trouvé contraire à nos usages et à nos libertés? M. le cardinal Albizzi a parlé raisonnablement quand il a d'abord avoué à Votre Eminence que Rome n'approuve pas que l'on condamne l'opinion de la Sorbonne sur l'infaillibilité du Pape. M. le cardinal Pallavicin dit, au contraire, suivant le sentiment des Jésuites, que cette Faculté ne peut se plaindre que ceux qui écrivent condamnent son opinion. Cela seroit supportable si ces écrivains ne la condamnoient que de fausseté, mais, dès qu'ils passent à la note d'hérésie même *materialiter*, la Faculté a d'autant plus de droit de repousser cette injure, comme étant témérairement intentée, qu'il se peut dire que ces mêmes écrivains anathématisent aussi *materialiter* tous les anciens conciles et les anciens papes qui ont tenu que l'infaillibilité ne résidoit qu'en l'Église universelle.

M. le cardinal Pallavicin a dit encore à Votre Éminence que, si la Sorbonne se vouloit expliquer le moins du monde, toutes choses seroient bientôt pacifiées, et Votre Éminence ne le pressa point de s'éclaircir, parce qu'il ajouta, en même temps, que cette explication que Rome souhaitoit étoit celle que Sa Majesté avoit refusée à Monsieur le Nonce. Le Roi n'a rien refusé là-dessus à Monsieur le Nonce. Il est bien vrai que, ce prélat m'ayant dit quelquefois que si la Sorbonne vouloit déclarer qu'elle n'a point prétendu condamner l'opinion de l'infaillibilité du Pape, cela suffiroit à la cour de Rome pour laisser passer la censure sans rien dire, je lui ai alors reparti que cette déclaration étoit peu nécessaire, qu'il n'avoit qu'à lire ladite censure et qu'il n'y trouveroit point de condamnation de l'opinion contraire, si ce n'est en tant qu'elle dit : *Falsa est* (sur quoi on a déjà avoué que Rome ne se seroit aucunement émue), mais le soutien seulement de sa propre opinion, qu'elle voyoit attaquer d'hérésie par ces termes : *Ita ut contrarium non dubitem esse hæreticum*, à quoi elle a répondu : *Doctrina his propositionibus contenta et illata*[6] *est falsa, temeraria, doctoribus et universitatibus orthodoxis contumeliosa et libertatibus, etc., contraria.* Votre Éminence sait, je m'assure, que le mot d'*illata* a été inséré parce que l'une des propositions disoit : *Ecclesia est infallibilis, ergo et caput ejus.*

Nous ne pouvons donc convenir de rien de tout ce qu'a avancé M. le cardinal Pallavicin, si ce n'est de la fin de son discours, quand il a dit que toutes choses se peuvent pacifier en un instant ; mais je ne sais s'il voudra donner les mains au seul moyen qui reste pour cela, qui n'est autre que la révocation de la Bulle et de demeurer de delà dans un profond silence sur ce que les parlements ont fait ici et que la Sorbonne et l'Assemblée du clergé pourront encore faire ; autrement Votre Éminence se trouvera avoir été bon prophète, quand Elle a dit audit cardinal qu'elle craignoit que la publication de la Bulle n'apportât à l'affaire de nouveaux embarras, plus difficiles à démêler que ne l'auroit pu être, dans les commencements, le fond même de la question.

Je me suis étendu, en cette lettre, beaucoup plus que je ne pensois faire, et je supplie Votre Éminence de regarder la liberté que j'en ai prise plutôt comme une marque de mon respect, en ce que je n'ai pas cru pouvoir, avec bienséance, répondre en peu de paroles à l'ample lettre dont Elle a bien voulu me favoriser, que comme une présomption, dont je ne serai jamais capable, de pouvoir, si impertinemment en ces matières-ci, lui rien apprendre qui

---

6. Au sens d'*inférée*, comme le mot est traduit à la page 52 du *Recueil* de J. Boileau.

lui soit nouveau ou inconnu. Je crains même bien fort d'avoir fait tort à une bonne cause par de trop foibles expressions ou par des raisonnements peu justes; mais Votre Éminence suppléera facilement, par sa bonté, à mes manquements, et il ne me reste qu'à lui confirmer ce que j'ai déjà eu le bien de lui mander, que voici une belle occasion qui s'offre à Votre Éminence d'acquérir auprès du Roi ce mérite qu'Elle témoigne tous les jours à M. de Bourlemont de desirer avec tant d'ardeur.

Cependant je demeure, Monseigneur, de Votre Éminence très, etc.

---

13. — LETTRE DE M. DE LIONNE AU CARDINAL DE RETZ.

(*Sur la longue audience qu'il avoit eue du Pape et les discours du Nonce au sujet de la Bulle.*)

Le 21e août 1665.

Monseigneur,

La Reine mère est dans un état qui nous donne, à tous moments, des frayeurs mortelles, et cela m'a ôté, ces jours-ci, le moyen de pouvoir faire parvenir jusqu'à Sa Majesté ce que Votre Éminence me témoigne sur son mal par la dernière lettre dont Elle m'a honoré. Si Elle a tant soit peu de relâche à l'excès des douleurs qu'Elle souffre continuellement, je ne lui laisserai pas ignorer vos sentiments, ou, en tout cas, je prierai M. l'abbé de Montagu[1], qui y a accès à toute heure, de rendre à Votre Éminence ce petit service.

J'ai lu au Roi ce que Votre Éminence me mande de la longue audience qu'Elle a donnée au Pape[2] dans le dernier consistoire. Quiconque connoîtra Sa Sainteté parlera comme moi quand il voudra parler juste, et non-seulement je n'ai aucune peine de croire qu'une audience de Sa Sainteté, je ne dis pas d'une heure, mais de trois et de quatre, se puisse passer sans qu'on y traite d'aucune matière du temps, pour importante qu'elle soit, et sans qu'on ait presque la commodité d'ouvrir la bouche, que[3] j'aurois eu incomparablement plus de répugnance à me laisser persuader du con-

---

Lettre 13. — Tome XX (170), pièce 119, fol. 254 et 255.

1. Voyez tome III, p. 436 et note 2.

2. On se demande s'il ne faut pas lire : « de la longue audience que lui a donnée le Pape » ou « qu'Elle a eue du Pape » (voyez, p. 45, la *lettre* 9 de Retz, du 28 juillet); mais le tour peut bien être aussi une finesse, que la suite rend fort intelligible : Retz a plus écouté que parlé.

3. La phrase continue comme s'il y avait plus haut : « et j'ai d'autant moins de peine à croire ».

raire, quand il seroit vrai, et toute la croyance que j'y aurois
donnée auroit été fondée sur la seule autorité de votre parole. Nos
politiques de Rome, dont les spéculations vont, pour l'ordinaire,
bien plus loin que la vérité, ne seroient pas de mon avis, et il seroit
malaisé de les faire demeurer d'accord que la Bulle, qui fait aujourd'hui tous les discours de Rome et de Paris, n'ait pas été la principale matière de cette longue audience, que Votre Éminence
même n'y ait rendu service au Roi sans vouloir s'en glorifier, qu'Elle
n'ait, par la force de ses raisons, détourné le Pape d'en parler au
Sacré Collége comme d'une affaire qu'il avoit entreprise et qu'il
vouloit soutenir, et qu'avant sa retraite Sa Sainteté n'ait fermé la
bouche à Votre Éminence par l'excommunication qu'Elle a accoutumé d'imposer à la révélation de ses secrets. Pour moi, comme
j'ai déjà dit, je ne saurois faire un mystère d'une affaire ordinaire,
et, outre la foi que je dois entière à tout ce qui vient de Votre
Éminence, qui n'avoit pas voulu d'ailleurs se priver d'un mérite
auprès du Roi qui lui seroit justement dû, je crois très-facilement que
Sa Sainteté aura parlé à Votre Éminence de la bulle d'Espagne
sur la Conception Immaculée, et à dom Pedro d'Aragon de celle
de France sur les censures de la Sorbonne, parce qu'il est bien aise
d'éviter, par sa prudence, toute sorte de contestation.

1665

Cependant, si Monsieur le Nonce écrit de delà aux mêmes termes
qu'il parle ici à ceux qui le veulent écouter, et qu'on ajoute foi à
ses lettres, il continuera de donner lieu à beaucoup de faux pas et
de mauvaises résolutions. Si on le veut croire, « la Bulle est ici dans
une approbation générale, le Parlement, la Sorbonne et l'Assemblée
du clergé sont dans une grande division de sentiments, en eux-mêmes premièrement, et chacun aussi à l'égard des autres corps,
par leur propre intérêt. Le Roi voudroit être hors de cette affaire
et ne sait pas au vrai ce qui s'y est passé; la Reine, sa mère, lui
en a parlé fortement; il n'y a que les ministres qui la soutiennent
par leurs cabales, à la suggestion de trois pédants qui sont auprès
de leurs enfants; les professeurs de la Sorbonne n'ont point voulu
assister à de pareilles délibérations; on se contentera de ce qui a
été fait, et on n'oseroit plus rien faire. L'ambassadeur d'Espagne
et Mme d'Aiguillon[4], fort dévote du Saint-Siége, l'en ont fait
assurer; toutes les frayeurs qu'on fait n'ont autre but que d'extorquer des grâces du Pape par la crainte (quoiqu'il soit vrai que
ledit sieur Nonce me les ait toutes offertes, pourvu qu'on s'arrêtât
ici à ce qui a été fait).

« Après tout, qu'importe au Pape que la France soit catholique

---

4. La duchesse d'Aiguillon, nièce de Richelieu, morte en 1675.

ou hérétique? qui y perdra le plus? En est-il moins pape pour avoir perdu l'Angleterre? Seroit-il pas plus grand prince et plus respecté s'il n'étoit que seigneur de Rome et de l'État ecclésiastique? la qualité de chef de la Chrétienté ne lui est qu'à charge quand il envoie en France des armées ou en Hongrie des millions et des millions; il ne sauroit retirer, de cent ans[5], de ce royaume ou de l'Allemagne ce qu'il y met, et ce qui épuise la Daterie et ses sujets, et, sans ces sortes d'obligations, il seroit infiniment plus riche, plus puissant et plus recherché. En outre, qu'importe à Sa Sainteté que des évêques fassent leurs mandements, pour la souscription du formulaire, avec la distinction du droit et du fait et n'exigeant pour celui-ci qu'un silence respectueux? On peut laisser là les hérétiques et les jansénistes : on est déjà tout accoutumé avec eux; il faut aller droit aux richéristes[6], qui sont bien pires que les autres, puisqu'ils ne croient pas l'infaillibilité du Souverain Pontife, qui se peut démontrer, en un seul argument, avec autant de certitude que toutes les démonstrations d'Euclide, et voici l'argument : Dieu, qui ne peut tromper, a procuré l'infaillibilité à son Église; elle ne réside pas aux membres, puisque divers conciles se sont trompés; donc elle réside au chef, ou Dieu seroit un trompeur. »

Je n'aurois jamais fait si je voulois dire à Votre Éminence toutes les belles nouvelles maximes et paradoxes qui sortent, une fois le jour, de la bouche dudit sieur Nonce, et qui le rendent à un chacun..., je n'oserois dire le véritable terme pour le respect que je porte à son caractère. Un prélat, du petit nombre de ceux qui sont persuadés de l'infaillibilité et des plus adhérents à tous les sentiments de la cour de Rome, n'a pu s'empêcher, sur le sujet de ses maximes touchant le mandement, de dire au Roi qu'au moins dans les choix des ministres, il ne voyoit pas que le Pape fût infaillible.

Votre Éminence pourra (et, si Elle l'a agréable, sans me citer en rien) mettre à profit, pour le service du Roi, ce que j'ai l'honneur de lui mander si confidemment de la conduite de Monsieur le Nonce, dont j'ai grand déplaisir; car je suis son serviteur et ai eu quelque part à vaincre la répugnance qu'avoit le Roi d'agréer qu'il eût cet emploi.

Je suis, etc.

5. M. l'abbé Bozon, dans sa thèse : *le Cardinal de Retz à Rome*, a lu (p. 10) ce passage de cette étrange façon : « Il ne sauroit retirer de cent *ânes* de ce royaume-ci ou de l'Allemagne ce qu'il y met. »

6. Sectateurs d'Edmond Richer (1560-1630), docteur en théologie de la Faculté de Paris, auteur d'un livre intitulé *de la Puissance ecclésiastique et politique*, publié en 1611, condamné à Rome, et censuré en France par plusieurs évêques.

PIÈCES JUSTIFICATIVES. 477

14. — LETTRE DE M. DE LIONNE AU CARDINAL DE RETZ.

(*Sur la satisfaction que le Roi a de sa conduite.*)

1665

Le 4e jour de septembre 1665.

MONSEIGNEUR,

J'ai expédié ce matin le courrier Héron pour mes affaires particulières, avec tant de hâte et dans un tel accablement d'autres affaires, que j'ai été obligé de remettre à ce soir à répondre, par la voie de l'ordinaire, à la dépêche de Votre Éminence, que le maître de la poste de Paris m'a rendue, sur le sujet de l'indisposition de Sa Sainteté[1]. J'ai prié M. de Bourlemont de lui en faire mes très-humbles excuses et cependant de lui communiquer la lettre que je lui ai écrite, où elle aura pu voir toutes nos nouvelles.

Le Roi a vu avec grand plaisir les assurances que Votre Éminence lui a renouvelées, en ce rencontre, du zèle qu'Elle aura à accomplir tout ce qu'elle connoîtra être de ses volontés, et Sa Majesté m'a chargé de l'assurer, de sa part, que, si l'occasion en arrive, Elle prendra en Elle une confiance entière, s'assurant qu'Elle ne sera servie de personne avec plus de suffisance et plus de fidélité.

Je suis, Monseigneur, de Votre Eminence le très, etc.

---

15. — LETTRE DE M. DE LIONNE AU CARDINAL DE RETZ.

(*Sur le changement du cardinal Pallavicini et la fête de saint Louis.*)

Le 11e septembre 1665.

MONSEIGNEUR,

J'ai reçu la lettre dont il a plu à Votre Éminence de m'honorer du 18e de l'autre mois[1]. Le changement qu'Elle a remarqué dans les discours et les maximes de M. le cardinal Pallavicin peut avoir deux causes : ou l'état où se trouvoit alors la santé du Pape, ou la connoissance qu'il pouvoit avoir eue de l'arrêt que le Parlement avoit donné sur la Bulle, ou peut-être toutes les deux jointes ensemble. De quelque principe cependant que ce changement ait procédé, je crois que ces Messieurs ne sont pas aujourd'hui à s'aper-

---

LETTRE 14. — Tome XXI (171), pièce 13, fol. 36.
1. Voyez, p. 46, la *lettre* 10 de Retz, du 4 août.
LETTRE 15. — Tome XXI (171), pièce 39, fol. 89.
1. Voyez la *lettre* 11 de Retz, p. 47.

cevoir qu'ils ont fait un faux pas, et vraisemblablement aussi à s'en repentir.

On juge ici que la maladie du Pape n'aura eu aucune mauvaise suite, et qu'il aura recouvré sa première santé, puisque voilà déjà neuf jours passés depuis l'arrivée du maître de la poste de Paris, sans qu'il ait été suivi d'aucun autre courrier.

M. de Bourlemont, à qui on écrit là-dessus en chiffre, rendra compte à Votre Éminence de tous les sentiments du Roi sur la cérémonie de la fête de saint Louis que Votre Éminence se préparoit de faire avec tant de magnificence, et il ne me reste qu'à l'assurer que la santé de la Reine mère va, par la grâce de Dieu, de bien en mieux et qu'il n'y a presque plus de lieu de douter de l'entière guérison de Sa Majesté.

C'est, Monseigneur, etc.

16. — LETTRE DE M. DE LIONNE AU CARDINAL DE RETZ.
(*Sur ce qu'il avoit dit touchant l'arrêt du Parlement, et sur la fête de saint Louis et le prince Pamphile.*)

Le 18° septembre 1665.

MONSEIGNEUR,

J'ai reçu la lettre dont Votre Éminence m'a honoré du 25° de l'autre mois[1]. Le Roi a été très-aise d'y voir que Votre Éminence eût déjà eu occasion de détromper plusieurs cardinaux, et de ceux même qui entrent dans la congrégation du Saint-Office, de la fausse impression, que Monsieur le Nonce avoit donné[e] de delà, qu'il y eût eu grande division dans le Parlement sur l'affaire de la Bulle, la diversité d'avis qui s'y est rencontrée n'ayant consisté qu'à mettre quelques points plus ou moins dans l'arrêt. Cependant ce qu'un desdits cardinaux a dit à Votre Éminence à la porte de Saint-Louis (dont M. de Bourlemont, à qui Elle l'avoit communiqué, a rendu compte au Roi) ne me paroît pas bien prudent pour un homme qui a de hautes prétentions.

Il y a eu, ces jours-ci, quelque vacarme en Sorbonne, sur une thèse touchant le purgatoire, mais il a été bientôt apaisé par une déclaration que le bachelier a faite et que la Faculté a depuis jugé à propos de donner au public, aux termes que Votre Éminence verra par l'imprimé que je lui adresse.

LETTRE 16. — Tome XXI (171), pièce 57, fol. 122.
1. Voyez la *lettre* 14 de Retz, p. 50.

PIÈCES JUSTIFICATIVES.

Sa Majesté m'a expressément chargé de témoigner à Votre Éminence qu'Elle lui sait beaucoup de gré du soin qu'Elle a pris de faire la cérémonie de la fête de saint Louis avec plus de magnificence qu'il n'y en avoit jamais eu en pareille occasion. Elle a aussi voulu écrire Elle-même sur ce sujet au prince Pamphile, dont certainement le procédé me paroît être plus obligeant, et j'adresserai la lettre par le premier ordinaire à Votre Éminence.

Je suis, etc.

1665

---

17. — LETTRE DE M. DE LIONNE AU CARDINAL DE RETZ.
(Sur ce même sujet et le moyen de concilier ces différends, et les intérêts de la république de Gênes.)

Le 25° septembre 1665.

MONSEIGNEUR,

Le Roi, comme Votre Éminence l'avoit jugé, a trouvé très-importante la dernière conversation qu'Elle a eue avec M. le cardinal Albizzi, dont Elle rend compte à Sa Majesté par sa lettre du 1er de ce mois [1], car, comme Votre Éminence dit fort bien, si la Faculté de théologie, d'une part, n'a prétendu censurer que l'opinion qui condamne la sienne, sans toucher à celle qui soutient l'infaillibilité du Pape, et si Rome, de l'autre côté, déclare, ainsi que ledit cardinal Albizzi l'a dit, qu'elle n'a eu aucune pensée d'appuyer, par sa bulle, les erreurs de Guimenius et de Vernant, ni d'ôter aux évêques la connoissance, etc., ni à la Sorbonne le pouvoir et la possession de censurer doctrinalement, il est vrai de dire qu'il n'y a plus de matière de contestation et que tout le monde est d'un même avis. Mais, après l'expédition et la publication de la Bulle, la seule assertion verbale et secrète d'un cardinal, ne pouvant pas détruire l'effet qu'ils ont prétendu à Rome d'en tirer, quoique l'on fût d'ailleurs d'accord de tout, les choses ne peuvent pas demeurer en cet état-là.

Votre Éminence sera avouée ici de ce qu'Elle a avancé de delà de l'intention de la Faculté dans l'article concernant l'infaillibilité du Pape, laquelle est bien particulièrement exprimée dans le plus court mémoire que j'adresse à Votre Éminence, pourvu que la cour de Rome veuille s'expliquer de la sienne touchant les évêques, la Sorbonne et la doctrine censurée, au sens marqué par M. le car-

---

LETTRE 17. — Tome XXI (171), pièce 81, fol. 169 et 170.
1. Voyez la *lettre* 15 de Retz, p. 54.

dinal Albizzi, et ce par un acte de bonne forme qui ne puisse être contredit. C'est là le seul moyen de finir tout : sans quoi il n'est pas possible d'empêcher plus longtemps la publication de l'arrêt, ni le jugement des moyens d'abus du procureur général contre ladite bulle, ni tenir dans le silence l'Assemblée du clergé, ni la Faculté de théologie de Paris.

Votre Éminence rendra un service à l'Église bien digne d'un cardinal docteur de cette faculté, si elle trouve les moyens d'étouffer ce feu de division naissante, laquelle, sans un entremetteur de sa force et de sa suffisance, pourroit bien s'étendre plus loin qu'on ne croit. Je lui adresse cependant, moins pour la fortifier que pour satisfaire sa curiosité, deux mémoires sur la matière, et j'y joins aussi quelques copies de l'arrêt du Parlement, qui n'a point encore été vu, et qu'Elle pourra faire passer *ad manus*, ainsi qu'Elle l'estimera à propos : en quoi Elle ne fera qu'imiter la conduite de Monsieur le Nonce, lorsqu'il reçut quantité d'exemplaires de la Bulle, dont il remplit tout Paris, sous prétexte d'en faire confidence à ses amis.

Il est vrai que la république de Gênes, depuis bon nombre d'années, a tenu envers cette couronne un procédé fort obligeant et nommément dans les derniers différends que nous avons eu[s] avec la cour de Rome, et Sa Majesté a infiniment agréé que, sur ce que M. de Bourlemont en avoit représenté à Votre Éminence, Elle se soit si facilement disposée à radoucir ce qu'Elle avoit fait dans une congrégation pour soutenir le droit de l'archevêque de Gênes, et à chercher les moyens qui, sans blesser les intérêts et l'honneur de l'Église, pourront faire trouver quelque sorte de satisfaction à la République.

Ledit de Bourlemont a rendu compte au Roi de l'avis que Votre Éminence lui avoit donné sur un prétendu discours de l'ambassadeur d'Espagne. Sa Majesté a néanmoins grande peine à croire que l'avis soit véritable, si ce n'est que les Espagnols aient eu dessein, pour d'autres fois, de donner lieu à former des exclusions contre le cardinal duquel il vouloit que l'exaltation fût si prompte et si sûre ; à moins d'avoir ce but, il n'eût eu garde de s'en vanter.

Il ne me reste, Monseigneur, qu'à rendre à Votre Éminence, comme je fais, mille très-humbles actions de grâces de la bonté qu'Elle a eu[e] d'envoyer parler à M. le cardinal Franciotti contre l'extravagance de ce moine de Cercamp qui vouloit vérifier si les bulles de mon fils n'avoient point été falsifiées ; et je demeure, avec un profond respect et grande ardeur, Monseigneur, de Votre Eminence très, etc.

PIÈCES JUSTIFICATIVES. 481

18. — LETTRE DE M. DE LIONNE AU CARDINAL DE RETZ.

1665

(*Au sujet de ce dont il étoit convenu avec le cardinal Albizzi, et touchant le cardinal Azzolin.*)

Le 2ᵉ octobre 1665.

Monseigneur,

Je dois réponse aux deux dépêches dont Votre Éminence m'a honoré du 8ᵉ et du 19ᵉ de l'autre mois[1]; celle-ci m'a été rendue par le courrier Héron[2]. J'avois bien eu de la peine à croire, lorsque je reçus la première, que l'on travaillât tout de bon dans la congrégation du Saint-Office à faire quelque nouveau pas, d'autant plus imprudent que le premier, que le Parlement est encore un plus fort contrevenant que ne le peut être la Sorbonne; et j'avois attribué ces démonstrations apparentes à un dessein de nous faire peur, comme d'ailleurs Monsieur le Nonce se vante ici assez publiquement que nous tremblons quand il parle, et qu'il ne faut agir avec nous qu'avec hauteur et par des bravades. La suite a fait voir que je ne m'étois pas trompé dans ce jugement, puisque Votre Éminence me fait l'honneur de me mander, par sa lettre du 19ᵉ, qu'on avoit pris la résolution de ne faire autre chose, si tout pouvoit demeurer en l'état qu'il est.

Sa Majesté ne doute pas que la conférence que Votre Éminence a eue avec M. le cardinal Corrado, et où Elle l'aura rendu capable de[3] beaucoup de choses qu'on ignore à Rome, n'ait contribué beaucoup à leur faire prendre ce commencement de bonne résolution; mais nous n'y trouverons pas encore notre compte, et[4] quoique nous soyons comme d'accord de tout, si les déclarations de M. le cardinal Albizzi ont autant de fondement que celles que Votre Éminence a dit que la Sorbonne pourra faire de la véritable intention qu'elle a eue. Il est question aujourd'hui principalement de décharger la Faculté de théologie de Paris de ce que la Bulle a fait contre elle, ce qui ne se peut que par sa révocation ou par une interprétation fort étendue, laquelle, outre la décharge de ladite Faculté, comprenne aussi les trois déclarations dudit cardinal Albizzi.

Le discours que Votre Éminence a tenu, par occasion, à M. le cardinal Sforza est bien digne aussi de son zèle, de sa prudence

---

Lettre 18. — Tome XXI (171), pièce 98, fol. 203.

1. Voyez, p. 59, la *lettre* 16 de Retz, du 8 septembre, et, p. 67, la *lettre* 18, du 20 : cette dernière est bien celle que Lionne date ici du 19.

2. Nommé ci-dessus, au milieu de la note 4 des pages 410 et 411.

3. *Rendre capable*, au sens d' « informer, instruire » : voyez ci-dessus, p. 455 et note 2.

4. *Et*, peu correct, équivalent à *et cela*.

et de son adresse. Car, comme les Espagnols aigrissent les choses, il a été bon de lui faire voir que les attaques qu'on nous fait ne servent qu'à unir plus fortement ensemble tous les corps du Royaume, pour se mieux parer des entreprises de la cour de Rome.

Votre Éminence aura, je m'assure, grande joie d'une affaire que je mande à M. de Bourlemont de lui communiquer, avant qu'il y fasse un pas en exécution des ordres que Sa Majesté lui envoie. J'ai été ravi en mon particulier et je puis dire que la considération de Votre Éminence y est entrée de quelque chose, au moins à mon égard, car je sais l'amitié qui a toujours été entre Elle et M. le cardinal Azzolin.

Cependant je demeure, Monseigneur, de Votre Éminence très, etc.

19. — LETTRE DE M. DE LIONNE AU CARDINAL DE RETZ.
(*Sur les manières d'agir du Nonce et la nomination du duc de Chaulnes à l'ambassade de Rome.*)

Le 9ᵉ octobre 1665.

MONSEIGNEUR,

J'ai présenté au Roi et à la Reine mère les lettres qu'il a plu à Votre Éminence m'adresser pour Leurs Majestés[1]. Elles ont toutes deux été reçues aussi agréablement que Votre Éminence le pouvoit desirer, et je crois que le Roi y fera réponse de sa main, puisqu'il a retenu la lettre, ayant accoutumé de me les remettre quand il en veut user autrement.

Les témoignages de Votre Éminence sont le plus puissant contre-poids que l'on puisse opposer aux fausses relations de Monsieur le Nonce et à l'imprudence de ses maximes. Qui ne voit point ses égarements aura peine à concevoir qu'un ministre principal du Saint-Siége en puisse être capable. Je mande à M. de Bourlemont en quelle bonne opinion il a les évêques de France, et la belle thèse qu'il a soutenu[e] là-dessus assez publiquement; tous les jours produisent choses nouvelles; il est vrai qu'on le peut trouver moins mauvais de lui que d'un autre, puisqu'il parle assez souvent autant au désavantage de ceux qui l'emploient qu'à notre préjudice; et, tout présentement, je viens d'apprendre de M. le Tellier qu'il lui avoua hier deux choses assez curieuses : l'une, que le Pape n'a jamais vu la Bulle et s'en est rapporté entièrement à la congrégation du Saint-Office; l'autre, que tout le malentendu et

---

LETTRE 19. — Tome XXI (171), pièce 119, fol. 236.
1. Voyez, p. 65, le commencement de la *lettre* 17, du 15 septembre.

la mésintelligence des deux cours n'a son origine que dans le ressentiment qu'on a de delà du traité de Pise. Après deux confessions si ingénues, il me semble que nous aurions tort de nous formaliser de quelque chose qu'il puisse dire ou faire.

Le Roi a enfin pris la résolution de ne laisser pas plus longtemps vuide le poste de son ambassadeur à Rome, et a jeté les yeux pour le remplir sur M. le duc de Chaulnes; comme je prends grand intérêt à tout ce qui le regarde, ayant l'honneur d'être son allié fort proche, il m'a donné une sensible satisfaction, lorsqu'il m'a dit qu'il étoit assuré que Votre Éminence auroit beaucoup de joie du choix que Sa Majesté a fait de sa personne, et j'oserois bien répondre qu'il recherchera avec soin les occasions de mériter de plus en plus l'amitié et l'estime de Votre Éminence.

Je suis, Monseigneur, etc.

---

20. — LETTRE DE M. DE LIONNE AU CARDINAL DE RETZ.
(*Sur l'accommodement des trois François qu'il avoit fait.*)

Le 16ᵉ octobre 1665.

J'ADRESSE à Votre Éminence la réponse, de la main du Roi[1], dont je lui parlois par ma dernière. Cependant je puis continuer à l'assurer qu'on reconnoît tous les jours un notable amendement au mal de la Reine mère, qui avoue elle-même se porter incomparablement mieux. C'est un aveu que jusqu'ici on n'avoit pu tirer de sa bouche, quoique, depuis que le médecin de Bar lui a appliqué son remède, sa santé soit toujours allée de bien en mieux.

J'ai lu au Roi la relation exacte qu'il a plu à Votre Éminence m'adresser de tout ce qui s'est passé en la querelle des trois gentilshommes françois et des deux danois[2], et dans leur accommodement, conclu, comme il se devoit, entre les trois premiers, par la seule autorité de Votre Éminence. Sa Majesté a fort loué toute la conduite que Votre Éminence a tenue, et a jugé que Monsieur l'ambassadeur d'Espagne a eu peu de raison de s'en formaliser, sa prétention de quelque juridiction sur les François qui se trouvent logés dans la place où il habite étant tout à fait insoutenable.

Je suis, etc.

LETTRE 20. — Tome XXI (171), pièce 132, fol. 264.
1. Il n'y a pas de copie de cette lettre du Roi aux Affaires étrangères, et elle ne se trouve pas non plus dans les *OEuvres de Louis XIV*.
2. Voyez, p. 68, la *lettre* 19 de Retz, du 22 septembre.

21. — LETTRE DE M. DE LIONNE AU CARDINAL DE RETZ.
(*Sur la bonne conduite du marquis de Fuente; et autres nouvelles.*)

Le 23e octobre 1665.

MONSEIGNEUR,

J'ai reçu la lettre dont il a plu à Votre Éminence de m'honorer du 29e de l'autre mois[1]. On pourroit prendre pour une marque certaine que la santé du Pape n'est pas entièrement rétablie la grande répugnance qu'ont Messieurs ses parents à laisser entreprendre à Sa Sainteté le voyage de Castel-Gandolfo, dont les médecins ne doivent pas être d'avis, puisque ceux qui auroient tant d'intérêt que Sa Sainteté prît ce divertissement qu'Elle a tant à cœur y sont si contraires.

Le marquis de la Fuente[2] se conduit ici fort sagement en toutes choses et n'entreprend rien de pareil à ce que Votre Éminence me fait l'honneur de me mander de son collègue, soit que le nôtre craigne plus la touche[3], à laquelle il se voit plus exposé, soit que son humeur soit éloignée de faire des intrigues ; et, à dire vrai, s'il en usoit autrement, il n'auroit pas conservé aussi longtemps qu'il a fait les avantages qu'on lui laisse de pouvoir être tous les jours à la cour des Reines et d'y entretenir toute sorte de personnes.

(Le Roi fut voir, etc., *comme dans ma lettre à l'archevêque d'Embrun*[4].)

---

22. — LETTRE DE M. DE LIONNE AU CARDINAL DE RETZ.
(*Sur ce qu'il avoit dit au consulteur du Saint-Office; et la méchante conduite du Nonce.*)

Le 30e octobre 1665.

MONSEIGNEUR,

J'ai reçu la lettre dont Votre Éminence m'a honoré du 6e de ce mois[1]. Il ne se pouvoit sans doute rien concevoir de plus fort ni de plus convaincant pour fermer la bouche au consulteur du Saint-Office, sur la proposition qu'il avoit avancée, que ce que

---

LETTRE 21. — Tome XXI (171), pièce 147, fol. 292.
1. Voyez la *lettre* 20 de Retz, p. 72.
2. Ambassadeur d'Espagne en France : voyez p. 321, note 11.
3. Vieux mot populaire : coup, atteinte. « On dit qu'*un homme craint la touche*, pour dire qu'il craint d'être battu, grondé. » (Académie, 1694.)
4. Nous n'avons pas trouvé cette lettre aux archives des Affaires étrangères.

LETTRE 22. — Tome XXI (171), pièce 170, fol. 344.
1. Voyez la *lettre* 21 de Retz, p. 75.

Votre Éminence lui a dit pour le forcer d'avouer que la Sorbonne, attaquant directement Guimenius, avoit agi bien plus raisonnablement que l'Inquisition, qui, pour le respect de sa robe, n'a osé fouetter le plus criminel compilateur de pernicieuses erreurs qui ait jamais paru dans le public et lequel, comme Votre Éminence l'a fort bien dit, en ramassant tant d'ordures et de fausses doctrines, s'est rendu lui seul aussi coupable que tous les autres auteurs le sont ensemble, outre que chacun de ceux-ci, en particulier, peut n'avoir bronché qu'en quelques endroits par de faux raisonnements, au lieu que Guimenius a voulu adopter et autoriser toute la foule excessive d'opinions erronées et dangereuses qui a jamais pu tomber dans la tête à quelque casuiste moderne. Cependant, si Monsieur le Nonce fait ici paroître cette censure de l'Inquisition, je ne sais pas comme le Parlement s'y accommodera, car vous savez que ce tribunal ni ses décrets ne sont point reconnus en ce royaume, ni même aucune autre chose qui vienne de Rome, qui ne soit autorisée par des lettres patentes du Roi, et je me souviens que, quand la même congrégation condamna l'opinion des deux chefs de l'Église en saint Pierre et saint Paul[2], quoique personne ne la tienne en France, le Parlement ordonna la suppression de son décret, par les raisons que je viens de dire, et on n'en ouït plus parler du côté de Rome, parce qu'on ne s'y laissoit pas conduire alors sur les fausses lumières et sur les raisonnements de travers d'un étourdi mal intentionné, qui vraisemblablement n'écrit rien de tout ce qu'on lui dit, quand il juge qu'il ne seroit pas agréable, quoiqu'il fût utile pour empêcher une cour de faire des faux pas ; mais il n'est pas nouveau en Messieurs les Nonces que la considération de hâter leur chapeau par des flatteries et des espérances trompeuses prévaille toujours à toutes les autres du bien du Saint-Siége et du service de leur maître.

Je supplie Votre Éminence de trouver bon que je me remette à ce que M. de Bourlemont lui dira du sujet de l'envoi de M. de Turenne au commandement du corps des troupes que Sa Majesté fait passer en Hollande ; Elle le trouvera assez surprenant.

Cependant je demeure, Monseigneur, de Votre Éminence très, etc.

2. En 1643, l'abbé Martin de Barcos, neveu de l'abbé de Saint-Cyran, avait inséré dans la préface du traité *de la Fréquente communion* d'Arnault cette proposition : « Que saint Pierre et saint Paul sont deux chefs de l'Église qui n'en font qu'un. » Pour la justifier, il publia en 1645 un livre intitulé : « de l'Autorité de saint Pierre et de saint Paul qui réside dans le Pape, successeur de ces deux apôtres », in-4°. Cette doctrine fut déclarée hérétique par Innocent X en janvier 1647, et l'ouvrage mis à l'index.

23. — LETTRE DE M. DE LIONNE AU CARDINAL DE RETZ.
(*Sur la longue audience qu'il a eue du Pape, les censures des propositions des casuistes, le sieur Maffei et le P. Duneau.*)

Le 6ᵉ jour de novembre 1665.

MONSEIGNEUR,

J'ai reçu la lettre dont il a plu à Votre Éminence m'honorer le 13ᵉ de l'autre mois[1], et depuis, par un extraordinaire, l'ample dépêche du 24ᵉ[2] par laquelle Elle rend compte au Roi de la longue audience qu'Elle avoit eue du Pape à Castel-Gandolfo. La Saint-Hubert[3] et les derniers beaux jours de l'automne ayant obligé Sa Majesté, contre son ordinaire, à interrompre son application au travail pendant cette semaine-ci qu'Elle est allée passer à Versailles, je ne pourrai qu'à son retour à Paris, qui sera demain, lui donner la satisfaction que je prévois qu'Elle recevra de la lecture de cette pièce, que j'ai trouvée, sans vous flatter, admirable, autant dans la forme que vous lui avez donnée que dans le fond de tout ce que vous avez traité avec Sa Sainteté, qui ne pouvoit être plus fort, plus convaincant, plus judicieux et plus adroit. Si j'avois à y répondre de moi-même, je n'aurois pas grande difficulté à convenir de tous les expédients que vous proposez pour sortir de cette affaire et même du premier, car je ne tiens pas qu'il aille de l'honneur du Roi à ne point faire un premier pas à l'égard de Sa Sainteté, dans une affaire de pure spiritualité; mais, comme Sa Majesté doit Elle-même prendre cette résolution et que d'autres gens plu habiles que moi, en ces sortes de matières, pourront vous arguer là dedans des choses que je n'y vois pas, je supplie Votre Éminence, afin que nous ne nous exposions pas à être obligés de chanter quelque palinodie, de ne s'expliquer encore à qui que ce soit du peu que je lui mande, qui n'est que mon sentiment particulier, fort sujet à faillir, et dont je pourrai moi-même revenir, sur des considérations plus fortes, qui échappent jusqu'ici à ma vue. Je tâcherai cependant de faire en sorte que Votre Éminence soit précisément informée de tous les sentiments et des intentions du Roi par l'ordinaire prochain.

MM. les cardinaux Albizzi et Pallavicini ne se sont pas sans doute aperçus ou, s'ils l'ont vu, n'en ont pas fait grand cas, qu'en

---

LETTRE 23. — Tome XXII (172), pièce 13, fol. 38 et 39.
1. Voyez la *lettre* 22 de Retz, p. 77.
2. Lisez 23ᵉ, comme Lionne dit dans les *lettres* 24 et 25 (p. 487 et 488), et supprimez (p. 81) la dernière phrase de la note préliminaire de la *lettre* 24 de Retz.
3. Le 3 novembre.

sauvant Guimenius de la censure du Saint-Office, ils ont donné tout l'avantage aux jansénistes qu'ils pouvoient desirer pour sauver aussi la personne de Jansenius et faire valoir l'opinion de tous ceux qui croient qu'il suffit de condamner les doctrines, sans taxer ni nommer les auteurs qui les ont enseignées ou compilées.

Le même témoignage que Votre Éminence rend du sieur Ugo Maffei lui sera fort avantageux; car, pour ne lui rien celer, il ne manque pas de gens qui ont voulu le faire soupçonner du côté de la sincérité, comme s'il tenoit *il piede in più staffe*[4]. Je l'ai toujours cru fort galant homme et fort zélé pour le service du Roi, et je connois les manières de Rome, où l'on craint toujours que son compagnon ne s'avance en mérite et en récompenses.

Le discours qu'a tenu à Votre Éminence le P. Duneau n'a pas paru prudent, quoiqu'il le puisse expliquer comme un effet de son zèle, en donnant avis à temps de ce qu'il croit qui peut arriver; mais, comme, sortant de la bouche d'un jésuite, il peut être pris pour une menace dont on n'a ici aucune peur, j'appréhenderois que, s'il continuoit à parler de la sorte, on ne lui fît bientôt prendre quelque chemin de Quimper-Corentin.

Je suis, Monseigneur, de Votre Éminence très, etc.

---

24. — LETTRE DE M. DE LIONNE AU CARDINAL DE RETZ.
(*Sur ce que le Roi n'a pas encore pris sa résolution sur la demande d'une explication de la Bulle.*)

Le 13e novembre 1665.

MONSEIGNEUR,

Je ne tiendrai pas bien la parole que je donnai à Votre Éminence, il y a huit jours, de lui faire savoir, par cet ordinaire-ci, les sentiments et les intentions du Roi sur le contenu en l'ample dépêche de Votre Éminence du 23e de l'autre mois[1]. La matière a été jugée assez importante et assez délicate pour obliger Sa Majesté à vouloir y délibérer un peu plus longtemps; ce n'est pourtant pas la toute véritable raison de ce petit délai que je demande encore à Votre Éminence pour huit jours : on a encore considéré que, la cour de Rome étant assez sujette à changer souvent d'avis, il seroit bon, avant que s'engager à rien, de voir si Monsieur le Nonce parlera ici aux termes que Sa Sainteté vous a promis de lui en envoyer l'ordre. J'avois cru qu'il l'auroit pu recevoir dans un gros

---

4. « Le pied dans plusieurs étriers »; comme s'il jouait plusieurs rôles.
LETTRE 24. — Tome XXII (172), pièce 30, fol. 73.
1. Voyez la *lettre* 24 de Retz, p. 81.

paquet du Palais que je trouvai dans la dépêche que me rendit le gentilhomme du maréchal de Grancey et que j'envoyai audit sieur Nonce au même instant; mais, quoiqu'il m'ait fait la grâce, trois jours après, de m'entretenir durant deux grosses heures et que je le misse à dessein sur la matière, il ne me dit rien d'approchant de ce que Sa Sainteté vous avoit fait espérer, soit qu'il n'en eût pas encore reçu l'ordre, soit qu'il ait voulu en supprimer l'effet pour ses fins particulières, dans l'opinion où je sais qu'il est que la continuation des divisions lui donneront plus de lieu de se faire écouter, d'acquérir du mérite, de se rendre agréable en nous donnant à dos, et en un mot d'avancer sa fortune, qui est toujours l'objet principal de Messieurs les Nonces. Comme l'ordinaire qui arrivera demain au soir apportera des lettres de Rome du 27e et par conséquent plus fraîches de quatre jours que celle de Votre Éminence, nous verrons bientôt s'il changera quelque chose en sa conduite et en ses discours suivant ce que le Pape a dit, et alors le Roi pourra prendre ses résolutions sur un fondement plus certain et même s'exposera moins au danger qu'il y a que, commençant à faire les premiers pas, la cour de Rome, à son accoutumée, n'en prenne grand avantage, comme si ce que Sa Majesté ne fera que par un pur motif de piété n'avoit eu d'autre cause que les menaces dudit Nonce, qui dit, à tout bout de champ, que, si l'arrêt du Parlement se publie, Sa Sainteté poussera toutes choses à la dernière extrémité, aimant mieux voir la France schismatique et séparée du Saint-Siége que de souffrir une pareille chose.

J'attends avec grande impatience l'arrivée du même ordinaire, pour savoir comment se seront passées toutes choses dans l'exécution des ordres de Sa Majesté, qui ont tant plu à Votre Éminence.

Je demeure, avec un profond respect, Monseigneur, de Votre Éminence très, etc.

---

25. — LETTRE DE M. DE LIONNE AU CARDINAL DE RETZ.

(Pour obtenir du Pape l'éclaircissement de sa bulle, et sur la réconciliation du Roi avec la reine de Suède et le cardinal Azzolin.)

Le 20e novembre 1665.

MONSEIGNEUR,

Quoique la matière de l'ample dépêche de Votre Éminence du 23e de l'autre mois[1] ait dû donner lieu à de longues délibéra-

---

LETTRE 25. — Tome XXII (172), pièce 48, fol. 104-106.
1. Voyez la *lettre* 24 de Retz, p. 81.

tions, d'autant plus qu'on a grand sujet de douter de la sincérité de ce qui vous a été dit ou de la fermeté qu'on aura à demeurer dans les mêmes sentiments, puisque Monsieur le Nonce, depuis même la réception de sa dépêche du 27°, ne s'est expliqué ici de rien qui soit conforme à ce qu'on vous avoit promis, il me semble pourtant que je puis répondre, en peu de mots, à la même dépêche. Premièrement, on convient ici du principe, qu'il est bon, pour les uns et les autres, d'accommoder l'affaire. En second lieu, il semble que cela doive être facile, puisque l'on est, en quelque façon, demeuré d'accord de toute la substance et qu'il semble qu'il ne reste qu'à s'expliquer de part et d'autre. En troisième lieu, on demeure d'accord que le premier pas apparent soit fait de ce côté-ci ou par le Roi ou par la Sorbonne, et, pour conclusion, qu'afin que personne ne puisse être trompé, on doit convenir expressément de ce que nous donnerons et de ce qui nous sera rendu, avant qu'il en paroisse rien au jour.

Comme il est question d'une affaire de spiritualité toute pure, Sa Majesté n'auroit eu aucune difficulté à faire le premier pas, en faisant requérir le Pape d'expliquer sa bulle suivant ce que MM. les cardinaux Albizzi et Pallavicini ont fait connoître de ses intentions, n'étoit que la cour de Rome, qui agit toujours peu sincèrement et prend avantage de tout, auroit pu attribuer cette avance et cette grande facilité à un effet des menaces que Monsieur le Nonce ne cesse de faire à qui veut l'écouter. Elle a donc cru ne devoir pas témoigner qu'Elle se mêle de l'affaire ou qu'Elle y desire rien, mais qu'Elle laisse la conduite aux docteurs de Sorbonne, qui peuvent prendre d'eux-mêmes, pour la satisfaction et pour la préservation des décrets de la Faculté, la résolution qu'ils estimeront à propos sur ce que Votre Éminence a fait entendre à ses amis des sentiments de Sa Sainteté, en la manière qu'ils lui ont été expliqués par lesdits cardinaux Albizzi et Pallavicini.

On avoit songé, pour gagner temps, à adresser, par cet ordinaire même, à Votre Éminence une lettre que les douze docteurs qui ont été nommés par la Faculté pour examiner le livre d'Amedæus, pourroient écrire à Sa Sainteté aux termes qu'il la peut desirer; mais on a considéré qu'il étoit impossible que, la chose étant communiquée à un si grand nombre de personnes, elle pût demeurer dans le secret qui est, en cette occasion, comme l'âme de l'affaire; car, si elle se divulgue avant qu'elle soit entièrement ajustée, elle recevra mille traverses. On avoit aussi pensé, pour remédier à cet inconvénient, à faire écrire par le seul syndic de la Faculté; mais on a fait réflexion que, pour un si grand pas qu'est celui que le Pape doit faire ensuite, peut-être ne se contenteroit-on pas de delà d'une simple lettre d'un particulier, qui pourroit être après désavouée par le corps, par pluralité de suffrages.

Sa Majesté a donc pensé que Votre Éminence peut continuer à négocier sur le fondement infaillible de cette lettre des douze docteurs, dont la substance sera premièrement toute sorte d'honnêtetés et de soumissions à Sa Sainteté et une déclaration que la Faculté, dans la censure qu'elle a fait[e] du livre de Guimenius, en l'article où il avoit parlé de l'infaillibilité du Pape, n'avoit entendu autre chose que de censurer l'opinion qui condamne d'hérésie celle qui a toujours été tenue en France, que les papes ne sont pas infaillibles, suppliant, pour conclusion, Sa Sainteté d'expliquer son intention sur certains endroits de sa bulle qui ont laissé dans les esprits quelque doute de sa véritable intelligence.

Sur cette proposition, si on s'en contente de delà, comme il y a toute apparence, en cas qu'on ait agi sincèrement, Votre Éminence pourra demander à voir ce qu'on nous veut rendre, pour cette lettre de la part du Pape, sur les trois points que Votre Éminence a traités avec Sa Sainteté, en conformité de ce qu'Elle nous a dit de ses intentions. Si le Roi en peut demeurer satisfait, après qu'il aura vu le tout, Sa Majesté prendra soin aussitôt de vous adresser la lettre des douze docteurs pour être présentée à Sa Sainteté, et même, toutes choses étant concertées et ajustées avec satisfaction réciproque, Sadite Majesté alors ne feroit aucune difficulté de faire requérir le Pape, à son nom, par son ministre, de donner une explication à sa bulle.

Votre Éminence jugera bien qu'on a grande raison de prendre toutes ces précautions, non-seulement sur le silence du Nonce, après qu'on vous a si positivement promis qu'il parleroit, mais sur la considération si judicieuse qu'Elle-même a faite dans sa lettre, qu'au fait et au prendre, quand il sera question de déclarer que le Pape ne condamne point l'opinion de ceux qui ne le tiennent point infaillible, il pourra tomber alors dans l'esprit de Sa Sainteté, ou par Elle-même ou par la suggestion de ceux qui l'approchent, mille différentes réflexions qui seront capables de le retenir de faire ce pas.

Quelques bonnes intentions qu'ait Monsieur l'ambassadeur de Venise[2], il ne seroit pas juste qu'il ôtât à Votre Éminence, en quelque manière que ce soit, la gloire et le mérite d'avoir accommodé cette affaire si importante et qui peut avoir tant de suites fâcheuses. J'écris à M. de Bourlemont qu'il se garde, de son côté, d'entrer jamais en cette matière avec ledit ambassadeur.

Le Nonce est assez malin pour avoir écrit de delà aux termes

---

2. Voyez la *lettre* 25 de Retz, p. 104.

qu'on l'a dit à Votre Éminence; mais sa consolation doit être qu'il fait, en même temps, ici son éloge, et qu'il ne peut rendre à Votre Éminence un meilleur office auprès de Sa Majesté que quand il prétend donner à dos à sa conduite.

J'ai eu une extrême joie d'avoir appris que toutes choses se soient si bien passées au rétablissement du Roi et de la reine de Suède. Je puis même dire que j'avois quelque intérêt que cela réussît aussi bien qu'il a fait, et je suis ravi de la satisfaction que Votre Éminence en a eue pour la considération de son ami [3].

C'est, etc.

---

26. — LETTRE DE M. DE LIONNE AU CARDINAL DE RETZ.
(*Sur l'explication de la Bulle, la mort du duc Cesarini; et des nouvelles.*)

Le 4° décembre 1665.

MONSEIGNEUR,

Je priai la semaine passée M. de Bourlemont, à qui je n'eus le temps de répondre qu'un mot sur une affaire dont il m'avoit écrit, de faire mes très-humbles excuses à Votre Éminence de ce que l'accablement où je me trouvois m'ôtoit le moyen de satisfaire à mon devoir accoutumé. J'ai, depuis cela, reçu la lettre dont il a plu à Votre Éminence de m'honorer du 10° de l'autre mois [1], et, comme je remarque, en toutes, que la santé de la Reine mère est ce qui touche le plus Votre Éminence, je la puis assurer qu'Elle va toujours de bien en mieux et que Sa Majesté, qui n'a jamais trop bien espéré de sa guérison, quelque chose qu'on lui en pût dire, voyant maintenant l'effet visible des remèdes et sentant ses forces, fait des projets pour des choses qui ne se peuvent achever que dans le cours de quelques années.

Monsieur le Nonce ne dit rien ici d'approchant de ce qu'on a fait espérer à Votre Éminence qu'il diroit; mais cela importe peu, pourvu que de delà l'intention soit sincère, dont il semble que les discours que tient à présent M. le cardinal Albizzi soient une assez bonne marque, aussi bien que la question que fit à Votre Éminence M. le cardinal Dataire à la chapelle de Saint-Charles, pourquoi la Faculté ne s'adressoit pas au Pape pour lui demander l'explication d'une bulle dans laquelle Sa Sainteté n'a rien prétendu de ce qui forme les plaintes du clergé, du Parlement et de la Sorbonne. Cependant la cour de Rome ne pourra pas discon-

---

3. Le cardinal Azzolini.
LETTRE 26. — Tome XXII (172), pièce 73, fol. 160 et 161.
1. Voyez la *lettre* 27 de Retz, p. 109.

venir qu'elle n'ait grand tort d'avoir mis au jour une pièce de cette importance, sans avoir prévu les inconvénients qui en résulteroient, si ce n'est qu'elle ait eu dessein d'hasarder (*sic*) de voir ce qui en arriveroit, pour en prendre tout l'avantage qui se pourroit et, en tout cas, se rétracter.

Le Roi a fort regretté la perte d'un aussi bon serviteur que lui étoit M. le duc Césarin, et avec raison, car il me semble qu'il sera bien malaisé de trouver dans Rome une autre personne de sa qualité qui puisse remplir sa place.

On n'a point vu ni ouï parler ici de ce livre françois qui a paru de delà pour la défense de la Bulle contre la censure de la Faculté.

Le Roi voyant évidemment que l'accommodement du roi de la Grande-Bretagne avec les Provinces-Unies n'est pas une affaire qui puisse présentement réussir, Sa Majesté, depuis quelques jours, a rappelé d'Angleterre Messieurs ses trois ambassadeurs[2], qui viendront, la semaine prochaine, débarquer à Saint-Valery, où on leur a assigné un château pour faire leur quarantaine. Le mal contagieux qui avoit, depuis quelques mois, toujours successivement diminué dans Londres a repris vigueur la semaine dernière, le nombre des morts ayant été de quatre cents personnes plus fort que la précédente.

Les troupes du Roi qui sont allées en Hollande avoient passé le Rhin à Arnhem et marchoient vers l'Issel, où Messieurs les États devoient faire trouver, en même temps, dix mille hommes de pied et quatre mille chevaux, pendant que les troupes de Brunswick, au nombre de six mille hommes, s'avancent dans l'Empire, ou pour les joindre ou pour donner des affaires à l'évêque[3] dans son propre pays.

Je suis, etc.

27. — LETTRE DE M. DE LIONNE AU CARDINAL DE RETZ.
(*Sur la cessation des divisions entre le clergé et la Sorbonne, la condamnation expresse de Guimenius, le convent de Saint-Denis; et des nouvelles.*)

Le 18ᵉ décembre 1665.

MONSEIGNEUR,

J'ai reçu, en un même jour, les deux lettres dont Votre Éminence m'a honoré des 17ᵉ et 24ᵉ de l'autre mois[1]. La question que le

2. Ils partirent d'Oxford, où était le roi d'Angleterre, le 10 décembre. (*Gazette*, p. 1254.)
3. L'évêque de Münster.
LETTRE 27. — Tome XXII (172), pièce 95, fol. 207 et 208.
1. Voyez les *lettres* 28 et 29 de Retz, p. 111 et 116.

Pape fit à Votre Éminence, au dernier consistoire, peut faire juger non-seulement que Sa Sainteté est dans les mêmes sentiments qu'Elle lui témoigna à Castel, mais que l'affaire lui donne quelque inquiétude, et qu'Elle sera fort aise de la voir finir par les moyens dont il fut alors discouru. On n'en a point ici d'impatience ; mais on ne s'éloignera pas aussi d'accommoder la chose, suivant ce que j'ai eu l'honneur de lui en mander, dont j'attends au premier jour sa réponse.

1665

Les grandes divisions qu'on s'attendoit de delà de voir naître entre l'assemblée du clergé et la Faculté de théologie sur le projet d'une thèse soutenue en Sorbonne ont abouti à cela, de part et d'autre, que, deux jours après, il ne s'en est plus parlé, et, si la congrégation de l'Inquisition ne s'avise imprudemment d'en réveiller la matière, elle sera ensevelie dans un éternel silence, tant les avis que donne de delà Monsieur le Nonce se trouvent toujours bien fondés.

Par un mot que Votre Éminence dit dans sa lettre du 17°, que, quand l'accommodement ne dépendra plus que du seul point de faire censurer Guimenius, on pourra emporter la chose malgré la résistance de deux cardinaux, Sa Majesté a compris que Votre Éminence a ce dessein, comme étant persuadée que le Roi le doit desirer : sur quoi Sadite Majesté m'a ordonné de lui mander qu'à moins que Votre Éminence ait pour cela des raisons très-fortes que nous ne voyons pas bien ici, Elle peut laisser à ces Messieurs de delà toute la liberté de faire ce qu'ils voudront sur la censure dudit Guimenius, qui importe incomparablement plus à leur honneur et à leur réputation qu'à la nôtre, et, en ce (*sic*) cas que MM. les cardinaux Albizzi et Palavicini demeurent toujours les maîtres du camp pour sauver un auteur si pernicieux, nous croyons que la Sorbonne en tirera, en tout temps, des avantages indicibles sur la cour de Rome. Il ne faut que voir comme Monsieur le Nonce se débat et crie jusqu'au ciel quand on lui dit que de delà on loue, on approuve, on applaudit à la personne de ce fameux compilateur de mauvaises doctrines.

Le Roi a eu extrêmement agréable le soin que Votre Éminence a pris de protéger le convent des Mathurins françois de Rome contre toutes innovations. Votre Éminence y pourra même employer, à l'avenir, le nom de Sa Majesté, autant qu'Elle le jugera à propos ou nécessaire, pour maintenir ces bons religieux dans la province de France et empêcher que, sous prétexte de ces contestations, les Italiens ne s'emparent de leur maison, comme il est déjà arrivé en plusieurs autres nationales[2].

---

2. En plusieurs autres maisons nationales, c'est-à-dire appartenant à des nations de la chrétienté et particulièrement à la France.

Je ne répéterai pas ici la narration d'un petit incident arrivé ces jours-ci à Monsieur le Nonce, et qui nous avoit ouvert le plus beau champ du monde de le mortifier très-sensiblement, parce que, l'ayant déjà écrit à M. de Bourlemont, je lui mande d'en rendre compte à Votre Éminence.

Par les dernières lettres reçues d'Angleterre, nous avons appris que Messieurs les trois ambassadeurs avoient eu leur audience de congé du roi, et qu'ils venoient à l'embarquement, en sorte qu'ils peuvent, à l'heure que j'écris, être arrivés en France.

Celles de Hollande nous apprennent que les troupes du Roi avoient passé l'Issel, pour aller attaquer quelques postes où l'évêque de Munster a mis des garnisons. L'évêque crie à l'accommodement et s'est adressé, pour cela même, à M. d'Estrade; mais il ne trouve pas qu'il le veuille écouter, et on lui a répondu qu'il se retire, qu'il désarme, qu'il renonce à ses alliances, qu'il répare les dommages qu'il a faits, et qu'il donne des sûretés suffisantes de ne plus faire de pareilles irruptions, et qu'alors on l'entendra.

Je suis, Monseigneur, très, etc.

---

28. — LETTRE DE M. DE LIONNE AU CARDINAL DE RETZ.

(Sur l'incompatibilité de l'Empire et des royaumes[1] de Naples; et les discours du Nonce.)

Le 25ᵉ décembre 1665.

MONSEIGNEUR,

J'ai reçu la lettre dont il a plu à Votre Éminence de m'honorer, du 1ᵉʳ de ce mois[2], où le Roi a vu l'avis qu'on avoit donné à Votre Éminence que les Espagnols travailloient auprès du Pape pour faire annuler l'incompatibilité de l'Empire et du royaume de Naples. Sa Majesté a été là-dessus du même sentiment que Votre Éminence, que c'est un bruit jeté par les politiques de Rome et peut-être un artifice du Palais même pour nous faire entrevoir que le Pape a aujourd'hui en main le moyen de faire un grand coup à l'avantage de la maison d'Autriche ou de lui causer un grand préjudice par refus de cette instance. Le Nonce m'a souvent insinué la même chose par de certains discours, auxquels

---

LETTRE 28. — Tome XXII (172), pièce 114, fol. 247.

1. Le pluriel s'explique par la désignation accoutumée de « Royaume des deux Siciles. »

2. Voyez la *lettre* 30 de Retz, p. 117.

je faisois semblant de ne prendre pas garde. Après tout, ce ne sera pas ce que le Pape fera ou ne fera pas touchant des investitures qui décidera sur la possession du royaume de Naples. Je crois que de bons canons et de bonnes épées vaudroient mieux que des bulles en cas d'attaque.

1665

Les correspondants d'ici de l'ambassadeur de Venise qui réside à Rome l'ont mal informé quand ils lui ont mandé que M. le nonce Roberti nous avoit fait des propositions d'accommodement touchant la dernière bulle de Sa Sainteté, sur le fondement que ce qu'on y avoit trouvé à dire de deçà ne consistoit qu'en de purs équivoques. Il y a des mois entiers que ledit nonce ne nous a pas dit un mot de cette matière, et, avant cela, il n'a jamais parlé d'accommodement. Il est bien vrai qu'en toutes rencontres, parlant à d'autres personnes, il menace que, si l'on publie l'arrêt du Parlement, Sa Sainteté poussera les choses aux dernières extrémités, et il ajoute toujours qu'il vaut mieux, pour le Saint-Siége, qu'il perde la reconnoissance de la France que s'il souffroit que des compagnies séculières entrassent si avant en des matières ecclésiastiques.

(Le Roi, etc., *comme à M. de Bourlemont sur ce que S. M. est allée au Parlement.*)

Le Roi[5] a été, ces jours-ci, au Parlement tenir son lit de justice, où Sa Majesté a accordé la paulette[4] pour trois années, a fixé le prix des charges de tous ses offices de judicature qui étoit monté à des sommes si excessives qu'elles excluoient, pour l'ordinaire, ceux qui auroient eu plus de mérite d'y entrer, et a réglé l'âge des conseillers à vingt-sept ans et celui des présidents à quarante; Elle a aussi pardonné le crime à tous les partisans et civilisé[5] toutes leurs affaires, à l'exception de deux ou trois d'entre eux, et mis, pour l'avenir, toutes les constitutions de rentes au denier vingt[6].

Je suis, etc.

---

3. Ce passage, que nous reproduisons, comme le ministre enjoint de le faire, est écrit à la marge de la pièce 116 (*ibidem*, fol. 250 r°).
4. C'est-à-dire ici l'autorisation de disposer de ses charges, en payant le droit de ce nom.
5. *Civiliser*, faire passer du criminel au civil.
6. A cinq pour cent.

29. — LETTRE DE M. DE LIONNE AU CARDINAL DE RETZ.
(*Sur l'incompatibilité de l'Empire et du royaume de Naples; et quelques nouvelles.*)

Du 1er jour de l'an 1666.

MONSEIGNEUR,

Je souhaite ardemment à Votre Éminence un heureux commencement d'année et qu'elle soit suivie de cinquante autres[1], comblées de toute sorte de satisfactions et d'avantages.

J'ai reçu la lettre dont il lui a plu m'honorer du 8e de l'autre mois[2], où j'ai vu que je ne m'étois pas trompé dans le jugement que je fis, il y a huit jours, que les Espagnols n'avoient fait aucune instance au Pape pour la dispense de l'incompatibilité de l'Empire avec le royaume de Naples. Je souscris néanmoins au sentiment de Votre Éminence qu'encore que l'explication que les Espagnols donnent à la bulle de Jules second ne choque pas le texte de ladite bulle, elle n'est pas bien conforme à son esprit, qui paroît n'avoir été que d'établir l'incompatibilité des deux dignités d'empereur et de roi de Naples.

Je me trouve embarrassé de l'original du bref qu'il a plu à Votre Éminence de m'adresser sur l'affaire qui regarde les religieuses Carmélites de Nazareth, de Bretagne. Si elles me font parler de ce qu'elles desirent du Roi pour l'autoriser, je crois qu'il n'y aura aucune difficulté à l'expédier quand je ferai souvenir Sa Majesté du sentiment de Votre Éminence.

Il est vrai que Sa Majesté est fort satisfaite de la conduite qu'a tenue le père général des Carmes pendant son généralat, et qu'Elle sera fort aise que Votre Éminence et Monsieur l'Ambassadeur le favorisent en ce qu'Elles pourront pour le faire continuer dans la même charge.

Messieurs les trois ambassadeurs que le Roi avoit en Angleterre ont débarqué la veille de Noël dans la rivière de Somme, et, le lendemain de la fête, celui d'Angleterre qui est ici prit son audience de congé du Roi. Dès que nous aurons avis que l'ambassadeur de Hollande, que les États ont rappelé, aura repassé la mer, on verra des nouveautés qui n'ont jamais pu tomber dans l'esprit de Monsieur le Nonce, à cause de l'opinion qu'il a de la foiblesse du ministère.

Je suis, Monsieur, de Votre Éminence très, etc.

LETTRE 29. — Tome XXIII (174), pièce 1, fol. 9.
1. C'était lui souhaiter de passer les cent ans; il était né en 1613.
2. Voyez la *lettre* 31 de Retz, p. 119.

30. — LETTRE DE M. DE LIONNE AU CARDINAL DE RETZ.
(*Sur le délai de l'audience du Pape, la fête de sainte Luce, et les ornements de Saint-Jean de Latran.*)

1666

Le 8e janvier 1666.

MONSEIGNEUR,

Comme l'instance que Votre Éminence avoit fait[e] au Pape d'avoir une audience de Sa Sainteté lui a été portée peu de temps après l'arrivée de l'ordinaire de Lyon, on ne doit pas s'étonner si, jugeant bien de quelle matière Votre Éminence avoit dessein de l'entretenir, il a voulu laisser partir l'ordinaire de Rome pour ne témoigner pas trop d'empressement d'un accommodement, et on ne tire point ici de ce petit délai les conséquences que Sa Sainteté ne desire pas de sortir de cette affaire, non par aucune bonne volonté pour nous, mais parce que la chose lui convient. Nous attendrons maintenant, en bonne dévotion, l'arrivée du prochain courrier, pour savoir tout ce qui se sera passé là-dessus entre Sa Sainteté et Votre Éminence, et je ne doute pas que la relation qu'Elle en aura faite au Roi ne me fournisse plus de matière que je n'en ai aujourd'hui d'avoir l'honneur de l'entretenir.

Sa Majesté a été bien aise d'apprendre que Votre Éminence ait fait la cérémonie de sainte Luce et que cette fonction ait été aussi belle et aussi nombreuse que M. de Bourlemont l'a mandé, pour suppléer à ce que la modestie de Votre Éminence n'a pas voulu dire. C'est beaucoup que M. le cardinal Barberin ait daigné l'honorer de sa présence, et ce seroit encore plus s'il n'avoit pas averti les Espagnols de la raison qui le convioit à s'y trouver; mais, dans les pensées qu'il a, je le trouve trop prudent pour y avoir manqué.

J'ai dit quelque chose au Roi des ornements de Saint-Jean de Latran; mais je n'ai pas voulu appuyer beaucoup sur la matière, dans une saison où je vois Sa Majesté engagée à de très-grandes dépenses; et il faudroit que, se résolvant encore à faire celle-ci, ce fût avec la magnificence qui seroit digne d'Elle et de la première église du monde. Je serois bien aise pour ma simple curiosité de savoir s'il y a eu ci-devant des ornements aux armes du Roi ou si l'on en a toujours employé d'autres en la même cérémonie de sainte Luce.

Je suis, Monseigneur, de Votre Éminence très, etc.

LETTRE 30. — Tome XXIII (174), pièce 17, fol. 43.

31. — LETTRE DE M. DE LIONNE AU CARDINAL DE RETZ.

(*Sur l'audience qu'il a eue du Pape, la bulle de Jules second pour l'incompatibilité de l'Empire et du royaume de Naples, son refus de visiter l'ambassadeur d'Espagne, et le convent de Saint-Denis.*)

Le 15e janvier 1666.

MONSEIGNEUR,

J'ai reçu la lettre dont Votre Éminence m'a honoré, du 22e de l'autre mois[1], par laquelle Elle a bien voulu, par mon moyen, rendre compte au Roi de ce qui s'étoit passé dans l'audience qu'Elle avoit eue du Pape et de tout ce qu'Elle avoit fait ensuite sur l'affaire de la Bulle. Sa Majesté a entendu la lecture de la dépêche de Votre Éminence avec grande attention, et a témoigné, après cela, plus de satisfaction que je ne saurois bien le lui exprimer, de toute sa conduite, de la force de ses raisonnements, de son adresse à insinuer ce qu'Elle a voulu, de sa prudence à éviter tous les écueils et enfin de son zèle à faire, en toutes choses, ce qu'Elle connoît qui lui peut plaire, dont Elle m'a expressément chargé de l'assurer qu'Elle lui sait beaucoup de gré. Nous nous trouvons tous ici dans le même sentiment de Votre Éminence, que la voie qu'on a prise d'une congrégation composée comme elle est sera plus avantageuse que toute autre, parce que la sûreté y sera plus grande qu'elle n'eût été par aucune parole qu'ils eussent pu donner, de quelque bouche qu'elle fût sortie.

Votre Éminence a eu grande raison de rejeter ce que M. le cardinal Albizzi lui avoit dit, d'opinions tolérées par les papes : ce terme-là n'auroit pas été bien reçu deçà les monts; et s'ils ont bonne intention, ils la pourront facilement témoigner par d'autres expressions qui ne seront pas désobligeantes. Enfin il n'y a, Monseigneur, qu'à vous laisser faire et dire et s'assurer que ce sera toujours mieux qu'on ne vous le sauroit suggérer d'ici, et nous attendrons maintenant, en bonne dévotion, de recevoir, par tous les ordinaires, de vos nouvelles, qui satisfassent notre curiosité, en voyant combien de détours on nous aura donné[s], combien d'attaques pour nous surprendre, et par quels....[2] d'une suffisance bien supérieure à la leur et à toutes leurs souplesses vous en serez garanti.

J'ai eu déjà le lieu de mander à Votre Éminence qu'on ne fait ici aucune réflexion sur la censure du livre de Guimenius que la

---

LETTRE 31. — Tome XXIII (174), pièce 36, fol. 83 et 84.
1. Voyez la *lettre* 33 de Retz, p. 124.
2. Il manque un mot, probablement *moyens*.

cour de Rome pourroit faire, et que peut-être vaudroit-il mieux que la témérité de ce compilateur de pernicieuses doctrines demeurât toujours imprimée de delà, pour nous laisser lieu de leur faire de justes reproches d'une condescendance qui ne se peut soutenir.

La bulle de Jules second, que Votre Éminence m'a adressée et dont j'ai rendu compte au Roi en substance, est sans doute une pièce fort curieuse et fort importante, et il se voit clairement, comme Votre Éminence l'a très-judicieusement remarqué, que l'esprit de ladite bulle est d'établir, en tous les cas possibles, l'incompatibilité de l'Empire et du royaume de Naples dans une même personne, et Sa Majesté seroit bien aise de savoir, si Votre Éminence le peut pénétrer par quelque moyen, ce que l'empereur Charles-le-Quint a dû vraisemblablement depuis obtenir du Saint-Siége pour déroger à ladite bulle.

Le Roi a fort approuvé la résolution que Votre Éminence a prise de ne point visiter l'ambassadeur d'Espagne, pour lui faire un compliment sur sa vice-royauté de Naples, qu'après qu'il lui en aura envoyé donner part par un de ses domestiques, suivant l'usage du cérémonial romain.

Sa Majesté recommande encore à Votre Éminence l'affaire du convent françois de Saint-Denis et d'empêcher par son autorité qu'il ne s'y fasse aucune nouveauté.

La Reine mère a été purgée aujourd'hui; elle continue à souffrir les douleurs comme d'un martyre avec une patience inconcevable.

J'adresse à Votre Éminence de quoi la divertir une heure agréablement par une pièce de théâtre[3] qui a fait grand bruit ici, et je mande à la reine de Suède que, si Votre Éminence juge qu'elle soit digne d'aller jusqu'à Sa Majesté, Elle lui en fera part.

Je suis, Monseigneur, votre, etc.

---

32. — LETTRE DE M. DE LIONNE AU CARDINAL DE RETZ.
(*Sur le délai de la cour de Rome de prendre ses résolutions.*)

Le 22e janvier 1666.

MONSEIGNEUR,

J'aurois été plus surpris si Votre Éminence eût eu occasion, pendant les cérémonies et les visites des bonnes fêtes, de me man-

---

3. La tragédie d'*Alexandre*, par Racine : voyez p. 173 et note 16.
LETTRE 32. — Tome XXIII (174), pièce 57, fol. 144.

der quelque chose de positif sur l'affaire de la Bulle, que je ne l'ai été de voir, dans la lettre dont Elle m'a honoré le 29° de l'autre mois[1], que les occupations indispensables de ces jours-là n'ont pas laissé lieu à la cour de Rome d'y pouvoir prendre ses résolutions. Le Roi a fort bien reconnu que Votre Éminence n'a pas dû, comme Elle dit fort bien, contraindre le génie du Pape, et qu'il y auroit eu même de l'inconvénient à témoigner de l'empressement. La matière d'ailleurs est assez délicate pour y laisser un peu longtemps songer ces Messieurs, sans que nous ayons raison de trouver à dire à cette longueur, et il sera curieux de voir par quels replis et sinuosités ils se voudront démêler de ce qu'a écrit le cardinal Bellarmin et leurs autres auteurs, comme une opinion qu'il faut qu'ils approuvent aujourd'hui pour fort catholique, au moins indirectement; du moins conçois-je que c'est là ce que nous leur demandons; et si Votre Éminence, par sa dextérité, vient enfin à bout de leur faire faire un si grand pas, je tiens que nous aurons sujet de remercier ceux qui ont donné le conseil au Pape de faire la Bulle et de la concevoir en termes équivoques.

---

33. — LETTRE DE M. DE LIONNE AU CARDINAL DE RETZ.

(*Sur sa négociation avec le sieur Varese et touchant Guimenius.*)

Le 29° janvier 1666.

Monseigneur,

J'ai reçu la dépêche dont Votre Éminence m'a honoré, du 5° de l'autre mois[1], par laquelle vous rendez compte au Roi de ce qui étoit advenu, depuis la vôtre précédente, en votre négociation : le choix de M. Varese, ce qu'il a dit à Votre Éminence et ce qu'y a depuis ajouté M. le cardinal Albizzi fait juger à Sa Majesté qu'on marche de delà de bon pied en cette affaire, et qu'ils desirent de sortir de l'embarras où ils se sont mis; la question seule qui reste, c'est de savoir s'ils voudront en prendre des voies dont on puisse ici demeurer satisfait. Cependant, Monseigneur, vous le devez être beaucoup des louanges que Sa Majesté donne de plus en plus à votre zèle et à votre dextérité, et, à dire vrai, avec beaucoup de raison, puisqu'il est certain qu'on ne peut mieux prendre ses

---

1. Voyez la *lettre* 34 de Retz, p. 136.
Lettre 33. — Tome XXIII (174), pièce 70, fol. 174.
1. Lisez : *du 5° de ce mois*, qui est la date de la *lettre* 35 de Retz, p. 139.

avantages sur ceux avec qui vous avez à traiter ni les empêcher mieux d'en prendre aucun sur vous que Votre Éminence fait l'un et l'autre [2].

Quant à l'expédient sur lequel Elle a voulu apprendre les intentions du Roi, qui est de savoir si Elle jugeroit qu'il fût recevable que, sur la déclaration de la Sorbonne que j'ai marquée à Votre Éminence par ma dépêche du 20° novembre, l'on se contentât que le Pape répondît qu'étant éclairci, avec satisfaction, du sujet de la censure de la Faculté, il déclarât[3] qu'il ne prétend pas l'avoir touchée, en aucune manière, par sa bulle ni ôter aux évêques la connoissance, etc., ni à la Faculté le pouvoir de censurer, etc., Sa Majesté, après avoir mûrement examiné cette ouverture, m'a chargé de mander à Votre Éminence, de sa part, qu'Elle ne croit pas que cet expédient se doive admettre, par la raison que la condamnation qu'on a faite à Rome de la censure de la Faculté ne se trouveroit pas suffisamment révoquée par les seuls mots, que Sa Sainteté déclarât dans son bref qu'Elle n'a pas entendu y toucher; car il semble ici que les excommunications contre ceux qui tiendroient, liroient ou enseigneroient, etc., subsisteroient toujours.

Comme cet expédient est une pensée à laquelle les autres ne songent point et que Votre Éminence a eue pour faciliter la conclusion de l'affaire et trancher toutes les difficultés qui se pourront rencontrer, de part et d'autre, en la manière de s'expliquer, il n'y aura qu'à ne s'en point ouvrir, en attendant ce qu'ils auront à nous proposer eux-mêmes, d'autant plus que M. Varese a dit à Votre Éminence qu'il ne voyoit rien de plus facile que de convenir des expressions et qu'il espéroit de le lui faire connoître au premier jour, ne doutant point que la négociation n'eût un bon succès.

Cependant le Roi a fort loué la prudente précaution de Votre Éminence à ne vouloir rien donner par écrit à ce prélat, mais seulement de lui laisser mettre sur ses tablettes ce qu'il a voulu, comme aussi en ce qu'Elle marque qu'Elle tâcheroit de voir le projet que M. le cardinal Albizzi doit dresser de la réponse du Pape, avant que de lui communiquer celui qu'Elle aura fait de la lettre des députés.

Pour la condamnation de Guimenius, j'ai mandé, il y a longtemps, à Votre Éminence quels sont là-dessus les sentiments de

---

2. Après le premier *mieux*, Lionne a biffé *que vous le faites*, pour y substituer *que Votre Éminence, etc.*, à la fin de la phrase.

3. C'est clair, mais incorrectement construit, par inattention à ce qui précède.

Sa Majesté, qui a été plutôt fâchée que bien aise quand Elle a appris que MM. les cardinaux Albizzi et Pallavicin avoient enfin abandonné la protection de ce digne auteur, et elle auroit mieux aimé que l'honneur de sa condamnation fût demeuré entier à la Sorbonne.

34. — LETTRE DE M. DE LIONNE AU CARDINAL DE RETZ.
(*Sur ce qu'on ne lui rend point de réponse, et sur ce que le Pape assure qu'il n'assiste point l'évêque de Munster.*)

Le 5ᵉ février 1666.

MONSEIGNEUR,

La dépêche de Votre Éminence, du 12ᵉ de l'autre mois[1], ne nous apprend pas que, depuis sa précédente, il soit[2] rien advenu en l'affaire importante qu'Elle traite, mais seulement que M. le cardinal Chigi lui avoit dit, au consistoire, que l'on y pensoit avec application. Ce n'est par aucune impatience que l'on ait ici de la voir finie que je lui remets dans la mémoire ces circonstances, mais pour justifier, en quelque manière, la brièveté de cette réponse, par le défaut de matière où je me trouve. Cependant Sa Sainteté nous a fait beaucoup d'honneur (car la chose, ce me semble, ne peut regarder que cette couronne) quand Elle a bien voulu déclarer publiquement qu'Elle n'a point incité l'évêque de Munster ni eu aucune part à l'irruption qu'il a faite dans le pays des États. Monsieur le Nonce a voulu dire de deçà quelque chose de plus, et s'est fort échauffé à assurer, même par serment, que Sadite Sainteté n'avoit fourni aucun argent audit évêque : sur quoi l'abbé Siri[3], à ce qu'on m'a dit, lui a reparti qu'il pouvoit, sans rien hasarder, épargner les serments et parler de toute autre manière que celle-là, parce que l'on étoit fort persuadé ici que *I denari, il Papa li no leva por la sua casa*[4].

Je suis, Monseigneur, de Votre Éminence très, etc.

LETTRE 34. — Tome XXIII (174), pièce 82, fol. 201.
1. Voyez la *lettre* 36 de Retz, p. 147.
2. Au manuscrit, *se* devant *soit*, comme s'il y avait ensuite *passé*.
3. Sans doute Vittorio Siri, né à Florence en 1605, mort en 1685, aumônier et historiographe de Louis XIV, auteur de plusieurs ouvrages d'histoire contemporaine.
4. Que « les deniers, le Pape ne les lève pas pour sa maison. »

35. — LETTRE DU SECRÉTAIRE DE L'ÉVÊQUE D'AGDE AU CARDINAL DE RETZ.

(Pour protestations de services.)

1666

MONSEIGNEUR,

Le prélat qui vous écrit[1] ayant été exilé dans le lieu de ma naissance, où je m'étois retiré depuis 1663, m'a prié de revenir en cour pour lui rendre service contre ses ennemis ; et, quoique je n'ignorasse pas qu'il en avoit voulu rendre à Votre Éminence, dans Rome, au temps de votre persécution[2], et depuis en France, dans Fontainebleau, deux mois avant la chute de son frère[3], qu'il pressa fortement et vigoureusement d'embrasser vos intérêts, je n'ai pas néanmoins voulu m'engager à lui rendre ce bon office, qu'il ne renonçât entièrement à sa famille et à ses intérêts pour s'attacher irrévocablement à ceux de Votre Éminence. Il s'en est séparé de si bonne grâce et avec tant de générosité, que je ne ferois pas difficulté de me rendre garant de la fidélité qu'il vous promet dans sa lettre, si j'étois capable d'être caution envers deux personnes si relevées dans l'Église.

Ne voulez-vous point, Monseigneur, prendre pour votre devise : *Sidus olorum*[4] ? et ne voulez-vous point songer à la place que le cardinal Corrado[5] a briguée ? Il me semble que c'est un coup digne de votre tête. Ne voulez-vous pas, Monseigneur, que j'aille en Italie vous embrasser les pieds ? Il y a très-longtemps, et depuis 1638, que j'ai passion d'être à vous : pour être vieille et du temps de votre licence en Sorbonne, elle n'en vaut pas moins, parce qu'elle s'est conservée secrètement, sans altération, dans le fond du cœur.

LETTRE 35. — Tome XXIII (174), pièce 85, fol. 205. C'est une copie. — Au sujet des *lettres* 35 et 36, voyez la lettre de M. de Bourlemont (n° 43), ci-après, p. 512.

1. L'évêque d'Agde, Louis Foucquet : voyez p. 212 et note 1.

2. Sur ces services, de nature fort peu honorable, offerts dans Rome, en 1655, voyez les *Mémoires de Retz*, tome V, p. 85 et 86.

3. Le surintendant Foucquet, dont la chute remontait au 5 septembre 1661.

4. « Étoile des cygnes. » Cette plate flatterie, dont on ne voit guère ici l'à-propos, paraît être une allusion à la constellation du Cygne, composée de treize étoiles (de là sans doute le pluriel), et que Manilius, dans son poëme *de l'Astronomie* (chant I, vers 692), désigne aussi par *olor*, synonyme poétique de *cycnus*.

5. Voyez la note 4 de la page 112, où, d'après la *lettre* 37 de la seconde partie (p. 152), il faut changer, comme date de la mort, 17 en 16. Il est parlé dans cette même lettre de la charge (probablement celle de dataire : voyez ci-après, p. 506) que Corrado laisse vacante.

Le prélat qui vous écrit a besoin de faveur auprès de Monseigneur le cardinal Dataire, pour l'abbaye de Sorrèze, dont M. l'abbé de la Cassagne vous parlera. Si Votre Éminence vouloit lui faire cette grâce, j'y prendrai autant de part que lui et je la tiendrai comme si elle étoit faite à moi-même.

Je suis, Monseigneur, de Votre Éminence le très-humble, très-obéissant et très-fidèle serviteur,

TEULY DE MOUTANCE.

De Paris, le 5 février 1666[6].

---

36. — LETTRE EN CHIFFRE DU SECRÉTAIRE DE L'ÉVÊQUE D'AGDE AU CARDINAL DE RETZ.

(*Sur ce que le Roi n'aime point Son Éminence ; et quelques avis.*)

12 février 1666.

NE vous fiez pas au Roi, quelles paroles et promesses qu'il vous donne, ou vous fasse donner ; car il vous hait dans son âme. Ne vous fiez pas aussi à ses ministres ni aux......[1] ; car votre Saturne[2] marque perfidie et envie de leur part ; même de vos amis, crainte et jalousie. Le ministère des femmes vous est sûr et heureux, servez-vous-en ;......[3] au roi d'Angleterre, pour le péché originel ; il y a intérêt et M. d'Aubigny[4] aussi. Ce n'est point contrister le Saint-Esprit de recourir à ses......[5] et à sa puissance. C'est pour

6. Le cardinal de Retz envoya à Lionne une copie de cette lettre et de la suivante qui lui parurent, à bon droit, suspectes et de nature à le compromettre. Celui qui les avait écrites fut mis à la Bastille.

LETTRE 36. — Tome XXIII (174), pièce 86, fol. 206. — On n'a point aux Archives la lettre en chiffre, mais seulement la traduction que nous donnons.

1. Ici, au lieu de traduire dans le contexte, l'interprète du chiffre, doutant s'il comprend bien, a mis en marge : *parents grands*.

2. Astre malfaisant.

3. « C'est en blanc : il peut y avoir *fiez-vous*. » (Note marginale du traducteur.)

4. Ceci, vu surtout la suite, s'appliquerait fort bien à Louis Stuart d'Aubigny, l'ami dont Retz avait vivement désiré la promotion au cardinalat (voyez p. 226, notes 13 et 14), et assez mal, ce semble, à son neveu Charles Stuart, le d'Aubigny survivant, en qui la branche s'éteignit en 1672 : le premier était mort trois mois auparavant, le 10 novembre 1665 ; devons-nous supposer que le correspondant ignorât cette mort ?

5. « Actes, amis, armes, tout s'y trouve, mais le dernier est le bon. » (Note marginale du traducteur.)

empêcher la corruption de ce pays-là, la violence d'Espagne, et s'opposer à l'hérédité injuste des Italiens pour la papauté.

37. — LETTRE DE M. DE LIONNE A M. DE BOURLEMONT.
(*Sur ce qu'il n'a point reçu de ses nouvelles.*)

Le 12 février 1666.

Monsieur, l'ordinaire de Rome n'ayant pu, cette semaine, arriver à Lyon au jour accoutumé, à cause de la quantité de neiges qui ont fermé le passage des Alpes, je n'ai rien reçu de votre part, et il se rencontre assez à propos pour moi que je n'ai aucune réponse à vous faire, parce que nous allons aujourd'hui à Saint-Denis au service solennel qui s'y fait pour la feue Reine mère. Je vous supplie de faire mes excuses à M. le cardinal de Retz de ce que je ne me donne pas l'honneur de lui écrire pour cette raison et pour n'en avoir d'ailleurs aucune matière.

38. — LETTRE DE M. DE LIONNE A M. DE BOURLEMONT.
(*Touchant l'affaire des comédiens.*)

Le 19e jour de février 1666.

J'ai reçu, par un même ordinaire, vos deux dépêches des 19e et 26e de l'autre mois, pour réponse auxquelles je vous dirai, en premier lieu, sur l'affaire des comédiens, que le Roi a approuvé toute votre conduite, louant votre zèle dans la poursuite que vous avez faite de quelque démonstration pour le châtiment de leur insolence, et votre prudence de n'avoir pas fait durer leur prison plus d'un jour; ce n'est pas que quand vous auriez dissimulé cette bagatelle, Sa Majesté ne l'eût aussi approuvé....

Lettre 37. — Tome XXIII (174), pièce 102, fol. 238.
Lettre 38. — Tome XXIII (174), pièce 122, fol. 286.

1666

39. — LETTRE DE M. DE LIONNE AU CARDINAL DE RETZ.
(*Touchant le sieur d'Escouy, le châtiment des comédiens, et l'affaire du grand convent des Augustins.*)

Le 19e février 1666.

MONSEIGNEUR,

J'ai reçu, par un même ordinaire, les deux lettres dont Votre Éminence m'a honoré des 19e et 26e de l'autre mois et, un jour auparavant, celle qui m'a été remise par M. d'Escouy de Pont-Saint-Pierre[1], auquel j'ai témoigné qu'à mon égard il ne pouvoit apporter ici une recommandation plus puissante que celle de Votre Éminence. Il arrive en une conjoncture où le Roi a déjà fait délivrer toutes les commissions pour les nouvelles levées que Sa Majesté avoit résolu de faire. Il y a néanmoins apparence que Sa Majesté n'en demeurera pas là longtemps, et alors je servirai ledit sieur de Pont-Saint-Pierre de tout mon petit pouvoir. Cependant je lui ai offert de le présenter à Sa Majesté, quand il voudra venir ici; ce fut à une maison de campagne qu'il me rendit la lettre de Votre Éminence le jour que nous allâmes à Saint-Denis, aux funérailles de la Reine mère. Nous attendons sans inquiétude ce que votre cour voudra résoudre sur l'accommodement qui est entre les mains de Votre Éminence. La chose jusqu'ici est demeurée fort secrète; car il ne me revient point que ni le Nonce même ni le P. Annat[2] en aient encore rien pénétré.

Le Roi a fort approuvé le conseil que Votre Éminence a donné à M. de Bourlemont de ne faire pas durer plus d'un jour le châtiment des comédiens, qui fût autrement tombé sur la ville de Rome plutôt que sur eux.

Nous croyons facilement que, quand il sera question de remplir la charge de dataire, les parents de Sa Sainteté ne donneront pas leur suffrage à aucun cardinal, se souvenant du peu de crédit que le défunt leur laissoit dans la daterie.

Sa Majesté attribue avec raison à la présence de Votre Éminence dans la congrégation des Réguliers, et à la force de ses expressions, le rebut de la requête des religieux qui vouloient troubler l'ordre établi dans le grand convent des Augustins de Paris, et elle attend de sa même autorité et de ses soins le même succès dans l'affaire du convent de Saint-Denis[3].

LETTRE 39. — Tome XXIII (174), pièce 121, fol. 285.
1. Voyez les *lettres* 37, 38 et 39 de Retz, p. 151-156.
2. François Annat, jésuite, confesseur de Louis XIV.
3. Voyez ci-dessus, p. 382, la fin de la note ajoutée à la 2de partie.

PIÈCES JUSTIFICATIVES.

40. — LETTRE DE M. DE LIONNE A M. D'ALIBERT[1].

(*Sur ce qu'il ne peut envoyer à la reine de Suède la comédie du* Tartuffe.)

1666

Le 26e février 1666.

MONSIEUR,

Ce que vous me demandez de la part de la Reine touchant la comédie de *Tartuf* (sic)[2], que Molière avoit commencée et n'a jamais achevée, est absolument impossible, et non-seulement hors de mon pouvoir, mais de celui du Roi même, à moins qu'il usât de grande violence. Car Molière ne voudroit pas hasarder de laisser rendre sa pièce publique, pour ne se pas priver de l'avantage qu'il se peut promettre et qui n'iroit pas à moins de vingt mille écus pour toute sa troupe, si jamais il obtenoit la permission de la représenter. D'un autre côté, le Roi ne peut pas employer son autorité à faire voir cette pièce, après en avoir lui-même ordonné la suppression avec grand éclat. Je m'estime cependant bien malheureux de n'avoir pu procurer cette petite satisfaction à la Reine, et j'espère que Sa Majesté me fera la grâce d'être persuadée que tout ce qu'Elle m'ordonnera, quand il sera en mon pouvoir, Elle sera obéie avec ponctualité et chaleur. Cependant je demeure, Monsieur, etc.

---

41. — LETTRE DE M. DE LIONNE AU CARDINAL DE RETZ.

(*Sur ce qu'il faut parler au cardinal Albizzi du silence au sujet de la Bulle; le convent de Saint-Denis, et le différend pour son estafier.*)

Le 26e février 1666.

MONSEIGNEUR,

J'ai reçu la lettre dont il a plu à Votre Éminence de m'honorer, du 2e de ce mois[1]. Jusqu'ici nous avons pu raisonnablement attribuer le silence du Palais, sur une affaire qu'il avoit d'abord embrassée avec tant de chaleur à d'autres causes, telles que vous

---

LETTRE 40. — Tome XXIII (174), pièce 145, fol. 348. — Voyez, dans les Œuvres de Molière, tome IV, la *Notice sur le Tartuffe* (p. 309 et 310), où M. Mesnard a inséré cette lettre, que nous lui avions communiquée.
1. Voyez p. 103, note 2.
2. Nous n'avons pas trouvé aux Affaires étrangères la lettre du comte d'Alibert à laquelle Lionne répond.
LETTRE 41. — Tome XXIII (174), pièce 141, fol. 340 et 341.
1. Voyez la *lettre* 40 de Retz, p. 157.

me faisiez l'honneur de me les mander et dont le Roi faisoit aussi le même jugement que Votre Éminence; mais la longue durée de ce silence que le Pape, que M. le cardinal Chigi, que M. le cardinal Albizzi ont eu chacun une si belle occasion de rompre, quand vous leur avez parlé sur d'autres matières, fait juger aujourd'hui à Sa Majesté, non pas qu'il y ait eu de l'art ou du dessein dans les premières apparences, ni la vue de jeter de fausses lueurs pour ralentir les pas du clergé, du Parlement et de la Sorbonne, ni même qu'avant que se déterminer on ait voulu voir, pour mieux prendre son parti, quelle résolution prendroit le Roi à l'égard des Anglois, car le Nonce, jusqu'au jour de la rupture, qui n'a été que le 27ᵉ de l'autre mois, a toujours eu une croyance bien enracinée que ceux qui ont l'honneur de servir Sa Majesté dans ses affaires ou en empêcheroient l'effet par leur intérêt ou n'oseroient lui donner ce conseil par leur foiblesse: en quoi il a montré qu'il connoissoit bien peu Sa Majesté; mais la plus vraisemblable cause que Sa Majesté croit pouvoir donner au changement qui paroît si visiblement dans notre cour est qu'ils ont été étonnés et comme étourdis quand, avançant davantage dans la matière, ils se sont vus plus proche d'être obligés d'autoriser eux-mêmes, au moins par une déclaration expresse et publique de tolérance, la doctrine contraire à celle de l'infaillibilité du Pape, qui s'est alors représentée à leurs yeux comme le principal fondement de toute leur puissance; qu'un si grand pas leur fait peur; qu'ils ne savent comme ajuster ce qu'on leur demande avec ce qu'a écrit le cardinal Baronius; que toutes les diverses expressions dont il leur est tombé dans l'esprit de pouvoir user ne les contentent point assez pour sauver ce palladium de leur cour au point qu'ils le voudroient; et qu'en même temps qu'ils sont fâchés, d'un côté, de s'être tant avancés, ils ne laissent pas de souhaiter de pouvoir trouver une porte honorable pour sortir de l'embarras où ils sont; mais qu'avec l'aide de leur inapplication naturelle, ils demeurent dans l'irrésolution et ne savent bonnement quel parti prendre.

Cependant Sa Majesté croit que, si, au temps de la réception de cette lettre, on n'avoit point encore reparlé à Votre Éminence de l'affaire, Elle pourroit prendre l'occasion de dire à M. le cardinal Albizzi qu'Elle voit bien que tout ce qu'on lui en avoit dit n'avoit été qu'un amusement, dont Elle ne connoît pas bien la cause; qu'Elle n'y avoit agi que par le motif de rendre service à Sa Sainteté; qu'Elle retire toutes les paroles qu'Elle avoit données, et qu'Elle en informera ses amis, afin qu'ils ne s'attendent plus à rien.

Quand nous pensons qu'une chose est à notre disposition, on a accoutumé d'ordinaire d'en faire moins de cas que quand on croit avoir peine à l'obtenir : si on a attendu encore six semaines à vous parler, qui est le temps qui aura passé entre votre lettre du 2ᵉ et l'arrivée de celle-ci à Rome, il sera comme indubitable que l'on y aura changé de sentiment, et c'est en ce cas-là que le discours que je viens de dire paroît d'autant plus nécessaire pour sortir de cette négociation avec honneur, en témoignant d'en mépriser le succès encore plus qu'ils n'auront fait et étant les premiers à rompre. Que si, au contraire, leurs sentiments étoient toujours les mêmes et que leurs irrésolutions dussent être la seule cause de leur silence, rien n'est plus capable de les faire cesser et les réveiller de leur léthargie qu'en leur faisant entrevoir, par ce discours, qu'ils vont n'être plus les maîtres de ce qu'ils croient avoir en leur main.

1666

La seule vue qu'a Sa Majesté touchant le convent de Saint-Denis, c'est qu'il soit conservé aux seuls François et qu'il ne se fasse rien de delà dont les Italiens puissent prendre aucun avantage pour s'y introduire avec le temps. Cela veut dire que, si Votre Éminence juge que l'incorporation dudit convent dans la congrégation des réformés soit une voie plus sûre pour le défendre contre les entreprises des Italiens, Elle pourra non-seulement y donner les mains, mais la procurer.

Quant à la poursuite que font les religieux réformés du même ordre pour obtenir que l'on fasse une province de sept ou huit convents qu'ils ont en France, Sa Majesté ne croit pas avoir aucun intérêt contraire à cela, et, si Votre Éminence et M. de Bourlemont n'y en voient point, Elle pourra le dire à M. le cardinal de Sainte-Croix.

Le Roi a trouvé que M. Conti, gouverneur de Rome, en a usé fort honnêtement en l'incident de l'estafier de Votre Éminence, en cassant le lieutenant des sbires qui l'avoit fait arrêter, et Sa Majesté a fort approuvé que Votre Éminence y ait correspondu en donnant congé à celui qui avoit causé le désordre. Le Roi a aussi fort agréé la civilité que lui a faite en cette occasion M. le duc de Bracciano. Je prie M. de Bourlemont, pour ne le répéter pas ici inutilement, de dire à Votre Éminence ce que le Roi lui écrit touchant l'escadre des vaisseaux anglois qui a passé dans la mer Méditerranée, et ce que je lui mande sur la négociation de la trêve de Portugal.

41 bis. — LETTRE DU ROI A M. DE BOURLEMONT.

Le 26° février 1666.

C'est un effet digne de la prudence du Pape de penser, selon ce que vous me mandez, à renforcer les garnisons de Civita-Vecchia et d'Ancône, sur l'avis que Sa Sainteté auroit eu qu'il devoit passer dans la mer Méditerranée une escadre de vaisseaux anglois, le roi de la Grande-Bretagne ayant précédemment menacé qu'il se ressouvenoit du refus du cardinalat du feu sieur d'Aubigny. Ladite escadre a déjà passé le détroit au nombre de vingt frégates, bien armées, auxquelles il s'en peut joindre encore quatre autres, qui transportent en Espagne le comte de Sandvich, lequel, de général qu'il étoit l'année dernière de toute la flotte, après que le duc d'York se fut retiré à Londres, on envoie ambassadeur à Madrid, en la place du sieur Fanchau, qu'on a révoqué[1]. Cependant vous devez dire hautement que, si cette armée angloise, qui a déjà été vue sur les côtes d'Espagne dans la Méditerranée, prenoit sa route vers les mers de Toscane, je ne permettrai pas qu'elle puisse endommager en rien l'État ecclésiastique, et l'y envoyerai combattre par cette partie de mes vaisseaux qui est encore en Provence sous le commandement du duc de Beaufort.

---

42. — LETTRE DE M. DE LIONNE AU CARDINAL DE RETZ.
(Touchant les investitures de Naples, et la bulle pour lever l'incompatibilité de ce royaume avec l'Empire.)

Le 5° jour de mars 1666.

MONSEIGNEUR,

J'ai reçu la lettre dont il a plu à Votre Éminence de m'honorer, le 9° de l'autre mois[1], avec la copie de la bulle de Léon X°, par laquelle il dispense Charles-Quint de l'incompatibilité de l'Empire avec le royaume de Naples, et la copie aussi de l'investiture dudit royaume donnée par Clément VIII° au roi d'Espagne Philippe III°, mais non pas celle de Jules III° à Philippe second, que je présuppose néanmoins n'être différente en rien de celle de Clément huit (*sic*).

Il est étonnant que Votre Éminence n'ayant eu toutes ces

LETTRE 41 *bis*. — Tome XXIII (174), pièce 142, fol. 343.

1. Lord Sandwich avait été nommé à l'ambassade d'Espagne en décembre 1665 ; lord Fanshaw mourut à Madrid en juin 1666 (*Gazette*, p. 689 et 793).

LETTRE 42. — Tome XXIV (175), pièce 19, fol. 58 et 59.

1. Voyez la *lettre* 41 de Retz, p. 163.

pièces entre les mains qu'un demi-jour, Elle ait pu y voir sitôt tout ce qu'Elle y a remarqué et en tirer toutes les judicieuses inductions dont Elle a eu agréable de me faire part dans sa lettre, et avec tant de netteté que rien ne peut jamais être mieux éclairci. Je plains le pauvre prélat aux yeux duquel le *dum vixerit* de la bulle de Léon X° avoit échappé, lequel néanmoins convainc, comme Votre Éminence dit incontestablement, que cette dispense n'a regardé que la seule personne de Charles-Quint, sans avoir aucun trait à ses successeurs.

Il y auroit plus d'apparence au doute que Votre Éminence se forme sur ce que, dans les investitures accordées aux rois Philippe second et Philippe III°, il est porté que ces rois observeront inviolablement toutes les conditions stipulées par la bulle de Jules second, à la réserve de celles desquelles le Saint-Siége se trouveroit avoir dispensé, d'où l'on voudroit peut-être inférer que, le Saint-Siége ayant dispensé sur l'incompatibilité et n'ayant jamais dispensé sur aucun[e] autre, cette clause d'exception, portée dans les dernières bulles en faveur de princes qui n'en avoient pas besoin pour leurs personnes, puisqu'ils n'étoient pas empereurs, ne pourroit être que l'explication de celle qui a été insérée dans la bulle de Léon X en faveur de Charles-Quint et devroit servir, par conséquent, de témoignage que la dispense s'étend à ses descendants. Mais je ne sais si, pour répondre à cette objection que nous nous formons, il ne suffiroit pas de dire que l'empereur d'aujourd'hui, quand il voudra prétendre au royaume de Naples par le mariage de l'infante, n'est pas des descendants de Charles-Quint et, par conséquent, n'a pas été dispensé de l'incompatibilité. Il est vrai qu'en écrivant ceci, je m'aperçois que cette raison que je viens de dire, et que je ne veux pas néanmoins rayer, pourroit n'être pas de mise en ce que le premier fondement de tout est la bulle de Jules second accordée à Ferdinand et Isabelle, dont l'empereur d'aujourd'hui descend, mais toujours celui-ci aura-t-il besoin d'être dispensé de l'incompatibilité, à l'exemple de Charles-Quint. Cependant, sur ce doute même, qui est tombé dans l'esprit à Votre Éminence, il me semble qu'elle a grande raison de dire que c'est où les Espagnols pourroient porter leurs chicanes; car, s'ils avoient un peu de bonne foi, ils ne désavoueroient pas que les papes n'ont déchargé Charles-Quint d'aucune des obligations de l'investiture, que de celle de l'incompatibilité, et pour sa personne seule, et qu'ils se sont réservé [2] le pouvoir de dispenser, quand il leur plaira, et de celle-là et des autres.

2. Dans le manuscrit, avec accord fautif, *réservés*.

J'ai vu, il y a plus de quatre mois, le raisonnement de Francesco Lescora sur le calcul de Clavius touchant le temps de la célébration de Pâques, et il me parut si convaincant pour obliger à avancer cette année le commencement du carême d'un mois entier que je pris la liberté d'en parler fortement, en ce sens-là, à Sa Majesté, présupposant qu'il étoit certain, comme le soutient ledit Lescora, que le soleil doive entrer dans le premier degré d'*Aries*[3] six heures avant la pleine opposition de la lune à son corps. Et, à dire vrai, je ne vois pas comment les Jésuites, pour soutenir un calcul fait par un de leurs pères, voudront ou oseront s'opposer à la véritable intention du concile de Nicée.

Je n'ai rien à ajouter à ce que j'ai eu l'honneur de mander, par ma dernière, à Votre Éminence, touchant l'accommodement de la Faculté, et il ne me reste qu'à lui dire que le Roi a fort agréé ce qu'Elle a fait de si obligeant pour la république de Gênes, croyant de plaire à Sa Majesté.

Sur ce je demeure, etc.

---

43. — LETTRE DE M. DE BOURLEMONT A M. DE LIONNE.
(Sur des lettres écrites au cardinal de Retz par l'évêque d'Agde.)

JE crois être de mon devoir de rendre ici compte au Roi exactement de ce que M. le cardinal de Retz m'a confié touchant des lettres qui lui ont été apportées de la part de M. l'évêque d'Agde et de son secrétaire, et j'ai été d'avis de ne rien négliger en ce qui vient des personnes suspectes et qui peuvent affecter de la niaiserie, flatterie et bigoterie, dont ces lettres sont remplies, pour engager, sans soupçon, les gens en des méchantes pratiques, croyant qu'en ce qui peut avoir relation au service du Roi, l'on ne peut trop abonder en cautèle ni être trop sur ses gardes, et l'on doit, ce me semble, faire état de toutes choses.

M. le cardinal de Retz vint samedi me trouver, pour me dire qu'il avoit reçu, le jour auparavant, d'un religieux un paquet où il avoit trouvé deux lettres, l'une de M. l'évêque d'Agde, et l'autre d'un qui se dit son secrétaire, ce religieux disant qu'il ne savoit pas de quelle part ces lettres lui venoient. Ce qui a obligé M. le cardinal de Retz à me communiquer ces lettres, ainsi qu'il m'a dit, a été la réflexion qu'il a faite sur les préalables suivants :

Qu'il y a cinq ou six mois que Monsieur d'Agde fit dire à Son

---

3. La constellation du Bélier.

LETTRE 43. — Tome XXIV (175), pièce 25, fol. 72-77. — Voyez ci-dessus, p. 503 et 504, les *lettres* 35 et 36.

Éminence, par un prêtre séculier, qui est ici, appelé de Cassagne, que n'ayant jamais été mêlé dedans les emportements de ses frères contre lui, et ayant toujours fait profession de se distinguer de sa famille sur ce sujet, il espéroit de sa générosité qu'il ne lui refuseroit pas sa protection dedans une affaire qu'il avoit en daterie, pour la sécularisation d'un bénéfice. M. le cardinal de Retz répondit qu'il ne pouvoit entrer dedans cette affaire, parce que, s'agissant d'un bénéfice de France, il ne s'en devoit pas mêler sans savoir les intentions du Roi ; qu'en d'autres occasions il le serviroit volontiers, n'ayant rien de personnel contre lui, et sachant que Monsieur d'Agde en avoit usé vers lui bien différemment de ses frères ; qu'au reste, quoiqu'il n'y eût rien de criminel en ce que ledit ecclésiastique lui avoit dit de la part de Monsieur d'Agde, et rien de plus indifférent que ce que ledit Cardinal avoit répondu pour lui faire savoir, il le prieroit néanmoins de ne point mettre en commerce ces sortes de compliments, parce que les moindres apparences d'adoucissements vers MM. Foucquet leur seroi[en]t fort inutile[s], et pourroient être préjudiciables à Son Éminence, qui fit à peu près la même réponse à l'expéditionnaire[1] qui étoit chargé de cela ; et Son Éminence n'ouït plus parler de cette affaire et ne s'en mêla aucunement.

Il y a trois semaines que cet ecclésiastique apporta à M. le cardinal de Retz une lettre qu'il dit être de Monsieur d'Agde. M. le cardinal de Retz l'ouvrit et crut que ce fût une nouvelle instance pour sadite affaire de daterie. Mais, la voyant en chiffre, il la lui rendit, disant qu'il n'avoit point de chiffre avec Monsieur d'Agde, et qu'il falloit qu'on se fût mépris à la suscription. L'ecclésiastique la reprit et, retournant deux jours après, il lui dit que la lettre étoit assurément pour lui par ce qu'il en avoit pu connoître dans celles qu'on lui écrivoit ; mais qu'il s'étoit trompé croyant que la lettre fût de Monsieur d'Agde, lequel n'étoit pas à Paris, d'où venoit cette lettre, et qu'il ne savoit pas de quelle part elle avoit été écrite : à quoi M. le cardinal de Retz répondit qu'il n'avoit qu'à mander que l'on envoyât la clef du chiffre si l'on vouloit qu'il l'entendît, n'en connoissant ni la main ni les caractères. Monsieur le Cardinal retint la lettre et dit qu'il crut que c'étoit quelqu'un de ses amis qui, ayant eu autrefois un chiffre avec lui, ne savoit pas peut-être qu'il n'en avoit gardé aucun de ceux du temps passé.

---

1. « *Expéditionnaire*, qui dresse des expéditions. Il ne se dit guère qu'en cette phrase : « Expéditionnaire en cour de Rome. » (*Dictionnaire de l'Académie*, 1694.)

Vendredi Son Éminence reçut ledit paquet, où il y avoit deux lettres, l'une de Monsieur d'Agde, et l'autre d'un qui se dit son secrétaire, dont M. le cardinal de Retz ne connoît pas seulement le nom. Ces lettres parurent à Son Éminence si grossières, si niaises, et, pour ainsi dire, si folles, qu'il dit qu'il ne m'en auroit pas parlé et se seroit contenté de les traiter de ridicules et de n'y faire aucune réponse, sans la réflexion qu'il avoit faite que les deux lignes de chiffre qui sont en celle dudit secrétaire sont assurément du même, et apparemment de la même main que celui de la lettre de chiffre qui lui fut donnée trois semaines auparavant.

Ce qui paroît de plus bizarre à Son Éminence, c'est qu'il n'a jamais eu de chiffre avec Monsieur d'Agde, ni connu ce secrétaire, nonobstant qu'il parle de sa connoissance du temps de sa licence en Sorbonne, et Son Éminence ajoute que tout cela est si peu réglé et si fol qu'Elle ne pouvoit se résoudre à m'en parler sans les susdites réflexions, et principalement l'affectation de lui écrire en chiffre, n'en ayant aucun de ces gens-là. Enfin que j'usasse, comme je jugerois à propos, de la vérité du fait qu'il me racontoit, et que je visse s'il y alloit du service du Roi d'en donner avis, et j'ai cru, Monseigneur, le devoir faire pour les motifs que je vous marque au commencement de cette dépêche. M. le cardinal de Retz soupçonne, avec beaucoup de fondement, qu'il y a du dessein, en ces envois de lettres, de lui faire quelque pièce. Je crois être obligé, Monseigneur, de vous rapporter les propres mots que me dit M. le cardinal de Retz, après m'avoir conté ce détail : « Dedans la conduite que je veux tenir ici de ne rien faire sans votre participation, je n'ai pas cru vous devoir celer ceci, et, s'il n'y avoit que mon intérêt, je mépriserois la chose, tant ces lettres me semblent ridicules ; mais, si vous jugez qu'il y ait de la malice mêlée ou chose qui puisse préjudicier au service du Roi, c'est à vous d'en user comme il vous plaira. Si vous prenez le parti d'en écrire à la cour, je supplierai M. de Lionne que, si l'on trouve que ces belles lettres n'aboutissent à rien, tant celle du chiffre que les autres, qu'il lui plaise qu'il n'en éclate rien, appréhendant que l'on ne dise dedans le monde que j'eusse voulu faire d'une bagatelle une affaire à des gens disgraciés. »

J'assurai Son Éminence que je vous écrirois ceci, ainsi que je le fais, en considération de l'exactitude et de la délicatesse que Son Éminence témoigne pour tout ce qui peut concerner le service du Roi, et que j'osois lui dire qu'il auroit le juste contentement qu'il desiroit.

M. le cardinal de Retz me remit les susdites lettres pour les faire copier, ce que j'ai fait le plus exactement qu'il a été possible, et lui ai rendu les originaux, lesquels je lui ai dit de bien garder à tout événement.

M. le cardinal de Retz est résolu de dire à l'ecclésiastique qui lui a apporté la lettre de chiffre qu'il s'étonne bien de l'insolence du secrétaire de Monsieur d'Agde de lui écrire en chiffre, vu qu'il n'en a point avec lui, et qu'il ne veut aucun commerce avec ces gens-là. Il veut aussi dire au religieux qui lui a apporté le paquet de ne plus se charger de lettres pour lui présenter de la part des gens qu'il dit ne pas connoître, ni savoir d'où elles viennent.

Après avoir examiné cette bizarrerie avec M. le cardinal de Retz, nous soupçonnons fort que Monsieur d'Agde ait voulu essayer s'il pouvoit nouer commerce avec M.' le cardinal de Retz, et, pour ne pas faire ouvertement la demande, sur le doute d'en être refusé et qu'en tout cas il n'apparoisse point de cette avance[2], il peut avoir jeté à l'aventure ce chiffre, tel quel, pour tenter la curiosité de Son Éminence et connoître, par le desir d'en avoir l'explication, si l'on mordoit à l'hameçon. (*Ici huit lignes de chiffre, sans traduction.*)

J'ai été infiniment aise que M. le cardinal de Retz, ayant fait réflexion sur la résolution qu'il avoit prise de parler, au premier jour, à ceux qui lui ont présenté les susdites lettres, ait trouvé bon d'attendre que l'on eût eu le temps de delà de faire ce que l'on jugeroit à propos avant qu'ils fussent avertis d'aucune chose. Son Éminence limite ce temps à quinze jours avant que de leur parler de rien. Je tâcherai de lui insinuer de différer encore plus longtemps. Ledit Cardinal ne peut assez admirer pourquoi Monsieur d'Agde le remercie, s'étant excusé de pouvoir rien faire ici pour lui, en la seule affaire dont on lui avoit parlé, qui est la sécularisation de l'abbaye de Soraize (*sic*), laquelle son banquier a obtenue sans que Son Éminence s'en soit aucunement mêlée, et cela me fait soupçonner que cet évêque affecte de faire un remerciement frauduleux, pour nouer sa prétendue intelligence.

.... Je suis, avec respect, Monseigneur, Votre très-humble et très-obéissant serviteur,   Louis de Bourlemont.

Lorsque je fermois mes lettres, M. le cardinal de Retz m'est venu dire qu'il avoit été chez le banquier de Monsieur d'Agde lui demander une de ses lettres pour confronter le caractère du corps de la lettre et de la signature, et qu'il a reconnu que sa lettre et celles du banquier venoient d'une même main, et qu'il n'y avoit aucune différence en l'écriture, de sorte qu'il ne doute plus que la lettre ne soit de Monsieur d'Agde.

A Rome, ce 9° mars 1666.

2. Si le texte, fidèlement reproduit, n'est pas fautif, il doit y avoir là une vieille locution, de chancellerie ou de palais, signifiant : « sur le doute.... qu'il ne sorte rien de cette avance, qu'elle demeure sans effet. »

44. — LETTRE DE M. DE LIONNE AU CARDINAL DE RETZ.
(Pour qu'il retire sa parole au sujet de l'accommodement avec la Faculté.)

Le 12° jour de mars 1666.

MONSEIGNEUR,

J'ai reçu la lettre dont Votre Éminence m'a honoré, le 16° de l'autre mois[1]; nous n'avons pas encore un sujet effectif de nous plaindre de la promotion des cardinaux que le Pape vient de faire, car le Roi doit présupposer que Sa Sainteté a rempli une des quatre places vacantes de la personne de M. le duc de Vendôme, que Sa Majesté a nommé au cardinalat, il y a plus de cinq ans, et que Sadite Sainteté a trop de prudence et de justice pour en avoir usé autrement.

Cette dépêche de Votre Éminence m'oblige à me dédire formellement du mauvais raisonnement que je fis, dans ma lettre du [26 février][2], sur les causes que pouvoit avoir le grand silence que l'on gardoit avec Elle, touchant l'accommodement de la Faculté, pour lequel on témoigna d'abord tant d'empressement; car je me souviens que j'attribuois principalement ce silence à l'irrésolution de votre cour quand elle avoit vu de plus près la grandeur des pas qu'il lui falloit franchir, etc. Mais, ayant fait réflexion aux circonstances que Votre Éminence mande du procédé si différent que l'on a tenu là-dessus avec M. le cardinal Albizzi et M. le cardinal Borromeo, je conclus que la véritable cause de la longueur de cette affaire n'est que la mauvaise volonté de ladite cour, qui, sur de méchants avis qu'elle reçoit de ce pays-ci, appuyés de la folie du Nonce, conçoit de fausses espérances que le Roi pourroit avoir des embarras et qu'elle doit demeurer libre pour mieux pousser ses intérêts à la faveur des conjonctures.

Et cela étant ainsi et n'y ayant que le temps qui puisse détromper ces Messieurs des imaginations creuses dont ils se veulent flatter, Sa Majesté a encore plus de sujet de desirer, comme j'ai eu l'honneur de le mander à Votre Éminence, qu'Elle retire, sans plus de délai, toutes les paroles qu'Elle avoit données pour cet accommodement, en cas qu'entre ci et l'arrivée à Rome de cette lettre, il ne soit arrivé quelque chose, dans l'affaire même, qui oblige Votre Éminence d'en user autrement que je ne viens de dire.

Le Roi et toute la cour vont demain à Mouchy, pour y voir une

---

LETTRE 44. — Tome XXIV (175), pièce 33, fol. 91.
1. Voyez la *lettre* 42 de Retz, p. 169.
2. La *lettre* 41, p. 507; la date est restée en blanc au manuscrit.

PIÈCES JUSTIFICATIVES.   517

revue des troupes de Sa Majesté qui sont en ces quartiers[3]. Il y aura, sans les régiments des gardes qui ne marchent point, quinze mille hommes effectifs, les plus lestes et au meilleur état qu'on en ait jamais vu.

1666

Cependant je demeure, Monseigneur, de Votre Éminence très, etc.

---

45. — LETTRE DE M. DE LIONNE AU CARDINAL DE RETZ.
(*Sur la mauvaise volonté de la cour de Rome, et l'affaire de la Bulle.*)

Le 19ᵉ jour de mars 1666.

MONSEIGNEUR,

J'ai reçu, en l'absence du Roi, la lettre dont il a plu à Votre Éminence de m'honorer du 23ᵉ de l'autre mois[1] ; mais l'ayant envoyée à Sa Majesté, Elle m'a chargé d'y répondre, de sa part, que l'avis qui a été donné à Votre Éminence, au dernier consistoire, sur les intentions de la cour de Rome, touchant la Bulle, se trouve entièrement conforme au jugement que Sa Majesté en avoit fait depuis quelque temps, ainsi qu'Elle l'aura pu remarquer dans ma dépêche de la semaine passée. Le fondement sur lequel le Pape a suspendu les résolutions qu'il étoit sur le point de prendre se trouve faux, n'étant point vrai qu'il y ait aucune ligue conclue entre la maison d'Autriche et l'Angleterre ; mais, quand il seroit véritable, je ne vois pas bien ce que la cour de Rome y gagneroit, car le Roi ne manqueroit ni de puissance ni d'amis pour se maintenir dans la même supériorité que ses armes avoient dans la dernière guerre. Cependant l'induction certaine que l'on peut tirer de cette conduite de Sa Sainteté, c'est que sa mauvaise volonté contre cette couronne sera toujours sa passion prédominante, dont il n'y a que la seule impuissance et le desir d'enrichir sa maison qui la puissent empêcher de nous donner tous les effets qui seront en son pouvoir.

Les ministres d'Espagne assurent toujours le Roi que leur reine ne fera jamais de ligue avec l'Angleterre, même défensive, connoissant bien que le Roi ne souffriroit pas qu'on lui fît indirectement la guerre sous le nom d'autrui. Aussi le roi de la Grande-Bretagne, qui voudroit attirer les Espagnols à cette ligue, n'a point

---

3. La *Gazette* consacre à cette revue, faite par le Roi, les 15 et 16 mars, dans la plaine entre Mouchy et Compiègne, un *Extraordinaire* du 17 (p. 341-344).
LETTRE 45. — Tome XXIV (175), pièce 50, fol. 134 et 135.
1. Voyez la *lettre* 43 de Retz, p. 173.

voulu ratifier le traité de commerce que son ambassadeur avoit signé à Madrid, et, d'un autre côté, la négociation de la trêve de Portugal, dont on avoit inséré quelques articles dans le même traité, se trouve échouée dès ses premiers pas en Portugal, où l'on a déclaré à cet ambassadeur qu'il falloit qu'il s'en retournât, et sans retour, à moins qu'il n'eût assuré trois points préliminairement : l'un que l'on traite de roi à roi avec une entière égalité et non pas de roi à royaume, le second que le roi de Portugal pourroit tenir un ambassadeur à Madrid durant la trêve, et le troisième qu'il en tiendroit un à Rome sans aucune opposition ni contredit des Espagnols. Par les dernières lettres de Madrid, cet ambassadeur y devoit rentrer dans quatre jours, et aucun Espagnol ne jugeoit que la reine d'Espagne pût, dans une minorité, consentir à de pareilles conditions, quoiqu'on n'ait plus d'armée, toute l'infanterie étant réduite à quinze cents hommes, et que les Portugais, pendant la négociation même, soient entrés, avec mille chevaux et quatre mille hommes de pied, quinze lieues avant dans la Castille, où ils sont demeurés les maîtres pendant huit jours et en ont remporté un très-grand butin.

Sa Majesté a fort approuvé la conduite que Votre Éminence se proposoit de tenir en l'affaire de la Bulle, c'est-à-dire d'en parler dans les rencontres à ces Messieurs de la congrégation en termes ambigus, qu'Elle puisse expliquer après comme Elle voudra ; Elle approuve fort aussi que, si la négociation se reprend sincèrement, Votre Éminence ne s'ouvre plus de l'expédient qui étoit venu dans l'esprit à M. de Bourlemont, où l'on se relâcheroit trop, ce qui produiroit plutôt un mauvais qu'un bon effet, parce que, comme Votre Éminence le marque très-judicieusement, la délibération de la cour de Rome ne dépend [que du] plus ou du moins que l'on lui peut donner, de ce côté-ci, sur la question dont il s'agit.

Votre Éminence agréera, s'il lui plaît, que, pour ne faire pas ici une répétition inutile, je me remette à ce que je mande à M. de Bourlemont des sentiments du Roi sur le jurement que l'on a fait faire aux nouveaux cardinaux de la bulle de l'incamération de Castro [2], aussi bien que des autres de cette nature.

---

2. Lettre de Lionne à Bourlemont du 19 mars (*ibidem*, pièce 52, fol. 136) : « .... Il est sans doute que l'on ne devoit point présenter à jurer aux nouveaux cardinaux la bulle de l'incamération de Castro ; mais à une chose faite, qui seroit soutenue, si on l'attaquoit, par la même mauvaise volonté qui l'a causée, il semble qu'il vaille mieux la dissimuler et même se payer, par avance, de l'excuse qu'ils ne manqueroient pas d'alléguer, que ledit État peut retomber dans l'incamération, *ipso facto*, si M. le duc de Parme ne peut accomplir les conditions du traité de Pise.... »

Quand le Pape fait le coup d'interrompre l'ordre et l'usage des promotions pour les princes, il croit que la crainte de la proposition des évêchés de Portugal retiendra les Espagnols de lui en témoigner leur ressentiment par une jonction qui se pourroit faire là-dessus entre les couronnes. Sa Sainteté pourroit néanmoins s'abuser en cela, comme en beaucoup d'autres choses.

Je répondrai, la semaine prochaine, à l'article du P. Dominique, carme déchaussé françois, pour le bref de visiteur apostolique dans l'Andalousie, donné secrètement par le Pape à un religieux de l'ordre des Mathurins, puisque les plaintes qu'on en feroit ne serviroient qu'à augmenter la joie du coup qui s'est fait. Je n'y vois pas d'autre remède que d'agir par représailles, en de pareilles occasions de dégoûts à donner.

Je suis, etc.

---

46. — LETTRE DE M. DE LIONNE AU CARDINAL DE RETZ.
(*De nouvelles.*)

Le 26° jour de mars 1666.

MONSEIGNEUR,

Le Roi a jugé que Votre Éminence ne pouvoit mieux répondre qu'Elle a fait à tout ce que le Pape lui a dit sur la guerre d'Angleterre. Cependant, pour rendre à Votre Éminence nouvelles pour nouvelles, puisque sa lettre du 2° mars[1] ne m'oblige à l'entretenir d'aucune affaire, j'aurai le bien de lui dire que l'on peut tenir pour achevée celle de Munster, ayant reçu aujourd'hui un courrier exprès de M. Colbert[2], qui est à Clèves, qui mande qu'on est d'accord de tous les points : les principaux sont que l'évêque désarmera, qu'il renonce à toute liaison avec l'Angleterre, qu'il rendra Borklo[3] et tous les petits forts qu'il avoit occupés dans les Provinces-Unies ; que le différend de Borklo ne pourra plus être poursuivi par la voie des armes, et que le Roi demeurera garant du traité ; et ce dernier article a été le sujet de l'envoi du cour-

---

LETTRE 46. — Tome XXIV (175), pièce 69, fol. 192 et 193.
1. Voyez la *lettre* 44 de Retz, p. 179.
2. Charles Colbert, marquis de Croissy, second frère de Colbert. C'est lui qui conclut la paix entre les États généraux de Hollande et l'évêque de Munster, qui fut signée à Clèves le 19 avril ; la *Gazette* donne le traité dans un numéro extraordinaire (p. 537-568).
3. Borklo (Borkelo), petite ville du comté de Zutphen, aux confins de l'évêché de Munster et de la province hollandaise d'Over-Yssel.

rier, par lequel j'adresserai demain audit sieur Colbert le pouvoir de promettre ladite garantie au nom de Sa Majesté. On étoit sur le point, lorsqu'il est parti, de faire une cessation d'armes pour un mois, pendant lequel on mettra le traité au net, on le signera et on exécutera. L'évêque est enragé contre la cour de Vienne. Son ministre a répondu à celui de l'Empereur, en présence de l'électeur de Brandebourg, qu'ils savoient embarquer les gens, mais qu'ils savoient encore mieux les abandonner; avec cela, si le Roi ne se fût d'abord déclaré pour les États, ils étoient perdus sans ressource, car trois autres princes de l'Empire se seroient joints à l'évêque.

La ratification du traité de Danemark est arrivée à la Haye et elle doit maintenant avoir été échangée.

Les nouvelles que nous eûmes hier de Madrid, par le courrier de Flandres, sont que l'ambassadeur d'Angleterre étoit de retour de son voyage de Portugal, où sa négociation avoit entièrement échoué, les Portugais, outre les autres choses que j'ai mandé[es] à Votre Éminence, ayant positivement demandé, comme une condition *sine qua non*, que la France demeurât garante du traité qui se feroit. Du reste, les lettres ne sont pleines que des divisions qui s'augmentent entre les ministres en faveur ou pour le confesseur [4], contre lequel les pasquinades commencent, et sanglantes. On en a trouvé une, entre autres, qui disoit : *Para la Reyna avra (habra) Descalzas, y para el Rey inter, si no[n] echan al confesor* [5]. Je supplie Votre Éminence que je ne sois point allégué.

L'escadre des vaisseaux anglois, au nombre de seize, s'étoit laissé voir jusqu'à Malaga, d'où elle est partie avec hâte et a repassé le détroit, sur un avis qui y vint que la flotte de M. le duc de Beaufort s'avançoit en ces quartiers-là. Je suis, Monseigneur, de Votre Éminence très, etc.

4. Tel est bien le texte; il semble qu'il devrait être : « en faveur du confesseur ou contre lui ».

5. « Pour la Reine il y aura les Déchaussées, et pour le Roi interdiction, s'ils ne chassent pas le confesseur. » C'est-à-dire on mettra la Reine au couvent des Franciscaines déchaussées de Madrid, nommées en espagnol *Descalzas Reales*, « Déchaussées Royales »; ce couvent, fondé en 1559 par Doña Juana, fille de Charles-Quint, servit de retraite, au seizième et au dix-septième siècles, à plusieurs princesses de la famille royale. *Inter* paraît être un mot inachevé, probablement *interdicho* (vraie forme actuelle *entredicho*), « interdit, interdiction », comme d'un enfant et d'un enfant imbécile (voyez p. 74, note 4).

47. — LETTRE DE M. DE LIONNE AU CARDINAL DE RETZ.
(*Au sujet de l'expectative d'une pension sur Clérac, et des lettres que l'évêque d'Agde lui a écrites.*)

1666

Le 2e jour d'avril 1666.

MONSEIGNEUR,

J'ai reçu la lettre dont Votre Éminence m'a honoré le 9e de l'autre mois[1]. Le bruit que le Palais a fait répandre sur le sujet de la dernière promotion, comme si le Pape s'étoit entendu avec la reine d'Espagne, à l'insu de l'ambassadeur, me paroît un de ces artifices ordinaires que la cour de Rome sait si bien pratiquer pour démonter la tête d'un ministre, lequel, dans le doute, ne sait plus ce qu'il doit dire ou résoudre, de crainte de faire un faux pas : cependant on a gagné du temps, et le ministre part, sans avoir osé rien faire[2].

Aussitôt que j'ai dit au Roi que le sieur Millino, chanoine de Saint-Jean de Latran, étoit neveu du bibliothécaire de la reine de Suède, ce que M. de Bourlemont ne m'avoit point marqué quand il m'écrivit dernièrement du brevet d'expectative qu'il demandoit d'une des pensions sur l'abbaye de Clérac, Sa Majesté a accordé fort volontiers la grâce. J'en adresse l'expédition à M. de Bourlemont et lui mande que, si Votre Éminence le juge à propos, il la porte à la Reine même, afin que ces Messieurs la reçoivent de la main de Sa Majesté.

Sa Majesté m'a chargé de témoigner à Votre Éminence qu'Elle lui sait un gré très-particulier de la manière dont Elle en a usé dans la rencontre du commerce et de la liaison que M. l'évêque d'Agde avoit eu dessein d'introduire et d'établir avec Elle ; car de soupçonner qu'il y ait eu là dedans quelque visée de faire pièce à Votre Éminence, si la lettre est véritablement de lui, comme je le crois, on ne peut pas en concevoir la pensée, pour plusieurs raisons. Quant au secrétaire qui avoit aussi écrit une lettre et un billet en chiffre à Votre Éminence, il y a cinq ou six semaines qu'il fut arrêté à Paris, avec un autre ecclésiastique, nommé Ancheman, lequel partoit, le jour suivant, pour Stockholm, servir M. de Pomponne[3] en qualité d'aumônier. Cependant Sa Majesté

LETTRE 47. — Tome XXIV (175), pièce 84, fol. 235.
1. Voyez la *lettre* 45 de Retz, p. 183.
2. Lionne s'est borné, dans sa minute, à écrire les premiers mots de cette phrase : « Le bruit que le Palais a fait répandre », en ajoutant : *etc., comme en la lettre de M. l'abbé de Bourlemont.* C'est le second paragraphe de la lettre à Bourlemont, dont nous donnons le troisième, à la page 522, sous le n° 48.
3. Ambassadeur à Stockholm : voyez p. 315, note 2.

m'a commandé d'assurer Votre Éminence que le secret, qu'Elle a désiré avec beaucoup de raison, lui sera fidèlement gardé. Il pourroit seulement arriver, afin de l'informer de toutes choses, que l'on interrogeât le secrétaire, pour l'obliger à déchiffrer son billet.

Le Roi ne croit pas que M. de Bourlemont doive faire aucune nouvelle diligence pour détourner le P. Dominique, carme déchaussé, du dessein qu'il a de faire imprimer son ouvrage.

---

48. — LETTRE DE M. DE LIONNE A M. DE BOURLEMONT.
(*Sur les mêmes sujets.*)

Le 2e avril 1666.

.... J'ai lu au Roi la lettre particulière que vous m'écrivez et les pièces qui l'accompagnoient[1]. J'écris par ordre de Sa Majesté à M. le cardinal de Retz, pour lui témoigner le gré qu'Elle lui sait de la manière dont Son Éminence en a usé en cette rencontre. Ce n'est qu'une pure niaiserie, comme vous l'avez fort bien qualifiée, d'un homme qui auroit voulu lier quelque commerce avec Son Éminence; vous la pouvez cependant assurer que le secret lui sera fidèlement gardé, et cela est fort juste....

---

49. — LETTRE DE M. DE LIONNE AU CARDINAL DE RETZ.
(*Sur la manière dont il se prétend dégager, et l'affaire des mandements des quatre évêques.*)

Le 16e avril 1666.

MONSEIGNEUR,

Je ne pus répondre, il y a huit jours, à la lettre de Votre Éminence du 16e de l'autre mois, et, depuis cela, j'ai reçu celle du 23e[1]. Le Roi a fort approuvé la manière et les termes dont Votre Éminence se proposoit d'user pour se retirer des engagements où Elle étoit entrée sur l'accommodement de la Faculté. Il pourra arriver que ces Messieurs se repentent d'avoir négligé

LETTRE 48. — Tome XXIV (175), pièce 85, fol. 237. Voyez p. 521, note 2.
1. Les n°s 35 et 36 des *Pièces justificatives :* voyez le dernier paragraphe de la *lettre* 45 de Retz, p. 185 et 186.
LETTRE 49. — Tome XXIV (175), pièce 111, fol. 302.
1. Voyez les *lettres* 46 et 47 de Retz, p. 186 et 188.

l'occasion de sortir d'embarras ; et, à dire vrai, le principe sur
lequel ils ont agi, depuis quelque temps, me paroît fort absurde,
ne voyant pas quelle plus grande force ils auroient contre nous,
quand il y auroit un traité conclu entre l'Espagne et l'Angleterre.
Ils seront donc bien surpris aujourd'hui quand ils sauront que la
reine d'Espagne est si mal satisfaite des Anglois qu'elle a accepté
le Roi pour médiateur de l'accommodement avec le Portugal.
C'est la dernière nouvelle que nous avons reçue de Madrid, et
M. l'archevêque d'Embrun[2] mande que tous les ministres lui ont
témoigné une très-grande joie de la chose.

Il n'y a eu ni bref ni bulle expédiée sur l'affaire des mandements
des quatre évêques. Ce qui est vrai, c'est que le Nonce eut ordre,
il y a quelque temps, de témoigner au Roi la disposition où étoit
le Pape d'embrasser tous les moyens que le Roi souhaiteroit et qui
lui pourroient être agréables, pour obliger lesdits évêques à rendre
leurs mandements uniformes avec ceux des autres évêques du
Royaume, et là-dessus le Roi fait présentement consulter ce que
l'on doit demander à Sa Sainteté : en quoi on ne se trouve pas peu
embarrassé, car ce qui paroit bien pour finir l'affaire a d'autres
inconvénients en soi, comme celui de donner par trop d'autorité
à la cour de Rome, et de voir joindre grand nombre d'évêques,
comme dans une cause commune, aux quatre de leur corps que
l'on veut pousser. J'ai toujours oublié de mander à Votre Éminence
et à M. de Bourlemont ce qui se passoit là-dessus : je lui en demande pardon ; Elle sera informée de la suite.

Sa Majesté croit que les plaintes qu'on pourroit faire du tour
qu'on nous a joué en l'affaire des Mathurins ne serviroient à rien,
après la chose faite, qu'à donner de la joie de delà du déplaisir
que nous en témoignerions.

Sur ce je demeure, etc.

50. — LETTRE DE M. DE LIONNE A M. DE BOURLEMONT.

A Saint-Germain, le 16ᵉ avril 1666.

.... Nous n'avons point été surpris de ce que M. le cardinal de
Retz nous a dit que, son nom ayant été écrit par le secrétaire de
l'*Indice* sur le billet pour être présenté au Pape à entrer dans cette
congrégation, le nom de Son Éminence ait été rayé, parce que

2. Voyez p. 287, note 20.
LETTRE 50. — Tome XXIV (175), pièce 112, fol. 305.

M. le cardinal est françois et que tout ce qui porte ce nom est odieux au Palais, particulièrement quand on sert bien le Roi, comme fait Sadite Éminence....

---

51. — LETTRE DE M. DE LIONNE AU CARDINAL DE RETZ.
(Sur un malheur arrivé à un de ses proches.)

Le 23ᵉ avril 1666.

Monseigneur,

Le Roi a été bien aise d'apprendre, par la dépêche dont Votre Éminence m'a honoré, le 30ᵉ de l'autre mois[1], qu'Elle eût rencontré une occasion fort naturelle d'exécuter les derniers ordres que Sa Majesté lui avoit donnés sur le sujet de la Faculté.

Je supplie Votre Éminence de me pardonner si je me dispense, cette fois-ci, d'entrer en aucune matière d'affaires, me trouvant si outré de douleur d'un malheur qui est arrivé à l'un de mes plus proches parents, que j'aimois comme mon fils, que je me trouve incapable de songer à autre chose. M. de Lessins, qui a l'honneur d'être connu de la reine de Suède, ayant voulu se jeter à bas d'une calèche que des chevaux qui avoient pris le frein aux dents emportoient dans la descente de ce château[2], il donna de la tête sur le pavé avec une si étrange violence qu'il en perdit sur-le-champ la parole et toute connoissance, et ni l'une ni l'autre ne lui sont revenues depuis deux jours entiers qu'il y a que ce désastre est arrivé.

Je suis, Monseigneur, etc.

---

52. — LETTRE DE M. DE LIONNE AU CARDINAL DE RETZ.
(Sur la rupture de la négociation au sujet de l'affaire de la Faculté; et des nouvelles.)

Le 30ᵉ avril 1666.

Monseigneur,

J'ai reçu la lettre que Votre Éminence m'a fait l'honneur de m'écrire le 6ᵉ de ce mois[1]. Non-seulement le Roi trouvera toujours

---

Lettre 51. — Tome XXIV (175), pièce 123, fol. 332.
1. Voyez la *lettre* 48 de Retz, p. 195. — 2. Du château de Saint-Germain.
Lettre 52. — Tome XXIV (175), pièce 134, fol. 363
1. Voyez la *lettre* 49 de Retz, p. 201.

bon que Votre Éminence aille aux lieux dont l'air pourra contribuer à guérir le mal des yeux, mais Sa Majesté l'exhorte de songer à cela préférablement à toutes les affaires, lesquelles, à dire vrai, hors d'un conclave, ne peuvent jamais être à Rome assez importantes et pressées pour obliger une personne de votre considération à négliger sa santé.

Puisque Votre Éminence s'est tirée de tout engagement sur l'affaire de la Faculté et même qu'Elle s'y est toujours conduite avec tant de dextérité qu'il se peut dire qu'Elle n'a jamais été engagée, c'est désormais une affaire dont nous n'aurons plus occasion de parler dans nos lettres, à moins que la cour de Rome ne se ravise, et j'oserois quasi dire qu'elle n'est pas à se repentir d'avoir, sur de faux fondements, laissé échapper une si belle occasion de sortir d'embarras, et que ce repentir même pourra augmenter, tous les jours, à mesure qu'elle verra naitre de nouveaux inconvénients qui la fâcheront, comme la thèse des Bernardins[2] et l'impression du livre qui défend la censure de la Faculté.

La lettre de nomination de M. le duc de Vendôme au cardinalat a été remise, il y a plus de cinq ans, entre les mains du Pape. Il est vrai que, depuis cela, on a recommandé sa personne pour entrer dans la dernière promotion, qui n'étoit pas celle des couronnes, et le roi d'Espagne avoit joint même ses offices à cette recommandation.

Je supplie Votre Éminence de trouver bon que je me remette à M. de Bourlemont de lui apprendre ce que je lui mande sur la conclusion de paix de Munster, et sur la conférence qui s'est tenue, cette semaine, pour celle d'Angleterre, dans l'hôtel où loge la reine mère du roi de la Grande-Bretagne[3].

Cependant je demeure, Monseigneur, votre, etc.

2. Voyez p. 194 et 196. Il faudrait plutôt, ce semble, « du Bernardin », bien qu'on s'explique, à la rigueur, cette extension à tout le couvent, à tout l'ordre du fait d'un seul de leurs membres.
3. La reine Henriette-Marie de France, veuve de Charles I, mère de Charles II. Voici les passages auxquels renvoie Lionne de sa lettre à Bourlemont, du 30 avril (pièce 135, fol. 365 et 366) : « Le traité de l'accommodement de Munster fut signé à Clèves le 18ᵉ de ce mois, et on convint, en même temps, de la suspension de toutes les hostilités. Les conditions en sont extraordinairement rudes pour l'évêque, ce qui n'est pas moins à la gloire du Roi, qui a si efficacement protégé ses alliés en ce rencontre, qu'au désavantage des Anglois et de quelques autres puissances qui avoient embarqué ce prince à ce qu'il a fait et l'ont abandonné de tout point. Je me contenterai de vous marquer deux des conditions, etc. Lundi dernier, il se tint une conférence pour la paix chez la reine d'Angleterre et en sa présence.... Toutes choses s'y passèrent fort bien. »

1666

53. — LETTRE DE M. DE LIONNE AU CARDINAL DE RETZ.
(*Sur les discours de l'ambassadeur d'Espagne au Pape; et des nouvelles.*)

Le 6e mai 1666.

MONSEIGNEUR,

A moins d'avoir un auteur tel que Votre Éminence, qui a pu juger certainement de la vérité et de l'insubsistance[1] de l'avis qui lui a été donné, le Roi auroit eu de la peine à croire que le vice-roi de Naples, foible comme il est, ait osé dire au Pape, en face, qu'il le tenoit, comme Fabio Chigi, pour *el mas instable hombre del mondo*[2], et que Sa Sainteté, fière et sensible comme Elle est, ne lui ait pas reparti qu'Elle le tenoit pour le plus impertinent homme du monde. Cependant Elle ne laisse pas d'avoir fait un coup lequel, selon les avis que nous avons des deux cours de Vienne et de Madrid, y a été bon, doux comme lait; et la reine d'Espagne nommément, qui a été la plus maltraitée, a répondu au Nonce, qui lui parloit de la dernière promotion, qu'elle approuvoit toujours toutes les résolutions de Sa Sainteté. J'apprends aussi que M. l'archevêque de Saltzbourg ne s'en explique pas tout à fait aux mêmes termes dans la diète de Ratisbonne; mais ce qui seroit plus curieux à savoir seroit de pénétrer, s'il étoit possible, ce que contenoit véritablement la lettre de la reine d'Espagne que l'ambassadeur remit toute cachetée entre les mains de Sa Sainteté deux jours avant la promotion.

La lettre de Votre Éminence m'a donné une autre curiosité, qu'il me sera plus aisé de satisfaire : c'est celle de voir le livre du P. Baron, sur lequel les Jésuites menacent de faire des représailles, qui leur seront contestées par M. Fagnano.

Il est certain que l'évêque de Syracuse sera mieux pour nous en Sicile qu'à Rome ; et il est enfin obligé d'aller à sa résidence. Ce ne sera pas une marque que M. le cardinal Impérial ait conservé grand crédit au Palais.

LETTRE 53. — Tome XXV (176), pièce 14, fol. 30.
1. Le commencement du mot est corrigé dans la minute, mais il y a bien *l'insubsistance*, terme négatif, de formation très-claire, mais que nous ne trouvons dans aucun dictionnaire. Avec ce texte, le sens ne peut être que celui-ci : « a pu juger et si l'avis qu'on lui a donné est vrai et s'il ne se maintient pas tel » ; en d'autres termes et bien plus simplement, « s'il est vrai ou s'il n'est pas demeuré tel à vos yeux ».
2. Voyez la lettre de Retz à Lionne, en date du 13 avril 1666, p. 206.

PIÈCES JUSTIFICATIVES. 527

54. — LETTRE DE M. DE LIONNE AU CARDINAL DE RETZ.
(*De nouvelles.*)

1666

Le 14° mai 1666.

MONSEIGNEUR,

Le traité de l'accommodement de Munster n'a pas seulement été ratifié au jour qui avoit été désigné, mais l'évêque a déjà tiré ses garnisons des places qu'il avoit occupées. Ainsi c'est une affaire achevée de tout point.

J'ai eu l'avis, par un courrier qui a passé de Madrid en Allemagne, que la cérémonie du mariage de l'Impératrice avoit été faite le 25° de l'autre mois, et qu'elle étoit partie de Madrid le 28°, pour se rendre, en dix-huit jours, à Denia[1], où elle doit s'embarquer. Monsieur l'Ambassadeur partira infailliblement dans trois jours, pour arriver à Rome avant les grandes chaleurs.

Je suis, etc.

---

55. — LETTRE DE M. DE LIONNE AU CARDINAL DE RETZ.
(*Touchant le secrétaire de l'évêque d'Agde; et des nouvelles.*)

Le 21° mai 1666.

MONSEIGNEUR,

J'ai reçu la lettre dont il a plu à Votre Éminence de m'honorer du 27° de l'autre mois[1]. Le Roi a eu la curiosité de faire interroger le secrétaire de M. l'évêque d'Agde, qui est à la Bastille, sur le billet en chiffre qu'on lui a représenté, sans lui dire à qui il avoit été adressé, et on l'a interpellé d'expliquer ledit chiffre. Mais il a toujours soutenu qu'il n'avoit jamais eu de chiffre, ni même jamais écrit à Rome, et on a laissé l'affaire là pour ne manquer pas au secret que Votre Éminence avoit témoigné desirer et avec raison.

LETTRE 54. — Tome XXV (176), pièce 37, fol. 116.
1. Port sur la Méditerranée, à quatre-vingt-un kilomètres N. E. d'Alicante. — La *Gazette* fait aussi partir l'Impératrice de Madrid le 28 avril (p. 593); puis (p. 641) on lui écrit de Madrid, le 19 mai, qu'elle est arrivée à Gandia (près de Denia), à quatre lieues de la mer, qu'elle y séjourne, est « surprise d'une fièvre tierce, » et que c'est seulement au milieu de juillet qu'elle part pour Barcelone, où elle débarque le 18. Voyez p. 320, note 8.

LETTRE 55. — Tome XXV (176), pièce 48, fol. 142 et 143.
1. Voyez la *lettre* 52 de Retz, p. 212.

Ce qui s'est passé en la négociation de la trêve de Portugal est à peu près, comme on l'a dit à Votre Éminence, à la réserve de la circonstance des deux jésuites. Le véritable fait est que le duc de Medina n'avoit point informé l'ambassadeur d'Angleterre de ce qui s'étoit passé du temps du feu roi entre ces deux religieux et que, quand il voulut parler au comte de Castelmeglior, de traiter de roi à royaume, le comte lui répondit qu'il ne pouvoit rien écouter et que ce point-là étoit surmonté, il y a longtemps, par la propre volonté du feu roi dans la négociation des deux jésuites, où le confesseur de Caracène n'avoit prétendu de traiter autrement que de roi à roi.

Il est indubitable que la dernière promotion n'a point été faite de concert avec la reine d'Espagne ; cela [se] sentira mieux par les suites que pourra avoir cette affaire.

Le P. Oliva ne viendra pas à bout, par ses lettres, de régler la conduite du confesseur de la reine d'Espagne, qui a déjà trop pris l'essor et a des visées trop hautes pour rentrer dans la modération d'un religieux, sur les persuasions d'un homme dont il ne craint plus l'autorité.

La relation que Votre Éminence fait des divisions qui commencent à naître dans la famille du Pape, et qui pourront éclater davantage en d'autres temps, est très-curieuse, et Sa Majesté a pris grand plaisir à en entendre la lecture. Elle se promet que vous voudrez bien informer Monsieur l'Ambassadeur, à son arrivée, de ce que vous continuerez d'apprendre sur la même matière, en même temps que vous en ferez part ici.

Je mande à M. de Bourlemont de communiquer à Votre Éminence ce que je lui écris assez en détail sur la conférence qui se tint dernièrement chez la reine d'Angleterre[2].

Cependant je demeure, Monseigneur, votre, etc.

---

2. Nous n'avons pas trouvé aux Affaires étrangères cette lettre à M. de Bourlemont, autre sans doute que celle du 30 avril, dont nous avons cité (p. 525, fin de la note 3) un endroit relatif à la conférence tenue chez la reine d'Angleterre.

56. — LETTRE DE M. DE LIONNE AU CARDINAL DE RETZ. 1666
(*Sur l'agrément avec lequel le Roi a reçu les offres de la reine Christine.*)

Le 28ᵉ mai 1666.

MONSEIGNEUR,

J'ai reçu la dépêche dont Votre Éminence m'a honoré le 4ᵉ de ce mois[1]. Il y avoit déjà dix jours que Messieurs les ambassadeurs du Roi en Suède lui avoient donné avis qu'on croyoit à Stockholm d'y voir bientôt la reine Christine, et Sa Majesté leur manda dès lors que, si cela arrivoit, son intention étoit qu'ils lui rendissent toute sorte d'honneurs et de respects et s'employassent sincèrement et fortement, en ce qu'ils pourroient, pour toutes ses satisfactions et ses avantages. Depuis cela, Sa Majesté a appris, par votre dernière dépêche, la manière infiniment obligeante dont ladite reine a bien voulu en user à son égard en ce rencontre, non-seulement en lui communiquant, par une lettre de sa main, la résolution et les motifs de son voyage, mais en lui offrant, par l'entremise de Votre Éminence, tout ce qui pourra dépendre d'elle pour les intérêts et les avantages de cette couronne, lorsqu'elle sera sur les lieux. Le Roi n'a pas pris la chose du biais que l'honnêteté et la modération de la reine l'a présentée à Votre Éminence, lorsqu'elle lui en a parlé. Sa Majesté sait, à n'en pouvoir douter, qu'elle a conservé en Suède tout le crédit qu'elle mérite et un nombre infini de créatures, et même du premier rang, que sa naissance et ses libéralités lui avoient acquises. Aussi Sa Majesté a fait un très-grand cas de son offre, qui auroit été fort agréable en tout temps, mais le prix en est inestimable en cette conjoncture-ci où il semble que la reine de Suède[2], se laissant trop emporter aux passions de jalousie et de haine qu'elle a toujours contre le Danemark, ait commencé à marcher dans un chemin d'égarement de ses anciennes maximes et de ses véritables intérêts. Ce n'est pas que le Roi, par les deux dernières dépêches de ses ambassadeurs, n'ait tout sujet de croire que l'affaire pourra être ajustée, avant l'arrivée de la reine à Stockholm, par un expédient que Monsieur le grand chancelier leur avoit proposé et que Sa Majesté fera accepter aux États-Généraux, mais, comme le succès de toute négociation est toujours incertain, tant que les parties ne sont point entièrement d'accord, il en faut revenir à estimer infiniment l'offre de la reine, quand même, dans la

---

LETTRE 56. — Tome XXV (176), pièce 57, fol. 160 et 161.

1. Voyez la *lettre* 53 de Retz, p. 222.

2. Hedwige-Éléonore de Holstein-Gottorp, régente au nom du roi Charles XI, alors âgé de dix ans et demi.

suite, on n'en tireroit d'autre effet que d'avoir vu sa bonne volonté. C'est ce que Sa Majesté lui témoigne aujourd'hui, par une lettre de sa main, qui lui sera rendue à son passage à Hambourg, et ce qu'Elle a voulu témoigner aussi, par une autre lettre de sa main, à M. le cardinal Azzolin, sur tout ce qu'il a dit, en ce rencontre, à Votre Éminence, qui ne peut être plus obligeant, et dont je l'assure que Sa Majesté a un très-vif ressentiment.

On a vu ici beaucoup d'écrits sur la Bulle; mais je ne me souviens point précisément d'avoir vu le livre qui a paru de delà sous le titre de *Réflexions très-respectueuses*, etc. J'ai donné ordre qu'on le cherchât. Cependant le Roi a fort approuvé la réponse que Votre Éminence a faite aux interrogats du cardinal du Saint-Office.

Quand Votre Éminence auroit vu le comte d'Arondel, Sa Majesté n'y auroit rien trouvé à dire; et, s'il est encore à Rome et qu'il ait le même dessein, Elle peut recevoir sa visite sans aucun scrupule.

Monsieur le Nonce n'a guère accoutumé d'écrire à Rome des nouvelles plus véritables que celles qu'il y avoit données, en dernier lieu, de la paix de Portugal et de la rupture de l'accommodement de Munster; cependant il a le bonheur d'y être écouté comme un oracle.

Je suis, etc.

57. — LETTRE DE M. DE LIONNE AU CARDINAL DE RETZ.

(*Sur la proposition de l'électeur de Saxe de se faire catholique; et des nouvelles.*)

Le 4ᵉ juin 1666.

MONSEIGNEUR,

J'ai reçu la lettre que Votre Éminence m'a fait l'honneur de m'écrire le 11ᵉ de l'autre mois[1]. On ne doit pas être surpris que l'affaire des clercs du consistoire ait si bien réussi, puisqu'elle étoit dirigée par les soins et la dextérité de celui qui a aujourd'hui les affaires d'Espagne entre les mains dans la cour de Rome. A dire vrai, Votre Éminence ne pouvoit mieux dépeindre la capacité de ce ministre que par l'ineptie de ce beau raisonnement qu'il a adroitement tiré de Votre Éminence sur l'accommodement du Portugal, dont Sa Majesté a bien ri.

Le Roi a eu infiniment agréable la déférence qu'a eu[e] Votre

---

LETTRE 57. — Tome XXV (176), pièce 69, fol. 195-197.
1. Voyez la *lettre* 54 de Retz, p. 227.

Éminence de n'avoir point voulu, sans son su et sans son agrément, recevoir une proposition qui lui peut être aussi glorieuse dans la suite qu'elle est déjà une preuve éclatante de la considération que font les princes, même les plus éloignés, de son mérite et de sa suffisance. Le Roi non-seulement approuve que Votre Éminence donne son entremise à faire réussir les bons desseins que M. l'électeur de Saxe témoigne pour sa conversion, mais Elle l'exhorte à ne rien omettre pour faire réussir une chose dont la chrétienté pourroit recevoir un si grand avantage. Quand je repasse dans ma mémoire ce que j'ai lu dans les histoires de Fra Paolo [2] et du cardinal Pallavicini, les grandes contestations qui s'élevèrent dans le dernier concile sur la matière de la coupe, que la plupart des princes catholiques d'Allemagne demandoient, avec l'Empereur même, pour arrêter les progrès de l'hérésie, et les oppositions que fit toute la nation espagnole à la concession de la grâce, j'en tire la conséquence des grandes difficultés que Votre Éminence pourra encore aujourd'hui rencontrer à Rome sur la même demande, et toute l'espérance que je puis concevoir de la voir accordée n'est fondée que sur l'habileté des mains à qui l'Électeur remet son affaire [3]. Cependant je dois dire à Votre Éminence que Sa Majesté auroit grande curiosité de savoir, non pas tant [4] par quel canal ce prince a fait parler à Votre Éminence, quoique de cette lumière (si Elle n'est pas engagée au secret) Elle en pourroit plus certainement faire quelques jugements qui sont importants au bien de son service, comme de savoir quel ou quels sont les ministres de l'Électeur qui ont connoissance de son dessein. Pour expliquer mieux la chose, et afin que Votre Éminence ait plus de moyen de découvrir avec le temps (si Elle ne le sait déjà) ce dont Sa Majesté voudroit être informée, je dois lui dire qu'il y a deux frères dans la cour de Saxe, nommés les Frises, de tout temps entièrement dévoués à la maison d'Autriche, et qui, jusqu'à l'année dernière, ont eu un crédit absolu sur l'esprit de leur maître. Depuis un an, ce prince a pris des liaisons secrètes avec Sa Majesté, au desçu [5] des Frises, par l'entremise d'un nommé le baron de Bourquerode qu'il a promis d'établir chef d'un nouveau conseil et d'ôter peu à peu toute l'autorité et la confiance auxdits Frises, et il nous paroît qu'il l'a déjà

---

2. Fra Paolo Sarpi, auteur d'une *Histoire du concile de Trente* réfutée par une autre du cardinal Pallavicini.

3. A savoir, c'est facile à comprendre, du cardinal de Retz.

4. *Non pas tant* a son corrélatif, quatre lignes plus bas, dans les mots : *comme de savoir*.

5. *Au desçu*, à l'insu : voyez les *Mémoires de Retz*, tome IV, p. 433.

1666

fait en partie. Il s'agit de savoir si, en cela même, il nous abuse, et il a semblé au Roi que la vraie indication, pour en bien juger, sera de découvrir si le secret de l'affaire dont on a parlé à Votre Éminence a été communiqué ou aux Frises ou au baron de Bourquerode, étant malaisé, vu la manière dont l'Électeur se conduit toujours, dépendante de quelque ministre, que ledit secret n'ait été confié aux premiers ou au dernier. Je dois ajouter à cela qu'il n'y a pas trois personnes en Allemagne qui sachent l'intelligence secrète de Sa Majesté avec l'Électeur, et, en cette occasion, j'avoue que j'ai bien trouvé à dire[6] le manquement que j'ai commis, au départ de Votre Éminence, de ne lui avoir pas donné un chiffre. Je crois superflu de recommander à Votre Éminence le secret de cette intelligence à l'égard de toute autre personne. Elle en verra si bien l'importance que je m'assure que même Elle jugera à propos de ne pas donner à connoître ni à l'Électeur, ni à celui qui lui parle pour lui, d'en être informée.

Nous n'avons appris ici autre chose de ce qui se passe entre la Porte et les Vénitiens pour leur accommodement, que les dispositions qui paroissent dans l'esprit du grand vizir de donner les mains à partager le royaume[7], et y occuper ce que chacun y possède, à la réserve de la forteresse de la Suda, qu'on vouloit être démolie; mais l'affaire a changé de face à la Porte, aussitôt qu'on y a appris le mauvais succès du premier débarquement du marquis Ville.

Le Roi a toujours partagé, et continuera [à] le faire, les intérêts que M. le cardinal de Hesse a en Hollande pour le dédommagement des biens de son Ordre, et l'on doit croire d'autant plus sincère le ressentiment que ledit sieur cardinal en a témoigné à Votre Éminence, que le traitement qu'il reçoit des ministres d'Espagne ne l'oblige pas à avoir de l'aversion pour cette couronne. Pour ce qui est des quatre chapeaux vacants, nous n'avons fait aucune diligence dans la cour d'Espagne, comme ledit sieur cardinal vous a dit en avoir reçu avis de Madrid, et, à la vérité, nous serions en cela bien incorrigibles, puisque, sur un simple mot que je

---

6. J'ai bien regretté, trouvé regrettable : voyez des exemples analogues dans le *Lexique de Mme de Sévigné*, à l'article Dire, 6° et 7°.

7. Le royaume de Crète ou Candie, que les Vénitiens avaient acheté en 1204, après la prise de Constantinople par les Croisés, et que les Turcs leur enlevèrent en 1669, après une longue guerre. — Le fort de la Suda sur la côte méridionale du golfe du même nom. — Le marquis Ville commandait l'armée vénitienne. La *Gazette* raconte, dans un numéro extraordinaire du 20 avril (p. 533-544), « le mauvais succès *de son* premier débarquement, » proche la Canée.

lâchai ici au marquis de la Fuente de la mauvaise satisfaction que les deux rois devoient avoir de cette action du Pape, il en fit, le lendemain, sa cour à Monsieur le Nonce et se vanta d'avoir rejeté une jonction que je lui proposois avec grande ardeur. J'apprends néanmoins qu'en Espagne on prend la chose d'une autre manière qu'on n'avoit fait d'abord. Votre Éminence trouvera ci-jointe la lettre, de la propre main du Roi, que je lui mandai, il y a huit jours, que Sa Majesté vouloit écrire à M. le cardinal Azzolin.

Je suis, etc.

1666

---

58. — LETTRE DE M. DE LIONNE AU CARDINAL DE RETZ.
(*De compliments.*)

Le 11e juin 1666.

MONSEIGNEUR,

J'ai reçu la lettre que Votre Éminence m'a fait l'honneur de m'écrire de Tivoli, le 18e de l'autre mois[1]; elle ne m'oblige à autre réponse que pour la remercier très-humblement de la continuation de ses bontés, mais nommément des sentiments obligeants qu'Elle me fait la grâce de me témoigner sur la perte que j'ai faite de M. de Lessins.

Je pourrai bientôt donner à Votre Éminence la nouvelle, etc. (*C'est en ma lettre au chevalier de Gremonville*[2].)

---

59. — LETTRE DE M. DE LIONNE AU CARDINAL DE RETZ.
(*Sur ce que le Roi agrée son retour à Commercy; et des nouvelles.*)

Le 19e juin 1666.

MONSEIGNEUR,

J'ai à donner aujourd'hui à Votre Éminence deux nouvelles qui, je m'assure, ne lui seront pas désagréables : la première est la pleine

---

LETTRE 58. — Tome XXV (176), pièce 95, fol. 247.
1. Voyez la *lettre* 55 de Retz, p. 232.
2. Probablement celui qui mourut, étant alors commandeur, le 28 novembre 1686. Saint-Simon dit, dans une addition au *Journal de Dangeau*, à cette date : « Il fut envoyé à Vienne et avoit acquis de la réputation en diverses négociations. » Où était-il alors ? Nous avons cherché en vain dans la correspondance de Vienne la lettre, à lui adressée, dont Lionne ordonne au secrétaire de joindre ici un extrait.
LETTRE 59. — Tome XXV (176), pièce 124, fol. 318.

victoire remportée par les Hollandois sur la flotte angloise, qui les devoit engloutir, et, pour les particularités de celle-là, je supplie Votre Éminence de trouver bon que je m'en remette à ce que j'en écris à la hâte à Monsieur l'Ambassadeur[1].

La seconde est que Votre Éminence ne s'est pas trompée dans le jugement qu'Elle a fait que le Roi continueroit à préférer la considération du bien de sa santé à celle de son service, Sa Majesté m'ayant chargé de lui mander, pour répondre à sa dernière dépêche, qu'à la vérité Elle souhaiteroit fort que Votre Éminence ne quittât pas Rome dans ces circonstances-ci, où sa personne, ses avis et ses bons conseils à Monsieur l'Ambassadeur peuvent être si utiles à ses affaires, mais que, nonobstant ce désir qu'Elle a, si la durée des incommodités de Votre Éminence la pressent (sic) de changer d'air, comme étant le meilleur moyen de s'en délivrer, Elle trouve bon que Votre Éminence revienne dans l'automne à Commercy, sur la parole qu'Elle lui a fait donner par M. de Bourlemont de se rendre à Rome dans vingt jours, dans le cas imminent ou arrivé de la vacance du Saint-Siége. Sa Majesté a été fort aise d'apprendre que Votre Éminence se soit distinguée de Messieurs les autres cardinaux à rendre tout l'honneur qu'Elle a pu à la reine de Suède, à son départ de Rome.

J'ai lu à Sa Majesté la lettre que Votre Éminence a écrite au P. Colbert sur ce qui se passe de delà en l'affaire de la confirmation de son élection au généralat de l'ordre de Prémontré, et j'ai pris mon temps que M. Colbert y fût présent, afin qu'il n'ignorât pas l'obligation que lui a une personne de son nom et qu'il y participât.

Cependant je demeure, Monseigneur, de Votre Éminence très, etc.

1. Voici le vif et triomphant début de la lettre de Lionne au duc de Chaulnes (pièce 128, fol. 322-324) : « Pour quelle des deux flottes avez-vous parié dans un combat? pour l'angloise sans doute et double contre simple. Vous êtes attrapé, Monsieur, c'est la hollandoise qui, sans l'assistance d'aucun vaisseau de ses alliés, a battu à dos et à ventre cette fière nation qui n'a pas voulu la paix qu'on lui avoit offerte à des conditions très-équitables, sur la croyance infaillible de nous engloutir tous quand nous paroîtrions à la mer. Le compliment que fit le duc d'Albemarle au roi son maître, en prenant congé de lui avant son embarquement, fut que, dans la joie qu'il avoit d'aller combattre ses ennemis, il lui restoit un regret de ce que le duc de Beaufort et la flotte de quarante vaisseaux du roi de Danemark n'avoient pas encore joint les pêcheurs de Hollande, pour lui envoyer bientôt la nouvelle d'une pleine victoire remportée sur tous les ennemis de l'Angleterre. Mais Dieu a confondu l'orgueil et s'est enfin déclaré pour la bonne cause. » Suit un long récit de la bataille.

60. — LETTRE DE M. DE LIONNE AU CARDINAL DE RETZ.
(*De nouvelles.*)

Le 26° juin 1666.

MONSEIGNEUR,

J'ai reçu la lettre dont il a plu à Votre Éminence de m'honorer du premier de ce mois[1]. M. l'archevêque d'Embrun, non plus que Votre Éminence à Rome, n'a pu pondérer ce que contenoit le papier d'Espagne cacheté; nous n'avons point su ici, comme Votre Éminence m'en assure maintenant, qu'il n'eût pas été effectivement remis entre les mains du Pape, et, si cette particularité nous eût été connue, je n'aurois eu garde d'en écrire à Votre Éminence aux termes que je fis dernièrement, puisque le Palais même, dont j'espérois qu'Elle pourroit tirer les lumières, ne sait pas le secret, ni peut-être même aucun ministre d'Espagne en Italie.

Après la déclaration que le Pape a faite publiquement de l'ordre qu'il a donné à son neveu de ne faire aucune fonction de légat à Milan, s'il n'y reçoit le même traitement et les mêmes honneurs qui furent faits au cardinal Ludovisio en pareille occasion, je ne crois pas que dom Louis Ponce de Léon, quelque mauvaise disposition qu'il ait pour la cour de Rome, soit assez hardi pour manquer à quoi que ce soit qui pût donner lieu audit cardinal légat de se retirer mécontent et sans avoir fait sa fonction.

Il est assez curieux que le Pape fasse parler à lui[2] le Roi et ses ministres sur le sujet des affaires de Naples, et qu'il en donne la crainte aux Espagnols : on ne veut pas même parler à Sa Sainteté de la moindre bagatelle.

J'ai pris mon temps de ne lire au Roi la dernière lettre de Votre Éminence qu'en présence de M. Colbert, afin qu'il n'ignorât pas la continuation des soins obligeants qu'Elle prend pour l'abbé élu de Prémontré qui porte son nom.

Cependant je demeure, Monseigneur, de Votre Éminence très, etc.

LETTRE 60. — Tome XXV (176), pièce 147, fol. 360.
1. Voyez la *lettre* 57 de Retz, p. 242.
2. Cette phrase, embarrassée par cet *à lui* (à lui le Pape), ajouté en interligne pour compléter le sens, est éclaircie par la lettre de Retz, p. 245.

61. — LETTRE DE M. DE LIONNE AU CARDINAL DE RETZ.

(*Sur l'affaire de l'investiture, la congrégation de Sainte-Geneviève; et quelques nouvelles.*)

Le 3e juillet 1666.

MONSEIGNEUR,

On n'est pas ici de l'avis de ces spéculatifs de Rome dont Votre Éminence parle dans sa dernière dépêche, qui croyoient fort mystérieuse la proposition que le Pape avoit faite, dans un consistoire, de la demande des Espagnols de l'investiture du royaume de Naples pour leur roi [1]. La seule disposition du Pape envers la France, qui est toujours ce qui donne le plus grand branle à toutes les actions de Sa Sainteté, devoit suffire aux Espagnols pour les assurer contre toutes les frayeurs qu'ils ont eues de voir porter cette affaire au consistoire, quand tous les pas précédents que Sa Sainteté avoit faits, jusqu'à leur donner Elle-même des conseils sur leur conduite, ne leur auroient pas donné d'ailleurs une assez grande sûreté qu'Elle ne vouloit que leur montrer les verges sans avoir aucun dessein de s'en servir. Aussi puis-je dire que Sa Majesté a entièrement approuvé et beaucoup loué la résolution que Votre Éminence a cru devoir prendre, dans ce rencontre, pour le bien de son service, qui a été de s'opposer avec vigueur à tout ce qui pourroit aller le moins du monde ou à autoriser la prétendue renonciation de la Reine ou à dispenser de l'incompatibilité de l'Empire avec le royaume de Naples, se conduisant sur le reste avec le zèle qu'un cardinal doit avoir pour maintenir les droits de l'Église et avec toute la modération qui peut empêcher les Espagnols de dire qu'ils aient emporté, malgré la France, ce qu'ils souhaitent, et qui ne donne pas lieu au Pape de leur faire plus valoir son investiture par l'opposition qu'il seroit peut-être bien aise de leur faire paroître ou soupçonner du côté des serviteurs de Sa Majesté.

Le Roi a trouvé très-juste la difficulté que Votre Éminence a faite de recevoir la lettre de M. le duc de Savoie, puisque la souscription étoit directement contraire à ce qui avoit été concerté à Paris entre Votre Éminence et son ambassadeur. Je crois que le titre d'Altesse Royale que Votre Éminence veut bien lui donner, à l'exemple des ambassadeurs du Roi, ajustera facilement la chose.

Sa Majesté sera bien aise que, conformément aux ordres qu'Elle

---

LETTRE 61. — Tome XXVI (177), pièce 3, fol. 11 et 12.
1. Voyez, p. 248, la *lettre* 58 de Retz, du 8 juin.

en a donnés autrefois à M. de Fontenay et à M. Gueffier, Votre Éminence emploie le nom et l'autorité de Sadite Majesté, dans la congrégation des Réguliers, en faveur de la congrégation de Sainte-Geneviève, contre l'établissement d'une nouvelle congrégation de chanoines réguliers de l'ordre de Saint-Augustin, que feu M. l'évêque de Cahors prétendoit de faire ériger séparément de celle de Sainte-Geneviève.

Puisque je suis tombé sur les moines, je m'estimerois infiniment heureux si, dans la décision d'un grand procès que j'ai gagné contre eux, cette semaine, au grand Conseil, j'avois fait quelque chose dont Votre Éminence pût retirer de l'avantage en son abbaye de Saint-Denis. Le fait étoit que les religieux de Marmoutier, de leur propre aveu, jouissoient de cinquante mille livres de rente depuis une transaction qu'ils firent avec M. le cardinal de Richelieu, et l'abbé seulement de dix mille. Jusqu'ici tous les moines ont prétendu qu'il n'y avoit qu'eux qui pussent demander la partition quand ils étoient lésés. L'arrêt que j'ai obtenu, qui va servir de loi à tout le Royaume, a décidé que les abbés commendataires ont le même droit ; la transaction faite avec M. le cardinal de Richelieu a été cassée, et il sera fait une partition, en trois lots égaux, de tout le revenu de l'abbaye, dont il en appartiendra deux à l'abbé à condition d'acquitter les charges. Il a même été dit que ce qu'on appelle le petit convent, qui tient les fondations de messes, les obits, etc., entreroit dans la masse de cette partition, et il n'y a eu que les offices claustraux qui en ont été exclus. Les moines ne sont pas à se repentir d'avoir laissé pousser l'affaire jusqu'au bout sans l'accommodement à quelque prix que ce pût être, car on juge que, le même jour de leur condamnation, ils ont perdu cent mille écus de rente.

Je suis, Monseigneur, de Votre Éminence très, etc.

---

62. — LETTRE DE M. DE LIONNE AU CARDINAL DE RETZ.
(*Pour approbation de tout ce qu'il a fait au sujet de l'investiture.*)

Le 10e juillet 1666.

MONSEIGNEUR,

Le Roi a apporté une singulière attention à la lecture de l'ample et importante dépêche de Votre Éminence, du 15e de l'autre mois[1], et je l'ai cotée dans mes papiers comme une pièce avec la

LETTRE 62. — Tome XXVI (177), pièce 20, fol. 54-56.
1. Voyez la *lettre* 59 de Retz, p. 258.

précédente, à laquelle il faudra avoir recours, si jamais il est question de traiter, avec la cour de Rome ou ailleurs, des droits du Roi sur le royaume de Naples, tant de son chef que de celui de la Reine. Cependant je puis dire à Votre Éminence, pour sa satisfaction, que, dans l'affaire dont il étoit question, du renouvellement de l'investiture dudit royaume que les Espagnols demandoient au Pape, non-seulement il n'y a pas eu une seule circonstance dans la conduite de Votre Éminence que le Roi n'ait fort approuvée et louée, mais que, dans toutes les résolutions que Votre Éminence a prises et fait prendre, à son exemple, à Messieurs les autres cardinaux du parti de Sa Majesté, il n'y avoit, pour la bien servir, à faire ni plus ni moins que ce qu'Elle a fait, et que toute autre diligence, précaution ou omission, n'auroient été ni si judicieuses ni si utiles pour la préservation des droits de Leurs Majestés. Votre Éminence conclura donc de ce que j'ai l'honneur de lui dire que le Roi a fort approuvé que Votre Éminence et mesdits sieurs les cardinaux ne se soient point absentés du consistoire, et qu'y étant allés, ils n'aient formé aucune opposition à la concession de l'investiture. L'un et l'autre de ces partis qui se pouvoient prendre auroient eu divers inconvénients que Votre Éminence a très-prudemment remarqués dans sa dépêche, et Sa Majesté a jugé qu'il n'y avoit rien de mieux à faire que de donner votre suffrage commun aux termes qu'il a été donné[2], lequel, en réservant les anciens droits acquis au Roi par une manière de protestation, établit même le nouveau que Sa Majesté acquiert par l'investiture, en cas de la mort du roi d'Espagne. Sa Majesté a aussi estimé qu'on n'auroit pu, sans grande imprudence, prétendre et demander que la réserve, que vous avez faite, par votre vœu[3], des droits du Roi fût insérée dans la Bulle, puisqu'il étoit aisé à voir qu'on ne l'obtiendroit pas et que la seule proposition qu'on en auroit faite auroit comme détruit le principal effet que vous vouliez tirer de ladite réserve, qui est qu'en cas de la mort du roi d'Espagne, l'investiture touche directement, selon les bulles, la personne de la Reine. Sadite Majesté a encore fort bien connu que, quand on vous présentera la Bulle à signer, ce seroit fort inutilement que vous prétendriez d'insérer votre réserve au bas de votre signature, puisque le Pape et le Collége sont en droit de vous faire souscrire purement et simplement à ce qui a passé par la pluralité des voix, et qu'il y auroit d'ailleurs d'autres plus grands inconvénients à ne pas souscrire. Cependant Sa Majesté sait beaucoup de gré à Votre Éminence de ce qu'Elle

---

2. Aux termes dans lesquels il a été donné.
3. Votre vote : voyez p. 271 et note 28.

a pensé, et dont M. de Bourlemont lui a rendu compte, pour conserver la mémoire de ce qui a été dit par tous Messieurs les cardinaux du parti du Roi dans le consistoire, et pour suppléer à ce que, très-judicieusement, vous n'avez pas cru devoir hasarder de demander touchant l'enregistrement.

Quant aux deux mots d'*hæredes et successores* insérés dans la Bulle, qui vous ont donné tant d'inquiétude, si on vouloit croire ce que Monsieur le Nonce nous dit tous les jours, on ne s'en mettroit guère en peine; car, quand il veut détruire le traité de Pise sur le point de Castro, et persuader même que c'est l'intérêt du Roi d'y donner les mains, il ne manque jamais à dire que, pourvu qu'on ne fasse point de brèche à la bulle de Pie-Quint *De non alienandis*, etc., par un si pernicieux exemple, le Pape sera obligé, en cas de la mort du roi d'Espagne, et même malgré lui, d'investir la Reine et ses enfants du royaume de Naples, suivant la teneur des précédentes investitures, la renonciation de Sa Majesté étant notoirement et incontestablement de nulle valeur à l'égard de Sa Sainteté, puisqu'elle a été faite sans le su, le consentement et l'approbation du seigneur dominant du fief.

Monsieur l'Ambassadeur aura pu dire à Votre Éminence la fausseté de ce qu'a mandé de delà M. le nonce Roberti sur les visites des nonces aux ambassadeurs de France à leur retour à Rome.

Sa Majesté a fort agréé le soin que Votre Éminence veut prendre de parler au sieur Ugolino sur l'injuste chicane et nouveauté qu'il a faite dans l'affaire de la démission du sieur Abéli, évêque de Rodez.

Je suis, Monseigneur, de Votre Éminence très, etc.

---

63. — LETTRE DE M. DE LIONNE AU CARDINAL DE RETZ.
(*Sur l'affaire de l'investiture.*)

Le 17ᵉ juillet 1666.

MONSEIGNEUR,

J'ai reçu la lettre dont Votre Éminence m'a honoré le 22ᵉ de l'autre mois [1]. Le Roi a trouvé fort curieux ce que Votre Éminence mande de la méprise qui s'est faite à Madrid dans l'acte de procuration qui a été envoyé à M. le cardinal Sforza, où les Espagnols

---

LETTRE 63. — Tome XXVI (177), pièce 40, fol. 99 et 100.
1. Voyez la *lettre* 60 de Retz, p. 279.

ont eux-mêmes comme consenti à donner un nouveau droit à la cour de Rome sur la prétention qu'elle a toujours eue que ses investitures comprenoient aussi bien la Sicile que le royaume de Naples. Sa Majesté, qui sait de quelle manière les affaires se traitent aujourd'hui en Espagne, et que les divisions particulières qui sont entre les ministres occupent presque tout leur temps, n'a pas été surprise de cette bévue importante qu'ils ont faite. Depuis la protestation que le cardinal Borgia fit au pape Urbain sur les progrès du roi Gustave en Allemagne, les papes n'avoient guère voulu souffrir que Messieurs les cardinaux fissent la fonction d'ambassadeurs des couronnes. Sa Sainteté même donne maintenant, en la personne de M. le cardinal Sforza, un autre exemple dont on pourra se prévaloir avec le temps et les occasions.

Je ne crois pas que Sa Sainteté, quelques sentiments d'aversion qu'Elle puisse avoir pour cette couronne, voulût[2] faire, pendant sa vie, un acte de si grande partialité que de laisser accepter la protection d'Espagne à M. le cardinal Chigi, c'est-à-dire au neveu dominant, ce que n'étoit pas M. le cardinal Antoine quand il eut la comprotection de France, laquelle même, ce me semble, il n'exerça jamais publiquement durant la vie du pape Urbain. Le Roi a fort approuvé la précaution qui a été prise de l'écrit de Vos Éminences qui sera remis entre les mains de Monsieur l'Ambassadeur à son arrivée. J'écris audit sieur ambassadeur plusieurs bonnes nouvelles des affaires de notre guerre, dont je m'assure qu'il ne manquera pas de faire part à Votre Éminence.

Cependant je demeure, Monseigneur, de Votre Éminence très, etc.

---

64. — LETTRE DE M. DE LIONNE AU CARDINAL DE RETZ.
(*Touchant l'électeur de Saxe et les desseins qu'a le Roi de servir la reine Christine.*)

Le 24° juillet 1666.

MONSEIGNEUR,

Ce que Votre Éminence m'a fait l'honneur de me mander, par sa lettre du 29° de l'autre mois[1], de Risaucour, de Monsieur de Mayence, et de Reiffenberg, a suffi au Roi pour lui donner lieu de juger certainement des bonnes intentions de Monsieur l'électeur de

---

2. Au manuscrit, *ne voulât*.
LETTRE 64. — Tome XXVI (177), pièce 70, fol. 171.
1. Voyez la *lettre* 61 de Retz, p. 282.

Saxe, à son égard, par les instruments qu'il emploie en l'affaire de sa conversion, sans qu'il soit plus besoin que Votre Éminence fasse de nouvelles diligences pour s'en éclaircir. La circonstance même que Votre Éminence mande de M. le cardinal Caraffa, qui ne peut avoir de relation qu'avec les Frises, est une autre marque de la sincérité dudit électeur envers Sa Majesté; car, ayant sans doute donné part de ce dessein audit sieur cardinal par le moyen des Frises, dans un temps où il n'y avoit encore aucune liaison d'amitié entre Sa Majesté et Son Altesse Électorale, on voit que, depuis qu'elle est établie, il a voulu faire passer cette négociation en d'autres mains et qui nous sont entièrement confidentes, et c'est là tout ce que Sa Majesté vouloit et avoit intérêt de savoir.

Je tiens Monsieur l'Ambassadeur bien heureux d'avoir acquis, en si peu de temps, la qualité de *disinvolto*, et notamment s'il l'a dans le jugement de Votre Éminence comme dans celui des autres. Je comprends fort bien le sens et toute la force de ce mot, et il me semble que cette *disinvoltura* est la qualité que la cour de Rome a principalement donnée à M. le cardinal Impérial, qui n'est pas un sujet ordinaire, et, puisque je l'ai nommé incidemment, je supplie Votre Éminence que je lui aie l'obligation de me maintenir un peu en ses bonnes grâces.

La reine de Suède m'a fait la grâce de m'adresser de Hambourg un mémoire fort confident des motifs de son voyage et des intérêts qu'elle a en Suède. Je l'ai lu hier à Sa Majesté, qui m'a chargé d'en mander la substance à M. de Pomponne et de lui ordonner de sa part d'appuyer les prétentions de la reine de toute l'efficace des offices de cette couronne et de toute son industrie particulière, le chargeant en outre de rendre compte à la reine de ce qu'il fera et avancera pour son service. Je m'assure que M. le cardinal Azzolin ne sera pas fâché que Votre Éminence l'informe de ces circonstances, si Elle a agréable de le faire.

Cependant je demeure, Monseigneur, de Votre Éminence très, etc.

---

65. — LETTRE DE M. DE LIONNE AU CARDINAL DE RETZ.
(*Sur la manière dont le Roi a accordé son retour en France.*)

Le 7ᵉ août 1666.

MONSEIGNEUR,

Comme je ne manque jamais de lire au Roi toutes les lettres de

LETTRE 65. — Tome XXVI (177), pièce 117, fol. 256.

Votre Éminence, Sa Majesté a vu, dans celle dont Elle m'a honoré le 13ᵉ de l'autre mois[1], les expressions de sa joie et de sa reconnoissance sur la permission qu'Elle lui a accordée de revenir cet automne. Sadite Majesté l'a de nouveau confirmée et en termes, à mon sens, non moins obligeants que l'est la grâce même, car Elle m'a dit ces propres paroles : « Mandez à M. le cardinal de Retz qu'ayant la suffisance qu'il a en me servant avec le zèle qu'il m'a témoigné en ce voyage, je connois fort bien qu'il est impossible que mes affaires ne souffrent quelque chose de son absence de Rome, mais que je sacrifie volontiers cet intérêt à la considération de sa santé, sur la parole qu'il me donne de se rendre à Rome dans vingt jours, dans l'occasion d'un conclave, et sur la confiance que je prends aussi qu'il ne se servira pas même de cette permission de revenir s'il voit la santé du Pape en plus mauvais état. »

Il ne me reste, après cela, qu'à supplier Votre Éminence de croire que j'ai une joie extrême de sa satisfaction, et, après lui avoir souhaité un heureux voyage, l'assurer que personne au monde n'est plus véritablement que moi, Monseigneur, de Votre Éminence très, etc.

---

66. — LETTRE DE M. DE LIONNE AU CARDINAL DE RETZ.

(*Sur ce que le Roi persiste à lui accorder son retour, quoique sa présence à Rome lui fût utile.*)

Le 14ᵉ jour d'août 1666.

MONSEIGNEUR,

J'ai reçu la lettre dont Votre Éminence m'a honoré le 20ᵉ de l'autre mois[1], qui contenoit des avis fort précieux sur la qualité des expressions de M. Roberti en faveur des braves insulaires ses bons amis[2]. Il aura eu aujourd'hui une matière bien agréable d'égayer sa plume ; mais le mal des Hollandois n'est ni si grand qu'il le fera ni malaisé à guérir. Trois semaines de temps et quelque dépense pour réparer leur flotte en feront la raison, et, quant au détail de ce qui s'est passé en ce second combat, je supplie Votre Éminence d'agréer que je m'en remette à ce que j'en mande fort au long à Monsieur l'Ambassadeur.

---

1. Voyez la *lettre* 62 de Retz, p. 288.

LETTRE 66. — Tome XXVI (177), pièce 153, fol. 314.

1. Voyez la *lettre* 63 de Retz, p. 291.
2. Des Anglais.

Je ne dois pas, ce me semble, celer à Votre Éminence la nouvelle obligation qu'Elle a au Roi. Il est venu plusieurs lettres de Rome par le dernier ordinaire, dans le sens de faire connoître à Sa Majesté qu'Elle feroit un très-grand tort de delà au bien de ses affaires si Elle permettoit à Votre Éminence de revenir et qu'il se rencontreroit très-souvent des occasions où Elle feroit grande aute à Monsieur l'Ambassadeur, qui ne manqueroit pas seulement des bons conseils que Votre Éminence lui pouvoit donner, mais des moyens de faire insinuer sous main au Palais, etc. On ajoutoit à cela qu'on ne pouvoit faire un plus grand plaisir au Pape, que le mal d'yeux de Votre Éminence est guéri, et que Sa Majesté, pour l'obliger à s'arrêter à Rome, n'avoit qu'à lui témoigner qu'Elle le croyoit fort important au bien de son service et qu'Elle lui feroit plaisir. Le Roi a tenu bon contre toutes ces remontrances et il se peut dire contre d'aussi fortes tentations, et il s'est expliqué qu'il avoit déjà accordé son retour à Votre Éminence, qu'Elle avoit demandé comme une grâce, et qu'il ne la vouloit pas révoquer pour son intérêt.

Je suis, Monseigneur, de Votre Éminence très, etc.

---

67. — LETTRE DE M. DE LIONNE AU CARDINAL DE RETZ.
(Sur ce que le Roi lui sait gré de ses services.)

Le 27ᵉ août 1666.

MONSEIGNEUR,

M. de Bourlemont me manda, par l'ordinaire précédent, la raison qui m'avoit privé de l'honneur que Votre Éminence a la bonté de me faire. J'en eus toute la semaine l'inquiétude d'un véritable serviteur, jusqu'à ce que sa lettre du 3ᵉ de ce mois [1] m'en a délivré.

Le Roi n'a rien reçu de si particulier ni, ce me semble, si bien fondé, touchant l'état de la maladie du Pape, que ce que Votre Eminence m'a fait la grâce de m'en écrire, et Elle s'assurera, s'il lui plaît, que le secret touchant Domenico Viva sera inviolablement gardé; mais, si on doit ajouter foi à Monsieur le Nonce, qui a, dit-il, reçu des lettres plus fraîches par le courrier de Venise, Sa Sainteté a donné audience à Monsieur l'Ambassadeur et est entièrement guérie. Je ne doute pas de la vérité de l'audience, mais l'autre est plus difficile à croire en si peu de jours.

LETTRE 67. — Tome XXVI (177), pièce 194, fol. 397.
1. Voyez la *lettre* 64 de Retz, p. 299.

Le Roi connoît et a tout le ressentiment que Votre Éminence peut desirer du service important qu'Elle lui a rendu, en ce qu'Elle a ménagé, par son crédit et son adresse, entre Messieurs les cardinaux et Monsieur l'Ambassadeur, et le chiffre de celui-ci nous en apprend une circonstance non moins obligeante qu'extraordinaire. Mais, Monseigneur, à même temps que Votre Éminence fait, avec facilité, de si grands coups pour le service et pour la gloire du Roi, permettez-moi de nous plaindre du malheur qui nous en va bientôt priver.

Je suis, Monseigneur, etc.

68. — LETTRE DE M. DE LIONNE AU CARDINAL DE RETZ.

(*Sur la santé du Pape et la bulle de l'investiture.*)

Le 3e septembre 1666.

MONSEIGNEUR,

J'ai reçu la lettre que Votre Éminence m'a fait l'honneur de m'écrire le 10e du mois passé [1]. Le Roi ne reçoit aucuns avis de Rome, je ne dis pas seulement sur la présente indisposition du Pape, mais en toute autre chose, sur la vérité desquels il fasse tant de fondement que sur ceux qui viennent de Votre Éminence. Et, pour ce qui regarde cette maladie, Sa Majesté est entièrement de l'avis du jugement que Votre Éminence en fait, que l'été on ne devra jamais être surpris de la mort du Pape ni de la continuation de sa vie dans les autres saisons. Votre Éminence tirera de là, s'il lui plaît, la conséquence que, comme nous touchons à la fin de l'été, et qu'Elle ne doit partir que dans l'automne pour revenir, Sa Majesté a approuvé qu'Elle n'ait point discontinué ses visites pour prendre congé du Sacré Collége, et que, par un hasard auquel Elle n'avoit point eu de visée, Elle s'en soit fait un mérite au Palais, *non desperando de Republica.*

Si le Pape a eu l'intention de faire consistoire le samedi que vous me faites l'honneur de me mander, je crois, et particulièrement après l'audience qu'il a donnée à Monsieur l'Ambassadeur, qui devoit précéder toute autre fonction, que nous devons maintenant attendre la promotion au premier relâche que son mal lui donnera. Je me remets, avec sa permission, à Monsieur l'Ambassadeur de lui communiquer les ordres que Sa Majesté lui donne

---

LETTRE 68. — Tome XXVII (178), pièce 5, fol. 13.
1. Voyez la *lettre* 65 de Retz, p. 309.

sur cette matière, je veux dire sur la négociation secrète dont on a toute l'obligation à Votre Éminence.

J'ai fait une note à toutes fins pour se souvenir en temps et lieu de la judicieuse remarque que Votre Éminence a faite de la faute qu'ont commise les Espagnols de laisser signer à M. le cardinal Sforze, comme cardinal, la bulle de l'investiture du royaume de Naples, qui a été donnée à sa réquisition, comme procureur du roi d'Espagne. La particularité de *los ochenta años feos* est très-curieuse et ne peut laisser aucun lieu de douter que celui qui a écrit la lettre n'ait eu un véritable dessein de servir effectivement le personnage dont il parloit plutôt que de lui nuire, comme on l'auroit pu soupçonner du peu de précaution qu'il a apporté[2] à laisser pénétrer sa pensée.

Je suis, etc.

---

69. — LETTRE DE M. DE LIONNE AU CARDINAL DE RETZ.
(*Sur les intérêts de la reine de Suède; et des nouvelles.*)

Le 10° septembre 1666.

MONSEIGNEUR,

J'ai reçu la lettre dont Votre Éminence m'a honoré le 17° du mois passé[1]. Elle peut assurer M. le cardinal Azzolin que le Roi renouvelle, presque par tous les ordinaires, ses ordres à ses ambassadeurs en Suède d'appuyer de toute l'efficace de son crédit et de ses offices les intérêts et les satisfactions de la reine; mais je suis fâché de voir, par les réponses qu'ils ont commencé de me faire, que l'on craint fort à Stockholm que le voyage de Sa Majesté n'ait d'autres fins que celles qui paroissent, et que, par cette raison, ils pourront bien, pour la détourner de passer outre, lui tenir une extrême rigueur sur le fait de l'exercice de sa religion. Quant à la jouissance de ses revenus et la ponctualité des payements, il me paroît jusqu'ici qu'on lui donnera la carte blanche.

Les avis que Votre Éminence donne de l'état de la maladie du Pape continuent à être les meilleurs et les plus particularisés que nous voyons ici, quoiqu'il en vienne de plusieurs différents endroits. Comme nous avançons dans le mois de septembre sans voir paroître de courrier extraordinaire, nous jugeons que la cessation

---

2. Dans le manuscrit, à contre-sens, *apportée*.
LETTRE 69. — Tome XXVII (178), pièce 21, fol. 65.
1. Voyez la *lettre* 66 de Retz, p. 315.

des excessives chaleurs lui aura donné du soulagement et que la promotion doit être faite à présent, ou qu'elle le sera bientôt.

Monsieur le Grand-Duc[2] a dit confidemment à une personne de foi qu'il ne peut se résoudre à croire que la cour de Rome soit assez libérale pour accorder à sa maison un chapeau de cardinal qu'il ne demande pas.

Je suis, Monseigneur, etc.

---

70. — LETTRE DE M. DE LIONNE AU CARDINAL DE RETZ.
(*Sur son départ de Rome.*)

Le 21ᵉ septembre 1666.

MONSEIGNEUR,

Le mauvais état où nous avons cru ici, depuis quelque temps, la santé du Pape m'a obligé à continuer d'adresser à Rome les réponses que je me donne l'honneur de faire aux dépêches de Votre Éminence, mais ses deux dernières, du 24ᵉ et du 30ᵉ de l'autre mois[1], m'apprenant que, sur la convalescence de Sa Sainteté, Votre Éminence s'étoit enfin déterminée à partir après la Notre-Dame, je lui tends cette embuscade, en son passage par la Lombardie, pour lui dire certaines choses que je n'ai osé me dispenser[2] de lui écrire en si forts termes, lorsqu'Elle étoit encore à Rome, dans la crainte que j'ai eue que le zèle qu'a Votre Éminence pour le service du Roi ne lui fît prendre une résolution préjudiciable à sa santé. J'oserai donc maintenant, avec une entière liberté, dire à Votre Éminence, mais sans appréhender autre effet que celui de rendre le témoignage que je dois à la vérité, que je suis persuadé qu'il ne pouvoit arriver plus de préjudice aux affaires que le Roi peut avoir à Rome et en toute l'Italie, ni un plus grand malheur à Monsieur l'Ambassadeur, que le départ de Votre Éminence dans ces conjonctures-ci; que j'en souffrirai beaucoup en mon particulier, ou plutôt Sa Majesté, parce que ses dépêches nous intéressoient et nous éclairoient sur toutes choses; et qu'enfin je prévois, comme infaillible, qu'en mille occasions Monsieur l'Ambassadeur et toutes les affaires se ressentiront beaucoup de son absence. Votre Éminence, si je m'en souviens bien, lorsque j'eus

---

2. Le grand-duc de Toscane.
LETTRE 70. — Tome XXVII (178), pièce 49, fol. 112 et 113.
1. Voyez les *lettres* 67 et 68 de Retz (p. 319 et 323), dont la seconde n'est pas du 30, mais du 31 août.
2. *Dispenser*, dans le vieux sens de *permettre* : voyez *Littré*, 3°.

l'honneur de prendre congé d'Elle, me parla de son voyage comme d'un noviciat qu'Elle alloit faire. Elle l'a si bien accompli qu'il ne se pouvoit rien de mieux, et il en reste tant de satisfaction à Sa Majesté que la vôtre doit être très-grande d'avoir eu occasion, non-seulement de signaler, comme Elle a fait, son zèle et sa capacité, mais de se remettre aussi bien dans son esprit qu'Elle l'a toujours été dans son estime. Au reste, si les imprécations qu'on peut faire contre un mal pouvoient le guérir ou le soulager, nous en avons tant fait ici contre celui que Votre Éminence souffre, que je la puis assurer qu'il y a longtemps qu'Elle en seroit défaite, et que, si mes souhaits étoient d'un assez homme de bien pour être exaucés, Elle verroit bientôt aussi clair qu'un lynx. Votre Éminence me pardonnera, s'il lui plaît, ce transport d'affection qui pourroit, possible, paroître trop peu respectueux. Je lui demande, pour conclusion, la continuation de l'honneur de ses bonnes grâces, que j'ai grande passion de mériter par mes services; mais je les lui demande, au pied de la lettre, sans qu'il y ait rien du courtisan mêlé, l'assurant en échange qu'Elle peut compter sur moi, comme sur le plus assuré et le plus zélé serviteur qu'Elle ait, dont mes actions et ma conduite lui rendront un continuel témoignage.

C'est, etc.

Je crois qu'il seroit bien à propos, si Votre Éminence ne l'a fait, avant son départ de Rome, de tâcher de tirer parole de ses amis, par ses lettres, qu'il ne se traitera rien d'essentiel dans le conclave prochain qu'ils n'aient donné le temps à Votre Éminence d'y entrer, les assurant qu'Elle s'y rendra, comme Elle l'a mandé au Roi, vingt jours après qu'Elle aura reçu l'avis de la mort du Pape. Je demande aujourd'hui à Monsieur l'Ambassadeur, avec grande avidité, de voir la pièce, ce que Votre Éminence me mande avoir fait pour combattre par avance l'écrit de M. le cardinal Pallavicin touchant les promotions des chapeaux dus aux couronnes [3].

---

71. — LETTRE DE LOUIS XIV AU CARDINAL DE RETZ.

Saint-Germain-en-Laye, le 12 novembre 1666.

Mon cousin, je suis bien aise que vous soyez heureusement arrivé chez vous [1], et je souhaite que vous y trouviez le remède à

---

3. Voyez le *Mémoire de Retz sur le Sacré Collége*, n° 69, p. 328-345.
LETTRE 71. — *OEuvres de Louis XIV*, tome V, p. 395.
1. A Commercy.

votre mal : outre l'intérêt que je prends à votre guérison par principe de bienveillance, vous me serviez si bien à Rome que j'aurai beaucoup de satisfaction de vous savoir bientôt en état d'y retourner, en cas de besoin. Comme, en vous permettant d'en partir, j'ai bien voulu préférer votre santé à mon service, je m'assure aussi qu'aux occurrences elle ne sera pas épargnée pour me témoigner votre zèle.

72. — LETTRE DE M. DE LIONNE AU CARDINAL DE RETZ.
(*Sur la relation de la cour de Rome et son écrit des promotions.*)

A Saint-Germain-en-Laye, le 13° novembre 1666.

Monseigneur,

Je n'ai point encore reçu la lettre que Votre Éminence me marque m'avoir fait l'honneur de m'écrire de Bâle [1], et cela m'a épargné toute l'inquiétude, que j'aurois eue très-grande, de sa chute. Les foiblesses que Votre Éminence a eues à Remiremont ne laissent pas de me donner beaucoup de peine, et je la supplie de m'en vouloir tirer en m'apprenant, de temps en temps, la continuation de sa santé.

J'ai lu au Roi, d'un bout à l'autre, la lettre qu'Elle m'a fait l'honneur de m'écrire, à son arrivée à Commercy [2]. Sa Majesté y a pris grand plaisir, et Elle n'avoit point si bien su par les dépêches de Monsieur l'Ambassadeur le véritable état présent de la cour de Rome comme cette lettre le fait voir au naturel. Je vois que l'entière liaison de notre parti avec les cardinaux qu'on appelle de l'Escadron ne recevra pas d'obstacle par l'intérêt du cardinal que ces Messieurs n'aiment pas [3], pourvu que l'on nous assure aussi contre quelque personne dont nous n'avons pas sujet de desirer l'exaltation ; mais, comme le Pape se porte bien et qu'il se voit même clairement qu'il a joué longtemps la comédie, ce sont matières qui peuvent être remises au retour à Rome de Votre Éminence. Cependant Sa Majesté est entièrement entrée dans la pensée de M. le cardinal Trivulce, et Elle s'est expliquée là-dessus, qu'il s'en faut beaucoup que M. le cardinal Grimaldi, quoique avec un

---

Lettre 72. — Tome XXVIII (179), pièce 31, fol. 74 et 75.
1. Voyez, p. 371, la *lettre* 80 de Retz, du 27 octobre.
2. La lettre du 5 novembre, n° 81, p. 372.
3. Le cardinal Farnèse : voyez p. 376.

très-grand mérite, ne soit si propre que le sera Votre Éminence pour agir utilement dans un conclave, en cette partie qui regarde l'union et le concert de la faction françoise avec l'Escadron, qui est sans doute ce qui peut le plus notablement contribuer à la gloire et au bien des affaires de Sa Majesté. Pourvu que Votre Éminence se porte toujours bien, comme je l'espère et le souhaite passionnément, Elle aura tout le temps qu'il faut pour se rendre à Rome, au conclave prochain, avant qu'on ait rien avancé de bien essentiel. Je fais réflexion seulement que son arrivée pourra être retardée de trois ou quatre jours, parce que le Pape vient de gagner, par la feinte longueur de sa maladie, qu'il sera mort il y aura longtemps avant que la cour de Rome le croie.

1666

J'avois demandé, avec grand empressement, à M. le duc de Chaulnes le discours de Votre Éminence sur les promotions, et, l'ayant enfin reçu par le dernier ordinaire, j'en ai fait aujourd'hui la lecture au Roi, qui y a pris un plaisir singulier. Aussi ne se peut-il rien voir de plus fort, ni de mieux couché par écrit, et je ne sais pas ce que M. le cardinal Pallavicin pourra y opposer. J'ai mandé audit sieur duc qu'à moins que Votre Éminence l'eût requis du contraire, il doit en faire courir des copies dans la cour.

S'il arrive que Votre Éminence ait quelque chose à desirer de celle-ci, en quelque nature d'affaires que ce soit, ou pour elle-même ou pour ses serviteurs, Elle peut tout ordonner à celui qui est et qui sera toute sa vie plus qu'aucun autre, Monseigneur, son très, etc.

---

73. — LETTRE DE M. DE LIONNE AU CARDINAL DE RETZ.

(*Pour affaires particulières.*)

Le 11ᵉ décembre 1666.

MONSEIGNEUR,

Je me suis si particulièrement expliqué à ce gentilhomme sur le sujet de sa créance, qu'il seroit fort superflu d'y rien ajouter, n'ayant qu'à me remettre au compte qu'il m'a promis d'en rendre à Votre Éminence et souhaitant cependant avec d'autant plus de passion de voir arriver le temps auquel nous devons jouir du bien de voir ici Votre Éminence, que ce sera, comme je l'espère, un effet du plein rétablissement de sa santé, ce même gentilhomme

LETTRE 73. — Tome XXVIII (179), pièce 84, fol. 225.

m'ayant dit qu'Elle alloit se mettre dans les remèdes, lorsqu'il est parti d'auprès Elle[1].

Mais, Monseigneur, j'ai appris de lui une chose qui m'a infiniment déplu, et sa discrétion faisoit que je la lui ai plutôt arrachée qu'il ne me l'a dite. Il m'a appris que Votre Éminence n'avoit point reçu la réponse que je me suis donné l'honneur de faire à la lettre dont Elle me favorisa à son arrivée à Commercy. Quelle opinion aura eue de moi Votre Éminence? m'aura-t-Elle cru capable de commettre un manquement de cette nature après les protestations que je lui ai faites? J'en suis d'autant plus fâché que je viens de me souvenir, en écrivant, que, dans mon paquet, il y avoit aussi une lettre pour Votre Éminence de la main du Roi[2]. Sans mentir, le gentilhomme qui me rendit alors sa lettre n'a guère d'excuse de n'en être point venu prendre la réponse. Je l'attendis plus de huit jours, et voyant enfin qu'il ne paroissoit point, je dis à mes gens d'envoyer le paquet à la poste. Je m'en vas faire mes diligences pour savoir, de ce côté-ci, ce qu'il peut être devenu, comme Votre Éminence pourra ordonner qu'elles soient faites de delà, et, en tous cas, si je n'ose pas proposer au Roi de se donner la peine d'écrire encore de sa main la même lettre, comme je crois que M. Rose, secrétaire du cabinet, en aura tiré une copie, je lui en ferai faire une autre, certifiée de lui, que j'adresserai à Votre Eminence avec le duplicata de ma lettre, qui l'accompagnoit, si elle n'étoit pas écrite de ma main, dont je ne me souviens pas bien, et ne puis le vérifier que je ne sois à Saint-Germain, où sont toutes mes minutes.

Cependant je demeure, Monseigneur, de Votre Éminence très, etc.

74. — LETTRE DE LOUIS XIV AU CARDINAL DE RETZ.

Compiègne, le 10 juillet 1667.

Mon cousin, vous avez trop contribué à l'heureuse exécution de mes ordres, dans ce dernier conclave, pour ne vous témoigner pas la satisfaction que j'en ai. Ces lignes vous assureront qu'elle ne

1. On voit par la *lettre* 83 de Retz, p. 381, qu'il s'agit de Malclerc.
2. Voyez la note préliminaire de la *lettre* 81, p. 372. Les deux lettres du paquet en retard sont nos deux précédentes, n°s 71 et 72.
LETTRE 74. — *OEuvres de Louis XIV*, tome V, p. 413 et 414. — Voyez la lettre de Retz au Roi, du 20 juin 1667, ci-dessus, p. 405.

peut pas être plus grande, et que vous ne sauriez avoir de recommandation plus agréable auprès de moi que le souvenir du service que vous m'avez rendu en cette rencontre.

---

75. — LETTRE DE M. DE LIONNE AU CARDINAL DE RETZ.

(*Sur la satisfaction qu'a le Roi de sa conduite au conclave.*)

Le 23° jour de juillet 1667.

Monseigneur,

Après les merveilles que Votre Éminence vient de faire pour la création du Pape, que Sa Majesté doit, et toute la gloire qu'Elle en a acquis dans le monde, aux soins principalement et à la dextérité avec laquelle Elle a conduit et porté l'affaire à une heureuse fin, il ne me reste rien à souhaiter, pour ce qui la regarde, que d'apprendre qu'Elle soit de retour en bonne santé, et que Sadite Majesté ait bientôt occasion de lui en témoigner sa reconnoissance. Monsieur l'Ambassadeur, par toutes ses dépêches, ne s'épuise point sur vos louanges, et avec raison, et je n'ai pas laissé ignorer au Roi une particularité, que peut-être il ne savoit pas et que Votre Éminence me fit l'honneur de me dire, lorsque je pris congé d'Elle, qui est qu'Elle avoit sujet, en son particulier, d'être très-mal satisfaite de la manière dont M. le cardinal Rospigliosi avoit vécu avec Elle. Votre Éminence ayant donc sacrifié tous ses sentiments propres aux desseins du Roi, aussi bien là-dessus que sur le sujet de M. le cardinal Barberin, qui l'avoit fort obligée, il est certain que Sa Majesté, autant qu'un souverain peut devoir à son sujet, il le doit tout, en cette occasion, à Votre Éminence ; et quand le plein rétablissement de ma santé me permettra d'aller rejoindre Sa Majesté, je me propose bien de faire de longues et fréquentes commémorations de cette vérité.

Je dois, avant que finir, ce témoignage à M. l'abbé de Machault, qu'il est charmé de l'habileté de Votre Éminence et de toutes ses autres grandes qualités, et qu'il ne tarit point, non plus que Monsieur l'Ambassadeur, quand il traite ce chapitre-là. Il m'a mandé une petite circonstance qui m'a fait de la peine, mais qui ne m'en fera plus, dès que je saurai que Votre Éminence aura pu recevoir cette lettre : il me mande que Votre Éminence avoit trouvé

Lettre 75. — Tome XXXIII (185), pièce 41, fol. 91 et 92.

un peu étrange que j'eusse qualifié pour billet une lettre de vingt et cinq pages qu'Elle avoit écrite du conclave à Monsieur l'Ambassadeur. C'est M. de Chaulnes lui-même qui, par une méchante ironie, m'a fait tomber dans ces inconvénients. Comme le garde de M. de Vendôme ne me trouva plus à Charleroy, mon fils[1] me renvoya toute la dépêche dont il étoit chargé, après l'avoir lue au Roi, à la réserve de la lettre de Votre Éminence, qu'il n'avoit pas encore eu la commodité de faire voir à Sa Majesté. Il me l'a depuis renvoyée, mais, dans cet intervalle de temps, j'écrivis à Monsieur l'Ambassadeur, et parlois de cette lettre comme d'un billet, parce que effectivement je croyois alors que c'en fût un, et me plaignois ne l'avoir pas vu, sur ce que mondit sieur l'Ambassadeur m'avoit mandé qu'il contenoit un avis important.

J'ai envoyé au Roi la lettre dont Votre Éminence m'a honoré du 4ᵉ de ce mois et son billet du 6°[2], afin que Sa Majesté voie avec quels termes de reconnoissance le Pape lui avoit parlé de l'obligation qu'il a à Sa Majesté.

J'envoie cette dépêche droit à Commercy.

Cependant je demeure, avec tout le respect et l'ardeur qu'il est possible d'avoir, Monseigneur, de Votre Éminence très-humble, etc.

76. — LETTRE DE M. DE LIONNE AU CARDINAL DE RETZ.
(*Sur une abbaye que le Roi lui offroit.*)

Le 3ᵉ août 1667.

MONSEIGNEUR,

Votre Éminence aura trouvé, à son arrivée à Commercy, un paquet dans lequel il y a une lettre de la main du Roi et une autre dont j'ai eu l'honneur de l'accompagner[1]. Je reprends maintenant la plume pour avoir le bien[2] de lui dire qu'aussitôt que j'ai appris

---

1. Louis, qui fut marquis de Lionne et de Claveyson, maître de la garderobe du Roi, mort en 1708, à l'âge de soixante-deux ans.
2. Voyez les *lettres* 14 et 15 de Retz, p. 407 et 408.

LETTRE 76. — Tome XXXIII (185), pièce 71, fol. 168. — Cette lettre a été publiée par MM. Champollion dans le *Complément de la vie du cardinal de Rais*, p. 608 et 609.

1. Les deux lettres précédentes 74 et 75.
2. Dans le texte de MM. Champollion, *avoir lieu*; puis *j'appris*; *qu'on m'a dit*; *ledit sieur abbé*; dans l'avant-dernière phrase, *qu'elle desire*, pour *que je devois*; *que je regrette*; *un bon ami*.

la mort de M. l'abbé Charrier, avec une circonstance qu'on me dit, par bonheur dans cette disgrâce, que l'une des deux abbayes qu'avoit ledit abbé venoit de Votre Éminence, laquelle s'en étoit dépouillée en sa faveur, j'en écrivis aussitôt à Sa Majesté, qui se trouvoit alors en marche pour retourner à l'armée, et la réponse que j'en ai eue de Tournay est que Sadite Majesté m'a ordonné de mander, de sa part, à Votre Éminence qu'Elle laisse à sa volonté de disposer de ladite abbaye en telle manière qu'Elle voudra, témoignant même souhaiter qu'elle fût meilleure que peut-être elle n'est, afin de lui faire mieux connoître que tout ce qu'Elle lui a écrit, par sa dernière lettre, sur l'affaire du conclave, est fort véritable et fort sincère. Je ne veux pas finir sans assurer Votre Éminence que j'ai pris toute la part que je devois à la douleur que lui aura causé[e] la perte d'un de ses bons serviteurs, que j'ai regretté encore comme un homme de mérite et mon bon ami.

Cependant je demeure, Monseigneur, de Votre Éminence très, etc.

77. — LETTRE DE LOUIS XIV AU CARDINAL DE RETZ.

Saint-Germain-en-Laye, le 9 mars 1668.

Mon cousin, j'ai vu par votre lettre la joie que vous avez ressentie de l'heureux succès de ma course dans la Franche-Comté[1]. J'avoue qu'il y a quelque chose, pour le choix de la conjoncture et pour la célérité, qui n'est pas tout à fait commune, mais la gloire en est à Dieu seul, qui, connoissant le fond de mon cœur et la justice de ma cause, a voulu me combler de ses grâces dans cette expédition.

78. — LETTRE DE LOUIS XIV AU CARDINAL DE RETZ.
(*Pour qu'il se rende au plus tôt à Rome.*)

Le 10ᵉ décembre 1669.

Mon cousin, il arriva avant-hier de Rome un courrier que le

LETTRE 77. — *OEuvres de Louis XIV*, tome V, p. 424 et 425. — Nous n'avons pu trouver la lettre de Retz au Roi sur la conquête de la Franche-Comté.

1. On sait avec quelle rapidité, en dix-sept jours au plus, et par quel rude hiver (février 1668) Louis XIV s'empara de la Franche-Comté.

LETTRE 78. — Tome XLVII (201), pièce 104, fol. 296. Minute de la main

—'sieur de Bourlemont m'avoit dépêché, pour me faire savoir que, le 29° du mois passé, notre Saint-Père le Pape fut de nouveau attaqué d'un accident si violent et si dangereux, après quelques autres qui avoient déjà épuisé toutes ses forces, qu'on lui porta le même jour la communion pour le viatique; et, du lendemain 30°, ledit sieur Bourlemont mande qu'à dix-huit heures d'Italie[1], qui est le temps auquel le courrier partoit, tous les médecins ne donnoient plus, par leur jugement, que quelques heures de vie à Sa Sainteté, sans qu'il restât la moindre ombre d'espérance humaine à la[2] pouvoir sauver, dont je ressens un très-sensible déplaisir. C'est ce qui m'oblige à vous faire cette lettre, que j'envoie par un courrier exprès, pour vous dire tout ce que je me promets de votre zèle pour le bien de mon service, dont vous me donnâtes de si bonnes preuves et avec tant d'application et d'habileté au dernier conclave, que vous vous mettrez en état de continuer à me les donner encore en celui de l'élection du nouveau pape; et que, pour cet effet, aussitôt que vous aurez reçu cette dépêche, vous vous mettrez en chemin pour aller audit conclave, avec le plus de diligence qu'il vous sera possible, surmontant, par la considération de mon service, toutes les difficultés qui pourroient s'opposer à ce dessein, pour l'exécution duquel je veux espérer que Dieu vous donnera les forces et toute la santé nécessaire. Au surplus, je vous assure que je vous saurai tout le gré que vous-même sauriez desirer de ce service agréable et si important que vous m'aurez rendu. Et je prie Dieu qu'il vous ait, etc.

---

79. — LETTRE DE M. DE LIONNE AU CARDINAL DE RETZ.
(Sur le même sujet.)

Le 10° décembre 1669.

MONSEIGNEUR,

Votre Éminence verra, par la lettre que le Roi lui écrit[1], avec

de Lionne. — Cette lettre a été publiée par MM. Champollion, p. 609 et 610. — Voyez la réponse du Cardinal, ci-dessus, p. 418, n° 19.

1. Vers 10 heures du matin : voyez p. 398, note 11. Le soleil se couche, à la fin de novembre, à 4 heures et quelques minutes.

2. Dans le texte Champollion, *le*; trois lignes plus loin, *dire que*; puis *d'un nouveau pape*; *par cet effet*; dans la phrase tronquée de la fin, *Et sur ce je prie Dieu qu'il vous ait, mon cousin*....

LETTRE 79. — Tome XLVII (201), pièce 105, fol. 297. — Le premier paragraphe a été reproduit par MM. Champollion, p. 610.

1. La lettre précédente, n° 78.

quelle passion il souhaite² qu'Elle se trouve au conclave de l'élection du nouveau pape, et il seroit bien superflu que je prisse la liberté d'y rien ajouter. Je dirai seulement que je vois que je porterai une nouvelle fort agréable à Sa Majesté quand la réponse de Votre Éminence m'aura donné lieu de l'assurer qu'Elle se soit promptement mise en chemin.

Sa Majesté fait partir, en même temps, MM. les cardinaux Grimaldi et de Bouillon et envoie aussi M. le duc de Chaulnes avec la qualité d'ambassadeur extraordinaire, mais sans équipage, comme devant revenir dès que le Pape sera élu, et ce sera par ledit duc que Votre Éminence apprendra les intentions du Roi. M. le cardinal Grimaldi, à ce qu'on croit, aimera mieux aller en litière que de prendre la voie de la mer, et je crois que les deux autres, qui partiront ensemble, s'embarqueront sur des galères du Roi plutôt que de prendre la poste, dont, par diverses raisons, Elles ne supporteroient pas facilement la fatigue.

Je demandai hier au soir à M. de Hacqueville³ s'il ne savoit point la pensée de Votre Éminence sur la route qu'Elle aimeroit mieux prendre, ou de la Suisse ou de la mer. Il m'a dit qu'il n'en savoit rien. Si c'étoit la dernière, il seroit, ce me semble, nécessaire qu'Elle fît savoir, à Lyon, à ces autres Messieurs en quel temps, et, s'il étoit possible, le jour auquel Elle pourroit s'y rendre ou à Marseille, et cependant qu'il lui plût m'avertir, par le retour de ce courrier, de la résolution qu'Elle aura prise.

Sa Majesté a donné ordre au payement d'une année de sa pension, et j'ai déjà entre mes mains un billet de M. Colbert pour la faire payer par M. de Bertillac à M. de Hacqueville, que je fais chercher pour le lui remettre.

Le Pape fit, le 29°, après avoir eu la communion pour viatique, une promotion de huit cardinaux (Donghi⁴ étoit mort deux jours auparavant), étant dans son lit et ayant tenu le consistoire dans sa chambre. Sa Sainteté, après avoir demandé pardon au Sacré Collége de ses manquements et l'avoir exhorté à élire le sujet qu'ils croiroient être le plus digne, Elle dit qu'Elle avoit estimé à propos de remplir toutes les places vacantes, et nomma Porto-Carrero, Espagnol, Acciaioli, auditeur de la chambre, Buonacorsi, trésorier, Pallavicini, doyen, Cerri, doyen de la Rote, Altieri, son maître de

---

2. Dans le texte Champollion, *Elle* (pour il) *souhaite; Je lui dirai.*
3. L'abbé de Hacqueville ou d'Hacqueville, conseiller du Roi, avait été camarade de collége du cardinal de Retz et demeura son ami. Il mourut en 1678. Voyez à son sujet les *Lettres de Mme de Sévigné, passim.*
4. Voyez p. 238, note 12.

chambre, Nerli, secrétaire des Brefs et archevêque de Florence, et
1669 le P. Bona, feuillant, Savoyard et bon théologien.

Aquino, Napolitain, a été fait auditeur, Gastaldi trésorier, Bichi, Negroni et Costaguti, clercs de chambre, et Rondanini auditeur de Rote.

Je suis toujours, avec mon respect et ma passion accoutumée, Monseigneur, de Votre Éminence très, etc.

Je⁵ supplie Votre Éminence, dans une intime confidence et avec une confiance entière, que je sais de pouvoir prendre en sa bonté, que, si l'abbé de Machault s'adressoit à Elle pour la supplier de vouloir bien qu'il eût l'honneur d'être l'un de ses conclavistes, Elle ne lui accorde pas cette grâce, à moins qu'il ne lui parût (ce que je ne crois pas qui arrive) que le Roi lui-même le desirât. C'est un garçon qui en a usé si mal avec moi depuis quelque temps et si mal reconnu les obligations qu'il m'avoit, que je serois fâché que Votre Éminence s'exposât à être quelque jour payée d'une pareille ingratitude.

Je viens de donner le billet à M. de Hacqueville.

---

80. — LETTRE DE LOUIS XIV A CHACUN DES CARDINAUX [1].

(*En créance sur le duc de Chaulnes.*)

Le 12° décembre 1669.

Mon cousin, dès que j'ai appris la mauvaise nouvelle de la dangereuse maladie de notre Saint-Père, j'ai pris la résolution de renvoyer à Rome, en toute diligence, mon cousin le duc de Chaulnes, pair de France, commandeur de mes ordres, mon lieutenant général au duché de Bretagne et lieutenant de la compagnie des chevaux-légers (*sic*) de ma garde, en qualité de mon ambassadeur extraordinaire, espérant néanmoins de la bonté divine qu'elle n'aura pas voulu donner ce nouveau châtiment à la Chrétienté de la priver si tôt d'un si digne chef. Mais, comme nous ne pouvons savoir si nous aurons mérité ce grand bien et si Dieu voudra nous

---

5. Ce post-scriptum est précédé, en marge, du mot *Apostille*.

LETTRE 80. — Tome XLVII (201), pièce 120, fol. 340. Minute de la main de Lionne.

1. Aux cardinaux de Retz, Grimaldi et de Bouillon. C'est du moins ce que semblent dire les mots : « à chacun des cardinaux »; mais on pourrait conclure du second paragraphe de la pièce suivante que la lettre ne fut pas envoyée au cardinal de Bouillon.

en laisser jouir longtemps, j'ai donné, à toutes fins, mes ordres à mondit cousin de faire entendre à tout le Sacré Collége les sincères intentions que j'ai pour l'élection de son successeur, et combien je souhaite de pouvoir contribuer à faire qu'elle soit purement dirigée à la gloire et à l'avantage du Saint-Siége et au bien de notre sainte religion : sur quoi et en toute autre chose vous pourrez donner entière créance à mondit ambassadeur, et particulièrement quand il vous assurera de mon affection et singulière estime.

Sur ce je prie Dieu qu'il vous ait, etc.

---

81. — MÉMOIRE DU ROI POUR SERVIR D'INSTRUCTION AU SIEUR DUC DE CHAULNES, PAIR DE FRANCE, S'EN ALLANT EN QUALITÉ DE SON AMBASSADEUR EXTRAORDINAIRE A ROME.

[Du 22ᵉ décembre 1669.]

Le Roi ayant appris, par une dépêche du sieur de Bourlemont, du 30ᵉ novembre, l'extrémité de la maladie de Notre Saint-Père le Pape, lequel avoit, dès le jour précédent, communié pour viatique, et, deux heures après, créé dans son lit huit cardinaux et fait au Sacré Collége assemblé dans sa chambre une exhortation sur l'élection de son successeur, en même temps que Sa Majesté a été touchée d'un très-sensible déplaisir de la perte qui paroît inévitable d'un si grand et si bon pape, qui l'a comblée de tant de grâces dans le cours de son pontificat, Sadite Majesté s'est d'abord appliquée aux affaires du prochain conclave et à la nouvelle élection, pour y avoir la gloire et la part qui est due au fils aîné de l'Église dans une action de tant d'éclat et si importante au bien de toute la Chrétienté.

La première résolution qu'Elle a prise a été d'envoyer ses ordres à MM. les cardinaux Grimaldi et de Retz, et de les donner ici à M. le cardinal de Bouillon, de se mettre, sans aucun délai, en marche pour aller à Rome, avec la plus grande diligence que l'état de leur santé leur pourroit permettre, et y entrer dans le conclave, lequel probablement sera déjà fermé et où ils trouveront les autres cinq cardinaux de son parti, Este, protecteur des affaires de France, Antoine Barberin, Ursin, Maidalchini et Mancini.

Sa Majesté ayant ensuite considéré que souvent la puissance

Lettre 81. — Tome 204 (Supplément), pièce non numérotée, fol. 202-209. Minute de la main de Lionne. — Pour la date, voyez ci-après la note 3.

d'un parti ne consiste pas tant au nombre ni même au zèle ou à l'habileté de chacun de ceux qui le composent, qu'à la bonne intelligence et à l'union qu'ils gardent entre eux, et plus encore au choix de la personne qui les doit diriger du dehors, a cru que, dans tout son royaume, il n'en pouvoit faire de meilleur, ni même de beaucoup près approchant, pour cet emploi-là du dehors, qu'en envoyant, une seconde fois, à Rome ledit sieur duc de Chaulnes, avec le même caractère de son ambassadeur extraordinaire, pour l'occasion de ce conclave-ci. Sa capacité en toutes sortes d'affaires, son adresse qui lui fit bientôt acquérir tout crédit sur l'esprit du pape Clément IX°, la connoissance qu'il a plus récente et plus parfaite qu'aucun autre de la cour de Rome, des intérêts et inclinations de tous ses principaux sujets, l'étroite amitié qui est entre le cardinal Rospigliosi et lui, les mesures qu'il a prises, et qu'il n'est pas besoin de répéter ici, avec les cardinaux Chigi et Azzolin pour une occurrence pareille à celle dont il est question, l'expérience qu'il s'y est acquise par une si glorieuse épreuve dans le dernier conclave, et enfin la croyance qu'auront en lui tous les cardinaux serviteurs du Roi, sont toutes raisons qui ne laissent pas douter un instant de l'incomparable prudence de Sa Majesté dans le choix qu'Elle a fait dudit duc. Aussi se promet-Elle de son voyage un succès infailliblement très-avantageux à sa gloire et à son service, pourvu qu'il ait le temps d'arriver avant que l'élection du nouveau pape ait été faite. Et, à dire vrai, quand on considère que le parti de Sa Majesté, par l'entrée des trois autres cardinaux françois dans le conclave, s'y trouvera aussi puissant en nombre que l'est le vieux Collége pour son chef le cardinal Barberin, il semble que Sa Majesté n'avoit plus à désirer que la parfaite union et la bonne direction de son parti, qui sont, à la vérité, deux grands effets, mais qu'Elle a tout sujet d'attendre du voyage dudit duc, pour faire que Sadite Majesté non-seulement soit maîtresse des exclusions en se rangeant à propos à d'autres partis qui auroient le même intérêt de les faire, mais même qu'aucune inclusion[1] ne puisse réussir sans que sa faction y ait eu la principale part.

L'unique fin que le Roi se propose dans cette occurrence et à laquelle Sa Majesté desire que ledit sieur duc recommande aux cardinaux ses serviteurs de faire tendre toutes leurs actions, c'est qu'il se puisse faire une élection désintéressée et qui n'ait d'autre égard que celui du service du Roi, de son Eglise et du bien public, et enfin que l'on puisse avoir un pape dont les intentions soient détachées

---

1. Comparez Saint-Simon, tome XI, p. 251, édition de 1873.

de toute passion particulière, qui aime la justice, l'avantage du Saint-Siége, ait les sentiments d'un vrai père commun, qui connoisse la sincérité et la piété de ceux du Roi pour l'avantage de la religion, et lequel enfin, ayant toutes les parties requises pour être aimé, estimé et honoré des princes chrétiens, puisse régir et gouverner ladite Église avec fruit et édification de tous les fidèles, et s'employer efficacement et utilement pour la défense de la Chrétienté contre l'ennemi commun.

La France, en tout temps, a été bien éloignée de ces prétentions d'esclavitude[2] où d'autres nations ont toujours voulu tenir les papes : personne n'ignore les mauvais traitements qui leur ont été faits et par qui, quand ils n'ont pas voulu accorder leurs demandes, toujours réglées sur leur intérêt particulier et peu souvent par la raison.

Le Roi ne veut rien d'injuste ni d'extraordinaire : aussi ne desire-t-il de voir assis dans la chaire de Saint-Pierre qu'un homme de bien qui ait les intentions droites et assez de force pour les mettre à fin, et, en ce cas-là, il n'y a respect et soumission filiale que Sa Majesté ne lui rende très-volontiers, comme à un bon père, ni bien et avantage qu'Elle ne soit ravie de procurer non-seulement au Saint-Siége et à l'Église, mais aux parents mêmes de Sa Sainteté ; enfin Sa Majesté ne souhaite autre chose si ce n'est que le pape qui sera élu puisse connoître véritablement le fond des cœurs et des intentions des uns et des autres, parce que, cela étant, Elle ne peut pas douter qu'Elle n'en soit toujours traitée en vrai fils aîné de l'Église, comme Elle l'est.

Sadite Majesté, à l'imitation de ses prédécesseurs, ne prétend point violenter, par moyens illicites, les suffrages du Sacré Collége ni empêcher, en quoi que ce puisse être, la liberté du conclave ; au contraire, Elle sera toujours prête, s'il en étoit besoin, d'envoyer ses forces pour établir et protéger cette liberté.

Ledit sieur duc aura soin d'assurer les créatures du pape Urbain VIIIe, et de le leur faire encore confirmer par M. le cardinal Antoine, que le Roi, qui conserve toujours une vénération particulière pour la glorieuse mémoire de ce digne Pape, desire qu'une d'entre elles puisse être élevée au pontificat, et qu'il les appuiera tous pour cela de son crédit, estimant beaucoup leur mérite et s'assurant qu'ils suivront volontiers l'exemple que leur

---

2. Le mot est bien *esclavitude* dans la minute de Lionne. C'est la forme espagnole *esclavitud ;* en italien *schiavitù, schiavitudine.* On ne trouve ce terme ni dans Richelet, ni dans Furetière, non plus que dans aucune des éditions du *Dictionnaire de l'Académie française.*

bienfaiteur leur a donné de chérir et considérer cette couronne par-dessus toutes les autres.

En même temps, ledit sieur duc fera entendre par quelque moyen aux cardinaux de la faction pamphilienne qu'encore que Sa Majesté n'ait aucune obligation à la mémoire d'Innocent X° ni aucun sujet d'être satisfait de son pontificat, néanmoins cette considération n'a fait aucun préjudice à ses créatures auprès de Sa Majesté, laquelle est très-bien informée que ledit pape Innocent auroit beaucoup mérité de l'Église s'il s'étoit aussi bien acquitté du devoir d'un bon pape en toute autre chose qu'il l'a fait dans les promotions de cardinaux, ayant toujours élevé les sujets qui notoirement, dans la cour de Rome, en étoient alors reconnus pour les plus dignes, et partant que Sa Majesté ne consentira pas seulement à leur exaltation, mais la favorisera aussi, de très-bon cœur, aux occasions qui s'en offriront dans le conclave.

Pour la faction du cardinal Chigi, ledit sieur duc prendra soin aussi de leur donner ou faire donner les mêmes assurances de bonne volonté de la part du Roi, et qu'il ne tiendra pas à Sa Majesté que le nouveau pape ne soit élu dans leur corps, Sadite Majesté estimant beaucoup le mérite de tous et voulant bien concourir de son autorité à leur exaltation, selon les occasions qui pourront s'en présenter.

Le pape Clément IX°, que Sa Majesté souhaite avec passion que Dieu veuille avoir conservé encore quelque temps[3] pour le bien de toute la Chrétienté, a vécu avec Elle d'une manière et lui a fait et à sa couronne tant de grâces de toute nature que Sa Majesté ne croit pas en pouvoir jamais assez témoigner de reconnoissance envers le cardinal et toute la famille Rospigliosi. Quand, après tous les divers indults accordés, que tous les autres papes avoient refusés et dont la France, dans la suite des temps, retirera tant d'avantages, Sa Sainteté eut encore la bonté d'avancer la promotion de M. le cardinal de Bouillon et, par ce moyen, non-seulement se priver d'un chapeau qu'Elle pouvoit donner à l'un de ses propres neveux ou à quelque autre de ses créatures, mais en perdre aussi un second qu'Elle se crut obligée de donner à l'Espagne en même temps, pour avoir lieu de contenter en cela Sa Majesté, sans se départir des termes d'un bon père commun entre ses deux premiers et plus chers enfants, Sa Majesté, avec beaucoup de justice,

---

3. On voit par ce passage que ce mémoire, qui a pour date d'envoi, d'une autre main que celle du ministre, le 22 décembre, a été rédigé dans un temps où l'on savait déjà, il est vrai, que la mort du Pape, qui eut lieu le 9, était imminente, mais où l'on n'en avait pas encore la nouvelle expresse et définitive.

ordonna au sieur de Lionne d'écrire, de sa part, au cardinal Rospigliosi que, bien loin qu'en obtenant du Pape cette grâce il eût perdu deux chapeaux comme il paroissoit dans le public, Elle vouloit que le cardinal en eût gagné huit à son entière dévotion, parce que, en toutes les occasions de conclave, la faction de Sadite Majesté auroit un ordre précis et indispensable de s'attacher inséparablement à toutes ses volontés et à tous ses intérêts dans l'élection des papes. Ledit sieur duc de Chaulnes renouvellera la même parole audit cardinal, ou, s'il est déjà enfermé dans le conclave, la lui fera renouveler par les cardinaux de Retz et de Bouillon quand ils y entreront, et ne se contentera pas de ce compliment, mais accomplira, par des effets réels, cette promesse, autant qu'il sera en son pouvoir, d'autant plus que, dans l'élection d'un pape, l'intérêt du Roi n'est pas si grand de voir exalter un sujet plutôt qu'un autre, qu'il ne puisse facilement, et sans se faire aucun préjudice de considération, sacrifier cet intérêt-là à ceux que se trouvera avoir la famille Rospigliosi, soit pour sa gloire, soit pour son avantage ou pour sa sûreté.

De tout le contenu en ce dernier article ledit sieur duc pourra conclure combien Sa Majesté souhaite que le nouveau pape soit plutôt élu dans la faction du cardinal Rospigliosi que dans aucune des autres, par le seul égard qu'Elle a aux avantages dudit cardinal, et qu'ainsi rien ne sauroit être plus sincère que le compliment que ledit sieur duc fera là-dessus à ses créatures[3], dont heureusement deux ou trois sujets se trouvent fort papables[4], comme on dit, et par leur mérite et par leur âge et par leurs emplois passés.

Le Roi persiste encore dans la même résolution qu'il prit, sur le sujet du dernier conclave, de ne faire l'exclusion formelle et ouverte à aucun cardinal que le plus grand nombre des autres veuille exalter. Ledit duc en verra les raisons bien étendues dans les instructions qui lui furent données alors. Ainsi Sa Majesté ne le charge point, ni les cardinaux de sa faction, de se déclarer contre l'avancement de qui que ce soit, ni de l'empêcher formellement en son nom; bien pourront-ils demeurer neutres et indifférents, et faire même des pratiques secrètes pour cela, quand il sera question de tenir éloigné du pontificat quelque sujet qui ne sera pas jugé si capable ou pour qui Sa Majesté n'aura pas tant d'inclination que pour d'autres, afin de tâcher après de faire tomber l'élection sur les plus dignes, car autre chose est d'exclure ouvertement et

---

3 Aux créatures du cardinal Rospigliosi.

4. De l'italien *papabile*, « propre à être élu pape ». Douze lignes plus loin, il y a bien *capable*.

autre ne pas courir d'abord indistinctement à favoriser et vouloir exalter ceux pour qui l'on aura commencé des pratiques, qui est un terme de conclave.

Il n'y a que le seul cardinal Barberin que le Roi excepte de cette règle générale, pour les raisons qu'il seroit fort superflu d'étendre ici, puisque ledit sieur duc en est assez informé; mais, en même temps que Sa Majesté lui ordonne de faire, en son nom, ouvertement l'exclusion audit cardinal, si le besoin en arrivoit, Sa Majesté croit ne le charger en cela d'aucun poids qui lui puisse donner de la peine ou de l'inquiétude, ce cardinal s'étant lui-même formé tant d'obstacles, pendant la longue durée du pontificat de son oncle, et, depuis encore, par la querelle qui arriva entre le prince de Palestrine et don (sic) Augustin Chigi, que l'on peut croire, presque avec certitude, que, dans tout le Collége, si on faisoit une véritable pratique pour lui, il ne se trouveroit pas six cardinaux qui voulussent lui donner leur suffrage.

Il y a un autre cardinal, qui est d'Elci, que le Roi croit avoir intérêt de tenir éloigné du pontificat, non que Sa Majesté ait aucun sujet réel de se plaindre de lui et de sa conduite ni d'aucun de ses proches, mais pour diverses circonstances dont un très-grand concours semblent[5] obliger Sa Majesté, et par prudence et même pour sa réputation, à ne pas desirer, voire à ne pas souffrir qu'il soit exalté. Il est fils du comte Orso, autrefois principal ministre du Grand-Duc dans sa minorité, notoirement connu pour avoir été plus autrichien, pendant toute la durée de son crédit, que les Espagnols naturels même; le cardinal son fils a été imbu et élevé dans les mêmes maximes du père et toujours été pensionnaire des Espagnols et l'est encore aujourd'hui, a été nonce à la cour de l'Empereur, doit son élévation à la continuelle protection que lesdits Espagnols lui ont donnée et est le sujet du Sacré Collége qu'ils souhaitent de voir exalté, préférablement à tous les autres; il n'a jamais pris, ni ses parents, aucunes mesures avec le Roi que par quelques compliments généraux, faits de temps en temps à ses ambassadeurs; il est souhaité aussi, en premier lieu, et du Grand-Duc et du cardinal Chigi; et enfin, quand il sera élu pape, personne dans le monde ne croira que la France y ait sincèrement concouru, quand elle l'auroit voulu faire, et, par cette raison, il n'entre pas seulement en ceci de l'intérêt de Sa Majesté, mais de sa propre réputation.

Il y a grande apparence, par toutes les considérations qu'on vient de toucher, que ceux qui voudront porter ce sujet au ponti-

---

5. Le verbe est au pluriel par accord avec le sens du sujet collectif.

ficat y feront tous leurs efforts, avant l'arrivée dudit sieur duc et
des trois cardinaux françois, sur la crainte qu'ils auront que le 1669
Roi ne lui veuille faire une exclusion ouverte, et partant que, si
ledit cardinal n'est pas élu dès les premiers jours du conclave, le
plus grand péril de cette élection sera passé quand ledit duc arrivera. La prudence requerra néanmoins qu'il soit toujours bien
alerte pour savoir ce qui se passera sur son sujet et en sa faveur,
et le traverser, sous main, autant qu'il sera en son pouvoir.

Une personne bien intentionnée et habile a mandé ici que, pour
exclure ledit cardinal d'Elci fort certainement, il suffira que le
ministre du Roi fasse dire à l'oreille du cardinal Chigi que Sa
Majesté ne desire pas son élévation, et qu'après cela celui-ci n'oseroit passer outre. Le Roi remet à la prudence dudit duc de
pratiquer ce moyen, s'il le juge à propos, ou tout autre qu'il estimera plus propre pour ruiner ses espérances, sans paroître. Mais,
à toute extrémité, Sa Majesté lui donne l'ordre et le pouvoir de lui
faire, à son nom, une exclusion ouverte, en cas qu'il puisse former
un parti qu'il connoisse assez fort pour la soutenir par le nombre
de suffrages qu'il faut nécessairement pour une exclusion, et ce
parti-là ne paroît pas malaisé à former, pourvu qu'on ne soit pas
d'abord emporté comme par un torrent, parce que tous les vieux
cardinaux et tous les autres prétendants ne manquent jamais de se
joindre, de bonne foi et avec plaisir, à quiconque se rend chef
d'une exclusion.

Après la matière des exclusions, doit suivre celle des inclusions.

Le premier en rang que Sa Majesté souhaiteroit de voir élevé
au pontificat est M. le cardinal Albizzi, intime ami et confident de
feu M. le cardinal Mazarin, personnage de grande érudition, fort
habile, et adroit à traiter les plus grandes affaires, qui a reçu secrettement, depuis quelque temps, toutes les années, des bienfaits du
Roi, homme résolu, actif et hardi, de grande vigueur et force
d'esprit. Les difficultés de son exaltation seront vraisemblablement
grandes, tant parce qu'il a des ennemis particuliers que sa liberté
de parler lui a faits, qu'à cause qu'ayant autrefois été marié, il se
trouve avoir bon nombre d'enfants et par ce aussi que, pour l'ordinaire, le Collége, en général, ne se porte guère à élever un homme
ferme et hardi ; mais il peut arriver des conjonctures, et particulièrement dans la lassitude de la longueur d'un conclave, là où
le parti du Roi le pourra peut-être servir utilement. Du reste,
les cardinaux serviteurs de Sa Majesté doivent se conduire en cela
comme ledit cardinal Albizzi, ou lui-même ou par ses amis, leur
fera dire qu'il le souhaite. Cependant ledit sieur duc de Chaulnes,
à son arrivée à Rome, ne manquera pas d'informer ou de faire

informer par quelque moyen ledit cardinal de ce grand effet de l'affection et de l'estime de Sa Majesté, qui l'a mis à la tête de ceux qu'Elle souhaite de voir assis dans la chaire de Saint-Pierre.

Le second en rang est *M. le cardinal Bonvisi*, la plupart de ses ancêtres et de ses parents ayant suivi le parti de France et s'y étant avancés dans des charges, et le cardinal ayant toujours témoigné la même inclination, étant d'un esprit doux, aimé de tout le monde, hors du cardinal Barberin, qui est encore une raison pour lui souhaiter cet avantage, l'abbé son neveu ayant pris des mesures, et ici au temps de la légation du cardinal Chigi et depuis avec ledit sieur duc, et connoissant très-bien d'ailleurs que son oncle ne peut parvenir au pontificat que par l'obligation qu'il aura à Sa Majesté d'en avoir tenu éloigné le cardinal d'Elci.

Il est pourtant vrai de dire que le plus grand obstacle qui se trouvera à l'exaltation dudit cardinal Bonvisi, généralement aimé et estimé de tout le Sacré Collége, sera celui que lui forme son propre neveu, dont la cour de Rome craint l'humeur fière, jointe à une habileté non médiocre, et qu'elle a remarqué[6] qu'il fait profession des maximes de Tacite et Machiavel, dont, assez imprudemment, il cite souvent des passages qu'il applique aux sujets dont il parle.

Cependant le cardinal Chigi, qui a aujourd'hui la faction la plus nombreuse, s'expliquant, comme on dit et comme il est d'ailleurs à présumer, qu'il ne sortira point, en ce rencontre, de ses créatures, et de celles-ci ne s'en trouvant que trois qui soient bien papables, Elci, Bonvisi, et Vidoni[7], toutes les autres ayant de très-fortes exclusions, comme le Roi ne souhaite pas le premier, qu'il sera très-malaisé, par la raison qu'on vient de dire, de porter le second au pontificat, il semble que Vidoni, seul de cette faction-là, est celui qui pourra le plus aisément réussir, d'autant plus qu'il ne paroît pas encore qu'il ait aucuns parents. Il est Crémonois, à la vérité, et, par conséquent, né sujet de la couronne d'Espagne ; mais ce n'est pas une raison qui doive retenir le Roi de concourir à son exaltation, non plus qu'à celles de Litta et de Brancaccio, si l'occasion s'en offroit ; car les Espagnols ont pour maxime, depuis le mal qu'ils reçurent du pape Paul IVe, qui étoit Napolitain, d'exclure plutôt que de porter au pontificat les Italiens sujets de

---

6. Tel est bien le texte ; la construction est incorrecte, mais le sens fort clair. Le rapport à l'antécédent *neveu* serait mieux marqué par le tour archaïque : « et qu'elle a remarqué qui fait profession.... »

7. Pierre Vidoni, de Crémone, évêque de Lodi, promu cardinal, en 1660, par Alexandre VII, mort en 1680. Les autres cardinaux nommés dans le Mémoire ont leurs notes plus haut.

leur monarchie. D'ailleurs le cardinal Vidoni, dans sa nonciature
de Pologne, s'attacha entièrement à la feue reine de Pologne[8] et à
suivre si bien en toutes choses ses sentiments, même à l'égard de
la France, qu'il s'attira par là plusieurs mortifications du feu pape
Alexandre. Sa Majesté desire donc, comme Elle l'a déjà fait entendre,
depuis un mois, par une voie secrète, audit cardinal, que ledit sieur
duc le serve efficacement et utilement, si l'occasion s'en présente,
et qu'il lui fasse confirmer la même chose par les autres moyens
qu'il en pourra trouver. Mais, parce qu'il ne seroit pas à propos
de restreindre l'inclusion à ces trois sujets seulement, se pouvant
rencontrer de très-grands obstacles à l'élection de chacun d'eux,
Sa Majesté déclare qu'entre toutes les créatures du cardinal Rospigliosi,
Elle sera très-aise aussi de l'élévation de MM. les cardinaux Brancaccio,
Ginetti, Carpegna, Celsi et Litta. On fera remarquer,
en passant, audit sieur duc que Bonelli[9] et Spada ne sont
pas crus fort amis de la France, et que le premier se laisseroit entièrement
gouverner par le cardinal Impérial, et le second est tout
dépendant du cardinal Barberin.

La principale visée que ledit sieur duc se doit proposer est de
tenir le parti du Roi bien uni et d'empêcher surtout qu'il n'arrive
aucun différend entre M. le cardinal d'Este et M. le cardinal Antoine,
faire que celui-ci ne communique en rien avec le cardinal
Barberin[10], et ne dire rien au cardinal Ursin qu'on ne veuille pas
que le Grand-Duc sache, et, sur toutes choses, qu'aucune élection
ne se fasse où il ne paroisse pas que le parti du Roi ait eu la part
qui est due à Sa Majesté et, s'il est possible, la principale gloire.

Si l'élection se trouvoit faite avant que ledit sieur duc arrivât à
Gênes, Sa Majesté trouve bon qu'il revienne de là sans passer outre;
si cette nouvelle le trouvoit plus avancé que Gênes, Elle croit à
propos qu'il poursuive son voyage, prenant prétexte d'aller se
réjouir, au nom du Roi, avec le nouveau pape, mais en effet pour
établir, pendant quelques jours, la bonne correspondance entre Sa
Sainteté et Sa Majesté. Quant à son retour, Sa Majesté se remet
purement audit sieur ambassadeur de revenir dès qu'il aura fait ce
qu'on vient de dire....

8. Marie-Louise de Gonzague : voyez p. 275, note 42.
9. Charles Bonelli, arrière-neveu du pape Pie V, archevêque de Tarse, puis
de Corinthe, promu cardinal, en 1664, par Alexandre VII, mort en 1676.
10. Antoine Barberin, de la faction de France, était frère, nous l'avons dit
(voyez p. 123, notes 6 et 7), de François dit le cardinal Barberin.

82. — LETTRE DE LOUIS XIV AU DUC D'ESTRÉE.

(*Sur la démission du cardinal de Retz.*)

Du 3e juin 1675, au camp de Laten [1].

Mon cousin, comme j'avois reçu vos dernières dépêches par des courriers extraordinaires, l'ordinaire qui est arrivé depuis ne m'en a point apporté. Vous verrez par les lettres du cardinal de Rais, que je vous envoie, ce qui me donne aujourd'hui sujet de vous écrire. Il s'étoit déclaré à moi, il y a déjà quelque temps, du dessein qu'il avoit pris d'achever le reste de sa vie dans la solitude, et, en s'éloignant du monde, de renoncer à la dignité de cardinal. Je n'ai pu, ainsi qu'il l'a voulu, ne pas approuver une si pieuse résolution, et, quoiqu'il diminue en cette sorte le nombre des cardinaux qui dépendoient de moi dans le Sacré Collége, je n'ai pas voulu m'opposer à une pensée si sainte par elle-même, et qui sera sans doute de grande édification dans l'Église. Après le consentement que j'y ai donné, il s'est acquitté de ce qu'il devoit au Pape et au Sacré Collége, en remettant entre les mains de Sa Sainteté le chapeau de cardinal. Les lettres qu'il leur écrit [2] expliquent les pieux motifs qui le portent à se dépouiller de cette dignité. Mon intention est que vous les présentiez, de ma part, au Pape, et que vous remettiez au cardinal Barberin, comme doyen du Sacré Collége, celles qu'il écrit à tous les cardinaux et à lui en particulier. Il a cru devoir aussi écrire au cardinal Altieri [3]; mais, en l'état auquel sont les choses avec ce cardinal [4], je n'ai pas jugé à propos que cette lettre passât par vos mains. Ainsi il la fait remettre en celles du nonce qui est à Paris.

Lettre 82. — Tome LXXV (238), pièce 55, fol. 265. Minute de la main de Pomponne. — Le premier alinéa a été publié par MM. Champollion (p. 612), avec cette seule variante, à la ligne 2 : « m'est arrivé ». M. l'abbé Bozon, dans sa thèse : *le Cardinal de Retz à Rome*, a donné (p. 126 et 127) ce même paragraphe presque en entier, depuis : « Vous verrez », jusqu'à : « en particulier. » Il omet dans sa dernière phrase, les mots *comme*, et « que vous les présentiez, de ma part, au Pape, et ».

1. Latinne, commune du canton d'Avennes, en Belgique, à quatre lieues N. E. de Huy, dans la province de Liége. — Le nom a, dans les documents de l'époque, des orthographes très-diverses : en tête de quatre lettres publiées dans les *OEuvres de Louis XIV* (tome V, p. 534-537), *Latines*; ici, comme l'on voit, et ci-après, p. 573, *Laten*; dans la *Gazette*, *la Tanne*.

2. Voyez, p. 428 et 430, les nos 24 et 25.

3. Secrétaire d'État de Clément X (voyez ci-dessus, p. 170, note 4).

4. Voyez p. 438 et note 5.

PIÈCES JUSTIFICATIVES.

En cas que le Pape et les cardinaux agréent cette démission, vous devez vous en prévaloir pour faciliter encore davantage la promotion des couronnes à mon égard, et celle de l'évêque de Marseille[5] en faveur de la Pologne. Quoique l'une et l'autre doivent être acquises à deux François par toute sorte de justice, c'est toutefois une raison bien puissante contre la difficulté que l'on oppose d'admettre deux de mes sujets dans une même promotion, que de voir que le cardinal de Rais, qui étoit à la tête de la faction de France, se démette volontairement de sa place, et que j'y consente. Je remets à votre prudence de faire valoir fortement ce motif auprès de Sa Sainteté par la connoissance plus particulière que vous aurez de l'usage avantageux que l'on en pourroit faire pour mon service.

Sur ce, etc.

---

83. — LETTRE DE M. DE POMPONNE AU DUC D'ESTRÉE.
(*Sur la démission du cardinal de Retz.*)

Du 3ᵉ juin 1675.

.... Les lettres de M. le cardinal de Rais, que je vous envoie, vont faire voir à Rome un exemple d'une grande piété et d'une grande vertu. On ne peut douter qu'il n'y soit reçu avec beaucoup d'estime et d'éloge. L'on est partagé ici sur cette affaire : les uns croient que le Sacré Collége ne donnera pas volontiers les mains qu'un homme d'un si grand mérite sorte de son corps ; les autres croient qu'on acceptera avec plaisir un chapeau que l'on sera maître de remplir. Si c'est ce dernier, le Roi s'assure, Monsieur, que vous et M. le cardinal d'Estrée en tirerez beaucoup d'avantage pour son service. Peut-être pourroit-on demander que le Pape rendît au Roi un chapeau que Sa Majesté perd en l'un de ses sujets et qui a rempli une de ses nominations. Mais, quand

---

5. Toussaint de Forbin-Janson, évêque de Marseille de 1668 à 1679, avait été envoyé comme ambassadeur de France en Pologne en 1673, et le fut de nouveau en 1680. Il ne fut créé cardinal, à la nomination de la Pologne, qu'en 1690, par Alexandre VIII.

LETTRE 83. — Tome LXXV (238), pièce 56, fol. 267. — Un premier paragraphe, que nous omettons, est relatif à l'envoi de nonces extraordinaires dans toutes les cours. MM. Champollion donnent (p. 612) les quatre premières phrases de notre extrait, avec ces deux différences : « qu'elles n'y soient reçues », et « tireront » pour « tirerez ». M. l'abbé Bozon cite (p. 127) les trois premières phrases, avec cette variante : « de si grand mérite ».

même cette prétention recevroit trop de difficulté, elle peut servir au moins pour faciliter la promotion des couronnes tant en faveur de celui qui est nommé par Sa Majesté que de Monsieur de Marseille, qui a la nomination de la Pologne. Le nombre des sujets de Sa Majesté dans le Sacré Collége ne seroit augmenté en cette sorte que d'un seul, et M. le cardinal Altieri profiteroit du chapeau que Sa Majesté perd. Il suffit, Monsieur, de vous donner ces vues, qui vous viendroient assez de vous-même, pour faire que vous les tourniez avec tout l'avantage qu'elles peuvent recevoir; et ceci vous sera un nouveau moyen pour achever l'ouvrage que vous aviez commencé de deux places pour Sa Majesté dans la première promotion. Le Roi se promet fort que vous y insisterez fortement et se confie de telle sorte à votre habilité (*sic*) et en celle de M. le cardinal d'Estrée, qu'il se remet entièrement à vous de la conduite que vous devrez tenir.

84. — LETTRE DU DUC D'ESTRÉE A LOUIS XIV.
(*Touchant l'abdication du cardinal de Retz.*)

SIRE,

Plusieurs lettres de Paris, arrivées par le dernier ordinaire, portent que M. le cardinal de Rais[1], ayant pris la résolution de se retirer tout à fait du monde, et de renoncer même à son chapeau[2], l'avoit fait agréer à Votre Majesté, et qu'au plus tôt il viendroit ici des lettres et des ordres sur ce sujet, ce qui me donne lieu de représenter à Votre Majesté qu'il seroit peut-être de son service, dans la conjoncture présente, de suspendre pour quelque temps la remise du chapeau de M. le cardinal de Rais, pour essayer de le conserver à Votre Majesté dans quelque autre de ses sujets.

Comme il se peut passer dans les consistoires des affaires qui

---

LETTRE 84. — Tome LXXVI (239), pièce 1, fol. 7 et 8. De la main d'un secrétaire. — Nous donnons de la lettre, ainsi que MM. Champollion (p. 612 et 613), tout ce qui se rapporte au cardinal de Retz. La fin du premier alinéa, depuis : « ce qui me donne », et la dernière phrase du second sont en chiffre, avec traduction interlinéaire. M. l'abbé Bozon a publié (p. 128 et 129) la partie non chiffrée.

1. Le secrétaire a écrit trois fois *Rhets* ; le traducteur du chiffre, *Rays*.
2. Ce mot est omis. Une autre main a ajouté, en interligne, récemment il nous semble, *chapeau*. MM. Champollion ont suppléé *bonnet*.

regardent le service de Votre Majesté, MM. les cardinaux Ursin, Grimaldi et d'Estrée se sont trouvés dans celui qui se tint hier matin, où le Pape entra de lui-même avec le cardinal Ursin sur le sujet de M. le cardinal de Rais; et Sa Sainteté lui dit qu'Elle ne recevroit point son chapeau quand il le lui voudroit remettre; que cela n'étoit pas honorable pour la dignité de[3] cardinal; qu'Elle voudroit savoir auparavant de la bouche de M. le cardinal de Rais les raisons qu'il en avoit, pour voir si elles étoient recevables. Je ne sais si cette difficulté ne seroit point affectée, afin que Votre Majesté lui en fût plus obligée, s'il a dessein d'en gratifier un sujet de Votre Majesté....

A Rome, ce 19 juin.

85. — LETTRE DU PAPE CLÉMENT X AU CARDINAL DE RETZ SUR SA DÉMISSION DU CARDINALAT.

[22 juin 1675.]

Dilecto filio nostro Joanni Francisco Paulo Gondo, S. R. E. presbytero cardinali de Retz nuncupato Clemens P. P. X.

Dilecte fili noster, salutem et apostolicam benedictionem.

Nuntiavit nobis nuper dilectus et filius noster Fabricius Sanctæ Romanæ Ecclesiæ cardinalis Spada nuncupatus, qui nostri et Apostolicæ Sedis nuntii munere apud charissimum[1] in Christo filium nostrum Ludovicum Francorum regem christianissimum fungitur, tibi in animo esse in monasterium Sancti Michaëlis in Lotharingia, religiosam vitam ducendi gratia, te recipere, et non solum monasteriis, seu aliis beneficiis ecclesiasticis, quæ tibi ab hac Sancta Sede commendata sunt, sed etiam cardinalitiæ qua fulges dignitati renuntiare. Non dissimulabimus tibi istius rei novitate animum nostrum graviter commoveri. Nam, licet de spectata tua pietate satis confidamus, te non inanis gloriæ studio, aut cujusvis reprehendendæ cupiditatis instinctu, sed quietis et vitæ contemplativæ desiderio eam cogitationem suscepisse, non possumus tamen ejusmodi consilium tuum, hoc tempore quo circumspectionis tuæ operam Nobis et huic Sanctæ Sedi pernecessariam

---

3. M. l'abbé Bozon a « du », et, deux lignes après, « pour savoir si ».

Lettre 85. — *Bibliothèque lorraine* de dom Calmet, col. 435 et 436; et *Histoire de l'abbaye de Saint-Mihiel*, par dom de l'Isle, *Preuves*, p. 507 et 508.

1. Dans le texte de dom de l'Isle, *clarissimum*.

reputamus, ullo modo probare. Satis tibi notum est, dilecte fili noster, Sanctæ Romanæ Ecclesiæ cardinales, tanquam fulgentia Ecclesiæ lumina christianæque reipublicæ columnas², apud Romanum Pontificem, Domini nostri Jesu Christi vicarium, id præstare ministerii quod sancti Apostoli eidem Salvatori nostro, regnum Dei prædicanti atque salutis nostræ mysterium operanti, præstiterunt, ut scilicet eumdem Pontificem, in exsecutione sacerdotalis officii totiusque catholicæ Ecclesiæ directione, consilio operaque assidue juvent, et ingentes illius curas, quas immensa tot negotiorum undique confluentium moles degravat, suppositis quisque pro virili³ humeris societatisque laboribus, allevare studeant. Hoc te hactenus egregie præstitisse novimus, et in futurum quoque, maximo cum fructu, præstare posse non dubitamus; tua enim in Nos et Apostolicam Sedem eximia fides et devotio, sacrarum aliarumque bonarum litterarum scientia singularis, in rebus agendis consulendisque prudentia, quam diuturnus usus, ætatisque maturitas perfecit, tum animi vigor atque constantia, aliæque præclaræ virtutes atque animi dotes, quibus personam tuam ab omnis boni largitore abunde instructam decoratamque novimus, id Nobis omnino persuadent, in eamque nos adducunt sententiam, ut desiderio tuo obsecundare, absque gravissima hujus Sedis jactura, minime posse existimemus⁴, nec propterea putes tibi contemplandæ veritatis suavitatem subtrahi. Poteris enim, tam capaci ad utrumque vitæ genus ingenio, inter negotia ecclesiastica, quæ suscipit necessitas charitatis, otium sanctum invenire, quod quærit charitas veritatis : ut et animum ea delectatione reficias, et bonorum operum fructibus quibus actuosa vita in Dei ejusque Ecclesiæ Sanctæ servitio foecunda est, Domino benedicente, læteris. Quamobrem cave ne stationem in qua te collocavit Altissimus deserere, deque cardinalitii honoris culmine ad monachatum, sub inferioris obedientia, descendere de cetero cogites : quoniam, etsi pennas habeas quibus satagas in solitudinem avolare⁵, ita tamen adstrictæ

---

2. On lit ici dans dom Calmet *columna*, mais on voit par un blanc que l'*s* est tombée : ce qui n'a pas empêché dom de l'Isle de reproduire cette faute.

3. C'est-à-dire *pro virili parte*, ellipse usitée dans la latinité moderne, mais dont Forcellini dit n'avoir pas vu d'exemple chez les anciens.

4. Nous substituons ici le subjonctif à l'indicatif *existimamus* de nos deux textes; quatre lignes plus haut, nous avons remplacé, quoique la correction soit moins indispensable, *virtutis* par *virtutes*. À la ligne suivante, les deux textes ont *substrahi*, faute que nous avons eu également à corriger dans la lettre 24 de Retz, p. 429.

5. C'est la réponse, par la même figure, à ces mots de la dernière phrase de la lettre de Retz au Pape (p. 432) : *alas quibus in solitudinem avolabam*.

sunt nexibus præceptorum ut liberum non habeas absque nostra permissione volatum. Sed salubribus monitis jussisque nostris, quo par est obsequio, morem gerere, omnesque gravissimi muneris quod humeris tuis imposuit hæc Sancta Sedes partes implere stude : ut senectutem nostram, sub tot curarum pondere laborantem, soleris, et (quod magnopere optamus) præsens consilio operaque tua juves. Deus te incolumem servet, Fili dilecte, omnique de cœlo benedictione cumulet.

1675

Datum Romæ apud Sanctam Mariam Majorem, sub annulo Piscatoris, die XXII junii MDCLXXV, Pontificatus nostri anno sexto.

86. — BREF DU PAPE A LOUIS XIV.

(Sur ce qu'il ne peut consentir à l'abdication du cardinal de Retz.)

[22 juin 1675.]

CHARISSIMO in Christo filio nostro Ludovico, Francorum regi christianissimo.

Charissime in Christo fili noster, salutem et apostolicam benedictionem. Ex dilecti filii nostri Fabricii Sanctæ Romanæ Ecclesiæ cardinalis Spadæ nuncupati, qui nostri et Apostolicæ Sedis nuntii munere apud Majestatem Tuam fungitur, insinuatione accepimus, dilectum etiam filium nostrum Joannem Franciscum Paulum Gondum, ejusdem Sanctæ Romanæ Ecclesiæ presbyterum cardinalem de Retz nuncupatum, de secedendo in monasterium Sancti Michaelis in Lotharingia, seque ibidem monasticæ vitæ addicendo, ac proinde dimittenda, una cum monasteriis seu aliis beneficiis ecclesiasticis sibi auctoritate apostolica commendatis, cardinalitia, qua fulget, dignitate cogitare. Et quamvis (quæ viri virtus est) eum quietis contemplationisque studio, non autem

LETTRE 86. — Tome LXXVI (239), pièce 10, fol. 61. — M. l'abbé Bozon a donné (p. 203-206) ce bref du Pape au Roi et la lettre du Sacré Collège au cardinal de Retz (n°ˢ 86 et 90) ; mais son texte reproduit fort inexactement celui des deux copies manuscrites que nous avons collationnées aux archives des Affaires étrangères. Au début de ce premier bref, *mi* et deux fois *mei*, pour *noster* et *nostri*; *Fabricii* omis; *Catholicæ*, pour *Ecclesiæ*; de même, *nuntii*, pour *nuncupati* (et, quatre lignes plus bas, *nuntiaturum*, pour *nuncupatum*), *probum*, pour *presbyterum*; *Lotheringia*; *ibi*, pour *ibidem* ; devant *quietis*, *cum* pour *eum* ; puis au contraire, devant *viri*, *eum* pour *cum* ; *non* omis devant *dedignetur*; enfin, devant *Majestati*, *item* pour *eidem*.

ullo segniori fine ad illam cogitationem descendisse omnino nobis persuadeamus, non possumus tamen ejus consilium ullo modo probare, quum viri tot meritorum fulgore conspicui opera hoc tempore carere sine gravissimo Apostolicæ Sedis detrimento nequeamus. Quamobrem ei significavimus nos ad ejus desiderio obsecundandum adduci minime posse, eique mandavimus ut in ea statione in qua eum locavit Altissimus permanere studeat. Hæc autem Majestati Tuæ indicanda esse censuimus, ut ipsa quoque illum ab inconsulta hujusmodi cogitatione abducere non dedignetur. Et apostolicam benedictionem eidem Majestati Tuæ pleno cordis affectu impertimur.

Datum Romæ apud Sanctam Mariam Majorem, sub annulo Piscatoris, die XXII junii MDCLXXV, Pontificatus nostri anno sexto.

G. J. SLUSIUS[1].

87. — LETTRE DE M. L'ABBÉ SERVIENT A M. DE POMPONNE.

(*De nouvelles.*)

Le 27° juin 1675.

.... Une personne bien informée me disoit l'autre jour qu'il est certain que le Palais ne consentira pas aisément à la démission du chapeau de M. le cardinal de Retz, parce que, ayant tenu sur cette matière une congrégation secrète entre eux, le cardinal Azzolin y représenta que, si l'on ouvroit ce moyen, par cette facilité les couronnes seroient dorénavant maîtresses absolues du Sacré Collége; que, par exemple, le Roi faisant des avantages au cardinal Maidalchini, qui se soucioit peu du cardinalat, il l'engageroit à y renoncer en faveur d'un autre au gré du Roi; que le cardinal Grimaldi, comme fort âgé, en pourroit faire autant par d'autres motifs, et qu'ainsi la faction d'une couronne ne périroit plus; qu'au reste, sous le pontificat d'Innocent X°, pendant qu'il étoit secrétaire des chiffres, on avoit eu du côté d'Espagne quelque pensée de prétendre que le cardinalat étant un titre comme une

---

1. Ce contrescing a été omis par M. l'abbé Bozon, p. 204. A la fin du n° 91 (voyez ci-après, p. 579 et note 8), dom Calmet a mis LUSIUS; mais on peut voir dans le volume du *Bullaire* qui se rapporte au pontificat de Clément X que le nom est bien tel que nous le donnons.

LETTRE 87. — Tome LXXVI (239), pièce 17, fol. 98 et 99. De la main d'un secrétaire, avec quelques corrections de la main de l'abbé Servient, neveu du ministre Abel Servient et camérier du Pape. — MM. Champollion donnent (p. 613) près de la moitié de cette lettre, avec ces différences : *Maldachini*, pour *Maidalchini*, et *jamais d'en parler*, pour *d'en parler jamais*.

cure, selon leur première institution, il pût être résigné de même; que le Pape lui défendit d'en parler jamais à personne, et qu'il résolut d'accorder quelques grâces importantes à l'Espagne, et brusquement, pour éteindre cette prétention dans sa naissance, qui pouvoit devenir très-dangereuse si on commençoit seulement à la mettre sur le tapis. Il ajoutoit qu'il falloit être fort prudent en cette occasion, et montrer aujourd'hui et à l'abord de la fermeté, et que cela lui paroissoit d'autant plus nécessaire que la France ne témoignoit pas avoir cette vue qu'avoit eu[e] l'Espagne, bien qu'il soit probable qu'elle la puisse avoir, ayant autant d'habiles gens qu'elle en a, mais que, si l'on ne retranchoit, dans l'instant, toute espérance, on ne s'en pourroit défendre dans la longueur du temps, parce que les prétendants trouveroient beaucoup de raisons pour appuyer cette matière; que toutes les couronnes y seroient également intéressées; que tout l'ordre des évêques y seroit favorable; et que ce seroit un point qui, joint à divers autres qu'il leur cita, seroit capable de faire convoquer un concile, où la dignité de cardinal et où l'autorité présente des papes ne gagneroit rien; qu'au reste il connoissoit le cardinal de Retz par l'expérience d'une longue amitié, qu'il étoit homme à vouloir parvenir à une réputation singulière, par quelque moyen que ce fût, sans être touché d'une véritable dévotion (en quoi je veux croire qu'il se trompe fort); qu'il ne l'avoit pu par le ministère en aucun lieu; qu'il le vouloit par l'abandon de toutes choses; et qu'il étoit homme capable de représenter au Roi qu'il devient vieux et incommodé des yeux et d'autres maux; qu'il ne pourra plus assister dans un conclave; qu'il voudroit renoncer en faveur de quelque personne qui plût au Roi et pût le servir; que cet exemple même pourroit donner lieu à de semblables et à la vue qu'il venoit d'expliquer. C'est dont j'ai cru devoir informer Votre Excellence comme venant de bon lieu....[1]

---

88. — LETTRE DU CARDINAL D'ESTRÉE A M. DE POMPONNE.

(Touchant le dessein du cardinal de Retz.)

A Rome, ce 12 juillet 1675.

.... Par la dépêche du 3 juin, au camp de Laten, nous avons reçu les lettres de M. le cardinal de Retz sur sa démission, et les

---

1. La suite n'a nul rapport au cardinal de Retz.
LETTRE 88. — Tome LXXVI (239), pièce 29, fol. 149-153. De la main

ordres du Roi pour la présenter; mais, par celles du 16[1], vous me marquez, Monsieur, de ne rien précipiter dans cette affaire, et d'informer Sa Majesté des vues que je pourrois avoir et de l'usage qu'on pourroit faire de cette démission.

Quand je n'aurois pas reçu cet ordre et que Monsieur l'Ambassadeur se seroit bien porté, la pensée de s'en prévaloir[2] nous étant tombée dans l'esprit aussi bien qu'à vous, et les fortes oppositions du Pape et du Sacré Collége nous étant connues, j'aurois jugé, Monsieur, devoir suspendre de remettre ces lettres.

Par le discours que le Pape fit au cardinal Ursin dans le dernier consistoire[3], vous aurez vu combien cette cour a paru effarouchée d'une pareille résolution. Depuis ce temps-là, au lieu de s'y accoutumer, il semble que le Palais et les cardinaux se soient fortifiés à la combattre; et quoiqu'on en allègue divers exemples dans ceux qui[4] ne sont point engagés aux ordres sacrés, on prétend qu'il n'y en a point à l'égard des cardinaux prêtres ou évêques. On va rechercher la retraite de Pierre Damien[5], qui voulut renoncer au cardinalat et à l'évêché d'Ostie. Mais le Pape ne l'agréa pas et ne pourvut jamais à cet évêché pendant sa vie, prétendant qu'il étoit toujours rempli. On cite un exemple plus récent d'un cardinal de la Porte[6] auquel Innocent VIII avoit permis de bouche de se démettre du chapeau, et qui toutefois fut obligé de revenir à Rome et d'y paroître en cardinal, où il mourut six mois après y

---

du même secrétaire que la lettre du duc, n° 84. Toute la partie que nous donnons est en chiffre, sauf la fin du troisième paragraphe, depuis : « On va rechercher ». Les lignes de signature, depuis « Je suis », sont autographes. — MM. Champollion ont publié (p. 613) les trois premiers paragraphes, jusqu'à : « On va rechercher », et le quatrième entier. M. l'abbé Bozon donne (p. 130 et 131) notre troisième alinéa, et du quatrième jusqu'à : « son effet »; il cite en outre une des phrases de ce dernier dans une note de la page 132. — La dépêche mentionnée à la ligne 1 de la lettre est le n° 82 : voyez p. 566, et note 1.

1. Nous ne l'avons pas trouvée aux Affaires étrangères.
2. Le texte Champollion est ici : « se seroit bien porté à la pensée de s'en prévaloir ». Il est question de la maladie du duc d'Estrée dans le commencement de la lettre, que nous omettons, et dans la *lettre* 89, p. 576.
3. Voyez la *lettre* 84 du duc d'Estrée, p. 568 et 569.
4. Divers exemples de démission dans ceux des cardinaux qui, etc.
5. Pierre Damien, nommé cardinal et évêque d'Ostie, en 1058, par le pape Étienne X (IX), mort en 1073, à l'âge d'environ quatre-vingt-trois ans, à Faenza, où il est honoré comme un saint, quoiqu'il n'ait pas été canonisé dans les formes ordinaires.
6. Ardicin de la Porte, créé cardinal par le pape Innocent VIII, en 1489, mort en 1493.

être revenu. L'histoire est rapportée au long dans Ciacconius[7].
Enfin l'on conclut qu'il est d'une conséquence si dangereuse d'admettre ces démissions que, si elles avoient lieu, il sembleroit qu'on voulût réduire le cardinalat, que cette cour regarde comme la condition la plus parfaite et la plus élevée qui soit dans l'Église, aux termes d'une dignité séculière ou d'un obstacle à la perfection du christianisme.

Tous les cardinaux sont imbus de ces maximes, et je ne crois pas qu'ils s'en départent; ainsi je doute que cette grande et illustre marque de détachement que M. le cardinal de Rais vient de donner, puisse avoir aisément son effet. L'abbé Sarenzi, son maître de chambre, ne manquera pas de lui faire savoir de quelle manière le cardinal Altieri[8] lui en a parlé depuis quatre jours.

Sur toutes choses, il plaira à Sa Majesté de déterminer si l'on doit rendre les lettres de M. le cardinal de Rais, dans une assurance presque infaillible que sa résolution ne sera pas admise, ou s'il ne vaudroit pas mieux, comme j'ai déjà mandé, différer de les présenter, ou même les supprimer tout à fait, si l'on connoît évidemment qu'elle doive demeurer inutile. Il m'a fait la grâce de m'écrire sur le dessein de sa retraite et de son abdication[9]. En lui répondant, je lui marquerai qu'il ne surmontera pas aisément l'opposition qu'il y trouvera. Mais je ne lui ferai aucune ouverture et me contenterai de louer une si sainte résolution.

Je suis très-passionnément, Monsieur, votre très-affectionné et très-véritable serviteur. Le cardinal d'ESTRÉE.

1675

---

89. — LETTRE DU CARDINAL D'ESTRÉE A M. DE POMPONNE.
(Touchant.... l'audience qu'il eut du Pape au sujet du.... cardinal de Retz.)

A Rome, ce 28° août 1675.

.... Puisque Sa Majesté commande que les lettres de M. le cardinal de Rais sur le dessein de sa démission soient rendues, je ne

---

7. Dans les *Vitæ et Gesta romanorum pontificum et cardinalium* (édition de Rome, 1677, tome III, col. 126). — M. l'abbé Bozon omet cette petite phrase, et a, deux lignes plus loin, *décisions* pour *démissions*.

8. Ce nom est fort peu lisible; nous nous décidons pour la lecture, qui, à choisir entre tous les cardinaux de ce temps, nous paraît la plus probable, et qui est d'ailleurs confirmée par notre *lettre* 106, de la même main, où ce nom se retrouve, écrit de même. Textes Champollion et Bozon, *Alney*.

9. Nous n'avons pas trouvé cette lettre de Retz au cardinal d'Estrée.

LETTRE 89. — Tome LXXVI (239), p. 99, fol. 394. En chiffre, sauf les

manquerai pas d'y satisfaire, et pour cela, sans mêler en rien Monsieur l'Ambassadeur, ou je prendrai une audience du Pape un moment devant ou après la congrégation du Saint-Office, et je lui rendrai la lettre qui s'adresse à Sa Sainteté, après lui avoir fait un compliment sur la grâce qu'il m'a faite de me confier le chevalier Borri dans la maladie de mon frère, ou je la pourrai présenter dans le premier consistoire....

90. — LETTRE DU SACRÉ COLLÉGE AU CARDINAL DE RETZ.
(*Pour le dissuader de renoncer au cardinalat.*)

[9 septembre 1675.]

MISERATIONE divina Episcopi, Presbyteri et Diaconi Sanctæ Romanæ Ecclesiæ cardinales, Reverendissime in Christo pater, et Domine[1] collega, et Frater noster charissime, salutem, et sinceram in Domino charitatem.

Novum Dominationis Vestræ, Reverendissima Eminentia, de exuenda sacra purpura et cardinalis titulo deponendo consilium, non sine animorum nostrorum perturbatione, ex litteris Dominationis Vestræ, Reverendissima Eminentia, intelleximus. Non enim amplissimus ordo noster ejusmodi est ut impedimento esse

---

premiers mots : « Puisque Sa Majesté commande que ». M. l'abbé Bozon (p. 137) cite le début, jusqu'à *satisfaire*.

LETTRE 90. — Tome LXXVII (240), pièce 9, fol. 30. Le manuscrit porte en tête : « Copie de la lettre du Sacré Collège à M. le cardinal de *Rais* (sic : voyez p. 434, note 6). » La date est ajoutée d'une autre main. — Les inexactitudes et les fautes abondent, comme au n° 86, dans le texte de M. l'abbé Bozon : le salut initial est omis ; *rerum* manque après *humanarum divinarumque* ; puis, trois lignes plus loin, *Dominationi* ; *habeamus*, pour *habemus* ; *removeribus*, pour *removeremus* ; *aperta*, pour *aspersa* ; dans la citation de l'*Épître* de saint Paul *aux Hébreux* (chapitre IX, verset 14), *emendemus*, pour *emundemus*, et *operibus nostris*, pour *operibus mortuis* ; *confrindamus*, pour *confundamus* ; *animum tuum instituat*, pour *animum suum sic instituat* ; à la fin, *nostrum* est omis après *trium* ; partout les abréviations des termes honorifiques ont été mal comprises : comment s'expliquer, par exemple, *Dnas Vͣ Rͣ*, pour *Dominatio*[a] *Vestra Reverendissima ?*

1. En abrégé dans le manuscrit *Dⁿᵉ*, et, à la ligne suivante, *Dⁿᵒ* ; puis *Dⁿⁱˢ*, pour *Dominationis*, etc. La première abréviation *Dⁿᵉ* représente plutôt, croyons-nous, à cette époque, la vraie forme latine *Domine* que celle du moyen âge *Domne*.

[a] Pour l'emploi, dans la langue ecclésiastique, de ce substitut honorifique d'un pronom de la seconde personne, voyez le *Glossaire* de du Cange.

possit quominus in innocentia cordis immaculatas vias Domini perambulare valeamus. Tot namque tantique viri, quorum nomina sunt in libro vitæ, sacra hac purpura induti, nostræ dignitati diligentissime consulentes, non solum laudes hominum sibi comparaverunt, verum etiam æternæ felicitatis præmia et, quæ perseverantibus datur post emensum hujus vitæ curriculum, immortalitatis coronam sunt consecuti. Quum vero Dominatio Vestra Reverendissima perpetuum se præbuerit bonorum operum exemplar, et, quasi candelabrum super montium vertice, universo orbi præluxerit, insignem Sacro nostro Senatui notam inustum iri putaremus, si Dominatio Vestra Reverendissima, privati otii causa, lucernam ponens sub modio, cardinalis habitum nunc abjiceret; ea namque est ingenii sui præstantia, is rerum usus, ea humanarum divinarumque rerum scientia, ut, si extranea esset fratribus suis, potius in Sacrum Collegium cooptanda, quam discedendi facultas impertienda videatur. Itaque, quum Sanctissimi Domini nostri mentem exploraverimus, quam Dominationi Vestræ, Reverendissima Eminentia, apertam esse pro certo habemus, minime dubitavimus quin totis viribus nobis enitendum esset ut Dominationem Vestram Reverendissimam a proposito removeremus. Ipsa enim, quam adhuc non dereliquit virtus sua, meliori adhibita in consilium ratione, facile intelliget hanc sacram purpuram, quæ humeris suis leve onus hactenus fuit, in posterum sibi, novissimum diem cogitanti, oneri esse non posse; pretioso namque sanguine quasi agni immaculati Christi aspersa, adjutorium nostrum erit in nomine ejus, ut emundemus conscientiam ab operibus mortuis ad serviendum Deo viventi. Quum vero Dominationi Vestræ, Reverendissima Eminentia, non dederit Deus spiritum timoris, ad universæ Ecclesiæ communem utilitatem, luceat lux vestra, non in loco horroris et vastæ solitudinis, sed coram hominibus, ut videant opera vestra bona, quod profecto Dominationi Vestræ, Reverendissima Eminentia, præclarum magis erit quam difficile; non est enim positum in labore aliquo, sed in quadam inductione animi atque voluntate. Retineat igitur Dominatio Vestra Reverendissima hujus vitæ nostræ rationem, et potius in latitudine cordis sui ædificet sibi solitudines, ut inde ipsius virtus alacrior atque expeditior prodeat in medium, ad majus Sacri nostri Collegii decus atque ornamentum; sicque, charitate Christi urgente, facilius exemplo suo persuadere poterit aliis ut jam non sibi vivant, sed ei qui pro ipsis mortuus est. Liberius fortasse hæc ad Dominationem Vestram Reverendissimam scribimus, verum non eo animo ut ipsam confundamus, unum namque corpus sumus in Christo, sed ut fratrem nostrum carissimum moneamus; videtur enim trepidasse timore, ubi non erat timor. Interim vero, quum Dominationi Vestræ, Reverendissima Eminentia, cuncta prospera a Deo evenire cupimus, illud ab ipsa enixe petimus, animum suum sic instituat ut, Sanctitati Suæ obtemperando, id demum præstet ut, quomodo in vita sua Dominationem Vestram Reverendissimam dileximus, ita et in morte non simus separati.

Datum Romæ, sub sigillis trium nostrum in ordine priorum [2], hoc die 9° septembris, anno MDCLXXV, sede plena.

---

91. — BREF DU PAPE CLÉMENT X AU CARDINAL DE RETZ.
(Sur la démission du cardinalat.)

[17 septembre 1675.]

CLEMENS PAPA X,

Dilecte fili noster, salutem et apostolicam benedictionem.

Binas à te litteras simul accepimus, unas 3° Calendas Junii, et alteras die 23° Julii proxime præterlapsi datas, quarum prioribus cogitationem tuam de exuenda[1] cardinalatus dignitate, de qua jam aliquid Nobis significatum fuerat, fusius atque explicatius exponis[2]; posterioribus vero ad nostras litteras respondes, quibus mentem nostram tibi[3] circa eam rem aperueramus, et Nos quidem, lectis utrisque litteris tuis, magnopere in Domino delectati sumus, tum pii animi tui sensibus luculenter admodum atque diserte explicatis, tum singulari tua erga nos et Sedem Apostolicam reverentia, de qua, tot argumentis experimentisque jam pridem certi, nunquam dubitavimus. Vidimus enim, quod de tua virtute jam præsumpseramus, te nec inanis gloriæ, nec cupiditatis, sed christianæ humilitatis, Deique, inter solitudinis latebras, pœnitentiæ aliarumque virtutum exercitiis propitiandi studio, eam cogitationem suscepisse. Quod sane eximia potius laude quam reprehensione dignum esset[4], Nosque ad annuendum desiderio tuo facile adduceret, si purpura illa, martyrum sanguine tincta, quæ tot sanctos præclarosque viros omnibus sæculis ornavit ac etiam-

---

2. Des trois chefs ou doyens des cardinaux évêques, prêtres et diacres.

LETTRE 91. — *Bibliothèque lorraine* de dom Calmet, col. 436-438 ; et *Histoire de l'abbaye de Saint-Mihiel*, par dom de l'Isle, *Preuves*, p. 508 et 509.

1. Dans le texte de dom Calmet, *exeunda*, même faute qu'au n° 25 de la 3ᵉ partie : voyez p. 430, note 1.

2. Dans nos deux textes, *exponimus*. Faut-il y substituer *exponis*, comme nous avons fait, ou *exposuisti* ?

3. Dom de l'Isle omet *tibi*. — 4. *Esse*, pour *esset*, dans les deux textes.

num ornat, vicissimque ex eorum virtute multum cepit ornamenti, honorificique in ecclesiasticarum rerum administratione, pro Dei gloria ejusque Ecclesiæ Sanctæ utilitate, labores pænitentis affectui⁵ aut illius virtuti obstarent, nec vehementes potius animo stimulos adderent ad vitæ innocentiam, omniumque virtutum decora eo ardentius quærenda atque excolenda, quo uberior inde in Christi gregem, cum fidelium ædificatione conjuncta, redundat utilitas. Quæ quum satis perspecta esse tibi ex litteris etiam tuis cognoscamus, non est quod illis diutius immoremur. Quod autem personam tuam modeste deprimis, teque ais non decere circumferre hunc ecclesiastici splendoris cultum, sed solitudinem, quietem, et obscuri secessus humilitatem post hæc, non frequentiam, non negotiorum tumultus, non positam in oculis omnium vitam quærenda esse, eo profecto nostram magis ac magis confirmas de virtute tua opinionem, quam solido videmus niti fundamento humilitatis; Deoque inde gratias agimus, ac ejus bonitatem enixe precamur ut tot præclara dona quibus te insignis custodire atque augere dignetur, Nobisque egregium in te diu servet curarum nostrarum adjutorem, cujus consiliis atque auxiliis servitutis nostræ ministerium illi usque⁶ ad supremum vitæ hujus spiritum repræsentare valeamus. Ex his perspicis, dilecte Fili noster, nostram de te existimationem, cum paterna charitate conjunctam, satisque intelligis Nos, quod jam tibi indicavimus, nullo modo permittere posse ut a latere nostro divellaris. Quare te, quanto possumus cordis affectu, hortamur simulque apostolica auctoritate mandamus ut collatum tibi sub hac Sancta Sede cardinalatus honorem, quem meritorum tuorum fulgore lucere.....⁷, Nobisque et Apostolicæ Sedi operam obsequiumque tuum strenue constanterque præstare perseveres, firma in Domino spe fiduciaque suffultus, te per hoc ad beatum finem, quo omnes nostræ actiones cogitationesque tendere debent, non minori securitate perventurum esse, quam si, uni tibi studens, pietatis exercitiis, inter latebras solitudinis, te totum devoveres. Interea tibi utriusque hominis sospitatem a Deo amantissime precamur.

Datum Romæ, apud Sanctam Mariam Majorem, sub annulo Piscatoris, die 17° septembris 1675, Pontificatus nostri anno sexto.

J. G. SLUSIUS⁸.

5. Chez dom de l'Isle, *affectus*, et, comme aussi chez dom Calmet, *virtutis*.
6. Dans nos deux textes, *illi* (Deo) *usque* est réuni en un seul mot, *illiusque*.
7. Il y a ici une lacune chez nos deux éditeurs. Le sens à compléter est : « que tu gardes, ne déposes pas, cet honneur du cardinalat que nous voyons (ou quelque autre antécédent de l'infinitif) briller de l'éclat de tes mérites. »
8. Dom de l'Isle omet le contreseing : voyez, p. 572, la note 1 du n° 86.

92. — LETTRE DE M. DE POMPONNE AU CARDINAL D'ESTRÉE.
(*Sur.... la démission du cardinal de Retz.*)

Versailles, le 20 septembre 1675.

.... Il sembleroit, Monseigneur, de la manière que le Pape a répondu à Votre Éminence sur la démission de M. le cardinal de Retz, que Sa Sainteté ne seroit pas encore tout à fait déterminée à la refuser. Il seroit toutefois difficile qu'Elle pût changer un avis qu'Elle a rendu si public par les brefs qu'Elle en a écrit[s] au Roi et à M. le cardinal de Retz même. Il y a bien plus d'apparence que, lorsqu'il a répondu en cette sorte à Votre Éminence, il n'a pas eu tout à fait présent ce qui s'étoit déjà passé sur cette affaire....

---

93. — LETTRE DE M. DE POMPONNE AU CARDINAL D'ESTRÉE.
(*Sur la démission du cardinal de Retz.*)

Le 23 septembre.

JE ne me donne l'honneur d'écrire aujourd'hui ce mot à Votre Éminence que pour vous témoigner, Monseigneur, qu'après qu'Elle a rendu au Pape la lettre qui lui avoit été écrite par M. le cardinal de Retz, Sa Majesté ne juge point nécessaire que vous fassiez aucune instance auprès de Sa Sainteté pour l'obliger à accepter [1] sa démission. Comme Elle l'a refusé[e], on peut profiter de la peine qu'Elle a eu[e] à lui accorder sa prière, pour conserver un si grand sujet et une créature à Sa Majesté dans le Sacré Collége....

LETTRE 92. — Tome LXXVII (240), pièce 27, fol. 109. — MM. Champollion ont donné (p. 613 et 614) cette pièce et les deux suivantes, avec ces variantes à la fin pour la première : *crise*, au lieu de *sorte*, et « n'a pas tout à fait présent ce qui s'étoit passé dans cette affaire ».

LETTRE 93. — Tome LXXVII (240), pièce 29, fol. 112.

1. Dans le texte de MM. Champollion : « pour accepter », et à la ligne suivante « Comme elle a refusé ».

94. — LETTRE DE M. DE POMPONNE AU CARDINAL D'ESTRÉE.
(Sur.... la démission du cardinal de Retz.)

1675

A Versailles, le 11 octobre.

.... Je vous ai déjà fait savoir, Monseigneur, que, loin que le Roi combattît la difficulté que faisoit le Pape sur la démission de M. le cardinal de Retz, Sa Majesté ne pourroit voir qu'avec satisfaction qu'un sujet de ce mérite fût conservé dans le Sacré Collége. Ainsi il ne sera point nécessaire que Votre Éminence s'emploie pour faire cesser la disposition de Sa Sainteté....

---

95. — LETTRE DU CARDINAL D'ESTRÉE A M. DE POMPONNE.
(Touchant.... le cardinal de Retz, etc.)

1676

A Rome, ce 15 juillet 1676.

.... Si j'avois d'autres vues que celles du service unique de Sa Majesté, je me contenterois de lui dire que, les papes se faisant par la pluralité des voix et par les deux tiers de soixante-dix suffrages, tous ceux de sa faction lui sont importants, et qu'Elle n'en doit négliger aucun; mais parce qu'il me suffit de la bien servir et que je ne cherche pas à briller ou à me distinguer dans la place où je me trouve, je lui dois dire qu'il nous sera très-avantageux et très-important d'avoir le cardinal de Retz dans un conclave, et que, quoiqu'il ait de la peine à quitter sa solitude, on doit l'en arracher, pour ainsi dire, dans cette occasion. Il ne résistera pas sans doute au commandement de Sa Majesté, et la vie qu'il mène lui doit faire encore mieux comprendre combien il est obligé de lui obéir. Un homme de son expérience, de son esprit et de sa réputation sera d'un grand poids dans le Sacré Collége. Le mérite de sa retraite lui donnera encore plus de lustre et d'autorité. En servant le Roi, il pourra servir l'Église. Au moins il fera voir un exemple dans notre corps, dont j'avoue que nous avons très-grand besoin. Il est bien avec tout le monde, à la réserve du seul

---

LETTRE 94. — Tome LXXVII (240), pièce 58, fol. 211. — M. l'abbé Bozon donne ce fragment, p. 135 et 136, avec les deux dates « 11 et 12 octobre », la seconde dans son texte, la première, exacte, dans une note.

LETTRE 95. — Tome LXXXII (245), pièce 13, fol. 86-88. En chiffre, avec traduction interlinéaire. — M. l'abbé Bozon donne (p. 139 et 140) une partie de cette lettre, qu'il date par erreur du 25 juillet.

cardinal Azzolin, qui est devenu l'ennemi de la France quand il a commencé d'être le sien. Je crois que mes confrères ne suivront pas moins volontiers que moi un si bon conducteur, que sa supériorité, son détachement et sa vertu mettent au-dessus des foiblesses et des émulations dont, grâces à Dieu, je ne me sens guère capable. J'ai traité cet article à fond et je l'ai cru nécessaire, connoissant la nécessité de notre union....

96. — LETTRE DE M. DE POMPONNE AU CARDINAL DE RETZ.
(*Pour qu'il se rende au conclave*[1].)

Du 30° juillet 1676.

MONSEIGNEUR,

Le Roi a appris, ce matin, par un courrier de M. le duc d'Estrée, que le Pape étoit mort le 22° de ce mois. C'est assez dire à Votre Éminence que votre présence est aujourd'hui très-nécessaire à Rome pour le service de Sa Majesté. Aussi m'a-t-Elle commandé de vous faire savoir incessamment qu'Elle desire que vous vous mettiez au plus tôt en chemin pour vous y rendre. Ce n'est pas qu'Elle n'ait vu avec quelque peine celle que Votre Eminence souffrira dans cette saison durant un si long voyage, et qu'Elle ne se soit souvenue du sentiment que vous lui aviez fait paroître de vouloir éviter les conclaves, lorsque vous lui donnâtes part du

---

LETTRE 96. — Tome LXXXII (245), pièce 51, fol. 311 et 312. Minute de la main de Pomponne. — Voyez, p. 433, la réponse de Retz, du 1ᵉʳ août. MM. Champollion ont donné cette lettre (p. 615), précédée de six autres du duc d'Estrée (quatre au Roi, deux à Pomponne), écrites du 7 au 22 juillet, et toutes relatives à la maladie du Pape. Pour notre n° 96, leur texte a deux variantes : « que vous lui *avez* fait paroître », et, six lignes plus loin, « vous vous porterez à toutes choses », pour « vous vous portez à toutes les choses ». M. l'abbé Bozon (p. 140 et 141) cite jusqu'à « .... et au Saint-Siége, » avec ces différences : *recommandé*, pour *commandé*; *souffriroit*, pour *souffrira*, et *le conclave passé*, pour *les conclaves passés*.

1. Il y a aux archives des Affaires étrangères un intéressant mémoire du cardinal d'Estrée « sur les sujets papables », antérieur de quatre ans au conclave qui élut Odescalchi (Innocent XI), si nous nous en rapportons à la date 1672 ajoutée au titre par un commis du ministère, date que paraît confirmer en général l'âge donné aux dix-sept cardinaux passés en revue dans le mémoire. M. l'abbé Bozon (p. 146) le date par erreur de 1676. — Le mémoire est précédé d'une instruction du Roi qui charge le cardinal d'Estrée d'assurer tout particulièrement onze cardinaux « de la bonne volonté de Sa Majesté. »

dessein de votre retraite. Mais, quelque² grandes que puissent être les raisons qui feroient appréhender à Votre Éminence une si grande course, Sa Majesté est bien persuadée qu'elles céderont à votre zèle pour son service, et au plaisir avec lequel vous vous portez à toutes les choses qu'Elle affectionne. Elle a ressenti de telle sorte, dans les conclaves passés, les effets de vos conseils et de votre conduite, qu'Elle croit qu'il lui est d'une extrême conséquence d'en tirer le même avantage dans celui-ci. Il suffit, Monseigneur, pour vous obliger à y donner les mêmes soins, que Votre Éminence soit assurée qu'Elle fera une chose très-agréable à Sa Majesté, en même temps qu'Elle rendra un nouveau service à l'Église et au Saint-Siége. Sa Majesté se promet qu'Elle se mettra le plus tôt qu'il lui sera possible en chemin, après qu'Elle aura reçu cette lettre. Elle prendra, s'il lui plaît, le chemin de Turin, où Elle trouvera les passe-ports pour Elle et pour MM. les cardinaux de Bouillon et de Bonzy, que Sa Majesté ordonne à M. le marquis de Villars de procurer incessamment auprès de M. le prince de Ligne³. Si toutes les galères de Sa Majesté n'étoient à Messine⁴, l'on en auroit fait tenir de prêtes à Toulon, pour vous donner le choix du chemin de la terre ou de la mer, mais peut-être qu'en cette saison ce premier paroîtra plus commode à Votre Éminence.

Comme je dépêche ce courrier au moment presque que cette nouvelle est arrivée, je ne fais point encore savoir à Votre Éminence les sentiments de Sa Majesté sur ce qu'Elle desirera d'Elle dans le conclave. Elle en sera pleinement instruite dans la suite, et Elle aura une participation entière de toutes les intentions de Sa Majesté. Il seroit fort avantageux qu'Elle fût en lieu d'où Elle pût donner ses lumières sur ce qu'Elle croira à faire dans ce rencontre, dont Elle a sans doute plus de connoissance que personne.

Quelque passion que j'aie pour le service de Sa Majesté, je suis si sensible, Monseigneur, à tout ce qui touche Votre Éminence, que je ne puis voir sans peine la fatigue à laquelle Elle va être exposée dans ces chaleurs. Sa Majesté a donné ordre pour faire

---

2. Dans le manuscrit, *quelques*.
3. Le marquis de Villars, père du maréchal, était alors ambassadeur de France à Turin ; et le prince de Ligne, gouverneur, pour l'Espagne, de l'État et duché de Milan.
4. « On croit, dit la *Gazette* en date de Naples du 27 juillet (p. 644), qu'elles attendent l'escadre de Hollande afin d'empêcher sa jonction avec l'armée espagnole. »

toucher à Votre Éminence la même somme qu'Elle lui fit remettre dans l'occasion du dernier conclave[B].

Personne n'est avec plus de respect et de vérité que je suis, etc.

---

97. — LETTRE DE LOUIS XIV AU CARDINAL DE RETZ.

Versailles, le 13 août 1676.

Mon cousin, la diligence peu commune avec laquelle vous êtes parti pour vous rendre au conclave, en exécution de mes ordres, suffisoit pour me faire comprendre ce que je dois attendre de vous en cette importante occasion; mais j'ai été d'autant plus aise de le voir encore par votre lettre[1], que l'esprit avec lequel vous allez élire le nouveau pape est tout à fait conforme au mien, n'ayant autre but que la plus prompte exaltation du plus digne de remplir le Saint-Siége, comme vous pourrez savoir plus particulièrement de mon cousin le duc d'Estrée, mon ambassadeur à Rome.

Cependant je m'informerai de l'affaire dont vous me parlez pour tenir la main à ce que la justice vous y soit conservée toute entière.

---

98. — LETTRE DU DUC D'ESTRÉE AU ROI.
(Touchant l'entrée des cardinaux françois au conclave, et la conduite du cardinal Azzolin.)

Sire,

J'ai cru ne devoir pas manquer à rendre compte au plus tôt à

---

5. Voyez p. 433, note 2.

Lettre 97. — *OEuvres de Louis XIV*, tome V, p. 555.

1. Nous n'avons pas trouvé cette lettre du cardinal de Retz. Ce qui en est dit ici ne peut s'appliquer à la courte réponse à Pomponne, de la page 433.

Lettre 98. — Tome LXXXIII (246), pièce 47, fol. 187-193. De la main d'un secrétaire. Le premier alinéa, le second, depuis « je diffère », les derniers mots du quatrième : « dont M. Febei, etc. » sont en chiffre avec traduction interlinéaire. — MM. Champollion (p. 616 et 617) donnent, moins deux passages, ce que nous donnons nous-mêmes de cette lettre, avec *et*, pour *ce*, à la ligne 4 de la page 585 ; *du lendemain*, pour *dès le lendemain* ; *auroit*, pour *avoit insinué* ; *avoue*, pour *avoua* ; *s'étoit vanté*, pour *s'en étoit vanté* ; *siocchi*, pour *fiocchi*. M. l'abbé Bozon cite seulement (p. 152 et 153) la dernière phrase du premier alinéa, avec *pourroit*, pour *pouvoit*, et (p. 144) la dernière du troisième, avec *voix*, pour *vœux*.

PIÈCES JUSTIFICATIVES. 585

Votre Majesté de l'état des choses dans le conclave depuis que Messieurs les cardinaux ses sujets y sont. Elle verra, par la copie du mémoire de M. le cardinal de Rais[1], les propositions qui ont été faites, ce qu'on y a résolu, et l'effet de la fermeté avec laquelle on a parlé, dans le conclave, et suspendu la visite des six derniers cardinaux, qui en sont au désespoir, et qui tourmentent le cardinal Altieri pour s'accommoder. Il est si abattu et si étonné qu'il dit, il y a deux jours, au cardinal Nini que, quoiqu'il fît bonne mine, il étoit *travagliato assai*[2] de l'affaire de France, qui pouvoit causer la ruine de sa maison, qu'il ne savoit comment faire pour son accommodement, parce qu'il n'avoit que trois voies : de le traiter par lui-même, qu'il ne voyoit point d'ouverture à cela ; ou d'employer M. le cardinal Rospigliosi, à quoi il n'en voyoit pas non plus, à cause des dégoûts passés ; ou enfin de recourir au cardinal Chigi et de se mettre en ses mains pour rencontrer *il gusto del Re*[3].

Je suis obligé de dire à Votre Majesté que M. le cardinal de Rais, nonobstant sa goutte, dont il commença d'être incommodé dès le lendemain qu'il entra au conclave, agit avec un zèle et une application qui ne sont pas concevables. C'est par son avis et celui de Messieurs ses confrères que je diffère de rendre la réponse de Votre Majesté à la reine de Suède, n'ayant point d'ailleurs de temps limité pour le faire, et apprenant tous les jours la mauvaise volonté du cardinal Azzolin, qui ne cherche qu'à jeter de la défiance dans l'esprit des cardinaux zélés pour le service de Votre Majesté. L'on avoit insinué à M. le cardinal de Rais que ce cardinal lui parleroit sur le sujet du cardinal Altieri. Il ne lui en a rien dit néanmoins ; mais étant allé, en même temps, voir M. le cardinal de Bonzy, il lui a représenté la force du cardinal Altieri. Il avoua à M. le cardinal de Rais qu'il s'étoit mêlé de la promotion, et il a dit à M. le cardinal de Bonzy qu'il s'en étoit vanté, mais qu'au fond il n'y avoit eu nulle part. Votre Majesté peut juger, par toutes les tracasseries de ce cardinal, si l'on peut faire aucun fondement sur les choses qu'il dit.

MM. les cardinaux de Rais, de Bouillon, Bonzy et Maldachin entrèrent au conclave dimanche après dîner[4]. Les trois premiers me témoignèrent, pendant le séjour qu'ils ont fait à Farnèse[5],

1. Ce mémoire n'est pas aux archives des Affaires étrangères.
2. « Assez travaillé, tourmenté. » — 3. « Le goût du Roi. »
4. Le 30 août. C'est bien la date marquée par la *Gazette* : voyez p. 436, note 1.
5. Au palais Farnèse, où demeurait l'Ambassadeur.

1676

qu'ils croyoient qu'il seroit bon que je les menasse jusqu'à l'église de Saint-Pierre, et que cette démonstration feroit voir à tout Rome, non-seulement la parfaite union qui étoit entre eux et moi, mais aussi un plus grand respect pour celui qui a l'honneur de représenter Votre Majesté, de ne vouloir entrer au conclave, sans en avoir, par manière de dire, publiquement reçu son consentement et sa permission. J'acceptai avec bien de la joie cette proposition, qui ne pouvoit être que glorieuse pour Votre Majesté, et faire un bon effet dans Rome, ce qui a réussi de la manière que nous avions imaginée. Quoique mes carrosses fussent sans *fiocchi*[6], et que l'on n'eût point intimé de cortége, parce qu'il n'auroit pas été bien que des cardinaux eussent paru autrement qu'incognito quand le conclave est fermé, leur suite ne laissa pas d'être très-nombreuse, outre laquelle, depuis Farnèse jusqu'à Saint-Pierre[7], il y avoit une telle foule de peuple et de personnes de qualité pour les voir passer que, quand ç'auroit été le jour de l'exaltation du Pape, elle n'auroit pu être plus grande. Nous fûmes accompagnés avec des acclamations continuelles, tantôt : *Viva Francia!* et tantôt : *Viva papa Rospigliosi!* Il y eut même une femme qui, mettant presque sa main sur la mienne, me dit : *Fate papa Rospigliosi*[8]. Je quittai Messieurs les cardinaux dans l'église de Saint-Pierre, et de là ils s'en allèrent au conclave. Rien n'est pareil aux démonstrations d'estime et d'honneur que tout le Sacré Collége a faites à leur entrée, et les Espagnols se surpassèrent eux-mêmes et les attendirent une heure à la porte du conclave. Il y eut ensuite des processions continuelles de visites à leurs chambres, et l'on donna huit vœux à M. le cardinal de Rais au premier scrutin où il se trouva, ce qui a été remarqué comme fort honorable pour lui et pour la nation, les Espagnols n'en ayant jamais eu plus de deux.

Les cardinaux ont accoutumé, lorsqu'ils arrivent au conclave, de jurer sur les Évangiles de n'écrire et ne recevoir aucunes lettres, à quoi MM. les cardinaux de Rais et de Bouillon ont fait cette fois-ci une exception positive et publique d'écrire dans la nécessité, mais rarement, qui n'a pas été désapprouvée du Sacré Collége[9]. M. le cardinal d'Estrée n'a pas été en cette peine, parce qu'étant entré avec la foule du Sacré Collége, il a évité de faire ce

---

6. Sans houppes, bouffettes. *Uscir có fiocchi* signifie « sortir en cérémonie. »
7. Par la longue *via Giulia* et le pont Saint-Ange.
8. « Faites pape Rospigliosi. » Jacques Rospigliosi, neveu de Clément IX : voyez p. 446, note 9.
9. Voyez ci-dessus, p. 436, *lettre* 28, où la leçon : *positive*, est bien confirmée par ce passage du n° 98.

jurement, dont M. Febei, maître des cérémonies, s'aperçut bien, mais étant fort de ses amis, il le toléra et n'en fit pas semblant. Ce n'est pas que, quand il auroit fait le même serment que la plupart des autres cardinaux, comme il étoit absolument nécessaire qu'il me fît savoir de ses nouvelles et qu'il reçût des miennes, il n'y en a point assurément qui puisse être au préjudice de ce qu'on doit à son maître.... J'ai rendu à M. le cardinal de Rais la lettre que le Roi lui a écrite de sa main.....[10].

A Rome, ce 3e septembre 1676.

99. — LETTRE DE LOUIS XIV AU DUC D'ESTRÉE.
(*Contenant ses sentiments en faveur du cardinal Odescalchi, et des cardinaux Rospigliosi et Chigi.*)

Du 4e septembre 1676, à Versailles.

.... J'ai fort pesé tout ce qui a été écrit sur son sujet[1] par le cardinal d'Estrée et la manière dont il semble être élevé au pontificat par les vœux unanimes de tout le Sacré Collége. J'ai considéré ce que je pouvois appréhender du ressentiment d'un homme à qui l'exclusion de la France dans le dernier conclave a coûté sept ans de pontificat. J'ai regardé, en même temps, qu'il s'est vu sur le point d'y être porté aujourd'hui par un concours presque général, et par la déclaration que le cardinal Altieri avoit faite au cardinal Nithard en sa faveur, sans que l'on eût pris aucunes mesures avec le cardinal d'Estrée et avec nous, et sans aucun concert avec les chefs des factions qui me sont unis. Une conduite si opposée à la juste considération que l'on doit avoir pour moi m'auroit fait approuver l'exclusion qui auroit été donnée une

10. Sans doute notre *lettre* 97, p. 584.
LETTRE 99. — Tome LXXXIII (246), pièce 51, fol. 204-207. Minute de la main de Pomponne. — M. l'abbé Bozon donne de cette lettre (p. 158-160) notre premier paragraphe jusqu'à « Vous auriez agi » (différences : *aucune mesure, de faction*); puis le second (*une élection qui*, pour *une élection dont la manière; ces raisons,* pour *ses raisons; une occasion si grande,* pour *une occasion et si grande; ni l'un ni l'autre n'auroit,* pour.... *n'auroient; n'avoit point de part,* pour *n'auroit point de part; chaire* pour *chaise*) ; le troisième jusqu'à « qu'elle est réparée », avec addition devant *la vertu, la piété*, des deux mots *la conduite*, qui ne sont pas dans l'original ; enfin, notre dernier paragraphe jusqu'à « du mois passé. »
1 Il s'agit du cardinal Odescalchi.

seconde fois, en mon nom, à ce cardinal, quelque estime que j'aie d'ailleurs pour son mérite. Vous auriez agi selon mes intentions et conformément à votre zèle pour mon service en vous opposant à un choix dont vous n'auriez eu aucune participation.

Mais l'état auquel cette affaire a été remise depuis me fait prendre d'autres sentiments. La fermeté avec laquelle le cardinal d'Estrée avoit fait connoître que vous empêcheriez une élection dont la manière ne me seroit pas agréable, la constance que les cardinaux Barberin, Chigi et Rospigliosi avoient apportée pour soutenir la justice de ses raisons, l'effet qu'elles avoient produit dans le Sacré Collége, les termes où l'affaire se trouvoit réduite de dépendre présentement[2] ou de l'approbation ou de l'exclusion que j'y voudrois donner, mais surtout la confiance que j'ai en l'affection du cardinal Cibo et l'autorité qu'il auroit dans ce nouveau pontificat, me font pencher à une élection pour laquelle le Saint-Esprit semble se déclarer par les vœux de la plus grande partie du conclave. Dieu m'est témoin que, dans une occasion et si grande et si sainte, j'ai principalement en vue le bien de l'Église et l'avantage de la religion. Ni l'un ni l'autre n'auroient pu s'y rencontrer, tant qu'il auroit paru que la première couronne de la chrétienté n'auroit point de part à l'élévation de celui qui doit remplir la chaise de Saint-Pierre. Mais lorsque, par vos soins et par la justice autant que par l'affection des chefs des principales factions, tout demeure en suspens jusques à ce que ma volonté soit connue, je croirai ma dignité pleinement satisfaite lorsqu'il paroîtra que le Sacré Collége a attendu ma décision, et qu'il ne s'est déterminé sur le choix d'un sujet si généralement désiré que lorsqu'il a vu que j'y donnois mon consentement.

Ainsi, en cas qu'à l'arrivée de ce courrier que je vous envoie, les dispositions soient les mêmes dans le conclave, je trouve bon que vous fassiez connoître aux cardinaux de ma faction que la vertu, la piété, et tant d'autres qualités dignes d'un successeur de saint Pierre, me déterminent en faveur du cardinal Odescalchi, que je suis satisfait de la déférence que la meilleure partie du Sacré Collége a fait paroître pour mes sentiments en les voulant attendre, avant que de se déclarer en sa faveur, et que, comme la forme seule m'avoit blessé dans le dernier conclave, pour un sujet pour qui j'avois d'ailleurs tant d'estime, j'y donne volontiers les mains aujourd'hui qu'elle est réparée. Mais parce que la piété et les autres qualités ecclésiastiques ne suffisent pas seules au gouver-

---

2. Ce mot, écrit en interligne, est difficile à lire. M. l'abbé Bozon a « prochainement ».

nement de l'Église, que les soins et l'application d'un pape embrassent tous les intérêts de la chrétienté et demandent une plus grande étendue de lumières et de talents, je pourrois appréhender que ces qualités ne se trouvassent pas au point qu'elles sont nécessaires dans le cardinal Odescalchi. Aussi, ne regardé-je[3] guère moins le cardinal Cibo que lui-même dans son pontificat. L'intime amitié qui est entre eux, et l'apparence que ce cardinal si éclairé et si consommé dans les affaires tiendroit auprès de lui la première place et auroit sa principale confiance, mais surtout l'attachement et le zèle qu'il fait paroître pour mes intérêts me font croire que l'Église et la chrétienté entière pourroient tirer un égal avantage de ce gouvernement, et que j'y trouverois, en mon particulier, les sentiments favorables que j'en pourrois attendre. C'est ce que vous pourrez faire entendre au cardinal Cibo. Et, comme il aura su par vous combien volontiers j'aurois contribué à son élévation, vous pourrez lui témoigner que je vois avec plaisir que l'élection tombe sur une personne qu'il regarde comme un autre lui-même, et que je me promets qui se remettra sur lui du principal poids des affaires.

Quelque scrupule que le cardinal Odescalchi pût faire de prendre quelques engagements pour faciliter son pontificat, ce que je pourrois desirer de lui est si juste qu'il ne peut, ce me semble, faire aucune difficulté de le promettre. Lorsque j'exigerai de lui de s'engager à faire au plus tôt la promotion des couronnes et d'accepter en faveur de l'évêque de Marseille la nomination du roi de Pologne, c'est plutôt l'acquittement d'une dette qu'une grâce que je lui demande. Et lui, et le cardinal Cibo, ont trop improuvé sans doute la conduite du cardinal Altieri à l'égard de toutes les couronnes, dans la promotion dernière, pour croire qu'ils leur voulussent donner un semblable sujet de plainte. Et, sur ce sujet, comme sur tous les autres, j'ai sujet de croire qu'ils m'en procureroient la satisfaction convenable. Ainsi vous n'aurez pas peine, je m'assure, à tirer de lui une semblable assurance. Mais quand même, par délicatesse de conscience, il feroit difficulté de la donner, je me confierois tellement à son équité, lorsqu'il seroit sur le saint siége, que je ne voudrois pas que vous prissiez occasion de son refus pour changer l'effet des sentiments favorables que j'ai pour lui.

Si, lorsque cette dépêche arrivera à Rome, les dispositions étoient changées, qu'une nouvelle brigue eût porté ailleurs les apparences voisines de l'élection et fait tomber les espérances du

---

3. L'original a la vieille orthographe *regardai-je*.

cardinal Odescalchi, en ce cas vous suivrez la même conduite que je vous ai prescrite sur tous les sujets papables par ma dépêche du....[4] du mois passé. Je vous laisserai seulement à examiner, avec les cardinaux françois, s'ils pourroient concourir, pour le bien de mon service, au cardinal Rosetti[5], en cas qu'après avoir épuisé les autres sujets que je souhaiterois davantage, il se présentât quelque jour à son élection. Le compte que m'en rend le cardinal d'Estrée par son dernier mémoire me semble assez favorable, et sa conduite m'a toujours paru assez droite à mon égard. Mais comme ses prétentions ont sans doute moins de fondement, je doute que vous soyez occupés du parti que vous aurez à prendre sur son sujet....

100. — RÉPONSE DE MONSIEUR L'AMBASSADEUR AU BILLET ENVOYÉ IL Y A HUIT JOURS[1] PAR M. LE CARDINAL DE RAIS[2].
(*Sur les offres du cardinal Altieri.*)

[10 septembre 1676.]

J'AI vu ce qui s'est passé entre Votre Éminence et M. le cardinal Colonne. L'on ne pouvoit mieux répondre qu'Elle a fait ni plus conformément aux intentions de Sa Majesté. Il y a apparence que le cardinal Altieri n'en demeurera pas là, au moins s'il est bien conseillé et s'il connoît son véritable intérêt, et cependant il me semble que Votre Éminence peut répondre à M. le cardinal Colonne, en mon nom, que j'ai su les démonstrations qu'il a faites à Votre Éminence de la part de M. le cardinal Altieri, mais qu'étant générales, je n'y puis répondre comme il conviendroit, jusques à ce qu'on parle précisément, comme M. le cardinal Colonne suppose que l'on fera; que cependant j'attendrai de savoir

4. Ce blanc est au manuscrit. Nous n'avons pas trouvé la dépêche aux Affaires étrangères.
5. Charles Rosetti, né à Ferrare en 1615, archevêque de Tarse, nonce en Angleterre, puis à Cologne, nommé cardinal par Urbain VIII, en 1643, légat à la paix de Munster, mort, sous-doyen du Sacré Collège, le 22 novembre 1681.
LETTRE 100. — Tome LXXXIII (246), pièce 59, fol. 225. En chiffre, avec traduction interlinéaire.
1. Voyez, p. 438, le billet du cardinal de Retz à l'Ambassadeur, du 3 septembre. La réponse du duc d'Estrée ne porte point d'autre date que ces mots du titre : « il y a huit jours ».
2. Il y a bien, à ce titre et aux suivants, et déjà à la *lettre* 98 (p. 585 et 586), *Rais*, comme écrit maintenant le Cardinal, mais à la Table constamment *Retz*.

particulièrement ce que M. le cardinal Altieri pense de faire pour mériter, par une autre conduite, ce qu'il a perdu par celle qu'il a tenue, et qu'alors j'aurai lieu d'y répondre de même.

J'ai appris avec beaucoup de déplaisir que Votre Éminence est toujours incommodée, et je souhaite avec grande impatience sa parfaite santé.

---

101. — RÉPONSE DE MONSIEUR L'AMBASSADEUR, DU 7ᵉ SEPTEMBRE 1676, AU BILLET DE M. LE CARDINAL DE RAIS, DU 6ᵉ SEPTEMBRE 1676.

(*Sur le même sujet.*)

[7 septembre 1676.]

Je ne puis qu'approuver extrêmement, ainsi que MM. les cardinaux de Bouillon, de Bonzy et d'Estrée ont fait, la réponse de Votre Éminence à M. le cardinal Colonne, dont Elle m'a donné part par son billet d'hier[1].

Quant à la mienne, il me semble qu'elle doit être que ce qu'a dit le cardinal Colonne, de la part du cardinal Altieri, ne marque rien qu'un sentiment qui doit être propre à chaque cardinal qui se trouve dans un conclave pour contribuer, en ce qui dépend de lui, à l'élection d'un pape; que je ne doute pas que les autres chefs de faction ne parlent de la même manière et ne le fassent pleinement, quand il leur sera fait quelque proposition par les François, mais que je ne vois pas, jusques à cette heure, dans ce que dit le cardinal Colonne, au nom de M. le cardinal Altieri, qu'il y ait aucune chose propre à effacer de l'esprit du Roi la mémoire de la conduite passée de ce cardinal et à disposer ensuite Sa Majesté à le remettre dans l'honneur de ses bonnes grâces; et que je veux croire cependant qu'un cardinal de la qualité, du mérite et de la franchise du cardinal Colonne fera d'autres propositions plus convenables, car il est peu vraisemblable que le cardinal Altieri desire avec tant de passion qu'il dit les bonnes grâces du Roi et qu'il fasse si peu pour les mériter.

Lettre 101. — Tome LXXXIII (246), fol. 227 et 228. En chiffre, avec traduction interlinéaire. — Cette réponse du duc d'Estrée n'est, de même que la précédente et les quatre suivantes, datée qu'au titre, sur le manuscrit. Elle est comprise, ainsi que notre *lettre* 30 de Retz (p. 440), à laquelle elle répond, sous un seul et même numéro avec la précédente (n° 100), et placée à la suite, bien que, par sa date, elle lui soit antérieure.

1. Voyez, p. 440, la lettre de Retz, du 6 septembre.

102. — RÉPONSE DE MONSIEUR L'AMBASSADEUR AU CARDINAL DE RAIS, DU 15ᵉ SEPTEMBRE 1676.
(*Sur les avis des cardinaux.*)

[15 septembre 1676.]

J'ai lu avec beaucoup de plaisir et d'application ce que Vos Éminences m'ont fait l'honneur de me mander[1], et Elles sont si éclairées, et l'on doit avoir tant de déférence pour leurs sentiments que moi, qui, en mon particulier, y en a[2] beaucoup, je crois ne pouvoir mieux exécuter les ordres du Roi, qu'en me remettant à ce qu'Elles jugeront de plus convenable et de plus avantageux pour sa gloire et pour son service. J'ai seulement à représenter deux choses, et, quoique je ne doute pas que Vos Éminences ne les aient présentes devant les yeux, j'ai cru qu'il étoit de mon devoir de leur en parler. La première est que, quelque parti que l'on prenne, il faut bien prendre garde de ne tomber pas dans la nécessité de donner l'exclusion à Odescalchi, ce qui seroit tout à fait contraire aux ordres du Roi. La seconde est, que si l'on [se] détermine à concourir à Odescalchi, d'y ménager tout ce qui sera possible pour la dignité du Roi et pour mieux faire éclater le respect que l'on lui doit.

C'est donc présentement à Vos Éminences à agir et je n'ai plus qu'à souhaiter un heureux succès de vos résolutions et tel qu'on le doit attendre d'une faction composée de si grands sujets.

---

103. — RÉPONSE DE MONSIEUR L'AMBASSADEUR A M. LE CARDINAL DE RAIS, DU 17 SEPTEMBRE 1676.
(*Pour savoir si la pratique pour Grimaldi étoit une exclusion d'Odescalchi.*)

[17 septembre 1676.]

Pour répondre à la lettre que Votre Éminence me fit hier[1] l'hon-

---

LETTRE 102. — Tome LXXXIII (246), pièce 74, fol. 276 et 277. En chiffre, avec traduction interlinéaire. — M. l'abbé Bozon donne (p. 165), de cette lettre, le premier paragraphe, depuis « J'ai seulement à représenter.... »

1. Voyez, p. 444, la lettre de Retz du 14 septembre ; elle est, en plusieurs endroits, collective.

2. Il y a bien ainsi : *y en a* (*a* en interligne).

LETTRE 103. — Tome LXXXIII (246), pièce 78, fol. 299-302. En chiffre, avec traduction interlinéaire.

1. Voyez, p. 451, la lettre du Cardinal, du 16 septembre.

neur de m'écrire, j'ai à lui parler sur deux points. Je ne m'étendrai point sur celui qui regarde l'ajustement avec le cardinal Altieri, en conservant dans son entier l'union que nous avons avec les cardinaux Chigi et Rospigliosi, parce qu'il me semble que Votre Éminence en aura été suffisamment informée par M. le cardinal d'Estrée et qu'Elle jugera qu'il n'y a rien d'incompatible à cela; et, sur l'autre, qui regarde la conduite qu'il faut tenir dans l'affaire d'Odescalchi, je lui dirai que, quand elle viendra à manquer par la proposition de Grimaldi, pourvu qu'on ne lui donne point d'exclusion publique ni secrète, c'est-à-dire sans expliquer même aux chefs de faction qu'on ne le voudroit pas, mais qu'on proposeroit simplement l'exaltation de Grimaldi, je ne croirois pas qu'on contrevînt aux ordres de Sa Majesté sur l'exclusion. Je passe même plus avant, car il semble que ce seroit suivre les intentions de Sa Majesté de tenter le pontificat de Grimaldi, qu'Elle a recommandé, et qui est de fort grand mérite; et même, si Grimaldi le desiroit, à moins qu'on l'eût rendu capable[2] de l'inutilité de ce dessein, on ne pourroit s'empêcher de le faire.

Votre Éminence remarque très-bien que la proposition de Grimaldi, dans cette conjoncture, seroit expliquée, par quelques gens, comme faite à dessein de ruiner Odescalchi; mais aussi l'on peut croire que la plus grande et la plus saine partie de Rome, qui connoît le mérite de Grimaldi, et qui en parle même comme le jugeant supérieur à celui d'Odescalchi, jugera mieux et plus favorablement de nos intentions, et puis, quelques résolutions que nous prenions, elles n'éviteront pas les contradictions, car on peut avoir sur tout cela des vues fort différentes; mais ce qui m'arrête et me donne plus de peine, c'est que Votre Éminence semble concevoir comme une exclusion véritable ce qui n'est pas représenté dans le mémoire de M. le cardinal d'Estrée comme exclusion, mais seulement comme la poursuite d'un autre sujet. De savoir si c'est une exclusion ou si ce n'en est pas une, je n'en puis juger comme Votre Éminence et M. le cardinal de Bouillon, puisque je n'ai pas comme eux la pratique des conclaves, et je conviendrai avec Elles de l'explication qu'Elles y donneront; mais, si c'est une exclusion, puisque Sa Majesté n'a pas intention qu'on la donne à Odescalchi, et qu'on ne le pourroit faire, pour une affaire certaine, en faveur de quelque autre bon sujet que Sa Majesté parût par mes instructions desirer effectivement (Votre Éminence et MM. les cardinaux de Bouillon et de Bonzy craignent, au contraire, que l'on ne puisse y réussir, au moins sans beaucoup de peine, dans l'état

---

2. Voyez ci-dessus, p. 455, note 2.

où est le conclave, quoiqu'il fût difficile de se trouver avec plus de force que nous en aurions et recevrions du cardinal Altieri, comme Vos Éminences le connoissent assez), je crois que le plus sûr est de suivre les ordres qui nous ont été donnés et dont j'ai informé Vos Éminences, auxquelles toutefois je soumets mes sentiments, comme j'ai déjà fait, et me remettre, comme je l'ai déjà témoigné, à ce qu'Elles estimeront de plus convenable au service de Sa Majesté, car Elles voient mieux les choses et de plus près que moi.

J'ai seulement à représenter que le Roi fait un principal fondement sur le poste du cardinal Cibo³ auprès du cardinal Odescalchi, et que, par cette raison, il est absolument nécessaire et de son service qu'on s'éclaircisse de ce qui en peut être et qu'on cherche sur cela tout ce qui peut l'en assurer sans commettre le cardinal Cibo.

104. — PREMIÈRE RÉPONSE, DU 19 SEPTEMBRE 1676,
DE MONSIEUR L'AMBASSADEUR A M. LE CARDINAL DE RAIS.
(*Sur ce qu'il falloit concourir au cardinal Odescalchi.*)

[19 septembre 1676.]

APRÈS l'explication qui a été donnée au point d'exclusion, ou de non exclusion, ainsi que Vos Éminences me firent hier l'honneur de me le mander¹, il n'y a pas de doute qu'il faut concourir à M. le cardinal Odescalchi, et dans la manière la plus honnête et la plus obligeante qu'il se pourra.

J'ai appris, avec une très-grande satisfaction, ce que nos amis ont [écrit] et prétendent écrire en France touchant l'exaltation du cardinal Odescalchi, et, comme ce sera à Votre Éminence à lui donner cette grande nouvelle, j'ai cru devoir, par avance, faire connoître à Votre Éminence que, lorsque les choses seront en état de l'aller trouver et de lui faire connoître les sentiments favorables de Sa Majesté, il me paroît très-important pour sa gloire et son service que Votre Éminence lui parle à fond sur les deux conclaves, lui expliquant tout ce qui s'est passé sur son sujet dans le dernier²,

---

3. Voyez la note 3 de la lettre suivante.

LETTRE 104. — Tome LXXXIII (246), pièce 83, fol. 317 et 318. — En chiffre, avec traduction interlinéaire.

1. Voyez la lettre des cardinaux du 17 septembre, p. 454.

2. Le duc de Chaulnes, au nom de la France, avait, dans le précédent conclave, donné « l'exclusion formelle » à Odescalchi, « et *obligé* le Sacré Collège

et lui représenter ce qui est arrivé dans celui-ci, lui faisant voir la vérité et la fidélité des paroles que nous lui donnâmes, M. le cardinal d'Estrée et moi, à notre arrivée, et que je lui ai confirmées dans deux visites après la mort du Pape, puisque, nonobstant tant de formes injurieuses et extraordinaires qu'on a pratiquées en le proposant plutôt pour le perdre que pour l'exalter, et tant d'autres considérations qui auroient porté Sa Majesté à s'opposer à tout autre sujet qu'à lui, non-seulement Elle ne l'a pas fait, mais, au contraire, Elle lui offre tout ce qui dépend d'Elle pour son exaltation, ne doutant pas que, comme Elle lui donne en cela une marque si forte et si éclatante de la grande estime qu'Elle a de son mérite et de la confiance qu'Elle a en sa probité, Elle ne doute pas qu'il n'y réponde, de son côté, par tous les sentiments de bonté, de justice et de générosité qu'on doit attendre d'un cœur aussi noble et désintéressé que le sien.

Il me semble que Votre Éminence peut marquer, en la forme qu'Elle jugera la plus convenable, au cardinal Odescalchi l'importance qu'il y a qu'il ne prenne pas un ministre qui puisse être suspect et désagréable[3].

Je suis de Votre Éminence, avec tout le respect et la déférence que je dois pour ses sentiments, très-humble et très-obéissant serviteur, etc.

---

105. — SECONDE RÉPONSE DE MONSIEUR L'AMBASSADEUR A M. LE CARDINAL DE RAIS, DU 19ᵉ SEPTEMBRE 1676.
(*Pour qu'il parle au cardinal Odescalchi contre le cardinal Altieri.*)

[19 septembre 1676.]

J'ÉCRIS cette seconde lettre à Votre Éminence sur ce qu'il me paroît à propos qu'Elle parle à M. le cardinal Odescalchi, sitôt qu'il sera pape, sur l'état auquel Sa Majesté se trouve en cette cour, sur les préjudices qu'Elle a reçus, dans le dernier pontificat, par la mauvaise conduite du cardinal Altieri, qui a refusé avec tant de

---

à faire un autre choix » : voyez les *Mémoires du marquis de Pomponne*, tome I, p. 21.
3. Voyez, dans la *lettre* 99, au duc d'Estrée, le très-vif désir exprimé par le Roi de voir nommer secrétaire d'État le cardinal Cibo.
LETTRE 105. — Tome LXXXIII (246), pièce 82, fol. 313-316. En chiffre, avec traduction interlinéaire.

dureté la nomination de Pologne¹, parce que ce roi en avoit gratifié un des sujets de Sa Majesté, nonobstant tant d'instances réitérées de ces deux princes, et avec tant de justice, et les traitements et suppositions calomnieuses qu'il a faites à son ambassadeur d'avoir avancé des paroles qu'il n'eût pas ouï[es] de la bouche du Pape, quoique MM. les cardinaux Barberin, Cibo et Charles Barberin en aient justifié la vérité en parlant au feu Pape même ; de s'être entendu² avec ses ennemis pour le priver de la promotion alternative que les papes, depuis cent cinquante ans, n'ont jamais refusée aux couronnes, mais, au contraire, les ont multipliées souvent en leur faveur, plutôt que de les retrancher, comme il paroît par une infinité d'exemples ; d'avoir négligé, pendant plus de quinze mois, de donner aucune satisfaction à Sa Majesté et ne se pas soucier de laisser, pendant tout ce temps-là, son honneur et sa réputation engagés à la vue de tout le monde ; lui représenter³ ensuite quelle a été la douleur et la modération de Sa Majesté dans une affaire si sensible ; son respect et sa considération pour le feu Pape, n'ayant voulu employer, jusques à cette heure, aucun des moyens qu'Elle pouvoit prendre pour se faire raison, qu'Elle est bien persuadée présentement qu'Elle n'aura jamais lieu de s'en servir, ne doutant pas que, lorsqu'un pape aussi juste et aussi saint remplira la place de saint Pierre, il n'ait plus de jalousie qu'Elle-même de l'honneur et de la réputation d'un prince qui a l'avantage d'être le fils aîné de l'Église, et qui lui a procuré, en tout temps, de si grands biens, qui vient à lui avec de si grands témoignages de confiance et d'affection, qui sera prêt à tout faire pour l'honneur du Saint-Siége et pour sa gloire particulière, en secondant tous les desseins qu'il formera pour l'avantage de la religion, et ne faisant pas moins pour lui qu'il a fait pour Clément IX°, dont il croit retrouver le cœur et les sentiments en sa personne. Ainsi Sa Majesté se tient très-assurée qu'il fera toute sorte de justice sur la conduite du cardinal Altieri et sur le préjudice qu'il lui a fait

---

1. A Bonzy, alors évêque de Béziers, qui avait été deux fois ambassadeur en Pologne, et avait eu la nomination du roi Jean-Casimir, confirmée, après la mort de celui-ci, par son successeur le roi Michel : voyez les *Mémoires du marquis de Pomponne*, tome I, p. 2 et suivantes.

2. Le tour change d'une façon qui, n'était la force du sens, rendrait la phrase inintelligible. Il faudrait quelques mots de plus, d'où pût dépendre l'infinitif avec *de*, comme : « que, dans son entretien avec le nouveau Pape, Elle reproche au cardinal Altieri de (s'être entretenu), etc. »

3. Nouvelle preuve de précipitation. Rien ne rattache cet infinitif aux mots de la seconde ligne : « qu'Elle parle à M. le cardinal Odescalchi ». C'est un infinitif au sens de l'impératif.

dans la promotion passée, et que son honneur ne sera pas moins en sûreté dans les mains d'un tel pape que dans les siennes propres.

Je supplie Votre Éminence de communiquer ce mémoire à M. le cardinal de Bouillon, et de le prier, de ma part, de parler, dans le même temps et avec une égale force, au cardinal Odescalchi. Je ne crois pas qu'il soit à propos d'engager M. le cardinal de Bonzy à tenir un semblable discours à cause des égards qu'il est juste qu'il ait en certaines choses pour le cardinal Altieri, et qu'il sera bien aise qu'on le soulage de cette conversation.

---

106. — LETTRE DU DUC D'ESTRÉE A LOUIS XIV.
(*Sur l'élection du Pape.*)

22 septembre 1676.

.... Je leur répondis[1] sur cela que mon sentiment se trouvoit conforme au leur et qu'ainsi M. le cardinal de Rais pouvoit lui donner au plus tôt cette bonne et grande nouvelle que Votre Majesté vouloit bien le porter au pontificat, en l'informant particulièrement de ce qui étoit arrivé dans le dernier conclave et de ce qui s'étoit passé en celui-ci, d'où il devoit connoître que les sentiments de Votre Majesté avoient toujours été très-favorables pour lui, et qu'au contraire ceux des Escadronistes dans les deux derniers conclaves et ceux du cardinal Altieri dans celui-ci avoient été très-pernicieux. M.[2] le cardinal de Bouillon le lui confirma plus particulièrement, ayant des pièces en main pour convaincre la reine de Suède et le car_inal Azzolin qu'ils n'avoient eu d'autre dessein que de le ruiner : sur quoi il se récria en quelque façon : *Io son stupito*[3].

L'on ne sauroit plus témoigner qu'il fit à MM. les cardinaux de Rais et de Bouillon, comme ensuite à M. le cardinal d'Estrée, de ressentiment des grandes obligations qu'il avoit à Sa Majesté et du desir qu'il avoit de les mériter....

LETTRE 106. — Tome LXXXIV (247), pièce 12, fol. 42 et 43.
1. C'est-à-dire : Quand les cardinaux français m'eurent fait savoir que, selon eux, il n'y avait plus qu'à concourir à Odescalchi, je leur répondis, etc.
2. Cette phrase est en chiffre, avec traduction interlinéaire.
3. « Je suis stupéfait. »

107. — LETTRE DE LOUIS XIV AU CARDINAL DE RETZ.

Versailles, le 10 octobre 1676.

Mon cousin, la lettre que vous m'avez écrite depuis la création du Pape[1] dit beaucoup de choses en peu de paroles, puisqu'elle m'assure que ma gloire et ma conscience doivent être pleinement satisfaites du succès de ce dernier conclave : c'est tout ce que je pouvois desirer, et comme mon ambassadeur n'a pas oublié, dans sa dépêche, ce que vous avez contribué à cet accomplissement de mes vœux, vous ne devez pas douter aussi du gré que je vous en sais, et qu'il ne soit tel que mérite la manière dont vous m'avez servi.

LETTRE 107. — *OEuvres de Louis XIV*, tome V, p. 556.
1. La lettre que Retz écrivit à Louis XIV, au sujet de l'élection d'Innocent XI, ne se trouve pas aux archives des Affaires étrangères.

FIN DES PIÈCES JUSTIFICATIVES.

Pour n'omettre aucune des impressions antérieures à la nôtre, nous ajouterons ici que la thèse de M. l'abbé Bozon, outre les pièces pour lesquelles nous l'avons mentionnée (jusqu'à notre page 432), contient, de nos lettres du cardinal de Retz, d'abord quatorze en entier, puis des fragments, d'étendue diverse, de quarante-six autres. Nous y avons trouvé, en collationnant les manuscrits, beaucoup de différences entre son texte et le nôtre, et, dans le nombre, de fort graves. Il nous paraît inutile de les ajouter à l'errata, déjà fort copieux, relevé dans notre commentaire, sans autre intention, non plus que pour les variantes de MM. Champollion, que de bien établir et affirmer l'exactitude de nos leçons.

TABLE DES MATIÈRES

CONTENUES DANS LE SEPTIÈME VOLUME.

	Pages.
Avertissement	I
Introduction	III

LETTRES ET MÉMOIRES SUR LES AFFAIRES DE ROME.

Première partie :
Affaire de la garde corse et du duc de Créqui, ambassadeur de Louis XIV à Rome, 1662, 1663.

Notice	1
1. Sentiment du cardinal de Retz sur l'affaire de la garde corse [octobre 1662]	3
2. Projet de lettre au pape Alexandre VII, pour le conjurer de satisfaire le Roi [novembre 1662]	13
3. Lettre à M. de Lionne, 24 janvier 1663	17
4. Réponse à la lettre du Sacré Collège, 26 janvier 1663	19

Seconde partie :
Mission du cardinal de Retz à Rome au sujet de la doctrine de l'infaillibilité du Pape. Investiture du royaume de Naples, etc. 1665, 1666.

Notice	23

Lettres à M. de Lionne : pages 25-49; 50-327; 346-356; 357-379; 380;
— à Louis XIV : pages 49; 357; 379.

Mémoire sur la promotion des cardinaux en faveur des couronnes, 1666 : pages 328-345.

TABLE DES MATIÈRES.

TROISIÈME PARTIE :

Missions du cardinal de Retz à Rome pour les conclaves où furent élus les papes Clément IX, Clément X, Innocent XI. Sa vaine tentative pour se démettre du cardinalat.

NOTICE.. 383

I. *Élection de Clément IX*, 1667......................... 384

    Lettres à M. de Lionne : pages 384-391 ; 392 ; 395-405 ; 406-409 ; 412-417 ;
    — à Louis XIV : pages 392 ; 394 ; 405 ; 409.

II. *Élection de Clément X*, 1669, 1670................. 418

    Lettres à M. de Lionne : pages 419-427 ;
    — à Louis XIV : page 418.

Affaire de la démission du chapeau de cardinal, 1675....... 428

    Lettres à Clément X : page 430 ;
    — au Sacré Collège : page 428.

III. *Élection d'Innocent XI*, 1676....................... 433

    Lettres à M. de Pomponne : pages 433-437 ; 442 ; 457 ;
    — au duc d'Estrée : pages 438-442 ; 444-457.

PIÈCES JUSTIFICATIVES.

DE LA PREMIÈRE PARTIE... 461

    M. de Lionne au cardinal de Retz : pages 461-463.
    Louis XIV au cardinal de Retz : page 463.

DE LA SECONDE PARTIE.. 464

    M. de Lionne au cardinal de Retz : pages 464-468 ; 468-502 ; 506 ; 507 ; 510 ; 516-522 ; 522 ; 524-547 ; 548-550. — A M. d'Alibert : page 507. — A M. de Bourlemont : pages 505 ; 522 ; 523.
    Louis XIV au cardinal de Retz : page 547. — A M. de Bourlemont : pages 468 ; 510.
    Le secrétaire de l'évêque d'Agde au cardinal de Retz : pages 503-505.
    M. de Bourlemont à M. de Lionne : page 512.

DE LA TROISIÈME PARTIE... 550

    I. *Élection de Clément IX*............................ 550

    Louis XIV au cardinal de Retz : pages 550 ; 553.
    M. de Lionne au cardinal de Retz : pages 551-553.

TABLE DES MATIÈRES.

II. *Élection de Clément X*... 553
    M. de Lionne au cardinal de Retz : page 554.
    Louis XIV à chacun des cardinaux : page 556.
    Mémoire du Roi pour servir d'instruction au duc de Chaulnes, son ambassadeur extraordinaire à Rome : pages 557-565.

Affaire de la démission du chapeau de cardinal................. 569
    M. de Pomponne au duc d'Estrée : page 567. — Au cardinal d'Estrée : pages 580-81.
    Louis XIV au duc d'Estrée : page 566.
    Le duc d'Estrée à Louis XIV : page 568.
    Clément X au cardinal de Retz : pages 569; 578. — A Louis XIV : page 571.
    L'abbé Servient à M. de Pomponne : page 572.
    Le cardinal d'Estrée à M. de Pomponne : pages 573-576.
    Le Sacré Collège au cardinal de Retz : page 576.

III. *Élection d'Innocent XI*.. 581
    Le cardinal d'Estrée à M. de Pomponne : page 581.
    M. de Pomponne au cardinal de Retz : page 582.
    Louis XIV au cardinal de Retz : pages 584; 598. — Au duc d'Estrée : page 587.
    Le duc d'Estrée à Louis XIV : pages 584; 597. — Au cardinal de Retz : pages 590-597.

FIN DE LA TABLE DES MATIÈRES.

9091. — Imprimerie A. Lahure, rue de Fleurus, 9, à Paris.

www.ingramcontent.com/pod-product-compliance
Lightning Source LLC
Chambersburg PA
CBHW050130240426
43673CB00043B/1624